法官的思考与探索（二）

——上海市金山区人民法院调研成果精选

张斌 主编

上海大学出版社

图书在版编目(CIP)数据

法官的思考与探索.2,上海市金山区人民法院调研成果精选/张斌主编.—上海：上海大学出版社，2011.10
ISBN 978-7-81058-785-3

Ⅰ.①法… Ⅱ.①张… Ⅲ.①法院-工作-金山区-文集 Ⅳ.①D926.22-53

中国版本图书馆CIP数据核字(2011)第191387号

责任编辑 傅玉芳
封面设计 柯国富
技术编辑 金 鑫
章 斐

法官的思考与探索(二)
——上海市金山区人民法院调研成果精选
张 斌 主编
上海大学出版社出版发行
(上海市上大路99号 邮政编码200444)
(http://www.shangdapress.com 发行热线021-66135110)
出版人：郭纯生
*
南京展望文化发展有限公司排版
上海华业装潢印刷厂印刷 各地新华书店经销
开本787×1092 1/16 印张32 字数626千字
2011年10月第1版 2011年10月第1次印刷
ISBN 978-7-81058-785-3/D·121 定价：75.00元

编辑委员会

序

对于一家法院而言，调研既是一项基础工作，又是一项尖端工作。无论是高质量的审判，抑或是高素质的队伍，均离不开脚踏实地的调研工作，离不开优质高效的调研服务。

近年来，金山法院以调研为抓手，凝聚调研力量，活跃调研氛围，提升调研水准，发挥调研功效，促进了审判工作，提升了队伍素质，为深入推进三项重点工作、有效服务区域发展大局、积极推动法院科学发展提供了良好的支持。无论是在上海高院还是在最高法院所组织的案例报送、学术研讨、司法统计等各类调研活动中均有不俗的表现，2010 年和 2011 年连续两年中标最高人民法院重大课题，并多次获得全国法院一等奖、二等奖等奖项，还有数百篇文章发表于各类报纸杂志。同时，注重调研成果的转化和应用，在 2010 年最高法院重大课题《关于法院内设部门业绩考核标准换算问题》的调研过程中，边调研、边转化、边改进、边完善，得到了最高法院领导的充分肯定。正所谓“山不在高，有仙则名。水不在深，有龙则灵”。作为一家地处上海远郊的基层法院，能够做到“立足服务，调研不尚空谈；升华品格，转化凸显实效”，实属不易。

值此建院 60 周年之际，金山法院特将部分优秀调研成果汇编结集出版，我认为很有意义。其中，既有国家级、省市级的获奖论文、调研课题、典型案例和司法统计分析等调研成果，又重点介绍了该院刑事和解、诉调对接、协助执行网络、学习型法院建设、非公经济法制论坛、非诉行政执行令状、廉政文化建设等七项特色工作。管窥其中，既可以看到法官的思考和探索，又可以感知法律的生命和“活化”，还可以触碰法治的具体和形象。一个课题、一篇论文、一件案例、一项工作的背后，是“为大局服务，为人民司法”的情怀，是“公正司法、一心为民”的追求，是“公正廉洁司法”的操守，是金山法院干警良好风貌的一次展现，当然这也是上海法院阔步前进、昂扬向上的一个缩影。

“今年花胜去年好，料得明年花更红。”希望金山法院继续秉持务实求真、开拓创新的精神，锤炼好调研的过硬本领，发挥好调研的服务职能，扮演好调研的智囊角色，再立新功，更上层楼。

是为序。

上海市高级人民法院党组副书记、副院长

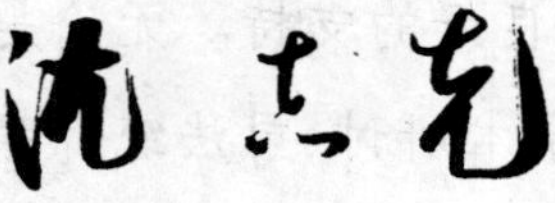

2011 年 10 月

目　录

综合篇

审 判 篇

民 事

创新篇

闻道有先后 术业有专攻

——写在金山法院五年调研选集出版之际

张 斌*

一

有人说，调研工作难，如何让调研不再苦恼？也有人说，如何让调研贴近审判实践，提升调研工作的影响力？为此，我院作了一些探索。全院干警特别是一批又一批年轻的本科生法官、硕士研究生法官和在读博士生法官，为此进行了艰辛的探索，付出了辛勤的劳作。值得一提的是，在生活和家庭条件优越的今天，他们依然能够献出大块的业余时间，经常挑灯夜战，有时双休日带着老婆小孩加班，甚至吃住在法院，实属难能可贵！

据统计，在省市级以上调研刊物上发表文章约300篇；在省市级以上评比中获奖的论文、案例、司法统计和课题等70余篇；连续四年被评为上海法院学术论文组织工作奖；连续两年中标最高法院重大调研课题；参与撰写或独立承担并荣获全国法院一等奖的课题有5篇。这是近五年来，在上级法院的关心指导下，我们金山法院在调研工作中取得的部分成果。有想法还要有办法，有付出不一定有收获。成绩来之不易，回味方知可贵。

二

对一级组织来说，调研是一套机制。几年来，我们建立了领导带头调研、人才资源共享、学习平台搭建和考核奖励等工作机制，先后制定了促进调研成果转化和应用的规定，加强案例工作的意见，加强对调研、信息、法宣工作奖励的意见，建立调研助理工作制度的意见和审判骨干与调研人才结对工作的意见等规范性文件，先后推出"午时一刻"、"悦读之旅"和"法官论坛"交流平台，营造调研氛围，注重平台建设，提升调研水平。

对一项课题而言，调研是一次对接。我院先后与上海交通大学、华东政法大

* 上海市金山区人民法院党组书记、院长，上海交通大学法学院硕士生导师。

学、华东理工大学、上海政法学院等高校建立了合作关系，在承接的最高法院和上海高院重点调研课题中，适时邀请相关高等院校的专家学者和上级法院的法官参加，为课题出谋划策，论证研究。在《两岸关系的司法缩影——对上海法院近年来涉台案件的统计与分析》调研中，不仅调取了全市法院相关数据和案例，还与台盟上海市委举办了在沪台商座谈会，既调研又服务。

对一项审判而言，调研是一种转化。《人民法院调研工作管理办法》明确，能够成为领导决策或建章立制的重要参考依据，或者以各类形式刊登后，对实际工作产生了积极作用，都属于成果转化。我院在承接最高法院重点课题《关于法院内设部门业绩考核标准换算问题的调研》中，边调研边转化，新的工作目标考核方案在课题完成前出台执行。2007 年，我院完成《非诉行政执行运行模式研究》课题，成果转化得到最高法院关注。去年最高法院在上海召开探索非诉行政执行令状研讨会。今年初，我院应约向全国人大行政强制法起草部门提出立法建议。

三

对一家法院而言，调研是一份责任。院里推行"五化管理"，将年度、季度的全院重点工作上网公示，每位党组成员、每个部门都"榜上有名"，然后逐月讲评推进。几年来全院形成的审判等七项特色工作，大都得到市级以上表彰或者肯定，这些工作的背后，都有研究室参与策划、跟进、总结和宣传的"身影"。倾注了心血，研究室自然也赢得了较高的声誉，调研网络运行也显得"顺水推舟"。职能部门如何做到有作为才有地位，研究室工作可为一例。

对一支团队而言，调研是一片阳光。我院根据突出贡献命名工作机制，以研究室调研"小王子"王庆廷法官的名字谐音，命名成立了"蜻蜓"品法社。该社由多位调研爱好者组成，是一个"民间"调研团队，秉持分享"思想的苹果"，追求"快乐调研"的理念，各路才俊、多领风骚，群贤毕至、必出"佳肴"。他们与我院"彭文忠法官执行工作室"、"王静法官调解工作室"、"徐永其法官法宣工作室"、"永亮说案"案例工作组等工作品牌有良好的互动。注重调研与审判的对接，可以培养出一批能调研能审判的复合型人才。

对一个部门而言，调研是一身执著。除了"三合一"工作外，研究室还参与全院重点工作的组织、策划，指导部门特色工作的开展，为将调研工作融入全院重点工作提供了条件。特别是研究室主任张建国法官，注重发挥他厚实的文字功底和担任过办公室主任的优势，营造氛围、爱惜人才，精于谋划、善用协调，顺势而为、乘势而上，在上级法院的指导下，将调研工作做得风生水起、有声有色，为我院调研工作进入全市法院先进水平乃至在全国法院有一席之地，做出了不懈努力，值得褒奖！

四

“问渠哪得清如许，唯有源头活水来。”在建院60周年之际，我院选编几年来调研工作的成果，目的是从一个侧面，让法院工作中那些闪光的东西得以留存；同时，也提醒我们铭记“调研是高质量审判”的理念，面对“立法不易、司法尤难”的状况，提升对调研工作重要性的认识，继续营造氛围，改进机制，完善网络，培养人才，努力使调研工作更好地服务发展大局、服务领导决策、服务审判工作。

在起草好这篇文字时，手表上的指针已过凌晨3点，我依然沉醉在调研工作的回忆中。作为院长，我要感谢那些淳朴可爱的干警，特别是那些年轻的远道而来的法官。没有他们的付出，就没有金山法院今天的调研成果。此时此刻，我想起最高法院党组成员、政治部周泽民主任去年莅临上海，检查最高法院重大调研课题中期调研成果时说过的一句话：“金山，虽然地处上海远郊，但那里有思想，有创新。”让我们继续努力吧！

2011年9月28日

综 合 篇

基层法院加强学习型党组织建设的理论思考和实践路径

张 斌*

(本文荣获全国法院党建工作理论研讨评选活动一等奖)

人民法院作为三项重点工作的重要参与者和积极实践者,稳步推进学习型党组织建设不仅有着重要的时代意义,而且成为服务发展和实现自身发展的迫切需求。如何加强学习型党组织建设,人民法院在建设过程中有何特殊性?这是摆在人民法院面前的现实问题。本文结合学习型组织的理论和基层法院的实践,秉持开放务实的态度,探讨推进学习型党组织建设的有效路径。

一、学习型组织系学习力的最优组合

2002年中共"十六大"报告提出"学习型社会"的命题,2007年中共"十七大"报告再次强调"建设全民学习、终身学习的学习型社会",将关注、重视学习提升到一个新的层次。"学习型"这一概念摆脱了学习的随意性,从组织层面对团队学习力进行整合,力求产生最优化的效应。那么何谓学习型呢?借鉴美国管理学学者彼得·圣吉的名著《第五项修炼》①中观点,笔者认为,首先要有氛围。与个体学习不同,学习型组织具有内在约束力。这种约束力可为刚性的,通过建立机制来规范个体学习;也可为弹性的,领导者、管理者带领成员集中学习,或成员自主利用业余时间来学习。其次,兼顾灵活性和整体合力。灵活性要求个体能够根据职业、专业特长、兴趣爱好等,及时选择合适的学习内容,切实提高综合素养。整体合力则要求个体间相互学习和切磋,将一些负向想法及时消除,对好的点子施肥,让思想的火花迸发。学习型组织就是在承认个体差异性、灵活性的基础上,运用组织整体目标进行引领,努力让负向效果予以削减,让正向效果不断扩大。第三,具有创新力。创新是团队进步的灵魂,是任何一个组织发展的关

* 上海市金山区人民法院党组书记、院长,上海交通大学法学院硕士生导师。

① 该书指出,学习型组织是通过培养弥漫于整个组织的学习气氛、充分发挥员工的创造性思维能力而建立起来的一种有机的、高度柔性的、扁平的、符合人性的、能持续发展的组织。这种组织具有持续学习的能力,具有高于个人绩效总和的综合绩效。

键。事物处于发展变化中。一个组织唯有把握时代脉搏,把握个体需求,让创意点子像雨后春笋般成长起来,方能适应发展,进而推动发展。

二、法院建设学习型党组织的主要特征

进入21世纪,科技迅猛发展,互联网时代让“地球村”概念深入人心,我国“入世”提升了市场国际化程度,细微事件即可产生“蝴蝶效应”,这不仅对企业等市场主体的竞争力提出了新要求,更对国家机关的管理能力提出了更高的要求。

学习是提升能力的关键路径,执政党明确提出学习型党组织建设,具有四方面特征:一是目标趋同感强,党必须以维护好、实现好、发展好最广大人民群众的根本利益为目标,坚持不懈地抓好学习。二是组织层次明确,党组中心组精心谋划,机关党委统抓,党支部结合实际进行创新,形成“党组中心组——机关党委——党支部”的学习层级。三是学习内容重点突出,在坚持政治理论学习的同时,结合行业特点,开展特色鲜明的职业理念、职业技能和职业道德培训,全面提高素养能力。四是参与主体合力强。班子成员带头学习,带领党员开展学习,并通过榜样作用辐射影响群众,广泛凝聚智慧力量。

人民法院建设学习型党组织还具有自身特色。面对时代要求、社会期待和自身发展的需求,作为守护社会公平正义的司法,实践中面临各方聚焦法院干警和案件,通过个案的公正来评判司法公正,通过个体行为来评判整体行为等情况。这就要求学习型党组织建设处理好三对关系:一是个体价值与整体价值的关系。价值是评判行为、指导行为的标尺。个体价值具有多样性的特点,但司法的核心价值观必须具有一致性,要将公正、廉洁、为民内化于心、外践于行。二是微观与宏观的关系。运用辩证分析的理念,基层法院既要整体推进组织学习,又要发挥干警的能动作用,达到提高个体学习实效又彰显整体效能递增的效果。三是理论与实践的关系。学习型党组织建设离不开鲜活的实践,需要用丰富的实践来检验建设实效。这三对关系中,重要的是价值,关键是实践,切入点就是机制。

三、基层法院加强学习型党组织建设的路径选择

(一) 设定愿景体系,细化学习型目标

共同愿景,就是组织成员共同持有并为之奋斗的愿望、理想和目标,这是创建学习型党组织的前提和基础。共同愿景是组织的灵魂和旗帜,能够把组织塑造成一个有机的生命体,使每一个体的活力都被激发起来,创造出众人一体的感受。上海市金山区人民法院(以下简称“金山法院”)建立了富有特色的愿景体系:1999年提出“公正、廉洁、文明、高效、勤奋、求实”的十二字院风,全面加强干警队伍建设;2003年提出“管理强院、人才兴院、形象树院”的工作战略,首次将

文化管理置于战略地位；2007 年提出“促进和谐、服务发展、争先创优”的工作主线，推动由侧重内部管理向内外并重的转变，并明确提出了争先创优的目标。三个愿景逐步推进，相得益彰，共同点就是均将司法核心价值观内含其中。

（二）完成领导角色转化，树立学习型榜样

领导角色的转换是创建学习型党组织的保障措施。领导班子和领导干部要当好四个角色：一是设计员。组织制订推进学习型法院建设意见、法院文化建设规划、人才队伍建设推进方案等规划，为学习型党组织建设设计框架。二是教练员。敏于从实践中塑造审判人才、管理人才和服务保障人才，既对人才“施肥浇水”，又鼓励在艰苦岗位中锻炼，使“人人皆可成才”成为一种现实。三是服务员。与审判质效评估衔接，制订岗位绩效考核办法，使各部门及时掌握工作和队伍动态，并通过谈话、家访等方式帮助解决问题，激发干警创先争优的热情和动力。四是运动员。党组中心组成员带头办案和调研，从感性的实践中掌握原汁原味的资料，加强逻辑思辨和分析，积极创新工作思路和方案，既引领司法能力的提高，又为审判管理机制的创新奠定基础。

（三）树立新的学习理念，提升学习型层级

学习型党组织中的学习跳出传统框架，注重把工作人变为学习人，推动学习力转化为工作力，为此要树立全新的学习理念：一是“终身学习”，把学习当成一生的乐趣。院长定期向干警推荐好书，如《包容的智慧》、《世界因你而不同》等，让儒家、道家、管理学的思想相互交融，为干警提供了洁净心灵的泉水；司法名著的智慧让干警把握审判的智慧，追求公平正义的美感。二是“集体学习”，形成知识共享、集思广益的学习模式。法院定期举行“午时一刻”法苑讲坛，由干警自主申报选题或提出热点难点选题，利用午休时间开展研讨，激发创意种子和火花。党支部书记履行“一岗双责”责任制，定期组织政治学习，为服务区域发展提供了知识和理念储备。三是“全程学习”，使学习与工作、生活融为一体。八小时内做好岗位各项工作，用审判来检验学习实效；八小时外静下心来学习，研读新法律法规，学习优秀文化，在思考中升华心灵。

终身学习、集体学习和全程学习的理念相互交织，使党组织对学习的认识上升到新的层级，有效发挥并充分彰显党支部的能动作用。民事审判部门邀请侵权责任法专家讲解新法；商事审判部门开辟“乐学堂”项目，每周定期研讨疑难复杂案件；刑事审判部门与公检司等机构沟通，研讨刑事和解工作；行政审判部门与行政机关加强良性互动，推动行政审判白皮书的细化落实。各党支部努力塑造具有特色的学习方式，推动形成“一庭一品”、竞相争艳的学习格局。

（四）搭建多元学习平台，营造理性思辨氛围

为激发党员群众的学习热情和兴趣，学习型党组织建设需要创新学习载体，搭建丰富多样的学习平台，如政治学习平台、学历教育平台、岗位培训平台、理论交流平台、技能比武平台、网络共享平台。金山法院充分运用“法官沙龙”学习品

牌,建设好“法官论坛”、“午时一刻”、“悦读之旅”三大载体,引导干警就项目建设进行研究。一是开阔新视野。“悦读之旅”细细品读卡多佐《司法过程的性质》等名著,交流思想和观点,每打开一扇思考之“窗”,就是理念的一次更新,视野的一次开阔。二是探讨新问题。“午时一刻”对热点难点问题展开讨论,如对醉驾入刑进行讨论,多样化的视角、扎实的理论功底使干警对问题有了更深刻的认识,并酝酿出具有代表性的意见建议。三是研究新方案。“法官论坛”本着务实为民的精神,邀请华东政法大学、上海政法学院等专家学者参与,荟萃观点,对解决问题的思路进行论证分析,推动形成切实可行的实施方案和工作举措。研讨凝聚了智慧力量,拓展了工作思路和视角,成为工作创新的“摇篮”。如就法院文化建设这一议题,分别举行4期“午时一刻”,从古代法院文化、西方法律文化、审判文化再到该院实际,随后举办“法官论坛”,组织党组中心组成员开展交流,邀请专家学者进行点评,逐步达成共识,最终形成三年文化建设规划。三位一体的“法官沙龙”因成效突出,被评为上海市学习型机关优秀工作项目。

（五）健全项目管理机制,推动工作创新发展

机制是可持续发展的重要保障。金山法院积极落实“一岗双责”责任制,致力推进项目管理机制,通过学习任务化、任务项目化、项目菜单化、菜单责任化、责任明晰化的方式,主动实施、动态跟踪、定期讲评,力求在实践中产生最优化效果。一是谋划确定年度重点工作。每年初根据形势任务需要,确定数十项重点工作,明确责任领导、责任部门和时间节点。二是落实学习工作一体化。围绕重点工作项目展开研究,责任领导带领相关部门在学习和工作之间循环往复,确保各项目有序推进。三是定期督办推动项目落实。将年度项目细化到每个季度、月度工作安排中,既一目了然,也便于职能部门督办和讲评,从而保证工作任务和项目一一“落地”。2008年以来项目实施率100%,平均完成率达97%,形成了非诉行政执行令状、刑事和解、非公经济法制论坛、执行网格化建设等一批特色工作,得到最高法院、市委、市高院、区委等领导的批示肯定。

（六）强化岗位练兵,凸显创先争优实效

实践是检验学习成效的重要途径。金山法院扎实推进创先争优活动,立足审判工作需求,不断强化岗位练兵,引导党员群众在实践中强能力、展风采。一是推进精细化管理。健全院党组、审管办、各部门的三级讲评机制,动态把握审判趋势和问题,及时采取针对性举措,确保审判工作良性循环。二是实施精品化战略。与“四个一百”评选活动相衔接,分层次举办法官、选任法官、书记员(含司法辅助文员)培训班,组织开展办案竞赛,引导法官快办案、办好案,严格把握每一个环节、每一个细节,力求将案件办成经得起历史检验的精品。三是加强专业化考核。将工作置于全市法院坐标系中考量,定期了解法官办案绩效情况,适时进行督促、支持和鼓励,有效推动专业化合议庭建设,培养在法院系统有影响力的审判业务骨干、专家型法官。近期,该院党组书记、院长张斌被授予“上海法院

审判业务专家”荣誉称号。

(七) 营造学习环境,打造学习品牌

学习型党组织建设需要良好的环境支持。就硬环境建设,需要时间、经费和物质保障,为党员群众学习提供必要条件。在工作繁重和经费紧张的情况下,金山法院加强楼宇学习文化建设,在法院南广场篆刻了十二字院风;在南大厅精心打造法治文化墙;在北大厅雕刻了“管理强院、人才兴院、形象树院”的发展战略;在审判区域和办公场所布置了文化长廊,使学习思辨的文化融入法院的每一个角落。就软环境建设,需要发掘先进典型的力量。该院建立突出贡献命名机制,先后命名成立“彭文忠法官执行工作室”、“王静法官调解工作室”、“永亮说案”、“‘蜻蜓’品法社”和“徐永其法官法宣工作室”等。这些既是工作平台,又是学习平台,不断提高的团队协作力使学习更加深入人心、沁人心脾。成功举办两届法院文化节,集中展示学习文化和学习成果,更好地传递司法人文关怀,不断提高群众满意度、信任度。

四、结语

学习型党组织建设为法院发展提供了动力和智慧,有效提升了法院的工作绩效和整体影响力。2009 年 2 月,金山法院荣获上海市创建学习型机关先进单位,成为全市 13 家获奖机关中唯一获此殊荣的基层法院;同年底,被评为 2007—2008 年度上海市推进学习型社会建设先进单位。同时,形成的一些学习项目品牌,如法官沙龙、法院文化节等,得到了最高法院党组成员、政治部主任周泽民的肯定和鼓励。

“问渠哪得清如许,为有源头活水来。”学习型党组织的建设是为了顺应发展的需要,其可持续发展也成为推进建设的应有之义。我们相信,未来学习型党组织会让学习成为党员群众生活工作的习惯,成为汲取知识能量的源泉,成为一种快乐的生活品质。当然,这需要我们持之以恒的追求。

从“被动应对”到“主动参与”的演进之路

——法院参与网络虚拟社会的现实化管理路径探微

黎淑兰 肖强根 邱 瑜*

（本文荣获2011年度上海法院系统学术讨论会优秀奖）

一、问题的提出：网络虚拟社会现实化管理的相关问题

据中国互联网络信息中心(CNNIC)发布的最新报告显示，截至2010年12月底，我国网民规模达到4.57亿，较2009年年底增加7 330万人，手机网民规模达3.03亿，预示着更多的经济活动步入互联网时代①。一个不容我们忽视的现实是，网络虚拟社会的覆盖面和影响力都在不断扩容。

（一）虚拟社会的概念与特征

1. 虚拟社会的概念

从词面上看，“虚拟社会”的提法是相对于“现实社会”而存在的，“虚拟社会”的提法本身就带有一些飘忽性。何谓虚拟社会？有学者认为，虚拟社会是指由电子计算机、远程通讯等技术支撑的信息交互系统连接不同主体，通过彼此的信息共享、互换和交流，结成亚社会性质的网络虚拟空间②。

2. 虚拟社会的特征

在以信息化技术为依托的虚拟社会中活动主体的思维方式、行为轨迹、交互机制等，都与其现实社会中呈现的表征有明显区别。笔者认为，虚拟社会的特征可概括为三点：一是空间域度的延展性。信息化技术打破了现实社会中行政域度的限制和划分，虚拟社会在空间上存在无限的延展性，不同地域的个体可以在互联网上实现即时的信息交换和自由的互动沟通，不同的思想观念、宗教信仰、

* 黎淑兰，上海市金山区人民法院党组副书记、常务副院长；肖强根，上海市金山区人民法院办公室主任；邱瑜，上海市金山区人民法院办公室法官，法学硕士。

① 参见《我国网民规模达4.57亿》，http://tech.sina.com.cn/i/2011-01-20/10485112773.shtml，2011年5月14日访问。

② 参见金吾伦：《信息高速公路与文化发展》，载《中国社会科学》1997年第8期。

风俗习惯、观点和行为方式等在网络空间中发生碰撞和交融。二是身份认证的虚拟性。虚拟社会将“现实人”转变为“虚拟人”，隐藏到漫无边际的网络节点背后来从事自己的行为和活动，表达自己的见解和主张①。三是管理体系的扁平化。与现实社会“金字塔”式的层级管理体系相比，虚拟社会中的个体往往依据兴趣爱好、思维取向和价值趋同组成相对稳定的社会群落，成员之间的关系比较平等、自由、松散，没有明显的上下层级区分，主要依靠成员的自治管理和自律机制，管理体系趋于扁平化的结构。

（二）网络虚拟社会现实化管理的相关问题

当互联网逐渐成为“思想文化信息的集散地和社会舆论的放大器”，网络虚拟空间逐渐成为大众传播和公共服务的新平台，虚拟社会的现实化管理也成为一个重要而紧迫的课题。

1. 虚拟社会与现实社会的关系

要探讨虚拟社会管理范式的问题，即是否要对虚拟社会实行现实化管理，首先应该厘清虚拟社会与现实社会的关系。其中，“包容说”认为，虚拟现实的落脚点在于“现实”而不是“虚拟”，是现实社会的一部分②。“延伸说”认为，网络虚拟社会是我们现实社会的延伸，现实社会的行为和利益关系通过网络的形式展现出来。笔者则认为，虚拟社会与现实社会的关系应是“映射”关系，是现实社会的观点、行为、利益在虚拟空间中的一种反映，这种镜面反射的关系犹如“多棱镜”，有的时候是平面镜，属于现实社会的真实映射；有的时候是凸面镜，属于现实社会的“放大”式映射，比如网络围观事件中舆情的发酵和助推；有的时候是凹面镜，属于现实社会的“微缩”式映射。

2. 网络虚拟社会现实化管理的必要性分析

虚拟社会与现实社会交融共存，互相补充，共同构成当前社会的基本生存环境③。笔者认为，要实现网络虚拟社会的有效管理，应把对网络虚拟社会的管理与对现实社会的管理统筹起来，采取现实化管理的范式和路径。其必要性分析的理由主要有如下三点：

（1）网络虚拟社会的生态环境：生机蓬勃，却也纠纷丛生。不可否认，身处在信息化时代的我们正在享受网络带来的快捷与迅疾，足不出户便可尽知天下事，敲敲键盘就能评说千里以外发生的事件，点击鼠标就能够轻松地一站式购物。与报纸、杂志、电视等平面媒介相比，网络平台有着明显的优势，比如4亿多网民的受众群，网络平台传播信息的及时与主动性，网民在论坛、博客、微博等平

① 参见范立国、王红斌：《网络虚拟社会的现实化管理问题研究》，载《东北师大学报》2010年第6期。

② 参见倪寿明：《人民法院在推进社会管理创新中的职能定位和政策措施》，http://www.legalinfo.gov.cn/index/content/2010-03/11/content_2079827.htm? node=7879，2011年5月16日访问。

③ 参见黄忠培、陆文芳：《虚拟社会对现实社会治安的影响及管理对策研究》，载《上海公安高等专科学校学报》2010年第1期。

台发表意见的自由与宽松度，突破空间和地域限制网络贸易的便捷与速度感等等，如此种种都使得虚拟社会的生态环境呈现着蓬勃的生机。但与此同时，我们不能忽视的现实是，网民在虚拟社会中频繁的交互行为难免会产生冲突和纠纷，例如垃圾信息污染的问题，不诚信网络购物产生的纠纷，不实或过激意见表达导致的隐私权、名誉权侵权问题，网络同居、网络杀人等违背正常伦理观念对传统社会观念的强烈冲击等，如此种种使得虚拟社会“纠纷丛生”，需要引入现实化的纠纷化解机制，由此凸显了现实化管理的必要性。

（2）网络虚拟社会的舆论环境：高度自由，理性时有缺失。有观点认为，互联网时代是一个“网络围观”的时代，网络信息的传播速度极快，舆论环境是自由而宽松的，网民可以在网上进行及时的信息交换和互动沟通。笔者选择了一两件网络热点事件作为样本进行轨迹分析，发现突发事件或网络热点自形成、发酵到沸点，时间跨度一般不超过一天。一般来说，在事件发生后的1—2小时以内会出现文字或视频跟进，4—6小时以后会被各门户网站或论坛转载，在24小时以内发帖、跟帖会达到高潮形成“沸点”，如果没有后续的报道跟进继续推动和发酵，一般会在两天以后趋于平静，各类报道及评论帖等会在互联网海量信息更新的过程中归于沉寂。从正向效应来看，虚拟社会是推动公众行使知情权和监督权的一个有效平台。但在一些网络炒作事件、网络群体事件的背后，存在着公共理性缺位的现状，网络舆情处于“一种无意识的公众狂欢”，这也说明自由一旦不受限制，必会带来弊端。因此，网络舆情环境需要引入现实化的规制机制，引导营造健康、自由、有序的网络舆情环境。

（3）网络虚拟社会的法治环境：积极跟进，仍有制度缺位。从法律规范层面来看，网络虚拟社会是一块新开垦的土地。笔者针对网络虚拟社会管理相关的法律、行政法规和部门规章、司法解释等规范性文件进行了一些粗浅的梳理。在法律层面，主要有《中华人民共和国刑法》（1997年）、《中华人民共和国治安管理处罚法》（2005年）等。此外，全国人大于2000年颁布《全国人大常委会关于维护互联网安全的决定》。在行政法规层面，主要有《关于维护互联网安全的决定》（2000年）、《互联网信息服务管理办法》（2000年）、《信息网络传播权保护条例》（2006年）等。在部门规章层面，主要有《互联网新闻信息服务管理规定》（2005年）、《中国互联网信息服务备案管理办法》（2005年）、《互联网视听节目服务管理规定》（2007年）、《互联网销售彩票管理暂行办法》（2010年）等。在司法解释层面，主要有《最高人民法院关于审理涉及计算机网络著作权纠纷案件适用法律若干问题的解释》（2000年）、《最高人民法院关于修改〈最高人民法院关于审理涉及计算机网络著作权纠纷案件适用法律若干问题的解释〉的决定》（一）（2003年）、（二）（2006年）、《最高人民法院、最高人民检察院关于办理利用互联网、移动通讯终端、声讯台制作、复制、出版、贩卖、传播淫秽电子信息刑事案件具体应用法律若干问题的解释》（2004年）、（二）（2010年）等。从所列的法律、法规等规范性文件的内容、数量和制定时间来看,关于网络虚拟社会管理的立法步伐在积极跟进,并且规范的调整面和力度得以不断加强。但不可否认的是,现有立法的步伐仍是跟不上网络虚拟社会发展的脚步,虚拟社会管理牵涉的一些难点、热点问题仍然游离于法律调整的视线以外,立法和司法在虚拟社会现实化管理中更有作为的力度。

二、回应的思考:法院参与网络虚拟社会现实化管理的价值追求和职能定位

作为社会管理的重要主体之一,法院在转型期社会管理中的角色越来越重要,承担的管理职能也越来越多元,司法在社会管理创新中的作为空间非常宏阔。而虚拟社会是当前社会管理的一个热点领域,法院应该主动参与到网络虚拟社会的现实化管理实践中,拓展能动司法的空间域度。关于这个实践性命题的研究,最前端的问题则是对法院在网络虚拟社会管理中的价值追求和职能定位的探讨。

(一)法院参与网络虚拟社会现实化管理的价值追求

笔者认为,法院参与到网络虚拟社会的现实化管理,最重要的价值追求是实现司法公正,这是我们讨论法院在虚拟社会管理价值承载的逻辑基点。而司法公正的价值可以进一步细化解析为司法公开和司法为民的价值追求。

1.“透明法院”:司法公开的价值追求

有观点认为,司法公开可以视为是一种“看得见的司法公正”,是社会公众评价法院工作的基准性参考因素,也是公众视野关注法院工作的一个重要方面。笔者认为,在司法公开的诸多载体平台中,互联网平台已经逐渐成为一个核心载体,法院通过互联网发布工作信息、发布大案要案等典型案件、进行庭审网络直播、网上公布判决书等,以互联网平台为依托打造“透明法院”,让法院的审判执行工作进一步透明化和公开化,接受社会公众的监督和评价,实现司法与网络民意的有效沟通。

2.“虚拟法院”:司法为民的价值追求

司法为民的价值追求要求法院工作尽可能地贴近和回应诉讼当事人的需求,提高司法活动的效率,从而降低当事人的诉讼成本和时间,减少当事人的讼累。网络虚拟平台逐渐改变着法院审判工作的传统模式,以网上立案、材料收转、文书送达、办案进度查询、网上信访等为内容的法院在线诉讼服务系统,把法院审判流程中一些纯粹的事务性工作与核心的审判活动剥离开来,在网络平台中完成这些非核心的审判流程,如此更能与网络时代社会公众的行为模式相契合,与社会公众对法院工作的需求实现更好的对接。

(二)法院参与网络虚拟社会现实化管理的职能定位

1. 基本职能定位:纠纷矛盾化解、法律秩序维护

法院是法律秩序的守护者，是社会纠纷的调处者，是利益冲突的平衡者。通过审判活动对事实加以判断，对法律加以适用，从而化纷止争，这是法院最基本、最直接的角色定位，是设置司法的基本目的，古今中外，概莫能外。① 在网络虚拟社会管理中，法院最基本的功能定位仍是纠纷化解者和秩序维护者。在网络虚拟社会的培育和成型过程中，同时伴随着网络违法犯罪、网络侵权纠纷、网络信息污染等"不良反应"，现实社会中的各种矛盾纠纷向网络虚拟社会渗透，同时网络虚拟行为对现实社会又构成反向作用，对现有的秩序体系造成冲撞力。法院应该适应不断变化和发展的社会形势的需求，积极发挥审判职能，依法打击网络违法犯罪活动，平息化解涉网络民商事纠纷，参与净化网络空间。

2. 衍生职能定位：司法能动服务、网络舆情应对

司法能动主义要求法院的功能定位从单纯的"裁判纠纷"，转型为"预防纠纷"和"解决纠纷"。② 由此也指出了法院参与社会管理创新命题的必要性，指出了能动司法的积极意义。要推进网络虚拟社会的现实化管理，关键是整合和发挥各方治理的能量，推动建立政府管理机制与社会协调机制协同、公共规制功能与社会自治功能互补、公权力调处机制与网民自律机制互动的管理构架，营造健康有序的网络生态环境。在此管理构架中，法院可以作为的空间还是很宏阔的，例如依托网络深化司法公开机制、拓展司法便民举措、加强网络民意沟通机制、完善涉诉网络舆情应对机制、加大法制宣传力度等举措。

三、平台的搭建：法院参与网络虚拟社会现实化管理平台的实证分析

古语有云，"九层之台，起于累土"，即成事须有基础，如此方能稳固。法院要参与网络虚拟社会现实化管理，需要依托一定的管理平台，作为法院信息发布、工作展示、互动沟通、收集民意的平台和渠道，如法院门户网站、法院官方微博、法律学界和实务界创办的法制类网站和论坛、各门户网站中的法制板块等。笔者认为，在这些网络平台中，最为重要的两个平台是法院门户网站和法院微博平台。

（一）法院门户网站平台

笔者以上海法院系统网络平台建设为样本进行分析，截至2011年5月，上海法院网站建设形成以三级法院门户网站为主干，以专业化网站和频道为辅助的格局（见表1、表2）。

---

① 参见倪寿明：《人民法院在推进社会管理创新中的职能定位和政策措施》，http://www.legalinfo.gov.cn/index/content/2010-03/11/content_2079827.htm? node=7879，2011年5月26日访问。

② 参见何兵：《2009年度人民法院十大关键词》，载《人民法院报》2010年1月6日。

表1　上海法院系统门户网站

类　别		名　　称	数 量
门户网站	一级网站	上海法院网	1个
	二级网站	上海市第一中级人民法院网、第二中级人民法院网	2个
	三级网站	浦东新区、长宁区、卢湾区、金山区、松江区、奉贤区、嘉定区、松江区人民法院网	8个
	专业化网站或频道	在中国法院网开设“中国法院网上海频道” 在新民网开设“新民网法院频道” 开通上海法院知识产权司法保护网	3个

表2　上海法院系统门户网站内容

类　别	主 要 栏 目
一级网站	新闻中心、审务公开、院长介绍、举报监督、在线服务、网络直播、法苑文化、论文园地等
二级网站	工作动态、审务公开、法院介绍、在线诉讼服务、案例评析、法官风采、法治文化、审判论坛等
三级网站	新闻中心、司法公开、在线服务、热点追踪、法制宣传、审判研究、特色工作、法院文化等

通过对上海法院三级门户网站的栏目和内容进行比较分析，笔者认为，作为法院参与网络虚拟社会管理的重要平台，三级门户网站较好地承载了司法公开、司法为民、民意沟通、法制宣传等司法价值和功能，体现了法院工作与网络民意的互动深度。其中，新闻中心、工作动态、审务公开等栏目聚焦司法公开的价值功能，让网民能够实时了解法院工作的方方面面，体现“阳光下的司法”的理念。在线诉讼服务如网上立案、材料收转、文书送达、办案进度查询、网上信访、网络直播等平台聚焦司法便民和民意沟通的功能定位，一方面，让诉讼当事人能够通过网络实施诉讼行为，免去实地奔波的讼累，同时网上信访等平台也成为法院收集网络民意的快捷通道。而法制宣传、案例评析、特色工作、法院文化等平台则是聚焦法制宣传的价值功能，其中案例评析、热点案件追踪等更能受到网民的关注和讨论，又因网络受众面的广泛而收到更好的普法宣传效果。

（二）法院微博平台

法院门户网站是法院参与虚拟社会管理的“主平台”，其优点是信息容量大，信息层次丰富，信息受众面广等。而法院微博则是法院参与虚拟社会管理的“微平台”，虽为“微平台”，但辐射面和影响力不可小视。2010 年 10 月，上海法院在全国法院系统率先开通法院官方微博，以新民网为平台，高院、中院、基层法院等共 29 家法院开通了官方微博，通过文字、图片、视频等形式向社会公众发布各类信息。笔者选择2010年10月至2011年5月为样本时间，采集上海法院官方微博的运行数据及内容分布，以求对法院微博的运行情况作出较为直观的描述（见表3）。

表3 上海法院微博平台运行情况①

单位	粉丝数	微博数	互动数
高院	1 996	392	179
一中	314	215	0
二中	408	925	5
海事	204	388	6
铁中	171	188	6
浦东	324	669	132
卢湾	243	228	1
徐汇	244	652	14
长宁	220	330	39
闵行	211	263	1
金山	688	1 285	751
松江	232	163	35
奉贤	194	134	5
黄浦	437	150	36
杨浦	216	399	12
虹口	244	215	7
静安	248	784	58
闸北	222	190	1
普陀	229	660	13
宝山	210	217	0
嘉定	207	125	0
青浦	199	75	1

① 参见《高院微博开展"幸运粉丝"活动 粉丝数突破2 000人》，http://gywebfront.hshfy.sh.cn:8080/shqsw/gweb/gww_xxnr_view.jsp?id=175079&xh=1，2011年5月24日访问。

续 表

单 位	粉丝数	微博数	互动数
崇 明	186	155	10
上 铁	186	55	0
杭 铁	169	3	0
南 京	171	56	0
徐 铁	162	9	0
蚌 铁	177	34	0
合 计	8 712	8 959	1 312

备注:互动数是指对网友微博的主动评论和对网友留言回复的数量。

从上海法院微博运行八个月以来的情况来看,法院微博的关注度和信息量都得以逐步提升和扩容,体现了作为司法公开"微平台"的积极功能。就微博的关注度而言,市高院微博的粉丝数最多为1 996人。就微博内容的丰富度而言,与法院门户网站的内容"不相伯仲",涵盖法院工作速递、庭审微直播、网上信访回复、网民互动、法院文化展示等内容(见表4)。就微博载体的快捷度而言,法院微博对涉诉当事人提出的申诉要求、对判决结果提出的不同疑惑、对法院工作提出的意见建议等均能在第一时间作出及时回应,并且回复信息能够主动传递到信息接收方,成为司法回应民意的"快车道"。

表4 上海法院微博平台内容

类 别	内 容
微 博	法院新闻速递、以案论法、法律常识普及、案件微直播、网上信访回复、网民评论回复、法院文化展示等

四、路径的构建:法院参与网络虚拟社会现实化管理的路径考量

关于法院参与虚拟社会现实化管理的路径考量,笔者将从规制功能、引导功能、服务功能等三个方面着手加以阐述。

(一)基于规制功能的路径考量

1. 积极打击网络犯罪,调处网络涉诉纠纷

当前,网络在给人们带来极大便利的同时,也引发了一系列社会问题。在刑事案件方面,利用网络实施的煽动颠覆国家政权、窃取国家秘密、诈骗、赌博、传播淫秽物品、非法经营以及非法侵入计算机信息系统等犯罪活动均有发生,这些问题自现实社会向虚拟社会蔓延,更有"遇风见长"的趋势。据相关数据显示,2010年,全

国法院依法审结淫秽电子信息犯罪等相关案件1 703件,同比上升47.5%①。这项数据仅仅是淫秽电子信息犯罪案件的数据,是网络违法犯罪案件的"冰山一角"。因此,法院必须保持打击网络违法犯罪行为的高压态势,维护社会的和谐安定。

在民事案件方面,利用信息化技术向公众传播侵权作品、故意破坏权利人为其作品所采取的保护著作权的技术措施或散布他人隐私等,可能引发知识产权纠纷或隐私权、名誉权纠纷的问题。此外,网络虚拟财产侵权、网络购物纠纷、个人信息侵权纠纷等虚拟社会的现实问题,都需要司法的介入和回应,由此也出现了一些"首例"案件。如2003年北京市第二中级人民法院审理的李某诉北京北极冰科技公司侵权纠纷一案,首开司法承认虚拟财产之先河。又如2004年吉林市船营区人民法院审理的张某诉北京联众电脑技术有限公司名誉权纠纷一案,首开司法维护"虚拟人"名誉权之先河。涉诉网络纠纷往往属于新类型案件,法院应加强对涉网络新类型案件的研究,尤其是发挥相关司法案例的辐射性指导作用,为法官审理类案提供参考和指导。

2. 完善司法解释制度,弥合立法与现实脱节问题

信息化社会的显著特征是发展速度的迅疾和事物更新的频繁,而成文法本身存在的局限与社会发展需求的张力之间总是存有不相适应的地方,立法与现实脱节的问题在虚拟社会管理中尤为突出。当前,涉及虚拟社会管理的法律法规体系虽然初步形成但不尽完善,有时因法律规定过于原则或笼统,甚而法律并未对此作出规定,从而在司法实务中存在"法官适法"的难题。

笔者认为,应该强化司法解释及其他司法文件,尤其是司法解释的作用。自2000年以来,最高人民法院就网络虚拟社会管理方面制定出台《最高人民法院关于审理涉及计算机网络著作权纠纷案件适用法律若干问题的解释》、《最高人民法院、最高人民检察院关于办理利用互联网、移动通讯终端、声讯台制作、复制、出版、贩卖、传播淫秽电子信息刑事案件具体应用法律若干问题的解释》等五个司法解释,创造性地弥合了立法缺位的问题。为此,应立足虚拟社会管理和法律实施的需要,不断完善司法解释制度,为法官适法裁判提供指引。

(二) 基于引导功能的路径考量

1. 健全涉诉网络舆情应对机制,强化司法与民意的互动性

涉诉网络舆情的应对问题是探讨法院参与虚拟社会管理的一个绕不开的重要话题。根据某网站的一项调查问卷显示,参与问卷的84.7%的受访者认为"网络围观"现象普遍,29%的受访者认为"网络围观"现象非常普遍。当前,网络舆情对于司法的影响日益凸显,网络舆论对于法院个案和突发事件的"围观",很多时候会对法院和法官形成强大的压力气场。因此,要建立健全涉诉网络舆情的应对和引导机制。

---

① 参见《最高人民法院2010年工作报告》,http://www.court.gov.cn/qwfb/gzbg/201007/t20100716_7756.htm,2011年6月2日访问。

(1) 完善网络舆情研判分析机制。就针对法院个案的网络舆情而言,笔者认为,可以适度公开法院审理案件的进度,梳理网络媒体和网民主流意见对案件的看法和评价,对正向和负向影响作出客观评判,并在合适的时机作出回应和跟进。就针对法院面上工作的网络舆情而言,可以确定专门人员如法宣干部,负责收集互联网上对法院各项工作的报道,包括正面报道和负面评价,以网络舆情专刊等形式予以刊发,实现司法与网络民意的良性互动。

(2) 积极发挥网络阅评员和新闻发言人的作用。在网络舆情应对问题上,时机的把握是关键,没有回应、不及时的回应或不当的回应都可能加剧负面舆情的传播。因此,在应对涉诉网络舆情问题上,要积极发挥网络阅评员队伍和新闻发言人机制的作用,除减少负面信息、还原事实真相外,还可以引导设置正面议程、发布正面信息,阐述法院的客观立场和观点,从而达到预期的疏导和引导作用。

(3) 畅通司法与网络民意沟通的渠道。在法院"网络问政"的问题上,设置畅通的沟通渠道是基础。要积极发挥法院门户网站、法院微博作为司法与民意沟通渠道的作用,在网站和微博中增强与网民互动板块的内容,例如定期设定主题并邀请网民参与对法院工作的专题讨论,又如更加重视对网民评论和建议的回复和落实,从而强化双向沟通的实效。

2. 加强司法建议制度,强化司法参与管理的针对性

司法建议作为法院化解矛盾纠纷、提升社会管理水平的载体,是法院审判职能的延伸。在网络虚拟社会的现实化管理中,法院应该用好司法建议这项制度,对于在涉网络纠纷案件审判中发现的普遍性或需要提请注意的问题,例如视频网站对影视作品上传审查监管不力的问题,可以向有关单位发出司法建议,并采取适当方式加以督促,以增强问题解决的彻底性,强化司法参与社会管理的针对性。

(三) 基于服务功能的路径考量

1. 依托网络平台的快捷定位,深化在线诉讼服务机制

能动司法理念的提出,要求法院提倡服务型司法,向社会尽可能提供便利有效的司法服务,而不是高高在上的官僚司法,更容易赢得社会的遵从和树立司法的权威①。笔者认为,法院可以依托网络平台的快捷定位,着眼司法服务提供的实效性,深化在线诉讼服务机制。一是要进一步理顺网上立案、网上信访的流程,审视现有流程是否契合诉讼当事人的需求,并有针对性地优化流程设计,建成"一站式"的在线诉讼服务系统。二是进一步加大裁判文书上网和在线诉讼档案查阅的力度,让当事人体验远程司法的便捷。三是进一步推动网络庭审直播工作,实现网络直播的常态化,尤其是一些网络舆情关注度高的案件或新类型案件的庭审直播,也是畅通舆情疏导的一种途径。

---

① 参见何兵、徐昕:《提倡服务型司法是世界潮流》,载《人民法院报》2010年3月13日。

2. 依托法院门户网站等载体,强化法制宣传工作力度

虚拟社会的扁平型结构,凸显了网民自律意识和自治机制的重要位置。而网民自律意识的养成和自治机制的培育,都离不开法治观念的引导。一是强化法院门户网站的宣传辐射功能,对法院工作动态、大案要案发布、案例评析、法律常识普及等进行及时刊登报道,要抓住网民对法院工作的关注点和兴趣点,定期对网站进行板块整合和内容调整,提高网页内容的可读性。二是充分发掘法院微博的宣传展示功能。当前,上海法院微博工作处于起步阶段,微博的关注度还有待提高,微博的内容也有待进一步丰富。笔者认为,可以借鉴上海警方微博一些好的做法,如以漫画的风趣形式介绍公安警力的分布和职能分工,就治理道路拥堵、微博打拐等与公众关切的话题开展微博讨论等,使法院微博的姿态更加亲民,从而提升法院微博的社会影响力。

“正义成本”的应然与实然
——《诉讼费用交纳办法》实施前后上海法院相关情况的实证分析

顾建荣课题组*

(本文系2007年全国法院司法统计分析重点课题成果,荣获第六次全国法院优秀司法统计分析评选一等奖,载于《人民司法》〈应用〉2008年第13期)

前 言

诉讼费用制度是现代法治国家诉讼法中一种通行的制度,而诉权则是现代法治国家的第一制度性人权。“诉讼费用与诉讼者的利益紧密相关,其合理性在一定程度上反映着一个国家的人民享受司法保障的程度。”①如果诉讼费用过高,有可能将无力承担诉讼费用的人阻挡于司法救济之外,使其放弃通过司法实现正义的希望;如果诉讼费用过低,有可能造成当事人滥诉,同时将部分人提起诉讼产生的耗费转嫁给全体纳税人。在两者之间找到一个平衡点,在国家和当事人之间合理分配“生产正义的成本”,做到既能保障诉权的依法行使,又能防止诉权的滥用,一直是各国诉讼费用制度努力的方向。

诉讼费用在概念上有广义和狭义之分。从广义上来讲,它是指当事人进行诉讼而支出的一切费用,包括向法院交纳的费用和为诉讼而支出的其他费用;从狭义上来讲,它又称裁判费用,是指当事人因进行诉讼而向法院交纳的费用。根据有关法律规定,我国的诉讼费用是狭义上的,即裁判费用。

在构建社会主义和谐社会的大背景下,根据中央关于司法体制改革的有关

---

* 课题主持人:顾建荣(原任上海市高级人民法院研究室主任,审判委员会委员)。课题组成员:沈英明(原任上海市金山区人民法院副院长,现任上海市闵行区人民法院副院长)、张建国(上海市金山区人民法院研究室主任,审判委员会委员,四级高级法官,法律硕士)、傅启超(上海市高级人民法院研究室统计科科长)、王庆廷(课题执笔人,上海市金山区人民法院研究室法官,法学硕士)。

① 朱海兰、周平平:《民事诉讼费用研究》,载《四川教育学院学报》2005年第5期。

部署，人民法院诉讼收费办法及标准由国务院制定，具体起草工作由国务院法制办会同最高人民法院（下称“最高院”）和国家发改委、财政部承办。2006 年 12 月 8 日，国务院第 159 次常务会议通过《诉讼费用交纳办法》（以下简称《办法》）取代了原来最高院 1989 年制定的《人民法院诉讼收费办法》（以下简称《老办法》），并已于 2007 年 4 月 1 日起正式施行。

该《办法》发布以及施行后，引起了全社会的巨大关注，普遍认为《办法》大幅降低了诉讼费用标准，大大减轻了当事人诉讼费用负担，是一项和谐社会背景下强有力的惠民举措，但是也有一些不同的声音，同时随着《办法》的实施，一些问题也随之出现。基于此，本课题的目的就是通过《办法》实施前后相关数据情况的统计，发现相关问题，分析其中原因，提出相应对策，以期对我国诉讼费用制度的完善和效用的发挥有所裨益。

本课题的数据对象为立足分析上海全市法院数据，重点分析基层法院数据①，因为在上海，基层法院的案件数量占到了全市法院的 90% 以上，而且由于《办法》主要大幅降低了标的额为 130 万元以下案件的诉讼费，对基层法院影响较大。对于标的额在 130 万元以上的案件，与《老办法》相比，《办法》实际上是提高了此类大标的额财产案件的诉讼费（见表 1）。分析的案件以民事案件②为主，因为上海法院民事案件占了绝大部分，而且《办法》对于民事案件诉讼费用的修改幅度最大。此外，上海法院的行政案件本来就比较少，所占比例也小，而且执行案件早在《办法》实施前就已经实行了执行到位后再收费的办法，这一点与《办法》的规定是一致的，因此《办法》对执行案件的影响也没有对民事案件的影响大（见图 1）。数据的年限以 2006 年和 2007 年全年比较为主③，2007 年个别月份和 2006 年个别月份比较为补充。同时注重理论与实践并重，统计所涉数据除了立足司法实践进行相应调查、归纳和总结外，还着重进行理论上的分析和提炼，做到从实践中来，到理论中去。

表 1　部分特殊标的额财产案件受理费新旧标准对比

标的额	《老办法》标准	《办法》标准	差额
1 000 元	50 元	50 元	0 元
1 万元	410 元	50 元	-360 元
5 万元	2 010 元	1 300 元	-710 元

① 数据主要来源为《2007 年上海法院审判质量效率评估数据》。从 2003 年起，上海市高级人民法院开始排序公布《上海法院审判质量效率评估数据》，以季度为周期累计公布，所涉法院为全市各级法院，所涉指标包括同期结案率、平均审理天数、均衡结案度等几十项。

② 含商事、知识产权案件等案件，如无特别说明，下同。

③ 因为 2007 年有三个季度属于《办法》实施后，可以大致将 2007 年全年视为《办法》实施后。

续 表

标的额	《老办法》标准	《办法》标准	差额
10 万元	3 510 元	2 300 元	-1 210 元
20 万元	5 510 元	4 300 元	-1 210 元
50 万元	10 010 元	8 800 元	-1 210 元
100 万元	15 010 元	13 800 元	-1 210 元
130 万元	16 510 元	16 500 元	-10 元
200 万元	20 010 元	22 800 元	+2 790 元
500 万元	35 010 元	46 800 元	+11 790 元
1 000 万元	60 010 元	81 800 元	+21 790 元
2 000 万元	110 010 元	141 800 元	+31 790 元

注:《办法》分了 10 个收费段,《老办法》分了 7 个收费段。文中的标的额基本上采用了两个收费段的界点数额。

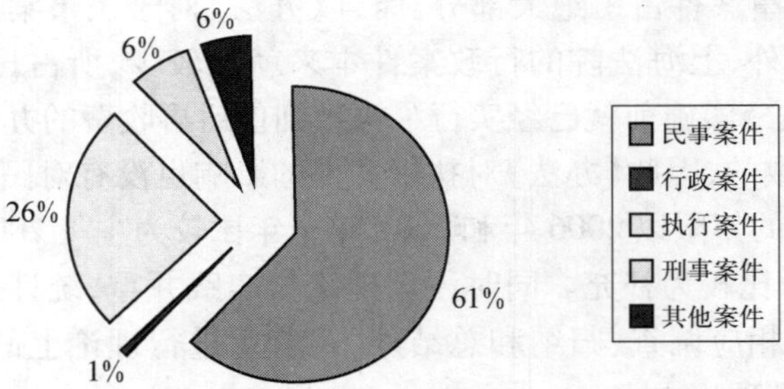

图 1 2007 年上海法院收案中各类案件数额所占比例

一、《办法》实施前后的主要情况变化

(一) 案件数量方面①

1. 整体案件数量

2007 年全市法院收案 354 607 件,同比上升 7%,结案 354 860 件,同比上升 8.5%。全市基层法院收案 312 026 件,同比上升 7.3%,结案 312 364 件,同比上升 9%。其中,就案件上升幅度的分布法院来看,全市 3/4 以上的法院有了不同幅度的增长,特别是郊区法院上升幅度强劲,如金山、松江、奉贤和崇明等四家郊区法院收案分别大幅上升 69.1%、35.1%、30.3% 和

① 文中所涉案件数量等数字,如无特别说明,专指全市法院的数字。

27.8%。但是从近年来上海法院的案件数量连年上升的总体走势而言,去除案件正常上涨因素,《办法》对案件数量的整体影响并没有想象中的那样明显(见图2)。

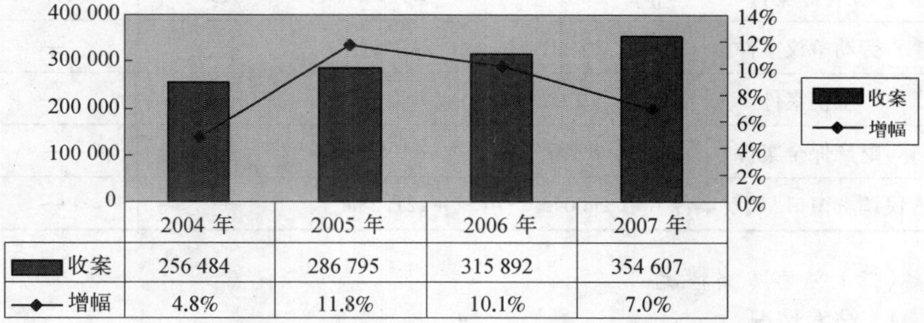

图2　2004—2007 年全市法院收案数量及增幅

2. 条线案件数量

2007 年民事案件收案 197 695 件,同比上升 7.3%,结案 197 785 件,同比上升9%。其中不予受理和驳回起诉的数量为 2 387 件,同比下降 3.2%。

2007 年行政案件收案 1 929 件,同比下降 3.1%,结案 1 952 件,同比下降 1.6%。

2007 年执行案件收案 91 442 件,同比上升 6%,结案 91 520 件,同比上升7.5%(见表2)。

表2　2007 年全市法院条线案件数量

	收案(件)	同　比	结案(件)	同　比
民事案件	197 695	+7.3%	197 785	+9%
行政案件	1 929	−3.1%	1 952	−1.6%
执行案件	91 442	+6%	91 520	+7.5%

3. 几类具体案件数量

2007 年支付令案件收案 502 件,同比下降 41.9%。结案 519 件,同比下降41.4%,结案标的额为 118 697 万元,同比下降 46.9%。

2007 年劳动争议案件收案 10 901 件,同比上升 2%。

2007 年工伤案件收案 19 件,同比下降 50%。

2007 年财产保全案件收案 8 197 件,同比上升 10%。

2007 年"人民调解窗口"调解案件 33 043 件,同比上升 221.8%。其中,调解成功 24 656 件,上升 230.9%;调解成功率为 74.6%,上升 2.1 个百分点(见表3)。

表3 2007年全市法院几类具体案件数量

	收案(件)	同 比	结案(件)	同 比
支付令案件	502	-41.9%	519	-41.4%
劳动争议案件	10 901	+2%	—	—
工伤案件	19	-50%	—	—
财产保全案件	8 197	+10%	—	—
“人民调解窗口”调解案件	33 043	+221.8%	—	—

(二) 法官办案情况

1. 结案情况

2007年全市法院人均结案数①为62.1件,同比增加5.2件。全市基层法院人均结案数为74.7件,同比增加6.3件(见表4)。

表4 2007年结案情况

	人均结案数(件)	同比(件)
全市法院	62.1	+5.2
全市基层法院	74.7	+6.3

2. 期限情况

2007年全市法院平均审理天数②为55.1天,同比减少3.3天。全市基层法院平均审理天数为55.6天,同比减少3.8天。

2007年全市法院平均执行天数③为62.5天,同比减少2天。全市基层法院平均执行天数为62.5天,同比减少1.9天(见表5)。

表5 2007年期限情况

	平均审理天数(天)	同比(天)	平均执行天数(天)	同比(天)
全市法院	55.1	-3.3	62.5	-2
全市基层法院	55.6	-3.8	62.5	-1.9

---

① 指报告期各法院在编人员(按政治部提供的在编干部和聘用制人员数的95%计算)的平均结案数。考虑到人员培训、借调等因素,本指标数以2007年12月底在编人员数的95%计算。

② 指报告期审理各类案件的平均自然天数(不包括执行、减刑、假释案件及最高法院明文要求“暂缓审理”和破产案件的审理天数,但不扣除因法定事由减去的期间)。

③ 指报告期执行案件的平均执行自然天数(不包括最高法院明文要求“暂缓执行”和刑事财产刑执行案件的执行天数,但不扣除因法定事由等延长的期间)。

3. 程序情况

2007年全市法院民事调解率①为23.8%,同比上升2.1个百分点。其中一审民事调解率为25.4%,同比上升2.1个百分点。全市基层法院民事调解率为25.9%,同比上升1.8个百分点。

2007年全市法院民事撤诉率②为32.4%,同比下降0.6个百分点。其中一审民事撤诉率为33.1%,同比下降0.5个百分点。全市基层法院民事撤诉率为32.4%,同比下降0.6个百分点。

2007年全市基层法院简易程序适用率③为82%,同比上升0.5个百分点(见表6)。

表6 2007年结案情况

	民事调解率	同比（百分点）	民事撤诉率	同比（百分点）	简易程序适用率	同比（百分点）
全市法院	23.8%	+2.1	32.4%	-0.6	—	—
全市基层法院	25.9%	+1.8	32.4%	-0.6	82%	+0.5

（三）诉讼费用收取情况

2007年4月份收取的诉讼费用同比减少7.9%。2007年全年收取的诉讼费用同比减少7.16%。

（四）法院经费保障情况

由于上海各级法院在《办法》实施前都做到了“收支两条线”,而且《办法》发布和实施后,上海市高级人民法院(下称“市高院”)及时同市政府以及各区县党委政府进行了交流沟通,各区县法院也都同当地党委和政府进行了交流沟通,取得了各级党委政府的理解和支持,采取了各种措施对法院经费予以保障,如追加预算、出台文件(上海市财政局和物价局联合发布了《关于本市制定部分案件诉讼费用具体交纳标准的通知》)等等。因此,《办法》实施后对于上海各级法院的经费保障影响不是很大,通过各种努力,基本做到了人员经费按政策,公用经费按标准,专项经费按需要由财政予以保障。

（五）司法救助情况

2007年全市法院共收减免缓交诉讼费案件3 678件,同比下降15.2%,涉及金额为861万元,收缴的诉讼费下降了11.1%。其中,减交案件607件,金额为

① 指报告期民事一审、二审和再审案件的调解结案数占民事案件(不含特别程序案件)结案数的比例。

② 指报告期民事一审、二审和再审案件撤诉结案数占民事案件(不含特别程序案件)结案数的比例。

③ 指报告期一审案件适用简易程序结案数占同期一审结案数的比例。

61万元;免交案件1 374件,金额为125万元;缓交案件1 697件,金额为675万元。另外,办理法律援助案件1 567件,同比上升1.8%(见图3)。

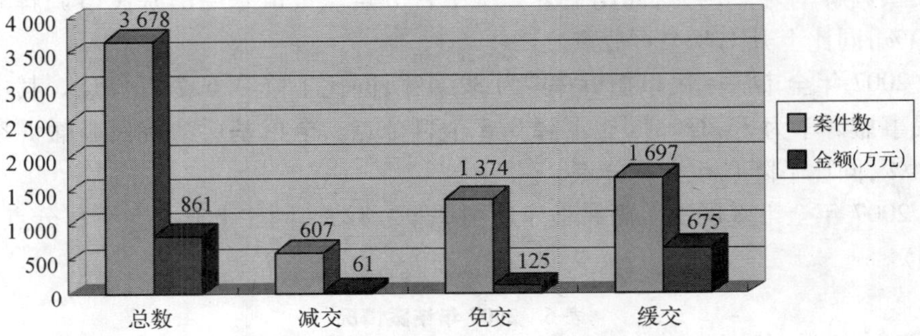

图3　2007年全市法院减免缓交诉讼费案件情况

(六)人员数量方面

2007年全市法院在编人数为5 836人,同比上升1%。法官人数为3 490人,同比上升1.2%(见表7)。

表7　2007年全市法院人员数量

	数　量	同　比
在编人数	5 836	+1%
法官人数	3 490	+1.2%

二、《办法》存在和引发的问题

(一)《办法》本身存在的问题

《办法》某些条文存在诸多不足之处,主要有以下几点:

1. 有悖法理常情

《办法》中某些规定与立法本意或精神不符。以支付令案件为例,《办法》第14条规定,依法申请支付令的,比照财产案件受理费标准的1/3交纳。第36条规定,债务人对督促程序未提出异议的,申请费由债务人负担。债务人对督促程序提出异议致使督促程序终结的,申请费由申请人负担;申请人另行起诉的,可以将申请费列入诉讼请求。这一规定显然有悖法理,因为支付令的立法本意是让债权人便捷讨债,具有催偿债务及时方便、节省费用的优点。但与《老办法》按件收取100元相比,《办法》反而提高了申请支付令的收费标准。以一件10万元的债务案件为例,按《老办法》只要100元,按《办法》则需要近800元。如果支付令送达后,债务人提出异议,程序即行终止,债权人还得通过诉讼的方式实现债权。虽然可以把申请费列入诉讼请求,但增加了债权人的诉讼标的额,在目前执行难的司法背景下,无疑增加了债权人的诉讼风险。这样一来,支付令的效用难以发挥,债权人自然也就难以选择使用。就上海法院而言,由前面的数据统计可以看出,2006年受理的支付令案件为865件(其中有很多大标的额的支付令案件),而2007年受理的支付令案件为502件(其中大部分为小标的额的支付令案件),下降了41.9%,下降幅度可谓不小,与此同时,结案标的额也有大幅度下降,高达46.9%。再如,根据《办法》第9条规定,违背了"自愿原则"的调解书申请再审的话也要交纳受理费,但这并不是当事人的过错,违背了过错责任的一般法理。

2. 立法精神不一

《办法》中某些规定前后立法精神不一致,没有一以贯之。如根据《办法》规定,法庭调查终结之后减少诉讼请求数额(实际是部分撤诉)的仍旧全额收取该部分的受理费(第35条),与申请撤诉一律减半收费相比(第15条),这样的规定似乎并不协调,并没有将减费进行到底。再有,《办法》第8条规定,裁定驳回上诉的案件无需交纳案件受理费。第15条规定,当事人申请撤诉的,减半交纳案件受理费。这两条之间也存在矛盾:如果当事人在上诉过程中有撤诉意愿,法院也没有动用司法资源来审理案件,却要收取一半的费用;而已经耗费了司法资源进行了上诉案件的审理,如果结论是驳回上诉,法院就不会收取受理费。这样一来,当事人即便是想撤诉,但碍于撤诉收费,也要硬着头皮将诉讼进行到底。就上海法院而言,实践中就碰到一些当事人对此表示难以理解的情况。

3. 可操作性不强

《办法》中某些条文比较模糊或机械,导致在实践中缺乏可操作性。如根据《办法》第15条和第16条规定,以调解方式结案或者当事人申请撤诉的,减半交纳案件受理费,适用简易程序审理的案件减半交纳案件受理费。那么适用简易程序又调解结案或撤诉的,到底是减半收取诉讼费,还是减半再减半收取诉讼费有待明确。由于对此没有明确规定,造成司法实践中收费标准不一致,有的法院是减半收取,有的法院则是减半再减半收取。再如,如关于证人出庭费用的收取,就需要区分情况,如证人是当事人自己请的还是法院请的,是对一方有利的还是对双方都有利的,证人是愿意无偿还是有偿作证,而《办法》仅在11条笼统规定"由人民法院按照国家规定标准代为收取"。由于并没有区分具体情况,司法实践中导致一些当事人对证人费用的分摊表示不满。

4. 引起实践混乱

《办法》中某些条文从实践后果看,会造成很大的混乱。如根据《办法》第12条规定,诉讼过程中因鉴定、公告、勘验、翻译、评估、拍卖、变卖、仓储、保管、运输、船舶监管等发生的依法应当由当事人负担的费用,人民法院根据谁主张、谁负担的原则,决定由当事人直接支付给有关机构或者单位,人民法院不得代收代付。而原来的规定则是由人民法院对外委托。这一新的规定在赋予了当事人自由的同时也存在很大的风险，即实践中，由于没有相应的配套机制，很可能形成评估机构与委托当事人之间的内幕交易。在“收谁的钱为谁负责”的背景下，很容易形成一对一的私法委托关系，与法院委托形成的公法上的委托关系比较，后者鉴定结论的公信力显然更高。对方当事人一旦提出异议，法院需要重新委托评估，这就大大增加了当事人的负担，延长了诉讼时间。而且就司法实践来看，不少当事人由于怕麻烦，或缺乏有关知识，依然倾向于让法院来代收代付。

(二)《办法》实施后引发的问题及原因

1. 法官执法理念会受到一定挑战

在《办法》实施前，不少人认为诉讼费下调引起的“诉讼爆炸”①将可能影响司法公正与效率。特别是《办法》中关于适用简易程序或调解结案诉讼收费都减半的规定，会在很大程度上影响法官的执法理念，因为基层法院90%以上的案件都是或者适用简易程序，或者调解结案。而司法实践中适用简易程序和普通程序除了在是否组成合议庭上有所区别外，其他的实质差别并不是很大，而调解工作量也不小，有时法律事实清楚权利义务明确的简单案件考虑到案结事了就需要反复做当事人的工作。换言之，适用简易程序，或者调解结案并不一定必然降低或减少了诉讼成本，而减半收费的规定却是必然极大增加了诉讼成本，因此法官适用简易程序或调解结案的理念会受到一定影响。

不过对于上海各级法院而言，由前面的数据统计可以看出，2007年和2006年相比，一审民事调解率和民事简易程序适用率在《办法》实施后不降反升，分别上升了2.1个百分点和0.5个百分点。主要原因有五点：一是《办法》发布和实施后，市高院领导与各级党委政府进行协调，各级法院都同当地党委政府进行了沟通，也取得了各级党委政府的支持，经费保障未受到很大影响，因此还有一定能力承受这两部分诉讼成本的增加，缺少单纯因为诉讼成本的增加而去片面降低一审民事调解率和民事简易程序适用率的必要经济动力；二是在市高院发布的审判质量效率评估数据中，调解率和简易程序适用率依然是两个比较重要的评估考核指标，对各级法院有很大的指导性作用；三是上海经济比较发达，各种矛盾也较多，各级法院面临的维稳压力较大，而调解无疑是达到案结事了、息讼

① 之所以没有出现“诉讼爆炸”，一个非常重要的原因就是我国法律规定的诉讼费用范围太窄。理性的当事人进行诉讼，首先要考虑诉讼成本，虽然交给法院的裁判费用降低了，但裁判费用在总的诉讼成本中只占到很少部分，而参与诉讼支出的其他必要费用如交通费、住宿费、查档费、取证费等，以及昂贵的律师费却占到了诉讼成本的绝大部分。按照我国现行规定，即使原告胜诉了，这部分费用也还是需要自掏腰包，不能像裁判费用那样转嫁给被告(败诉方)承担，因此不少理性的当事人在核算了诉讼成本后，还是对诉讼望而却步。此外，我国历史传统一直将诉讼视为恶习，当事人一旦选择诉讼途径，很可能会得到一些不利的社会评价。再加上进入诉讼后还要花费不少精力、时间等，这些都影响了当事人对诉讼的选择。因此，对于大多数人而言，诉讼往往是不得已而为之，而不是到超市购买商品，可以贪图一时便宜盲目购进，况且这里的“便宜”在一定程度上是那么的微不足道。另外，根据对于部分律师的访谈，发现大多数当事人一旦决定诉讼，更关注的是纠纷解决的时效性而非诉讼成本支出。参见闵行法院课题组：《〈诉讼费用交纳办法〉对民事纠纷解决之影响及启示》。

止争的一个最佳方式；四是上海各级法院的审判人员普遍不足，上海法院近十年来受理的案件数量翻了一番，但法官人数并没有多少增加，案件数量的增幅远远超过了法官人数的增幅，以2007年和2006年对比，收案和结案分别上升了7%和8.5%，而法官人数仅上升了1.2%，在案多人少的情况下多加适用简易程序无疑是一个理性而又无奈的选择；五是当事人的理性选择也在一定程度上影响了法官的执法理念。就以民事调解率和民事撤诉率为例，两者一升一降。是因为在《办法》出台以前，很多原本是调解的案件最后是以当事人和解撤诉的方式结案的，也即名义上是撤诉结案，实际是调解结案，而之所以以撤诉结案，是因为撤诉是减半收费的，这是促使当事人选择撤诉的经济动力。而在《办法》出台以后，调解结案的也是减半收费，对当事人而言，在经济动力上和撤诉结案是相同的，所以很多调解的案件最后也就以调解结案了，而没有再像以前那样额外增加一个撤诉的环节。

2. 滥用诉讼权利情况增多

《办法》对民众的影响，分为正面影响和负面影响两大部分，其中正面影响主要是大大减轻当事人诉讼费用压力，老百姓反映强烈的“打官司难”将得到缓解，此举作为一项惠民政策，充分体现了政府的民本观念，令人欣喜；负面影响主要是诉讼门槛的降低有可能引发民众滥用诉讼权利进行诉讼，浪费司法资源。特别是当前我国市场经济还不完善，社会诚信缺失的现象还相当普遍，趋利避害的本性促使人们以利益价值权衡作为选择某种行为的衡量标准。显然，负面影响对于和谐社会以及诚信机制的建立有害无益。滥用诉讼权利进行诉讼可以分为两大类①，一是无恶意诉讼，是指当事人诉讼的目的不是为了通过法律的手段达到不法的目的，而是通过诉讼达到某种和诉权设置原意不同的结果。典型的如纠缠诉讼，即当事人在法院判决后，认为法院裁判在实体或者程序上有失公正，影响自己实体权益或者诉讼权利的，而反复提出申诉的现象。二是恶意诉讼，它与侵权行为在本质上是一致的，都是一种侵犯他人合法权益的行为，所不同的是恶意诉讼具有合法的外衣，当事人一方把法律视为侵权方法，把法院作为侵权工具，进而实施侵害行为。典型的有诈欺诉讼，即原告在捏造事实和伪造证据的基础上提起的诉讼，其目的是利用现有的有利证据和借助诉讼技能，从而通过满足其诉讼请求而侵犯他人利益，达到自己的某种不法目的。

不过从上海全市法院来看，这一负面影响不是很大，这从2007年民事案件不予受理和驳回起诉的数量同比下降3.2%可以看出，但已有苗头。如上海市第一中级人民法院于2007年4月12日受理的蔡华诉中智上海经济技术合作公司、保利费斯公司（注册于美国）劳动争议纠纷上诉案中，上诉人蔡华上诉要求保利

① 参见黄学武、袁长伟、孙守：《以民事诉讼为视角浅析当事人不良诉讼心理》，文载中国法院网，发布时间：2007年2月16日。

费斯公司支付13亿元精神损失费,诉讼标的数额之高,为劳动争议案件罕见。审理过程中,上诉人蔡华将增加高额精神损失赔偿的举动解释为其采取的诉讼策略,称保利费斯公司系伦敦上市公司,须向股东披露未了诉讼,此举能在一定程度上对该公司产生负面影响。为消除劳动者寻求法律保护的障碍,《办法》大幅降低了劳动争议案件的收费标准,但不能排除个案中当事人滥用权利达到其个人目的,该案即具有一定的代表性。综合一下,基于诉讼费用降低,当事人滥用诉权的情况主要有以下几种:① 利用程序性权利拖延义务履行。即不断通过仲裁、诉讼方式尽可能逃避责任,恶意利用管辖异议、上诉、回避、另案起诉、列无关当事人等手段,拖延法院及时作出裁判或阻延裁判文书发生法律效力,影响对方当事人诉讼目的的实现。② 当事人缠讼。即诉讼"成瘾",多次诉讼。③ 滥用民事诉讼权利的低成本支出与高收益形成巨大反差,促使当事人滥用民事诉讼权利寻求新的"利润空间"。如在一起案件中,当事人提起上诉,却一直不缴纳上诉费,阻碍原告实现其合法权益。

3. 对困难群体的保护会带来理想和现实的背离

《办法》出台的宗旨之一就是在于"让老百姓打得起官司",也即主要目的在于让老百姓(作为原告)打得起官司,值得称道。因为现实中诉讼费用的居高不下,将许多"稳操胜券"的老百姓拒之于法院的大门之外,他们虽然有足够的证据能够打赢官司,却因高昂的诉讼费而无法通过诉讼保护自己的合法权益[①]。《办法》降低诉讼费标准,从表面上看似乎是降低了老百姓打官司的门槛。但是《办法》的制定者却忽视了一个重要的问题,就是诉讼费一般最终是由败诉方来承担的,以此发挥对违法或不诚信当事人进行惩戒的功能。也就是老百姓来起诉,他只是预交诉讼费,最终他赢了官司后诉讼费是让被告承担的,因此降低诉讼费与维护老百姓的诉权着实意义不是很大,如果确实经济困难,完全可以在起诉时缓交(甚至减交或免交)诉讼费。由此可见,降低诉讼费标准,真正得益的是败诉一方,实质上降低了违法者(或违约者)的违法成本,由此造成的后果是:不利于当事人忠实履行法定或约定义务,不利于减少纠纷或争议的发生,反而增加了诚信守法者权利受到侵害的可能性。

以劳动争议案件为例,在当前严峻的就业形势下,用人单位恃强凌弱,拖欠劳动者报酬相当于获得一笔无息贷款。《办法》第13条规定:"劳动争议案件每件交纳10元。"这种象征性的收费似乎体现了国家对劳动者的保护,但不少劳动争议案件是劳动者起诉用人单位,特别是追讨欠薪的时候,用人单位败诉后只需支付10元钱甚至更低的欠薪成本,如此低的欠薪成本无疑会间接鼓励用人单位恶意欠薪。而对于劳动者而言,维权的最终结果往往是丢掉饭碗,得不偿失,故

---

① 其实这在一定层面上也反映了当事人利用规定的策略意识较低,因为《老办法》中有大量诉讼费减免缓的规定,当事人符合条件的话都可申请。

不少人只得忍气吞声，不敢对簿公堂，致使一些用人单位更加肆无忌惮。可以说《办法》此举对于劳动者而言并没有起到预期中那样大的保护作用，因为劳动争议案件并没有大幅度上升，就上海各级法院而言，2007 年的劳动争议案件数量同比仅仅增加了 2% 。究其原因，除了前面分析的之外，还有就是面对用人单位的强势地位，劳动者诉讼费用本来就不高①，而且在《办法》实施后为避免退费带来的手续繁琐问题，一些法院采取了此类案件实际免交诉讼费的做法。但是劳动者其他费用的支出如代理费、律师费等却并没有下降，而且所占比例较大，而这些费用即使劳动者胜诉了，也还是要自掏腰包。

4. 案多人少矛盾将更为突出

整体而言，《办法》从六个方面大幅度降低了收费标准，如将财产性案件收费比例的起点由现行的 4% 下调为 2.5%；征收依据更趋多元化，考虑了案件的诉讼与非讼性质、财产性与非财产性、结案方式、审理的繁简程度、诉讼审级阶段等；极大限缩了法院的自由裁量权，废除了《老办法》中的“其他费用”、“实际支出费用”等模糊概念。《办法》实施后，基于诉讼费用降低的因素，案件数量会有三方面的增加：

（1）原来因诉讼费用“打不起官司”的当事人会来法院寻求正义。这是《办法》的原本旨意，因为现实生活中确有一部分人属于这种情况，国家才出台了这一惠民措施，法律面前没有贫穷只有平等，这属于《办法》实施后的“正常”案件增加。

（2）部分当事人会因为官司成本降低来法院进行非理性诉讼。《办法》实施后，随着诉讼成本的降低，会给利害关系人带来一场“官司热”，很多当事人为争口气而来打官司，缺乏理性考虑，表现出“争气不争财”的心理状态，小额财产类纠纷及非财产类纠纷利害关系人会更多地选择诉讼渠道解决，滥讼滥诉现象将不可避免，这不仅不利于社会的和谐，而且还将导致国家审判资源的浪费，使善意一方当事人的利益受损，增加对方当事人的诉讼费用负担②。与其他纠纷解决方式相比，诉讼远非经济、便捷的解决方案，原被告双方一旦对簿公堂，并不利于矛盾的解决，正是出于这种考虑国家和社会才设计了大量替代性纠纷解决机制，试图以此大幅度地缓解诉讼渠道受理案件的压力，从而有效降低法治的成本。法律之所以规定打官司必须交纳一定的诉讼费，其主要作用之一就在于，为诉讼设置一个适合现行诉讼渠道容量与处理能力的门槛。而《办法》大大降低了诉讼门槛，无疑会使诉讼费的这一门槛作用大打折扣，无形之中鼓励或放纵了人们舍弃其他纠纷解决方式，致使大量纠纷直接涌向法院，不仅不能使有限的司法得到

---

① 上海法院在《办法》出台之前是每件 50 元，50 元相对于 10 元虽然差别很大，但对比于劳动者的总体收入，的确算不上多大的比例。

② 因为一旦一方当事人启动诉讼程序，另一方当事人应诉必然会增加相应的代理费、交通费、食宿费等各种费用，从而带来新的讼累。

合理利用,也不利于整个社会有序健康的发展。

(3) 恶意和无理诉讼将会抬头。近几年,恶意诉讼案件呈逐年上升趋势,诉权被滥用的问题日益突出。《办法》实施后,诉讼费的大幅下调,不能不说是对恶意和无理诉讼者的一个"大好"消息,无疑大大降低了他们的诉讼成本。

就上海法院而言,由前面的统计数据可以看出,2007 年和 2006 年相比,收案和结案分别上升了 7% 和 8.5%,案件数量确实有了较大幅度上升,但是与此相反,法官人数却变化不大,2007 年为 3 490 人,仅微升 1.2%。本来,上海各级法院案多人少的矛盾就比较突出,如今上海各级法院加班加点已成为常态,一直在超负荷运转。而诉讼费的降低直接导致了案件大幅上升,而人员并没有相应上升,上升幅度远远落后于案件上升的幅度。这样一来,法院案多人少的矛盾会更加突出,不仅法院需要投入大量的人力、物力和财力,审判资源耗费大幅度上升,确保优质、高效完成审判工作的难度更大,而且法官办案压力增大,工作负荷加大,成了"办案机器",也会在一定程度上影响司法公正和效率,造成更多积案,影响法官学习知识,影响司法的公信力。

5. 法院经费保障受到一定影响

《办法》第 52 条规定:"案件受理费、申请费全额上缴财政,纳入预算,实行收支两条线管理。"所谓"收支两条线",就是法院收缴的诉讼费全额上缴给财政专户,财政统筹后再以预算外资金的形式,根据其经济实力与法院的开支预算报告,决定拨款数额的多少。虽然中央早就三令五申落实"收支两条线"①,但一些地方财政为了减轻包袱,还采取以收定支的方式,让法院用诉讼费弥补财政拨款留下的缺口,诉讼费因此成了法院办公经费和干警福利待遇的重要来源。《办法》实施后,法院收入势必将大幅减少,由此对法院特别是基层法院经费保障将产生不小的冲击。这对受冲击的法院来讲,将是一场严峻的考验。所以,政府对法院办案的经费保障问题,是《办法》顺利实施的关键。但是无论收支是否两条线,《办法》的实施都会对法院的经费保障产生一定的影响,因为政府与法院之间在围绕审判的资源获取与分配领域的行为事实上也是一种博弈。作为两类都要谋求自己利益最大化的主体,在众多财政需求的压力下,政府会选择尽可能少地向法院提供财政支持,同时为了获得其正当性还要降低诉讼费用。② 而《办法》实施后,无论是否严格执行"收支两条线",政府的收入都会减少,在这种情况下,

① 早在 1993 年,中共中央就做出行政性收费和罚没收入实行"收支两条线"的指示;之后,中央出台了很多落实"收支两条线"的文件,如 1998 年 6 月 19 日,中共中央办公厅、国务院办公厅发出通知,转发《财政部、国家发展计划委员会、监察部、公安部、最高人民检察院、最高人民法院、国家工商行政管理局关于加强公检法工商部门行政性收费和罚没收入收支两条线管理工作的规定》;1998 年 12 月 3 日,财政部联合国家计委、监察部、高法院、高检院、公安部、国家工商局发布《关于进一步加强落实"收支两条线"规定工作的通知》;1998 年 10 月 9 日,财政部颁发《关于认真做好公检法工商四部门"收支两条线"管理工作的通知》,等等。

② 参见韩波:《论我国诉讼费用管理制度的变迁与改革》,载《司法改革论评》2002 年第 2 期。

要求政府对法院的经费不能减少甚至还要增加总归是一件难事。

就上海各级法院而言,由于在《办法》实施前就都实施了“收支两条线”,而且在《办法》发布和实施后,都与相应的党委政府进行了沟通协调。再加上上海本身经济比较发达,各级政府也有能力和财力承担诉讼费减少后的这一部分凭空增加的财政支出成本。因此对上海各级法院而言,《办法》的实施对于法院经费保障产生的影响不是很大。此外,与《老办法》相比,《办法》实际上提高了130万元以上的大标的额案件的诉讼费,而由于上海经济比较发达,大标的额案件相对较多。再有,虽然小标的额的案件诉讼费降低了,但案件数量却增加了。这样一来,《办法》的实施对于诉讼费总量影响不是特别大,这从2007年上海各级法院收取的诉讼费总量同比减少7.16%可以看出。纵然如此,《办法》的实施毕竟带来了诉讼费总量的下降,进而无可避免地会对法院办案经费造成一定影响。而且,由于统计的仅仅是《办法》实施后不到一年的情况,难免会有一定的偶然性因素在里面,2007年诉讼费总量的下降幅度虽然没有想象中的大,但不确保以后的情况依然如此。而一旦诉讼费总量骤降,难免会大大增加法院经费保障的变数。

三、对策分析与相关建议

(一)不断改进和完善《办法》本身

由于现有《办法》本身存在诸多问题,加之在实施后已经而且还会陆续产生一些新的问题,因此需要对《办法》本身不断加以改进和完善。

1. 改进和完善的宗旨

在国家(全体纳税人)和当事人之间合理分配“生产正义的成本”,做到既能保障诉权的依法行使,又能防止诉权的滥用,还能有利于“定纷止争、兴功惧暴”。

2. 改进和完善的形式

可以针对存在的问题对《办法》本身进行修改或修订,也可以另行出台实施细则或具体解释,还可以出台一些与《办法》本身并不直接相关但有利于《办法》实施的配套规定。

3. 改进和完善的主体

由于《办法》本身是国务院制定的,改进或完善的主体自然是国务院。具体程序可由最高院将实践中反映出来的问题反馈给国务院,再由国务院(或授权有关机构,比如省级政府)制定细则或修改予以完善。虽然最高院发布了关于适用《诉讼费用交纳办法》的通知(法发[2007]16号),对关于《办法》实施后的收费衔接,当事人未按照规定交纳案件受理费或者申请费的后果,诉讼费用的负担,执行申请费和破产申请费的收取,司法救助的申请和批准程序,各省、自治区、直辖市案件受理费和申请费的具体交纳标准等六大方面作出了相应规定,对于《办法》的顺利实施起到了重要而及时的作用,但由最高院对《办法》这一行政法规作出解释毕竟不太合适：首先,《办法》本身没有授权;其次,这样也不符合我国的立法规定、惯例和传统。由于国务院属于行政机关,对于《办法》存在或遇到的问题不会很敏感,而最高院属于司法机关,在这方面具有相对的优越性,因此由后者解释自然比较合适。为了解决这一问题,可以在适当时候将《办法》由国务院制定的行政法规上升为由全国人大常委会制定的法律。这样不仅从立法的层次和程序上都将更有利于保障立法的质量,而且对于诉讼费用在实践中遇到的问题,最高院可以根据现行法律的规定,适时作出司法解释,弥补法律的不足,保持法律的活力,避免法律的僵化和滞后。

4. 改进和完善的内容

针对前面列举的不足(以及没有穷尽的不足)进行对症下药：对于有悖法理常情的条文,要修改得合乎法理常情,如重新恢复支付令按件收费的规定,违反"自愿原则"以调解结案的案件申请再审免收诉讼费用;对于前后互相矛盾的条文,要修改得前后一致,如对于没有动用司法资源就撤回上诉的案件可以免收诉讼费,对于驳回上诉的案件要细分情况,动用了诉讼资源最终裁定驳回上诉的案件须交纳一半诉讼费;对于可操作性不强的条文要修改得具有可操作性,如可以明确适用简易程序又调解结案或撤诉的案件的收费比例,可以将证人出庭作证的情况划分类别,按照有利于当事人的原则交纳相关费用;对于负面影响较大的条文要将负面影响降到最低乃至没有,如对于当事人直接支付给有关机构或者单位的鉴定、公告、勘验等费用要及时出台监督措施。如此等等,不再列举。

(二) 建立稳定的法院经费保障机制

1. 独立预算型财政体制

虽然《办法》中明确要建立"收支两条线"以给法院提供经费保障,对于上海各级法院而言,《办法》的实施对于法院经费保障也没有造成太大影响,但从长远来看,要想建立一个稳定的法院经费财政拨付机制,就需要更加彻底的改革,即将法院现行财政体制由财政预算、决定型转变为法院独立预算型,以彻底改变现行法院经费保障和诉讼费收取的关联。

法院独立预算型财政体制是指法院独立对法院的收支作出预算,报同级人大审议,人大审议通过后,由同级财政执行的财政运行机制。法院独立预算的法院财政运行机制是法治国家的通行做法,能使法院财政实现真正意义上的独立,进而有利于实现法院独立审判;能够统一保障法院必需的业务经费开支,从而避免法院因经费不足而通过不当收取诉讼费用的方式来侵害当事人的利益。

具体方案有两种：

(1) 诉讼费用最高院统收统支方案。当事人将诉讼费用全额交纳同级国库,集中于中央国库,财政部按全国人大通过的最高院预算案全额划拨,由最高院按照各级法院的收支计划统筹、核拨,用于补助各级法院的办案经费。

(2) 诉讼费用各省级行政区高院统收统支方案。当事人将诉讼费用全额交纳同级国库,集中于省级国库,省(直辖市、自治区)财政部门按省级人大通过的高院预算案全额划拨,由高院按照本省各级法院的收支计划统筹、核拨,用于补助本省各级法院的办案经费①。

从我国国情和地区差异出发,可以先考虑实施第二种方案,再逐渐过渡到第一种方案比较合适。

2. 过渡时期的权宜之计

另外,“收支两条线”的落实需要一个过渡时期,在此期间也可采用一些权宜之计以保障法院的经费。这些权宜之计主要有:

(1) 加强与党政机关的沟通。法院要加强与当地党政机关及财政部门的联系与沟通,建议地方财政加大对法院的经费保障力度,调整地方核定法院经费补给的标准和依据,确保法院正常办公、办案经费到位。

(2) 厉行节约,加强管理。法院要树立节约意识,发扬艰苦奋斗精神,厉行节约,减少浪费,减少不必要的开支。通过完善内部管理,加强车辆和办公用品的管理,努力降低办公经费。

(3) 提高基层法院受理民事案件的标的额。将一些大标的额的案件交由基层法院管辖,具体标准可由各省级高院确定。在“收支一条线”的情况下,这部分诉讼费收入就进入了基层法院直接成为经费,在“收支两条线”的情况下,这部分诉讼费收入就进入了同级政府,再拨给法院充作经费。这样一来,对于法院和政府而言,都不会因为诉讼费的骤降而难以适应和过渡。如市高院就发布了《关于调整民、商事案件级别管辖的通知》(沪高法[2007]66 号)规定,自 2007 年 3 月 26 日起,各区、县人民法院受理的民、商事案件(不含涉外案件)争议标的金额由 700 万元调整为 1 000 万元(含本数)。此后根据基层法院的人才现状和审判能力,市高院又发布了《关于调整上海各级法院管辖第一审民商事案件标准的通知》(沪高法[2008]62 号),进一步提高了受理标的额:基层人民法院管辖诉讼标的额 5 000 万元以下的第一审民商事案件,以及诉讼标的额 2 000 万元以下且当事人一方住所地不在本市的第一审民商事案件或者涉外、涉港澳台的第一审民事案件。

(三) 增加法院编制,改革工作机制

就上海各级法院而言,案多人少的矛盾越来越突出,为了更好地解决这一问题,可以从两大方面着手:

1. 增加法院编制

自《公务员法》实施后,法院的人员就成了名正言顺的公务员,纳入了国家的公务员编制。为了更好地留住和吸引人才,适应《办法》实施后的办案压力,除了经费保障以外,需要相关部门给法院更多的人员编制。具体可由各级法院同相

① 参见韩波:《论我国诉讼费用管理制度的变迁与改革》,载《司法改革论评》2002 年第 2 期。

应的党委政府的相关部门(如编制办、组织部、人事部)进行沟通或协调,以适当增加法院的人员编制。在《办法》实施前后,上海各级法院大都同相应的党委政府的相关部门进行了沟通或协调,也取得了不同程度的支持,但从总体来看,离切实解决案多人少的难题依然有较大距离。此外,从长远来看,为了使法院的编制有一个稳定的保障,摆脱地方的利益分配博弈,可以考虑将法院的人员编制纳入中央(或省级部门)统一分配。

2. 改革工作机制

要在法院内部进行改革,改革的宗旨是将法官的一些辅助的或额外的工作剥离开来,在有关人员之间进行细致的分工,以更好地做到质量与效率兼顾,做到"人尽其才,物尽其用"。上海各级法院在《办法》实施前后也根据有关规定或精神进行了一些改革,如招聘介于法官和书记员之间的法官助理、专职的聘任制书记员、专职的审判辅助人员等等。这些改革在一定层面上都取得了一定成效,但远没有达到彻底解决案多人少难题的程度,因此对于内部工作机制改革仍然需要继续探索和尝试。

(四) 提倡诉权保障和纠纷解决的多元化

《办法》的主旨是为了保障诉权,更好地通过诉讼途径解决纠纷和化解矛盾。但是保障诉权的途径并不仅仅只有一条,解决纠纷的途径也并不仅仅只有一条。

1. 提倡诉权保障多元化

除了靠降低费用以外,有现成的资源可以好好利用,其中最主要的是健全缓、减、免交诉讼费制度,完善司法救助制度。《办法》明确了缓、减、免交诉讼费的几十种具体情形,细化了救助措施,区分了应予司法救助的对象,区分了不同对象的不同救助措施,保证了司法救助措施适用中的公开性。因此在诉权保障方面,完全可以将重点放在诉讼费用的缓、减、免上,可以适当从宽把握。如在司法实践中,各级法院对于职工起诉用人单位的劳动争议案件可以一律列入缓交范围。这样一来,既能做到具体问题具体分析,防止眉毛胡子一把抓,又能发挥诉讼费用对诉讼口径的调节作用,有利于倡导理性诉讼。从上海法院2007年诉讼费减免缓统计数据来看,依靠司法救助机制来保障诉权还有较大的上升空间。

2. 提倡纠纷解决多元化

司法是维护与补救社会正义的最后一道防线与最终一道屏障。这是现代文明国家制度(主要是权力分立或分离或分工的制度)设置的结果,也是一个社会处于正常状态下(如果是在战争、军管或司法腐败等非常状态下,司法可能就起不到屏障的作用)的应有表现。我国是一个发展中国家,司法资源非常有限,如果事无巨细动辄诉诸法院,那么不仅有限的司法资源不能得到合理利用,各种矛盾纠纷也势必得不到很好的解决。因此,国家和社会有义务建立健全和完善一套多元化的纠纷解决机制,丰富和发展各类替代性争端解决方式,多管齐下,多措并举,使大量纠纷解决在诉前状态。比方说,有一天某人到某电脑城去买电脑,回家后竟发现原来买了台水货,他想讨回公道。按照我国现行法律规定,向当地法院提起诉讼之前,可以事先通过下列途径解决:与电脑城一方协商解决;请求当地消费者协会调解;向电脑城的行政主管部门申诉;根据与电脑城一方达成的仲裁协议,提请仲裁机构仲裁。这样一来,很可能案子还没有到法院,矛盾已经解决了,省钱省力,何乐不为?上海各级法院在《办法》实施前后也为纠纷解决多元化做了不少工作,如各基层法院都与相应司法局联合在法院设立了"人民调解窗口",使不少纠纷来到法院后先到"人民调解窗口"进行调解,然后由法院根据达成的调解协议出具调解书,平时法院也注重对"人民调解窗口"工作人员的指导,结果使不少纠纷在诉前就得到了解决。如在2007年全市法院"人民调解窗口"调解案件33 043件,调解成功24 656件,调解成功率为74.6%①,取得了良好的效果。其中在调解成功的24 656件中,12 275件以调解结案,9 202件以撤诉结案,3 169件最后当事人不起诉,只有10件是在调解成功后当事人又反悔而到法院起诉的。此外,在诸如健全人民调解制度、发挥行政调解功能、鼓励发展行业调解以及司法调解与其他调解制度的对接②等方面仍然大有可为。

(五) 建立恶意诉讼预防机制

由于诉讼门槛降低,为防止恶意诉讼,提倡理性诉讼,有必要设立恶意诉讼评估制度、恶意诉讼损害赔偿制度以及恶意诉讼民事制裁措施等其他配套制度。具体可从以下几方面着手:

1. 完善相关立法加大打击恶意诉讼的力度

在现行立法中,对恶意诉讼的打击力度明显较轻,对民事不良诉讼的打击力度更是少之又少。《民事诉讼法》③第102条,对此有些原则性的规定:诉讼参与人或者其他人有下列行为之一的,人民法院可以根据情节轻重予以罚款、拘留;构成犯罪的,依法追究其刑事责任:(一) 伪造、毁灭重要证据……(二) 以暴力、威胁、贿买方法阻止证人作证……(三) 隐藏……。另外第101、103条对不良诉讼也有所涉及。但是,这些内容太过笼统,在相关的立法解释、司法解释中,这方面也鲜有涉猎,给法官在具体的案件处理中带来了困难,实践中适用的案例较少。因此应当从以下方面加强立法:① 围绕《民事诉讼法》第101、102、103条,制定相关的实施细则,明确适用条件,增强其操作性。② 扩大伪证罪的适用范围,将民事诉讼中的伪证行为列为打击目标。

2. 加强宣传和释明以增强当事人的法律意识

法院在强调依法维护当事人合法权益的同时,要加强向人们宣传不良诉讼的后果,引导人们避免走入不良诉讼的道路。另外,现在各法院大都已经实施了

① 其中有五家基层法院的调解成功率在90%以上,最高的一家达到了99.8%。

② 如2008年伊始,金山区法院与区综治办、区司法局联合召开区司法调解与人民调解对接联动机制工作会议,成立了覆盖全区镇、街道、工业区的11个司法调解室,效果已初步显现。

③ 文中所涉法律均省略"中华人民共和国"字样。

诉讼风险告知制度和权利义务告知制度，在向当事人传达这些权利的同时，向当事人告知不良诉讼的后果，引导当事人理性诉讼。此外，在诉讼过程中，法官的职责不仅是适用法律解决纠纷，引导当事人的诉讼心理也是其重要的职责。在立案和庭审阶段，法官要加强和当事人的情感沟通，要强化法律释明，要强化对不良诉讼的打击力度①。

结 语

诉讼费用制度是现代法治国家一项比较重要的诉讼制度，体现了一国对其诉讼状况的调节理念，同时也反映一定的价值导向。当前，我国正在全面推进社会主义法治国家建设，一套健全高效的诉讼费用制度无疑对此有着非同小可的意义。《办法》的出台和实施表示我们已经看到了该项制度的重要性，改革的举措在一定程度上也起到了十分积极的作用。同时，我们也看到由于立法技术的不足以及法治经验的欠缺，我国现行的诉讼费用制度（不仅包括《办法》的规定，也包括有关法律法规如《民事诉讼法》的规定）或多或少还存在一些不足。而且，减轻人民群众的诉讼负担与促进纠纷的解决是一项立体的、系统的、综合的工程，非单单靠《办法》降低诉讼费用便能解决，还需要建立健全各种配套制度。望本课题的粗浅见解可以抛砖引玉，为健全和完善我国诉讼费用制度略献绵薄。

① 参见黄学武、袁长伟、孙守：《以民事诉讼为视角浅析当事人不良诉讼心理》，文载中国法院网，发布时间：2007年2月16日。

公正与效率视野下基层法院案件流程管理的科学化系统研究

——对上海基层法院案件流程管理运作情况的实证分析

张斌课题组*

（本文系2008年市高院报批调研课题成果，荣获2008年上海法院刑庭学术讨论会二等奖）

案件审判流程管理是近年来伴随着人民法院审判方式改革而提出的一种新型审判管理方式。1999年最高人民法院出台《人民法院五年改革纲要》，明确将案件审判流程管理作为人民法院改革的重要措施确定下来。当前，全国各地法院正处在推行案件流程管理实践的探索之中，由于该规定并未对这一新的管理制度作出详尽的规范，导致各地法院对案件审判流程管理无论在从认识上还是实践中都存在诸多差异。因此，本文拟通过上海基层法院案件流程管理运作情况的实证分析，以期对人民法院科学有效地构建和全面推行案件流程管理制度有所裨益。

一、案件流程管理的概述

（一）案件流程管理的概念及理论基础分析

案件流程管理是指人民法院根据案件在审理过程中的不同阶段由立案庭作为专门机构，对立案、送达、保全、排期、开庭、结案、督查、归档等重要环节实施分工负责，相互衔接、相互制约，统一协调，动态管理，跟踪监督，保障案件审理活动公正、高效运行的一种综合管理机制。案件流程管理是人民法院在司法改革过程中提出的一种新型案件管理模式，其不仅是一个实践问题，同时也是一个重大理论问题。其法理基础在于：

1. 公正与效率理念

公正历来是人类社会所追求的美德和所崇尚的价值目标，也是法律制度

* 课题主持人：张斌（上海市金山区人民法院党组书记、院长，上海交通大学法学院硕士生导师）。课题组成员：丁美玲（上海市高级人民法院立案庭副庭长）、杨寅（上海政法学院教授）、赵竹韵（上海市高级人民法院立案庭副庭长）、熊艳蓓（课题执笔人，上海市高级人民法院民二庭庭长助理，法学硕士）。

所应当具备的优良品格。从价值论角度看,公正这一价值目标体系中,程序公正具有与实体公正同等甚至更为重要的地位,案件流程管理正是以法定或约定的时限、顺序、原则和制度来约束法官的司法行为,以程序公正来维护实体公正。在当代社会,除了公正以外,效率已成为衡量一个国家诉讼制度科学与文明程度的另一重要尺度。与公正相比,效率侧重于强调人类社会活动的过程价值。建立科学的系统化案件流程管理制度,对案件流转的不同环节实行科学、合理、明确的分工,解决了法院内部庭室工作交叉、重叠、人浮于事等问题,实现审判资源的优化配置,并且通过对财保、调查、送达等事务性工作统一规范,避免了人力、财力、物力的浪费,大大降低办案成本,实现审判成本最小化、效益最大化。

2. 分权制衡思想

"一切有权力的人都容易滥用权力,这是万古不易的一条经验,有权力的人们使用权力一直到遇到有界限的地方才休止"①,因而必然要使各权力之间互相监督、互相制约,防止权力的异化。"要防止权力滥用,就必须以权力制约权力。"②实现案件流程管理正是基于该理念,将本来是一体化的审判权按诉讼规律,根据诉讼的阶段性,将立案权与实体裁判权分开行使,在此基础上将案件流程管理进一步具体化,按诉讼发展规律分成若干个分流程,明确各流程的权利义务和运作规程,交由不同部门、不同人员分段完成。同时按案件流程管理流向,由职能部门负责,对各部分权力的行使统一监督管理,互相制约,从而确保诉讼程序公正、高效运行。

(二) 案件流程管理产生的历史背景及国外立法模式

案件流程管理来源于对传统审判管理制度的扬弃,传统的审判管理带有强烈的行政色彩,其弊端具体表现为: ① 内部职能交叉,权责不分,影响了审判的规范化。审判业务庭既开庭审案、合议、裁判,又要负责案件开庭排期、调查取证、财产保全、送达法律文书,既进行独立、庄重的审判活动,又要负责事无巨细的辅助和管理工作,其结果必然是辅助和管理工作冲淡了审判工作;② 缺乏统一的管理枢纽,影响了审判效率的提升。由于管理工作分散在各个不同的部门,缺少统一的管理机构,使得审判管理成为各审判业务庭的一种附属工作,难以形成内部统一的管理规范,导致审判效率低下;③ 缺乏科学的监督制约机制,影响司法公正与效率。由于这种混杂的管理模式缺乏一个可供公开的内部操作规范,从而无法提供一个透明的衡量是否公平或公正,是否合法或违规的标准,极易导致当事人甚至社会人对法院是否"暗箱操作"产生怀疑,使审判机关的公信力大打折扣。出于同一原因,整个案件流程管理缺乏必要的监督,效率低下也成为

① [法] 孟德斯鸠:《论法的精神》(上),孙立坚、孙丕强、樊瑞庆编译,商务印书馆 1961 年版,第154 页。

② [法] 孟德斯鸠:《论法的精神》(上),孙立坚、孙丕强、樊瑞庆编译,商务印书馆 1961 年版,第154 页。

必然。

正是在这样的历史背景下，各地法院开始探索案件流程管理改革思路，1999年10月20日，最高人民法院制定了《人民法院五年改革纲要》，明确规定“建立科学的案件审判流程管理制度，由专门机构根据各类案件在审理流程中的不同环节，对立案、送达、开庭、结案等不同审理阶段进行跟踪管理，保证案件审理工作的公正、高效”。这是我国司法机关第一次权威地提出审判流程管理的概念和内涵，是对各地法院探索审判流程管理成功经验的肯定。

相比之下，英美法系国家案件流程管理历史较为悠久，其系统颇为成熟完善。以英国为例，目前至少有五种所谓的案件流程管理系统：管理信息系统、案件行政系统、司法案件管理系统、司法案件管理支配系统及非司法案件管理系统①。其审判流程管理是法定的、统一的，有成熟的立法规定的管理，其法律渊源的种类繁多，审判流程管理的规定散见于各种判例和立法。其案件流程管理制度的基本特征主要有：一是实行系统的流程管理，强化对案件流程的管理，赋予法官具体的程序管理权，法院取代当事人控制从起诉到审结的全部诉讼进程，尽可能合理及时地结案，减少当事人和法院的成本。如及早介入诉答程序等；二是对案件实行分类管理。也就是法院要求当事人提供足够的信息，并根据不同标准，确定相应的案件区别管理模式，使不同的案件进入不同的流程；三是实行完善的审前准备程序。审前准备的事项是审前准备、审前处理和审前救济。在英国，真正开庭审理的案件并不多，大多数民事案件，在审前程序中就能得到解决。

二、案件流程管理改革的案例

最早提出审判流程管理改革的是上海法院，1998年12月30日上海第一中级人民法院第86次审委会讨论通过的《上海市第一中级人民法院案件审理流程管理规程（试行）》中，明确了“案件审理流程管理”的概念。之后，上海各级法院相继建立了由立案庭作为案件流程管理职能部门，以“统一立案”、“排期开庭”为基线，“审限管理”、“主要节点监控”为核心的案件流程管理制度，使审判程序从入口到出口有一个调度中心和控制枢纽，确保案件流程各环节在运行中依法定程序的管理规程进行标准化运作。

（一）上海基层法院审判流程管理改革的实践

1. 实行柜台式作业，实现立案排期“一条龙”服务

在立案大厅分设立案、排期、财务、银行多个作业窗口，立案流转程序一目了然，并保持主、被动排期相结合的排期开庭模式，在审查立案时实现对涉讼案件的咨询、立案、排期、缴费一体化，简化了手续，提高了效率，方便了群众告诉。一般当场立案排期的案件，从当事人提交诉状到拿到开庭传票只需20分钟。

---

① 徐忻：《英国民事诉讼与民事司法改革》，中国政法大学出版社2002年4月第1版，第437页。

2. 程序保障与案件审判相分离

赋予以立案庭为主要责任部门的审判程序服务职能,负责财产(证据)保全、证据辅助调查以及涉诉审计、评估、鉴定、检测等工作。市一中院、浦东法院、金山法院相继成立了诉讼事务中心,统一负责材料收转、案件查询、案件催办、公告办理、便民服务等事务性工作。

3. 以审限监控为重点,实行案件审判全程节点动态跟踪

实践中,以V5.0新版流程管理软件为平台,对收案、排期、送达、庭审、宣判等若干节点进行分段预设置管理,充分利用质量效率评估体系这一平台,对收结存案数、结案率、平均审理天数、调撤率、当庭审结率、宣判率及均衡结案等指标进行统计分析,每月形成流程管理通报,强化流程管理意识(表1)①。

(二) 金山法院审判流程管理的特色做法

1. 建立、完善直接送达工作机制

这一做法系金山法院的特色做法。自1997年开始,该院在全市率先采用法警直接进行诉讼文书送达方式,送达对象为住所地在本区的当事人,利用案件送达信息表、联系卡、协查函(送达后随案件归档保存),充分掌控当事人信息,大幅提高送达效率,有效降低送达成本,有效减少审理天数,促成审判工作良性运转。2003年至今,已成功送达各类文书共约63 000份,约占应送达全部文书的60%②。

2. 在审判业务中推进"精案精审"工作

其旨在将精品案例、典型案例作为提高司法水平和能力的综合平台,注重培育典型案例本身,倡导人人争办精品、重视办案质量的精审判意识,发挥典型案例对审判工作的辐射作用,深化审判调研工作,全面提升审判质量和效率。诚然,"精案精审"工作并非金山法院的创新之作。市二中院早在2002年就全面开展"知名法官精品案"活动。金山法院在此基础上,不断丰富、创新"精案精审"工作内容,于2007年8月出台《关于推进"精案精审"工作的若干意见》,首次将"精案精审"工作纳入案件流程管理③,研发"精案精审"系统操作软件,实现科学化、系统化运作,同时注重做好精品案件的各项延伸工作。上海各基层法院案件审判流程管理改革时间不长,但取得了良好的效果(见图1、图2)④。

---

① 此表数据来源于2008年9月金山法院流程管理通报之表格九。

② 另有30%左右为法官在财保时或宣判后直接送达,10%左右为邮寄送达和公告送达。

③ 立案庭、各业务庭在审查立案或分案、审理过程中,发现可能办成精品的案件,应及时输入精案精审管理软件。承办法官在审理过程中发现好的素材,经与庭长沟通后也可以直接输入,进行补漏。

④ 据统计,自案件流程管理施行以来,金山法院在近几年的上海法院质量效率评估体系中稳步上升,尤其是2007年,在案件大幅上升、人员基本未增的形势下,审判质量效率继续平稳提升,在市高院排序公布的审判质量效率18项评估数据中,该院有15项评估数据位列全市基层法院前6名,其中8项数据名列第一。

表 1

承办部门	应开庭	按期开庭															按期开庭小计	未按期开庭						
		开庭审理，当庭宣判	开庭审理，当庭调解	不需再次开庭审理，还需开庭宣判	不需再次开庭				需再次开庭									取消开庭	未送达	当事人未到庭	撤诉或调解	当事人申请延期	其他	未按期开庭小计
					当庭调解	当庭撤诉	待结案	小计	需鉴定审计	提出新证据	庭审不能按时结束	当事人有正当理由不到庭	反诉	追加变更当事人	其他	小计								
刑庭	120	95		8			7	7		1					1	2	112	5		1				6
民一庭	143	11	18		5	4	43	52	1	2	1			1		5	86	33		1	1	1		36
民二庭	203	48	21			3	49	52	1	3	9		2		2	17	138	45	7		9	2	1	64
民三庭	254	14	29	2	2	11	84	97		1		1			10	12	154	46	2				1	49
行政庭	6	2		2			2	2									6							
朱泾法庭	75	14	23	2	2	1	19	22	1	5					2	8	69	6						6
合计	801	184	91	14	9	19	204	232	3	12	10	1	2	1	15	44	565	135	9	2	10	3	2	161

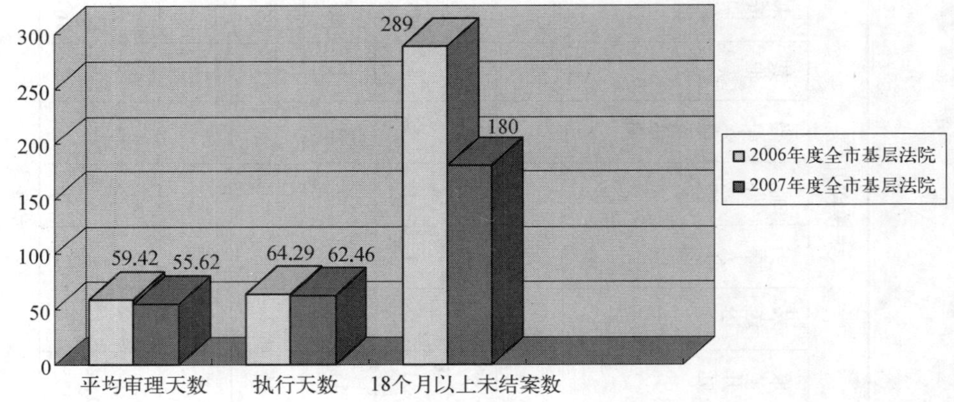

图 1

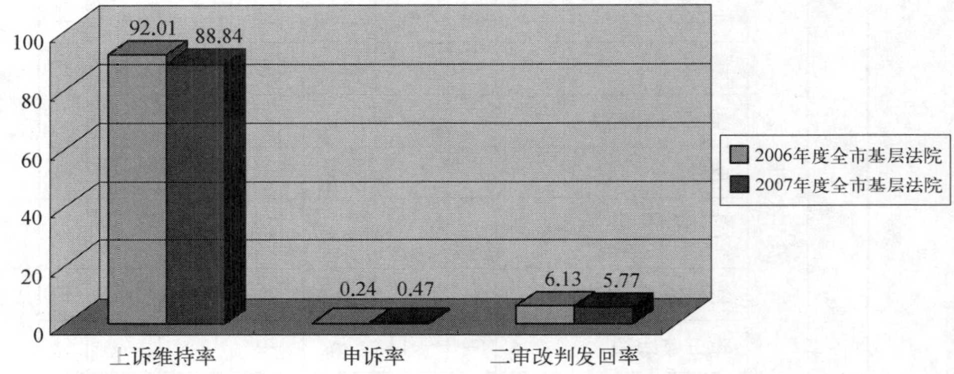

图 2

（1）从宏观上看，新机制的形成，为领导对审判工作实施动态控制和科学决策提供了有力保障。立案庭作为控制审判活动开始与完成的枢纽，同时还承担着监控诉讼程序的功能，能够随时为领导决策提供全面、准确的信息资料。

（2）案件审判流程管理，使法院审判工作步入“快车道”。推行案件流程管理，实行审限跟踪，将案件审理的每一个环节所用的时间作出明确规定，极大地提高了审判效率。五年来，全市基层法院的收案数每年以 10% 的速度递增，而人员编制却没有同步增加。共受理各类案件 144.25 万件，审结 143.26 万件，同比分别上升 29.5% 和 28.1%，持续保持了案件审理的平衡运转①。

（3）案件审判流程管理，使法院审判工作迈上“新台阶”。全市基层法院推行案件流程管理，坚持实体公正与程序公正并重，严把事实关、证据关和法律适

① 该表数据来源于 2008 年 1 月 26 日上海市第十三届人民代表大会第一次会议的上海市高级人民法院工作报告。以金山法院为例，案件平均审理期限为 28.14 天，同比缩短 16.38 天，执行天数 35.23 天，同比缩短 28.7 天，且无一起超十八个月未结案件。

用关，为审判质量的逐步提高搭建了平台，确保审判质量总体上处于良好、有序、稳定的状态①。

三、上海基层法院案件流程改革中凸显的问题及原因分析

上海法院相继建立以案件流程和质量评查为纵横的管理监督机制，形成涵盖案件办理全过程的效率监控和质量监控相结合的全方位案件流程管理，对推进法院司法改革的不断深化起到了前所未有的作用。但是随着形势的发展，在案件流程管理运行过程中，凸显出不少问题，亟须关注与完善。主要体现在：

（一）案件流程管理尚未形成一项法律制度或规则

除了最高法院对审判流程管理的定义外，有关流程管理规定的条文散见于各诉讼法或其他文件：如证据规则，《关于人民法院合议庭工作的若干规定》、《最高人民法院关于执行案件审限的规定》。目前全国部分法院针对流程管理的需要自行设立各种规则，也就是说案件审判流程管理仅仅停留在一个宽泛的定义层面，没有形成一项统一的制度或规则，这使得案件流程管理缺乏法律依据，容易造成操作不规范、管理不到位，大大降低了其应有的地位和作用。如按法律规定，公告需在《人民法院报》上刊登，从公告的提出到在报刊上登载有个时间段，在这个时间内案件审理工作实际处于停滞阶段，对此是否计入审限，各地做法不一。

（二）对繁简案件缺乏有效的区分管理

我国民事诉讼法仅规定，对事实清楚、权利义务关系明确、争议不大的简单的民事案件，适用简易程序。但是案件的情况是简单还是复杂，事实是否清楚、权利义务关系是否明确，分案时并不能准确判断，容易造成人为地扩大其适用范围，减损其制度价值的后果，具体表现为：有的法院因案多人少，客观上存在审判任务与审判力量不相符的矛盾，因而存在许多案件先适用简易程序进行审理，后发现案情复杂，在3个月内无法审结又变更为普通程序进行审理。而同时又有许多财产标的额小、案情简单、基本无争议的案件，也同其他案件一样经过立案、排期、分案、开庭审理的漫长之路，大大影响了诉讼效率，也就是说目前法院的分案机制未能真正起到繁简分流的作用，这种简单划一而缺乏统一的管理模式，既浪费了有限的司法资源，又起不到案件流程管理在实现繁简分流，节省诉讼资源等方面的重要作用。

（三）现行的审前程序难以实现当事人之间信息的有效互动

从我国现行诉讼法的体例划分上不难看出，审理前的准备工作是属于开庭审理的范畴，而非一种独立的程序。从民事诉讼法的规定可以看出，审前程序主

① 该表数据来源于2008年1月26日上海市第十三届人民代表大会第一次会议的上海市高级人民法院工作报告。以金山法院为例，该院二审改判发回率6.13%，同比下降了0.67%；申诉率0.24%，同比下降了0.14%；上诉维持率92.01%，同比上升8.44%。

要集中在于法院(法官)为正式开庭而进行的准备工作,缺乏与当事人及组织当事人之间的信息沟通,忽略了当事人作为程序主体权利的保护。据统计,2007 年上海基层法院平均审理天数为55.62 天,而一般情况下审前阶段约为20 天,也就是说审前阶段约占用了三分之一的审限,但在现行的审判流程管理机制下,并未对纠纷的解决有多大实质性帮助,当事人在这一阶段处于被动地等待庭审状态或准备对付和说服法官的办法,缺少诉讼本身所具有的发动双方当事人积极参加诉讼,寻求解决纠纷的内在动力。

(四) 对具有法定事由的案件缺乏有效管理

根据《最高人民法院关于严格执行案件审理期限制度的若干规定》第九条规定,法定事由是指不计入审理、执行期限的事由,包括刑事案件对被告人作精神病鉴定、民商事、行政案件公告、鉴定、管辖权异议、审计、评估、中止等12 种情形。

表 2 各类法定事由所占比例及其占用期限情况

	有法定事由案件占一审结案的比例(%)	法定事由平均占用期间(天)	中止		审计		鉴定		管辖权异议		评估		民商事案件公告	
			占全部法定事由比例(%)	平均占用期间(天)	占全部法定事由比例(%)	平均占用期间(天)	占全部法定事由比例(%)	平均占用期间(天)	占全部法定事由比例(%)	平均占用期间(天)	占全部法定事由比例(%)	平均占用期间(天)	占全部法定事由比例(%)	平均占用期间(天)
婚姻	6.5	98	8	212	—	—	—	190	1	82	—	—	9	182
合同	6.2	187	36	269.5	7	210	6	265.4	10	107	2	252	16	146
权属侵权	14.2	115	47	192	—	—	19	153.7	3	91	7	172	5	179

注:本表数据来源于 2007 年金山法院所结一审案件相关数据

从表 2 数据可以看出,对于需要审计、鉴定或其他法定事由而中止审理的一些案件,目前显然并未能够做到有效控制和管理。审计、鉴定等事由周期过长主要是因为审计机关和鉴定部门没有客观的外部时间限制,法院亦未对审计、鉴定行为从时间和环节上加以管理和控制,导致中止事由从开始到结束而恢复案件审理这段时间,属于审判管理的盲区,从而导致案件审限的非正常延长。

(五) 对群体性案件的管理过于粗略

一般来讲,群体性案件大多案情简单、争议不大,以电信合同、物业管理合同居多。由于案件数量颇多,办案人员思想上不够重视,直接导致办案质量容易被忽视,从中暴露出一些问题。以群体性二手车买卖合同为例,此类案件有三个共同点：一是案件通常批量出现；二是纠纷标的即机动车交易价格明显偏低，且均为沪AB牌照，如此低的交易价格在上海地区似有违常理，容易引起合理怀疑；三是原被告双方对纠纷无争议，均以调解方式结案；此外，此类案件一般均由律师全程具体操作，办案过程中无法了解到双方当事人的真实意思表示，不能完全排除原被告双方串通损害第三方利益的可能。

（六）案件流程管理节点设置不全

案件流程管理的节点设置只是针对案件排期及审限跟踪，未能涉及全部，导致案件流程管理各环节之间在衔接和配合上存在着不少问题，例如上诉案件的移送及上海与外地法院案件移送的监控问题等；同时，立案庭在流程管理领域与审判业务庭存在许多交叉之处，而这些交叉的管理领域中双方之间的管理职权和职责并不明确，容易造成多头管理或无人管理。如审判流程环节的监控一般由立案庭进行，但对监控发现的问题立案庭并无处置权，很多问题往往不了了之，严重影响了审判效率。此外，由于案件流程管理及审判质量效率评估体系依托的是电脑这一科技手段，因此案件的流转、监控及相关数据指标与信息输入的准确、及时与否密切相关。依据2007年12月26日沪高法研[2007]60号文，全市基层法院抽查信息输入差错率达1.44%，错、漏输入案件数3 194件，主要表现为法定事由输入不准确、延长审限与法定事由相混淆等。

（七）审判事务及辅助事务分工不清

从我国法院现有的内部机构设置的情况看，在许多问题上，各部门之间尚没有将审判工作的核心事务与辅助事务明确地区分开来。例如立案工作，在美国，立案事务只需由书记官办公室的一名立案人员即可完成，如果涉及案件复杂情况，则由法官或辅助法官作出决断。而我国目前立案工作则专门由一批法官来承担，显然模糊了法官和辅助人员的关系。此外，在我国现有的法官序列中，虽然存在助理审判员这一职位，但实际上，助理审判员与审判员除职务上的区别外，两者实际上行使同一职权，前者对后者并不存在辅助功能，并无实质差异。除此以外，书记员分为三种：一是正式录用具有行政编制的书记员；二是聘任制但享受公务员待遇的书记员；三是不具有行政编制的合同制审判辅助人员。① 此三种人员也并非真正意义上的审判辅助人员，不能从事组织庭前证据交换、庭前调解、判决书起草等审判辅助性工作。

（八）对于以重信重访为重点的信访工作缺乏科学化管理

今年，以重信重访专项治理工作为重点的涉诉信访工作正在如火如荼的进

① 第一种书记员一旦通过司法考试，可经过预备法官培训成为法官；第二种书记员又称速录员，可以参与开庭、接待当事人等审判事务，但即使通过司法考试也不能直接通过培训晋升法官；第三种审判辅助人员，主要从事与审判有关的不具有审判职权的事务性工作，主要有立案事务助理、审判事务助理、执行事务助理和警务事务助理。

行中,虽然重信重访专项治理工作取得了阶段性的成效,但笔者发现,治理工作需要填报大量的重信重访信息数据,而所有的数据信息几乎全部需要手工操作,人工统计,不仅手续繁琐,而且容易产生差错,工作效率极为低下,大大影响了治理工作的进程。这反映出在现有的信访管理系统中,对重信重访缺乏科学化、系统化管理,未能反映出重信重访的数量、问题类别和初信初访等基本信息情况,导致专项治理工作开展后,各法院特别是重信重访任务繁重的法院,在填报、整理信息时,出现了一些差错,影响了工作效率。

四、完善我国案件流程管理的构想

正义、效率和秩序,是法律永恒追求的基本价值,科学、合理的案件流程管理,应建立在正义、效率、秩序的价值基础之上,这也应当成为法院案件流程管理改进的价值取向。

(一)完善案件流程管理的原则

1. 监督管理与服务结合的原则

流程管理部门和各审判业务庭应当是一种既监督又服务的关系,放弃监督而一味强调服务,将使流程管理部门听命于各审判庭的指挥,失去案件流转程序的控制权,从而失去对案件的全程跟踪和动态管理,最终可能导致案件裁判不公;放弃服务而一味强调监督,将使流程管理部门与各审判庭之间发生摩擦和冲突,失去协调和配合,不利于案件的及时裁判。案件审判流程管理制度的设立,既是为当事人服务,同时也是为各审判庭服务,这种服务不仅仅局限于审查立案、转办、催办等方面,而是将服务领域进一步拓宽,根据案件在审理过程中的不同阶段,对案件的立案、排期、送达、开庭、诉讼保全等环节进行统一协调,使法官从繁杂的事务性工作中解脱出来,专门审理案件,切实提高审判质量和效率。

2. 程序公正与实体公正相结合的原则

立案庭和各审判庭在案件流程管理中的配合,主要体现在实体公正和程序公正的统一。在推行案件审判流程管理制度、审判权力分配体系发生变化的情况下,程序公正相当一部分体现在立案庭,在立案、排期、财保、司法鉴定等诸多环节上,比如管辖权异议、对财产保全申请复议等程序性问题的出现,或多或少地影响了司法公正,近来引起越来越多的舆论关注。实体的公正主要体现在审判庭,其重要性不言而喻。程序的公正有助于推动和实现实体的公正,而实体的公正是程序公正发展的必然结果,正当程序和审判独立的有机结合应当是实现司法公正的前提,也是推行案件流程管理的重要原则之一。

(二)完善案件流程管理的具体措施

1. 完善流程管理立法

鉴于案件流程管理改革基本是各地法院自发进行的,是零碎的、不系统的,且各项改革措施相互之间缺乏衔接和配套,因此,必须通过立法对流程管理予以明确和完善,这样才能消除在管理过程中的违法、混乱和失控的状态。“以规则作为诉讼运行和控制的主要方式,赋予非个人的制度技术以支配地位,将审理从外在形式改造为不是法官个人而是法院的集体活动,从而塑造审判运行过程的理性状态,以满足当事人和社会对诉讼运行安全、稳定和可计算的价值追求,实现诉讼对当事人之间激烈冲突和对抗的心理予以和平性输导的功能。”①在立法环节中,应当对民事诉讼法等进行全面修订,科学界定案件的一般诉讼周期;明确赋予立案庭以流程管理职能部门的法律地位,确保流程管理控制权的行使;确定违法流程管理的相应制裁措施,使案件流程的参与者包括当事人、代理人以及法官等都能在规范的框架内运作。

2. 对案件实行区分管理

司法资源的有限性要求不同的案件需要获得法院不同程度的关注和时间分配,除了传统的公正判决外,法院和法官还有公正分配审判资源的义务。为此,法院要从制度上区别对待不同的案件,法官要成为当事人和法院控制时间和金钱成本的管理人②。这就是英美法系国家案件区分管理的理论精髓所在。因此,应借鉴英美法系国家案件区分管理的做法,对于不同的案件给予不同的关注,分配不同的程序。一是根据案件的难易程度,即将案件分为只需法院一点关注、正常关注和较多关注。由此,修改《民事诉讼法》的相关规定,根据案件诉讼标的的金额和难易程度实行多种审理制,如增加小额诉讼制度,建立庭前调解程序等;二是根据案件的性质进行区分,此种方式更多地考虑案件的专业化审理。针对一些类型化的案件,研发系统快审软件,帮助法官快速审理简易案件,自动生成法律文书,规范审判过程,提高审判效率。例如自2006年起,上海市高院开始对电信、民间借贷、物业纠纷、离婚纠纷等六类案件进行简易案件快速审理自动生成软件的开发试点工作。

3. 设置“分流式”审前程序

从各国审前程序的设置角度研究,虽然审前程序的内容不完全相同,但其目的都在于一方面为集中审理做好必要的准备,另一方面尽量把纠纷解决在审前程序之中,以提高诉讼效率,减少当事人讼累。当前,随着经济体制改革的深入,各种利益主体间的矛盾日益突出,审判工作面临前所未有的挑战,所有的案件均在庭审中由法官解决,难免使法院审判力量与案件质量、办案效率的矛盾更为突出,特别是公正要求无法得到保障,很可能给社会带来负面效应。因此,应建立多元化纠纷解决机制,设置“分流式”审前程序成为必要。一个民事案件启动了诉讼程序,进入了审前阶段,应当通过两种途径进行分流:第一,对于案情简单,

① 王睿:《理性形式主义的诉讼运行和控制机制之建构——兼谈对审判流程管理制度的几点思考》,载于《立案审判改革与探索》,人民法院出版社2004年9月第1版,第214页。

② 唐前宏:《美国案件流程管理概览》,载《法律适用》2002年第11期。

争议不大的案件,通过让当事人双方充分行使诉答权利、交换证据,在了解各自在纠纷中的优势和劣势后,经法院调解达成调解协议;第二,对于案件事实比较复杂,或当事人争议较大的案件,应当通过相关程序进行整理争点、固定证据,为案件进入开庭阶段做好充分准备。

4. 重构有法定事由案件的管理模式

如前所述,在具有法定事由的案件中,审计、鉴定以及管辖权异议等事由所占用的期间过于漫长,极大地影响到诉讼效率的提高,影响到司法公信力。因此,笔者认为,其一应建立和完善中止案件登记管理和中止事由恢复后的登记管理制度,尤其应当探索中止事由持续时间的监控措施或者信息沟通途径,使中止案件无论在中止发生时、事由持续过程中及中止事由恢复后的管理,均纳入流程管理中。在这个环节中,值得关注的是,对于管辖权异议成立后案件移送的问题,由于上海法院规定,辖区内法院之间案件移送必须通过流程管理系统才能完成,这样有利于监督控制案件及时、安全移送,而相比之下,上海与外地法院之间案件移送缺乏监控,这个问题值得重视;其二,应设置对审计、鉴定等工作的监督跟踪机制,必要时法院可以与审计、鉴定单位协商,共同对审计或鉴定的合理时间予以强制性限定,对时间节点予以掌控,强化法院对审计、鉴定等事项的职权管理,消除管理盲区。

5. 研发各分流程管理软件

以案件流程管理的经验为鉴,结合审判实际需要,科学研究开发涉诉信访流程管理和执行案件流程管理等分流程管理系统。本着有申必接、减少讼累,压缩上访、稳控基层的指导思想,强化在立案环节强化对再审案件的听证审查,通过听证、释明、疏导、教育、调解等方法促使一部分当事人自觉服判息诉,排除相当一部分案件进入再审程序,将上述工作方法规范化、系统化①。在涉诉信访流程管理软件开发完善中,注重自动采集重信重访信息数据,自动生成重信重访信息数据表,全面、客观反映问题(见表3)。另以执行案件流程管理为例,主要做法有:一是设立专职流程管理员,由执行庭内勤兼任。负责对所有新收案件进行排期、发送执行通知、复执审查登记、对执行期限进行总体预警通报;二是设立执行预备组,负责对已财保到位、审执兼顾和一些简单的案件进行快速执行;三是注重发挥执行长的作用,由执行长对自己执行组内超一个半月未结案件加强监控,与相关承办人沟通,确保收结案良性循环;四是缩短结案周期,将每月20日作为庭内结案时间节点,完成每月的结案任务,在20日至25日之间,留出充足的时间进行归档报结工作,确保了执行案件的结案率与归档率。

---

① 审判流程管理调研组:基层人民法院审判流程管理调研报告,载于《立案工作指导》,人民法院出版社2007年第1版,第237页。

表3　重信重访情况表

部　门	来信数	重信数	来访数	重访数	重信重访率	问题类别
刑　庭	2	0	4	0		
民一庭	4	0	3	0		
民二庭	3	0	0	0		
民三庭	6	0	4	0		
行政庭	5	1人4封	0	0	80	B
执行庭	17	1人6封	24	1人4次	24.39	C
审监庭	0	0	0	0		
朱泾法庭	1	0	1	0		
立案庭	43	0	322	0		
全　院	81	2人10封	358	1人4次	3.19	

注：问题类别：A. 立案争议，B. 不满裁判，C. 不满执行，D. 违法违纪，E. 审判作风，F. 其他①。

6. 对群体性案件加强节点流程管理

考虑到群体性案件时间集中、案情简单等特点，笔者认为应进一步加强群体性案件的流程管理，探索群体性案件的质量节点管理，提高群体性案件办案质量，维护执法的统一性，提升案件的政治效果、社会效果和法律效果。2008年7月笔者所在法院专门出台了《金山区人法院关于加强群体性案件质量节点管理的规定》，对群体性案件的定义、流程管理部门、质量监督部门、专项统计部门予以明确规定②，对群体性案件的立案、审理、执行，在遵循原有的审判流程管理及办案规范的基础上，遵循发现案件过程的有益沟通、报告审理过程的有效管理、处理案件结果的有机统一的原则，确保群体性案件在查明事实、证据充分的基础上审慎审理、按时审结。同时规定各业务庭庭长群体性案件节点管理的第一责任人，承办法官是直接责任人，设立立案庭与各相关业务庭的对接联系人，以加强各业务庭与人民调解窗口对群体性案件人民调解与指导工作。业务庭、承办法官未按本规定操作的，审委会视情予以通报，业务庭、承办法官违规操作造成错案的，按照错案追究制追究责任。

---

① 此数据为2008年9月上海市金山区人民法院重信重访情况统计。

② 群体性案件，是指涉案原告或被告为同一主体，包括案由相同或不同的、同时或在近三十个工作日内立案受理5件以上的案件。群体性案件的流程管理部门是立案庭，负责对群体性案件审限的监控，发现临近审限的，应及时预警业务庭。群体性案件的质量监督部门是审监庭，负责不定期抽查群体性案件，发现问题及时通报同时报告分管院长。专项统计部门是研究室，按月进行司法统计、按季度进行司法分析。

7. 分离审判事务与辅助事务

为了使法院的审判职能能够及时、准确、公正地得到完成，必须在法院内部进行审判事务和相关辅助性事务的区分。理由有三：一是我国法院面临收案不断上升、案件审理难度不断加大的现状；二是我国法官必须实行职业化、精英化改革，法官人数必须维持在一定数量以下；三是我国诉讼法对审限作出了明确规定，诉讼效率已成为法定要求。在此情况下，分离审判事务与辅助事务成为必要。不同的事务分工模式，会有不同的人员配置方式，要在对各种事务的时间消耗及工作量消耗进行流量分析的基础上，研究法官与法官助理、书记员之间的合理比例。建立法官助理制度①，由法官助理承担大量的审判辅助工作，例如对受理案件进行繁简分流、主持审前准备会议、促成案件在庭审前和解，使法官能够从事务性工作中脱身出来，减轻法官负担，并最大效率利用法官这一司法资源，进而有力地推动法官队伍职业化建设的进程。

五、结语

案件流程管理实现了法院审判资源的优化配置，形成了大立案、精审判、强执行、重监督的审判工作新格局，使法院各项职能得到更充分的发挥。但案件审判流程管理毕竟是一项系统化、立体化工程，牵涉到法院工作的方方面面。如何提高、深化和完善案件流程管理，始终是审判方式改革中应当重视的课题。因此，作者在主观上力求在案件流程管理方面写得透彻些，但由于自身水平有限，可能有许多不尽如人意的缺憾，敬请专家和同仁们批评指正。

---

① 最高人民法院在《人民法院法官助理管理办法(征求意见稿)》中已明确规定了法官助理的十二项职责。

角色的强化、弱化与衡平
——负责制视角下的合议庭成员考论

徐翠萍　王庆廷*

（本文荣获2008年《中国审判》“唐山杯”二等奖、2007年上海法院系统学术讨论会三等奖，载于《安徽大学法律评论》2008年第1辑）

围绕合议庭负责制的问题，在司法改革的实践中已迈出了不小的步伐。① 可以说从整体上来看，合议庭负责制已日渐得到重视和落实。但现阶段仍有一些不尽如人意之处，在一定程度上出现了“纸面上的法”与“行动中的法”相背离的“司法二元化”现象，存在着“不合不议”、“合而不议”、“议而不决”、“决而不担责任”等问题。本文拟以对合议庭内部成员进行实证考察和理论分析为视角，提出系列相关制度构建，以期对合议庭负责制在司法实践中的良性运行有所裨益。

一、含义与意义：合议庭负责制的法理略考

（一）合议庭负责制的含义

目前为止，在正式的官方文件中并没有关于合议庭负责制的明确定义，仅有一些描述性的说法。如最高人民法院（以下简称“最高院”）《关于人民法院合议庭工作的若干规定》（以下简称“合议庭规定”）第4条规定：“合议庭的审判活动由审判长主持，全体成员平等参与案件的审理、评议、裁判，共同对案件认定事实和适用法律负责。”由这一权威文件可以看出，合议庭负责制实际上是合议庭成员共同负责制。它有两个要素，一是平等参与，即合议庭全体成员平等参与案件的审判活动——审理、评议和裁判；二是共同负责，即合议庭全体成员对案件的事实认定和法律适用承担责任。

---

* 徐翠萍，原任上海市金山区人民法院副院长，现任上海市徐汇区人民法院副院长；王庆廷，上海市金山区人民法院研究室法官，法学硕士。

① 以最高人民法院为例，先后在“一五改革纲要（1999—2003）”中将“强化合议庭职责”和在“二五改革纲要（2004—2008）”中将“逐步实现合议庭负责制”纳入改革计划，在2007年年初召开的第七次全国民事审判工作会议上又专门对此予以重申和强调。此外还发布了《关于民事经济审判方式改革问题的若干规定》（1998年）、《关于人民法院合议庭工作的若干规定》（2002年）、《关于完善院长、副院长、庭长、副庭长参加合议庭审理案件制度的若干意见》（2007年）等文件以加强和落实合议庭负责制。

(二)合议庭负责制的意义

1. 最大限度地发挥合议庭优越性

我国现有三类审判组织形式:独任庭、合议庭、审判委员会。与其他两类形式相比,合议庭具有独特的优越性:首先,可以发挥群策群力的优势,最大限度地接近案件的客观真实,使裁判体现出法律的精神;其次,有利于司法权的良性运行,通过内部的制衡与合力,可以防止权力滥用,减少外部压力和诱惑的机会①;再次,较独任庭一人审判偏效率和审判委员会大集体审判偏公正的特点,合议庭作为一个小集体进行审判可以更好地兼顾公正与效率。很明显,只有落实合议庭负责制,合议庭的优越性才能得到最大限度的发挥。

2. 公权力的不可放弃性

根据权力的契约性理论,每个社会成员都让渡出一部分私权利,化为社会需要的公权力,进而推选出一部分成员(官员)代行这些权力以"为人民服务"。正是在此意义上,我们才说:"权力行为的目的不在于权力主体的利益,而在于公共利益,弃权必使公共利益受损,有违设立权力的初衷,所以权力不可放弃。"②毫无疑问合议庭成员的审判权是一种公权力,但更是一种义务和责任,放弃就是渎职。

3. 符合人之常情和事之常理

首先,合议庭成员都参加了庭审,知悉案件情况,有条件对案件负责;其次,参与审判是合议庭成员的法定职责,参与即意味着责任,这是保证认真参与的需要;再次,裁判文书署名是合议庭全体成员,署名即意味着责任,否则署名没有意义。可见,强调合议庭成员共同对案件负责,既符合人之常情,也符合事之常理。

二、强化与弱化:合议庭成员的角色异化

在某种意义上,审判活动类似于戏剧演出,其成功与否取决于里面各个角色——法官、检察官、律师和当事人等演员的表现,"不过,他们所演绎的,不是由编剧们虚构的情节,而是(或者说应当是)案件'事实'发生的真实过程"。③ 就合议庭这一演员组合而言,演好戏的关键就是要切实落实好负责制。而对合议庭成员来说,落实好负责制的关键就是要树立正确的"角色"意识:将自己的角色与其他角色划清界限,不仅与其他非合议庭成员的角色区分开来,还要与合议庭其他成员的角色区分开来,唯法律马首是瞻,不越俎代庖,不近亲远疏,不恣意妄为,做到各安其位,各司其职,各负其责。

根据身份的差异,合议庭成员可以划分为四种角色:审判长、承办法官、普通

---

① 参见张永泉:《论合议庭制度》,载《法律科学》2001年第5期。

② 周永坤著:《法理学——全球视野》,法律出版社2000年版,第243页。

③ 舒国滢:《从"司法的广场化"到"司法的剧场化"——一个符号学的视角》,载《政法论坛》1999年第3期。

法官和人民陪审员。合议庭负责制之所以运行得并不尽如人意,在很大程度上就是因为合议庭成员发生了角色异化。

(一)审判长:不当的强化

1. 审判长的演变

起初,审判长只是一个临时的审判职务。在《人民法院组织法》和三部诉讼法中,都规定了审判长制度:审判长是为审判一个案件而组织起来的合议庭的负责人,案件审理结束,合议庭解散,审判长也就不存在了。但在后来的司法改革中(主要是为了解决法官素质参差不齐的问题),却逐渐演变为一种常设的法定职务。先是最高院在"一五改革纲要(1999—2003)"中提出:"推行审判长选任制度,充分发挥审判长在庭审过程中的指挥、协调作用。"后在2000年又发布了《人民法院审判长选任办法(试行)》(以下简称"选任办法"),并在全国各级法院相继推行。根据《选任办法》,审判长的来源有两方面,一是经过选任的专职审判长,二是参加案件审理的院长、庭长。

2. 审判长角色异化的表现

审判长应该是一种单纯的审判职务而非行政职务,定位于合议庭范围之内,其角色应当是合议庭的召集人、审判活动的组织者和主持者以及审判活动的平等参与者。也就是说,在对案件诉讼进程的控制、审判活动的协调、庭审与评议的组织等审判活动的程序性管理上,审判长享有组织、主持、协调和指挥的权力;在对案件的实体审理、评议和裁判上,审判长与其他成员享有平等的参与权和决策权。审判长具有的权力只是对案件的审判权力,不具有对合议庭其他成员的行政管理权。考察任命审判长的标准是审判业务能力和法律知识水平,而不是他们的身份背景等社会因素。但在司法实践中审判长的这一角色却发生了异化——不当的强化:

一是职务的行政化倾向越来越明显。最高院在有关文件中虽没有明确审判长是一级官职,但分配给审判长的权力更多的是行政的而非审判的,而且职权越来越多①。如审判长有权指定"合议庭其他成员担任案件承办人","审核、签发诉讼文书"等。实际上是在法官和原来的法院内部体制之间又设立了一个职级。同时,在选任实践中不少法院把审判长当成一种政治待遇和隐性职务,将其发展方向定位为"靠近副庭长"②,规定法官达到一定级别就可以直接成为审判长。而且任职的固定化倾向不断呈现,部分法院的审判长任职期满后被默许自动延期,变相地成为终身制。

① 关于审判长的职责,2000年的《人民法院审判长选任办法(试行)》规定了7项,2002年的《关于人民法院合议庭工作的若干规定》则规定了10项。

② 参见王怀安:《对审判方式改革和审判长选任的几点思考——王怀安同志在江苏法院考察期间的讲话摘要》,载《人民司法》2000年第10期,第12页。

二是审判长负责制依然是目前不少法院实行的负责制模式①。虽然审判长选任制不等于审判长负责制,在最高院发布的文件中也从没有"审判长负责制"的提法,但自《选任办法》颁布后,不少法院在司法改革过程中都实行了审判长负责制。在此负责制下,审判长权力得到不当扩大。如有的法院规定,当审判长与其他成员意见不一致且是少数意见时,可要求合议庭复议一次或者按老办法层层审批。与此同时,审判长的责任也得到不当扩大,不仅对参与审理的案件负全权责任,甚至对未参与审理的案件也要负责②。这样一来,审判长依靠"权力权威"获得了审判活动各个层面的主导权,而其他成员事实上则成了他的"助手"。

三是实践中审判长违法行使职权的现象时有发生。除了相应制度或规定赋予的权力有扩大趋势之外,司法实践中审判长基于"权力权威"违法行使职权的现象也时有发生。如按照《合议庭规定》,审判长应该最后发言,但在笔者所在法院的专项检查中③,就有25件案件评议中审判长率先发表意见,或审判长没有做到最后发表意见,占被检查案件的12.5%。

(二)承办法官:不当的强化

1. 承办法官的由来

承办法官,也称主审法官、案件承办人,即具体负责处理案件的人。据笔者不完全统计④,承办法官的类似称谓主要见于最高院发布的一些文件中:"承办人"在《关于报送死刑复核案件的几项规定的通知》(1979年)等53个文件中出现过;"承办法官"在《关于人民法院合议庭工作的若干规定》(2002年)等两个文件中出现过。但奇怪的是,这些文件也仅仅是出现了这些称谓而已,并没有进一步的解释或说明,至于这一主体的任职资格、职权、责任更无从谈起。

2. 承办法官角色异化的表现

按照一般的理解,承办法官是为了提高办案效率而在合议庭内部进行分工的产物,有两大职责:一是与其他成员平等地参与案件的审理、评议和裁判等审判活动;二是负责处理办案过程中产生的某些具体事务,范围可界定为书记员、审判长职责之外的那些工作,主要包括保管案卷材料、调查搜集证据、委托鉴定或审计、组织庭外调解、制作法律文书等辅助性事务。需要注意的是,承办人在

① 据笔者在网络上搜集的结果,就有山东济南中院、贵州六盘水中院和青海格尔木中院(三家法院分别处于东、中、西部,可以预测有一定代表性)在2007年的人大工作报告中都提到了审判长负责制,可见目前为止仍有不少法院对审判长负责制青睐有加。

② 如在2006年1月24日的《人民法院报》报道的河北省泊头法院,"精选出来的专职审判长不仅对自己审理的案件负全责,而且对全庭的其他一切案件负责,即对委托法官助理审理和调解的案件负全责"。

③ 笔者所在法院曾在2006年对2005年度审结的案件的合议庭评议笔录进行过专项检查,共抽查了各类案件200件,其中刑事30件、民事123件、民商事42件、行政5件。

④ 查询的依据是法律之星网站的法规库:www.law-star.com/html/lawsearch.htm。访问日期:2007年5月1日。

处理这些具体事务时,是以合议庭的“代理人”角色出现的①,只能在委托权限范围内以合议庭的名义行事,要接受审判长的指导和其他成员的监督并做好通报工作,当然行为后果由合议庭承担。但在司法实践中,承办法官的这一角色也发生了异化——不当的强化。虽然与“审判长负责制”一样,在最高院发布的文件中也从没有过类似“承办法官负责制”的提法,但目前大多数法院实际运行的却是承办法官负责制,即以承办法官为核心组成和运作合议庭,“名合实独”,而且在多数情况下,其强化程度已远远超越审判长。主要表现有三:

一是承办法官包揽了绝大部分实质性审理活动。包括庭前阅卷,拟定庭审提纲,从事必要的调查工作;开庭后负责进行补充调查,搜集证据;庭审时主持法庭调查甚至辩论②;案件评议时,负责提出关于事实认定和法律适用的初步意见并首先发表意见,其他成员主要围绕其意见展开讨论;向审判委员会汇报案情,回答有关询问;案件评议结束或者审判委员会讨论决定后,负责制作判决书;案件审结后,根据需要制作结案报告;等等。

二是承办法官往往决定了案件的最终处理结果。因为与其他成员相比,承办法官对案情最了解,享有“知识权威”;此外,基于“人情”的需要,成员之间通常都存在“互相关照”的心态③,在彼此的合议庭中达成“你同意我办的案件,我支持你办的案件”的默契。况且其他成员往往都有自己承办的案件要忙,因此在合议时常常是“人在此处,心在别处”。所以承办人的处理意见特别是对事实认定的看法,往往也包括对法律适用的主张得以成为最终定案意见。如在笔者所在法院的专项检查中,有67件案件在合议庭评议时,审判长或合议庭其他成员仅以“同意承办法官意见”或“可以”作表态,没有具体阐述自己的观点,占被检查案件的33.5%。

三是遇有错案的情况下,承担主要责任的一般也是承办法官。

(三)普通法官:不当的弱化

与审判长和承办法官相比,普通法官的角色定位就是平等地参与案件的审判并与其他成员共同对案件承担责任。但在司法实践中,普通法官的这一角色也发生了异化——不当的弱化:

由于缺少审判长的“权力权威”和承办法官的“知识权威”,而且现行的考核机制对其缺少激励作用,现行的责任机制对其影响也不是很大,再加上自身还有承办的案件,因此普通法官承揽的实质性审理活动很少,缺少参与案件的主动性,在案件的审理、评议和裁判各个环节上大都附和审判长或承办法官的意见,

① 参见左卫民、吴卫军:《“形合实独”:中国合议制度的困境和出路》,载《法制与社会发展》2002年第2期。

② 据笔者对相关法官的走访,民事案件中承办法官主持法庭辩论的情况较多,刑事和行政案件中大都是审判长主持法庭辩论。

③ 参见张晋红:《审判长制度与合议制度之冲突及协调——兼论合议制度的立法完善》,载《法学评论》2003年第6期。

丧失了自己的独立地位,沦为一个附庸的角色。据笔者对相关法官的走访,在很多情况下,普通法官在合议庭整个审判过程中都是做一些形式上的工作:庭审时"陪"一下,评议时"同意"一下,拟定或审核裁判文书时基本"不管不问"。

(四)人民陪审员:不当的弱化

现代陪审制度有两种模式:一是陪审团模式,陪审员负责事实审,法官负责法律审;二是参审制模式,陪审员和法官共同负责事实审和法律审。我国的陪审制度名曰"陪审",但实际上更接近于"参审",因为根据《关于完善人民陪审员制度的决定》,陪审员与法官行使同样的权力,一起组成合议庭,共同审理和裁判案件。因此在合议庭里面,他应该和普通法官的角色定位是一样的——平等地参与案件的审判并与其他成员共同对案件承担责任。但在司法实践中,人民陪审员的这一角色也发生了异化——不当的弱化:

由于缺少审判长的"权力权威"和承办法官的"知识权威",而且本身是一个外行,缺乏"内行经验"——普通法官的法律知识和审判经验,再加上被排斥在现行的考核机制和责任机制之外,因此对案件往往既缺乏参审的能力,又缺乏参审的动力,不仅参审率低,而且参审质量也低。如就笔者所在法院2006年的统计,虽然人民陪审员的参审率较以前有很大提高,但也仅为44%,而且参审案件的数量参差不齐,在39名人民陪审员中,最多的为16件,最少的仅为1件。此外,据笔者的走访和调查,人民陪审员在参审过程中,依附心理严重,"陪"的现象突出——"陪而不审"、"陪而不议"、"陪而不判",很少能够做到和普通法官"平起平坐",至于和审判长与承办法官"平起平坐"更是难以企及的奢望。

三、参与与责任:合议庭成员的角色衡平

由以上分析可以看出,如果各成员都回归原初的角色定位,那么合议庭负责制是不难做到的,至于审判长和承办法官的附加职责都是基于审判需要设置的,对于案件的实体处理并不能起决定作用。良好的目的需要良好的制度,之所以在司法实践中发生了角色异化,除了个人因素外,主要原因就是现行制度不配套或曰兼容性不够,因此需要对现行制度进行改革或重构。与合议庭负责制的两大要素相对应,制度构建可以从平等参与制度和共同负责制度两大方面着手①。

(一)平等参与制度

1. 庭前阶段

在现有制度框架下,承办法官在案件信息方面处于"垄断"地位,其他成员对庭审提纲敷衍塞责的现象突出,因此庭前阶段需着力解决这两个问题。

(1)建立独立阅卷制度。该制度的实行能够为各成员在庭审中充分掌握决

① 需要说明的是,这里的制度构建并不是面面俱到,主要针对的是那些现实中没有的或不完善的制度,并且这些制度的价值重心指向于合议庭成员的角色衡平。

策信息提供制度性保障,主要解决因实行承办法官制度而带来的各成员对案件相关信息掌握不对等的问题①。其操作机制为:合议庭全体成员在开庭审理前,分别就业已形成的所有证据材料及诉讼材料进行独立的审阅,各自提前了解案件的争议焦点和整理需要在庭审中解决的问题,做到带着问题参加庭审,以获得与案件审判相关的更多有效信息。阅卷时间原则上在开庭前答辩期届满后。如果需要进行庭前证据交换的,则应在交换证据之后。

(2)建立两次提纲制度。该制度的目的在于调动各成员的参与积极性以发扬集体智慧,并事先确定好分工以利于庭审活动顺利进行。其操作模式为:首先由各成员在独立阅卷的基础上列出各自提纲,然后在审判长主持下将各成员的提纲综合为一份共同提纲,并处理好分工关系。具体分工可按照如下原则进行:提纲中共同的问题在各成员之间平摊,特殊的问题由各成员自行负责。

2. 庭审阶段

为防止"一人审两人陪"的情况出现,在庭审阶段首先是按照预先制定的提纲进行,其次是要处理好审判长主持庭审与其他成员参与庭审的关系。

(1)明确审判长主持的事项。按照规定,主持庭审活动是审判长的法定职责,但主持并不是包揽一切。一般而言,一些对案件审理没有实质影响的程序性事项,如核对当事人,宣布案由,宣布审判人员、书记员名单,告知当事人有关的诉讼权利义务,询问当事人是否提出回避申请,制止扰乱法庭秩序的行为,宣布并控制各项庭审进程等,都属于审判长的主持范畴,可以单独做出。

(2)明确合议庭合议的事项。在庭审中,对于与案件审理有实质影响的事项,特别是一些需要做出裁定或决定的事项,则需要合议庭合议。如证据认证、管辖权异议裁定、先予执行裁定、诉讼终结裁定、撤诉裁定、回避决定、拘传决定等,都属于合议的范畴,审判长要在征求其他成员的意见后按照少数服从多数的原则做出决定。其中对于重要性或分歧度不大的事项,可以当庭评议,由审判长通过传递纸条、交头接耳或电脑联网等方式征求其他成员意见,以求高效;对于重要性或分歧度较大的事项,可以退庭评议,由审判长宣布暂时休庭后征求其他成员意见,以示慎重。

3. 评议阶段

只有在一个平等且自由的环境中,各成员才能畅所欲言,充分评议。因此,评议阶段的主要任务就是创造这样一个环境,也就是哈贝马斯所说的"理想言谈

① 不少人将此制度称为"共同阅卷制度"(如孙万胜:《关于合议庭共同阅卷的几点思考》,载《人民法院报》2001年11月14日第3版),笔者认为这一称呼不妥,容易造成合议庭成员同时阅卷且阅卷不全面(如在阅卷内容上进行分工)的误导。

情景"①。

(1) 完善发言顺序限定制度。一般而言,"如果职务高或者资历深的法官首先发言,职务低、无职务或者资历较浅的法官可能出于尊敬、世故、顾虑或盲从等原因,迎合前者的意见,不敢或不愿展示自己的真实想法"②。为了尽量减少其他成员职务、资历等方面的影响,与前面所分析的角色异化情况强度相反,发言顺序可以限定如下:人民陪审员、普通法官、审判长、承办法官③。如果有两个以上普通法官或人民陪审员,则按照职务从无到有、从低到高或资历由浅至深的顺序依次发言。值得注意的是,这里的发言顺序仅仅是针对每一个主题的第一轮发言。如果每轮发言都按此顺序既耗时费力又影响自由发挥,因此在每一主题的第一轮发言后,大家就可自由评议,针对其他成员的不同意见进行反驳或进一步阐述自己的观点,形成多数或一致意见后便进入下一主题,如此论推,直至评议结束。

(2) 建立一次表决制度

即合议庭对每一评议事项的表决只能进行一次,在此基础上依照少数服从多数的原则得出裁判结论④。这样可以确保评议过程与表决结果之间的实质联系,避免"议""决"分离。由于在对评议事项表决以前,各成员已充分陈述了自己的理由和意见,相互之间也进行了意见的交流和交锋以及观点的反驳和修正,达到了充分讨论和集思广益的民主效果。因此在最后对评议事项进行表决时,只能进行一次,以避免成员之间为取得一致意见而相互妥协或让步而反复进行表决。多次表决不仅影响裁判结论的及时做出,而且有悖成员之间独立表决的精神,使资历和职务不占优势的成员在是否坚持自己最初意见的问题上顾虑重重,最终导致设置的发言顺序限定制度失去意义。

(二) 共同负责制度

1. 建立合议庭责任——个人责任的责任承担模式

对外而言,各成员的所作所为是以合议庭责任的名义表现出来的,但对内而言,合议庭责任需要以个人责任的形式表现出来,不然"共同负责"将等于"无人负责"。因此建立共同负责制度的关键就是要建立一个合议庭责任——个人责

① 德国哲学家哈贝马斯在交往理性理论中提出了一个"理想言谈情景"的条件:(1) 任何能言说者均可以参加论辩。(2) (a) 任何人均可以质疑任何主张。(b) 任何人均可以在论辩中提出任何主张。(c) 任何人均可以表达其态度、愿望和需求。(3) 任何言说者均不因受到论辩内或论辩外的某种强迫阻碍而无法行使其在(1)和(2)中所确定的权利。

② 林劲松:《我国合议庭评议制度反思》,载《法学》2005年第10期。

③ 按照《关于人民法院合议庭工作的若干规定》,由承办法官先发言,但由于其对案件享有的决策信息优势和思虑周密程度等"知识权威",依然会使其他成员(包括审判长)产生"遵从压力"。而且该规定没有考虑职务和资历因素,将会使承办法官和审判长以外的其他成员的发言顺序出现随意性。

④ 可能有人担心,如果一次表决形不成多数意见怎么办?其实,这种担心是多余的。由于之前各成员已经过充分评议,表决时达不成多数意见则说明成员之间存在重大分歧,完全可以根据现行诉讼法的规定提交审判委员会处理。

任模式，将两者衔接起来。依笔者之见，责任承担模式可大致分析如下：

(1) 总的原则。总的原则有两个：一是"谁职责，谁负责"，即属于谁的职责范围，出了问题就由谁负责；二是"谁导致，谁负责"，即问题因谁而起即由谁负责。

(2) 个人职责方面的事情。一般而言，个人职责方面的事情（主要是审判长和承办法官的附加职责范围内的事情）属于个人责任，由个人承担，如案件超审限责任宜由审判长承担，这与其组织整个审判过程活动的职责是相对应的。但有一个例外：如果该责任是由他人怠于或违法行使职责而引起，则由怠于或违法行使职责的人承担，如某成员不予配合致使审判长无法主持庭审活动的，责任宜由该成员承担。

(3) 共同职责方面的事情。一般而言，共同职责方面的事情（主要是合议庭全体成员平等参与的事情）属于共同责任，由成员之间平均分摊，如裁判文书出现文字纰漏而产生的责任宜由各成员平均分摊，这与各成员共同审核裁判文书的职责是相对应的。但有两个例外：一是如果该事情由大家共同参与但最终是由部分人起作用的时候，则起作用的成员承担责任，如按照多数人意见做出的判决最终被证明是错误的，责任宜由发表多数人意见的成员承担。二是如果该责任是他人怠于或违法行使职责而引起，则由怠于或违法行使职责的人承担，如某成员拒绝参与评议致使评议无法进行的，责任宜由该成员承担。

2．完善合议庭工作考核机制①

建立专门考核档案，对法官参加合议庭情况单独考核，并将履行合议庭成员职责情况与个人的福利待遇、升级晋职、评选优秀等联系起来。具体模式可以考虑采用综合打分制（如百分制），再细化为一些具体打分标准，可以包括阅卷的认真度、庭审的积极性、发言的充分与否、表决意见的正确与否等综合因素。

在考核过程中要注重体现各成员在审理过程中的责任、贡献大小及付出劳动的差别，从而调动其工作积极性。如在案件计算上，考虑到附加职责，合议庭每办一个案件，普通法官可以按 1 件计算，而审判长和承办法官可以按 1.2 件计算，审判长和承办法官为一人时可以按 1.4 件计算。再如在错案的计算上，为避免司法实践中的"魔鬼定律"——少数人永远不承担责任（因为判决是按照多数人意见做出的），就要将多数人意见和少数人意见同等对待。以三人制合议庭为例，如果一个判决是按照两个成员的意见做出且被证明是正确的，那么另外一个成员的意见就是错误的，要算做一个错案。

3．完善合议庭工作监督机制

责任机制和考核机制的落实需要监督机制的完善。由于在司法改革进程中，各法院都设立了审判监督部门，因此监督机制主要由审判监督部门负责，可

① 由于人民陪审员不属于法官序列，其考核机制宜做出特别规定，这里暂不考虑。

以通过旁听案件、观看庭审视频资料、检查合议庭评议笔录和庭审笔录等方式来进行。根据《合议庭规定》,院长、庭长也可通过审阅合议庭评议笔录和对判决书进行核稿的方式进行监督,发现不当之处可以要求合议庭复议。此外,要完善合议庭内部的自我监督机制,可以制作一个合议庭情况评价表,在成员内部循环封闭式打分,如三人制合议庭就按 A→B→C→A 的箭头方向依次打分,之后将表格统一交给审判监督部门以作参考。

四、结语

合议庭负责制的推进与落实是一项复杂的系统工程,除了内部成员的角色衡平外,还要处理好内部成员与外部成员的关系,还要处理好合议庭与庭务会、审判委员会、审判长联席会议等外部主体的关系。但毫无疑问合议庭成员的角色衡平是其中的一个重要环节,需要高度重视和认真对待。因为从某种意义上说,如果每个成员都回到原初的角色定位,做到各司其职,各负其责,那么也就实现了“正义”①。

① 柏拉图曾说过“正义就是有自己的东西干自己的事情,只做自己的事情而不兼做别人的事情”。参见[古希腊]柏拉图著:《理想国》,郭斌和、张竹明译,商务印书馆 1986 年版,第 154—155 页。

秩序与变革间的平衡

——论案例指导制度之“指导性”功能的有效发挥

邱　瑜　陈祥华*

（文章荣获2008年上海法院系统学术讨论会一等奖）

进步的艺术是在变革中保持秩序，在秩序中保持变革。

[英] 怀特·黑德

如何定位并有效发挥我国案例指导制度的“指导性”功能，是我国司法改革中面临的难题之一。无论是学术界还是实践界，对该问题均存有不同观点。但纵观我国案例指导制度的发展历程，基本是遵循一条渐进式的发展路径，即要在成文法体系的秩序中，寻求其“指导性”功能的发挥空间，以期实现我国司法制度的更好发展。就目前的发展进度而言，我国案例指导制度的构建是保持在成文法体系框架中，并未撼动成文法的传统。因此，本文亦遵循在现有秩序之基础上对案例指导制度的“指导性”功能进行探讨。

一、案例指导制度之“指导性”功能的认识

（一）何谓案例指导制度

2005年10月，最高人民法院（以下简称最高院）发布《人民法院第二个五年改革纲要（2004—2008）》。在该纲要中，最高院第一次以正式文件的方式明确提出：“建立和完善案例指导制度，重视指导性案例在统一法律适用标准、指导下级法院审判工作、丰富和发展法学理论等方面的作用。最高人民法院制定关于案例指导制度的规范性文件，规定指导性案例的编选标准、编选程序、发布方式、指导规则等。”

从该纲要来看，我国目前的案例指导制度是指挑选具有代表性的裁判案例作为指导性案例，为以后的案件审判工作提供参考、指导。该指导性案例同时也

* 邱瑜，上海市金山区人民法院办公室法官，法学硕士；陈祥华，上海市金山区人民法院民三庭法官，法学硕士。

具有丰富、发展法学理论的作用。该纲要中所提的"指导下级法院审判工作"是指点和引导下级法院审判工作的意思,即指导性案例并不具有先例约束力。

我国案例指导制度与英美法系的判例法以及大陆法系的判例制度均存在根本的区别。这种区别表现在:

1. 是否具有法律渊源地位不同

英美法系的判例和大陆法系的判例具有法律渊源地位,在英美法系中,判例被视为法律的主要渊源;在大陆法系中,判例被视为成文法的辅助渊源,判例对法院的裁判具有普遍的约束力。我国现行的指导性案例仅是对司法实践起一定参考作用,无正式法律渊源地位。

2. 所起作用不同

与英美法系相比,大陆法系以成文法为主体,判例只是起到弥补成文法缺陷的作用,空间有限。判例是事实上的法律渊源,就其与制定法的关系而言,制定法是法律的主体,而判例仅是次要的法律渊源。判例是在制定法的庇荫下,在其缝隙中发展起来的。判例制度是枝接在制定法上的,制定法既是判例的限制,同时又是判例的依托①。我国的指导性案例对审判工作的作用则表现在统一法律适用标准、指导下级法院审判工作等方面。

3. 表现形式不同

英美法系的判例以裁判文书的形式表现出来,裁判文书中往往包含了裁判规则。大陆法系国家的判例,其裁判规则有可能通过裁判要旨的形式给予归纳和总结,即裁判规则可能独立于裁判文书本身。我国指导性案例的形式目前尚无统一标准。

(二) 何谓案例指导制度之"指导性"功能

案例指导制度的所谓"指导性"功能,是指经过有权机构审核、确认并经正式渠道公开发布后的案例,对今后的案件处理能产生一定的指导意义,也即对今后法官处理同类案件具有一定的事实上的拘束力。最高院在《二五改革纲要》中第一次以官方文本的方式提出了"建立和完善案例指导制度",并明确将其定位为指导。"案例指导",既非"判例",亦非"遵循","指导"的语意具有一定的模糊性,其具有中国式的司法智慧和中庸之意。对"指导性"功能的理解主要包括:

1. 不具有先例约束力

"指导性"功能的定位没有突破成文法的传统,无"法官造法"之嫌。最高院及省高院、市中院选择典型案例时即以"服从现行法律和司法解释"为前提,即使在法律或司法解释没有明确规定的情况下,法官由法律原则延伸出来的立法意旨进行判决。可以说,指导性案例主要起到一种补强的效力,以期借助司法或法官的能动性,将法律精神纳入权威的裁判结论中。

---

① 叶英萍:《两大法系与我国判例制度比较》,载《海南大学学报》(社科版)1992 年第 3 期。

2. 难以向先例约束力转变

有学者主张发展判例制度,即在某些尚无制定法的领域,可以用判例的形式来完善立法,用判例来指导全国的审判工作,从而在局部领域适用判例法①。但是本文认为,考虑到我国的国情,全国人民代表大会制度是我国的基本政治制度。我国宪法明确规定,全国人民代表大会及其常务委员会行使国家立法权。因此,从原则上,我国的法官不享有立法权,无权造法,否则有违宪之嫌。而且,我国具有成文法的传统,成文法国家的传统之一就是防止法官立法和释法。"法律的解释权属于创制法律者。……如果不是立法者的权力才能解释法律,那么别种权力最终会变更法律,并将自己的意志置于立法者的意志之上。"②因此,以上原因的存在使得"指导性"功能难以向先例约束力转变。

3. 有利于改变"行政化"色彩

指导性功能的发挥,有利于改变最高院监督和指导地方各级法院审判工作、上级法院监督和指导下级法院审判工作的方式上有所作为,实现其一定程度上替代实践中的案件请示汇报制度的功能。可以说,请示汇报制度凸显我国法院系统的"行政化"色彩,当下级法院的承办法官对于重大、疑难或新类型案件不好把握时,往往会逐级请示庭长、院长、审委会、上级人员。请示汇报制度的流弊十分明显,但是始终无法退出历史舞台。笔者认为,指导性案例即显示了上级法院对处理该类案件的所持之见,下级法院法官在处理案件时,可以直接从指导性案例中解读上级法院的"判旨",可以独立思考、决定并做出判决。当然,请示汇报制度的功能涵盖很广,案例指导制度所能替代的只是其中的一部分。

4. 有利于克服传统成文法体系自身的不足

成文法的设计者往往希望制定出来的法律尽可能地涵盖所有的社会关系,但是由于立法者立法时的认知能力总是有限,因此成文法实际上无法细致地描述和适应每个具体的诉讼案件,不可能为司法实践中的每个法律问题都提供明确的答案。人类的历史已经证明并且还将继续证明,包罗万象、完美无缺的制定法从未存在过并且也根本不可能出现③。因此,以成文法之外的方式来弥补成文法体系自身的不足,此为"指导性"功能承担的重任之一。

5. 有利于法官丰富裁判经验并改变思维模式

指导性功能的发挥,有利于逐步丰富法官的裁判经验和改变法官的思维模式。中国法官的来源呈多元化,以基层法院为例,法官的来源包括军队转业干部、从其他企事业单位招聘的人员和法学院校毕业生等。其中,从法学院校毕业的法官主要缺少审判工作经验,其可能知晓中国的法律,但未必通晓世俗社会,其亟须审判经验的积累;从军队转业的法官具有丰富的社会生活经验,但在法律

---

① 武树臣:《论判例在我国法制建设中的地位》,载《法学》1986年第6期。

② 《西方法律思想史资料选编》,北京大学出版社1983年版,第336页。

③ 赵钢、王杏飞:《民事司法改革的几个前沿问题》,载《法学评论》2006年第6期。

理论素养、法律思维模式方面略有欠缺。案例指导可以作为“鲜活的教科书”,以法官的不同需求为基础,从不同侧面对法官审判予以指导。因此,案例指导制度的建立,将有助于促进法官形成正确的思维方式,形成理解法律,感受事实的最佳视角,使法官找到易于操作、翔实可鉴的样板①。

(三)案例指导制度的发展历程

1. 最高院酝酿、推行案例指导制度的历程

最高院在不突破成文法框架和传统的前提下,审时度势地进行了案例指导制度的探索:

(1)开始起步阶段。建国初期,最高院即重视运用案例总结经验,指导全国法院的审判工作,但是后来由于国家政治形势发生重大变化,该工作没有得到延续②。自1982年开始,最高院开始在《最高人民法院公报》上定期公开刊发典型“案例”来解释、说明有关法律条款的含义,以便全国各级人民法院掌握适用法律的幅度。这些案例的功能主要有:具体说明某一法律行为的构成要件,解释某一法律条款的适用范围;确认新的法律规则,为法律的修订和编纂提供素材;为指导司法实践,保证我国法制的统一性,避免不同地区、不同时间就相同或相似案件做出相差悬殊的判决。③ 1985年,《最高人民法院公报》曾经声明,公布的判决“可供各级人民法院借鉴”,该“可”和“借鉴”两个语词的界定,使得《公报》上公布的判决对各级法院的影响极为有限。

(2)初步发展阶段。进入21世纪后,随着司法改革的深入,最高院越来越重视案例制度的建设。《人民法院五年改革纲要》第14条明确规定:“2000年起,经最高人民法院审判委员会讨论、决定的适用法律问题的典型案件予以公布,供下级法院审判类似案件时参考。”

(3)目前进展情况。最高院在2005年颁布的《人民法院第二个五年改革纲要》中,进一步明确指出:“规范和完善案例指导制度。最高人民法院要制定关于案例指导的规定,规范指导性案例的编选标准、公布方式、指导规则等。高级人民法院可以发布适用于本地区的参考案例,但所选案例不得与最高人民法院公布的指导性案例相抵触。”“建立和完善案例指导制度,重视指导性案例在统一法律适用标准、指导下级法院审判工作、丰富和发展法学理论等方面的作用。最高人民法院制定关于案例指导制度的规范性文件,规定指导性案例的编选标准、编选程序、发布方式、指导规则等。”至此,案例指导制度正式“浮出水面”,清晰地进入到研究视野中。

2. 各地法院进行的“涉水性”探索

自最高院在《一五改革纲要》中推出典型案例的公布和参考制度后,各地法

---

① 洪流:《判例在刑法适用中的地位和作用》,载《判例与研究》1999年第4期。
② 徐景和:《中国判例制度研究》,中国检察出版社2006年版,第70页。
③ 郭华成:《法律解释的比较研究》,中国人民大学出版社1993年版,第213页。

院相继进行一些"涉水式"的探索：

（1）中原区法院的探索。河南郑州市中原区法院是其中的先驱者，于2002年率先推出了"先例判决"制度，并大胆付诸实践。该院的主要做法为：审委会讨论后确定一些新类型案件、具有代表性的案件及对适用法律有一定指导意义的典型判决为"先例判决"。全院各合议庭和独任审理的法官在审理同类案件时，应当参照"先例判决"，无需再次提请审委会讨论；不予参照的，应当提出理由并报审委会讨论决定；不参照"先例判决"做出的裁判出现错案时，则要追求承办法官的相应责任。

（2）部分高院的探索。天津市高院、四川省高院和江苏省高院也相继推行案例指导制度，其制度名称各异，江苏省高院出台"参阅案例"制度，天津市高院在民商事审判领域实施"判例指导制度"，四川省高院实行"典型案例"发布制度。从上述高院进行探索的情况看，虽然制度名称有所不同，但基本立足点都为，明确发布的指导性案例不具有强制约束力，而主要定位为一种指导力，其被遵循的主要力量来自司法管理体制的约束力。

二、发挥"指导性"功能面临的问题

目前，在司法实践中，各地法院对案例指导工作的推进存在"重输送，轻应用"的倾向。侧重的点是组织案例报送工作，将向最高院及上级法院报送案例的数量作为工作亮点和成绩看待。如江苏省某中院明确将案例编写任务列入目标管理考核项目，要求各院、庭严格按照目标管理的要求落实责任①。案例指导工作表现出着力不多、后劲不足的态势，"指导性"功能没有发挥出其对审判实践应有的指导作用。经分析，"指导性"功能的发挥主要面临以下问题：

（一）定位不清，得不到审判实践应有重视

案例指导在审判实践中的功能发挥存在定位不清、重视不够的问题。最高院在《二五改革纲要》中并未明确定位指导性案例的效力，该"指导"作何解？是"参考"，"借鉴"，抑或是"拘束"？由于指导性案例的效力尚未得到制度的明确，缺少一个清晰的定位，这让法官对"指导"尺度的把握有些"无所适从"，最终导致得不到审判实践应有重视。根据金华市中院的一份调查报告显示，在参与问卷的300位法官中，当问及案例对审判工作是否会产生影响，约7%的人回答，"不会，没有时间去系统地学习、对照"；约49%的人回答，"不会，案例在当前不具有法律效力，大家也不会重视"；约17%的人回答，"会，但这仅限于偶尔地学习，案例尚难解决现实中的疑难"，仅有约27%的人回答，"会，让自己遇到困难

---

① 《无锡中院五项措施推进案例工作更快发展》，http：//www.jsfy.gov.cn/cps/site/jsfy/xinwenzhongxing/yaowen_content_a200401299601.htm，于2008年4月3日访问。

时有所依照,说理时有所依据”①。

(二)各地探索的差距较大,无统一标准

目前,各地法院在探索建立案例指导制度时对效力把握的尺度大相径庭。河南郑州市中原区人民法院的探索步子迈得最快,该院在2002年率先推行“先例判决”制度,以正式文件的形式赋予先例判决“应当参照”的效力,如果不予参照的,合议庭及独任审判员应当提出理由并报本院审委会讨论决定。其后,2003年江苏省高院出台“参阅案例”制度、四川省高院和天津市高院也相继推行案例指导制度。近年来,各地、各级法院纷纷自主创制了不同形式的案例载体,定期或不定期地刊载本辖区内法院做出的有典型示范意义的判决,以供法官审判同类案件时进行参考或借鉴。目前,指导性案例并不具有强制性的拘束力,多数时候被遵循是因为法官出于不遵循而做的判决可能被上级法院推翻之故,从而自觉仿效上级法院所做的判决。

(三)承办法官缺乏适用指导性案例的传统

法官在案件审理过程中缺乏应用指导性案例的传统。我国的法学教育注重对成文法律的系统学习,案例教学环节比较缺位。法官对案例的借鉴和学习依赖自学,案例在审判实践中的应用基本处于自发和偶然的状态。目前法官审判时习惯性地去找相应的法律、司法解释,较少在查找成文法的同时去参考最高院公布的指导性案例。

(四)指导性案例质量和规模有待提升

指导性案例本身存在数量不多、质量不高、针对性不强等问题,造成理想与现实的脱节。与审判实践中新问题、疑难复杂问题的层出不穷相比,最高院、省高院及中院公布的案例虽然具有典型性,但是在规模和质量上有待提高,且常常缺乏对具体实践的针对性,无法解决基层法院审判实践中遇到的实际难题。

三、解决问题的对策

(一)从理论上明确“指导性”功能的定位

1. 明确其具有事实上的约束力

指导性案例的效力问题是案例指导制度的核心问题,目前学术、实务界的争议都较大,因目前案例指导制度仅处于试行和探索阶段,最高院没有明确界定“指导”的含义,留给学界很大的争论和探讨空间。第一种观点较为激进,其认为应该通过立法确定指导性案例的法律效力,使某些通过严格程

① 陈根长、毛建青、吴翠丹:《中级法院案例指导工作的现状及定位探讨——以金华法院为例》,http://www.jhcourt.cn/wenhua/kanwu_art_detail.asp?id=406,于2008年5月2日访问。

序挑选出来的案例具有普遍的法律约束力，并确立指导性案例的法律渊源地位①。第二种观点认为，案例指导制度下发布的典型案例，法院“应当参照”，承认案例的事实上的拘束力，同时必须明确“不参照”而背离典型案例时的法律后果②。第三种观点则认为，案例指导制度中的案例目前尚不具有应然法律效力，但能够在我国的司法实践中通过被实践部门不断援引而发挥其实然法律效力，然后从实然逐步过渡到应然效力③。第四种观点认为，指导性案例具有审判实务方面导向的实施影响和具体明确的指导作用，即具有事实上的约束力④。

笔者赞成第四种观点，案例指导应该具有在审判实务方面导向的实施影响和具体明确的指导作用，即一种事实上的拘束效力。首先，这是由上下级法院之间法定的监督与被监督关系决定的。根据我国《宪法》的规定，最高人民法院和地方各级人民法院、上级人民法院和下级人民法院之间存在法定的监督与被监督关系，主要体现在改判权和提起再审权。上级法院可以依法改判下级法院违法或不当的原审裁判，上级法院发现下级法院的生效裁判违反法律、法规规定的，有权提起审判监督程序。下级法院都不愿冒着被上级法院改判或提起再审的风险，其中牵涉下级法院各项审判评估指标的结果，下级法院尽可能会同上级法院的意见保持一致。上级法院公布的指导性案例表明该院对该案的处理结果持赞成态度，理所应当地对下级法院形成约束力，这种约束力是一种制度性的内生力。

2. 承认其具有内生的说服力

指导性案例的效力来自公布的指导性案例正确适用法律所具有的说服力，这种说服力是内生的，而不是外赋的。当法官面对一起疑难、复杂或新类型的案件时，而法律规定不甚明确、找不到明确的法律规范适用，辨法析理无从下手、无从定夺时，如何让法官“白手起家”地审理案件呢？指导性案例则能为审判提供“巨人的肩膀”。指导性案例中关于法律论证所具有的合理性和说服力、对有关法律解释观点的论证，都能使法官在借阅、借鉴相关案例时受到启发。法官服从它，是因为它的正当和正确，这种引导性的效力已经在审判实践中发挥非常重要的作用。现有制度应进一步承认这种效力。

（二）从制度上保障“指导性”功能的发挥

任何一项良善的制度要真正发挥作用，都不能抛开实践而只注重理论，一项制度的落实效果很大程度上取决于顺畅的机制和勤奋的人两个因素。发挥我国

---

① 张朝晖：《我国案例指导制度之完善》，http://www.csfrcourt.com/pages/shenpanyj2_more.asp?id=116，于2008年4月20日访问。

② 北京市高级人民法院研究室：《关于完善案例指导制度的调研报告》，http://www.chinacourt.org/html/article/200802/22/288559.shtml，于2008年4月21日访问。

③ 周佑勇：《作为过渡措施的案例指导制度》，载《法学评论》2006年第3期。

④ 陈灿平：《案例指导制度中操作性难点问题探讨》，载《法学杂志》2006年第3期。

案例指导的"指导性"功能,同样需要构建行之有效的制度,保障该功能的发挥。该保障制度的基本框架主要包括:

1. 最高院具有指导性案例的制定权,确保统一性

在英美法系国家,判例的创制主体与判例的制作主体是同一的,判例的制作法院就是判例的创制法院。以此类推似乎应由具体案例的创制主体来制作指导性案例,但是考虑到我国特殊的国情,我国各级法院间的业务水平存在着一定的差异,允许地方法院创制指导性案例,不利于法律适用的统一。且指导性案例的创制是结合个案针对制定法中某些规定或一般原则进行解释而形成的,其产生过程涉及法律解释问题①,因此由最高院来行使无疑较为慎重。且由最高院进行创制指导性案例,可以有效地实现最高院对审判工作的协调、指导和监督的职能,有效地消除英美法系国家中判例盘杂所产生的弊端②,保证指导性案例的统一性、严肃性。同时,考虑到我国主要由基层法院和中级法院承办具体案件的国情,决定了我国的案例指导制度与英美法系的判例制度有区别,不可能规定只有最高院本身的判决才可以成为指导性案例。我国指导性案例遴选的来源应当是各级法院已经生效的案例。

2. 成立案例指导制度委员会,确保质量与规模

由最高院推荐的资深法官、律师界选举或推荐的资深律师、由学术界推荐的学者等组成案例指导制度委员会,该委员会负责指导性案例的遴选和筛选工作。

该委员会负责遴选工作,就最高院及下级法院报送的典型案例进行研究,遴选出具备成为指导性案例的裁判文书。遴选的案例范围侧重于以下领域:在尚无制定法的领域;在制定法过于宽泛或模糊的领域③。

当指导性案例累积到一定程度,即指导性案例所规范的法律关系已经比较稳定、相关的研究已经比较充分时,则由该委员会进一步遴选,建议立法机关通过法定程序上升为制定法。当指导性案例与现行法律不相符合时,则由该委员会筛选,并报最高院及时废除。

指导性案例的遴选、筛选相当于立法活动的提案阶段以及法律编纂阶段,需要一批具有较高素质的法官、拥有丰富法律实践经验的律师、在法学界深孚众望的学者来共同参与,以保证指导性案例的质量与规模,适应审判实践的需要。

3. 概括出裁判要旨且只有该部分具有"指导性",与传统承接

案例指导制度委员会对遴选出的案例进行进一步抽象,概括出该案例的要点及适用该案例的条件,构成该案例的裁判要旨。该裁判要旨与案例本身相结合,较现有成文法条形象、准确。案例指导制度委员会将遴选出的案例和裁判要

---

① 董茂云:《法典化、判例化与中国的法典化道路》,载《比较法研究》1997年第4期。

② 陈光中、谢正权:《关于我国建立判例制度问题的思考》,载《中国法学》1989年第2期。

③ 在已经有成文法给予明确规范且争议不大的领域,适用该成文法即可,指导性案例在该领域存在的意义不大。

旨提交最高院做最终裁断,通过则构成为我国的指导性案例。指导性案例一经发布,将对全国范围内的审判活动发挥其指导性作用,非经法定程序给予撤销,或者与法律相冲突,则对以后的审判活动具有指导性。

该指导性案例中最终对以后相同或类似案例具有指导性的部分局限于裁判要旨。这样一方面可以避免承办法官难以认定案例中哪一部分具有“指导性”的问题;另一方面也可以最大限度地和我国成文法的审判实践传统相结合,避免因发展案例指导制度而导致对我国的审判实践造成过大波动。

4. 建立指导性案例的公示机制,扩大适用范围

指导性案例应当通过有效的途径向社会公示。如果指导性案例仅为法官群体所知悉,一方面难以保证当事人的合法权益,另一方面由于当事人以及律师群体适用的缺位,亦导致以对法官适用指导性案例难以形成外在压力和动力。为此应建立专门的指导性案例公示机制。首先,应由最高院(主要指案例指导制度委员会)按照科学的方式定期对指导性案例进行编撰,并定期将编撰的指导性案例汇编成册向社会公开发行;其次,借助互联网力量,建立指导性案例的专门网站,向社会公开提供指导性案例查询服务;最后,最高院通过的指导性案例要通过以上途径以及报刊等途径及时、有效地向社会公布。

5. 建立指导性案例的培训机制,培养法官的习惯

目前,指导性案例的掌握和应用多是作为一种个人化的知识,处于自发、偶然的状态。各级法院应将指导性案例纳入法官日常培训的内容,及时传阅、组织学习指导性案例,使法官熟练掌握应用指导性案例的要旨和技术,使之融入法官的法律思维和司法实践中。

引好活水促繁荣
——略论司法人才高地战略的实施基础和推进方略

宫爱萍课题组*

(本文荣获2010年度上海法院政治工作调研论文评选二等奖)

人才,是我国经济社会发展的第一资源。《国家中长期人才发展规划纲要(2010—2020年)》确立了相关体制机制和重大政策,在全社会掀起了一股重视人才建设的新高潮。司法人才关系着人民法院司法能力的水平,关系着社会公众对法院的评价,加强司法人才工作已成为时代的必然要求。《人民法院第三个五年改革纲要(2009—2013)》明确要求加强队伍建设,着力解决人民群众日益增长的司法需求与人民法院司法能力相对不足的矛盾。为更好地服务上海"四个中心"建设,服务世博和后世博时代经济社会发展,上海市高级人民法院于2010年提出人才高地战略,将人才建设置于战略高度,努力形成人尽其才、才尽其用、人才辈出的格局。本文以某基层法院为样本,考查战略已有基础,并注重从全市法院角度出发,探索推进该战略的有效方略。

一、司法人才建设主要情况

(一)人才建设机制进一步建立

市高院历来重视人才建设,各中院和基层法院定期制定人才建设实施意见,确定人才建设目标和主要步骤,并在实践运行中进行改进和优化,初步奠定了人才建设的基础。就储备人才培养方面,2006年起市高院统一加强预备法官培训,组织选择专业开展实习,培养了一批理论功底扎实、视野较为宽广的后备人才。一些法院紧贴本院实际,加大青年人才培养力度,如二中院开展青年导师带教机制,金山法院实行青年人才带教培养机制,促使其既胜任审判工作,又能牢牢把握前瞻课题研究,在实践中不断成长。就骨干力量培养方面,市高院统一开展专家型法官培养工作,建立优秀人才入库机制;一些法院探索建立品牌机制,如金

---

* 课题组主持人:宫爱萍(上海市金山区人民法院党组成员、政治部主任、审判委员会委员)。课题组成员:曹雪明(上海市金山区人民法院政治部副主任)、陈玲(上海市金山区人民法院政治部主任助理)、沈亚岚(上海市金山区人民法院政治部法官)。

山法院开展突出贡献命名机制①,努力形成有一定影响力的品牌。就人才选拔方面,市高院制定了高中院中层副职干部竞争上岗的相关意见,并于2010年在全国范围内统一选拔领导干部,提高了人才工作的公开度,激发了整个队伍的活力。各法院始终坚持公开、公平、公正原则,合理选人用人,将一批年富力强的优秀人才选拔至管理岗位上来,推动了良性竞争氛围的形成。如金山法院探索开展中层助理选拔工作,实行轮岗锻炼机制,促进了人才结构的适度优化。

(二)人才学历层次有较大幅度的提升

学历教育主要是引导干警重新走入"学园",对多年审判实践所积累的经验和心得从理论角度进行审视,有助于提升对理论的理解程度和灵活运用能力。鉴于此,市高院制定《在职研究生教育管理办法》,每年组织推荐优秀干警报考和攻读法律硕士、博士,并通过与相关高等法学院校加大合作力度等,给予一定的时间、物质和资源保障,形成了学习"充电"的热潮。以金山法院为例,该院于2003年提出人才兴院战略,经过近8年的发展,高中学历已从43人下降至1人(该同志即将退休),比例从22.5%下降至0.55%;硕士研究生从4人上升至55人,比例从2.1%提高至30.22%,且其中23人为法院内部培养。根据"木桶原理"②,队伍学历层次取决于最基础的学历,故法院队伍的整体学历层次有了较大幅度的提升(见表1)。

表1　金山法院2003年与2010年人员学历结构比较

类别/年份	高中		专科本科		硕士研究生		合计
	人数	比例	人数	比例	人数	比例	
2003	43	22.5%	144	75.4%	4	2.1%	191
2010	1	0.55%	126	69.23%	55	30.22%	182

注:人数所用单位为"人",比例为所占全院干警的百分比。

(三)人才职业素养能力有较大幅度的提高

随着经济社会的发展,法院收案数大幅度递增,新类型案件、疑难复杂案件激增,对司法能力就提出了新的更高的要求。上海法院秉持"干什么、学什么、缺什么、补什么"的思路,探索"法官教法官"的路子,深入开展"菜单式"专题培训,组织专题研讨班,有效提高了人才整体职业素养能力。一些基层法院运用各类平台和载体,组织学习社会主义法治理念、"三个至上"指导思想,举行"案结事了"等研讨会,探求符合法律、富有实效的办案思路和方法,推动了办案质量、效

① 金山法院于2009年以优秀法官姓名分别命名成立了"王静法官调解工作室"、"彭文忠法官执行工作室",2010年成立了"永亮说案"、"蜻蜓"品法社。

② 木桶原理表明,木桶装水量并不取决于最高端木头,而是取决于最底端的木头。

率和效果的提高。以金山法院为例,2010年截至9月底,共审结各类案件14 326件,较2003年全年审结的7 825件上升了83.1%。需要说明的是,2010年人员总量较2003年减少了11人,但仍能适应发展着的审判工作需要,从侧面证明人才能力的提高。同时,一些法院积极推荐优秀法官担任高等法学院校兼职教师,适时开展授课、研讨和讲学,推动了审判资源与学术资源的互动。如金山法院一优秀法官同时担任上海交通大学、华东政法大学、华东理工大学、上海政法学院等院校的兼职教授。

(四)人才精品意识进一步强化

市高院始终把握案件质量这一生命线,充分发挥新世纪案例库作用,加大对案例的指导力度,一些法院认真开展季度精品评选工作,努力挖掘优秀案例并通过高层次平台来展示。近年来,一中、二中、黄浦、浦东、金山等法院均有案例入选《最高人民法院公报》,展示了高质量的审判水平。同时,以法院文化节、公众开放日等活动为契机,组织开展庭审网络直播,主动接受社会监督,激发对高超水平的追求。一些法院将精品意识拓展到工作中来,主动创新工作思路,探索开展符合本地区实际情况的工作,取得了良好的效果。如金山法院开展的非诉行政执行令状得到了最高法院、市高院领导的批示肯定,承担的司法统计分析成果曾两次荣获全国法院优秀司法统计分析评选一等奖。

二、司法人才建设中需要解决的问题

人才建设并不是立竿见影的,需要付出艰苦卓绝的努力。决不可因一时得失而有任何的疏忽,而要以持之以恒的精神扎实推进。目前,上海法院人才建设取得了良好成绩,但对照"四个中心"建设和群众日益增长的司法需求,还存在一定的距离。需要以更加开放、更加务实的姿态,从法院发展轨迹等角度进行思考和分析,为工作思路和方法的优化奠定基础。

(一)人才建设工作机制的推进还有待创新

工作机制主要立足当前和今后一段时期的审判任务需要,在推进过程中,形势任务会发生变化,机制推进会碰到一些新问题。目前,虽然不少法院已建立了人才吸引、培养、使用、留住等工作机制,但限于审判任务、工作条件等因素,人才建设的投入和保障还不够充足,人才建设的系统性思路还不够,与高层次审判工作紧密结合的程度还不够。如人才使用上,主要看具体案件审理工作这一即时性成果,但对培养人才既重审判、又重调研习惯的力度还不够。其实,这项工作短期内成效难以凸显,但对于增强审判人才的学术和司法影响力①,具有重要效果。

① 美国著名大法官卡多佐不仅审理了新案件,且因《司法过程的性质》等著作而在全世界享有盛誉。

(二) 领军人才数量还不够丰沛

合理的人才结构①应该是在一定期间内,人才资源总量丰富,学历层次、专业配置、年龄分布等较为合理,具有较多的实干人才和一定数量的领军人物,且能通过内部培育推动人才的成长。这种合理性还有一特点,即能够适应今后一段时期的人才调整需要,不会因资源变动而产生某一领域人才普遍性稀缺等现象。目前来说,人才结构主要问题在于引领性人才、领军人物这个群体还未能形成,全面了解司法案例,能结合案件实际进行分析判断,并考虑到案件示范辐射效应的专家型法官数还不够丰沛;能够进行重大疑难复杂问题攻关项目的法官数还不够丰沛;能够在全国形成广泛认可和美誉度的法官数还不够丰沛。

(三) 储备力量成长还有一定期限

17 世纪英国普通上诉法院柯克曾指出,法律是一门艺术,需要长期的学习和实践才能掌握,在未达到这一水平前,任何人都不能从事案件的审判。目前,全市法院收结存处于良性运行态势,队伍能较好适应了审判工作的需要,但需要注意的是,不少资深法官已达 45 周岁,而年轻法官却在 30 岁左右。如金山法院 2003 年全院干警平均年龄为 32.49 岁,2009 年为 39.64 岁,在 7 年间增长了 7.15 岁。尽管主要是自然增长,但如何快速提高年轻干警的司法实战能力,使其能够胜任日趋繁重的审判工作,实乃一值得思考的问题。

(四) 整体精品氛围拓展得还不够细致

近年来,许多法院加大精案精审工作力度,对有一定社会影响力和审理难度的案件,从立案、庭前准备、庭审、裁判文书制作、宣判等各环节,都把握好细节,切实锻造和培育了一批精品。但在某种程度上讲,这种精品是有意而为之,更高层次的是无意而为之。即每个案件办理过程中都要根植精品意识,严谨细致地做好每个环节、每项细节,认真加强释法说理等工作,使每个案件都办成经得起历史考验的铁案。换个角度讲,就需要培养一种习惯,在每项工作中都追求最大限度发挥能力,最大限度追求完美的品质。且这种完美不仅限于个体视角,而且要善于融入到上海法院的范畴中去,推动形成浓厚的争创精品氛围。

三、司法人才高地战略之提出及要求

目前,中国入世已近 10 周年,上海“四个中心”建设稳步推进,后世博时代业已到来,公民的法律意识不断提高,整个社会法治氛围逐步浓厚,对司法工作和司法人才提出了新的更高的要求。上海高院认真落实《2009—2013 年上海法院人才队伍建设规划》要求,制订《关于推进上海法院人才高地建设工程的实施意见》,着力提升人才工作实效。需要注意的是,人才高地战略的提出,体现了量变

① 人才结构可分为人才个体结构和人才群体机构等基本类型。本文所论人才结构主要指群体结构,是指构成人才整体的各个要素之间的组合联系方式,包括要素的数量、配置及在整体中的地位等。

到质变的飞跃。既肯定了过去人才建设已有发展成绩,同时聚焦国内外形势,瞄准今后人才发展的目标和需求,反映思想认识提升到一个新的境界。

具体而言,人才高地战略主要体现四点要求:一是在"人"字上下工夫。要坚持以人为本,建立健全工作机制,不仅做到普遍给予人文关怀,而且能针对某一群体、某类特殊情况,及时制定专门发展方略,不断增强法院的向心力和凝聚力。二是在"才"字上下工夫。适应"四个中心"建设的需要,注重培养复合型审判专业人才,做到既精于审判,又较好掌握金融、贸易、涉外商事和知识产权等领域知识。三是在"高"字上下工夫。培养专家型法官(领军人才),能妥善处理司法疑难复杂问题,承担重大司法课题攻关任务,并通过上海市优秀青年法学家、全国审判业务专家等评选活动,不断提升知名度。四是在"地"字上下工夫。与阵地类似,强调聚合性,表明高层次司法人才的集聚。这首先意味着要有一定规模,数量上能够保证。其次意味着结构合理,即专家型法官(领军人才)——审判业务骨干——审判专业人才等阶梯间形成合理的梯队,且人才资源间可适度流动。

四、司法人才高地战略之推进方略

十年树木,百年树人。人才工作并不是立竿见影的,需要长期的付出和努力。与此类似,推进人才高地战略是一项系统工程,涉及工作面广量大,持续时间长。囿于篇幅和能力,本文有重点地选择部分工作进行透视、分析,其他部分则不作分析。同时,就人才高地战略所关注的领军人才培养这一问题,因为基层法院数量少,大规模的举措也较少,其发展在很大程度上有赖于市高院的统一部署。故对于其培养,尝试着从全市法院角度提出一些粗浅的意见。

(一)指导思想:司法核心价值观

司法属于上层建筑,具有较强的政治性、社会性和民族特征。人才工作关键在于培养司法工作者,推进过程中必须高举中国特色社会主义伟大旗帜,坚持邓小平理论、"三个代表"重要思想,牢牢把握司法的"人民性"特征,做到一切工作从人民出发、为人民服务;深入贯彻落实科学发展观,要善于"远视",避免"短视"或"近视",保证人才的合理投入,真正做到工作时时有进步、长期有发展。

(二)结构目标:"金字塔"型⇨"橄榄球"型

与人才总量不同,人才结构考量因素多,既能适应当前形势任务的需要,又能对今后人才工作应对新情况的能力奠定基础,故本文将人才结构作为考评人才建设成效的一个指标。以往人才建设主要培养"金字塔"型人才结构,其特点是呈递减趋势,重心落在最基层,普通法官基数大,骨干人才较少,而尖端科技人才则更少,故难以适应发展着的司法需求。根据时代需要,本文提倡培养"橄榄球"型人才结构。原因之一是,其特点两头小、中间大,重心落在骨干人才,尖端人才和普通法官数量较少,整体学历层次和司法能力较前者高,有助于处理高难度的司法问题。原因之二是,"金字塔"型中普通法官基数偏大,上升渠道不够丰富和畅通,人才流动性缺乏。这在一定程度上不符合市场经济人才资源合理配置的要求。"橄榄球"型中坚力量大,在能力较强的情况下,人才上升空间较大;在特殊情况下,能够进行适度流动,有助于不断发展变化的形势任务需要(见图1)。

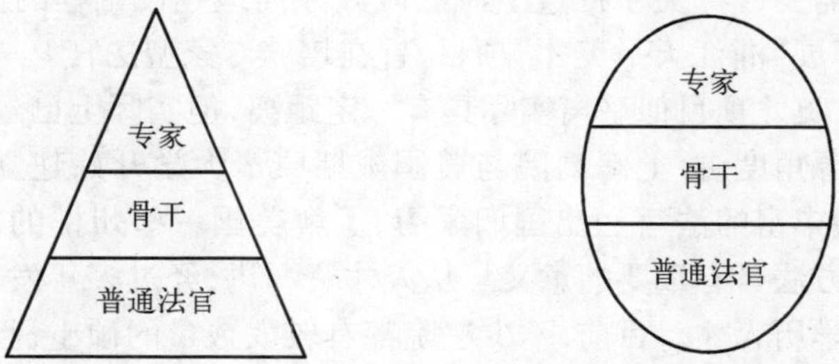

图1 "金字塔"型与"橄榄球"型人才结构比较

(三)基本基本模式:开源增流

开源增流关注点为"源",即对各种资源进行再审视,在整合和利用中力求达到最大化效果。一般人才建设模式为,以内为主,以外为辅。即注重吸收高层次人才,但同时关键是要运用内部机制加强人才的培养。人才高地战略思路与此相类似,但其特点在于起点更高,资源整合力度更大。

开源方面,不仅是通过公务员招录机制吸纳人才,还可通过与高等法学院校的合作,将少数对审判理论研究较深入的专家学者纳入源头;亦可运用挂职锻炼等机制,使专家学者全面了解审判流程,对法院发展提出建设性意见建议。在特殊情况下,亦可至证监局、银监会、保监局、仲裁委等部门,引进具有专业知识的高层次人才。另外,还可借鉴上海市高级人民法院—华东政法学法律助理项目①,选拔优秀法律助理至法院内部承担一定工作,且在一定程度上可将助理时间延长,实行带薪工作。

增流方面亦可分为内部增流和外部借流。所谓内部增流,主要是加强岗位锻炼,通过给路子、压担子、搭梯子等方式,使人才培养力度加大;加强岗位培训,使人才更新知识结构,更好地适应审判工作需要;适时举行论坛、研讨等,使人才法律思维更为精湛。外部增流,可推荐优秀人才至中、高级法院进行轮岗,了解二审的思路和方法;可选拔优秀苗子至政法委、公安、检察、司法等部门锻炼,关键在于让其更清晰地了解司法过程,强化从大局角度进行思考的能力;亦可推荐优秀人才至行政部门锻炼,培养较强的管理水平。相对而言,经过长期的发展,

① 在美国,美国联邦最高法院的每名法官配备四名法律助理。这些助理往往由法律专业毕业生的佼佼者通过申请来担任,履职时间往往是1—2年。这段经历对法律工作者的成长有着重要意义。许多优秀的法律学者、律师都曾经担任过法律助理。

内部增流已面临一定的瓶颈,需要创新工作理念,在机制层面进行突破;外部增流除了法院内部轮岗外,其他单位轮岗进行的较少,故发展空间较大。

(四) 主要举措

1. 高端引领:探索开展“浦江天平英才”项目

如何体现“高”字,是人才高地战略实施过程中需要思考的问题。立足高层次人才培养的需要,与《关于推进上海法院人才高地建设工程的实施意见》相衔接,本文提出开展“浦江天平英才”项目,旨在培养专家型法官①。

初看起来,英才项目似乎离实际具有一定距离,但实际上已经具有一定的基础。从培养资源角度讲,上海高院与美国威斯康辛大学开始建立良好的合作关系,将一批经验丰富的法官送出国门学习,了解美国一些州郡的审判管理方法,对于优化管理方法具有重要的意义。从人才资源讲,经过多年发展,上海法院已培养了一批高学历人才。目前,不少法院都有较大数量的硕士,且正在组织一批优秀法官攻读法律博士学位。从人才建设角度讲,上海法院已于2006年建成商事审判、行政审判等调研人才库,并通过不定期召开会议,共同凝聚智慧力量,解决司法热点难点问题。

项目要运作得好,除了具备良好的基础条件外,还需要注意以下三个方面:一是英才需来源于审判实践中。司法具有实战性,重在理论的运用,而不是理论的了解。故选拔英才时需设置一定的工作年限,确保其较好地理解司法流程及其背后所蕴含的价值理念。二是英才培养需要有跨专业性。每一个案例都不尽相同,并且随着国际贸易、国际金融的发展,一些跨专业性问题逐步产生,难以单纯依靠法律知识进行解决。英才培养则让其了解其他领域,牢固树立符合市场经济规律理念,从不同角度进行思考,进而促成问题的有效解决。三是英才培养需要具有国际眼光。“四个中心”建设共同的定语为“国际”,且随着中国入世时间已近10年、法律服务业开放力度也在加大,一些非诉业务已较多地体现出国际“因子”。诉讼是需要运用汉语来表达观点,但懂英语、了解其他国家的文化背景、交易管理,对于解决问题,树立良好的司法形象具有重要意义。

2. 全面开花:扎实推进实践育才工程

司法是一门实践的艺术。优秀人才应当具有丰富的司法经验,即使面对疑难复杂问题,也能通过多年工作中所总结的审判规律,如“庖丁解牛”般游刃有余地解开一个个症结。当然,牛是具有大致相同的框架结构,而案件即使类型、案由相同,但却因当事人、案情等因素,呈现出不同的特点。这就要求优秀人才重视实践,通过多办案、多思考、多总结和多交流,挖掘适合自身特点的办案方法和技巧。

---

① 上海高院《关于推进上海法院人才高地建设工程的实施意见》提出,培养选拔专家型法官,积极引进专业博士人才,建强审判业务骨干队伍,培养复合型审判专业人才,且对具体的数量也作出要求。本文积极贯彻意见要求,提出的“浦江天平英才”工程主要是针对专家型法官和复合型审判专业人才。

在人才高地战略推进角度来说，首先要压担子。对于一些新类型案件、疑难复杂案件，要有重点地安排优秀法官办理，使其能够快速了解前沿问题，寻找最佳解决方案。要适时加大办案工作力度，使其在纷繁的工作中探究良好的工作方法，提高时间、资源的利用效率。

其次，要引导多思考。随着法院文化建设的深入推进，不少法院都能契合审判工作实际，探索载体工程建设①，经常性选择司法热点、难点问题，或者是对工作具有指导、借鉴意义的书籍，共同进行研讨，开阔了眼界和思路，有助于形成缜密的法律思维习惯。

第三，要注重多总结。司法工作中有着充沛的案例，对于理论法学和实践法学研究具有不可替代的重要作用。优秀人才要善于发挥案例作用，开展课题调研，集中探讨解决问题的思路和系统方案。同时，建立课题评审制，邀请专家学者进行考核品评，确保研讨方法的正确。

第四，要鼓励多交流。要充分发挥媒介作用，组织开展庭审网络直播等，方便网民等社会各界加强监督，促使优秀人才提高能力。亦可举行工作技能竞赛，在情景模式、模拟法庭等中设计问题，逐步提高优秀人才的实战能力和技巧。

3. 严格考核：探索阶梯式成长路径

人才的阶梯式成长有助于激发工作积极性，且能形成良性竞争氛围。目前，从书记员到助理审判员，从助理审判员再到审判员，在具有司法考试证书的情况下，尽管有考核，但往往流于形式。这就在一定程度上产生了“干好干坏一个样”的现象，不利于先进人才的挖掘和培养。从“橄榄球”型人才结构上讲，骨干力量是最重要的基础，但从骨干力量上升至专家，能力要求大幅度提升，人数上必然存在限制。如何使得法官始终保持良好的工作性呢？关键在于分解目标，探索阶梯式成长路径。

一方面，可与法官晋级制度相结合，每一次晋级都设有严格的标准，一改现有晋级制度主要看审判工作年限的情况。另一方面，要加强考核，即统一考核标准，量化考核要素，如对于法官具体到办案质量、效率和效果等，结合审委会面试等，进行测评打分，对于不符合条件的，则不予以晋升。这种成长路径亦可使用到书记员、司法辅助文员队伍中来，前提是设立较为科学、切实可行的考核标准，通过职业技能级别的晋级来强化职业尊容感，使其明晰职业发展规划。如书记员看速录等技能；法警则考查其体力、驾车技能、耐力等。

4. 人文关怀：加强软环境建设

全国模范法官陈燕萍曾解释到，医生是解决人的身体问题，而法官则是解决人深处的灵魂问题。一项工作不到位，也许对某一人甚至一批人的处世、道德等

① 譬如，金山法院的“法官沙龙”，下设“法官论坛”、“午时一刻”、“悦读之旅”三个子项目，经过长期的发展，已经成为上海市学习型机关优秀工作项目；长宁法院的“法槌声声”；黄浦法院的“法研社”；奉贤法院的“奉法讲坛”等。

有着不当影响。通俗的话语阐明了司法的重要价值和意义。司掌司法权的法官,必须对职业有着较强的敬畏、爱护心理,有着较强的职业尊荣,这是保证工作到位的基础。只有工作到位了,方能赢得社会的认可,形成对司法职业的普遍认可和尊崇。故加强法官职业道德是基础,需要开展法官任职宣誓等仪式,使其感受到司法权的神圣。

同时,要探索建立群众评价制度,即当事人、委托代理人等对于法官、书记员提供的每一次服务都及时提供评价,对于不满意的,则及时说明具体理由。对于不满意的,纪检监察部门适时进行检查,对于当事人理解差错的,则加强释明工作;对于违法违纪的,则严肃予以处理,构成刑事犯罪的,移送相关司法机关。另外,还可开展"啄木鸟"项目,即组织群众代表观看庭审录音、录像,及时发现一些问题,并及时进行修改和调整。这种信息化手段的加入,有助于工作的改进和优化,有助于缩小群众评价与法院内部评价间的差距,增强司法的公开度和公信度。

这些都是普遍意义上的软环境建设。对于优秀人才,则要注意采取针对性举措,如对于承担调研课题的人才,可适时提供资金、人力和时间,使其集中精力进行研究。对于领军人才,可以其姓名命名成立一些工作室,更有效地发挥示范效应和引领效应。

引好活水促繁荣。如果将人才比作鱼儿,那么各种有效举措好比活水。只有引入各种举措,方能打破静止的人才格局,激发出人才的活力,促其在竞争中更好地成长,形成"鱼儿水中游"的繁荣局面。当然,在起点高、有规划、有步骤的人才工作,这种竞争已经具有良性竞争的特点。相信,能力的提高,人才结构的趋于合理,必将有助于司法在上海"四个中心"建设历程中写上浓墨重彩的一笔。

司法建议工作的主要问题、相应的优化原则和对策研究

张建国课题组*

（本课题荣获2009年度上海法院报批课题优秀奖）

人民法院开展司法建议工作，是一项具有中国特色的司法制度和优秀传统。近年来，法院系统越来越重视司法建议工作在构建社会主义和谐社会进程中的作用，2007年3月，最高人民法院下发《关于进一步加强司法建议工作为构建社会主义和谐社会提供司法服务的通知》（以下简称《通知》），从司法建议的程序、内容、格式、督促落实四个方面强调规范，旨在实现司法建议工作的制度化、长效化。2009年6月24日，上海市高级人民法院审判委员会第十四次会议讨论通过了《上海市高级人民法院关于加强和规范司法建议工作的若干规定》（试行）（以下简称《规定》），结合上海加快建设"四个中心"、实现"四个率先"工作需要的实际，将司法建议工作在上海法院系统中的工作地位提升到一个新的高度。然而，司法建议工作制度化进程中长期积累的一些问题，并非一个通知、一个规定就可以从根本上得以缓解，早有学者就其中的一些问题进行过探讨①。本课题组认为，随着司法建议工作的科学发展，相关"瓶颈"问题越来越突显，对之加以研究并试图寻求司法理论和实践上的突破，无疑具有一定的理论和实践价值，这也是本课题的意义所在。

一、主要问题

（一）司法建议"一厢情愿"的尴尬

人民法院司法建议工作"一厢情愿"的事实不容否认。本课题组成员在与所在法院一线办案法官的访谈中，一些法官直言不讳地指出：法院自身将司法建议作为化解矛盾纠纷、提高社会管理水平的司法服务手段，定位为审判职能的延伸，通过向被建议机关、单位发出司法建议书等形式，以期促进被建议机关、单位

---

* 张建国，上海市金山区人民法院研究室主任、审判委员会委员，四级高级法官，法律硕士；雷霆，上海市金山区人民法院研究室法官，法学硕士。

① 1985年，李春霖、谭兵等学者，曾就司法建议制度问题进行过有益的探讨，上述学者相关论文分别是《浅谈设立司法建议制度》、《也谈设立司法建议制度》，分别刊载于《法学杂志》1985年第2期、第5期。

加强管理、堵塞漏洞、防范再犯、改进工作。但是,在司法实践中,多数情况下,上述良好愿望只能是"一厢情愿",相当一部分被建议机关、单位根本就不领情,认为法院这是在"找茬"、在"挑刺"、在让它们难堪。

1. 突出表现

这种"一厢情愿"的尴尬突出表现在以下两个方面:一是司法建议书回复率低。一些分析文章将此问题归咎于法院缺乏有效的督促落实措施和机制,没有进一步、更加深入地开展跟踪回访工作,使得发出的司法建议书相当程度上没有回复。本课题组认为,强化司法建议书发出后的督促落实机制,固然有助于提升回复率,但这只是"治标"手段,并非"治本"措施,而类似"对被建议单位逾期不回复,经联系后仍不落实的,则向其上级部门发出司法建议,要求其敦促下级单位落实整改措施"的规定,则有"狐假虎威"之嫌,即使回复了,体现了法律效果,社会效果也并不一定好。二是落实整改效果难以体现。课题组认为,发出司法建议的目的不在于回复本身,而在于被建议单位落实整改;不在于发出和收到回复的数量,而在于被建议单位重视的程度。如2006年,北京市朝阳法院向国家认监委和卫生部发出了两份司法建议书,多家媒体对此予以了报道,社会舆论反响强烈,直接促成了全国牙防组被撤销。

2. 后果

司法建议工作"一厢情愿"的问题,致使出现这样一种现象:法院系统内部相当重视此项工作,但并没有引起社会各界相应的重视和互动。即司法建议工作更多的是做在法院内部,而不是通过各种方式、途径强化与社会各界的联动。共振不够,难以实现双赢,被建议单位积极性自然难以调动。

(二) 办案高效与司法建议高质量之间存在矛盾

本课题组在走访一线办案法官的过程中,一些法官反映:目前,法院越来越重视司法建议工作,规范化、制度化的进程不断推进,司法建议书的前期调研、写作格式、内容、归档、回访等要求也逐渐严格,这势必会加大法官制作司法建议书的工作量,随着法院收案数量的逐年攀升①,加之案结事了的工作压力,如何高效兼顾办案与司法建议工作,这是目前推动司法建议工作突破"瓶颈"的关键环节。本课题组通过调研近三年所在法院出具的司法建议书,并访谈相关法官,发现上述问题确实客观存在②。办案法官一般是在案件审理过程中,发现涉案机关、单位某些方面存在管理漏洞,在案件审理结束后,向涉案机关、单位发出一份司法建议书,建议内容的来源几乎全是法官根据涉案双方当事人等的叙述和自己的社会经验(如,刑事案件中,被告人利用涉案机关、单位管理上存在的某些漏洞犯

---

① 2009年最高人民法院工作报告指出:2008年最高人民法院受理案件10 553件,审结7 725件,同比分别上升29.53%和24.20%;全国各级法院受理案件10 711 275件,审结、执结9 839 358件,同比分别上升10.91%和11.17%。

② 以本课题组所在法院为例,2008年全院人均结案数101.82件,一线办案法官人均结案数275.18件;2009年上半年全院人均结案数51.53件,一线办案法官人均结案数147.7件。考虑到司法建议书均为一线办案法官出具,所以这里的数据应当以一线办案法官人均结案数为准。

罪既遂,法官通过审案,认为有必要向涉案机关、单位发出司法建议,以利于其堵塞漏洞、强化管理)。法官一般不在案后专门针对相关问题深入调研、论证、分析,再出具一份有较高质量的司法建议书,因为根本没有多余的时间和精力。

这一矛盾延伸出以下两个相关问题。

1. 办案法官寻找助手

尤其是综合性司法建议书的撰写①,研究生为主的书记员撰写较多是一个不容否认的事实。这种办案法官与高学历书记员结对、互取所长的工作模式本身固然没有问题,问题在于此份司法建议书的权责由谁负担,在法院内部相关规定上并没有明确。本课题组通过网络、翻阅资料、委托一些外省市法院同事协助收集等方式,找到一些法院内部关于加强司法建议工作的文件,但对此都没有规定。是出于显而易见的缘由不用规定,还是出于这种内部合作模式不便明说?本课题组认为,由一线法官办案压力与加强司法建议工作之间的矛盾引发的这一问题,还是应当予以明确,毕竟,有责任才有压力,才能保证司法建议工作的高质量。

2. 变相"牺牲"司法建议的质量

撰写一份符合格式规范的司法建议书并不难,换句话说,完成司法建议的工作任务不难,但是,要善于发现问题,提出设想,要经调查研究、反复讨论,要确实提升司法建议工作质量,工作量的确比较大。"没有调查就没有发言权",同样,没有调查就没有建议权。调研力度不够,发出的司法建议书就是变相"牺牲"司法建议的质量,难怪被建议机关、单位并不"领情"。被建议机关、单位的负责人,肯定希望自己机关、单位能够革除弊端,但是法院发出的司法建议书如果只是隔靴搔痒,自然不能引起被建议机关、单位的重视,也就不能达到预期的社会效果。

(三) 司法建议工作的司法权属性不明确

1. 两个矛盾的现象

一方面,在构建社会主义和谐社会的进程中,法院司法建议工作的重要性不言而喻,另一方面,从制度层面看,有关司法建议的法律规定却是少之又少。《中华人民共和国民事诉讼法》第 103 条、《中华人民共和国行政诉讼法》第 65 条就有关单位妨碍法院调查、不协助法院执行、不履行裁判的,法院向该单位的上级或监察部门提出对该单位负责人予以纪律处分的司法建议书。两部法律分别颁布于 1991 年和 1989 年,此前相当长的时期内,人民法院就已经在出具各种类型的司法建议书,两部法律颁布后,司法建议书的适用又远不局限于上述法律规定的范围。

2. 解释:定性不明确

该如何看待上述两方面的矛盾,似乎可以做如下解释:司法建议工作的法律规

---

① 《上海市高级人民法院关于加强和规范司法建议工作的若干规定》(试行)第九条:"司法建议可以采用一案一建议的方式,也可以对多个案件反映出的共性问题,或者反映出某一个主体的多个问题,或者一个问题涉及不同主体,采用多案一建议或者一案多建议等方式。"这里"多案一建议或者一案多建议等方式"就是这里所谓的"综合性司法建议书"。

定很原则、数量很少,几乎可以忽略,但它对建设和谐社会确实发挥着应有的作用,又不能弃之不顾,本课题组认为,这主要是因为司法建议工作的司法权属性不明确。2007 年 3 月最高人民法院下发的《通知》并没有改变上述局面,理由是:司法建议工作是审判工作的重要组成部分,是审判职能的延伸和拓展,既然如此,关于司法建议制度化、规范化的规定,理应纳入法律规制的范畴。但也有学者并不持这种观点①。本课题组认为,正确与否暂且不论,按照傅郁林副教授否认司法建议工作司法权属性的观点,目前法院花如此大的力气做好司法建议工作岂不是自寻烦恼?若此,前述"一厢情愿"的尴尬和办案高效与司法建议高质量之间存在矛盾等问题也早就不存在了。最高人民法院下发的《通知》就没有必要强调"规范司法建议的督促落实,保证司法建议的实效性",也没有必要强调"建立健全监督考核机制,将司法建议工作的开展情况作为一项重要内容,纳入年度工作考核体系"。

综上,司法建议工作目前到了一个亟待突破瓶颈的阶段——准确定性。只有定性准了,下面的相关工作才能有序开展,相关问题才能够从根本上得以解决。在当前的形势下,即便是"司法权的拓展",作为审判职能的延伸,本课题组也坚持认为应当将司法建议工作纳入法律规制的范畴,明确其司法权的属性。

二、优化司法建议工作需要遵循的原则

(一)充分沟通与双向互动的原则

本课题组认为,充分沟通与双向互动,这是有效避免出现司法建议"一厢情愿"尴尬应遵循的重要原则。"忠言逆耳利于行"的道理毋庸讳言,古代谏官难做、皇上纳谏实属皇恩浩荡是不争的事实,"烛之武退秦师"、"邹忌讽齐王纳谏"、"触龙说赵太后"等古代典故告诉我们,提出意见、建议要讲究艺术性和技巧,不能一"提"了之。在司法权威尚需加强的今天,强调司法建议工作的技巧性极为必要。

1. 充分沟通的内涵及其必要性

办案法官在案件办理的过程中,发现涉案机关、单位在管理上存在漏洞,需要对之发出司法建议的,应及时与拟被建议单位沟通这一意向,阐明建议的必要性和重要性,听取对方的解释。充分沟通,能够体现法院对拟被建议机关、单位主体地位的尊重,便于后面工作的开展;能够及时听取对方的解释和阐述的理由,验证法官自己主观判断的正确与否,避免发出一些不必要的司法建议,节约司法资源;能够在听取对方解释和意见的同时,发现产生漏洞的深层原因,使发出的司法建议书更有针对性;能够让对方更理解法院工作和司法建议的性质与

---

① 如北京大学副教授傅郁林认为:司法建议是什么性质,没有法律规定也不好界定,但可以说它不属于司法权范围,是司法权的一种拓展。既然不属于司法权力范围,法官就没有特定义务去发司法建议,接受单位也没有一定执行的义务。总之,司法建议应该有一个边界,而且不应随意扩展这个边界。发出司法建议应该是慎重的,同时不应该过分强调接受单位的理解和执行。见《司法建议该升为强制行为? 业内人士持审慎态度》一文,2009 年 9 月 16 日访问,http://www.chinanews.com.cn/gn/news/2007/07-15/979405.shtml。

目的，营造一个和谐司法的氛围，助推其他审判工作的顺利开展。

2. 双向互动的内涵及其必要性

在双方充分沟通和相互寻求谅解的基础上，本着实事求是的态度，就司法建议的内容、原因分析、改进措施、责任追究等事项尽量达成一致的一系列活动。双向互动，能够彰显法院工作的亲民性与人民性，切实增强理论认同、感情认同和实践认同，符合司法建议参与社会综合治理的功用；能够使被建议机关、单位有效参与制作司法建议书的过程，和法官共同分析潜在原因，提升司法建议的质量。一旦不能够达成一致，还能够给办案法官充分的时间考虑后面的工作：确有发出司法建议必要的，或者邀请对方上级机关、管理部门等共同参与互动，对方言之有理的，及时采纳；建议内容需要论证的，邀请相关专家、职能部门参与论证协调，增加司法建议工作的科学含量和说服力。

本课题组相信，将充分沟通和双向互动的工作做在发出司法建议之前，效果比工作做在之后要好。

（二）规划与转化并重的原则

本课题组认为，规划与转化并重，这是办案法官在一定程度上兼顾办案压力与司法建议质量应当遵循的一个重要原则。

1. 规划的内涵及其做法

所谓规划，是指对于个案司法建议来说，不是等到案件办结后再着手考虑开展司法建议工作，而是自制作司法建议书的想法萌发之初，就规划好此份司法建议的相关工作，包括安排具体撰写人员（办案法官自己动手还是与高学历书记员合作等）、是否邀请拟被建议机关、单位代表旁听庭审（包括设计好相关问题，让旁听人员也感受到作为法院发出此份司法建议的必要性等）、开展调查研究的路径（包括自己走访案件当事人和第三人、邀请相关专家和专业部门商讨、查阅相关专业资料等）、建议内容可行性论证和可操作性分析等等具体工作。对于综合性司法建议，则更需要周密的工作规划与安排。值得强调的是，综合性司法建议书的制作，由于涉及类案和法院内部相关部门之间的协调配合，需要由一个部门牵头组织完成（如离婚、分家析产方面的综合性司法建议，劳动纠纷方面的综合性司法建议，由相关民事庭牵头负责完成更为合适；服务非公经济发展的综合性司法建议，由相关商事审判庭牵头负责完成更为合适；全院综合性白皮书则由研究室负责牵头完成等）。综合性司法建议书的制作规划，除了个案司法建议书规划涉及的内容外，常常还包括以下内容：牵头部门、撰写人员的组成和分工、研讨会组织和召开（邀请建议对象相关负责人、相关部门人员、有综合协调职能的领导等参加）、牵头部门和其他相关部门之间的协调工作、在当地党委政府领导下的综合协调工作等。可见，无论是个案司法建议书的制作，还是综合性司法建议书的制作，没有周密的规划，就无法保证此项工作有序开展，遑论司法建议工作的高质量和“三个效果”的统一。

2. 转化的内涵及其做法

所谓转化,是指司法建议工作的开展,不是由办案法官通过直接办理案件引发,而是由其他相关材料或事由(以下简称“引发材料”或“引发事由”)转化而来(如调研成果、审判长联席会议讨论材料和结论等),这是司法建议工作借力的一种方法。司法建议转化工作需要注意下述事项:第一,引发材料只是引起司法建议书的制作,并不能直接作为司法建议书发出。引发材料的制作和引发事由的发生最初并不是为了制发司法建议书,所以,其只能作为转化的基本材料,在此基础上要针对发出司法建议书的特点等精加工而成。第二,转化的目的是为了提升司法建议书的质效,而不是为了提升司法建议书的数量。没有引发材料或引发事由,办案法官当然也能够顺利地制发一份司法建议书,但是往往不能很好地兼顾质量与效率,转化工作则能够在相当程度上缓解这一矛盾。第三,转化视野要宽,一份好的引发材料可以转化为多份有价值的司法建议书,既可以转化为多个个案的司法建议书,也可以转化为一份综合性的司法建议书,但要因案制宜,切忌盲目照搬。

(三)领导重视与法律重视并重的原则

1. 司法建议工作应属于司法权的范畴

本课题组认为,领导重视与法律重视并重,这是克服司法建议工作司法权属性不明这个问题的重要原则。一些学者既认为法院司法建议行为是司法权的延伸,又不认为其属于司法权的范畴,如此,《中华人民共和国民事诉讼法》第103条、《中华人民共和国行政诉讼法》第65条关于法院发出司法建议的行为究竟又作何解?本课题组认为,司法建议工作既是司法权的延伸,又属于司法权范畴,不坚持这一观点,司法建议工作将很难突破现有“瓶颈”,很难为构建社会主义和谐社会发挥其应有的作用。

2. 司法建议工作亟待法律规制

一方面,2007年3月最高人民法院下发的《通知》、2009年6月上海市高院下发的《规定》以及各地各级法院就加强司法建议工作出台的文件,都彰显了各级法院领导对此项工作的高度重视。另一方面,从1989年行政诉讼法和1991年民诉法颁布至今,我国经历了法律修改和制定的高峰并仍在持续,司法建议工作却难以被纳入法律规制的范畴。难道司法建议工作真是应景之作吗?本课题组认为,目前司法建议工作的开展,出现了领导重视、法律漠视的现象,这正是当前司法建议工作难以突破瓶颈的症结所在。“司法权的延伸”属于社会综合治理的范畴,需要领导高度重视;“司法权属性”强调应当将其上升到法律的高度,在人民法院组织法、三大诉讼法等法律规定中明确相关内容,并制定相应的司法解释赋予其可操作性。本课题组相信,在今后的法律和相应的司法解释中,明确司法建议工作的属性、工作原则、操作流程和规范等,法律重视与领导重视并行并重,如此必将能够发挥其最大的功效,体现其应有的价值。

三、相应建议

鉴于司法建议工作存在的上述问题,本着相应的优化原则,本课题组提出下述建议。需要指出的是,司法建议工作是一项实务性很强的审判活动,一方面,司法建议的内容因案各异,建议对象千差万别,规范司法建议的实质性要求难度较大;另一方面,司法建议工作属于法院审判职能的延伸,法学理论界对此关注较少,探讨也不多。某种程度上说,司法建议工作尚缺乏成熟的理论指导,需要我们勇于实践,敢于探索,逐步提高此项工作的水平。

(一)实现司法建议工作从单线性向多维性的转变

1. 思维方式上由单线性向多维性转变

正如解决“执行难”需要动员全社会的力量共同参与一样,做好司法建议工作也不是法院一家的事情。据了解,司法建议涉及的问题最多的集中在行政机关①。如果连我们的政府,都不能正确看待法院的司法建议工作,奢望法院系统“单打独斗”做好司法建议工作岂不是思维过于简单。如果各级政府能够认识到这一点,认识到司法建议并非挑战行政权威,而是改进行政执法、促进行政权威、提升法治水平、构建和谐社会的重要力量,改变传统单线性的、强势的执政思维模式,则可以大大缓解法院一家努力而成效尚不明显的困境。上述是站在政府的视角阐述思维方式上的转变,同时,法院作为发出司法建议的职能部门,也要改变法院主动、被建议机关和单位被动的思维模式,寻求多方合作,共同做好司法建议工作。

2. 工作方法上由单线性向多维性转变

许多办案法官司法建议工作的流程是:通过办案发现问题——结案后总结问题——撰写司法建议书经领导审批后发出并归档——一段时间没有收到反馈后电话询问被建议机关、单位原因——必要时向其上级主管部门反映——将反馈意见等归档,这种工作流程是单向的、线性的。充分沟通和双向互动的原则要求我们在司法建议工作中,寻求多方力量共同参与,这样的工作流程可以用图1表示:

3. 制度化、长效化工作机制的建设路径,由单线性向多维性转变

目前,法院司法建议工作机制仍然是业务庭制作——报分管院长或院长审批——发出后报办公室备案存档的单线性模式,一方面,相关部门内部的职能分工有待细化,另一方面,相关部门之间、法院与外部协调部门之间的长效工作机制建设尚有待完善。本课题组用表1表示多维性的司法建议工作机制。

① 傅达林:《尊重司法建议是法治政府的应有品质》,载2007年1月24日《检察日报》。

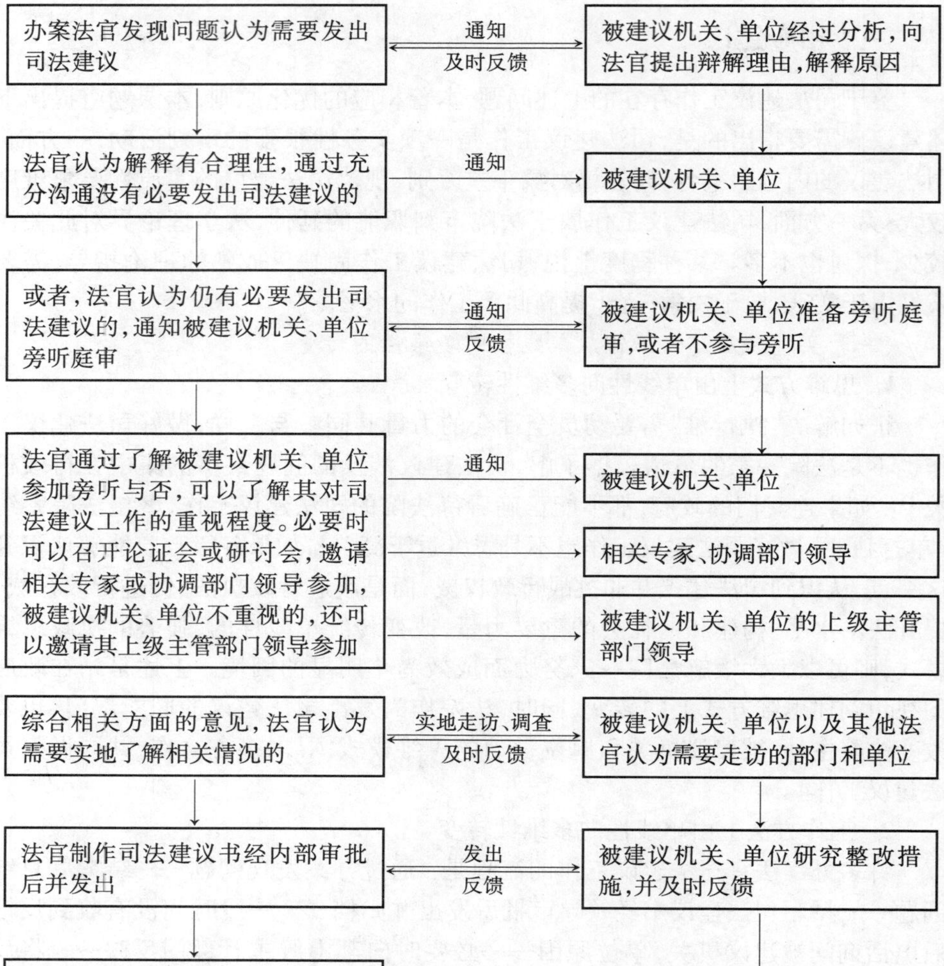

图1　多维性司法建议工作流程图

明确各部门职能分工的同时，本课题组认为，应当确立以办案法官为中心的司法建议工作机制，其相互间主要互动状态及关系可以概括如图2所示。

表1　多维性的司法建议工作机制①

部　门	职　　能
办案法官	发现和挖掘司法建议素材；确定执笔人（办案法官或其与他人合作）；及时上传全市法院司法建议信息库并随时更新内容，完成司法建议的信息输入工作；追踪回访和督促。
审判业务庭	对于重大、疑难和复杂的司法建议，通过合议庭、审判长联席会议及庭务会的案件讨论；督促司法建议制作人适时了解被建议单位的整改情况。
研究室	统筹安排并参与撰写跨部门专业的综合性司法建议；每年度总结司法建议工作；适时分析司法建议工作状况，提出工作对策；负责优秀司法建议的对内上报和对外宣传（根据各个法院研究室和办公室的职能分工而定）。
办公室	负责统一发放司法建议书的发文字号；将每年度司法建议书按行政文书要求统一归档；整合内网信息工作界面，提高技术保障能力。
政治部	组织优秀司法建议的评比工作；制定科学合理的司法建议工作考核标准；对开展司法建议工作成效优良的部门和个人进行表彰；协助审判业务庭开展司法建议工作的业务培训，提高全院法官尤其是一线办案法官开展司法建议工作的意识和能力。

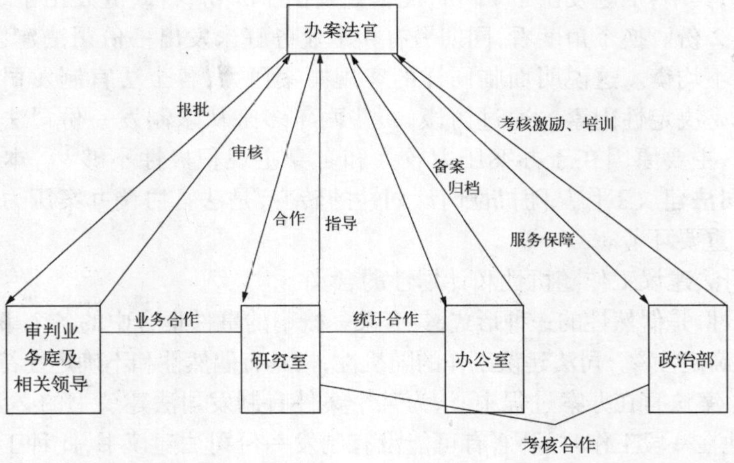

图 2

同时，本课题组认为，法院与外部协调部门之间也应当专门就司法建议建立和完善相应的长期工作机制，并以法院为工作中心，形成司法建议综合治理工作格局（见图3）。

① 部分内容参见上海市第一中级人民法院唐震：《2007 年以来我院司法建议工作的情况回顾与分析》。

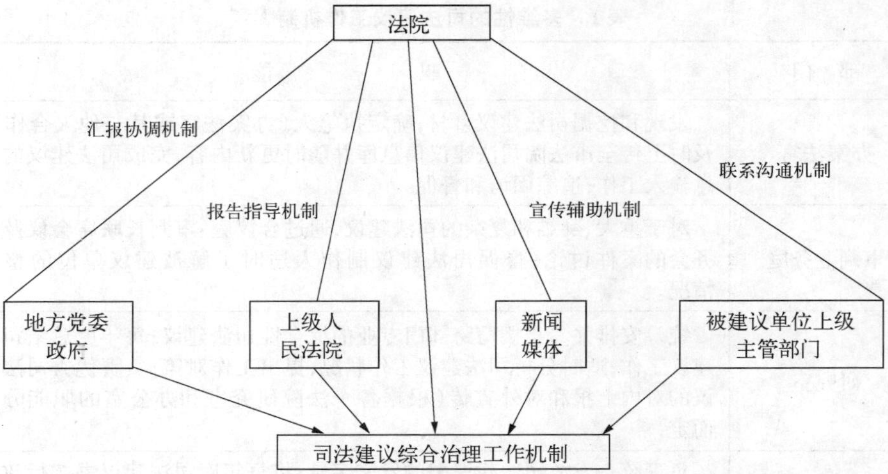

图3

(二) 实现司法建议工作从随机性向计划性的转变

不可否认,办案数量的逐年攀升给法官司法建议工作提出了挑战,但两者并非不可协调。本课题组统计了所在法院2007年至今制发的22份司法建议书,发现司法建议书制发主体(包括部门和法官)相对集中:22份司法建议书为4个业务庭制发,其中,刑庭发出了12份,民二庭发出了5份,行政庭发出了3份,执行庭发出了2份。换个角度看,同期另有4个业务庭未发出一份司法建议书,制发主体严重不均衡。这说明面临同样的客观办案压力,各个法官制发司法建议的主观努力是决定性因素。通过访谈,一些两年多来从未制发一份司法建议书的法官认为,主要原因在于办案压力较大和自身主观积极性不够①。本课题组认为,实现司法建议工作从随机性向计划性的转变,是法官协调办案压力与司法建议工作的重要环节。

1. 司法建议工作随机性和计划性的含义

随机性,是偶然性的一种形式,具有某一概率的事件集合中的各个事件所表现出来的不确定性②。司法建议工作的随机性,指具有偶然性和不确定性特点的工作方式,如办案法官在办案过程中,认为某个案件有制发司法建议书的必要,则付诸实施,但他在一段工作时间内,有可能没有制发一份司法建议书,此种工作方式具有偶然性和不确定性的特点。计划是党政机关、社会团体、企事业单位和个人,为了实现某项目标和完成某项任务而事先做的安排和打算。③司法建议工作的计划性,指具有预见性、针对性和可行性特点的工作方式。司法建议工作的规划和转

① 本课题组认为,这两个原因可以分别归为客观原因和主观原因,在客观原因相类似的情况下,主观原因往往起主要作用。

② 百度百科,http://baike.baidu.com/view/606111.htm,2009年8月28日访问。

③ 百度百科,http://baike.baidu.com/view/149377.htm,2009年8月28日访问。

化，不是法官在办案过程中或办案结束后再启动司法建议工作，而是以办理的大量案件为基础，以过去办理的案件和发现的问题为依据，对今后的发展趋势作出科学预测之后形成的建议，因而，使司法建议工作更具有预见性、针对性和可行性。

2. 应加强对重大司法建议的规划工作

特别是对于重大的综合性司法建议，要由分管院长牵头，组织专门的课题组进行分析研究，提出切实可行的建议措施。如企业劳动用工失范的现象较为普遍（事实上，也已经成为个案建议的主要对象），可以成立课题组，结合新劳动法实施的情况进行专题调研，在问题分析的基础上向劳动保障部门、总工会及企业商会等提出司法建议①。

3. 应实现各类调研成果向司法建议工作的互动转化

各级人民法院每年承担的调研任务很多，应强化各类调研成果向司法建议工作互动转化的意识，对于具备司法建议可行性的调研成果，要善于推动转化，综合利用。如对律师事务所涉讼案件的统计分析成果，就可以在问题分析的基础上进一步提出综合性的司法建议，推动律师执业的规范化。

（三）实现司法建议工作从政策性向法治性的转变

正如前文所述，一方面，司法建议是司法权的延伸，需要领导高度重视；另一方面，又属于司法权范畴，应当将其上升到法律的高度。前者阐明了司法建议工作的政策性，后者论述了其法治性。政策的实质是阶级利益的观念化、主体化、实践化反映，具有阶级性、时效性等特点。法治的实质是治理社会的理论、原则、理念和方法，是一种意识形态，属于法律文化中的观念层面。质言之，司法建议工作要实现从人治向法治的转变。这种转变需要分为三个层次：观念层面、体制层面和操作层面。

1. 观念层面的转变

这是实现转变的根本环节。这一点涉及司法建议工作的文化传统，涵盖我国司法建议工作在数十年间②表现出来的特性，以及有关法律文化发展中特有的内在精神的延续和文化传承的发展模式。美国人类学家克罗伯和克拉孔综合了160多个文化定义后认为，文化是一个成套的行为系统，其基本要素是传统（通过历史衍生和由选择得到的）思想观念和价值，其中尤以价值观最为重要③。显然，司法建议工作，这一法律文化传统在观念层面的转变不可能"毕其功于一役"，远非数个专业课题、调研文章等就能够收到成效，然而，"合抱之木，生于毫末；九层之台，起于累土；千里之行，始于足下"④。理论界和实务界共同的不懈努力，一定

① 本课题组所在的基层法院，2009年规划了行政审判、金融审判、涉劳动纠纷等4份综合性司法建议书，并向相关部门发出，得到相关领导的重视和肯定，取得了良好的社会效果。

② 谭兵在《论人民法院的司法建议权》一文中指出：早在20世纪50年代，我国就提倡和开展过（司法建议）这一活动。

③ 转引自卢克斯：《关于合理性的若干问题》，罗伯特·鲍柯克、肯尼思·汤普森编：《宗教与意识形态》，龚方震等译，四川人民出版社1992年版，第125—126页。

④ 《老子》第六十四章。

会推动司法建议工作在观念层面实现从政策性向法治性的逐步转变。

2. 体制层面的转变

在法律层面明确规定司法建议工作的原则、宗旨、适用范围、开展方式、操作规范等,提升此项工作的法制化程度,是实现转变的关键环节。一是应该是在三大诉讼法中都明确规定人民法院的司法建议权。除了在民事诉讼法和行政诉讼法中规定司法建议制度外,也应该在刑事诉讼法中明确规定人民法院的司法建议权。二是在三大诉讼法中应将司法建议制度规定在总则部分或另行提前专章规定,以示司法建议的重要性以及司法机关在整个诉讼过程中都可以做出。三是应该在法律中明确规定司法建议的主体、地位、内容、形式以及司法建议的程序和司法建议的效力,还必须规定做出司法建议的人民法院以及接受司法建议的相关单位的职责和相应法律责任,并且还应规定接受司法建议的单位或个人应该将处理结果告知人民法院。此外对司法建议活动的时限也应予以明确,只有这样,才能使司法建议制度真正纳入法制的轨道。

3. 操作层面的转变

类似 2007 年 3 月最高人民法院下发的《通知》、2009 年 6 月上海市高级人民法院出台的《规定》和建立司法建议信息库的做法等,在具体操作层面逐步细化和规范,是实现转变的基础性环节。一是建立司法建议书统计制度,并随报表在一定范围内公布,配套年度考核激励制度,有利于记载法院司法建议工作开展情况,能够引起业务庭负责人的重视,直接促成工作质量的提升。二是完善司法建议书的追踪回访制度,具体形式可以采取电话询问、走访等,对未引起重视的,可以向其主管部门或上级领导机关提出意见,追踪回访可以定期,也可以不定期,达到跟踪了解建议效果、提高工作实效的目的。三是建立司法建议工作监督、检查、考核激励制度,建议由审监庭负责对各业务庭开展司法建议工作以及制发司法建议书的监督检查工作,设置司法建议书的监督检查环节;政治部负责制定考核标准,根据监督检查结果,对照标准进行考核,督促业务庭自觉落实已有制度。四是建立与媒体的沟通协调制度,延伸司法建议工作的社会效果。

四、小结

本课题组清醒地认识到:司法建议工作想要在短期内有突破性和实质性的进展,这显然是不现实的。司法建议工作只能伴随着中国法治化的进程逐步走向完善。可喜的是,我国法院系统坚持"为大局服务、为人民司法"的工作宗旨,伴随着"人民法官为人民"主题实践活动的深入开展,司法建议工作作为有效预防和化解社会矛盾的司法手段之一,在司法实务界和理论界的共同努力下,必将走出尴尬的困境,在构建社会主义和谐社会的进程中发挥日益重要的作用。

英国的基层法院、法官及司法管理

——利物浦郡法院见闻

张永红*

笔者1988年大学毕业后一直在基层法院工作,曾担任过人民法庭、立案庭、执行庭庭长,故对基层法院的实际运作有一定的感性认识。2007—2008年度在英国利物浦大学法学院留学攻读法学硕士期间,经导师介绍,在利物浦郡②法院(Liverpool county court)见习,每周一天,故又对英国基层法院的实际运作有了一些了解。比较两国基层法院的实际运作,总的体会是,虽然中英在司法体制上有非常大的不同,但在基层法院的司法管理层面上,却有着很多相似性。

一、基层法院与司法管理

英国的法院(Court)是一个司法活动中心,不是我们概念中的"工作单位"。法院的设置独立于地方政府,与地方政府没有对应性。如默西郡有五个行政区,但设在该郡区域内的只有四家郡法院〔County Court,又称民事家庭法院(Civil and Family Court)〕,即:Liverpool、Birkenhead、Southport 及 St Helens。其设置很大程度上是基于传统。有的地方的法院很小,只有一名法官,有时候还不是天天开门,之所以还存在,主要原因是传统上该地历来就有法院,当地居民不同意关掉。除了郡法院外,设在利物浦市区域内的还有治安法院(Magistrate's Court)、刑

* 原任上海市金山区人民法院研究室主任,现任上海市高级人民法院执行局综合处处长。笔者要感谢英国外交部"志奋领"奖学金项目的资助,感谢利物浦郡法院(Liverpool County Court)地区法官(District Judge) Ged Fitzgerald、法院经理(Court Manager) Jean Martin-Hall、执行处(Enforcement Division)外出实施科经理(Bailiff Manager) John Armiit,英国利物浦大学医疗法及医疗伦理学研究中心主任 John Harrington 教授以及利物浦郡法院的其他法官和工作人员的帮助。

② 利物浦市与上海市是姊妹城市,但它与上海市有着很大的不同。从地方政府层面上讲,利物浦属于默西郡(省)(Merseyside county)下面的一个市,也是默西郡的郡会城市。1986年,在撒切尔夫人执政时期,默西郡的郡政府(county council)被废除,其职能分解到下属包括利浦物市在内的五个区(Metropolitan Borough),即 Liverpool、Knowsley、Sefton、St Helens 及 Wirral。其中,公安、消防、交通、废物处理等职能,因管理需要,由该五个区联合成立了相关的委员会,类似于原郡政府的职能部门,在全郡范围内统一行使。所以,虽然在法律上讲,默西郡(省)还存在,但事实上利物浦市类似于中央"直辖市"。经济总量(Regional Gross Value Added)60亿英镑左右,人口43万。参见 http://en.wikipedia.org/wiki/Merseyside,访问时间,2008年10月25日。

事法院(Crown Court)[①]及高等法院利物浦遗嘱登记处(Probate Registry)。在辖区内发生的一审刑事案件,由治安法院或直接由刑事法院受理;家事纠纷(有公法、私法家事纠纷之分),由治安法院及郡法院受理;民事纠纷及破产案件由郡法院受理;利物浦郡法院是其中最大的一家,主要管辖利物浦市的民事家庭纠纷,近年来,每天大概有十名左右的地区法官、十名左右的巡回法官在利物浦郡法院开庭。

负责管理法院这个司法活动中心的是英国司法部下属的行政机构——法院事务管理服务局〔Her Majesty's Courts Service(hmcs)〕[②]。法院的工作人员都是该机构的雇员,类似于中国的公务员。利物浦郡法院的管理机构是 hmcs 的分支机构(又称 Court Office),设有法院经理(Court Manager)一名,副经理一名,下设立案(Issue/File Registry)、审前管理(Casemanagement)、执行(Enforcements)、地区法官案件排期部(DJ Listing)、巡回法官案件经理部[③]、行政事务(Accommodation)等七个部门。共有一百二十多名工作人员。

法官独立于法院,也独立于法院的管理机构,由独立的国家法官选拔任命委员会(Judicial Appointments Commission)[④]选拔任命。从法官的角度讲,法院是他开庭的场所,而不是他隶属于那家法院。从当事人角度讲,法院是通过 hmcs 的服务可以向法官获取司法救济的场所。从法院管理机构角度讲,他们是在一个名叫"法院"的大楼内当"管家",为法官及当事人搭建一个平台。

法院管理机构的一个重要任务就是确保法官"忙着"。在不增加法官的前提下,通过有效的管理和优质的服务提高司法活动的质量和效率。案件进来后,关键看有无答辩,如没有,不经法官,直接由 hmcs 作出行政性的缺席判决(default judgment)[⑤];如有,进入审前管理部处理全部书面材料并报请法官决定案件应由哪一级法官审理;需开庭审理的,巡回法官案件,转入巡回法官案件经理部;地区法官案件,留在审前管理部继续处理,庭期安排由专门的地区法官排期部统一负责;高等法院法官案件,经排期部联系,由高等法院法官决定是将案件移送高等法院,还是由高等法院法官到郡法院就地审理。所以郡法院的管理机构不仅要管理地区法官案件,还要管理巡回法官和部分高等法院法官案件。家庭纠纷(包括公法及私法)由家庭案件部统一协调。案件管理的主要措施是繁简分流及设定审限目标。民事案件分案的基本原则是[⑥]:5 000 英镑以下,小额程序(small claims),由地区法官审理,目标是 15 周内结案率为 81.5%;5 000—15 000 英镑,

---

① 严格意义上讲是英国刑事法院利物浦分院,因为英国只有一家刑事法院。
② 参见 http://www.hmcourts-service.gov.uk/,访问时间,2008 年 10 月 25 日。
③ 因利物浦郡法院是家大法院,所以设有巡回法官经理部,负责全郡范围内的巡回法官案件。
④ 参见 http://www.judicialappointments.gov.uk/,访问时间,2008 年 10 月 25 日。
⑤ 如有正当理由,被告可以在一定时间内向法官申请撤销该判决,参见英国 1998 年民诉法第12 章。
⑥ 参见英国 1998 年民诉法第 26 章。

快速程序(fast track),由资深地区法官审理,目标是30周内结案率为78%;15 000英镑以上,疑难程序(multi track),由资深地区法官或巡回法官审理,目标是50周内结案率为78%。通过合理排期提高效率。如将30件案件排期给三个法官在同一天审理,由三个法官互相调济,由此避免因案件难易等问题造成的法官忙闲不均等情况的发生。近年来,为提高效率,推行电话开庭,小额案件如双方都有律师,鼓励以电话会议的形式开庭。还鼓励网上起诉。

审限目标的完成情况基本与设定的目标相当。所以案件平均审理天数较长。当笔者告之我们金山法院的平均审理天数只有40多天时,他们对此很感兴趣。他们的平均审理天数之所以这样长,按照他们的话讲,是司法资源、案件数量、案件性质等多种因素综合考虑的结果。一是案件数量多但法官数量有限,纳税人不可能拿出更多的钱增加法官编制数量;二是民事家庭案件的性质需要"时间"让当事人冷静下来,所以并不是"越快越好";三是这样的审理周期国民能够"忍受"。这样做的结果,每天都有大量的案件等着法官审理,每个法官每天开七、八个庭是常事,有限的法官资源得以充分运用。案件多时,就动用"预备"法官(deputy district judge,即一年审案1、2个月的法官,其余时间是律师)。

二、基层法官的办案

审理民事家庭纠纷的基本思路是:法官向当事人讲明法律的规定,"给"当事人时间,让当事人冷静下来,引导当事人自行和解。所以,一般案件开庭时间很短,如简易程序的案件庭审时间一般是10分钟,一个案件开四、五次庭是很正常的事。庭审中也有突发事件。笔者在见习时就碰到过这样一件探视权纠纷案件,半年前,法官判决孩子的生父每周可探视三次,但最近生父想将孩子带到伊朗去,为此诉至法院。按照"以前谁办过仍由谁办"的原则,案件到了原来承办的法官手里。生母在庭审中哭个不停,坚决不同意,非常情绪化,庭审后又称心脏病发作,躺倒在地上。此类情况,法官以示中立,不会当即"卷入",而是由法院其他工作人员以类似于我们金山法院朱泾法庭"三个一"①的方式处理。但法官心中始终牵挂着事态的发展,在其他案件庭审结束后,叫"导诉员"请原告律师进来(被告没有代理人),请他做做原告工作。原告律师明白法官意思,做原告工作,原告同意撤诉。法官当即要"导诉员"(usher)召集双方进来,裁定撤诉。被告走出法庭时,"心脏病"也基本好了。笔者告诉该法官,笔者曾碰到过当事人家属到法庭喝毒药水的,该承办法官说,这就是民事家庭纠纷,需要"时间",让他们保持冷静,尽量让他们自行和解。当笔者告诉他我们金山法院的调撤率达70%时,他

---

① 笔者在朱泾法庭工作期间,在法官职业道德大讨论活动中,根据庭内陈玉根法官谢绝被告递上的"一支烟",陆益忠法官给来访群众倒了"一杯茶",张雁虹法官送一老年当事人出门时讲了"慢慢走,路上小心"这样"一句话",不断总结提炼,把它上升为法官职业道德建设的"三个一"经验加以推广,收到了较好的效果。

称赞我们金山法院比他们做得好。去年他们的调撤率为52.4%。

法官对案件的处理很人性化。比如有一件房贷强迁执行案件,被执行人系一位80多岁的老太太。被执行人的儿子用被执行人的房子抵押向银行借款做生意,后因生意亏本无力还贷涉讼。收到执行通知后,被执行人先到公民咨询局(Citizen Advice Bureau)①咨询,由公民咨询局工作人员陪同来见法官,请求法官下达命令暂缓执行。法官给了两周的宽限期。但两个星期的宽限期不能从根本上解决问题,所以等被执行人离开后,法官又叫"导诉员"请公民咨询局的陪同人员单独进来,问他有没有思考过借款过程中银行有无过失,因为一个80多岁的老人的房子被其儿子用以抵押向银行贷款时,按理银行应该审查一下该笔贷款的用途。公民咨询局的工作人员即表示他会向当事人建议请律师研究一下抵押合同的效力问题,与银行交涉。

法官开庭就像医生看病。当事人就像"病人",通知的庭审时间一般都是上午10点,或下午2点。当事人到庭后先向"导诉员"报到,然后就等在庭外由"导诉员"按照"先来先安排"的原则引进法庭。如当事人不到庭,案件就注销(dismiss)。这种情况大多数是因为当事人已和解。如确因正当理由未能到庭,当事人可申请恢复审理。法庭的审判区像法官的办公区。一张大的桌子,上面放着很多书,还有录音机,电话机,并放着一大瓶饮用水。开庭时可以喝咖啡,有几次开庭,"导诉员"还为笔者倒了茶水。以前法官没有私人的办公室,审判区还兼作法官的办公室(所以chamber一词兼有法庭和办公室的意义)。法庭没有固定的原、被告席,当事人及律师进来随便坐,座位都是面向法官的。见当事人进来,法官总是good morning或good afternoon打招呼,基本上没有"全体起立"这样的程序(但也有个别法官比较讲究,喜欢这样做),倒是"导诉员"进出法庭在门口时总要向法官鞠躬,这也是基于传统。地区法官开庭不穿法袍(但笔者去英国高等法院及上诉法院旁听案件时,看到法官都穿着法袍),除疑难案件外,一般都没不用书记员。庭审时事务性工作由"导诉员"负责。庭审是录音的,没有书面记录。承办法官安排笔者坐在他的旁边,就像"陪"审员,但只陪不审。庭审开始前,承办法官总是向到庭的律师及当事人介绍说,这是来自中国上海的张法官,他今天要观看我们开庭,并询问当事人有无意见。见习近一年,笔者没碰到有提出异议的。有一次碰到一个不公开审理的案件,承办法官安排笔者见习了其他法官的庭审。法官在庭审中作出的比较简单的判决、裁定都是由原、被告的代理律师即时作好书面记录交法官签名后,由律师送交法院管理机构的立案部门打印的。在没有律师的情况下,由法官当庭书写后交当事人送交立案部门打印。

---

① 英国的社区综合咨询服务(Citizens Advice Bureau)较发达,由一些退休的热心于社区服务的人员组成,一般没有报酬。法院的管理机构与该些单位有着较好的关系,这些机构在法院也开设有窗口,只要有人咨询,即做工作,也有被执行人去咨询的,这些机构就会帮被执行人想办法,做被执行人的工作,协同法院化解社会矛盾。参见http://www.citizensadvice.org.uk/,访问时间,2008年10月25日。

所以法官很会“借力”,提高工作效率。经历的最短一次开庭只用了1分钟,是开庭宣判,笔者随法官进入法庭,书记员喊“全体起立”(这也是笔者碰到的唯一一次“全体起立”程序),就座后,法官请大家坐下,问判决书收到了吗?双方当事人和律师都说收到后,法官即说那就不念了,并问双方还有其他事吗?双方都说没有,之后法官就宣布开庭结束。看到笔者很惊讶,法官解释说,这个案件的判决书很长,他已在宣判前寄给了双方当事人,免得宣判时再念,浪费时间。

比较难的是家庭纠纷。涉及小孩的案件不属民事纠纷,他们称之为家庭纠纷,由家庭法(family law)调整。这类案件又区分为私法案件及公法案件。公法案件系由公权力介入的案件,地方政府是原告。例如,小孩父母因吸毒,酗酒等原因无法照顾小孩,邻居或小孩的学校发现情况后向政府有关部门反映,有关部门就会展开调查,如情况属实,地方政府就会向法院起诉,要求法院判决停止父母的监护权,将小孩带离,并作妥善安排。该类案件一般由在郡法院开庭的资深地区法官或巡回法官审理。简单的私法家庭案件由治安法院审理。治安法院的司法管理机构也是hmcs。近年来,治安法院管理机构派工作人员进驻郡法院,一部分工作就是统一协调私法家庭案件的管辖。虽然治安法院与郡法院是二家不同的法院,但管理机构同属hmcs,hmcs收到案件后,报请法官决定案件应由哪一级法官审理。

在家庭案件的审理过程中,法官可以通知儿童及家事法庭顾问暨协助服务中心〔Children and Family Court Advisory and Support Service(CAFCASS)〕①提供有关该家庭具体情况的报告。该机构是地方政府部门,接到通知后,它会安排社会工作者(Social Worker)深入社区,家校,或当事人家里了解情况,同时也做做工作。最后形成一份报告递交法官供参考。所以虽然法官不外出调查,但对案件事实很清楚。遇矛盾激化或紧急情况,法官会直接打电话,叫他们注意防激化。

三、基层法院的“信访”及“审监”工作

中文“信访”一词,是一高度抽象的词语,英文中没有对应的词,从某种意义上也说明英国法院“信访”问题没中国那么突出。笔者花了九牛二虎之力,才让他们明白什么是“信访”。原来英文里对“信访”的表述,按激烈程度可分为四种,一是“投诉”(Complaint),仅仅写信而已,人不来;二是“抗议”(Protest),人到法院来吵;三是“扎营”(Camping),类似于带着被子到法院不肯走;四是“骚乱”(Mob),类似于集体上访,围攻政府、法院等。

上个财政年度,利物浦郡法院共收到对法院管理机构的投诉信30封,其中17封涉及庭审和判决,6封涉及排期,4封涉执行,需要说明的是,这是对法院管理机构,即对hmcs行政管理服务工作的投诉,不是对法官的投诉。这些投诉由

① 参见 http://www.cafcass.gov.uk/,访问时间,2008年10月25日。

法院经理处理,与法官无关,而对法官的投诉(主要是指对法官作风纪律的投诉)是由高等法院首席法官及大法官处理的,由英国司法部(Ministry of Justice)下设的法官设诉办公室(the Office for Judicial Complaints)提供支持(即由该办公室负责受理并展开调查)①,根据该办公室的统计,2006—2007 财政年度,英格兰及威尔士法官及其他司法职能人员(Judicial Office Holders)因投诉而被调查的不到0.1%②。"抗议","扎营","骚乱"的情况很少发生。也有类似的"进京上访"。那天笔者乘大巴到伦敦,看到有很多人 Camping 在英国国会大厦门前,马上拿出照相机拍照,因大巴开得快,还摔了一跤。在与法官及法院工作人员的交流中了解到,这些人里很少是"涉法"上访的。虽然金山法院无"进京上访",信访工作在上海法院系统也小有名气,但笔者当过立案庭庭长,知道信访工作的压力要比他们大得多。

法院没有专门的"信访"部门,他们的立案部门也不管"信访"。笔者最感兴趣的是他们的"公共柜台"(Public Counter)。每个部门都派有工作人员在"公共柜台"负责接访,处理本部门的相关事宜。笔者觉得这样做有一定的合理性,至少可以加强各部门的责任心,哪个部门的事情,由哪个部门自己处理。如果我们的立案、信访人员系由各庭室派出,或将现在的立案、信访人员分解到业务庭,碰到问题及时与所在部门联系,一定程度上可以缓解信访问题。例如民庭可派员负责民事案件的立案,信访,及时掌握当事人的动态,一有风吹草动及时汇报,商量对策,该防激化的防激化,该暂缓的暂缓,该化解的化解,把工作做在前面,做在最佳时机,可以较好的解决立案、信访与业务部门脱节的问题。

与他们交流审判监督工作也是一件比较难的事情。因为他们没有类似于我们的审判监督程序。举了一些例子后,他们才恍然大悟,说"这是上诉的另一种形式"。他们不需要"审监",因对法官的判决,学术界可以"百家争鸣"。往往一个判决公布之后,对该判决的研究性文章非常多,有支持的,也有批评的。所以,从某种意义上讲,学术界对判决的研究起着有效的监督作用,按照他们话说,未经深思熟虑,法官是不敢轻易下判的。

四、基层法院的执行工作

我国民诉法的英译本把执行译成 Execution,出国前印名片,笔者将执行庭译为 Execution Division,结果把他们搞糊涂了,因为 Execution 虽有"执行"之义,但这种"执行"主要是指"杀头",所以他们很纳闷,笔者怎么会是"杀头庭"的庭长?

---

① 参见 http://www.judicialcomplaints.gov.uk/publications/publications.htm,访问时间,2008 年 10 月 25 日。

② 包括法官(Judges),治安法官(Magistrates),专门法庭裁判官(Tribunal Members),非正常死亡调查检察官(Coroners),参见 http://www.judiciary.gov.uk/publications_media/general/ojc_annual_report250707.htm,访问时 2008 年 10 月 25 日。

事后才知道,执行应译成 Enforcement。印的名片只发出过 1 次,之后就再也不敢发了。当然,因翻译引起的类似问题还有很多,这里不再展开。

"执行难"的问题同样存在,但没像我们那样突出,且与法官无关。因为执行"庭"是法院管理机构下设的部门,所以执行人员(Bailiff)性质上属于英国政府的司法行政人员(不属地方政府),不是法官。利物浦郡法院执行"庭"设有经理一名,向法院经理负责。下设三个"科",即书面工作科(Enforcements Section),现金资产科(Cash/Assessments Section)及外出实施科(Bailiff),每个科设有经理(Manager)一名。外出实施科由负责外出查封、扣押的 9 名"执行员"(Bailiff)组成,大多是部队或警察转业的,有很好的社会经验。该科前一阶段因科经理病假,故法院管理机构从其他法院借了一位科经理负责,他今年 65 岁,6 月已退休,曾在消防局工作过 24 年。执行案件的分案基本上是按照区域划分的。每个执行员负责一个区域。办案的总体思路是:执行员要融入社区,要了解被执行人情况,让他们相信你。执行人员外出基本上都是一人办案,如有疑难案件,二、三个执行员一起去的情况也有。工作时间不固定,时常夜执行、早执行。执行员在外办案,他是他自己的"老板",科经理与执行员基于信任,保持着良好的工作关系和团队精神。每天下班 5 点向科经理报平安,每天一份工作日志报科经理。如当天没有该执行员消息,科经理即向法院经理报告,并向警察报案。他们称之为"风险管理"。执行部门与警察、房地、车辆等部门保持着很好的关系。因为法官是独立于法院管理机构的,故法院管理机构与这些部门保持良好关系不会影响司法独立。法官在执行中的作用是做一些"书面工作"(Paperwork),如当事人提出执行异议,需要听证时,案件就提交法官裁决。没有专职的执行法官,因为把执行听证裁决集中到一位法官身上他们认为一是太枯燥,二是太累,故十多位地区法官都可以作出执行裁决。

执行程序由申请人决定。即申请人拿到判决后,想通过哪些法定程序执行,必须由其自己决定。主要有三种程序,一是申请执行人员上门扣押财产;二是申请法院查封、拍卖被执行人房屋;三是向第三方执行,如到银行扣划,执行到期债权等。执行人员不可强行进入被执行人房屋。如遇被执行人不肯开门,只好多试几次,或想办法去登记部门查封房屋,此程序就需要听证,由法官主持,若被执行人拒不到庭,有可能被以藐视法庭罪送进监狱。

强迁案件也是难点。但如遇无家可归者,政府会提供居所。执行人员很慎重。如一强迁案件,执行当日被执行人将一 14 岁的小女孩留置家中,自己躲避。执行人员未进去,决定推迟 24 小时再来。第二次去执行时碰到了被执行人的父亲,其扬言要"摆平"执行人员,执行人员便报警,最后其不得不向执行人员道歉。

执行人员非常"谨慎",执行工作讲文明,非常珍惜自己的工作,虽深入社区,但绝不会发生与当事人一起上酒吧等事情。所以,民意调查时,国民对执行工作的满意度较高。面对申请人的信访投诉,很重视,由法院经理处理,最常讲的一句话是:“对不起,我们只能做我们能做的”。也有带着被子到法院扬言如执行不到就睡在法院的,遇此情况就报警,由警察强行带离,如遇老弱病残者,警察会叫救护车。

结语

虽然英国基层法院的运作模式与我们有着非常大的不同,且在实际的运作中也有效率不高,审限过长等问题,但英国的法院事务管理服务局、公民咨询局、儿童及家事法庭顾问暨协助服务中心、破产管理署、律师等对司法职能的发挥有着重要的意义;学术界对判决的研究起着有效的监督作用,加上法官的自律,使司法较好地发挥着最后一道防线的作用。

回应型审判管理工作机制的构建
——以人民法院三个"五年改革纲要"为指导、以案件质量评估体系为例证的研究

雷　霆*

（本文荣获2009年全国法院系统学术讨论会三等奖）

"人民法院必须不断深化改革，认真解决法院工作中不适应经济社会发展和人民群众日益增长的司法需求的突出问题"，"要牢固树立为大局服务的理念"，"要牢固树立司法为民的理念"①。当前，如何更好地为大局服务、为人民司法，是司法工作实现科学发展的重要课题。回应型审判管理工作机制的构建，是破解此课题的有效环节之一。本文以人民法院三个"五年改革纲要"为指导、以案件质量评估体系为例证②，通过举例分析和对策分析的方法，试图搭建一个回应型审判管理工作机制的框架，以期对审判管理制度的改革和完善有一丝助益。

一、回应型审判管理工作机制的理论基础及其司法需求的现实语境

（一）理论基础

1．"回应"的中国时代背景

"回应"在司法理论界，最早是20世纪60年代由美国法学界伯克利学派主要成员塞尔兹尼克和诺内特共同提出的，其合著《转变中的法律与社会：迈向回应型法》对这一理论予以了充分阐释。然而，吉尔兹在充分反映其法律思想的著作《地方性知识：从比较的观点看事实与法律》中明确指出："法律，与英国上院议长修辞中那种密码式的矫饰有所歧异，乃是一种地方性知识。"③正如回应型法

* 上海市金山区人民法院研究室法官，法学硕士。

① 均引自2008年12月19日最高人民法院王胜俊院长在全国高级法院院长会议上的讲话。

② 因为案件质量评估体系是审判管理工作机制的重要组成部分，而审判管理改革是以最高人民法院三个"五年改革纲要"为方针有序推进的。

③ 徐鹏著：《法律是一种地方性知识》，载http://www.tcylaw.com/yld/web/Article/ShowArticle.asp?ArticleID=479，于2009年6月16日访问。

在20世纪60年代的美国首次被提出一样,“回应”一词在21世纪初的中国被学者提及和高度关注①,也有深刻的时代背景。在向全面建设小康社会发展目标迈进的进程中,党和政府越来越关注民生的各种需求,并努力做出积极的回应。司法作为党领导下实现社会管理的一项重要手段,无疑应体现和承载这一时代命题。

2. 回应型审判管理工作机制的基本概念

回应型审判管理工作机制,是指在转型中国、伦理勃兴和法治反思的语境下,通过系统性的设置,对法院的审判资源进行优化、配置、组合,以使法院更加有效地利用审判资源,发挥审判作用的制度体系。

这一基本概念可以进行以下要素分解:法国著名管理学家法约尔认为,管理是所有人类组织都具有的一种活动,这一活动包括五个组成部分:计划、组织、指挥、协调和控制。审判管理就是指为了保证审判工作公正、高效、有序地运行,人民法院通过计划、组织、指挥等职能,进行的协调、控制审判工作流程,规范、监督审判组织行为等活动②。回应型审判管理工作机制要求当前法院在关注审判工作自身公正与效率的同时,强调审判工作自身的开放性与完整性、目的性与引导性、价值性与能动性。

(二)现实语境

1. 司法需求与“回应型”之间的关系

无论是刚性司法需求,还是软性司法需求③,客观上一直存在,且数量、类型、结构等都处于动态变化之中,然而,“回应型”概念的提出,并不仅仅是司法需求的自然证成。

上升到社会管理和政治学层面,从党的“十六大”到“十七大”,我国正在经历由国家本位向社会本位过渡的历史关键期。这一变革要求上层建筑的组成部分——司法,做出积极有效的回应。透析最高人民法院前后下发的三个“五年改革纲要”,在改革目标中不难发现,对审判管理工作的描述依次为:“进一步完善独立、公正、公开、高效、廉洁,运行良好的审判工作机制。”“改革和完善司法审判管理和司法政务管理制度,为人民法院履行审判职责提供充分支持和服务。”“健全司法为民工作机制,着力解决人民群众日益增长的司法需求与人民法院司法能力相对不足的矛盾。”上述变化显现了改革思路从单纯完善审判工作机制本身向积极回应民众司法需求的转变。

因此,司法需求与“回应型”之间的关系,是“上层建筑对人民群众的‘新

---

① 如苏力认为:“法治是一种实践的事业,不是一种冥想的事业,它所应当关注和回应的就是社会的需要。”载其著作《道路通向城市:转型中国法治》,法律出版社2004年版,第31页。

② 姜艳莉著:《司法公正视野下的审判管理》,载 http://dyzy.chinacourt.org/public/detailphp?id=16203,于2009年6月23日访问。

③ 参见吴良志著:《司法需求之中国情境:发现与回应——以最高人民法院历年工作报告为样本》,载万鄂湘主编《建设公正高效权威的社会主义司法制度研究》,人民法院出版社2008年版,第5—9页。

要求新期待'做出回应和关注"这一政策因素在司法层面的反映和体现(见图1)。

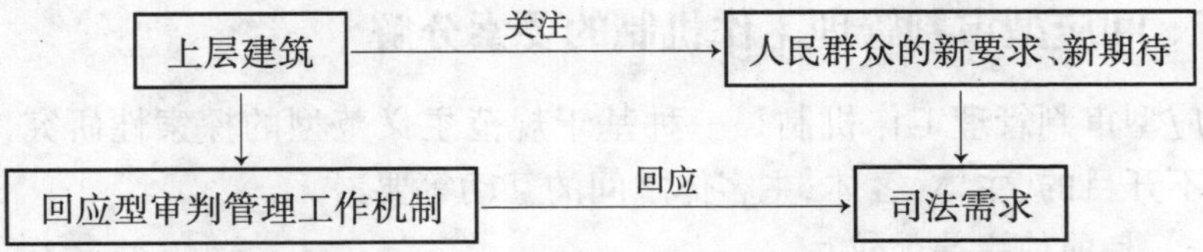

图1 司法需求与"回应型"之间的关系

2. 必要性分析

国家权力主体与社会多元权利主体在司法层面上的协作,客观上要求构建回应型审判管理工作机制。哈耶克认为,人们不必就目的达成共识,而只要求就那些有助益于各种各样的目的之实现且能够有助益于每个人实现自己目的的手段达成共识①。各类主体基于自身权益考虑(不排除各类主体的利他性),相互之间需要搭建一个实现资源共享、利益最大化的司法交流平台与机制,回应型审判管理工作机制立足于国家审判权力的体制化完善,不可避免地担当了这一角色,以回应社会多元权利主体多层面、广领域、新型化的司法需求。

审判管理工作的公共服务职能要求构建回应型审判管理工作机制。"人民法院裁判活动既是一项司法职能,也是一项面向社会的公共服务"②。承认审判管理工作的公共服务职能,是从法律功能视角做出的分析:一方面,审判对政治具有服务功能。其是人民当家作主的有效载体,除了维护人民当家作主进行国家统治外,审判职能的充分行使,还能调整各方平等主体的权利义务,加强对公民权利的救济等。另一方面,审判对经济具有服务功能。其不仅确认和维护基本经济制度,还表现在促进社会生产力等方面。因此,"司法过程的性质"必然要求审判管理工作为大局服务、为人民司法,回应型审判管理工作机制的构建势在必行。

审判管理工作自身改革寻求突破是构建回应型审判管理工作机制的现实动因。审判管理工作的改革与完善是一个长期命题。一方面,行政化色彩过浓、效率不高、法官素质影响公正形象等问题,使司法运作客观上陷入"囚徒困境";另一方面,现代管理理论在司法运作中的影响日益广泛和深远,其要求通过构建制度和完善体系等方法,实现司法资源的最优化配置。两种因素相互交织,迫使审判管理改革工作不断寻求突破。回应社会

① [英]哈耶克著:《法律、立法与自由》(第二、三卷),邓正来等译,中国大百科全书出版社2000年版,第4—5页。

② 最高人民法院王胜俊院长:《努力建设公正高效权威的社会主义司法制度》,载2008年3月16日《人民法院报》。

改革的历史趋势和人民群众的现实需要,成为审判管理工作机制改革的必然。

二、回应型审判管理工作机制的要素分解

回应型审判管理工作机制是一种基于规范主义范型的探索性研究,这决定了其离不开目的、主体、客体、主客体之间的互动等要素。

(一)目的的主导地位

“目的为批判既定的做法设立了标准,从而也就开辟了变化途径”①。实质正义、程序公正、社会伦理、公序良俗等,一直是法律不懈追求的目标,抽象的价值目的在当前形势下,更多地体现为主客体之间有效对话、意见吸纳和反馈程序、多元利益格局相互制衡等具体的社会目的。回应型审判管理工作机制以“抽象的价值和具体的社会目的的结合”②为主导,并不断改进和完善。

表1 以案件质量评估体系指标设置目的性清晰为例的证明

	时 间	类别划分	指标数(个)	指标设置目的
江 苏	2003 年底	基础指标	11	体现审判质量效率的关键性指标
		分析指标	14	分析审判工作运行态势的参考性指标
上 海	2003 年初	评估指标	19	考察审判工作运行态势的常规指标
		调研指标	8	反映审判工作的客观态势
全国统一	2008 年	审判公正指标	11	反映审判公正
		审判效率指标	11	反映审判效率
		审判效果指标	11	反映审判效果

(二)主体司法属性的开放性与完整性

审判管理工作通过对客体司法需求的积极回应,在目的的引导下,增强自身的认知能力和自我矫正能力,实现理想与经验的整合。审判管理的对象虽然是审判工作,然而,案件当事人、案件发生事实、案件处理结果等都来源于社会又最终回归社会,社会是审判工作的真正提供者,是审判工作的生存土壤和母体,因此,审判管理工作必须向社会开放。同时,审判管理工作是一种系统工程,需要保持自身的完整性,这种完整非但不是封闭,反而是在开放中不断去粗取精,在

① [美]富勒著:《法律的道德性》,郑戈译,商务印书馆 2005 年版,第 264 页。
② 魏英硕士学位论文:《论回应型法——〈转变中的法律与社会:迈向回应型法〉解读》,第 14 页。

回应社会司法需求的过程中，解决社会问题的具体活动，这才是解决审判管理工作自身问题的有效路径。

表2　以案件质量评估工作的意义为视角，透析回应型审判管理工作机制的开放性和完整性

	系统内开放性	系统外开放性	完整性
以案件质量评估工作的意义为视角	有利于加强上级法院对下级法院的指导和监督	有利于人民法院自觉接受人大和社会的监督	评估体系指标之间的关联、制约和综合指数的协调和整合作用

（三）客体司法需求的多样性、新颖性和复杂性

作为审判管理工作机制的回应对象，客体司法需求的情势变化，对审判管理工作机制的构建有重要影响。从多样性角度分析，影响审判管理工作机制的周延性。即构建的回应型审判管理工作机制，能否真正在最大程度上回应客体的各种司法需求，这一因素直接影响机制的效率。从新颖性角度分析，影响审判管理工作机制的适应性。即构建的这一机制，面对不可预测的新类型司法需求时，能否从容应对，并很快推陈出新。从复杂性角度分析，影响审判管理工作机制的包容性。即构建的这一机制，面对非法律性的、政治的、稳定的、外交的等复杂的司法需求时，能否求同存异，实现综合效应的最大化。

表3　案件质量评估体系的指标设置体现了客体司法需求的多样性、新颖性和复杂性

	案件质量评估体系指标设置
多样性体现	指标设置数量多、回应的司法需求更细致
新颖性体现	公众满意度等新指标的设置
复杂性体现	指标之间存在参照关系、逻辑关系和对应关系等，只有综合、全面看待，才能正确回应客体司法需求的复杂性

（四）主客体之间互动的多种路径

审判管理工作机制对各类司法需求的回应，并不是单向的主动与被动、施动与受动之间的关系，而是双向甚至多向互动，并持续的一个动态过程。这一过程可以是通过对法官的培养，以关键性因素“人”为着力点，造就一支具有现代法治意识和职业水平的高素质法官队伍，从而满足客体对司法廉洁的需求。这一过程也可以是通过对审判程序的改进、完善、分流等，根据不同案件类型适用不同的审判程序，达成司法资源的最大化利用，满足客体对司法公正的需求。这一过程还可以是通过对审判流程的改革，把现代先进的

管理方法引入审判工作,实现审判工作从行政型管理向审判型管理的转化,满足客体对司法效率的需求。

总之,以目的为主导,审判管理对客体需求多种路径的回应及其双向互动,并在不断试错、纠错的过程中,满足客体司法需求多样性、新颖性和复杂性,实现审判管理工作自身的系统化整合。

三、回应型审判管理工作机制的模式构建

(一)构建的基本原则

1. 本土性和中国化原则

学界"回应"一词虽译自国外法学家著作,然回应的对象为当前转型期中国背景下社会和民众的司法需求;寻求解决长期困扰我国审判管理工作机制症结的,是在"三个至上"和中国特色社会主义法治理念指引下的司法理论界和实务界。同时,作为一种理论研究的范型,回应型审判管理工作机制更重要的是从司法实践的角度有所构建,更重要的是"摸着石头过河"这一过程,而不是纯学术理论的"纸上谈兵",本土性和中国化正是构建的重要路径①。"检验司法意见是否伟大,并不要看它是否符合法律形式主义教条,而是要看它是否契合社会语境。"②同理,检验回应型审判管理工作机制构建的成功与否,关键也应看它是否符合中国语境。

2. 公正、效率与群众满意相结合

公正与效率是21世纪司法工作的主题,当然也是审判管理工作机制革新的基本原则。同时,这种审判管理工作机制的革新是回应型的,群众是否满意当然必须作为检验回应是否有效的标准。如,在最高人民法院的案件质量评估体系中,审判效果就是由"公众满意度"等11个指标构成。小至审判管理工作机制的重构,大到社会、历史的变迁,人永远是其中的主角,人的态度、人的感受,是其中的关键环节。"天人合一"是中国传统文化追求秩序和谐的哲学基础③。只有将公正、效率和群众满意相结合,才是有效的回应。

3. 规范性和灵活性相结合

管理的规范性与生俱来。企业管理的规范性强调在管理的过程中,充分体现人的价值,是在对人的本质特性准确把握的基础上,通过确立一套价值观念体

---

① 我国案件质量评估体系的探索历程即为例证:我国对司法质量评估问题进行探索,从20世纪90年代就已经开始。2003年,江苏、上海、北京、四川等地法院不断尝试创新,将审判质量和效率量化成一组相关联的指标,形成一个较为完整的考评体系,作为评估审判工作、加强审判管理的基础和依据。在此基础上,2008年初,最高人民法院下发《关于开展案件质量评估工作的指导意见(试行)》,将案件质量评估工作在全国铺开。

② 波斯纳著:《法律、实用主义与民主》,凌斌等译,中国政法大学出版社2005年版,第112页。

③ 胡利明、杨志斌:《中国传统法律文化的现代转型》,载《西南交通大学学报(社会科学版)》2004年第1期。

系来引导下属员工的意志行为选择①。审判管理面对专业化法官队伍，超越了管理的制度性和标准性，它不仅仅是建章立制的“法制化”管理，也不仅仅是用评估数据取代一切的“指标性”管理，而是更高层次意义上的“法治化”管理。人与人之间有效互动规范、自觉的状态，是回应型审判管理工作机制的生命，也正因为如此，这种审判管理工作机制才必然是灵活的②。管理的规范性对人的价值的高度关注，必将使审判管理蕴含一种能够灵活处理各种非制度性、非常规性、非常态化因素的潜能。

4. 理性对话与信息对称相结合

在托依布纳看来，法律对社会进行调整的机制非常复杂，它不能用自己的沟通方式去取代其他系统的沟通方式从而直接调控其他系统，而是需要通过认知开放，调整自己的运行方向，实现社会调控的功能，即“通过自我调整来调整他者”③。作为一种“反身性”司法的进路，回应型审判管理工作机制的构建需要一种沟通方式来顺利连接审判与社会，这种沟通方式就是理性对话的模式。回应型审判管理工作机制应当有这样一个平台：在这里，个案的法官与当事人之间，具体法院与当地社会各界之间，整个法院系统与各阶层社会民众、其他机关组织之间能够有效“传情达意”。这种理性对话同时又是建立在对话主体信息对称的基础之上：一方面，审判工作需要进一步公开、透明，审判管理工作机制本身需要进一步开放；另一方面，外界对审判管理工作的各种意见和建议，要能够“不走样”地传达到法院系统，成为各级司法改革决策者和实践者修正审判管理工作机制的参考。

5. 以人为本与程序自治相结合

以人为本是审判管理工作机制实现科学发展的核心。这里的“人”，既包括审判权行使主体的法官，也包括作为回应客体的社会公众。审判管理工作机制的良性运转，需要法官和社会公众共同参与，两者缺一不可。“为人民司法”一语点破了法官为人民审判这两个主体，回应型审判管理正是研究法官如何更有质效地为人民审判的一门法律科学。坚持司法民主，其目的在于使司法工作成为群众自己的工作，司法机关成为群众自己的机关，公正负责地为群众解决问题④。司法民主决定了回应型审判管理工作机制的要义在于以人为本。同时，审判管理是以审判权的行使为管理对象，审判管理必须尊重审判工作的特点和规律，其

① 参见舒化鲁著：《企业规范化管理标准体系》，中国人民大学出版社 2004 年版，第 68—72 页。

② 以最高人民法院案件质量评估体系为例，其数字化管理的规范性自不待言，“各级人民法院可以根据实际情况增加或者减少指标”、“各级人民法院可以根据本院的工作重点，适当调整评估指标的权数”等规定充分彰显了其灵活性的一面。

③ ［德］贡塔·托依布纳著：《法律：一个自创生系统》，张骐译，北京大学出版社 2004 年版，第 27—31 页。

④ 侯欣一：《陕甘宁边区司法制度、理念及技术的形成与确立》，载《法学家》2005 年第 4 期。

科学性的主要体现是程序性①。如,中国政法大学樊崇义教授就认为,法院审判质量效率评估应该以程序公正为核心,实体公正难以用数字进行评估,而程序则较为直观并可以衡量②。在回应型审判管理工作机制的构建过程中,人和程序都需要相当的自治空间和维度,最终,各种回应、修正、调整、改进,都在这种空间和维度中形成契合。

(二) 构建的基本框架

《人民法院第三个五年改革纲要》明确要健全权责明确、相互配合、高效运转的审判管理工作机制。围绕这一改革要求,下述几个方面的优化与完善显得有为迫切:

1. 优化裁判运行管理机制,回应人民群众对司法公正的需求

正确行使裁判权是法官的神圣职责,是司法公正(实体公正和程序公正)的保障。首先,进一步规范法官自由裁量权的行使。一方面要尽可能制定指导性裁判规范意见,保证同一地区的法院在审理相同或相似案件时裁判结果相对平衡,增强裁判的可预见性;另一方面是要统一上下级法院的裁判尺度,规范二审改判和发回重审的具体标准,维护整个司法系统的权威性。其次,建立精案精审长效机制。开发系列软件,对精品案件在立案时就全程跟踪,保证疑难、复杂、有重大影响的案件得到"精致化"审理,确保裁判质量。第三,充分发挥审判长联席会议对裁判的"过滤"和把关作用。最高人民法院可以专门就审判长联席会议的功能、组成、运作等制定规范性文件或司法解释,调动各法院部门内部和上下级法院之间审判长联席会议对案件的裁判管理效能。第四,加强专业化合议庭建设。加紧形成审判骨干、业务带头人、专家型法官和专业化合议庭的审判人才梯队,量才而用,保证裁判权行使和审判能力相适应。

2. 优化审判流程管理机制,回应人民群众对司法效率的需求

《人民法院第三个五年改革纲要》要求研究制定适用于全国同一级法院的统一的审判流程管理办法(以下简称"办法")。应该说,对各地各级法院审判流程管理实践予以系统总结并优化的时机已经成熟。十余年审判流程管理的实践探索积累了相当丰厚的经验③,可以从几个方面予以统一:一是需要充分考虑地区差异,尤其是东西部基层法院之间在硬件设施上的较大差异(审判流程管理对信息化建设和高科技含量的要求相对较高),侧重于从程序上制定统一的标准和操作规程,对如何实现程序上的一致,给各地法院留有"机动"余地。二是可以允许各地法院在全院大流程管理下建立部门案件小流程。最高人民法院的"办法"应

---

① 赵芳:《转型法治视野下的回应型审判管理模式构架》,载《山东审判》2005 年第 3 期。

② 宁杰:《建立科学评估体系 提高审判质量效率——"审判质量效率评估体系研讨会"综述》,载 http://oldfyb.chinacourt.org/public/detail.php?id=92089,于 2009 年 5 月 12 日访问。

③ 规范案件审判流程管理制度,实现立案、判决、执行整个过程的科学管理,是 1997 年《人民法院五年改革纲要》确定的基本任务之一。

着重从全院大流程角度予以规范,并对小流程给予原则性、指导性规定,以此协调"管得过紧易僵"和"管得过松易乱"的矛盾。法院大流程与部门小流程之间应有效衔接,大流程服务小流程,小流程服从大流程。三是最高人民法院的"办法"应体现"低宽高紧"的原则。即越是高中院的审判流程管理,越是要强调规范、一致,越是基层、派出法庭的审判流程管理,越是要强调灵活、协调,特别是部分中西部地区的基层法院及其派出法庭之间,有的根本无法实现严格意义上的流程对接和管理。审判流程管理的统一适用尚需司法资源配置克服现实存在的"马太效应"现象。

3. 优化审判质量监督机制,回应人民群众对司法廉洁的需求

最高人民法院王胜俊院长强调:"必须深入开展反腐倡廉,切实提高司法公信力。"①法官的腐败就是因为其手中握有司法审判的权力。当前,人民群众在审判质量问题上,最主要和最基本的是对司法廉洁的需求。审判质量监督机制的优化,应当兼顾由于案件疑难、复杂、承办法官水平和能力存在差距等客观因素导致的低质量审判和由于司法腐败导致的冤假错案。前者,可以设立多级案件质量讲评制度,如审监庭日常讲评、审委会月度讲评、院长季度讲评等,通过层层把关,确保案件审判质量。继续深化审监改革,充分发挥审判质量监督庭的职能作用,形成审判流程监督、庭审活动评议、案件质量评查等包括事前、事中、事后在内的审判监督机制,使审监庭真正成为法院审判工作的监督中心。后者,可以完善院内兼职监察员和院外特邀监督员两支专门的监督队伍,确保监督的全方位性。更加积极主动地接受人大监督:加强"两会"期间与人大代表、政协委员的联络及代表建议和意见的收集工作;建立向人大代表通报法院重大工作事项制度;建立走访人大代表制度等。

4. 优化涉诉信访管理机制,回应人民群众对司法和政治权利理性主张的需求

回应型审判管理工作机制的理性对话和信息对称属性,要求涉诉信访工作采取疏导、沟通和积极反馈等多种对话模式,这种对话模式必须是包含实质内容的,作为信息和资源处于绝对强势的法院,负有向涉诉信访当事人充分阐明相关法律法规规定、案件处理信息等的义务。首先,源头防治重在回应人民群众对司法公正与效率的需求。涉诉信访案件绝对数量的控制有赖于案件自身审理质量的提升,这与人民群众对司法公正与效率的需求是一致的。其次,初信初访重在回应人民群众对审判信息和司法资源的需求。可以探索分层次判后答疑制度,判后不服的先接待,后由办案部门法官、再由审监庭法官逐级进行答疑,并可以与院庭长接待制度相衔接。再次,重信重访重在回应人民群众对司法和政治权利理性主张的需求。对合理的重信重访,重点在于加强与相应的党委、人大、政

① 规范案件审判流程管理制度,实现立案、判决、执行整个过程的科学管理,是1997年《人民法院五年改革纲要》确定的基本任务之一。

府和政协等部门的沟通,在落实政策、解决现实困难、给予适当救济等方面予以回应。另外,应建立涉诉信访终结机制。秉持司法程序终结原则,落实信访复查公开听证制度、信访终结和公示制度等①,回应更多人民群众对有限司法资源合理使用的需求。

5. 优化审判业绩管理机制,回应人民群众对司法队伍专业化、亲民化的需求

构建一个客观、公正、科学的审判业绩管理机制对引导、激励、约束法官公正、高效地做好审判工作具有极为重要的导向意义。首先,要研究制定符合审判工作规律的案件质量评查标准,并在实践中不断完善,同时,尚需科学运行和使用,防止被数字"异化",走入误区。其次,要研究制定符合审判工作规律的职级晋升、法官遴选和基层法官人才培养机制。以人为本的回应型管理理念,要求法官的高素质体现在审判业务的精通和审判作风的亲民两个方面。合理的职级晋升、法官遴选机制能够满足人民群众对司法队伍专业化的需求,合理的基层法官人才培养机制能够确保精英团队一开始就具有良好的亲民素质,并保持一生。另外,有必要建立全国统一的法官业绩档案管理系统②,为组织部门进行法官考核、评优、晋升等提供全面、客观的数据和材料,从而逐步完善审判业绩管理的科学公正评估机制。

6. 优化决策形成机制和审判责任机制,回应人民群众对司法错误问责的需求

管理活动的开展,第一步是决策,其次才是实施,审判管理亦然。首先,占有丰富的客观资料是正确决策的前提。逐步形成以案件评估数据为主体,包括工作报告、案件档案、综合调研信息等材料在内的决策资料库,借助司法统计及其分析等手段,并有效使用办公自动化等高科技软件,实现决策资料的完整、使用便利和高效等目标。其次,完善决策形成体系是正确决策的关键。形成院党组集体决策、审委会辅助分析、研究室提供综合调研服务的三级科学决策体系,规范审委会、研究室等审判管理部门的职能和工作程序③,各司其职。第三,权责对应是审判管理的应有之义。根据审判工作的规律和特点全面制定和落实各项审判工作责任,制定科学合理、奖惩分明的岗位目标责任制,推动法官自我管理和院庭领导责任制管理相结合,实现审判职权和责任、审判权利和义务的有机统一。

四、结语

"法律科学放弃了它的绝对性,并且试图与其他科学共同合作,互通有无。"④应当看到:集社会学、法学和管理学等相关科学于一体的回应型审判管理

---

① 参见胡道才:《我国涉诉信访终结机制的建构》,载《国家检察官学院学报》2004年第12期。

② 2008年,上海法院系统率先在全国启用了自主开发的法官业绩档案综合管理软件系统。系统由一个工作主页和"基本信息"、"办案业绩"、"调研成果"、"审判辅助和管理"、"职业素养"、"工作札记"六个功能模块构成,涵盖了法官的岗位经历、学习培训、审判工作、调研成果、奖惩记录等方面的内容。

③ 一些省份的法院,如江苏,设立了审判管理办公室,专门进行司法统计、审判质量效率管理工作。

④ [美] 罗斯科·庞德著:《法理学(第一卷)》,余履雪译,法律出版社2007年版,第284页。

工作机制，将价值与功能相结合，整合了社会、法律、政治、道德和管理的优势，将社会因素和现实因素注入审判管理工作中，以能动的审判管理回应社会和人民群众的需要，关注社会实际变化对审判管理工作的影响，充分体现了对具体的人和社会公共利益的关注。

同样应当认识到：回应型审判管理工作机制的理论与实践也许存在着相当的差距，但只要我们坚定这一改革方向并努力尝试，相信会将这种差距控制在理想的范畴之内。

学习型法院：理论解析、实践审视与路径构建

——以学习型社会理论和学习型组织理论为视角的探索

张斌课题组*

（本课题荣获2010年度上海法院报批课题优秀奖）

引言：学习型社会背景之下的学习型法院

（一）学习型社会略史

1965年，法国教育专家保罗·朗格朗提出“终身教育”新理念。

1968年，美国学者R. B. 赫钦斯出版《学习社会》一书，从教育发展的趋势分析了学习社会的重要性。

1972年联合国教科文组织在《学会生存——教育世界的今天和明天》一书中对“终身教育、终身学习和学习社会”三个基本概念做了描述，并且在富尔报告书中把赫钦斯的“学习社会论”思想予以理论化，然后通过联合国教科文组织加以推进。

此后，“终身教育”、“终身学习”逐步成为世界上主导性的教育思潮之一，世界各国相继开展了相关理论研究和实践探索。进入20世纪90年代，学习型社会理念在发达国家逐步转化为具体的行动方案和策略，也逐步转向政策化和法制化的探索和实施阶段①。

（二）学习型社会在中国

2001年5月，江泽民总书记在亚太经济合作与发展组织人力资源建设峰会上明确提出：“构建终身教育体系，创建学习型社会。”

2002年10月，中国共产党第十六次全国代表大会报告正式提出：“形成全民学习、终身学习的学习型社会，促进人的全面发展。”

---

* 课题主持人：张斌（上海市金山区人民法院党组书记、院长，上海交通大学法学院硕士生导师）。课题组成员：宫爱萍（上海市金山区人民法院党组成员、政治部主任、审判委员会委员）、张建国（上海市金山区人民法院研究室主任、审判委员会委员，四级高级法官，法律硕士）、王庆廷（执笔人，上海市金山区人民法院研究室法官，法学硕士）、沈亚岚（上海市金山区人民法院政治部法官，法学硕士）。

① 参见葛道凯：《中国非传统高等教育与学习型社会建设——在“2008世界开放与远程教育论坛”上的主题报告》，载《开放教育研究》2008年第6期。

2007年10月,中国共产党第十七次全国代表大会报告再次重申:"建设全民学习、终身学习的学习型社会。"

在此背景下,全国各地掀起了如火如荼的学习型建设运动,比如学习型企业、学习型机关、学习型团队、学习型家庭、学习型社区、学习型城市,等等。

与此同时,作为学习型社会的一个重要组成部分,学习型法院的建设活动也提上了各级法院的议事日程,轰轰烈烈地开展开来。

一、学习型法院之本体篇:理论解析

此一部分的主要内容:给学习型法院进行一个全方位、多角度、多层次的"画像"。即立足中国国情和司法特点,兼顾历史文化和国外资源,着眼未来和长远,将当前国内外流行的成熟的学习型社会理论、学习型组织理论、组织学习理论、知识管理理论等有关理论移植或借鉴到学习型法院中来,全面细致地厘清(建设)学习型法院的概念,包含的要素,具备的特征,坚持的原则,建设的必要性和重要意义等方面的内容。

(一)科学发展观统领下的学习型社会理论和学习型组织理论

无论是学习型社会理论,还是学习型组织理论,都是发端于西方,发展于西方,进而扩展至全世界。在相当程度上,对它们进行移植和借鉴无疑是可能的,也是可行的。但是基于特殊的国情,无疑需要借助科学发展观这一具有中国特色的社会主义理论和战略指导思想对其进行"中国化"改造,扬长避短,以确保学习型法院建设的正确方向,发挥其弘扬社会主义司法核心价值观的功能。

1. 理论统领:对科学发展观的解读

(1)提出背景。当前,中国的发展机遇前所未有,面临的挑战前所未有,中国的发展成就前所未有,中国的发展难题前所未有,中国处在一个发展的重要机遇期,又处在一个发展的矛盾凸显期。

(2)内涵解读。第一要务是发展,核心是以人为本,基本要求是全面协调可持续发展,根本方法是统筹兼顾。

(3)重要意义(可以作为统领理论的依据)。科学发展观,是立足社会主义初级阶段基本国情,总结我国发展实践,借鉴国外发展经验,适应新的发展要求提出的重大战略思想。是对党的三代中央领导集体关于发展的重要思想的继承和发展,是马克思主义关于发展的世界观和方法论的集中体现,是同马克思列宁主义、毛泽东思想、邓小平理论和"三个代表"重要思想既一脉相承又与时俱进的科学理论,是我国经济社会发展的重要指导方针,是发展中国特色社会主义必须坚持和贯彻的重大战略思想①。

---

① 关于科学发展观的详尽论述可以参阅,深入学习科学发展观活动官方网站:http://kxfz.people.com.cn/GB/index.html。

2. 借鉴与改造：学习型社会理论

(1) 理论演进。

第一，"学习型社会"理念的基础——终身教育与终身学习思想的形成与发展。

1965 年 12 月，联合国教科文组织在巴黎召开成人教育国际促进会议，当时的会议议长、联合国教科文组织成人教育计划处处长保罗·朗格朗向大会提交了《关于终身教育》的提案，这是国际社会第一次以终身教育为题提出的报告。朗格朗在报告中强调指出，教育和学习应该是从摇篮到坟墓、从生到死持续不断的过程①。这次会议的成功召开，不仅标志着以联合国教科文组织为中心的各国际性组织及机构对提倡终身教育理念的努力已取得了完全一致的成果，而且以此为契机，有关终身教育的议论亦开始在世界众多国家广泛地展开。

终身学习思想出现在20 世纪60 年代后期，它是伴随着终身教育及其相关理念的普及和认识的深化而逐渐产生的。简而言之，终身学习概念的产生与终身教育理念的兴起密切相关，后者是前者的基础，而前者又是后者的延伸。由于两者之间的关系如此之密切，以至于在许多情况下，人们均把两者视为同一个概念而交替使用。联合国教科文组织又于1976 年 11 月召开的第 19 届会议上第一次明确提出了与终身教育相并列的终身学习概念。而专门讨论终身学习，并把终身学习思想转化为现代化教育思潮的，则是1994 年 11 月在意大利罗马举行的首届"世界终身学习会议"②。

第二，赫钦斯关于"学习型社会"的理念。

一是学习型社会要求人人都必须终身学习。每个人都应该享受教育，并且每个人都具有求知的欲望和获知的能力。无论哪种肤色、哪个种族、哪个国家、哪种社会地位或背景下的人都不缺乏受教育的潜力。而无法接受教育则要归因于社会、政治和经济的环境。二是学习型社会不应把成年人排除在外；教育应为不同的个体提供不同的受教育机会。离开学校一段时间后再能重回学校，并接受适合于他的教育，这种教育机会对于成人的终身学习非常重要。三是学习型社会以培育人性为目标，人才居于次要地位；教育的根本目的并不仅仅是为了"国家的繁荣"，而是应该使每个人的人性日臻完善，使每个人的潜力得到最大限度的发展。四是学习型社会的教育要超越社会并引导社会，人是教育与社会发展的主题。"教育的本质在于有计划、有组织地帮助人成其为人。如果这样的教育能够付诸实践，那么它将必然地促进世界社会的形成。"③

---

① 参见周蕴石著：《终身教育》，黑龙江教育出版社 1989 年版，第 8 页。

② 参见吴遵民：《终身学习概念产生的历史条件及其发展过程》，载《教育评论》2004 年第 1 期。

③ See Robert M. Hutchins. The Learning Society. New York: Frederic A. Praeger Inc. 1968. p. 72.

第三,国际社会就"学习型社会"形成的共识及启示。

经过近40年的理论研究和实践探索,虽然人们对学习社会的理解还有所不同,但国际社会已形成了一些有关"学习型社会"的共识,并指导着各国的教育理论与教育实践的改革:一是从个人来说,学习将成为每一个人身心发展过程中的一种需求和权利,学习将贯穿于人的终身。二是从社会来看,社会要为社会全体成员提供平等而全面的学习机会。三是从学校而言,应由封闭走向开放,应从"特立独行"转向与其他教育形态的沟通与整合。四是从国家来看,学习型社会的构建需要政府的积极引导和支持,国家应加快构建和完善终身教育体系①。

(2)借鉴的可行性。虽然学习型社会理论发端于西方,学习型社会实践也发展于西方,但对于我国学习型法院的理论和实践仍有较大的借鉴意义:其一,法院与社会是局部与整体的关系。法院是社会的重要组成部分,学习型法院也是学习型社会的重要组成部分。前者作为局部的角色自然要有整体的思维,不能脱离学习型社会的大致框架和整体原则。其二,学习型法院中的学习与学习型社会中的学习是个性与共性的关系。个性虽然可以"独具一格",可以"特立独行",但这都是有限度的,即不能脱离共性的根基。

(3)理论的局限性。发端于西方社会的学习型社会理论,在很大程度上充斥了"个人本位"意识,强调以学习者为中心,注重自我导向学习,对人性的追求到了一种近乎苛求的境界,使得很多情况下个人本位会假人性之名大行其道。这在一定程度上冷落了"集体意识",与中国语境下的学习型法院显得不是那么完美地匹配。

(4)"中国化"改造。为避免矫枉过正,就需要用科学发展观进行融合,纠正过度的"个人本位",辅之以适当的"集体本位"和"大局意识"。

3. 借鉴与改造:学习型组织理论

(1)理论演进。现代管理学理论的发展过程中,古典科学管理是基础,把物理学引入管理;行为管理是发展,将心理学引入管理;文化管理是升华,将文化学引入管理;学习型组织管理是最高层次的管理,将教育学引入管理,也是未来组织管理的主流,是在继承基础上的又一次管理学的创新②。

(2)学习型组织理论的三个层面和九项基本功。学习型组织理论分为三个层面,即个人、团队、组织,三者是步步递进的关系(见表1)。在每个层面都有三个部分的学习内容,即微观的知识、中观的心智以及宏观的境界③。

---

① 参见吴遵民、赖秀龙、周翠萍:《中国构建"学习型社会"的理论研究与探索》,载《杭州师范大学学报》2009年第3期。

② 参见吴晓川:《探索具有中国特色的学习型组织理论》,载《教育科学研究》2008年第11期。

③ 参见吴晓川:《探索具有中国特色的学习型组织理论》,载《教育科学研究》2008年第11期。

表 1

学习层面	学习内容		
	知 识	心 智	本 质
个人学习	学习新知	系统思考	心灵转变
团队学习	知识共享	共同愿景	默契合作
组织学习	知识管理	设计学习	变革之舞

(3) 借鉴的可行性。虽然学习型组织理论发端于西方,学习型组织实践发展于西方,但对于我国学习型法院的建设仍有较大的借鉴意义。而这在很大程度上归因于法院和企业的共同点:首先,在一定程度上,法院和企业都在生产产品。从社会分工的角度来看,企业和法院都是"生产"部门,只不过前者生产普通的生活用品,如电脑和牙刷,后者生产特殊的司法产品,如判决和裁定。在企业里面,要保证产品的质量,一般会经过以下流程:先有一线生产部门将产品生产出来,再由质量监督部门进行检查把关,质检合格后投放到市场,如果之后再有问题则由售后服务部门予以解决。与企业类似,法院生产司法产品也有对应的三个程序,即在司法流水线上,一审程序具有一线生产的性质,二审程序具有质量监督的性质,审判监督程序具有售后服务的性质。其次,在一定程度上,两者面临的问题是一样的。比如,如何做到可持续发展,再接再厉,好上加好。企业要做好,让市场满意,提升市场占有率。法院要做好,让人民满意,提升司法公信力。

(4) 理论的局限性。发端于西方社会的学习型组织理论,在很大程度上充斥了功利主义的色彩,以提高企业经济效益为主要目的,过于强调教育的工具性价值,过于强调教育对经济与人力资本的作用,忽视了发展人性的自由教育。"以经济发展为目的的教育制度倾向于把人视为生产的工具,并且训导他们自己也这样看待自己。这是不人道的,也是徒劳的。"①

(5) "中国化"改造。为使学习型组织理论更契合于中国实际,就需要用科学发展观予以统领,摒弃其中的物欲主义和功利主义,坚守法院的人民性。

(二) 学习型法院的概念

1. 学习型社会和学习型组织

关于学习型社会和学习型组织,不同的学者有不同的定义。如学习型组织理论的创始人彼得·圣吉的描述、美国著名管理学家斯蒂芬·P. 罗宾斯的描述、鲍尔·沃尔纳的描述、马恰德的描述、美国学者勃拉哈姆的观点、戴维·A. 加文的观点、国内学者邱昭良、周德孚、郭咸纲、曹世潮、陈国权的观点。限于篇幅,笔

---

① See Robert M. Hutchins. The Learning Society. New York: Frederic A. Praeger Inc. 1968. p. 40.

者不再一一列举他们的具体观点①。这些定义都有一定道理，归根结底是“横看成岭侧成峰，远近高低各不同”的结果。大致归纳一下，就学习型组织而言，可以分为四种视角（前两者强调组织学习的过程，后两者强调组织学习的形式）：

（1）组织学习的视角。该视角的焦点在于组织心智模式中的知识存储，强调组织的整体性，把学习型组织和组织学习基本等同。

（2）工作中学习的视角。该视角强调学习、知识的环境依赖性，认为学习型组织就是员工在工作中而不是正规的课程中学习的组织。

（3）学习氛围的视角。该视角认为学习型组织就是促进其个体学习的组织。

（4）学习结构的视角。该视角认为学习型组织是一个灵活的、有机的组织，在这种组织中信息、知识能自由地流动②。

2. 学习型法院

综合前面学习型社会和学习型法院的视角，可以发现学习型法院中的学习是一个全新的概念，它不是传统意义上的学校学习或读书考试式的学习，而是建立在终身学习基础上的创新式学习和团队学习。学习的意思并非仅指获取更多的信息，而是培养如何实现生命中真正想要达成的结果的能力即学习力，“学习力是一个人学习态度、学习能力和终身学习之总和”③。

（1）学习型法院是一种组织行为。就组织学习的视角而言，学习型法院并非仅仅是干警的个人学习，更重要的是一种团体学习，是一种组织学习，包括各合议庭、各部门乃至全院等各个层次的团体或组织的学习。

（2）学习型法院是一种管理方式。从管理学的视角来说，学习型法院是一种全新的管理模式，它改变了以往就管理论管理、压制型、缺乏人性关怀和内在动力的缺陷，而是将学习和管理融为一体，在干警的学习过程中完成了法院管理的使命。

（3）学习型法院是一种解决问题的方法论。新时代新形势下，人民群众对司法提出了更多更高的新要求，寄予了更多更高的新期待，人民法院在深入推进三项重点工作以及自身发展过程中也遇到了许多亟待破解的难题。而在很大程度上，可以说“学习型法院是时代赋予人民法院的一个新的概念，是新形势下推进法院工作的理念与实践结合的重要命题。从宏观意义上来说，它是建设社会主义现代化国家的题中应有之意；就人民法院自身来讲，它为实现审判机关的功能树立了目标，探求了方向，提供了载体，整合了资源，重构了格局，对推动人民

---

① 有关这些定义的集中论述可参见一些文章，比如高卫东、丁虹：《学习型社区的内涵与外延》，载《北京广播电视大学学报》2009年第2期。

② 参见张可军、廖建桥、文鹏：《学习型组织中知识共享的智障及治理策略研究》，载《管理学报》2009年第5期。

③ 黄家传：《学习型法院该学什么》，载“人民网”，2010年2月6日访问。

法院的跨越发展具有现实意义”①。

(三) 学习型法院的特征

1. 工作、学习、生活一体化

一是工作学习化,指工作和学习有机地结合在一起,通过学习,提高工作的技能和水平,提高组织的创新能力,使工作过程成为学习过程。二是学习生活化,指把学习作为生活中不可缺少的一部分。三是工作生活化,指通过学习,把在工作中不断创新、不断作出更大贡献作为生活的最大快乐和幸福,使得工作的过程就是生活的过程,就是实现人生的快乐和幸福的过程。所谓工作、学习和生活的一体化,就是把工作、学习和生活紧紧地结合在一起,使工作的过程就是学习的过程,就是生活的过程②。创建学习型法院,一定要把学习与实践结合起来,带着思考去学习,带着工作去学习,带着压力去学习,同时将工作视为一种生活方式,使三者完全融合,让学习、工作和生活得到同步提升。

2. 善于学习和创新

(1) 学习内容要体现时代性。用最新的科学理论武装头脑,用科学的方法推动审判实践,面对不断变化的新形势,迎接不断出现的新挑战,应对不断涌现的新问题,以满足人民群众的司法需求。特别是对新颁布的法规、司法解释,在第一时间组织学习,做到真学、真懂、真用。

(2) 学习方式要把握多样性。要推行“走出去,请进来”的学习模式,推行审务进社区、进乡村、进学校、进企业,邀请专家、学者、上级法院领导授课辅导,鼓励干警登台互教互学。

(3) 学习效果要注重实效性。要在“学”字上做文章,在“习”字上下工夫;学习指导审判实践,丰富学习内容,与时俱进,不断创新。通过学习增强法官的“等不起”的紧迫感、“慢不得”的危机感、“坐不住”的责任感,能按本色做人、按角色办事、按特色定位,聚精会神搞审判、一心一意促和谐③。

3. 层次扁平化

学习型组织是一种“非等级权利控制型”组织。它不是以等级为基础,而是以共同愿景为基础,淡化了权利的等级和分配;不是以权利为基础,而是以团队学习为基础:不是对上级负责的垂直型纵向线性系统,而是对顾客负责的扁平化横向网络系统:不是通过制度与控制来提高效益,而是通过学习与激励来创造价值④。就学习型法院而言,虽然法院作为一种国家机关,里面有不同的职务和级别,有纵向的行政权力体系,但就学习型法院而言,它更强调一种层次扁平化的结构,即所有的干警不论职务高低都要对法律负责,对当事人负责。

---

① 《谈“学习型法院”的文化内涵》,载“学习型组织网”,2010年2月6日访问。
② 参见吴晓川:《探索具有中国特色的学习型组织理论》,载《教育科学研究》2008年第11期。
③ 范晓明:《以科学发展观引领学习型法院建设》,载“中国法院网”,2010年2月6日访问。
④ 肖传伦:《学习型组织探讨》,载《合作经济与科技》2009年10月号下。

4．知识共享化

知识共享是知识管理理论中的一个核心概念，它是指组织的员工或团队在组织内部或跨组织之间，彼此通过各种渠道进行知识交换和讨论，其目的在于通过知识的交换，扩大知识的利用价值并产生知识的效用。已有研究表明，知识共享能促进组织和个人的创新能力、学习能力与绩效。在创建学习型组织过程中，知识共享具有非常重要的作用①。学习型组织知识共享的目标是要建立在一种可以从自己和别人的经验中学习的机制，并能产生、储存和搜索知识，以达到组织行动的理想效果。为此在创建学习型法院的过程中，一要注重交流，即组织咨询化，二要注重开放，即系统开放化。

5．目标愿景化

共同愿景，就是组织成员共同持有并为之奋斗的愿望、理想和目标，这是创建学习型法院的前提和基础。共同愿景是组织的灵魂和旗帜，能够把组织塑造成一个有机的生命体，使每个人都被激发起来，创造出众人一体的感受。为此，在创建学习型法院的过程中，一定要订立合适的目标，然后将其变为全体干警的共同愿景。

（四）学习型法院的要素

学习型法院是一个综合系统，由诸多因素组成。大致而言，有以下四个基本要素：

1．学习主体

学习成为生存和发展的条件。从干警到部门再到全院，都要成为学习主体。

2．学习组织

一般的培训机构虽然重要但不再是唯一和专门的学习组织，法院内部的各个组织都具有学习功能，也都是当然的学习组织。

3．学习制度

应该有开放、互动、高效的学习制度，让干警有条件学、有能力学、有欲望学，并且学有所成。

4．学习平台

该平台要实现信息和知识的传播，实现学习者和学习组织之间的沟通，为人们学习提供相应的条件。

（五）构建学习型法院的原则

创建学习型法院是一项长期工作，要保证创建学习型法院深入扎实地开展，取得实际效果，必须坚持正确的指导原则②：

1．以人为本

坚持以人为本原则，以促进人的全面发展为根本要求，增强学习的积极性、

① 参见张可军、廖建桥、文鹏：《学习型组织中知识共享的智障及治理策略研究》，载《管理学报》2009年第5期。

② 参见孔令健：《关于创建学习型法院的几点思考》，载“中国法院网”，2010年2月6日访问。

主动性和创造性。重点强化工作人员的政治意识,力求认识上有新高度,行动上有新举措;强化服务意识,确保认识不偏颇,实践不偏离;强化职责意识,始终保持良好的精神状态和高尚的职业情操。

2. 注重实效

创建学习型法院无论是在主观领域,还是在具体实践领域,都需要个体层面的认真思考和团队层面的整体推进相结合,没有求真的态度和务实的精神,创建活动只能停留在“主观臆想”上,具体工作中应重点抓好严格执法与执法能力、热情服务与公正司法的效果。紧密结合法院和本部门的工作目标、工作任务和思想作风建设工作的实际,研究新情况,解决新问题,注重把学习型组织的理念、方法与各自的工作实际、思想实际和作风实际相结合,互相促进,取得实效。

3. 循序渐进

创建学习型法院是一项系统工程,观念的培育、氛围的形成、机制的建立都需要一个漫长而精益求精的过程,要有计划有步骤推行,切勿贪功冒进。

4. 持续发展

以战略的眼光来定位和推进创建活动,最有效的方式就是理念上的熏陶和运作模式上的相对稳固。坚持可持续发展的理念,要将学习型法院作为一项长期战略任务来抓,积极创建,创建之后积极完善,增强巩固效果。

5. 适者是道

创建学习型法院没有一成不变的模式,也没有放之四海而皆准的罗马大道。“企业文化有一句经典名言,‘文化建设,适者是道’。无论是各种企业文化理论和载体,对于一个企业最适合的就是最好的。”①对于学习型法院创建来说,“适者是道”仍然具有积极的意义。因此要充分考虑所在法院的具体情况,走出一条最适合自己的道路。当然道路虽然是自己走,但不排斥对他人的借鉴和参考。

(六)创建学习型法院的重要性和必要性

1. 知识经济时代的要求

农业经济时代只要7—14岁接受教育,就足以应付往后40年工作生涯之所需;工业经济时代,求学时间延伸为5—22岁;在信息技术高度发达的知识经济时代,由于科技急速发展,因此每个人一辈子的工作生涯中,必须随时接受最新的教育,人人都必须持续不断增强学习能力,方能获得成功②。而法院作为社会的重要组成部分,适应知识经济时代的要求,创建学习型法院显然亦属情理之中。

2. 适应人民群众新要求、新期待的必然选择

学习是一种本领,也是一种态度;勤奋学习是一种责任,更是一种使命。随

---

① 王朝晖:《学习型组织建设的适者之道》,载《企业文化》2009年第2期。

② 参见王强、陈易难:《学习型政府——政府管理创新读本》,中国人民大学出版社2003年版,第2页。

着经济社会发展和人民群众物质文化生活水平的提高,人民群众对法院工作提出了一系列新要求、新期待。适应人民群众对社会公平正义的新期待,对社会和谐稳定的新期待,都要求法官继续学习,增强为大局服务、为人民司法的本领,提高化解社会矛盾的能力,做和谐社会的建设者。

3. 贯彻落实科学发展观的根本要求

学习是一种智慧,也是一种胸怀;勤奋学习是一种坚持,一种固守,也是一种压力,一种自觉。科学发展观是当前中国特色社会主义理论的最新成果,是法治社会及和谐社会建设必须坚持和贯彻的重大战略思想。科学发展观的核心是以人为本,就是要以广大人民群众为本,法院要以依法维护广大人民群众的根本利益为工作的出发点和落脚点,法官通过学习更坚定地做好人民群众各项权益强有力的法律保障者。

4. 提升人民法官为人民境界的内在动力

学习是一种境界,也是一种节操。勤奋读书学习是一种支撑,一种追求,也是一种超越,一种升华。人民法官为人民,就是要求法官把科学发展观运用和践行于审判活动中,以让群众满意为最终目标,想群众之所想,急群众之所急,竭尽全力为群众提供优质便捷的法律服务,诚心诚意维护群众的合法权益①。

5. 深入推进三项重点工作的迫切要求

2009年底,周永康同志明确提出深入推进"社会矛盾化解、社会管理创新和公正廉洁执法"三项重点工作的要求。三项重点工作不仅进一步明确了当前和今后一个时期政法工作的主要任务,更是中央对政法工作做出的战略部署。对人民法院而言,三项重点工作,既是基础工作,也是中心工作,更是引领法院工作不断实现新发展、新跨越的新坐标、新起点。如何深入推进三项重点工作,既是摆在各级法院面前的现实问题,也是值得认真思考的重大问题。方法可能不止一个,路径也许不止一条。而以创建学习型法院为路径无疑具有相当的可能性与可行性。

二、学习型法院之实践篇:实践审视

此一部分的主要内容:对当前各级法院建设学习型法院的总体情况进行一番全面、系统、细致、深入的审视。即通过走访交流、问卷调查、数据统计、案例(举措)征集、文件搜集等形式获得大量实证调研资料,通过整理、梳理、分析,对当前各级法院的学习型法院建设活动做一总体实证调研,论述总体状况、基本特点、主要问题、存在的错误认识和建设的有关误区等内容。本着客观公正的立场,对当前实践中的各级法院的做法进行一个整体评估,有成绩反映成绩,有问题说明问题。

---

① 参见《以科学发展观引领学习型法院建设》,载"中国法院网",2010年2月6日访问。

(一) 实证材料的收集与整理

为了避免调研的盲目和空洞,笔者选取若干法院作为实证调查样本。在级别上对高院、中院、基层法院均有涉及;在地域上,涵盖东部、中部和西部;在资料上,包括各个法院出台的规范性文件、具体的建设措施、设立的领导机构、取得的效果等各个方面的内容;方式上,采用了实地走访、电话采访、电邮往来、网上收集等各类方法①。材料收集完毕后,进行了认真整理。

(二) 创建学习型法院的有利条件和不利因素

通过实证调研可以发现,当前创建学习型法院可以说是机遇与挑战并存,有利条件和不利因素同在。

1. 有利条件

(1) 当前学习型社会建设的大环境。从大的环境而言,可以说当前世界各地都掀起了一股构建学习型社会的浪潮。无论是国内和国外,还是理论和实践,都有诸多资源可以利用。作为学习型社会的重要组成部分,这无疑是创建学习型法院的最大有利条件。

(2) 中国传统文化中的有利因素。在我国的传统文化中也有不少积极因素可以为创建学习型法院所用。就以孔子而言,他的许多思想对今天创建学习型法院仍然有很大启示:"修己以安人",强调学习者的自我完善和社会的和谐发展;"有教无类",提倡全员学习;"不知老之将至",提倡全程学习;"学无常师",提倡全方位学习;"为仁由己",确立学习者的主体地位②。

(3) 法院队伍整体素质较高。法院队伍是一个相对优秀的群体,具有文化层次高、法律功底深、接受事物快、反映能力强等特点;更重要的他们是国家法律的忠实执行者和捍卫者,是公平和正义的化身,是科学发展观的自觉实践者。

(4) 法院队伍培训机制比较健全。从国家设有的法官学院、各省的法官学院分院到各地、市设立法官教育培训中心(基地)等;各级法院适应形势,着眼发展,采取有效措施,鼓励和支持干警进行在职、续职、晋职的高学历学习、深造,并从机构、制度和经费等方面为队伍的职业化建设提供保障。

(5) 干警学习教育已经制度化。随着社会主义市场经济的建立和完善,社会主义法制建设进程的加快,法律法规不断健全完善,法院干警个体及团体的政治理论、专业知识、科学管理、文明礼仪等方面的学习和实践活动,愈来愈经常化、制度化和规范化;有的法院走出去与专业院校结对共建,有的法院定期请专家学者进来进行专业辅导,有的法院定期组织干警进行业务培训和学习,有的法院认真落实学习日制度等,这些在增强干警个体的学习力,提高个体素质,增强个体竞争力的同时,都为增强组织的学习力、团队的学习力和团队的创造力,建

① 出于调研便捷和成本的考虑,本课题的主要资料收集途径为网络。
② 参见常国良:《孔子的学习思想及其对建设学习型社会的启示》,载《成人教育》2009 年第 1 期。

立学习型法院打下了良好的基础。

(6) 法律、法院和法官文化底蕴较浓。法律是一种文化、一种科学、一种文明。法律文化囊括了所有的法,是社会文化、社会文明、社会群体的法律生活与法律意识的总和;法院文化则是法官文化的高度集中和法律文化的具体体现;而法官文化则是法官这个特殊群体在各种诉讼活动和诉讼活动之外所分享的具有法官职业特色的社会生活方式和精神价值体系以及法官在其中活动的结果和体现的财富。这些相对于其他机关,特别是企业来说,都是无法比拟的,更是创建学习型法院强大的内在动力①。

2. 不利因素

(1) 学习过程中的障碍因素表现②。

一是角色局限性学习:个体无法进行学习,或学习过程不对其行为产生任何影响,组织学习也就失去了基础。这种问题发生在个体学习的第一步,是一种比较罕见的现象。

二是旁观性学习:这种问题发生在个体学习和组织学习的联系环节,组织无法有效地接受个体学习到的知识或能力。组织就像一个"旁观者",个体只能间接地、含糊地影响组织,或者没有任何影响。这是一种比较普遍的学习问题,大多数组织都不同程度地存在上述问题。

三是盲目性学习:这种问题产生在个体行为、集体行为与环境反应的联系环节上。由于缺乏必要的概念、模式或理论指导,个体或组织无法正确理解其行动与环境之间的相互作用关系。缺少了学习的必要基础,学习就会陷入盲目,"学而不思则罔"。

四是模糊性学习:个体无法准确观察、衡量或评估行为的反应,即反馈信息。在这种情况下,个体无法清楚地分辨环境反馈的各种信息,从而无法对自己的行为做出评价以及进一步的调整,也就无法进行有效的学习。

五是就事论事性学习:个体无法从学习中修正自己的思维模式,学习只停留在肤浅层次上。

六是阻断性学习:虽然个体可能顺利学习并转变了自己的心智模式,但个体的心智模式并未对组织共有心智模式产生影响,妨碍了组织学习的顺利进行。

七是机会主义性学习:学习的机会主义表现在为了把握一个机会(现实存在的或想象的),组织采取了偏离共有心智模式的行动。一时的机会主义可能会对组织共有心智模式产生影响,甚至带来长期的、深远的消极影响。

(2) 思想障碍。目前,相当一部分人对学习型法院的深刻内涵认识不到位,简单地认为学习型法院就是强调学习、如何组织学习等,而没有认识到建立学习

① 参见高洛生:《"学习型法院"创建的理性思考》,载"三门峡党校网",2010 年 2 月 6 日访问。
② 参见赵新霞:《论学习型团队的建设》,载《管理观察》2009 年第 9 期。

型法院是领导决策和管理方式的重大变革,是组织管理理论的重大创新。另外,虽然改革已列入法院建设的三件大事之中,且近年来各级法院根据需要,也在诸如人事制度、审判方式、管理模式等方面进行了探索和改革,增大了干警个体竞争的压力。但人民法院不是一般的党政机关,它所肩负的责任和使命是任何机关都无法替代的;它更不像企业,直接面对市场机制的选择,优胜劣汰。因此变革的压力不足,组织主动变革的积极性不高。

(3) 体制障碍。当今社会的组织管理体制,不外乎两种类型,即等级权力控制型和非等级权力控制型。等级权力控制型以等级为基础,以权力为特征,从上到下形成垂直型的组织管理架构。而非等级权力控制型,就是我们今天所说的学习型组织的管理体制,它以共同愿望为基础,以团队学习为特征,形成的是一种扁平化的组织管理架构。由于机关长期实行的是前一种管理体制,组织运作的惯性很强,这虽然在一定程度上适应了传统政府组织的发展要求,但对于学习型法院的建立不利。此外,学习型组织这一理论主要是企业为适应激烈的市场竞争而创建的,目前也主要应用在企业界。创建学习型组织既没有一个固定的答案,又没有一个样板。虽然该理论在国内外不少知名大企业的实践中取得成功,但尚未普及。尤其是如何结合我国的国情,合理借鉴和应用到机关,特别是创建学习型法院之中,则更缺乏系统的理论研究和具有可操作性的实践经验①。

(三) 对当前学习型法院建设的粗略评估

1. 正面部分(取得的成绩)

(1) 认识方面有提升。经过近年来的推动,可以说各级各地法院对于创建学习型法院的目标、理念等宏观层次的认识方面有了很大提升。从实证资料的反馈情况来看,绝大多数法院都认为创建学习型法院不仅是一项战术工作,更是一个战略任务,意义重大,需要认真对待。

(2) 实践方面有作为。从实证资料的反馈情况来看,绝大多数法院在创建学习型法院的实践方面都有不少作为,形式多样,任务多多。比如,成立专门的学习型法院创建领导小组,制定中长期的学习型法院创建计划和具体推进方案,出台一系列考核激励奖惩制度,并在后勤、经费、人员等方面提供积极保障。如此等等,不一而足。

(3) 效果方面有显现。根据实证材料,不少法院在创建学习型法院方面都取得了一定成效。在间接层次上,提升了队伍素质,提高了工作水准,增强了法院"为人民司法,为大局服务"的能力;在直接层次上,不少法院都得到了来自法院系统和非法院系统的有关部门认可,获得了各项荣誉和表彰。比如,就以笔者所在的金山法院而言,2009 年 2 月,荣获上海市创建学习型机关先进单位称号,成为全市 13 家获奖机关中唯一获此殊荣的基层法院;同年底,被评为 2007—

① 参见高洛生:《"学习型法院"创建的理性思考》,载"三门峡党校网",2010 年 2 月 6 日访问。

2008年度上海市推进学习型社会建设先进单位,是全市171家先进单位(集体)中唯一获此殊荣的基层法院。

2. 负面部分(存在的误区)

(1) 认识误解多①。

一是认识神秘化:由于创建学习型组织理论最早是由美国麻省理工学院教授彼得·圣吉首先提出来的,目前国内创建学习型组织理论都借鉴了这一基本理论。不少干警认为,这个理论中的许多名词晦涩难懂,内容博大精深,法院又不是科研机构,自然难以掌握这么高深的学问。实际上,理论无论多么"高深"都是来源于实践,没有想象中那么难以理解。

二是认识肤浅化:有不少干警认为,创建学习型法院就是办班讲课、读书看报,没有什么新鲜的。实际上,这些做法只是从外部支援的角度为企业创建学习型组织提供理论上的解释和操作上的咨询,其本身并不是创建学习型组织的必经环节,更不是创建学习型组织的本质意义。

三是认识片面化:不少干警将创建学习型法院等同于以往的思想政治工作。现在,创建学习型组织很热。有人认为,只要将思想政治工作的标签换一下,跟着喊就行了。实际上,学习型法院的创建自然包括政治工作中的一些做法,但决不等同于思想政治工作。

(2) 缺乏持续性。不少法院把创建学习型法院当作一项应急活动或短期工作,刮"一阵风"就完事,没有做到可持续发展,闲置和浪费了很多学习型资源。另外,不少法院的主动创新意识不足,基本上贯穿了上级下文件、订计划,基层照方吃药、跟着执行的"等、靠、要"做法。

(3) 发展不平衡。根据实证材料的反馈情况,不少法院在创建学习型法院的过程中存在发展不平衡的情况,突出表现在"三过":一是过于注重拥有强大的科研能力,二是过于关注创建的精英性,三是教育过于学历化。根据"水桶理论",一个水桶的盛水量是由最短的那块木板决定的,因此这种"三过"行为在相当程度上无疑是一种短视行为,对于学习型法院的整体创建弊大于利。

(4) 成效不明显。虽然近年来各地学习型法院的创建取得了一定效果,但总体而言,远远没有达到理想的效果,显现的空间依然很大,发展的潜力仍旧不小。

三、学习型法院之建设篇:构建路径

(一) 创建模型理论略述

1. 学习模型理论

关于如何创建学习型组织,国内许多学者都提出了各种创建模型(学习模

---

① 参见赵新霞:《论学习型团队的建设》,载《管理观察》2009年第9期。

型)。比如,彼得·圣吉的五项修炼模型、野中郁次郎的知识螺旋模型、科柏的一体化学习模型、鲍尔·沃尔的组织学习模型、克里斯·阿吉里斯的组织学习模型,等等。其中,最负盛名的莫过于彼得·圣吉的五项修炼模型,下面简要介绍一下①。

(1)不断超越自我。首先要从心理上战胜自我。行为科学认为,人的大脑中间有两种思维支配着我们。这两种思维,一种是惰性,一种是超越。惰性是人的天性,实现自我超越就是要战胜惰性,充分挖掘和发挥潜能,让自己在不同的环境中得到锻炼和提高,不断充实、完善知识体系和经验体系。自我超越就是要时刻意识到妨碍你成功的最大障碍既不是你的对手,也不是你的敌人,而是你自己。要敢于向极限挑战,要从工具型的工作观转变成创造型的工作观。

(2)改善心智模式。心智模式的是认知心理学的一个概念。它是指深深根植在人们心中,影响人们认识周围世界,以及采取行动的许多假设、成见和印象,是思维定式的反映。简单地讲,就是人们固有的思维习惯。心智模式的特点,一是根深蒂固,深植于人们心中;二是难以被发现,多数人自我感觉良好;三是每个人的心智必有缺欠之处,只是严重还是不严重的问题。怎样改善心智模式?改善心智模式主要应做到对自己心智模式的反思和对他人心智模式的探寻。对自己心智模式的反思就是要检视自己的心智模式,否定、抛弃旧有的心智模式。对他人心智模式的探寻就是在处理复杂问题和冲突时,鼓励互动和相互探寻。通过互动和相互探寻,我们可能会发现全新的看法,实现自我超越和创新。

(3)建立共同愿景。共同愿景是组织中全体成员与个人愿景的整合,是个人、组织、团队学习和行动的坐标。只有当人们致力于实现共同理想和共同愿望的时候,才会产生自觉的创造性学习。愿景就是我们前进的方向。一个被全体干警所接受和认可的共同愿景,对于法院凝聚力、向心力、学习力的形成至关重要。共同愿景有三个要素:目标、价值观和使命感。要用共同的价值观和使命感,作为实现目标的强大的支撑。愿景的三个层次就是:组织的大愿景,团队的小愿景和个人愿景。

(4)进行团体学习。团队的集体智慧高于个人智慧,团队拥有整体搭配的行动能力。所以,在强调个人学习的同时,还要重视团队学习。团队学习的关键是深度会谈和对有关问题的深度探讨,来发现真理,统一思想,统一行动。所谓深度会谈,强调的是集体思考,就是在讨论问题时,每个人都说出心中的假设或想法,真正一起思考,相互讨论,相互启发,然后把大家的意见全部汇集起来。同时,团队学习还强调终身学习,全员学习,全过程学习。提倡工作学习化,学习工作化。

(5)学会系统思考。系统思考同团队学习、改善心理、自我超越、共同愿景

---

① 参见姚晋川:《学习型组织的理论与实践》,载《施工企业管理》2008年第7期。

之间是什么关系？其中团队学习和改善心智模式是基础，对个人来讲是改善心智模式。对组织来讲是团队学习。自我超越和共同愿景是由基础延伸出来的一种向上的张力。而系统思考是五项修炼的核心，系统思考把这五项修炼有机结合为一个整体。那么，什么是系统思考？系统思考就是要从整体上而不是片面地看问题；要能够通过现象看出产生问题背后的结构，而不是就事论事；要能找到可以从根本上解决问题的根本解，而不是暂时缓解问题的症状解。怎样做到系统思考？主要有三点：要整体思考，防止分割思考；要动态思考，防止静止思考；要本质思考，防止表面思考。要透过现象看本质。

2. 学习模型移植

不可否认，以上所说的学习模型在很大程度上可以进行借鉴性移植，用于学习型法院的学习模型构建。将彼得·圣吉的五项修炼模型予以移植，得出的学习型法院的学习模型即：更新观念，准确定位，是创建学习型法院的根本要求；建立共同愿景，铸造共同价值观，是创建学习型法院的基础保障；自我超越，保持旺盛创造力，是创建学习型法院的核心；狠抓团队学习，实现"学工"一体化，是创建学习型法院的主要途径；转换领导角色，建立健全机制，是创建学习型法院的组织保证①。

（二）创建学习型法院的总体方略

在创建学习型法院的过程中，不能一蹴而就，需要坚持一些整体性的原则或曰总体性的方略。

1. 层次化

所谓层次化，是将学习型法院分为个人、团体（各庭室、党支部等）、组织（全院）三个层次。

2. 渐进性

所谓渐进性，是将学习型法院作为一项长期任务来抓，循序渐进，可持续发展。

3. 网络式

所谓网络式，是要采用自上而下与自下而上相结合的模式，注重各要素之间的互动、联系、反馈、促进、影响等。

（三）创建学习型法院的具体对策

除却总体方略，创建学习型法院也需要一些具体对策，下面结合笔者所在的金山法院的具体实践，从理论和实践两个层面予以简要论述。

1. 设定美好的愿景体系

（1）理论速写。所谓共同愿景，就是团体中人们共同持有的愿望、理想和目标。共同愿景是一个团体的灵魂和旗帜，能够创造出众人一体的感受，并渗透在

① 参见叶春：《对创建学习型法院的思考》，载"重庆一中法院网"，2010 年 2 月 6 日访问。

团体各种不同的活动中,使之融为一体。当一个人的工作同他的愿景融为一体时,个体积极性就会高涨;当每个人的愿景同团体的愿景协调一致时,团队创造力就会迸发。共同愿景能够把一个组织塑造成一个有机的生命体,使每个人都被这个光明的、美好的愿景激发起来,促使人们去创造新知识,实践新技能,为组织的发展提供不竭的热情和动力①。在设定共同愿景的过程中,需要注意两点:一是内容体系化,可以涵盖法院院风、发展战略、工作主线等各项内容;二是进路层次化,全院层面、部门(庭室)层面、个人层面都可以设定具体的愿景。

(2) 实践素描。金山法院在创建学习型法院的过程中,建立了独具特色的愿景体系:1999 年正式提出"公正、廉洁、文明、高效、勤奋、求实"的十二字院风,全面加强干警队伍建设;2003 年,提出"管理强院、人才兴院、形象树院"的工作战略,首次将文化管理置于战略地位;2007 年,提出"促进和谐、服务发展、争先创优"的工作主线,努力推动由侧重内部管理向内外并重的转变,并明确提出了争先创优的目标。三个愿景步步推进,相得益彰,但有一个共同点就是均将公正廉洁执法的要求内含于其中。

2. 完成领导的角色转化

(1) 理论速写。领导角色的转换是创建学习型法院的保障措施之一。在创建中,领导班子和领导干部要充当好四个角色:一是设计师,要设计好法院的共同愿景、基本理念和规划方案。二是教练员,要知人善任,人尽其才。三是服务员,要以人为本,为实现共同愿景创造条件。四是运动员,要做一个学习的好楷模。

(2) 实践素描。金山法院在创建学习型法院的过程中,十分注重领导多重角色的塑造。比如,精心审核拟定推进学习型法院建设的实施意见、法院文化建设三年规划、人才队伍建设的推进方案等重大方案规划;实行领导干部带头办案和调研,其中由院长担任审判长、副院长为合议庭成员的一个行政案件入选 2009 年第 11 期《最高人民法院公报》,由院长担任课题主持人,政治部主任为课题组成员的课题《关于法院内设部门业绩考核标准换算问题的调研》中标最高人民法院 2010 年重点调研课题;还有院长每年向干警推荐一本好书,比如《包容的智慧》、《于丹〈庄子〉心得》、《司法过程的性质》等,一方面减轻干警的工作压力,一方面升华干警的心态境界。2009 年,我院党组还荣获区党委(党组)中心组学习创新成果优秀奖。

3. 树立全新的学习理念

(1) 理论速写。学习型法院中的学习不是传统意义上的学校学习或读书考试式学习,而是时时学、处处学,把工作人变为学习人,让学习力转成工作力,为此要树立全新的学习理念:一是"终身学习",把学习当成一生的乐趣;二是"集体学习",以干警为主体进行个人学习,以部门为主体进行团体学习,以全院为主体进行组织学习,最终形成知识共享、集思广益的学习模式;三是"全程学

① 参见叶春:《对创建学习型法院的思考》,载"重庆一中法院网",2010 年 2 月 6 日访问。

习”,使学习与工作、生活融为一体;四是学用结合,在“学”字上做文章,在“习”字上下工夫;五是“全面学习”,要学习三类知识[①]: ① 显性知识,又称理性知识,即人们对于事物客观性、真实性的认识,需要通过认知来获得,比如国家出台的法律法规。② 隐性知识,又称感性知识,即人们对事物可行性的认识,需要通过行动与实践来获得,比如法官个人的审判经验。③ 活性知识,即人们关于事物重要性的认识,与个人的感情、兴趣、价值观等密切相关,如法院的工作主线、文化内核。

(2) 实践素描。在创建学习型法院的过程中,金山法院一方面鼓励干警学习政治理论,提高政治素质;学习职业技能,提高业务素质;学习职业道德规范,提高道德修养。另一方面,还鼓励干警学习其他知识,以开阔视野,提升品位。如2010年初,创设了“悦读之旅”读书活动,精心设计了寓意丰富的活动会标,并围绕《世界因你不同》、《解放战争》等励志、益智类书籍举办读书活动,干警们畅谈读书心得,分享人生感悟,开展读书之旅、思考之旅和智慧之旅。在这些活动中,公正廉洁执法的意识得到潜移默化的增强。

4. 搭建丰富的学习平台

(1) 理论速写。为激发干警的学习热情和提高学习兴趣,需要法院不断创新学习载体,搭建丰富的学习平台,比如政治理论学习平台、审判业务学习平台、干警学历教育平台、工作岗位培训平台、理论研究交流平台、技术能力比武平台、学习成果转化平台等[②]。

(2) 实践素描。在创建学习型法院的过程中,金山法院充分运用“法官沙龙”这一学习品牌,建设好“法官论坛”和“午时一刻”两大载体,推动干警交流思想、碰撞火花,营造了良好的学习氛围。2009年以来共举办21期“午时一刻”、14期“法官论坛”,80%以上的干警参加活动。如就法院文化建设这一议题,分别举行了4期“午时一刻”,从古代法院文化、西方法律文化、审判文化、我院实际等角度进行剖析;接着举办“法官论坛”,组织中心组成员开展交流,邀请相关部门领导及专家共同探讨,逐步达成一致意见,最终推动了我院三年文化建设规划的制定出台。因为实效性强、影响力广,“法官沙龙”被评为上海市学习型机关优秀工作项目。再如,我院建立了突出贡献命名机制,先后命名了“彭文忠法官执行工作室”、“王静法官调解工作室”、“永亮说案”案例工作组刊物和“‘蜻蜓’品法社”调研团队,这些既是工作平台,又是学习平台。通过这些平台的搭建,直接或间接营造了公正廉洁执法的浓厚氛围。

5. 建立完善的学习机制

(1) 理论速写。要建立“以知识育人,以制度管人,以教育激人”的学习机

① 参见杨百寅:《学习型组织学什么》,载《21世纪商业评论》2007年第6期。

② 参见《增强时代急迫感　建设学习型法院》,载“云南法院网”,2010年2月6日访问。

制,形成全员性、多层次、专业化的学习体系。一是以评助学。健全案件评析、工作讲评、廉政讲评制度,促进干警的学习交流。二是以训帮学。积极组织审判、执行人员参加培训,切实解决疑难问题。三是以考促学。组织业务和技能知识的考试考核,将成绩结果纳入科学的考试考核机制之中。四是以赛奖学。组织演讲比赛、文体比赛、知识问答等活动,调动干警的学习积极性。五是以优立学。注重培养学习典型,推广典型经验,营造积极向上的良好学风①。

(2) 实践素描。在创建学习型法院的过程中,金山法院建立了“五廉五促”机制,取得了较好效果:一是领导讲廉,促进干部养成良好作风。院长每年带头给全院干警上廉政教育党课,分管院长对分管部门,职能部门对重点部门上廉政课,及时开展新进人员廉政教育,做到廉政要求逢会必讲,廉政警钟时时敲响。二是全员学廉,促进干部提高廉洁自律意识。认真拍摄廉政专题片,及时制作廉政卡片,组织观看廉政教育片,局域网滚动播出廉政格言,精心布置廉政文化走廊,编织了一张强大的廉政教育网,引导全体干警把好关、用好权。三是践诺守廉,促进干部守牢廉洁办案底线。每年我院分层逐级签订党风廉政建设责任书和廉洁自律承诺书,将廉政风险纳入季度工作目标激励考核范围,构建了覆盖全员的廉政责任制体系。四是制度保廉,促进干部依法依规办案办事。建立了由纪检组长和政治部主任轮流主讲的队伍建设双月讲评制度,指出队伍建设“短板”,提出积极应对措施。五是群众评廉,促进干警主动接受监督。每年结合高院对院领导班子考核,主动接受干警监督测评。充分发挥院外特邀监督员和院内廉政监察员两支队伍的积极作用,及时掌握干警的廉政情况。2009 年,金山区纪委在我院召开“金山区廉政文化进机关建设推进会”,上海市纪委、市高院等领导认为我院廉政文化建设有特点、有举措、有成效。

6. 构筑全面的激励机制

(1) 理论速写。根据集体行动的逻辑,具有潜在共同利益的大集体,如果个人的工作对于集体利益的增进起不到重要作用,但其做与不做却仍能享受集体利益,在缺少激励机制和压迫机制的情况下,很容易出现“搭便车”的行为②。对于学习型法院的创建而言,学习型法院可以视为一项公共产品,每位干警都可从中获益,但是每位干警的贡献可能并不会起到关键的或决定性的作用。打个比方,学习型法院就像一条河,每位干警的工作就好比是一滴水,河水的丰枯依赖于所有水滴的汇入,但一滴水的作用可以说是微乎其微。因此,为了让每位干警都能全身心投入到学习型法院的创建中,自然离不开全面的激励机制,包括正面激励(奖赏)和负面激励(惩罚)。

(2) 实践素描。在创建学习型法院的过程中,金山法院十分注重激励机制

① 参见何国雄:《乘思想大解放的东风 创建学习型法院》,载《白云时事》2008 年 4 月 8 日。

② 关于集体行动的逻辑的详细论述可参见[美] 曼瑟尔·奥尔森著:《集体行动的逻辑》,陈郁、郭宇峰、李崇新译,上海人民出版社 1995 年版。

的建立和完善。一是各部门按月反馈学习进展,政治部适时开展检查,并进行情况通报,保证各学习项目落到实处,以此推动学习型法院建设工作有步骤、有重点地展开。二是严格学习考勤考核工作。政治部将学习情况与岗位目标考核结合起来,对未能完成规定学时和任务的,采用通报等方式进行批评;对能动学习并运用好司法建议、以案论法、司法调研等形式来体现和延伸学习效果的,采用考核加分等方式予以激励,推动学习质量的不断提高。三是充分运用法官(干部)业绩档案管理平台,动态掌握干警学习进展、审判质量效率及服务审判工作情况,并将其学习绩效与任职定级、职务晋升相挂钩,切实把业绩突出、群众公认的优秀干部遴选出来,真正做到人当其用、人尽其才。

7. 提供良好的学习环境

(1) 理论速写。法院文化既是法院在文化特质、外在文化环境和法官群体文化素质等方面的综合体现,也是法官群体在司法活动中所持有的司法理念、价值观和行为准则的表现。“文化之力在于无形。法院文化,是深层次的凝聚力、向心力。身在点点滴滴、如影随形的法文化中,大家都会主动用法律人的思维来考虑问题,维护这个司法共同体”①。在一定程度上,可以说,有什么样的环境,就会孕育什么样的文化。

(2) 实践素描。金山法院在创建学习型法院的过程中,一方面在工作繁重和经费紧张的情况下,尽力挤出资金,合理安排工作,为全院干警提供学习的必要条件,给予时间、经费和物质保障。一方面着力打造一个公正廉洁执法的环境,如在南广场篆刻了“公正、廉洁、文明、高效、勤奋、求实”十二字院风;在南大厅精心打造了一面法治文化墙,生动展示了皋陶、狄仁杰、包拯、海瑞、马锡五等在中国法治史上具有代表性的五位人物形象和审判场景;在北大厅雕刻了“管理强院、人才兴院、形象树院”的发展战略;在审判区域和办公场所布置了以领导莅临关怀、法院工作主题、法律人生格言、司法为民实录、干警才艺展示五大主题、近80多幅展品的文化长廊,使浓浓的公正廉洁执法文化氛围无处不在。

结语:学习型法院的漫漫征途

在一定意义上,创建学习型法院的最高境界就是打造法院文化,增强干警对司法核心价值观的认同和追求。通过文化的力量,使学习成为一种信仰,成为一种习惯。毫无疑问,学习型法院的创建是一项浩大的系统工程,需要我们长期的辛劳、智慧和勇气②。可以肯定的是,当前无论是司法实践,还是理论研究,我们“依然在路上”,但“既然选择了远方,便只顾风雨兼程”③。

---

① 《谈“学习型法院”的文化内涵》,载“学习型组织网”,2010年2月6日访问。

② 比如,学习型法院的评估体系方面,当前无论在理论还是在实践方面都很薄弱。

③ 汪国真:《热爱生命》,载 http://bbs.besgold.com/thread-31146-1-1.html,2010年5月26日访问。

网上立案审查制度的考察与重构
——基于上海法院的实证分析

沈英明 王仁华 王 超*

(本文荣获2010年上海法院系统学术讨论会优秀奖)

《人民法院第三个五年改革纲要(2009—2013)》明确指出:"探索推行远程立案、网上立案查询、巡回审判、速裁法庭、远程审理等便民便利措施。"为落实司法便民措施,各地法院相继开展了形式各样的网上立案试点工作,上海法院也于2008年12月1日在全市三级法院开通了网上立案受理平台。网上立案的实施,在方便当事人诉讼、降低诉讼成本、节约司法资源等方面发挥了积极的作用,体现了司法正义的价值追求,也是适应司法信息化①的必然要求。

本文以上海法院网上立案的实施情况为样本,探析现行问题,并试图分析成因,提出建议,以期为发挥网上立案制度功能提供些许启示。

一、概述:上海法院网上立案基本情况

(一)概念界定

关于网上立案的概念,尚无统一界定。各地法院在实践中亦有不同的称呼②,但是其本质属性乃是依托互联网实现立案审查,是一种诉讼活动电子化的有益尝试。结合网上立案实践,我们将网上立案概念界定如下:网上立案,又称电子立案,是指立案申请人通过互联网将诉讼材料上传给有管辖权的法院,由立案法官对申请人提交的诉讼材料进行审查的一种新型立案方式。与传统诉讼方式相比,网上立案具有即时性和高效性,较少受到时空限制,这也是由互联网的特性所决定的。

---

* 沈英明,原任上海市金山区人民法院副院长,现任上海市闵行区人民法院副院长;王仁华,上海市金山区人民法院立案庭庭长;王超,上海市金山区人民法院立案庭书记员。

① 司法信息化兴起于20世纪90年代,也是近年来国际诉讼法学关注的前沿课题。1998年8月23日至28日在奥地利维也纳召开的第十一届世界诉讼法大会上,讨论的一个主题便是"信息社会的挑战:现代科技在民事诉讼等程序中的运用"。

② 有的地方法院称为网上立案预约,有的称为网上立案审查,有的称为网上立案查询。

（二）受案范围

上海法院网上立案范围限于“一审普通民事、商事及知识产权案件”①。而对于刑事案件、行政案件及疑难复杂、新类型案件则暂不适用网上立案审查。此外，上海法院于2010年初将执行案件纳入了网上立案审查范围，进一步便利了申请人执行立案。

（三）申请程序

网上立案申请程序如下：首先，立案申请人登录上海法院网（http：//www.hshfy.sh.cn），进入首页，点击“网上立案审查”栏目，选择受诉法院，并按要求填写诉讼双方当事人信息、诉讼请求及理由等相关信息；其次，上传原告身份资料、起诉状及相关证据材料；再次，各法院在收录到立案申请人的信息后，五个工作日内进行审查并予以回复，回复的类型包括同意立案、不同意立案、补充材料、约谈及其他；最后，对于同意立案的当事人，可以根据法官的预约并携带相关材料来院办理立案手续。网上立案流程如图1所示。

二、考察：网上立案存在的问题

上海法院开展网上立案一年多以来，由于各方面因素制约，该制度的便民、高效的优势并未充分体现，与其创立之初的预期功能还存在一定的差距。笔者以上海各法院网上立案的数据为蓝本进行实证分析，发现主要存在以下问题。

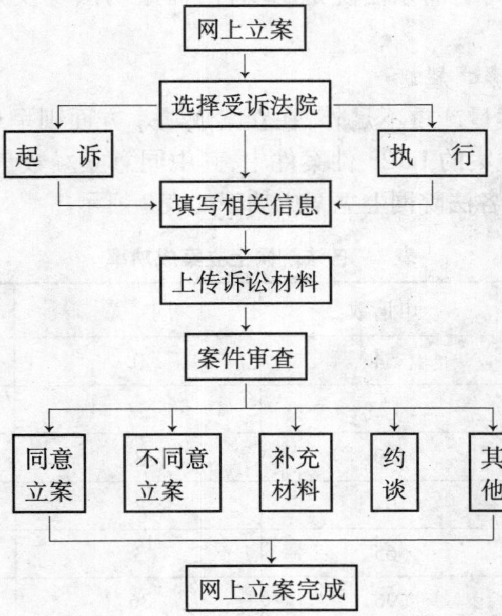

图1　网上立案流程图

① 上海高院《网上立案审查工作规则（试行）》第二条。

(一) 网上收案量不足

网上立案制度运行的效果可以从多方面的数据来衡量,其中一项重要的指标就是收案量。收案量的多寡在一定程度上能够反映出该制度是否发挥了预期的运行效果。从2008年12月1日至2010年5月25日①,上海各法院网上立案的收案量如下:

表1 上海各法院网上立案收案量

名称	高院	浦东	卢湾	徐汇	长宁	闵行	奉贤	金山	松江	杨浦	虹口	黄浦	静安	闸北	普陀	宝山	嘉定	崇明	青浦
数量	54	123	29	94	65	96	20	31	91	64	48	61	25	68	81	61	34	15	63

注:原南汇法院13件并入浦东法院,上海中级法院不在此次数据统计之列,海事法院和铁路法院因收案量极少,故忽略不计。

由表1可知,网上立案试行以来,在收案量方面总体呈现出两个特点:一是收案量较低,全市法院共收到网上立案申请1 123件,与上海法院同期收案量相比几乎可以忽略不计;二是收案量与各区县经济水平有一定的联系且呈现出不平衡态势,除高院外,经济发展水平较高的浦东、闵行、徐汇分别摘得收案量的前三甲,分别占10.96%、8.55%、8.37%。从横向比较来看,网上立案收案量最高的浦东法院是123件,而崇明法院仅为15件,收案不均衡现象较突出。

(二) 立案成功率之尴尬

网上立案除收案量严重不足外,在立案成功率方面则呈现出相对尴尬的境地。在已申请网上立案的1 123件案件中,其中同意立案数量为176件,成功率仅为15.68%。上海各法院网上立案成功率如表2所示。

表2 各法院网上立案成功率

法　院	申请数	同　意	成功率(%)
高　院	54	0	0
浦　东	123	32	26.02
卢　湾	29	3	10.35
徐　汇	94	2	2.13
长　宁	65	3	4.62
闵　行	96	36	37.50
奉　贤	20	6	30.00

① 表1、表2数据来源于上海高院立案庭。

续表

法院	申请数	同意	成功率(%)
金山	31	7	22.58
松江	91	13	14.29
杨浦	64	14	21.88
虹口	48	18	37.50
黄浦	61	9	14.76
静安	25	5	20.00
闸北	68	2	2.95
普陀	81	6	7.41
宝山	61	4	6.56
嘉定	34	5	14.71
崇明	15	3	20.00
青浦	63	4	6.35

表2显示,网上立案成功率最高的为闵行法院和虹口法院,均为37.50%,最低的高院为0%。网上立案成功率较低的现象可能产生两方面的负面影响:其一,对于法院而言,在收案量严重不足的情况下,成功率偏低极易使此项制度限于"花瓶"的尴尬境地;其二,对于诉讼当事人而言,屡次网上立案失败容易使其产生不耐烦的情绪,进而对网上立案产生合理怀疑,甚至做出放弃的选择。

(三)律师"游离"于制度之外

司法改革的进程是缓慢和不断探索的过程,其不仅仅是一种自上而下的政府主导型改革,还需要广泛的民众特别是广大法律工作者的积极参与。然而,网上立案制度运行一年多来,不仅收案量和立案成功率呈现某种程度的尴尬,以律师为代表的法律工作者更是"游离"于制度之外,使网上立案在某种程度上流于形式。

以上海某区法院为例,在该院31件立案申请中,律师代理网上立案的仅有3件,占9.68%。网上立案对律师的吸引度不够,律师参与网上立案的积极性还有待提高。

(四)"虚拟"环境下的情绪发泄

情绪,是人各种的感觉、思想和行为的一种综合的心理和生理状态,是对外界刺激所产生的心理反应,以及附带的生理反应①。情绪的发泄是人的一种心理

① 参见 http://baike.baidu.com/view/54657.htm?fr=ala0_1_1。2010年6月10日访问。

需要。情绪心理学家认为,情绪与人的行为动机密切相连,从某种意义上说,内在动机源于人的情绪,压抑的情绪如愤怒、失望、焦躁等不会自动消失,反而会附着心理能量并择机爆发。“当外在刺激的新异性和变化性使人的认知活动产生不一定性和不确定性时,就会唤醒脑的激活状态并与特定情绪相整合,从而引起特定行为。”①

我们发现,“虚拟”环境下的立案方式在为当事人提供诉讼便利的同时,也为某些申请人提供了一定的可乘之机,借助网上立案平台进行谩骂、人身攻击等恶意、滥用诉权行为,宣泄不满情绪,不仅扰乱了法院正常的立案受理秩序,更损害了司法的严肃性。

表3 各法院对网上立案申请人告诫次数

法 院	高 院	浦 东	普 陀	嘉 定	合 计
告诫次数	2	2	3	1	8

(五)证据上传和数据导入路径的困境

网上立案的有效运行,关键是依赖一套成熟、便捷的软件操作系统。目前,上海法院网上立案软件操作系统存在的问题主要包括两个方面:

一是证据上传的问题。网上立案的一项重要的程序就是证据上传,证据能否清晰、完整地上传到有管辖权的法院直接关系着网上立案的成功与否。但是我们发现,现行网上立案管理系统在证据上传的便利性方面还存在缺陷,表现在证据上传后页面无法打开、上传效果不好及内存容量较大的证据材料难以上传等。

二是信息导入的滞后性问题。上海法院除高院、中院和浦东法院外,其他基层法院受理网上立案需通过高院统一的管理系统将收案信息导入,这种信息的导入往往有一定的滞后性,导致申请人多次重复申请立案。

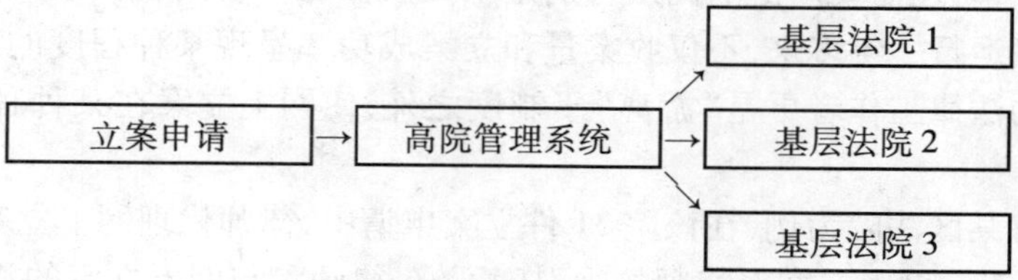

图2 网上立案数据导入顺序图

图2数据导入路径往往导致这样一种结果:当事人对信息及时性持怀疑态度,这样就造成了同一个当事人会在几个工作日内连续申请网上立案,或者干脆撤回网上立案申请,导致网上立案较高的撤回率,无形中也导致了

① 孟昭兰著:《人类情绪》,上海人民出版社1989年版,第343—346页。

较低的立案成功率。

三、剖析：实证基础上的成因探析

(一) 制度层面：立案审查制的现实屏障

在民事诉讼的启动方式上，我国民事诉讼法规定了决定案件是否受理的审查程序。实践中，网上立案与传统立案审查并无太大差异，审查范围包括起诉状格式、原被告主体资格、具体的诉讼请求和理由、是否属于法院管辖范围等方面。近年来，针对现行立案审查制度，各界多有质疑。反对者认为，现行法律规定的起诉条件过高、用词模糊、弹性太大、易被滥用①，最主要的问题是实体审理的前移问题②，从而限制了当事人的诉权。以上海某区法院为例，在31件网上立案申请中，其中不同意立案24件，具体原因如表4所示。

表4 上海某区法院不同意网上立案的原因

原因	件数
诉状格式不规范	2
被告不适格	2
缺乏具体的请求和理由	2
补充证据	4
补充材料③	2
非本院管辖	9
其他	3

实践中，网上立案审查仍然遵循较为严格的标准，而立法对立案审查的“度”又缺乏明确的、具有可操作的指导，这就导致了立案法官的自由裁量权过大，立案审查缺乏统一性。如实践中，往往要求原告提供适格被告与系争法律关系存在事实或法律关系的证据，否则以被告主体不适格为由不予受理；再如，针对具体的诉讼请求和理由，何为“具体”标准不明确，不同的人对“具体”的理解也不尽一致，且具体事实和理由属于实体审理事项，当事人在起诉时就要充分地举证，有未审先判之虞④，不利于保护当事人的诉权，也无形中编织了阻碍网上立案的屏障。

---

① 徐昕：《解决“立案难”要立足中国国情》，载《中国审判》2007年第1期。
② 张卫平等著：《司法改革：分析与展开》，法律出版社2003年版，第222页。
③ 补充材料系被告工商信息、被告个人身份资料等。
④ 宋旺兴：《论民事诉讼立案审查制度》，载《西南政法大学学报》2008年第2期。

（二）机制层面：司法不公与情绪疏导的缺位

非理性的情绪发泄不仅仅是个案问题，而是与情绪疏导机制的缺失，乃至整个司法制度密切关联。一方面，司法实践中确实存在着一定程度的判决不公、司法不公的问题，损害了司法的威信；另一方面却是情绪疏导机制的缺失，面对司法不公的现象，除了正常的申诉程序外，大量群众通过信访、上访等途径表达诉求，群体访、进京访、越级访呈现多发态势。而各级信访部门则从稳定的大局出发，对信访案件千方百计地化解，信访工作某种程度上呈现出“高压下的稳定”态势。在现有的制度设计下，司法不公导致的愤怒、失望情绪无法通过一种正当的、畅通的渠道予以释放，相反，从心理学的角度分析，这种非理性的情绪压抑持续附着于心理，一旦受到任何外在的新异性和变化性的刺激则会择机爆发。此时，一种新异的“诉求表达渠道”（即网上立案平台）引起了人的兴趣并产生强烈刺激，在这种状态下，人有一种被刺激物捕获、占据和自己被卷入于一种积极的状态体验，并能感受到压抑的情绪被彻底释放、畅快淋漓的享乐色调。因此，这种对司法愤怒、失望的情绪能在没有外在强化的条件下，内在地驱使人们去积极地通过网上立案平台渠道从事表达诉求、发泄不满的欲望。

（三）心理层面：“晕轮效应”下的心理误区

晕轮效应，又称光环效应，是指人们看待问题时，像日晕一样，总是由一个中心点逐步向外扩散成越来越大的圆圈，是一种在突出特征这一晕轮或光环的影响下而产生的以点代面、以偏概全的社会心理效应。从认知的角度看，晕轮效应的消极作用在于它使人们认识问题、看待问题时容易产生一种以偏概全的心理误区。

笔者大胆借鉴心理学中“晕轮效应”这一概念，试图分析此效应作用下的心理状态对网上立案实践的影响。

从司法实践的角度来看，上海法院网上立案审查制度并不是真正意义上的网上立案，或者说其不能依托互联网实现立案的全程服务，与西方国家如奥地利、芬兰、美国等实行的诉讼、文书送达、案件管理、庭审及判决等一系列的电子化尝试相比，还存在着相当大的差距。如前所述，若当事人上传的材料符合立案条件，则其需在指定日前来法院立案窗口办理立案、签收法律文书等相关手续，此种情景下的网上立案只是借助互联网在立案前进行诉讼材料的形式审查，是我国电子诉讼的初级尝试，其设计的初衷在于尽量减少当事人立案前的来回奔波，降低诉讼成本。但是此项制度在推广时，由于诸多原因，互联网的便捷性被过于夸大而形成一个耀眼的“光环”，从而忽略了对整个制度程序的了解，由此便产生了这样一种“心理误区”：网上立案可以不必再“跑法院”了。而基于“晕轮效应”下的片面认识与现实产生的冲突与落差，继而导致了“网上立案立了白立”的心理认知，毫无疑问，这种心理状态也导致了网上立案某种程度上流于形式。

（四）文化层面：司法的保守性与观念的等级性

1. 司法的保守性

毋庸置疑，司法具有保守性和相对稳定性，任何形式的司法改革和制度创新，在保障改革目的的同时，也在极力维护司法的权威性、严谨性，“司法界从来都不是一个站在革新潮流前列的部门”①。在这种司法理念的影响下，机制的改革和推陈出新总是表现出相对滞后性，甚至如昙花一现。以网上立案来说，据查证，目前许多地方法院相继推出了形式各样的网上立案预约、审查制度，最高人民法院在其工作报告中对网上立案也有所提及，但是这项便民、利民的立案制度推行几年来，鲜有创新和突破，甚至某种程度上沦为了“面子工程”。不可否认，司法理念的滞后和创新不足成了制约网上立案进一步发展推进的重要因素。

2. 观念的等级性

纵观中国古老的诉讼文化，“非诉”思想根深蒂固，即使在万般无奈之下去衙门告状，那第一道程序也是向“青天大老爷”递交状子，或者到衙门前鸣击“登闻鼓”诉请冤情。现代民主社会虽然没有了古代那一套严格等级下的诉讼程序，人人在权益受到损害时都享有诉权，但是受传统诉讼文化的影响，多数人还秉持这样的观念，即当面向法院递交诉状不仅合情合理，更体现司法的威严和庄重。面对网络社会突如其来的便利，人们似乎还没有对网上立案这种新型的立案方式做好充分的准备，甚至在心底还存有一丝怀疑。

四、重构：网上立案制度完善的探索和建议

针对网上立案存在的诸多弊端和问题，笔者就网上立案制度的完善提出肤浅的探索和建议。

（一）需要考虑的因素

1. 功能定位

应当明确的是，网上立案是司法信息化的产物，是以互联网为基础的信息技术在司法领域的新探索，它的实施，在一定程度上优化了当事人选择诉讼方式的结构，极大地便利了当事人办理立案手续，降低了诉讼成本，节约了司法资源。但是，我们认为，基于信息化发展的不均衡性，以及虚拟法院的构建还面临着诸如电子签名、电子诉讼文书的法律效力等立法和制度障碍，因此，现阶段，网上立案的功能应当定位为对传统立案方式的一种补充②，其目的是为当事人立案提供更多的选择权，完全虚拟环境下的立案还不具有普及推广的现实性和必要性。

---

① 参见徐昕：《信息时代的民事诉讼：一个比较法视角》，载《司法改革论评》2002年第2辑。

② 需要声明的是，强调网上立案的补充功能，并不代表可以漠视其存在的问题，现行网上立案并没有发挥其预期的功能——即便是对传统立案方式的补充功能，也相距甚远，因此，对网上立案重构的探索和建议还是有其实践意义的。

2. 信息化下的地域差距

基于我国国情,全国范围内仍存在着东、中、西经济发展差距,信息化的普及程度也相差甚远。以东西部互联网的普及率为例,截至2009年12月31日,东部上海互联网普及率65.1%,西部普及率最低的贵州省则仅为15.1%①,东西差距较为明显。可以预见的是,这种差距在一定的时期还将继续存在。信息技术普及的现状要求我们推行网上立案不能"一刀切",而是要区别对待。各地在探索网上立案时可以在相应的省域内建立局域网,待技术普及后可以将成功经验推向全国。

3. 立案方式的选择权

不管是传统的立案方式、邮寄立案还是信息化时代的网上立案,其不断发展变革的过程都是为了更好地服务当事人,为当事人提供更多的立案选择方式。不可否认,从长远考虑,信息化时代下的网上立案似乎更让人憧憬,但是,信息技术也可能是一把"双刃剑","信息技术既可促进接近司法,也可能使人们对民事诉讼过程知道得更少"②,当事人个体基于技术掌握程度的差距可能影响其诉讼能力,从而直接使当事人平等和对等的原则受到挑战。因此,在未来网上立案制度的构建中,各种立案方式应当是互为补充、相互优化的关系,网上立案的推行和发展不能排斥其他立案方式,对立案方式的选择权应当属于立案当事人。

(二) 具体建议

1. 客观宣传,涤清心理误区

利用报纸、互联网等媒体介质加大对网上立案的宣传和报道力度,这种宣传和报道要秉持客观的态度,既不夸大网上立案的便民功能,也不否认网上立案的审查或预审功能,使媒体受众对网上立案逐步了解并树立对网上立案的正确客观认识,走出"晕轮效应"下的"心理误区"。开通网上立案的各法院可以在各法院网设立网上立案专栏或弹出窗口,详细介绍网上立案的规则和程序步骤,使立案当事人做到一目了然、心中有数。各法院立案庭可在立案大厅放置宣传栏或公示栏,立案法官在立案时可以有选择地告知路途较远的律师等当事人尝试选择网上立案方式,扩大网上立案的知名度和影响力。

2. 变革司法理念,摒弃传统办公习惯

司法部门应切实树立司法改革和创新的理念,在制度改革和机制创新方面切实发挥作用,鼓励律师、法律工作者等法律素养较高的人群尝试网上立案,特别是上海距离较远的当事人和管辖法院之间,网上立案更能体现其便利、节约成本的功能价值。定期开展对律师等法律工作者关于网上立案的培训和问卷调

---

① 《中国互联网络发展状况统计报告》2010年1月。

② 参见徐昕:《信息时代的民事诉讼:一个比较法视角》,载《司法改革论评》2002年第2辑。

查,针对网上立案运行当中的问题实时改进和完善,不断优化网上立案的软、硬件环境,培养利用现代科技实现网上立案的诉讼习惯和观念,抛弃以书面文件为基础的工作习惯。

3. 合理限制申请人的范围①

我们在统计时发现,由于知识水平的参差不齐及对诉讼程序的生疏等,网上立案出现了诸多不规范和需引起注意的问题,如在法官告知后重复申请立案、非理性的情绪发泄、谩骂等,导致了网上立案成功率低、撤回率居高不下等问题,况且在现行网上立案管理系统缺乏相应的安全防范或自动"过滤"机制的环境下,基于律师办公职业特征、较高的技术及法律素养,将申请人限制为注册律师或法律工作者,优势有三:一是可以有效提高网上立案成功率、减少司法资源的浪费;二是可有效防范某些不良分子利用网上立案管理系统借机发泄情绪等②,净化网上立案环境;三是有效避免立案申请人由于计算机操作技术差距过大导致诉权的不平等和不对等性。

4. 适当放宽立案审查标准

网上立案审查的标准是网上立案能否顺利开展的核心问题。从诉权保护的角度而言,诉讼程序在于保障法律权利的实现,严格的立案审查标准一定程度上违反了程序正当性原则,也损害了诉讼当事人的权利。国外如英美等国家实行立案登记制,网上立案一般只审查诉状是否具备了法律规定的形式要件,诉讼当事人只要提交了合法的起诉状和缴纳了案件受理费,即启动了诉讼程序。立足我国国情,我们认为,现阶段不宜以登记制取代审查制,立案审查制虽有其弊端,然其在节约司法资源、维护司法权威方面有着不可替代的积极作用。我们认为,建立一种符合程序公正的网上立案审查制度是当务之急,这种符合程序公正的网上立案审查制度不是简单的"形式审查",而是形式审查与实质审查的结合体。当然,网上立案审查的标准还依赖于整个立案审查制度的改革,适当放宽网上立案审查的标准也是以整个立案审查制度的改革为前提的,否则,将会出现网上网下两套标准的尴尬处境。

5. 优化软件管理系统

纵观西方国家,网上立案实施效果较好的国家无不依靠一套技术成熟、操作便捷的计算机软件系统。如芬兰司法部建立了"司法部门联网"的电子邮箱系统(SANTRA 系统),每个法院在该系统中都有相应的地址。原告可通过 AS - CII

---

① 有专家称,限制申请人的范围违背了司法为民的宗旨。笔者认为,在网上立案推行的初级阶段,合理限制申请人的范围本质上并不违背网上立案的价值目标,司法为民亦要考虑制度运行的实效。况且,国内外限定网上立案的申请人亦有实践。

② 当然,通过将立案申请人限制为律师以杜绝"不良分子"的情绪发泄,笔者认为只是权宜之计,其旨在为网上立案创造洁净的网络环境。对于司法不公、审判不公等引起的情绪发泄,最根本的解决之策还在于司法制度的改革和创新,以杜绝司法腐败。

格式将其申请书数据传输到法律邮箱,法院则通过刷新 Tumas 系统实时更新邮件①。再如,奥地利建立了由中央控制的封闭式法院管理系统,律师可使用电子方式向中央处理系统起诉,中央处理系统接受电子文件并分配到有管辖权的法院,并在起诉后第三天系统将自动向被告送达应诉通知②。

现阶段,首先,应扩容网上立案管理系统,保障立案当事人通过互联网传输证据材料等数据时畅通无阻,这是保证网上立案顺利收案的基础;其次,针对通过高院将数据信息导入各基层法院滞后性问题,我们认为,可以有两种解决方式:一种是赋予各基层法院直接接受传输数据的权限,立案当事人在点击有管辖的基层法院后,数据直接通过互联网传输到各基层法院网上立案管理系统,实现信息传输的“面对面”。二是优化现行网上立案管理系统,实现更便捷的数据导入,具体可以升级高院网上立案管理系统,实现立案信息的实时更新或自动将电子数据分配到各基层法院。

五、结语

网上立案作为一项便民利民工程,随着司法信息化的进一步推进,网上立案的发展和改革还面临着诸多需要解决的法律及技术问题,比如电子签名的法律效力、真伪认定及信息网络安全等,限于篇幅,笔者不再赘述。以上论述是笔者基于上海法院网上立案实践不成熟的思考,不妥之处,敬请批评指正。

---

① 参见徐昕:《信息时代的民事诉讼:一个比较法视角》,载《司法改革论评》2002 年第 2 辑。

② 徐昕:《虚拟法院——司法的数字化生存》,载 2002 年 2 月 4 日《人民法院报》。

部门业绩考核标准换算的问题与进路

——以中东部地区两地法院部门考核为样本的实证分析

顾 全 雷 霆*

（本文荣获2010年上海法院系统学术讨论会优秀奖）

理想的法院考评体系可以从三个层面进行分解：规定宏观制度性和程序性内容的绩效考核办法，规定实体部分具体考核操作细则的目标管理考核方案，这两个层面是考评体系的“上层建筑”；以及能够确保获取客观考核素材、具有“数据库”性质的法官和部门业绩档案，这是考评体系的坚实基础。标准换算是考评体系“上层建筑”的重要组成部分。《人民法院第三个五年改革纲要（2009—2013）》提出，建立健全以法官、法官助理、书记员和其他行政人员的绩效和分类管理为主要内容的岗位目标考核管理体系。管理上的分类必然要求业绩考核标准上的分立及其实现一定程度上的相互换算。一个不争的事实却是：当前对于法院内设部门之间业绩考核标准换算课题的系统研究尚属空白。①笔者认为，对较有代表性地区的法院部门考核现状进行实证分析，发现主要问题，是破解这一课题的当务之急。

一、主要问题

（一）部门考核标准分立凸显换算之必要性

1. 标准分立且难以相较

表1显示，当前法院部门岗位目标考核的一般做法是根据工作性质、内容和特点的不同，将内设部门大致划分为业务部门和综合部门两大类，进行标准不同的分类考核。前者主要以审判质量效率评估指标为依据，后者主要以年初制定的若干项工作任务完成情况或相关部门的测评为依据，两类考核标准无法相互换算。2008年，最高人民法院下发《关于开展案件质量评估工作的指导意见（试行）》，启动建立全国统一的案件质量评估体系。2009年，A市和B省高院着手

---

* 顾全，上海市高级人民法院干部处副处长；雷霆，上海市金山区人民法院研究室法官，法学硕士。

① 从考核层级角度而言，囿于篇幅，本文主要研究法院对部门考核标准的换算，不涉及法院对个人直接考核或部门对个人考核的标准换算问题。

研究制定审判绩效综合考评办法。业务部门绩效考核量化工作更加细化,然而,其与综合部门考核内容难以量化、考核标准较为抽象的矛盾更为凸显。

表1　业务部门与综合部门考核依据区分情况

法　院	部门分类	考 核 内 容	考 核 依 据	分　值
A市高院	办案部门	办案、调研	审判质量效率评估数据,《审判质量效率综合评估指数试行方案》	200
	非办案部门	职责细化、重点工作、保障工作等	测评打分,结合台账	200
B省高院	审判业务部门	结案数、审判质量、审判效率、审判效果、庭(局)长审判管理和自办案件	审判质量效率统一指标,《审判绩效综合考评办法(试行)》	120
	非审判业务部门	岗位目标任务完成情况、工作质量、工作效率、政务管理	年初任务和计划的完成情况,结合台账	120

2. 综合部门考核标准模糊

表1显示,综合部门的考核依据主要分为两类:任务完成情况和测评。前者依据实在过于模糊,难以量化把握;后者与其说是考核依据,不如说是考核手段。不可否认,综合部门工作难以量化是其考核标准模糊的症结所在。然而,综合部门并非所有工作都难以量化,如办公室、研究室工作相对难以量化,而法警大队的送达、车管等工作相对容易量化。办公室工作中,文秘、后勤工作相对难以量化,财物、档案工作相对容易量化。量化与否的重要依据是有无建立系统台账。

表2　A市高院业务部门审质指数权重分配方案

方案一			方案二		
公正指标 40%	效率指标 30%	效果指标 30%	评估数据 53%	调研数据 42%	附件数据 5%

表3　B省高院业务部门考核指标权重条线分布情况

业务部门	刑 事	民 事	行 政	立 案	审 监	执 行
法官人均结案数权重(%)	17	14	12	20	20	15
考核权重最大指标	申诉率	民事案件调解撤诉率	法定正常审限内结案率	重点涉诉信访案件息诉率	申诉、申请再审撤诉和解率	实际执结率

注:A市《法院审判质量效率综合评估指数试行方案》仍在征求意见中。

表4　B省省会所在地中院业务部门考核指标权重(%)分布情况

部门＼标准	刑事	民事	行政	审监	立案	执行
收结案比	10	7	10	20	20	
被改发率	20	15	15			
上诉率		5	5			
撤诉率(或调解率)		20	15	15*		
人均结案数	30	23	20	30	30	15
申请再审率(或申诉率)	15	10	15	20		
再审率	25	15	20	15*		
重点涉诉信访案件息诉率					30	
进京上访率					20	
执结率						10
法定正常期限内执结率						10
执行案件投诉率						20
执行标的额到位率						10
实际执结率						25
执行终结结案率						10

* 分别为申诉复查案件撤诉和解率和再审案件调解撤诉率。

3. 业务部门内部考核标准日趋“条线化”

表2、表3显示,两地法院对各审判条线考核指标及其权重日臻精细;表4显示:业务部门考核标准及权重分布不尽相同。笔者认为这种业务条线考核的精细化也可以称为“条线化”。其根源在于专业化审判的推进,不可避免地导致审执领域分工呈现出精细化的样貌。不但刑事、行政、民事和执行四大类主要业务部门之间区分明显,就连各个部门内部根据审判案件类型的不同也有相对分化并独立的趋势①。以至于有学者指出:“‘业务部门’这个范畴已经过于空泛,很难将越来越专业、复杂而富有特色的审判职能部门简单归并在一起,很多部门之间的可比性已经越来越弱……如果以一种宏观的眼光来看待,业务部门内部暂可求同存异融为一类,但放在微观角度具体来评价的话,各个部门之间的差异性特征可能被放大,从而较为明显地影响绩效评估结果的公平。”②应当承认,业务部门考核指标的

① 以上海市浦东新区人民法院民事审判庭为例,该院作为基层人民法院,仅民事审判庭就有6个。
② 宝安法院政治处课题组:《构建法院绩效评估模型的实例分析——宝安法院季度绩效评估模型的构建与检讨》,载 http://www.bafy.gov.cn/article_show.php?artid=1064,2010年4月10日访问。

“条线化”无疑会增加同一法院对业务部门考核标准换算的难度。

（二）量化积分弊端凸显换算之迫切性

1. 理论依据不足

表5 A市某中院部分案件数量换算情况

部门	案件类型		案件数量(件)	折算数量(件)
执行	原以中止执行结案或以发放债权凭证结案的恢复执行案件		每2	1
	原以和解结案的恢复执行案件		每3	1
刑事	刑事附带民事一审案件		每1	1.5
行政	行政申诉案件		每2	1
民事	申请撤销仲裁裁决、申请确认仲裁协议效力案件		每2	1
	集团案件	5件以下	每1	1
		5件至20件	每3	1
		20件至50件	每5	1
		50件至100件	每10	1
		100件以上	每20	1

以表5为例，该法院案件数量的换算虽然较为细致，便于操作，但没有一套严密科学的理论和扎实的调研基础做支撑，量化和积分必然缺乏足够的说服力。假设该院民一庭审结集团案件5件，换算数为5；民三庭审结集团案件200件，换算数为26。此种不考虑案件审理难度、单纯通过数量折算的做法，致使民三庭法官和书记员的大量工作无法体现。

2. 行政色彩较浓①

表6 相关指标在部门考核中的分值换算情况

标准 法院	进京上访情况	调解(或和解)撤诉率		被改判发回案件数
A市高院	化解上访积案每件加1分	民一、二、三、四庭达到结案数20%以上	加1至3分	每件扣2至5分
		立案庭、申诉审查庭达到结案数15%以上		
		审监庭、行政庭、执行局达到结案数10%以上		

---

① 此处的行政化倾向特指量化积分考核中标准换算部分的内容，不涉及考核流程、主体等方面的行政化倾向。

续 表

标准 法院			进京上访情况	调解(或和解)撤诉率		被改判发回案件数
B省高院	部门	立案	全国排名8—11位达标,每下降一位加5分,每上升一位扣2分	民事、行政	每超过本部门上两年度平均数一个百分点加1分,反之不扣	每件扣2分
		民事再审	进京上访率超过当年度全院平均数每一个百分点扣一分	民事再审	每超过当年度全院平均数一个百分点加1分,反之不扣	

将进京上访情况、调撤率、改发数列为考核指标,并通过分值换算赋予较大权重,必然导致部门和法院围绕考核“指挥棒”一味追求数据排名,加重考核工作的行政色彩和功利性。①有学者一针见血地指出:“由于法院的消极被动性和法院组织的水平性特性,更由于法官审判工作所需要的大量的‘实践理性’知识,简单地挪用和照搬适用于行政性组织机构的各种管理办法,特别是那种量化的行政性工作绩效指标根本不能有效激励法官,相反可能会影响司法的制度定位和法官的有效工作。”②

3. 考核标准过粗

表7　B省高院综合部门考核标准分值分布情况

标　准	岗位目标完成情况	工作质量	工作效率	政务管理
分　值	50	35	20	15

从表4、表7可以看出,无论对于业务部门还是综合部门而言,量化积分考核标准都过于粗糙。以综合部门为例,实践中大致有两种方法对表7中“岗位目标”考核标准进行细化:具体罗列法和抽象规定法。前者一般由综合部门在年初自己上报拟完成任务情况,后者则在考核文件中对综合部门工作任务作抽象规定。但是,两种方法只是粗略描述工作职责,且标准都无法进行横向比较,也缺乏纵向参照依据(实务中综合部门工作条线一般不排名)。

① 相关指标异化情况参见傅建钦:《浅析涉诉信访日渐增多成因及对策》,载 http://kfq.chinacourt.org/public/detail.php?id=83,2010年6月4日访问。叶自强:《切莫片面追求“调解撤诉率”》,载《北京日报》2008年3月10日。王建宏:《透视发回重审与改判率——以社会主义司法制度的公正价值为视角》,载《法律适用》2009年第2期。

② 艾佳慧:《司法知识与法官流动——一种基于实证的分析》,载《法制与社会发展》2006年第4期。

4. 基本指标数值无横向可比性

确定基本指标数值也是量化积分的一种换算形式。如民一庭月结案数指标为100件,刑庭月结案数指标为20件,两个部门都得基本分50分,从换算角度而言,则民一庭与刑庭该月工作数量大体相当。所以,基本指标数值的确定非常重要。实践中业务部门考核标准的基本指标大致有两种确定方法:历史定位法和条线排位法。前者以业务部门前几年(一般是2—3年)工作质效和数量为依据,确定各业务部门当年基本工作质效和数量,超额完成一定比例予以加分,反之予以减分。后者以业务部门工作质效和数量在同期条线中的排位为依据,达到平均线的得基本分,排位靠前适当加分,排位靠后适当减分。虽然,用上述两种方法实现业务部门之间工作质效的纵向(历史纵向和条线纵向)比较有一定的合理性,但是,其没有横向可比性,只是简单套用分值进行比较。另外,条线排位法功利性色彩偏重,且单一运用其中一种方法都显得不够完整。

二、原则与理论

(一) 基本原则

1. 以人为本的原则

一方面,从法院干警角度而言,换算应充分体现各个部门的工作容量,达到充分调动干警工作积极性的最终目的和良好效果。既要有体现工作质效(如审判质效指标)的价值判断数据,也要有体现工作量和强度的事实判断数据。即通过较为客观的方法实现部门工作量的横向比较,使考核包容更多干警认可的积极因素。同时,换算程序的设计能够相应承载与干警沟通和对其关心、激励的内容,体现对干警应当持有的尊重。另一方面,从人民群众的角度而言,换算要能体现他们对法院工作的评价,承载一定的社会认可度。例如,程序上应当有民意的反馈渠道和环节设置,倾听不同的声音,吸纳不同的意见和建议,并在结果上占有相应的权重比例。

2. 主客观相结合的原则

由于法院工作无法完全、纯粹地客观量化,相应程度或比例的主观介入就显得合理且必要。尤其对于综合部门,在选取科学的衡量介质较为客观地反映其工作量和劳动强度的同时,对其工作质效仍然需要赋予相应权重主观测评的因素,即主客观相结合,定性与定量相结合。如设定多层次、全方位测评主体并赋予不同比例的权重,通过话语权的科学分布与设置,保证测评的客观性和说服力,避免某个主体(特别是领导个人)一语定性的高度行政化测评方式。

3. 符合审判工作和审判管理规律的原则

考核与换算以审判工作为中心、向一线业务部门适当倾斜的同时,应将审判辅助、审判服务、审判管理及其他事务性工作与办案等审判工作剥离开来,逐渐

"找准审判权和审判管理权两者的定位和平衡"①。对于审判工作,司法的人民性要求审判工作彰显"胜败皆明、止争息诉、案结事了"②的效果,因此,换算应当着重体现审判工作"解决多少实际问题、人民群众是否满意、社会是否普遍认同"③,淡化围绕数据做文章的功利色彩。对于事务性工作,换算应着眼于提高审判管理的准确性和效率,提升服务和辅助审判的针对性和效果④。

(二)理论基础

1. 换算元素:单位工作项目

换算之所以一直是困扰法院部门绩效考核的难题,是因为它有一张普洛透斯般善变的面孔,这张"面孔"是一个系统作为科学管理的对象,其组织性、复杂性和非线性等特点的外在显现。系统的整体性原理认为:"系统是由若干要素组成的具有一定新功能的有机整体。"⑤法院工作作为一个可定量描述、可实证研究的整体,是由各个要素组合而成的。同时,系统的层次性原理认为:"由于组成系统的诸要素的种种差异包括结合方式上的差异从而使得系统组织在地位与作用、结构与功能上表现出等级秩序性,形成了具有质的差异的系统等级。"⑥依据系统的整体性原理和层次性原理,采用分析的方法,即"把整体分解为部分来加以认识",我们可以将法院工作分解为若干更为具体的元素,笔者称之为单位工作项目,即一个具体完整的、拥有独立意义的工作内容或程序。从审判工作角度而言,单位工作项目是指某类案件,即业务部门的审判工作是由数种不同类型的案件组合而成。从事务性工作角度而言,单位工作项目主要是从审判辅助、审判服务和审判管理等三个维度对法院各类事务性工作所做的分解、梳理和归纳。这些元素是标准换算的基础,不同部门可以有相同的单位工作项目,若干个单位工作项目组成了部门的主要工作内容。笔者认为,大体可以从三个维度选取和确定单位工作项目。历史维度,即历史定位法,考察近年各部门工作的具体内容;现实纵向维度,即条线定位法,考察各部门在法院系统(一般指省市级法院系统)条线中考核指标;现实横向维度,即考察各部门之间具有共性的单位工作元素。

2. 换算介质:时间

时间管理理论为我们从时间视角研究这一问题点亮了一盏明灯。彼得·德

---

① 牛敏:《审判权管理模式构建研究》,载《人民司法》2009年第7期。

② 王胜俊:《高举旗帜 与时俱进 努力开创人民法院工作新局面》,载《人民法院报》2008年8月7日。

③ 王胜俊:《高举旗帜 与时俱进 努力开创人民法院工作新局面》,载《人民法院报》2008年8月7日。

④ 本文审判工作即指业务部门办理案件,事务性工作则包括业务部门审判辅助、审判管理等工作和综合部门审判服务、审判管理等工作。

⑤ 参见魏宏森:《试论系统的整体性原理》,载《清华大学学报(哲学社会科学版)》1994年第3期。

⑥ 魏宏森:《试论系统的层次性原理》,载《系统辩证学学报》1995年第1期。

鲁克在《有效的管理者》中提到,有效的管理者不是从他们的任务开始,而是从他们的时间开始。他们也不是从计划开始,而是从发觉他们的时间实际花在什么地方开始①。在法院部门工作多样性的面纱下,层层分解后的单位工作项目有一个共性:都可以用时间进行量化和衡量。司法运作的过程,说到底是一种借助政治制度对各种利益的宏观控制和微观调控,从而生产公正、正义等抽象社会价值的过程。在经济生产领域,马克思和贝克尔都较早地提出了时间是衡量价值量的标准,指出了时间在价值创造中的核心地位②。姚莉教授从时间效率、成本效率和边际效率三维对司法效率进行的解读,也揭示了时间成本作为衡量司法效率的工具性价值③。基于系统论原理、时间管理理论和司法效率理论,笔者认为,可以用时间作为量化和衡量部门工作和实现标准换算的介质,即单位工作项目时间。

3. 换算原理:单位工作项目的标准时间成本

其一,每个单位工作项目时间应当是标准时间成本,既不是最大也不是最小的时间成本,而是正常情况下办理此项单位工作需要的一般工作时间④。其二,审判工作中类案审理的标准时间成本可以根据审判质量效率指标数据中此类案件的平均审理天数得出。事务性工作的单位工作项目的标准时间成本,应当是在大量调查研究和统计分析的基础上,通过信息化管理软件自动生成,以便考核不会成为各部门和干警的负担(软件设计下文论述)。其三,它一旦确定,应当在一定范围的法院具有普适性,从而演变为通用的换算单位。它的变化随着司法管理改革的进程和相应工作基本情况的改变而改变,并同样需要充分的调研基础和依据。

4. 换算例证:测定工作量

以法院邀请上级领导出席一场有关行政审判工作的研讨会这件事务性工作为例,将上述理论举例说明。这一工作主要可以作如下划分:会场布置、会务组织、招待、协调和沟通工作是办公室的任务,领导讲话稿由办公室人员草拟,主题报告一般由行政庭法官撰写,会议的信息撰写、宣传等工作由研究室承担。我们确实难以从部门层次横向比较上述各个部门的工作,但是会务、领导讲话稿、主题报告、信息作为单位工作项目,作为法院常态化工作内容的组成部分,是可以相对固定并按照时间衡量和计算的。通过确定其标准时间成本,如会务工作8小时,撰写领导讲话稿、主题报告、信息分别用时4、5、0.5小时,即可测量各个部门在这次会议中的工作量分布。法院事务性工作都是由上述内容一件件组成,借助信息化手段科学记录一个考核周期内各个部门的单位工作项目(业务部门如该例证中的行政庭需要统计办理诉讼案件、非诉执行案件和民行案件等各类

---

① 转引自彭钧、谭丰华:《企业时间成本管理的制度分析》,载《企业技术开发》2006年第9期。
② 参见崔松博士论文:《时间成本研究》,第26页。
③ 参见姚莉:《司法效率:理论分析与制度构建》,载《法商研究》2006年第3期。
④ 类似马克思在劳动价值论中提出的社会平均劳动时间概念。

案件的标准时间成本之和),汇总这些单位工作项目标准时间数值就是部门考核周期内的工作时间成本,即各个部门的工作量。在此基础上,结合现有的审判质量效率综合考评数据和排名、主观测评、部门人员构成、历史比较等工作质效情况,最终实现其工作业绩的换算比较。

三、方法与机制

（一）换算方法

1．业务部门之间：审判工作与事务性工作相结合

首先,确定审判工作的质与量。当前一些高院正在逐步完善的审判绩效综合考评办法,根据选取指标及其权重的不同,对业务部门办案工作有总体考评,可以作为审判工作的质。同时,单位工作项目的标准时间成本,即类案的标准时间数值,可以通过统计进行确定。依据类案数量和类案种类,用汇总的标准时间总数确定各个业务部门审判工作的量。

其次,确定事务性工作的量。业务部门事务性工作主要由审判辅助和审判管理等单位工作项目组成,如,从审判角度而言,一件团体性诉讼案件可能不比一件单独诉讼案件复杂多少,但是前者文书整理归档等审判辅助工作需要耗费相当的时间。又比如,审判流程管理、案件质量讲评、合议庭建设等审判管理工作占据着业务部门一定程度的工作量。再比如,一件破产案件可能只是多了几次庭审工作,但是其债权人会议的组织、与当地政法部门和相关政府机构的沟通等协调性事务无形中耗费了大量的时间成本。而这些事务性的单位工作项目的时间成本是可以通过标准化加以确定和衡量的,通过汇总业务部门上述客观的时间总数,可以确定其事务性工作的量。

再次,结合上述两项工作量和审判工作的质,科学赋予相应的权重比例,实现业务部门之间的横向比较。由于审判工作和事务性工作的量都是通过时间来测定的,简单相加即可获得业务部门一个考核周期的工作总量。审判工作的质依据审判绩效综合考评办法分析得出。合理分配量与质之间的权重比例(如60%与40%)①,并按照无量纲化方法处理后,采取相应的数学方法(如加权算术平均合成法等)计算得出考评的综合指数,从而实现业务部门之间的横向比较。

2．综合部门之间：客观工作量与主观测评相结合

由于单位工作项目是法院整体工作的分解元素,综合部门工作主要由服务审判等事务性工作组合而成,因此,汇总一个考核周期内综合部门的单位工作项目标准时间数值,即可获得较为客观的工作量数据。与此同时,综合部门的工作主要以服务和管理性质为主,工作的质体现为服务审判工作的效果,即接受服务

---

① 工作量与质的权重分配可以根据不同层级法院的考评需要和所在地区法院系统的考评导向适当调整。

主体的满意度。所以需要预留一定比例(如40%)的权重作为主观测评进行把握。主观测评需要全方位评价主体的参与。笔者推荐360度测评法,即考核主体除了被考核部门的上级,还应该包括同级、下级、外部对象等,对不同考核主体赋予不同权重的一种全方位评价方法①。此方法是逐渐扭转当前法院业绩考核的行政化倾向的有效举措,也符合业绩考核公开透明的客观趋势,并且承载了一定程度的社会认可度②。将60%的工作量数值与40%的工作质效数值进行技术化处理后得出考评综合指数,从而实现综合部门之间的横向比较。

3. 业务部门与综合部门之间:工作的量与质相结合

首先,两类部门的工作量都是以时间作为衡量介质。业务部门的工作量由审判工作和事务性工作组合而成的,一方面,有些事务性的单位工作项目在综合部门中同样适用,如审判管理和服务的内容;另一方面,其与综合部门工作量数值都是通过时间衡量,从而解决两类部门之间工作量的换算难题。其次,两类部门的考核因素中都有相应权重的工作质效。业务部门的工作质效通过客观指标和排名体现,综合部门的工作质效通过多主体的测评体现。加之,两类部门工作量与质的数值的无量纲化技术处理方法和数学计算方法相同。因此,通过比较各类部门考评的综合指数,实现横向衡量两类部门的工作业绩。

4. 换算方法流程图解

(二)配套机制

1. 建立部门业绩档案和电子化工作台账

前文已经论及,本文探讨主题属于考评体系的"上层建筑",然而,没有坚实的底层基础就不会有拔地而起的万丈"高楼"。建立部门业绩档案与电子化工作台账,是夯实信息化、科学性、客观性数据基础的有效组成部分。例如,在A市法院系统信息化资源中,设有调研管理系统、执行管理系统、审判流程管理系统、法官业绩档案系统、法警工作系统、信访系统等,可以充分利用上述资源,采集与部门相关的考核信息点和指标,逐步构建并不断完善部门工作档案。从小的方面说,可以作为部门工作的历史档案材料,便于纵向比较和改进工作,并作为主观测评的客观依据;从大的方面说,可以成为今后部门考核管理、业绩考评制度改革的实证素材。另外,笔者认为综合部门和业务部门审判辅助、审判服务、审判管理等事务性工作的台账可以通过信息化办公软件系统的科学设置自动生成,即大力提倡电子化工作,设置相应的时间录入节点和需要登记的简单信息,干警通过信息化完成工作的同时就可以自动记录工作台

① 参见沈定军、刘洋洋:《英美国家公务员绩效考核对我国的启示》,载《中国集体经济》2007年第1期。

② 如湖南法院2006年开始大胆引入社会公众评价,把社会公众评价与法院内部评价融合,消弭法院内外部评价反差的同时,也赢得了社会的认可和赞同。参见江必新:《司法绩效综合评价的实践与思考》,载《中国审判》2006年第8期。

账，无需手工逐日填报当天工作台账。部门内勤按季度统计该部门干警工作台账，定期向考核部门报送，由考核职能部门审核即可。电子化工作台账在生成干警个人（或法官）业绩档案的同时，也可以综合而成部门业绩档案（汇总该部门干警电子工作台账）。

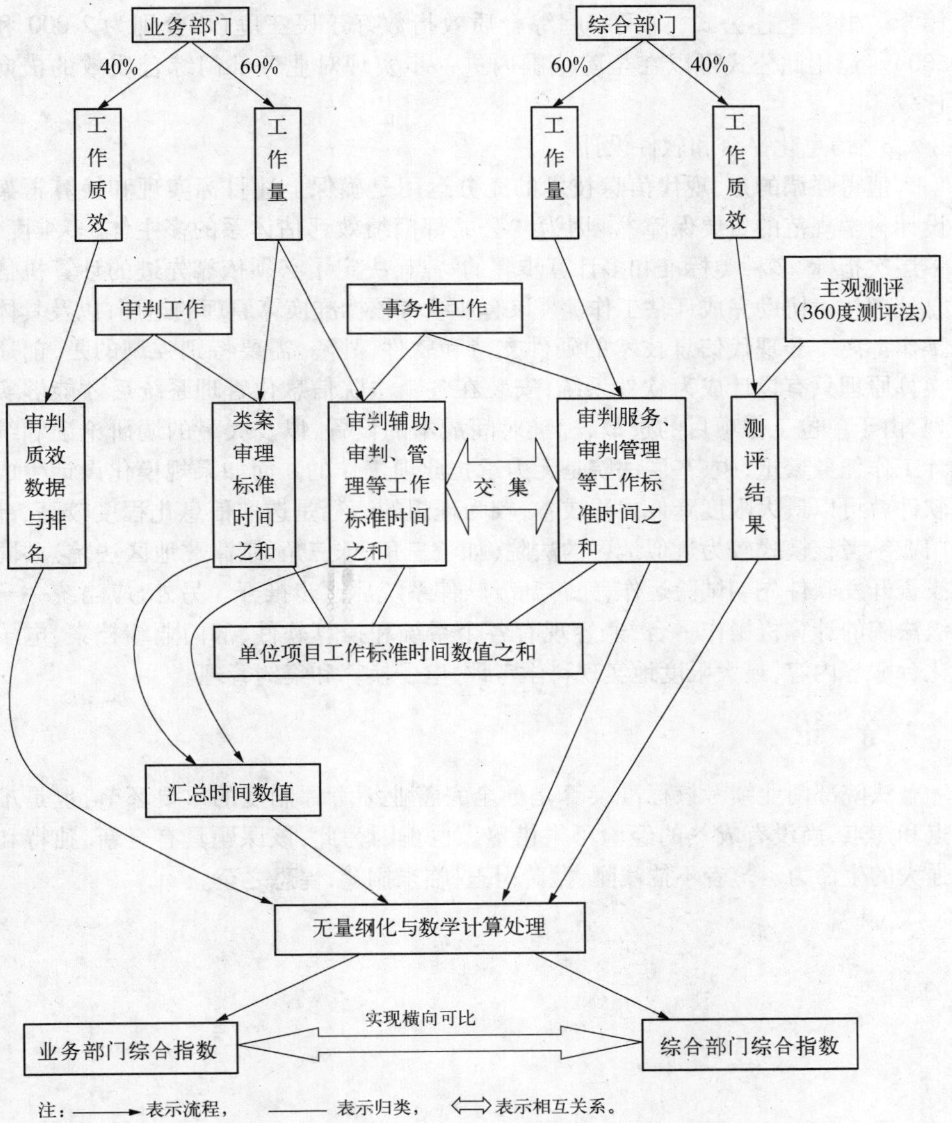

2. 业务部门综合质效辅助考量机制

鉴于业务部门审判质量效率指标已经形成较为完善的体系，笔者认为，可以在此基础上建立综合质效指数公式，作为业务部门的辅助考量机制。具体公式

Z = R · T/P。其中,Z 表示综合质效指数,R 表示该业务部门的工作人数,T 代表该业务部门在相应周期内的标准工作时间总数,P 表示该业务部门在一定范围内的审判质量效率评估排名。可以看出,Z 应当与 R、T 成正比关系,与 P 成反比关系。比如,在一个考核周期内,10 人组成的民一庭,标准工作时间总数为 200 小时,条线排名第一,20 人组成的民三庭,标准工作时间总数为 300 小时,条线排名第十。根据上述公式,则民一庭综合质效指数好于民三庭(Z 分别为 2 000 和 600)。运用此公式可以在全院范围内进一步实现对业务部门综合质效的横向比较。①

3. 信息化平台和软件设计

值得强调的是,现代信息技术的充分运用是确保上述目标实现和换算框架设计科学规范的重要保障②。因为,“公共部门绩效评估体系的多主体、多维度、多层次指标、多种类标准和多计算步骤的特点,决定了必须依靠先进的计算机信息处理技术协助完成评估工作。”③该套业绩考核标准换算原理的运用,以及具体操作都离不开现代信息技术的硬件支持和软件保障。需要特别强调的是,前述换算原理只有设计成为软件系统,安装在各个法院信息化管理系统后才能够实现,由于单位工作项目的选取、标准时间成本的设置,以及大量的调研论证和统计工作任务繁重,中、基层法院是无力承担此项工作的。而如果规模化设计生成软件就可以最大限度降低司法成本,较为理想的途径是选取信息化程度较高、部门业绩考核模式较为近似地区的法院(如长三角、珠三角、京津冀地区法院)共同投资开发软件先期试验运作,完善升级软件系统后逐步推开。另外,应当统一升级法院的计算机操作平台,兼容现有各个系统和换算软件、部门业绩档案、电子化台账等内容,最大限度地实现科学考评、电子换算和集约管理。

余 论

法院部门业绩考核标准换算是健全完善业绩考评制度的重要环节,也是难点和焦点,尚没有成熟的经验可供借鉴。也正因为此,该课题具有全新、独特和强大的生命力。笔者不揣浅陋,抛砖引玉,临末搁笔,惶恐之至。

① 该公式难以运用于综合部门,因为目前法院系统对综合部门一般不进行条线排名比较。

② 本着因地制宜的原则,信息化程度较低的中西部地区法院目前还是比较适合沿用量化积分的考核办法。

③ 卓越著:《公共部门绩效评估》,中国人民大学出版社 2004 年版,第 54 页。

中国的少年司法制度改革：一个前瞻性研究

王海涛　朱纪红*

（本文荣获2010年度上海法院系统学术讨论会优秀奖）

中国少年司法制度改革从20世纪80年代初开始起步，至今已接近而立之年，在这个近30年的变革中，少年审判机构已经从最初的少年合议庭逐渐演化为专门的少年审判庭，乃至综合性的少年审判庭，社会调查制度、圆桌审判、庭后的回访、社区矫正以及未成年人的前科消灭制度等，也从学说上的探讨逐步化为制度的实践，即使对中国少年司法制度变革再不满意的人，也不能不承认这样一个事实：中国的少年司法制度变革已经取得了飞跃性的发展。但是不能否认的是，当前中国的少年司法制度改革到了一个关键的十字路口，是对已经创立的少年制度进行巩固、落实，还是高歌猛进，向学者高呼已久的“确立少年法院”的方向上前行①，注定是一个让人关注却不易让人给出定论的问题。站在这个变革的关口，一个负责任的研究者应当对变革中出现的难题进行深入的探讨，为中国少年司法制度的改革实践提供有益的参考，而非流于对问题浮浅的表态，基于这种思路，本文将从一种前瞻性的角度对未来中国少年制度改革中的关键难题进行考察，而对这些难题的探讨和解决，可以说攸关中国未来少年司法制度变革的成败。需要说明的是，鉴于当前中国的少年司法制度主要是以处理少年犯罪为中心设计的，本文的探讨也围绕这种少年刑事司法制度展开。

一、改革的路径选择问题

未来少年司法制度改革中一个最大的问题是改革路径的选择问题，即选择自下而上的改革方式，还是选择自上而下的改革方式。

（一）以往的改革：自下而上的发展

在我国以往的少年司法制度变革当中，基层法院无疑扮演了改革先行者的

* 王海涛，上海市高级人民法院刑庭法官，法学博士；朱纪红，上海市金山区人民法院刑庭审判长。
① 参见赵星：《设立未成年人法院的必要性、可行性及其方法》，载《法学论坛》2008年第5期。

角色，无论是少年案件审判组织上的变革还是少年司法具体制度上的创举，大多发轫于基层法院的努力。以审判组织的变革为例，专门审理少年刑事案件的少年合议庭和独立的少年庭都是由上海长宁区法院先后于1984年、1988年创立，随后推及全国，被称为长宁模式，而把涉及未成年人权益保护的民事、行政、经济案件均纳入受案范围的综合性少年法庭，则是由江苏省常州市天宁区人民法院于1991年创立，尔后风靡全国，被称为天宁模式。至于少年司法的具体制度，如少年刑事审判中的社会调查制度、圆桌审判制度、庭后回访制度、暂缓判决制度、社区服务令制度，更是相关地方法院在处理少年犯罪的实践中，参考理论上的相关见解创设的，特别是其中的暂缓判决、社区服务令，明显带有改革试水的性质。

而最高法院对于基层法院在少年司法制度的探索上给予了积极的鼓励和支持，但不能否认的是其并没有一个完备的制度改革方案，并从上而下整齐划一地推进，其在长达20多年的少年司法改革中大体上扮演了两个角色：成功经验的推广者和敏感变革的监督者。成功经验的推广者，比较容易理解，最高法院从1988年到2006年召开了五次全国性的少年审判工作会议，致力于将上海、江苏等地较为成功的少年司法模式推广到全国各地，中国的少年司法机构之所以得到蓬勃发展，和最高法院的这种努力推介可谓息息相关。最高法院容易被人忽视的反而是其承担的对敏感变革的监控者角色，该角色在过去的改革中体现为两个方面：第一，对于少年法庭受案范围的规制。自江苏省常州市天宁区人民法院突破了少年法庭纯刑事性的特点，把涉及未成年人权益保护的民事、行政、经济案件均纳入了少年法庭的受案范围后，其他一些地方法院也纷纷效仿。到1994年底，全国已设立少年综合庭249个①，这也引起了实务界和理论界的担忧，担心少年庭受案范围的扩大，会不会冲淡少年法庭的特色，造成法院内部审判秩序的混乱，这也在某种程度上引起了最高法院的警觉，2001年4月最高人民法院发布了《关于审理未成年人刑事案件的若干规定》，将少年法庭的范围严格限制为少年刑事案件②。第二，对于暂缓判决、社区服务令的叫停。暂缓判决、社区服务令对于教育、保护犯罪少年，使其免受刑罚的不良影响具有积极意义，也受到了社会普遍的理解和好评，但是这两种制度，无论是我国现行的刑法、刑事诉讼法都没有明文加以规定，也很难在现有的制度框架下合理的说明，被批评为有违法的嫌疑，因此，最高法院已经叫停了地方法院中暂缓判决、社区服务令的实践。

因此，从以往改革的历程来看，中国少年司法制度变革走的是一条自下而上

① 参见《全国法院少年法庭工作会议纪要》，《中华人民共和国最高人民法院公报》1995年第3期。

② 根据该规定，少年刑事案件，是指已满十四周岁不满十六周岁的人实施的故意杀人、故意伤害致人重伤或死亡、抢劫、强奸、贩卖毒品、放火等八种犯罪行为，以及年满十六周岁不满十八周岁的人实施的犯罪行为，该类案件主要包括：（一）被告人在实施被指控的犯罪时不满十八周岁的案件；（二）被告人在实施被指控的犯罪时不满十八周岁，并被指控为首要分子或者主犯的共同犯罪案件。其他共同犯罪案件有未成年被告人的，或者其他涉及未成年人的刑事案件是否由少年法庭审理，由人民法院院长根据少年法庭工作的实际情况决定。参见最高人民法院《关于审理未成年人刑事案件的若干规定》第10条。

的改革模式，即地方法院，主要是基层法院结合本地的少年犯罪状况和社会经济发展现状，在制度上进行探索，被证明是成熟的，由最高法院推向全国，而备受争议或者被认为操之过急的，则由最高法院进行纠正。

（二）最近的改革动向及未来的改革路径

自2006年起少年司法制度自下而上的改革模式有了些许转变的迹象，最高法院2006年7月在哈尔滨召开了“全国部分中级人民法院设立未成年人案件（综合）审判庭试点工作会议”，统一部署在17个中级法院开展建立独立建制少年综合庭的试点工作，将涉及未成年人的刑事、民事以及行政案件均放到综合性的少年法庭中，尽管在内容上并不具有创新性，但在改革的方式上和以往相比，有了较大的突破，最高法院改变了以往的角色，统一部署在17个中院设立独立建制的少年综合庭，并规定了这些法庭的受案范围，承担起了自上而下推动当前少年司法制度发展的角色，这种转变既让人看到了最高法院在少年司法制度改革中积极参与的姿态，但同时也为今后改革路径的选择制造了一个新的困惑，这是否显示了一种新的改革趋势，在今后的少年司法制度的变革中应当选择哪种模式：自上而下，还是自下而上。

有学者认为我国当前的少年司法制度变革仍应当坚持自下而上的改革路径，理由是，20多年来我国少年司法的进步均得益于“自下而上”这样一种创造力强、风险小、成本低的改革路径，在我国少年司法制度发育还很不成熟的情况下，特别是还缺乏独立的少年法的情况下，它仍应当成为我国少年司法制度进步的重要方式①。我们认为这种见解是不能接受的，原因在于：第一，固然二十多年来我国少年司法的进步均得益于“自下而上”的改革模式，但是这种模式在过去取得了成功，并不代表在将来仍然会取得成功，一段成功的历史容易让人产生错觉，明智的研究者应当看到其中蕴含的风险，否则，只会陷入尼采所批评的“对历史的滥用”；第二，过去20多年中的相当一段时间内，中国的少年司法制度处于草创阶段，可以在不触动现有诉讼法和组织法的前提下进行制度的创新，如量刑前的社会调查制度、庭后回访制度、社区矫正制度，但是一旦走出这个阶段之后，现有制度框架给少年司法制度创新所留下的空间越来越小，这就意味着未来的制度创新有冲击法律底线、违反现有法律的嫌疑，如近几年轰动一时却被最高法院叫停的社区服务令、暂缓判决等，如果在今后的改革中，仍然坚持自下而上的改革路径，由地方法院，特别是基层法院来主导变革的过程，不可避免地将导致没有法律根据，甚至违反现有法律的变革陆续出台。要清楚的是，少年司法制度的改革和经济领域中的改革不同，经济领域本身受制于政策的因素较多，而受制于法律的因素较少，遵循自下而上的模式，并不存在太大的障碍，而少年司法制度的改革在当前主要是由法院来推动，这是今后相当一段时间内不可更改的前提，法院是一个法律适用机构，遵守、尊重法律是其无可动摇的铁则，如果推行的少年司法制度，在合法

① 参见姚建龙：《评最高人民法院少年综合庭试点改革》，载《法学》2007年第12期。

性上存在争议,会直接影响到法院的公信力,与法院的公信力相比,通过自下而上的变革所取得的少年司法制度发展的利益恐怕并不足道。基于上述两点理由,我们认为,少年司法制度变革中自下而上的变革方式,风险显得越来越大,由最高法院主导整个变革的大局,在对相关的改革方案的合法性、合理性进行论证之后,可以在条件成熟的地区进行试点,而后再根据试点回馈的信息,对原有的方案进行优化,这种自上而下、上下结合的变革模式越来越显示出优越性,而且以往20多年的少年司法制度的改革经验,也为最高法院相关改革方案的设计提供了足够的经验借鉴,也让这种变革模式的转变具备了可行性,因此,自上而下、上下结合的变革模式,应当成为今后中国少年司法制度改革的主要路径。

二、改革中的社会保护问题

少年司法制度改革中一个关键却容易被忽视的问题是,在构建一个以少年保护为宗旨的少年司法制度时如何兼顾对社会的保护。我们必须清楚的是,少年保护和社会保护是少年司法制度中的两个不同维度,尽管通过改善、教育犯罪的少年并使其顺利回归社会,从根本上有利于维护社会的保护,但这只是从终极意义的层面而言的,而在一种形而下的制度设计层面,少年保护和社会保护之间存在很强的张力,如果着眼于社会的保护,则会重点关注少年对自己的行为所负的责任,强调从社会防卫的角度实施对少年的矫正、改善,以这种理念为基础的少年司法制度,多带有一种严罚主义的倾向,少年的保护只能在行为责任已经确定的框架下实施,少年教育、改善的空间无疑会被大大压缩;而如果着眼于少年的保护,则会重点关注少年通过自己的行为所反映出的自身的问题,并追问什么举措是对少年未来的福祉是必要的,即使这种举措对于当前的社会防卫有消极的影响,以这种理念为基础的少年司法制度,要求对少年犯罪问题在福利主义的角度下采取一种怀柔的态度,即对犯罪的少年采取缓和性的教育或者其他再社会化的措施,即使在万不得已的情况下科处刑罚,也会优先选择剥夺较轻的社会化的刑罚方式,应当承认,完全以少年保护为基础理念的少年司法制度是以部分牺牲社会安全,特别是成人世界的安全为代价的。

(一)忽略社会保护对改革的负面影响

中国当前关于少年司法制度的研究,要么没有看到少年保护和社会保护之间的张力,要么对二者之间的张力不以为意,不假思考地将少年保护作为建构少年司法制度的基础理念,把改革的焦点放在如何建立一种少年司法制度以最大限度地保护少年的福祉,而忽视了在制度改革中如何均衡性地考虑对社会的保护①,如果以这种思路引领少年司法制度的改革,将会给中国未来的少年司法制

① 当前仅有少数学者对于少年司法制度改革中的社会保护给予了充分的重视,参见赵国玲、王海涛:《少年司法主导理念的困境、出路和中国的选择》,载《中州学刊》2006年第6期。

度改革投下不祥的阴影，使构建以少年保护为目的的制度改革最终走向自己的反面——一个极具惩罚性色彩的少年司法制度。因为正如上文所述，以少年保护为基础的现代少年司法制度，是以部分牺牲社会的安全为代价的，其存在和发展要依赖于成人世界的宽容和耐心，即对少年犯罪的宽容和对少年更生改善的耐心。而这种宽容和耐心并不是一个恒定的常数，在已进入被称为风险社会的现代社会尤其如此，在风险社会里，现代科技既给人类带来了生活上的便利和物质上的舒适，也给人带来了巨大的风险，民众的安全感是极为脆弱的，而这种脆弱的安全感容易催生对政府管制的需求，特别是刑法介入的需求，容易造成刑法干预范围不断扩大、干预程度不断加深的趋势。① 而在这种心理背景下，如果像我国学者所倡导的建立一种完全以少年保护为基础理念的少年司法制度，一旦发生恶性的少年犯罪案件，该案件经过媒体的不断放大和推波助澜，会让民众的不安全感推向极致，使民众觉得（往往是错觉）社会安全受到了无法无天少年的侵害，并将矛头指向处理少年犯罪的司法制度，指责这种少年司法制度太过仁慈或软弱，最终导致以保护少年为基础理念的少年司法制度转向为以社会保护为基础理念的少年司法制度。如 1978 年在纽约州发生了一个少年谋杀了两个地铁乘客，该案引起了媒体的广泛的关注，也引发了人们对少年法院的谴责，因为该少年在少年矫正机构中度过了很长一段时间；纽约市立法机关对此迅速做出回应，于 1978 年通过了新的犯罪少年法，该法将犯有谋杀行为的年满 13 周岁的少年和犯有其他暴力行为的少年一律在成人法院进行审判。② 而少年司法制度从少年保护转型为加重对少年犯罪的惩罚以防卫社会，并非个案性的，而是遍及美国、日本、加拿大、丹麦等国家，理由就在于这些国家在构建少年司法制度时，过分考虑未成年人的福祉，对社会安全，特别是对成人世界的安全考虑不足，一旦成人世界感觉到自己的安全受到太大的威胁，确保少年司法制度存在空间的来自成人世界的宽容和耐心就会丧失殆尽，进而导致以保护少年为核心理念的少年司法制度大幅度地倒退，并最终殃及对少年的保护和对少年提供的再社会化努力。要知道这些发达国家的民众是受过较长时间儿童权利观念洗礼的，在感觉自身安全受到威胁时，仍然对以少年保护为基础理念的少年司法制度做出极为过激的反应，没有理由认为中国的民众对少年的违法、犯罪问题更有耐心和更为宽容，如果在少年司法制度的设计上，仅考虑到保护少年的侧面，将来一旦发生恶性的少年犯罪案件或者在某一时段出现少年犯罪激增的态势，并危及成人世界的安全感时，将会使整个少年司法制度背负不能承受的重责，进而使少年

---

① 在当前德国、日本等大陆法系国家，进入了被称为风险社会的后工业化社会阶段，因为民众安全感的缺乏，对政府的公共管制的渴求高涨，导致在醉酒驾车犯罪（日本）、伤害罪、对儿童的性犯罪（德国）等部分侵害人身犯罪的法定刑的加重，也导致了危害社会法益的行为被不断犯罪化的趋势。参见井田良：《変革の時代における理論刑法学》，慶應義塾大学出版会 2007 年版，第 13—15 页，第 28 页以下。

② Tonry, Michael H, "Youth crime and youth justice: comparative and cross-national perspectives." (2004) The University of Chicago Press: Chicago and London. p. 518.

司法制度转向更具有惩罚性的方向,导致以保护少年利益为宗旨的少年司法制度变革的努力化为乌有。

(二)改革兼顾社会保护的方案设想

基于上述分析,在中国未来少年司法制度的改革过程中,必须预见到少年犯罪者的保护和民众的安全感之间可能存在的此消彼长的关系,在制度构建时要考虑到少年保护和社会保护之间的均衡,不仅要围绕少年的保护设计相关的方案,而且要为对少年暴力犯、少年惯犯等严重少年犯罪者的严厉惩治保留一个制度空间,以满足民众在现代社会中对安全的渴求。通过这种思路,为以保护少年为主导原则的少年司法制度设立了一个减压阀的机制,一旦遇到不测的严重少年犯罪案件发生时或者某个时段少年犯罪率居高不下时,该机制的激活,可以让公众明白少年司法制度并没有忽略对社会安全的保护,整个制度对安全的保护还是可以信赖的,从而使民众对犯罪的恐惧得到有效的疏导,而不会误判形势而做出过度的反应,由此而带来的一个结果是,大部分的少年犯罪案件仍然可以通过改善性的司法制度加以处理,不会受到少年犯罪状况和民众心理起伏的影响。这种思路远远好过建立一元性的以改善少年犯罪者为基础理念的司法制度,这种制度由于欠缺一个有效的减压阀,一旦遇到少年犯罪的高涨或严重的、危及成人世界安全感的少年犯罪案件发生,就会在民众眼中显得太过仁慈,民众内心对少年犯罪的恐惧就会掀起对少年司法制度的批评声浪,很有可能在整体上扭转少年司法的发展方向,并导致普通的少年犯罪案件也会以严罚主义的态度对待,从而偏离了少年司法制度改革的初衷。

故而,中国未来的少年司法制度变革,应以二元化的基础理念为指导,对于一般的少年犯罪者,应以少年保护作为少年司法制度的基础理念,将这类不严重的少年犯罪者视为社会问题的受害者,对其实施保护和再社会化的努力,整个司法制度的运作也体现为对少年犯罪者的关爱和帮助,与此相对,对严重的暴力少年犯、少年惯犯等危及社会安全感的犯罪者,应以社会安全的保护作为少年司法制度的基础理念,在制度的设计上向成人刑事司法制度靠拢,更加注重对少年犯罪者的惩治,以更好地防卫社会。

三、改革中法官的自由裁量权问题

在未来的少年司法制度改革中所不得不面对的问题是,法官的自由裁量权在少年司法体系中被大大扩张,这和中国当前正在进行的量刑规范化之间有可能存在冲突,这两者之间如何协调。

(一)改革中少年保护和量刑规范化之冲突

在少年司法体系中法官享有较大的自由裁量权,这一点不仅由少年司法制度本身的性质所决定,也可以从少年司法制度的发展史得到证实。少年司法制度之所以从成人刑事司法系统独立出来,就是为了使少年犯罪人免于遭受过分严厉、过分僵化的对待,并能为其提供一种教育性、改善性的措施,从而达到寓教于惩、回归社会的目的[①]。因此,其改革的方向只能是建立这样一种程序:更加关注少年犯罪的原因,而非少年犯罪本身;更加注重人身的危险性,而非行为的危害性,并根据其人身危险性的有无及大小提供矫正性的教育举措。这就要求少年司法程序的参与者能个别化地评估行为人的危险性,并根据该危险性提供具体的矫治措施,不难想象,在这种处于个别化原则的支配下,少年法院的法官必须拥有、也应当拥有较大的自由裁量权。而少年司法制度诞生和发展的历史,也见证了少年法院法官自由裁量权的扩大,如1900年荷兰司法部长 Cort van der Linden 在下议院提议通过少年刑法修正案时,主张给予法官完全的选择权,对此他解释道:“如果法官自由地施加强制性训练,年龄的限制是不必要的。这样的结果是什么呢?在一定年龄下的孩子不会受到处罚……我认为那是一个错误的原则,也许有人会问:你能就将少年都送入刑事法院给出正当理由吗?我会对此回应道:这是我们渴望看到的,因为他们不是被惩罚而是被强制性的训练。”甚至他还建议法院可以对两岁半的儿童加以干预[②]。而在美国,早期的少年司法制度中,少年法院的法官在对少年的犯罪行为和个人背景进行综合考虑的基础上,既可以将其管辖权放弃,移送成人法院处理,也可以在少年司法体系内予以解决。在少年司法体系内解决的,可根据具体情况做出缓刑、社区服务、赔偿以及关押在少年训练学校直到成年等决定[③]。

而中国当前进行的量刑规范化改革,一个重要的目标就是限制法官在刑罚裁量时的自由裁量权,以确保罪刑均衡,实现量刑的公正和公平。在这个目标下,一个犯罪的法定刑会被精细切分为轻重不同的幅度,而该犯罪被划分为法益侵害大小不同的规范类型,并使法定刑的幅度和法益侵害的大小一一对应起来。如果在少年犯罪案件中,彻底贯彻量刑规范化的改革,不能否认会促进量刑的公正、公平,但也会带来刑罚裁量的僵化或者说僵硬,会给少年司法制度本身带来一种异质的、无法克服的因素,即法官在对少年犯罪案件的刑罚进行裁量时,只要认真考虑案件中的犯罪事实和情节,并对照规范文件上的量刑标准,就可以直接得出量刑结论,即使这样的量刑对少年太重或者不适合少年未来的发展,法官也不能修改或者不能很容易地修改,这种刑罚裁量的僵硬和少年司法制度的功能有龃龉之处,因为少年司法制度本身承载着少年保护和社会保护的双重功能,如果说推行量刑规范化,在少年犯罪的刑罚裁量中追求罪刑均衡,还有利于实现少年司法制度的社会保护功能的话,那么,量刑规范化所产生的刑罚裁量的僵

---

① 参见[美]詹姆斯·B.杰克布斯:《美国少年司法状况报告》,时延安译,载《法学家》2006年第6期。

② Weijers,“The Debate on Juvenile Justice in the Netherlands, 1891 - 1901”, European Journal of Crime, Criminal Law & Criminal Justice; Feb99, Vol. 7 Issue 1, p. 63.

③ 参见赵国玲、王海涛:《少年司法主导理念的困境、出路和中国的选择》,载《中州学刊》2006年第6期。

硬,则不利于少年司法制度的保护少年功能的发挥,因为对犯罪少年进行教育和改善,需要根据少年自身的人格、心理特点,并参照其所在的社会背景实施,而这无疑要求法官有足够的裁量权,能够针对性地施加处遇性的举措,也要求在少年刑罚的裁量中能够注入一种柔性的精神,而量刑规范化实践对法官权力的限制,在某种程度上压缩了对少年进行矫正、改善的空间。

(二)对少年保护和量刑规范化之间冲突的解决方案

对于少年司法制度改革和量刑规范化实践之间的冲突,我国当前的理论界、实务界并没有注意到,更谈不上提出如何协调的问题。我们认为,少年司法制度由于承载着双重保护的功能,即面对社会保护少年,面对少年保护社会,而双重保护功能在不同类型的少年犯罪案件中应当有不同的侧重,在少年初犯、少年实施的轻微犯罪案件中,由于社会保护的要求相对较为缓和,更应该发挥司法制度的保护少年的功能,注意根据少年本身的人格特点、其所处的环境特征,采取相应的更生改善举措,为了确保法官能够采取这些量身打造的举措,就应当赋予少年司法制度中的法官以足够的自由裁量权,如果在这类案件中,推行量刑规范化的实践,将会极大地限制法官选择的自由度,并削弱少年司法制度对少年保护的功能,因此,在这类案件中推行量刑规范化的实践应当缓行。相反,对于少年累犯、少年实施的严重犯罪案件,这些案件中凸显出少年对社会的严重危险性,社会保护的要求较为强烈,少年司法制度保护社会的功能应当被放在更为突出的位置,这时更应当从罪刑均衡的角度考虑对少年的惩罚,而少年的保护则是在罪刑均衡的限度内得到贯彻,在这种情形下,可以从确保对少年惩罚的公正、公平的角度考虑,积极推动量刑规范化的实践,合理规范法官在量刑过程中的自由裁量权。

因此,通过上述对少年犯罪案件的二元划分,在侧重于少年保护的案件中,少年司法制度改革的方向是向法官"放权",以便于其采取个别化的矫正措施,从而促进少年顺利回归社会,此类案件中,量刑规范化的实践应当加以限制;而在侧重于社会保护的案件中,少年司法制度改革的方向是规范法官量刑时的自由裁量权,以防止刑罚的畸轻畸重,从而保障刑罚罪刑均衡原则的落实,此类案件中,量刑规范化的实践应当以积极的态度加以推动。我们认为,这种二元格局的划分思路,既能有效地实现少年司法制度的功能,也能有效地去除少年司法制度和量刑规范化实践之间的龃龉。

四、结语

中国的少年司法制度变革已经到了一个关键性的十字路口,改革的路径问题、社会保护的问题以及法官的自由裁量权问题,都是在未来改革中应当注意的问题,这些问题能否妥善地解决,在某种程度上攸关中国少年司法制度改革的成败,而这些问题又和中国其他司法领域的改革盘根错节,需要改革者以更宽广的视野、更高深的智慧妥善应对,统筹推进。

并不仅仅是"鸣哨暂停"

——关于休庭的实践审视、价值解析与机制构建

王庆廷*

（本文荣获2011年度上海法院系统学术讨论会优秀奖）

引子：与休庭相关的两个案例

案例一：几年前，某人承包了一片树林。后来，林地值钱了，村民们眼红了，遂以"当初承包没经过大家同意"为由告上法庭。人民法庭如期在村里巡回审理，庭审过程有板有眼。但当法官宣布"现在休庭"时，在场村民立马火冒三丈："你不管了？""不判个结果就想走？"……甚至开始乱骂法官。法官解释不清，匆匆离开。愤怒的村民随后冲到法庭驻地，要求法官给个说法。寻人未果，一村民提议："去把高速公路堵了就有人来管了！"群起响应，事情闹大。后在乡长苦口婆心的劝解下，众村民才回到村里。①

案例二：一起拆迁案件刚开庭，原告就发言："请审判长先组织学习一下温家宝总理政府工作报告中的反腐败内容。"审判长当即制止："现在是开庭，不是开读书会，你要学习报告，可以回家学。"结果原告跳起来了——申请回避，找院长投诉……折腾个没完，审判长没有办法，只好休庭。遇到类似情况怎么办？一次法官论坛上，与会者都认为应当制止并予以训诫，唯独一位老法官发表了不同看法："原告拿出政府工作报告要求学习，尽管与诉讼秩序不符，但基于法庭的政治性，你不好讲不学，也不好讲学过了，因为学过了也应该反复学。冷静一想，原告这样做说明他不相信法院，以为法院与政府穿连裆裤。缺少信任，这个庭开起来肯定吃力。我的做法是马上宣布休庭而不会直接制止，更不会训诫。休庭期间就与原告一起学习，估计也不会花多少时间，之后再告知诉讼秩序。这样做，

---

* 上海市金山区人民法院研究室法官，法学硕士。

① 参见常来常往：《现在休庭》，载http://blog.sina.com.cn/s/blog_51238bc001009sqx.html，2011年3月4日访问。

原告可能就不会那么挑剔,至少不会发生因直接制止而引发的各种麻烦。”①

所谓休庭无非是庭审的暂时中止,就像足球比赛中的“鸣哨暂停”,在大多数人眼里都已见怪不怪,属于细枝末节,出了问题也无伤大体。但前述两个案例——一个因法官依法休庭引发不稳定事件,一个因法官未能灵活休庭导致庭审难以进行——似乎又让人看到平淡下面有波澜,平凡背后是故事。

一、应然与实然:对休庭的法律梳理和实践考察

为避免研究成为“空中楼阁”,既需要关注应然层面的法律规定,也需要关注实然层面的司法实践。

(一) 粗疏的法律规定

为全面反映休庭的法律规定,笔者以“中国审判法律应用支持系统”中的“法律法规规章司法解释全库”为数据库,进行了相应搜索、统计和分析。根据梳理结果,可以说休庭在立法层面非但没有引起足够重视,反而被有意无意忽视了。

1. 形式方面多有缺憾

一是文件量少。在数以万计的法律文件中,只有 31 个文件涉及休庭(详见表 1)。其中最高检和全国律协单独发布的 11 个文件分别只对检察人员和律师有约束力,因此从严格意义上来说,只有 20 个文件具有全面的庭审约束力,可以适用于所有庭审参与主体;二是法阶较低。三大诉讼法中仅有《刑事诉讼法》有所涉及,且只提及了 2 次,其余则是位阶较低的司法解释及指导文件。三是覆盖面窄。20 个文件中,刑事 13 个,占 65%,综合 5 个,占 25%,民事 2 个,占 10%,可见主要集中于刑事领域。

2. 内容方面多有积弊

一是条文粗疏。大多数文件仅仅提及“休庭”二字,对于相关程序事项和实体内容鲜有翔实规定。比如,就具体程序而言,只有《人民法院法槌使用规定(试行)》规定“宣布休庭后要敲击法槌”,其余文件一概没有涉及;二是理由集中。20 个文件共出现“休庭”37 次,事涉理由相对集中:首先是证据的调查、核实、准备和交接,共 16 次,占 43.2%。其次是合议庭评议,共 7 次,占 18.9%;再次是当事人申请回避,共 3 次,占 8%。其余则要么比较零散,要么没有提及;三是缺少协调。由于文件政出多门,时间跨度大,而且有些是单独发布,相互之间缺少协调,致使衔接出现问题。比如,最高检和全国律协单独发布的 11 个文件中共出现“建议或要求休庭”9 次,但基本上是“自说自话”,因为在最高法院单独或联合发布的 20 个文件中没有任何规定与之对应;四是权力定位。20 个文件中,大都将休庭视为法官当然的自主性权力,当事人的参与权利付诸阙如。唯一例外是根

① 参见何川中:《审判实务点滴絮语(五)》,载 http://jsweb.hshfy.sh.cn/default.asp?MainID=7&subID=75#,2011 年 4 月 19 日访问。

据《关于进一步加强合议庭职责的若干规定》，当事人在合议庭成员中途退庭等情况下"可以要求休庭"。

表1 涉及休庭的法律文件汇总

文件名称	制发机关	法律位阶	所涉领域	出现次数
刑事诉讼法	全国人大	法律	刑事	2
关于实施修改后的刑事诉讼法几个问题的通知	中央政法委	指导文件	刑事	1
关于规范量刑程序若干问题的意见（试行）	最高法院等	司法解释	刑事	1
关于办理死刑案件审查判断证据若干问题的规定	同上	同上	刑事	1
关于办理刑事案件排除非法证据若干问题的规定	同上	同上	刑事	1
关于死刑第二审案件开庭审理程序若干问题的规定（试行）	同上	同上	刑事	1
关于刑事诉讼法实施中若干问题的规定	同上	同上	刑事	3
关于进一步加强合议庭职责的若干规定	最高法院	同上	综合	1
人民法院统一证据规定（司法解释建议稿）	同上	同上	综合	2
关于审理未成年人刑事案件的若干规定	同上	同上	刑事	1
关于执行《中华人民共和国刑事诉讼法》若干问题的解释	同上	同上	刑事	8
关于民事经济审判方式改革问题的若干规定	同上	同上	民事	1
关于审理刑事案件程序的具体规定	同上	同上	刑事	3
经济纠纷案件适用简易程序开庭审理的若干规定	同上	同上	民事	1
第一审经济纠纷案件适用普通程序开庭审理的若干规定	同上	同上	民事	3
关于刑事再审案件开庭审理程序的意见	同上	同上	刑事	1

续 表

文件名称	制发机关	法律位阶	所涉领域	出现次数
关于庭审活动录音录像的若干规定	同 上	指导文件	综合	1
关于进一步加强法庭审判秩序管理的通知	同 上	同 上	综合	1
人民法院法槌使用规定(试行)	同 上	同 上	综合	3
人民法院司法警察押解规则	同 上	同 上	刑事	1
人民检察院开展量刑建议工作的指导意见(试行)	最高检	司法解释	刑事	1
关于刑事诉讼法律监督工作贯彻刑诉法若干问题的意见	同 上	同 上	刑事	2
人民检察院办理未成年人刑事案件的规定	同 上	同 上	刑事	2
刑事抗诉案件出庭规则(试行)	同 上	同 上	刑事	1
人民检察院办理不起诉案件公开审查规则(试行)	同 上	同 上	刑事	1
关于刑事抗诉工作的若干意见	同 上	同 上	刑事	1
人民检察院刑事诉讼规则	同 上	同 上	刑事	8
检察机关文明用语规则	同 上	指导文件	刑事	1
关于进一步加强公诉工作强化法律监督的意见	同 上	同 上	刑事	2
律师执业行为规范(试行)	全国律协	行业规范	综合	1
律师办理刑事案件规范	同 上	同 上	刑事	7

(二) 混乱的司法实践

为切实了解休庭的司法实践,笔者采用了综合样本立体考察法:一是对话访谈,先后与分布于各法院各条线的数十名法官进行了或深或浅的交谈;二是实地考察,先后亲临现场旁听了数十场各类案件的庭审过程;三是网络调查,利用百度的搜索功能,搜集并整理了40个典型的休庭案例。根据考察结果,可以说当前的休庭司法实践一定程度上存在混乱、随意、失范等不尽如人意的状况。这既是法律粗疏的直接后果,也是机制缺失、法官素质等因素综合作用的结果。

1. 角色错位

部分法官对休庭的功能和性质认识不清,将其混同于其他程序,使其承担了超出自身的功能。其一,与闭庭混淆。在访谈和实践中,针对某次庭审结束还有后续庭审或者准备择期宣判的情况,有的法官休庭,有的法官闭庭,莫衷一是。孰是孰非,关键在于"庭"的理解——围绕个案审理组成的审判庭,即独任庭或合议庭。这个庭因开始审理案件而开启——开庭,因案件审理完结而关闭——闭庭,因各种事由而暂停——休庭。因此,当某次庭审结束时只要案件还未审理完结则宜说休庭而非闭庭,这也与法律设计的从立案到结案的完整诉讼程序相契合。另外,如此做法也符合国际惯例,电影《东京审判》有一幅场景:远东国际军事法庭在对日本战犯进行完第817次庭审后,法官团主席宣布:现在宣布休庭直到判决宣告之日①。其二,替代延期审理或中止审理。延期审理或中止审理与休庭在时间上有交叉——都可能发生在庭审中,在理由上有重合——都会因为证据问题、申请回避、当事人不到庭等引起,同时在成本上有较大差异——延期审理或中止审理程序繁杂,往往需要领导决定或者出具裁定,而休庭则完全由法官自己掌握,简便易行。基于此,实践中不少法官会直接以休庭来替代延期审理或中止审理——特别是在没有超出法定审限的情形下。在40个休庭案例中,就有一简易程序案件休庭4个月,一普通程序案件休庭2年。

2. 理由杂乱

除了证据问题、合议庭评议、当事人申请回避等休庭的法定理由外,实践中还有其他五花八门的理由:一是突发事件,即由于发生难以预知的突发性事件而必须休庭。比如发生地震,当事人心脏病发作,法庭电脑设备损坏;二是法庭秩序,即由于法庭秩序混乱致使庭审难以继续进行。比如当事人激烈争吵,旁听人员喧哗;三是择期宣判,即不少案件并非当庭宣判,而择期宣判不可避免要休庭;四是审前准备,即由于审前准备不充分而休庭。比如律师忘带授权委托书,法官事先没有阅看卷宗;五是中途休息,即因为庭审时间太长而需要中场休息、吃饭,或者内急上卫生间;六是其他情形,还有法官因为其他公事(比如单位开会)或私事(比如家人生病)而休庭,等等。

3. 秩序失控

在休庭期间,除了合议庭评议、做调解工作、调查核实交接证据、审查决定回避申请等法定工作外,实践中还存在一些无序失控的状况。比如,当事人销毁证据、服毒自杀、发生争吵对骂等冲突甚至斗殴引发刑事案件,旁听人员打伤法官,法警殴打当事人,刑事被告人脱逃,律师退庭拒绝履行代理职责。在40个休庭案例中,有9个案例存在此类混乱情况②。

4. 程序失范

在访谈中,不少法官都认同"休庭是庭审期间法官最自由的权力"。这种下

---

① 参见李启明:《休庭与闭庭之辨》,载 http://court.gmw.cn/html/article/201102/12/1324.shtml,2011年5月20日访问。

② 类似情形网上信息很多,限于篇幅,恕不枚举。

意识的“自由”也加剧了休庭的随意性：一是休庭次数多。对于休庭次数不加控制，甚至患上“休庭依赖症”，简单案件要休庭定期宣判，复杂案件甚或休庭数十次；二是不宣告休庭时间。宣告休庭时仅告知当事人下次开庭等候通知，对于休庭时间或缺乏规划，或语焉不详；三是庭审笔录不完整。大多简单记载“休庭”两字，至于休庭的理由、时间等内容大都空缺；四是违反有关规定。比如，对于《人民法院法槌使用规定(试行)》中“宣布休庭后要敲击法槌”的规定，有的法官忘了敲，有的先敲后宣，有的则敲击多次。再如，有的法官对于当事人申请回避比较反感，认为是“胡搅蛮缠”，一概予以当庭驳回而非休庭处理①。但即使当事人申请回避不符合法定理由，一概当庭驳回也是不适宜的。因为根据《民事诉讼法》第 47 条、《行政诉讼法》第 47 条规定，审判人员的回避由院长决定，书记员等其他人员的回避由审判长决定；根据《刑事诉讼法》第三章及有关司法解释，检察人员的回避由检察长决定，审判人员以及书记员等其他人员的回避由院长决定。而且根据最高法院《关于审理刑事案件程序的具体规定》、《第一审经济纠纷案件适用普通程序开庭审理的若干规定》等文件，遇到当事人申请回避时也需要休庭处理。

二、正面与负面：对休庭的价值分析与弊端透视

与庭审相比，休庭提供了一个别样的“司法场域”②：一是参与人员更多。在庭审场域，只有法官、当事人和其他诉讼参与人可以正式参与其中。而在休庭场域，很多其他人员或组织都可能以正式或非正式乃至非法的途径参与其中；二是行为更加自由。在庭审场域，参与者须遵从法定的严格的程序限制。而在休庭场域，参与者在是否参与以及如何参与方面拥有更大的自主权；三是空间更加开放。庭审场域相对封闭、固定，像一个“剧场”。而休庭场域比较开放、多变，像一个“广场”③；四是“暗箱”色彩增多。在庭审场域，程序比较透明，参与者容易知悉他人行为。而在休庭场域，程序多不公开，参与者难以知悉他人行为。任何场域都是一个充满竞争、冲突与合作的社会空间，在参与者的博弈下，休庭的价值和弊端逐一呈现。

(一) 休庭的价值分析

休庭作为一个程序，不仅具有独特的程序价值，还承载积极的实体意义。

1. 调控庭审节奏

如果将庭审视为球赛，法官就是裁判，须有驾轻就熟的操控能力，确保赛事

---

① 不少轰动案件也有类似情况。李庄案中，审判长就曾当庭驳回李庄针对审判员和公诉人的回避申请，见 http://news.qq.com/a/20091231/000147.htm，2011 年 3 月 4 日访问。

② 场域是指由各种位置构成的系列客观关系所形成的社会空间，不同位置为了强化或改变既有的客观关系(如支配与等级关系)，会利用各种资本或策略进行争夺。参见[法] 布迪厄：《法律的力量——迈向司法场域的社会学》，强世功译，载《北大法律评论》1999 年第 2 期。

③ 参见舒国滢：《从司法的广场化到司法的剧场化——一个符号学的视角》，载《政法论坛》1999 年第 3 期。

行云流水般进行。如果出现球员犯规、球迷闹事、大雨滂沱等妨碍赛事的事件，裁判的明智之举就是鸣哨暂停，及时处理，以确保后续进程。同理，庭审中也难免发生一些意外事件影响进程，而休庭就是法官驾驭庭审、调控节奏的必备法宝：它可以缓解气氛，平和情绪，使当事人恢复理性对话；它可以应对意外，消除阻碍，使庭审顺利进行下去。为了前进一大步，往往需要后退一小步，而休庭正是庭审中的"一小步"。

2. 稳妥处理案件

稳妥处理案件是每个法官的愿望，得到公正对待是每个当事人的渴望。对法官而言，稳妥处理案件一般需依赖两个因素：一是自己审慎思考，比如认真审视案件情况，仔细研读法律规定，精心梳理法律关系，积极构筑利益衡平；二是借助他人智慧，比如求助于同事、领导、审判委员会、审判长联席会议、上级法院乃至院外机构。基于时空和条件的限制，有些活动（如审委会讨论）不便在庭审中进行，而休庭则提供了恰到好处的场域。对当事人而言，休庭则会提供公正对待的"心理幻象"（中性词）。以合议庭休庭评议为例，第一个幻象是"深思熟虑"，几个人专门拿出一段时间讨论案件，可以让人感觉判决经过了认真研究，而非仓促武断。第二个幻象是"暗箱权威"，几个人专门在一密闭空间讨论案件，如此"暗箱操作"反倒增加了判决的神秘感和权威性。就像用 word 打字，你所看到的只是键盘的输入和屏幕的输出，其间电脑程序的运作过程则是看不到的。再以回避为例，只有将回避与休庭配合起来，才既有利于调查核实回避理由是否成立，使回避不流于形式，又有利于当事人心服口服，感觉自己得到了认真对待。

3. 塑造法律事实

如何做到"以事实为依据，以法律为准绳"？作为连接事实和法律的纽带，证据至关重要。正因如此，在前述文件中才有大量休庭与证据相关：对证据有疑问时，可以休庭调查核实；当事人提出就新证据作必要准备时，可以休庭给予准备时间；对于无法当庭移交的证据，可以要求当事人休庭后移交；经过庭审质证但不能当即认证的证据，可以休庭合议后再认定；对于当庭出示、宣读的证据，休庭期间可与当事人办理交接手续。可见与庭审场域中的法庭调查相比，休庭场域中同样有证据的调查、核实、准备和交接，两者相辅相成，共同担负起塑造法律事实的重任。

（二）休庭的弊端透视

休庭作为一个程序，如果被滥用，也会产生各类弊端。

1. 违背集中审理原则

集中审理原则，即审理不间断原则，"系为达成短期间内终结某一事件之目标，就该事件之辩论或集中于一次言词辩论期间一举为之，或继续开数次言词辩论期日而不予时间上隔离，且于该数次期日之间不审理其他事件"①。易言之，

① 邱联恭：《程序制度机能论》，三民书局 1996 年版，第 210 页。

"裁判活动要在相对集中的时间、集中的场所,并由固定的裁判者主持下连续不断地进行,直至形成最后的裁判结论为止"①。该原则指向三大目标:一是司法效率,即尽量避免多次开庭,力争"毕其功于一役",减少诉讼成本,节约司法资源。二是司法公正,即贯彻直接言辞审理主义,减少法官对书面卷宗材料的依赖,使法官亲历的审理过程直接决定裁判结论的形成。三是司法公信,即通过集中而充实的法庭调查和辩论活动,确保当事人对裁判过程的有效参与,增强对裁判结论的认可。在司法实践中,该原则却因休庭的滥用而遭架空:其一,休庭次数过多使审判过程随意中断,造成诉讼拖延,增加讼累,浪费资源;其二,休庭时间过长使法庭审理与裁判结论的形成之间存在较长的时间间隔(特别是定期宣判的案件),加上案多人少的态势,不少法官在休庭期间还审理其他案件。如此一来,法官无法在对庭审记忆犹新的状态下作出裁判,致使裁判结论难以有效形成于庭审过程之中,开庭的言辞审理异化为闭庭的书面审理,也自然影响了当事人对裁判结论的认可与接受。

2. 为司法腐败提供温床

理想的司法运转过程如同一个中立的空间,将当事人之间不可调和的冲突转化为平等主体之间受规则约束的理性论辩的交流。其中蕴含了两项基本原则:一是裁判者的客观中立,即"任何人不得担任自己案件的法官",二是当事人的平等参与,即"法官必须同时听取控辩双方的意见"。而休庭的滥用却大大增加了与之背离的可能性——一定意义上,可以说休庭是滋生司法腐败的温床。基于前述有别于庭审场域的特殊性,在休庭期间,特别是休庭时间较长的时期,当事人更有机会通过各种非法途径,利用各种法外力量参与审理过程,干涉法官办案。一方面,当事人的平等参与会受到非法途径和法外力量的冲击,一方面法官在各种诱惑和压力面前也会丧失客观中立的立场。回顾文首的例子,村民愤怒固然与不懂法有关,但既然庭审已经结束,为何不及时判决,从愤怒中我们或许也可读出某种"夜长梦多"的隐忧。

3. 成为法官素质的羁绊

"有治人,无治法",法治进程的推进离不开法官素质的提升,而休庭的滥用则会成为法官素质的羁绊。第一,休庭成为屡试不爽的"遮羞布"和"万金油"。当事人来到法院,目的是在法官的主持下化解纠纷。但事实上并非每个法官都能胜任案件的处理,此时休庭就成为通常选择:一方面通过休庭在当事人面前掩盖能力欠缺,使其成为光明正大的"遮羞布";一方面通过休庭缓解燃眉之急,使其成为将问题延后解决的"万金油"。结果造成很多法官因为不清楚法律规定、事先没有阅看卷宗、没有准备详细的庭审提纲、缺乏处置突发事件的能力、对于

① 陈瑞华:《司法的集中性》,载 http://article.chinalawinfo.com/Article_Detail.asp?ArticleID=19959,2011年6月13日访问。

法律关系拿捏不准等种种能力问题而休庭。长此以往,很容易养成作风慵懒、行为拖沓、不思进取的不良习惯——特别是在激励机制缺乏、法官意志薄弱的情况下。第二,休庭成为法官独立的绊脚石。一定程度的司法独立是法治的必要条件,而法官独立是其中的核心内容。只有法官个体独立了,司法整体才更有能力抗御各种外部干涉。司法实践中,法官休庭的很多情况都是为了求助,比如请教同事,请示领导,商请审判长联席会议帮忙,提请审委会讨论,请示上级法院,向政法委汇报。通过类似求助,案件可能得到一时解决,但代价却是法官职责的转移,责任的旁落和能力的丧失。一旦求助成为习惯,法官就会丧失独立品性,形成依附人格,遇事不爱思考,惧于承担责任①。第三,养成不尊重程序的恶习。程序的意义不言而喻,可以说法治就是一部从实体正义迈向程序正义的过程。而休庭的滥用则会养成或助长法官轻视、规避乃至违反程序的恶习,一个突出表现就是法官在休庭期间会有各种各样的"非正式开庭"②。比如,单方面接触当事人,通过电话质证,让书记员代行职责,秘密调查核实证据,采取诱骗甚至胁迫的方式调解。综上,说句危言但不耸听,如果放纵休庭滥用,说不定就会成为影响法治"大堤"的那个"蚁穴"。

三、解构与建构:休庭的定位复归与程式规制

结合前面论述,如果将休庭置于诉讼程序的大背景中察看,就会发现其原本意义上的定位:一是角色的辅助性。作为一个"配角"程序,对于妨碍庭审的各种情况予以补救,服务庭审公正而高效的进行;二是功能的备用性。虽然非常重要,并非可有可无,但本身不是目的,最好备而不用,引而不发;三是作用的双重性。对于司法效率和公正而言是把"双刃剑",运用得当会促进,运用失当会阻碍。在此定位的指引下,对于休庭的程式规制可以分为三个层次。

(一) 重视审前准备程序以控制休庭数量

所谓控制休庭数量,是指在可否休庭的问题上,要尽量减少休庭次数,特别是那些可以避免与没有必要的休庭。虽然所有休庭都发生于庭审之中,但导致休庭的那只"蝴蝶"却往往来自庭审之前,因此重视审前准备程序是控制休庭数量的最佳途径。

审前准备程序,又称审前程序或庭前程序,是法院受理案件后至开庭审理前诉讼活动的总称。它是顺利进行庭审的基础,也是公正做出裁判的关键。实践中不少法官因心态上怠于,或行为上疏于,或技术上拙于审前准备,导致了大量"准备不足,休庭来凑"的情况。在审前程序中,法官要着力

---

① 访谈中不少法官对审委会讨论案件予以极大肯定,因为案件一经讨论,自己就"解脱"了。

② 参见徐昕、徐昀:《非正式开庭研究》,载《比较法研究》2005年第1期。

做到以下方面:

1. 区分争点

要通过送达文书、权利告知等诉答程序,组织双方当事人以起诉书、起诉状、自诉状、上诉状、申请书、答辩状、代理词、辩护词等文书形式交换看法和主张,在此基础上进行梳理、归纳和确认。特别是将争点区分为无争议的焦点和有争议的焦点、重要的焦点和次要的焦点,以及事实认定焦点和法律适用焦点等类别,以便在庭审中对症下药。

2. 整理证据

一方面让当事人了解对方证据,提前准备,减少在庭审时辨认证据和思索对策的时间;一方面力求多数证据的合法性、真实性和关联性在审前达成共识,从而使庭审集中于少数问题证据的调查和辩论上。① 为此,法官根据案情需要可组织当事人在庭前交换证据,可依职权或申请委托评估、审计、鉴定等事项,以及采取必要措施确保重要证人出庭等。

3. 排除妨碍

诸如管辖、回避、追加当事人等事项无疑会对庭审顺利进行造成极大妨碍。因此在审前阶段,法官既要对当事人进行充分的权利告知和适当的诉讼引导,也要未雨绸缪解决各种潜在问题。比如组成合议庭时,不仅及时告知当事人,还要主动审查是否有回避情形。

4. 制定提纲

庭审提纲相当于学位论文的开题报告,在重大、复杂、疑难案件中尤其如此。法官要在阅看卷宗、区分争点、整理证据、排除妨碍的基础上,制定内容齐全、层次清楚、目标明确的庭审提纲。同时注意提纲的灵活性和开放性,以便应对庭审中可能出现的意外情况。

(二) 构建"双向"模式以提高休庭质量

所谓提高休庭质量,是指在如何休庭的问题上,要尽量扬长避短,做到规范、有序、科学、高效。司法实践中之所以休庭质量低、休庭状况乱追根溯源可归咎于我国当前的休庭模式——"单向"模式(见图1)——法官在休庭的启动、决定、时间、方式等方面都是单方指向当事人,可以说拥有绝对权力,而且当事人之间也缺少对话。因此,要彻底走出当前的休庭困境,需要有破有立,即在解构"单向"模式的同时建构"双向"模式(见图2)。

1. 基本框架

在保证法官主导地位的情况下,增强各方当事人的参与性,适当衡平法官与当事人之间的权重,使休庭成为理性对话和良性博弈的司法场域。

---

① 参见李怡:《完善我国审前程序的若干思考》,载 http://jxfy.chinacourt.org/public/detail.php?id=66009,2011年6月5日访问。

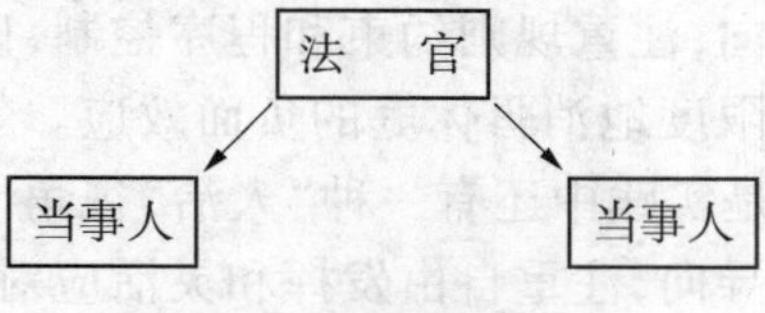

图1 “单向”休庭模式

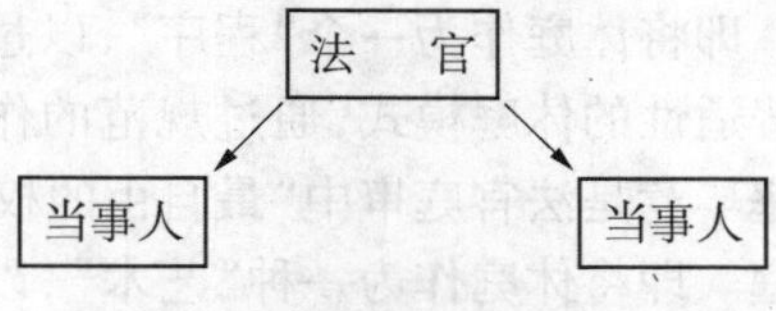

图2 “双向”休庭模式

2. 法官的义务

在“双向”模式下,法官依然占有主导地位,即对于休庭具有总体和最终的控制权,这是庭审活动进行下去的底线要求。但与“单向”模式相比,法官的主导地位附带了若干义务:一是告知义务。对于休庭的理由、时间、任务等事项要向当事人予以明确告知;二是释明义务。对于当事人的休庭异议,要从情理法层面予以充分释明;三是主持义务。出现不同休庭意见时,可主持双方当事人辩论,相互阐明理由,做到兼听则明;四是征询义务。做出休庭决定前要向当事人征求意见,并认真听取;五是维序义务。对于短时间的休庭,要维持休庭期间秩序,防止意外事件发生。

3. 当事人的权利

为确保当事人对休庭场域的积极参与,需明确赋予两项权利:休庭建议权和休庭异议权。所谓休庭建议权,是指当发生特殊情况时,当事人可以向法官提出休庭申请或要求。综合法律规定和司法实践,这些情况大致可分为但不限于以下几类:一是基于生理原因,比如突发疾病难以继续参加庭审、庭审时间过长而饥饿难耐;二是庭审活动违法,比如法官明显偏袒对方当事人、合议庭成员中途退庭;三是应对不利情况,比如为对方的新证据准备,代理人严重失职。所谓休庭异议权,是指对法官的休庭决定和对方当事人的休庭建议提出不同意见,要求予以解释和回应。这样一方面可以督促法官履行相应的告知、释明与征询义务,一方面可以避免对方当事人假休庭之名行拖延庭审等不当目的之实。

4. 配套机制

“双向”模式的落地需要建立健全系列配套机制。当务之急有两项机制:一是加强监督救济。比如,对于休庭的有关事项要在庭审笔录中详细记录。再如,改变《关于庭审活动录音录像的若干规定》中“休庭不予录音录像”的规定,对于短时间的休庭,录音录像不能停止。又如,可借鉴国外做法①,规定如果休庭时间超过计划又没有适当理由时,已经进行的庭审活动视为无效。二是出台规范文件。各地法院可根据法律规定和司法实践制定集中性的休庭综合文件,对本院或辖区法院进行规范和指导。

(三)提升庭审驾驭能力以升华休庭艺术

前面关于休庭的论述都是出于“法治”视角,可以称之为“法治”视角下的休

① 比如《德国刑事诉讼法典》第268条规定,定期宣判须于庭审结束后11日内做出,否则之前的庭审活动全部无效。

庭。即将休庭作为一个“程序”,以过程为导向,注重规则约束和程序控制,以建构普适性的休庭模式,通过规范的作用最大限度地消弭休庭的负面效应。然而休庭毕竟是法官庭审中“最自由的权力”,于是实践中还有一种“人治”视角下的休庭。即将休庭作为一种“艺术”,以结果为导向,注重自由发挥和灵活应对,以形成个人化的休庭习惯,借助个人的智慧最大限度地彰显休庭的正面价值。比如在前面的实践考察中,针对律师忘带委托书的情况,有的法官会直接休庭,有的法官则会予以变通——在根据卷宗材料可以确认委托身份,并征得对方当事人同意的前提下继续开庭,同时要求庭后补交委托书。此外,还有法官休庭让毒贩为幼女换尿不湿而使其认罪服法,通过休庭让濒临离婚的夫妻破镜重圆,在休庭期间运用调解等手段化解重大疑难案件,甚至总结了独特的休庭心得……我们或许很难对两种休庭的优劣作出简单评判,但可以肯定的是,与“法治”视角下的休庭相比,“人治”视角下的休庭对法官提出了更高要求,特别是要有挥洒自如的庭审驾驭能力。而一个法官没有经过前者的历练就直接运用后者,效果多半会不尽如人意。其实,如果以休庭为标志,来打量一个法官的成长史,其轨迹很可能是这样的:开始办案时,由于经验少,能力差,往往遇到问题就会休庭,休庭次数多,质量低;后来随着经验的累积,开始注意数量控制和质量提升,休庭的“法治”色彩增多,过程得到规范,负面效应减少;再后来随着自信的提升,休庭的“人治”色彩渐浓,不再拘泥于规则限制,而是视情需要灵活运用,直至得心应手之境。对照文首的例子,老法官不同寻常的作答无疑充满了个人智慧,属于典型的“人治”视角下的休庭。

四、结语:希望成为一个起点

或许司空见惯,抑或鸡毛蒜皮,对于休庭无论学术界还是实务界都没人深切关注。因此本文的写作就像拓荒,不管垦出良田还是劣田,只要能吸引更多人的关注,便值得笔者欣慰了。

审　判　篇

民 事

“售后服务”的质与量
——新民事审判监督程序在上海法院的运作情况分析

应新龙课题组*

(本文系2008年全国法院司法统计分析重点课题成果)

引 言

从社会分工的角度来看,企业和法院都是“生产”部门,只不过前者生产普通的生活用品,如电脑和牙刷,后者生产特殊的司法产品,如判决和裁定。在企业里面,要保证产品的质量,一般会经过以下流程:先有一线生产部门将产品生产出来,再由质量监督部门进行检查把关,质检合格后投放到市场,如果之后再有问题则由售后服务部门予以解决。与企业类似,法院生产司法产品也有对应的三个程序,即在司法流水线上,一审程序具有一线生产的性质,二审程序具有质量监督的性质,审判监督程序具有售后服务的性质。而审判监督程序正是本课题研究的主题。

(一) 调研的目的

《全国人民代表大会常务委员会关于修改〈中华人民共和国民事诉讼法〉的决定》(以下称《决定》)已于2008年4月1日起施行。《决定》对审判监督程序做了较大修改,势必会对法院工作产生较大影响,司法实践中也会出现不少新问题新情况新动向,需要各级法院积极应对。此一课题的目的就是通过司法统计分析的调研方式,对新民事审判监督程序①在上海法院的运作情况进行实证分析,发现相关问题,分析其中原因,提出相应对策,以期对我国民事审判监督程序的完善和效用的发挥有所裨益。

---

* 课题主持人:应新龙(原任上海市高级人民法院副院长,现任上海海事法院院长)。课题组成员:席建林(上海市高级人民法院研究室副主任)、徐翠萍(原任上海市金山区人民法院副院长,现任上海市徐汇区人民法院副院长)、张建国(上海市金山区人民法院研究室主任、审判委员会委员,四级高级法官,法律硕士)、傅启超(上海市高级人民法院研究室统计科科长)、王庆廷(课题执笔人,上海市金山区人民法院研究室法官,法学硕士)。

① 特指《决定》施行之后的民事审判监督程序,区别于《决定》施行之前的旧民事审判监督程序。

（二）调研的方法和范围

1. 点面结合

采取抽样统计和整体统计相结合的方法，即在对象上，选取全市法院和个别法院相结合，以全市法院的相关数据为基础，重点分析"一高两中"①的相关数据。这样点面结合既不失全局之大气，也不失局部之精巧，从大处着眼，从小处入手，相得益彰。此外，为了调查的深入和科学，针对新民事审判监督程序可能带来的影响、问题以及有关建议，市高院还专门制定了《新民事诉讼法调查问卷》（以下称《调查问卷》），向全市法院进行了发放，并根据回收的有效问答进行了逐题统计②。

2. 有主有次

在案件上，以当事人申请再审案件以及引起的再审案件为重点分析对象，检察机关抗诉案件作为次要分析对象，其他审监案件作为补充分析对象③。此外，在具体方法外，以数据统计为主，还视情兼涉问卷调查、法条分析等其他方法。这样既可以避免顾此失彼，又可以避免"乱弹琴"。

3. 前后比较

在时间上，主要将2007年和2008年的数据进行比较，由于只有一个季度是在旧民事审判监督程序适用期间，可以整体上将2008年视为新民事审判监督程序适用期间，当然其中考虑到统计难度以及具体需要等因素可以以月或季度为单位进行个别比较。这样前后对比，在其他情况不变的情况下，能够比较明显地反映出《决定》的施行所带来的影响，变化情况一目了然，做到问题有依据，分析有参照，对策有目标。

4. 理论与实践并重

除了立足司法实践进行相应调查、归纳和总结外，还要着重进行理论上的分析和提炼，做到从实践中来，到理论中去。此外，为了统计和分析的需要，还需要一些理论做铺垫。总之，不是为了理论而理论，也不是为了实践而实践，要做到两相结合，不偏彼此。

---

① 即上海市高级人民法院和上海市第一中级人民法院、上海市第二中级人民法院，下文分别称"市高院"和"市一中院"、"市二中院"。至于上海海事法院（简称"海事"）和上海铁路运输中级法院（简称"铁中"），由于案件较少，除非特别说明，一般不予涉及。

② 针对新民事审判监督程序，此次《调查问卷》共设计了34个题目（另有18个题目是针对新执行程序），向全市各级法院共分发109份。具体分发情况为：市高院和市一中院、市二中院各8份共24份，各区县法院各4份共76份，海事和铁中各2份共4份，各铁路基层法院各1份共5份。设计的题目大都是选择题，有多选，也有单选，还有开放性的选项（即由填卷人填写自己认为除题目选项之外的其他合适答案）。

③ 之所以如此，除了当事人申请再审以及引起的再审案件占到绝大多数之外，实践中无论法院依职权启动再审程序还是检察院抗诉启动再审程序，绝大多数归根结底也是由当事人向不同司法机关申请再审的结果。

一、对新民事审判监督程序的解读

为了给课题展开提供对应的前提性和背景性材料,需要从新旧对比的角度,对新民事审判监督程序的条文、特点、旨意等进行一概括性的解读。

(一) 明确了向上一级法院申请再审

1991 年的《民事诉讼法》规定,当事人申请再审可以有两种选择: 向原审法院或上一级法院提起。而《决定》明确规定当事人申请再审只有一种选择: 向原审法院的上一级法院提起。

此举的立法旨意有三: 一是避免因当事人多头申请再审而带来的法院重复审查,二是避免当事人对原审法院公正性的质疑,三是保障上一级法院能够公正地审理案件。

(二) 进一步将再审事由明晰化、具体化

1991 年的《民事诉讼法》规定了五项可以申请再审的事由①,《决定》将其具体化为 13 项(另加一款)②。

相对而言,旧民事审判监督程序中的 5 项事由比较概括和模糊,在司法实践中法院的自由裁量权比较大,而《决定》对再审事由的明晰化和具体化使规定的可操作性大大提高: 对当事人而言,更加明确了在什么情况下可以提出再审申请,可以切实保障自己申请再审的权利;对法院而言,只要具备其中一种情形,就应当启动再审程序,可望有效避免应当再审而不予再审情况的发生。

(三) 明确了再审事由的审查程序和期限

1991 年的《民事诉讼法》对于再审事由的审查程序和期限缺少明确规定,而《决定》明确规定,法院应当自收到再审申请书之日起三个月内审查,作出再审或驳回申请的裁定。有特殊情况需要延长的,须由本院院长批准。此外还规定,法院应当自收到再审申请书之日起五日内将再审申请书副本发送对方当事人。对方当事人应当自收到再审申请书副本之日起十五日内提交书面意见。

由于 1991 年的《民事诉讼法》对于审查时间和方式并没有规定,致使司法实

---

① 五项分别是: (1) 有新的证据,足以推翻原判决、裁定的;(2) 原判决、裁定认定事实的主要证据不足的;(3) 原判决、裁定适用法律确有错误的;(4) 人民法院违反法定程序,可能影响案件正确判决、裁定的;(5) 审判人员在审理该案件时有贪污受贿,徇私舞弊,枉法裁判行为的。

② 13 项包括: (1) 有新的证据,足以推翻原判决、裁定的;(2) 原判决、裁定认定的基本事实缺乏证据证明的;(3) 原判决、裁定认定事实的主要证据是伪造的;(4) 原判决、裁定认定事实的主要证据未经质证的;(5) 对审理案件需要的证据,当事人因客观原因不能自行收集,书面申请法院调查收集,法院未调查收集的;(6) 原判决、裁定适用法律确有错误的;(7) 违反法律规定,管辖错误的;(8) 审判组织的组成不合法或者依法应当回避的审判人员没有回避的;(9) 无诉讼行为能力人未经法定代理人代为诉讼或者应当参加诉讼的当事人,因不能归责于本人或者其诉讼代理人的事由,未参加诉讼的;(10) 违反法律规定,剥夺当事人辩论权利的;(11) 未经传票传唤,缺席判决的;(12) 原判决、裁定遗漏或者超出诉讼请求的;(13) 据以作出原判决、裁定的法律文书被撤销或者变更的。另外一款是:"对违反法定程序可能影响案件正确判决、裁定的情形,或者审判人员在审理该案件时有贪污受贿,徇私舞弊,枉法裁判行为的,人民法院应当再审。"

践中一些法院对当事人的再审申请,不及时审查,导致当事人“望穿秋水”。此外,对于审查结果的处理也是五花八门,如有的法院仅仅发给当事人一个书面通知,或仅仅口头告知。而《决定》明确了审查期限,可以促使法院及时审查,给当事人明确答复,减轻讼累。而明确了审查结果的处理方式为裁定,也增强了司法权威。另外,《决定》明确了将再审申请书副本发送对方当事人以及对方当事人提交书面意见的时间,这有两大好处:对对方当事人而言,可以有效保障其知情权,了解案件的进展情况,提出相应答辩意见;对法院而言,可以全面了解案情,做到“兼听则明”。

(四)延长了特殊再审事由的申请再审期间

1991年的《民事诉讼法》规定,当事人申请再审,应当在判决、裁定发生法律效力后二年内提出。《决定》在此基础上又做了一个例外规定,即“二年后据以作出原判决、裁定的法律文书被撤销或者变更,以及发现审判人员在审理该案件时有贪污受贿,徇私舞弊,枉法裁判行为的,自知道或者应当知道之日起三个月内提出”。

设立申请再审时效主要基于以下几点考虑:一是可以督促当事人在发现错判后及时有效地行使申请再审权利;二是有利于及时查清案件事实以重新作出公正裁判;三是有利于维护司法裁判的稳定性。应该说,对于当事人而言,用二年的时间去发现一个案件的错误,在时间上应该足够了。但是面对纷纭芜杂的世界,1991年的《民事诉讼法》一刀切的做法显然并不可取,因此《决定》作出了两类合情合理的例外规定:就法律文书被撤销或变更而言,首先,这不是当事人所能掌控或预料的,也不存在怠于行使申请再审权利的情形,所以不能以期限规定对其惩罚或督促;其次,既然法律文书都已经被撤销或变更了,说明原来的裁判是有问题的,如果还不允许当事人申请再审,不合情理。就法官在审理中的有违公正或廉洁的行为而言,主要是因为这些行为大都具有一定的隐蔽性,有的可能在几年之后才会被发现,比方说受贿,很多时候双方都是在秘密的时空内采用特殊手段进行的,只有“天知地知,你知我知”,因此在发现后理应赋予当事人申请再审权。

(五)完善了检察机关的法律监督

1991年的《民事诉讼法》规定了检察机关应当提起抗诉的四种情形①,《决定》将其修改的与当事人可以申请再审的事由一致,即将4种情形细化为13种情形,并加上另外一款规定。1991年的《民事诉讼法》对于检察院抗诉后法院多长时间内裁定再审没有规定,《决定》明确规定,“人民检察院提出抗诉的案件,接受抗诉的人民法院应当自收到抗诉书之日起三十日内作出再审的裁定”。1991

---

① 分别是:(1)原判决、裁定认定事实的主要证据不足的;(2)原判决、裁定适用法律确有错误的;(3)人民法院违反法定程序,可能影响案件正确判决、裁定的;(4)审判人员在审理该案件时有贪污受贿,徇私舞弊,枉法裁判行为的。

年的《民事诉讼法》对于抗诉的原则以及审理的法院等都规定得比较模糊,而《决定》明确了"上级抗"原则和接受抗诉的法院,即对生效民事裁判实行上级抗,与上级检察机关同级的法院接受抗诉并予以审理,仅仅在具备13项抗诉事由中前五项情形之一的,才可交由下一级法院审理。

相对而言,当事人的申请再审是一种私力救济,是以当事人的力量来启动再审程序;检察院的抗诉是一种公力救济,是以国家的力量来启动再审程序。就我国现行法律规定而言,抗诉的效力远大于申请再审的效力,因为申请再审并不必然能够进入再审程序,而抗诉则必然能够进入再审程序。但是1991年的《民事诉讼法》规定的抗诉情形比较概括模糊,缺乏可操作性,而且没有明确法院裁定再审的期限,使得司法实践中出现两种不尽如人意的情形:一是该抗诉的没有抗诉,二是抗诉进入再审程序后时间会拖得比较长,严重影响了抗诉效能的发挥,违背了立法初衷。而《决定》不仅对抗诉的情形进行了细化,还明确了法院裁定再审的期限,并确立了"上级抗"原则和接受抗诉的法院,体现了国家对于公力救济的重视,有望能充分发挥抗诉的效能,更有效地保护当事人的合法权益。

二、新民事审判监督程序的运作情况

这一部分主要以民事审监案件为对象,以几个相关选项为基点,以统计数据对比为方式,对新民事审判监督程序在上海法院的运作情况作一实证考察。

(一)全市法院民事审监案件基本情况

这里的民事审监案件包括两类:一是复查案件,即立案受理决定审查的案件(包括立"监"字号、"申"字号和"抗"字号案件);二是再审案件,也即审查后进入再审的案件(立"再"字号案件)。

1. 复查案件情况

(1)2007年的情况。2007年,全市法院共受理复查案件3 210件,包括:①当事人申请3 156件(含法院以职权提起的案件,下同)①,占98.3%。其中基层法院(主要是各区县法院,下同)774件,占24.5%,中院(主要是市一中院和市二中院,下同)1 648件,占52.2%,市高院734件,占23.3%。②检察机关抗诉54件,占1.7%。其中,基层法院14件,占26%,中院40件,占74%,市高院0件。

(2)2008年的情况。2008年,全市法院共受理复查案件4 377件,包括:①当事人申请4 285件,占97.9%。其中,基层法院234件②,占5.5%,中院1 760件,占41.1%,市高院2 291件,占53.5%。②检察机关抗诉92件,占2.5%。其中,基层

---

① 考虑到法院依职权提起的案件本来就少,而且绝大部分此类案件的(最初)提起动因都是当事人的申请再审或信访,因此就将法院以职权提起的案件纳入当事人申请再审的统计口径,当然这也是出于统计方便的考虑。

② 主要是2008年1—3月份的收案,新民事审判监督程序自2008年4月1日实施后,基层法院基本不再受理当事人提起的申请再审案件。

法院12件,占13%,中院60件,占65.2%,市高院20件,占21.7%。

(3) 2008年和2007年的对比情况。两相对比,可以发现新民事审判监督程序实施后:① 在复查案件总数上,增长了1 167件,增幅为36.4%。② 在提起方式上,当事人申请与检察机关抗诉的比例变化不大。但随着复查案件总数的大幅增加,两类方式也有大幅增加。其中,当事人的申请增加1 129件,增幅为35.8%;检察机关抗诉增加38件,增幅为70.4%。③ 在法院分布上,也有不少变化。就当事人申请而言,基层法院、中院和市高院由2007年的1:2:1的比例变为2008年的1:8:10;就检察机关抗诉而言,基层法院、中院和市高院由2007年的1:3:0的比例变为2008年的1:5:2。可见无论是当事人申请引起的复查案件,还是检察机关抗诉引起的复查案件,市高院所占的比例都有了大幅上升,而中院所占的比例有少许减幅,基层法院所占的比例则有了大幅下降。

2. 再审案件情况

(1) 2007年的情况。2007年,全市法院共受理再审案件204件,包括:① 当事人申请150件,占73.5%。其中,基层法院75件,占50%,中院65件,占43.3%,市高院10件,占6.7%。② 检察机关抗诉54件,占26.5%。其中,基层法院14件,占26%,中院40件,占74%,市高院0件。

(2) 2008年的情况。2008年,全市法院共受理再审案件274件,包括:① 当事人申请182件,占66.4%。其中,基层法院89件,占48.9%,中院81件,占44.5%,市高院12件,占6.6%。② 检察机关抗诉92件,占33.6%。其中,基层法院12件,占13%,中院60件,占65.2%,市高院20件,占21.7%。

(3) 2008年和2007年的对比情况。两相对比,可以发现新民事审判监督程序实施后:① 在再审案件总数上,增长了70件,增幅为34.3%。② 在提起方式上,当事人申请所占的比例略有下降,但案件数量增加32件,增幅为21.3%。检察机关抗诉所占的比例略有上升,同时数量增加38件,增幅为70.4%。③ 在法院分布上,就当事人申请而言,基层法院、中院和市高院由2007年的7:6:1的比例变为2008年的9:8:1;就检察机关抗诉而言,基层法院、中院和市高院由2007年的1:3:0的比例变为2008年的1:5:2。可见当事人申请引起的再审案件在各级法院的分布变化不大,而检察机关抗诉引起的再审案件则有了较大变化:市高院所占的比例都有了大幅上升,而中院所占的比例有少许减幅,基层法院所占的比例则有了大幅下降。

(二) 全市法院当事人申请再审案件情况

1. 处理情况

(1) 2007年的情况。全市法院共审结2 981件。其中,经审查后驳回2 326件,驳回率为78%;撤诉367件,撤诉率为12.3%;经审查后决定再审132件,申诉再审率为4.4%;其他方式处理156件,占5.2%。

(2)2008年的情况。全市法院共审结3 762件。其中,经审查后驳回3 187件,驳回率为84.7%;撤诉301件,撤诉率为8%;经审查后决定再审112件,申诉再审率为3%;其他方式处理162件,占4.3%。

(3)2008年和2007年的对比情况。两相对比,可以发现新民事审判监督程序实施后,在结案数量大幅上升26.2%的同时,几种处理方式有升有降:驳回率增加了6.7个百分点,撤诉率减少了4.3个百分点,申诉再审率减少了1.4个百分点,其他处理方式减少了0.9个百分点。

2. 事由情况

再审事由大体上可以分为程序性和实体性两类,分别大致对应于《决定》中的"第(一)至(六)项"事由和"第(七)至(十三)项(另加一款)"事由。与此前相比,《决定》添加了大量程序性事由,因此这里主要以程序性事由为统计对象。

(1)2006年和2007年的情况。根据市高院审监庭对高、中院2006年1月至2007年10月审结并做出生效裁判的358件民事案件(这些案件的当事人均提出过再审申请且大多已被驳回)中涉及的程序性问题的专项检查①,具体情况如下(详见表1和表2):

表1 《决定》范围内的程序性事由

序号	程序违法的具体情形	涉及的案件数(件)	占比
1	合议庭组成人员的变更原因不明,且未告知当事人	1	0.28%
2	无诉讼行为能力人未经法定代理人代为诉讼	1	0.28%
3	未给予当事人辩论权利	1	0.28%
4	未经传票传唤,缺席判决	5	1.39%
5	原判决、裁定遗漏或者超出诉讼请求	6	1.68%
	总计	14	3.91%

表2 《决定》范围外的其他程序问题或瑕疵

序号	其他程序问题或瑕疵	涉及的案件数(件)	占比
1	法律文书的送达不符合规定	7	1.96%
2	审理笔录显示合议庭成员未全部参加开庭审理	7	1.96%

① 参见市高院审监庭:《关于对照新民诉法规定的程序性再审事由,对高、中院部分生效民事裁判作检查的情况报告》,载《审判工作质量情况通报》2008年第3期。

续 表

序号	程序违法的具体情形	涉及的案件数(件)	占比
3	对代理人的代理权限审查不当,对代理人的代理资格和到庭情况核对不清	12	3.35%
4	案件未在审限内审结	2	0.56%
5	不当列明当事人的诉讼地位	1	0.28%
6	一审告知的上诉期限有误	1	0.28%
	总　计	30	8.38%

对照《决定》和表格可以看出,表1中的具有5种情形的14件案件可能涉及已列明的程序性再审事由,仅占被检案件的3.91%;表二中的具有6种情形的30件案件,占被检案件的8.38%,主要在程序上存在一些瑕疵,大多可能并不影响案件的正确裁判,根据《决定》不足以引起再审程序。

(2) 2008年的情况。在对高、中院申诉审查庭2008年裁定进入再审程序的14件案件的抽样统计中,发现属于实体性再审事由的有6件,占42.9%,属于程序性再审事由的有8件,占57.1%①(详见表3)。

表3　高、中院民事申请再审案件裁定再审事由

再审事由	市高院	市一中院	市二中院	合计
新的证据(实体)	2		1	3
缺乏证据(实体)			1	1
适用法律错误(实体)	1		1	2
未经有效传唤(程序)	1	1	4	6
法律文书被撤销(程序)		1		1
违反法定程序(程序)			1	1
合　计	4	2	8	14

(3) 2008年和2006、2007年的对比情况。两相对比,虽然在统计时段和方式上不是完全对应,但仍然可以得出这样一个结论,即新民事审判监督程序实施后,基于程序性再审事由而进入再审的比例大大提高,甚至超过了实体性再审事由的比例。

① 参见周量、陆俊、茅维筠:《民诉法修正案实施以来上海法院民事申请再审案件若干情况分析》,系2008年上海法院优秀司法统计分析参选作品。

3. 申请期限

(1) 2007 年的情况。在全市法院审结的 2 981 件案件中,在判决、裁定等发生法律效力后当事人提出申请的平均时间为 354 天,超过法定申请期限(两年)的有 411 件,占 13.8%。

(2) 2008 年的情况。在全市法院审结的 3 762 件案件中,在判决、裁定等发生法律效力后当事人提出申请的平均时间为 308 天,超过法定申请期限(两年)的为 607 件,占 16.1%。

(3) 2008 年和 2007 年的对比情况。两相对比,可以发现新民事审判监督程序实施后,对于案件的申请期限方面有一定影响,其中在平均提起时间方面减少了 46 天,减幅达 13%,但超过法定申请期限(两年)的比例却有少许增加,这可能与《决定》延长了特殊案件的申请期限(三个月)有一定关系。

4. 审查期限

2008 年 4 月 1 日新民事审判监督程序实施至 2008 年 12 月底,高、中院共审结 2 831 件。其中,三个月内结案 1 959 件,占 69.2%;超过三个月结案 872 件,占 30.8%,其中批准延长审限 692 件,占 79.4%。

5. 审查方式

在对 2008 年高、中院审结的 70 件申请再审案件(均为新民事审判监督程序实施后结案,其中市高院 28 件,市一中院 9 件,市二中院 33 件)的抽样调查中,法官进行单方询问的有 7 件,占 10%,法官进行双方询问的有 33 件,占 47.1%,采用书面审理方式的有 30 件,占 42.9%①。

6. 申请对象

(1) 2007 年的情况。在全市法院受理的 3 156 件案件中,针对一审生效裁判的有 943 件,占 29.9%,针对二审生效裁判有 2 213 件,占 70.1%。

(2) 2008 年的情况。在全市法院受理的 4 285 件案件中,针对一审生效裁判的有 1 044 件,占 24.4%,针对二审生效裁判 3 241 件,占 75.6%。

(3) 2008 年和 2007 年的对比情况。两相对比,可以发现新民事审判监督程序实施后,申请对象有了一定变化,针对一审生效裁判的比例有小幅下降,减少 5.5 个百分点,同时针对二审生效裁判的比例有小幅上升,增加 5.5 个百分点。

(三) 全市法院检察机关抗诉案件情况

1. 处理情况

(1) 2007 年的情况。全市法院审结 58 件。其中,维持原判 19 件,维持率为 32.8%;改判 5 件,发回重审 1 件,再审抗诉改判发回率为 10.3%;调解 25 件,调解率为 43.1%;其他方式(含撤诉、驳回、终结等)处理 8 件,占 13.8%。

---

① 参见张昌华、何庆、戚雅萍、朱蔚云:《上海法院实施民事诉讼法审判监督程序修订条款的实证研究》,系市高院 2008 年报批调研课题。

(2) 2008 年的情况。全市法院审结 66 件。其中,维持原判 22 件,维持率为 33.3%;改判 15 件,发回重审 7 件,再审抗诉改判发回率为 33.3%;调解 14 件,调解率为 21.2%;其他方式(含撤诉、驳回、终结等)处理 8 件,占 12.1%。大致呈现出改发、维持、调撤及其他各占三分之一的“三三制格局”。

(3) 2008 年和 2007 年的对比情况。两相对比,可以发现新民事审判监督程序实施后,审结的抗诉案件上升 13.8%,再审抗诉改判发回率大幅增加 23 个百分点,调解率大幅下降 21.9 个百分点,维持率和其他方式比例不大。

2. 理由情况

2008 年审结的 66 件抗诉再审案件中,抗诉理由涉及事实认定问题的有 38 件次;涉及法律适用问题的有 43 件次;涉及程序问题的有 5 件次①。可见新民事审判监督程序实施后,检察院的抗诉理由更趋向于事实认定与法律适用并重,这与此前抗诉理由主要涉及法律适用问题,发生了一定的变化。这一变化无疑对审判一线法官进一步综合提高证据甄别、事实认定、法律适用和案件协调能力,提出了更高要求②。

3. 审查期限

2008 年,全市法院审监庭在处理相关抗诉再审案件中,均能严格执行自收到抗诉书之日起三十日内作出再审裁定的审查期限规定。

4. 抗诉对象

(1) 2007 年的情况。在全市法院 54 件收案中,一审生效后抗诉的有 15 件,占 27.8%,二审生效后抗诉的有 39 件,占 72.2%。

(2) 2008 年的情况。在全市法院 92 件收案中,一审生效后抗诉的有 30 件,占 32.6%,二审生效后抗诉的有 62 件,占 67.4%。

(3) 2008 年和 2007 年的对比情况。两相对比,可见新民事审判监督程序实施后,抗诉对象有了一定变化,一审生效后抗诉的比例有了小幅上升,增加了 4.8 个百分点,同时二审生效后抗诉的比例有了小幅下降,减少了 4.8个百分点。

5. 抗诉期限

对于检察机关的抗诉期限,《决定》和此前一样,并没有做出什么限制性规定,因此新民事审判监督程序实施前后,检察机关对于在判决、裁定发生效力多长时间内提起抗诉无论在认识上还是在操作上都影响不大。结果致使有些案件判决生效后多年,检察机关再提起抗诉,有可能影响早已稳定了的法律关系。如某侵权纠纷案,一审判决由市二中院于 1996 年做出,原告上诉后未在规定时间

① 有些案件涉及不止一项理由。

② 参见市高院审监庭:《2008 年全市法院审监庭抗诉再审案件情况分析》,载《审监庭情况》2009 年第 1 期。

内预交诉讼费,市高院按撤回上诉处理,一审判决随即生效。事隔12年之后,市检察院对此案提出了抗诉。抛开12年后当事人是否存续、能否参加庭审、事实能否查清等具体操作因素外,仅就案件处理的走向而言,12年来基于原生效裁判而衍生的诸多法律关系早已确定,如果仅仅为了追求个案公正就要推翻原审裁判,颠覆人们基于对生效裁判的信赖而发生的一系列法律行为,似乎有"捡了芝麻,丢了西瓜"之虞①。

(四)全市法院民事再审案件的处理情况

1. 处理方式

(1)2007年的情况。共审结再审案件210件,其中,维持原判47件,占22.4%,改判67件,占31.9%,发回重审12件,占5.7%,调解撤诉59件,占28.1%,终结诉讼、驳回等其他处理方式25件,占11.9%。

(2)2008年的情况。共审结再审案件205件,其中,维持原判49件,占23.9%,改判74件,占36.1%,发回重审21件,占10.2%,调解撤诉38件,占18.5%,终结诉讼、驳回等其他处理方式23件,占11.2%。

(3)2008年和2007年的对比情况。两相对比,可见新民事审判监督程序实施后,维持原判以及终结诉讼、驳回等其他处理方式前后变化不大,其他几种方式则有升有降,其中改判上升4.2个百分点,发回重审上升4.5个百分点,而调解撤诉则下降9.6个百分点。

2. 审理期限

(1)2007年的情况。平均审理天数168天,结案率75%,存案70件。

(2)2008年的情况。平均审理天数166天,结案率59.6%、存案139件。

(3)2008年和2007年的对比情况。两相对比,可见新民事审判监督程序对于再审案件的审理期限影响较大,平均审理天数减少了2天,结案率下降了15.4个百分点,存案增加了69件,几乎是2007年的两倍。

3. 程序情况

(1)2007年的情况。采用一审程序审理104件,占49.5%,采用二审程序审理106件,占50.5%。

(2)2008年的情况。采用一审程序审理81件②,占40%;采用二审程序审理124件,占60%。

(3)2008年和2007年的对比情况。两相对比,可见新民事审判监督程序实施后,采用一审程序审理的再审案件比例有小幅下降,同时采用二审程序审理的再审案件比例有小幅上升。

---

① 参见张昌华、何庆、戚雅萍、朱蔚云:《上海法院实施民事诉讼法审判监督程序修订条款的实证研究》,系市高院2008年报批调研课题。

② 需要说明的是,有的案件是经历了两次再审程序,即在再审一审程序后("再审初"字号),又经历了再审二审程序("再审终"字号),此类案件在2008年有14件,而这里的数据没有包含此类情况。

4. 再审法院

2007年原审法院再审179件,占85.2%,原审法院的上一级法院再审31件,占14.8%。2008年原审法院再审176件,占85.9%,原审法院的上一级法院再审29件,占14.1%。两相对比,可见新民事审判监督程序对于再审案件的再审法院影响不大,基本可以忽略不计。

5. 审理方式

2007年开庭审理141件,占67.1%,不开庭审理69件,占32.9%。2008年开庭审理143件,占69.8%,不开庭审理62件,占30.2%。两相对比,可见新民事审判监督程序对于再审案件的审理方式影响不大,在开庭审理的比例略有上升的同时,不开庭审理的比例略有下降①。

三、对法院工作的影响及已(拟)采取的应对措施

这里的影响主要是工作方面的影响,即新民事审判监督程序实施后带来的对法院审判格局、审监功能等工作性质方面的影响(属于中性性质,区别于后一部分中集中阐述的问题),以及上海法院采取的应对措施和相应效果。这样一来可以直接或间接将新民事审判监督程序对上海法院审判工作质量效率提升方面的影响表达出来(特别是正面影响,以对新民事审判监督程序的肯定提供司法实践上的证明)。

(一) 审监案件数量方面的影响及应对

为减轻新民事审判监督程序实施后给高院和中院带来的案件压力,根据最高人民法院的有关通知精神,市高院发布了《关于调整上海各级法院管辖第一审民商事案件标准的通知》(沪高法[2008]62号):高院管辖诉讼标的额2亿元以上的第一审民商事案件,以及诉讼标的额1亿元以上且当事人一方住所地不在本市的第一审民商事案件或者涉外、涉港澳台的第一审民事案件;中院管辖诉讼标的额5 000万元以上的第一审民商事案件,以及诉讼标的额2 000万元以上且当事人一方住所地不在本市的第一审民商事案件或者涉外、涉港澳台的第一审民事案件;基层法院管辖诉讼标的额5 000万元以下的第一审民商事案件,以及诉讼标的额2 000万元以下且当事人一方住所地不在本市的第一审民商事案件或者涉外、涉港澳台的第一审民事案件。

这样一来,逐渐大体形成了三级法院各有侧重的分工体系,即高院主要负责审监案件,中院主要负责二审案件,基层法院主要负责一审案件。这可以从上海三级法院的一审、二审和审监案件收案情况反映出来(详见表4、表5、表6)。

① 这一数据可能以后会有变化,即开庭审理的比例应该会有所增加,因为最高人民法院《关于适用〈中华人民共和国民事诉讼法〉审判监督程序若干问题的解释》(自2008年12月1日起施行)在第31条规定,对于再审案件的审理要坚持“开庭审理为原则,不开庭审理为例外”。

表4 上海三级法院一审案件收案情况

年 份	高 院	中 院	基层法院	合 计
2007 年	1(0.000 5%)	3 375(1.7%)	194 319(98.3%)	197 695
2008 年	22(0.01%)	3 273(1.5%)	210 865(98.5%)	214 160

表5 上海三级法院二审案件收案情况

年 份	高 院	中 院	合 计
2007 年	698(3.4%)	19 597(96.6%)	20 296
2008 年	737(3.6%)	19 728(96.4%)	20 465

表6 上海三级法院审监案件(含申请再审案件和再审案件)收案情况

年 份	高 院	中 院	基层法院	合 计
2007 年	744(22.1%)	1 753(52.2%)	863(25.7%)	3 360
2008 年	2 323(51%)	1 901(41.7%)	335(7.3%)	4 559

(二)审监部门方面的影响及应对

1. 高、中院设立申诉审查庭

为了适应审查申请再审案件的需要,根据上海市机构编制委员会《关于调整上海市高级人民法院、上海市第一中级人民法院、上海市第二中级人民法院机构编制的批复》(沪编[2008]70 号),在市高院、市一中院、市二中院分别设立了申诉审查庭,专司对当事人提出的申请再审事由是否成立进行审查,自 2008 年 6 月正式开始运作。作为适应新民事审判监督程序要求而新成立的业务部门,申诉审查庭既要对一、二审工作依法进行监督,又要研究如何在申诉审查阶段妥善化解矛盾纠纷,还要为后一阶段可能进行的再审工作创造良好条件,承担着重要的审判职能。仅就市高院申诉审查庭而言,自 2008 年 6 月 16 日开始内部运转至 2008 年底,共受理民事、刑事申诉案件 1 214 件,相当于 2007 年同期、同类案件的 3 倍多;结案 994 件,相当于 2007 年同期、同类案件的 2.34 倍①。

2. 三级法院审监庭职能重新定位

(1)高、中院审监庭。工作职能要向办案、检查和指导并重方向发展。在继续做好审监案件审理、案件质量检查、审监调研工作的同时,集中精力在统一全市执法意见、案件质量检查形式的多样化、效果的深度化上下工夫。在夯实原有审监职能的同时,向审监管理方向拓展,切实提高检查工作效能。案件质量检查

① 见市高院申诉审查庭:《申诉审查庭 2008 年工作总结和 2009 年工作思路》,载《(申诉审查)工作情况》2009 年第 1 期。

要在原有各项行之有效的方法上，进一步开拓创新，力求通过检查发现审判工作中的普遍性问题，及时提出改进建议；发现不尽完善的方面，提出微调方案，充分发挥高、中院应有的审监指导作用。

（2）基层法院审监庭。一是职能定位要有所拓展。要从原先单纯的审判监督职能向一定范围的审判监督管理方向发展，适当承担一部分与审判监督性质相关的审判管理事务。二是工作范围要有所扩大。要从原先审判质量监督管理向以审判质量监督管理为中心的审判质量、效率、效果综合监督管理方向发展。从审判质量监督管理方面看，可以将工作范围从对生效案件的质量监督管理向法院整体案件审判质量监督管理层面延伸。比如，可以对审判实践中执法不统一的情况进行搜集整理，为领导决策提供素材。从审判效率监督管理方面看，可以将工作范围从对案件的静态监督管理向流程动态监督管理方向延伸。比如，可以根据需要，对超审限案件由远及近地进行检查评析，分析超审限形成原因，直至提交审委会讨论，研究提高审判效率的具体建议。从审判效果监督管理方面看，可以将工作范围从对案件审判态势的效果管理向法院审判工作综合效果方向延伸。比如，可以根据实际情况，对上海法院审判质量效率评估数据反映的本院审判工作综合态势进行适当研究分析，提出本院审判工作值得重视的问题。三是工作布局要有所前移。要从原先的审后监督管理向审前、审中和审后监督管理相结合方向发展。比如，对于法院审判工作中立、审、执兼顾的问题，可以由审监庭对情况进行搜集分析，由院领导牵头各职能部门进行协调①。

基层法院审监庭如此定位，也与问卷调查相符，在对于基层法院审监庭何去何从的问答中，有 15 人认为“应予取消，相应职能分散到其他各部门”，占 15.6%，有 12 人认为“应予保留，但可以和审委会专职委员合署办公”，占 12.5%，有 68 人认为“应予保留，但职能应重新定位”，占 70.8%。

（三）审监案件分工方面的影响及应对

1. 高、中院审监案件分工

在新民事审判监督程序实施之前，对于复查案件，高、中院均由立案庭和审监庭审理。其中在市高院，立案庭负责当事人申请再审引起的复查案件，审监庭负责人大、本院院长等交督办的复查案件；在两个中院，则由立案庭先初查，其认为可能有问题的，再移交审监庭。对于再审案件，高院和中院均由审监庭负责。

在新民事审判监督程序实施之后，审监案件的部门分工有了一定变化，特别是当事人申请再审案件以及引起的再审案件变化最为明显。就市高院而言，在立案受理阶段，先是由申诉审查庭进行形式审查（由立案庭立“申”字号）；在再

① 上述三级法院审监庭的职能定位问题主要参见应新龙（系市高院副院长）：《认清形势　确保审判监督正确方向　明确职能　开创审监工作崭新局面——在 2009 年上海法院审判监督工作会议上的讲话》。

审事由审查阶段,由申诉审查庭进行实质审查,做出裁定;在再审审理阶段,或者指定两个中院审监庭审理,或者由高院审监庭审理(由立案庭立“再”字号)。其中,基于案件的特殊情况、分歧较大以及维护既判力等考虑,在申诉审查庭做出进入再审的裁定和审监庭做出改判的判决之前,可能还要提交审委会讨论。由此可见,在整个处理过程中,不仅部门之间有了重新分工,而且涉及的部门也增多了。

2. 基层法院审监案件分工

由于基层法院的审监案件数量大幅度减少,特别是基本不再受理当事人的申请再审案件,原来审监案件在基层法院的一套经过立案庭、审监庭、执行庭等的流程基本“闲置”,可以说基层法院各部门在审监案件的处理上在很大程度上已经“解放”了。当然,基层法院依职权提起的再审案件以及根据《决定》受理的因抗诉引起的指令再审案件,仍然要由审监庭负责审理。

(四)对审判质量效率的影响及应对

为加强执法的统一性,提高案件审判质量,从源头上减少审监案件数量,上海法院系统审监庭在将案件质量内部检查作为常规性工作,按季度对二审改判和发回重审的案件进行专项检查(既检查一审案件改发的具体原因,也检查二审改发案件的处理质量)的基础上,又推出了一项新举措——改判发回重审案件异议评价反馈机制,旨在为一审法官特别是对改发案件持不同意见者提供表达和沟通渠道,让二审法官及时了解一审法官的真实想法,为一、二审法院间搭建长期、动态的意见交流平台,通过二审的审级监督和一审的异议反馈,形成相互促进、共同提高的协调运行模式,提升上海法院整体审判质量。此一机制由市一中院2007年尝试建立,2008年下半年市高院决定在全市法院推广,目前已形成了一套分工相对明确、运行相对良好、效果初步显现的模式:即由各相关审判业务庭在对改发案件予以深入分析研究,并经庭务会等形式讨论确定的基础上提出异议,然后由一审法院审委会对是否提出异议做出评判,由二审法院审委会就异议是否成立做出评断,而审监庭作为异议反馈评价工作的组织、实施者,负责检查案件,收集异议,进行分析评价,向审委会提出建议。此外,对于异议的最终评价还要反馈、通报,并开展后续改进和调研工作。

(五)对庭审规范的影响及应对

基于新民事审判监督程序对于程序价值的重视,各级法院为保障当事人程序性权利,更加注重庭审规范,对法官提出了更高要求,采取了诸多具体措施,如重视对当事人举证责任的引导(防止新证据再审),重视质证的程序价值(防止未质证再审),慎重处理当事人的调查取证申请(防止调查取证再审),保障当事人辩论权(防止剥夺辩论权再审)。特别是各级法院结合法律规定和司法实践,出台或修改了具有较强针对性的《民事诉讼庭审程序指引》,对容易忽视的程序事项予以提醒,并根据实践反馈予以完善。对庭审规范的影响在问卷调查中也得到了验证，在关于《决定》中的程序性事由带来的影响的调查中，有75人认为"有利于法官更加注重'按程序办事'，庭审更加规范"，占78.1%。

四、运作过程中存在的问题

这里的问题大多属于负面影响，即在运行过程中发生的(或加重的)与司法理念或审判规律相抵触的问题，并进行细致分析，当然根据行文需要也会涉及部分应对措施。

(一) 滥用申请再审权利

新民事审判监督程序在大大便利了当事人申请再审权利行使的同时，在一定程度上也引发了当事人滥用申请再审权利的问题。

1. 申请机关

在申请机关方面，虽然法律明确规定当事人申请再审要向原审法院的上一级法院提起，但实践中仍然存在多头申请的情况。除了向原审法院的上一级法院提起外，还存在向原审法院、跨级法院、检察机关以及其他机关提起申请再审的情况。这方面虽然没有精确的统计数字，但从各级法院的实践情况来看，仍时有发生。比如实践中就有当事人利用检察机关的抗诉来规避诉讼费用，即对于没有胜诉把握的案件故意在法定期内不上诉，待裁判生效后却向检察机关申请抗诉。2008年市一中院审理的某起股东权益纠纷案就可能属于此类情况。一审判决后双方当事人均未上诉，待判决生效后，一方当事人直接向检察机关提出申诉。市检察院依法向市高院提出抗诉，市高院指令市一中院再审。若本案当事人对市一中院再审结果仍不服，如要其交纳上诉费则于法无据；若检察机关抗诉事由不属于《决定》中的"第(一)至(五)项"，则市高院应提审案件，当事人就更加轻易地规避了二审诉讼费的交纳①。

2. 申请次数

在申请次数方面，仍然存在重复申请、多次申请、无限申请等情况，比如不予立案后继续申请，审查裁定驳回后继续申请，以及再审审理后继续申请。这方面虽然也没有精确的统计数字，但从各级法院的实践情况来看，也是时有发生。

3. 不予立案受理和审查驳回

虽然新民事审判监督程序大大降低了立案受理的门槛，但仍有部分当事人因为提交的材料欠完整或不规范而没有立案受理，需要二次以上补充材料的情况较多。此外，审查驳回率明显处于高位运行状态，自2008年4月1日新民事审判监督程序实施以来至2008年12月底，高、中院共审结2 831件申请再审案件，其中，驳回再审申请2 502件，审查驳回率高达88.4%；撤回申请203件，占

---

① 参见张昌华、何庆、戚雅萍、朱蔚云：《上海法院实施民事诉讼法审判监督程序修订条款的实证研究》，系市高院2008年报批调研课题。

7.2%;终结69件,占2.4%;最终裁定再审57件,仅占2 %,这也从侧面反应了当事人滥用申请再审权利的情况。另外从问卷调查的情况来看,也反映了当事人滥用申请再审权利的心理,在对当事人在申请再审过程中所持心理的调查中,仅有65人认为是恳切心理(认为原判存在问题,对于改判寄予厚望),占39.6%,另有64人认为是侥幸心理(能改判则改判,不能改判也无所谓),18人认为是逆反心理(对改判不抱多大希望,只是想给法院造成"麻烦"),17人认为是报复心理(对改判不抱多大希望,只是想给对方当事人造成"麻烦"),这三类共占60.4%,可见当事人滥用申请再审权利的心理占到了大部分。

4. 滥用程序性再审事由

基于程序性再审事由的提起相对容易,且成本较低,因此实践中当事人滥用程序性再审事由的情况日渐增多,如为规避法律新证据举证不积极,无关的调查取证申请增多,辩论权的剥夺方面纠缠不休。这方面由于统计口径的原因,没有精确的统计数字,但从各级法院的实践情况来看,也是时有发生。另外,从前面以程序性再审事由提起申请再审的比例大幅上升也可窥见一斑。此外,在问卷调查中,也有部分法官认为程序性再审事由的增加极易产生负面影响,其中就包括当事人滥用程序性再审事由。

(二) 上诉和申请再审的关系异化

新民事审判监督程序实施后,可能带来上诉和申请再审关系的异化——一个悖论的异化:一方面由于具有法定的程序保障,申请再审上提一级法院审理,具有了"准上诉"的功能,而且根据自2007年4月1日起施行的《诉讼费用交纳办法》规定①,对于申请再审案件,当事人无需交纳案件受理费,基于"准上诉"功能和经济动力两个方面的驱动,可能使得部分当事人怠于行使上诉权利,待上诉期间过后,直接申请再审,使审判监督异化为二审的替代;另一方面,当事人为了寻求更高级法院监督救济的考虑,基于法定的程序保障,再加上前述经济动力的驱使,可能诱发上诉率上升,使二审上诉由监督救济成为审判监督的"台阶"。在问卷调查中,大部分法官都表达了类似担忧,有42人认为"由于具有法定的程序保障,申请再审上提一级法院审理,具有了'准上诉'的功能,可能使得部分当事人怠于行使上诉权利,待上诉期间过后,直接申请再审,使审判监督异化为二审的替代",占47.2%;有27人认为"为了寻求更高级别法院监督救济的考虑,可能诱发上诉率上升,使二审上诉由监督救济成为审判监督的'台阶'",占30.3%;只有20人认为"不会带来前面两种异化",仅占22.5%。而从前面第二大部分第

① 第九条:根据民事诉讼法和行政诉讼法规定的审判监督程序审理的案件,当事人不交纳案件受理费。但是,下列情形除外:(一)当事人有新的证据,足以推翻原判决、裁定,向人民法院申请再审,人民法院经审查决定再审的案件;(二)当事人对人民法院第一审判决或者裁定未提出上诉,第一审判决、裁定或者调解书发生法律效力后又申请再审,人民法院经审查决定再审的案件。由此看见,只有少量进入再审程序的案件,才需要交纳案件受理费。

二节(六)"申请对象"的有关数据来看,两类异化的情形都不同程度地存在。

(三)对于涉诉信访的影响

新民事审判监督程序实施后,对于涉诉信访可能带来诸多影响:

一是对于涉诉信访压力具有双重作用。一方面,基于中国传统的以及当前的"权威情结"——具体表现为官本位思想、上下级观念严重,将权威等同于真理,认为级别高低和公正程度成正比等,在此意义上,申请再审上提一级审理可能起到强化和提高法院系统的司法公信力,减轻法院系统外部——诸如党委、政府、纪检、监察、检察等国家机关,以及妇联、残联、工会等社会团体——涉诉信访压力的作用;另一方面,由于大部分当事人对于涉诉信访和申请再审没有严格的区分意识,在新民事审判监督程序实施后,可能不分青红皂白,使两者一股脑地涌向上一级法院,在减轻基层法院涉诉信访压力的同时,增加上级法院(特别是高、中院)的涉诉信访压力。

二是有助于厘清涉诉信访与申请再审的关系。此前,两者的关系比较混乱,实践中并不做严格区分,统计的时候,两类数据混在一起,处理的时候,方式没有什么大的区别,致使申请再审的诉讼权利意义和涉诉信访的民主权利意义得不到很好的体现和分工。新民事审判监督程序实施后,第一次以立法形式提出了"再审申请"的概念,初步厘清了涉诉信访与申请再审的关系,对于"强化诉讼权利意义上的申请再审案件的审理以及对民主权利上、反映国家机关和国家工作人员违法乱纪等失职行为的信访申诉的分流和处理,意义重大"①,使两者在一定意义上"你走你的阳关道,我过我的独木桥",各自的功能和意义得到了厘清和界分,有利于司法资源的合理配置和有效利用。反映到司法实践中,最高法院下发了《关于调整〈申诉申请再审案件统计表〉有关指标填报口径的通知》等文件,市高院也出台了《关于诉访分离后来信来访有关指标填报若干问题的解答》(沪高法[2008]47号)等具体操作规定。

三是涉诉信访案件的协调配合难度可能加大。比如,由于申请再审上提一级法院审理,原审法院特别是基层法院可能会把更多原本是涉诉信访的案件或者介于两者之间模棱两可的案件以属于申请再审为由推向上一级法院处理;再如,上一级法院为了减轻工作压力,可能会将一些申请再审案件或再审案件交由原审法院或与原审法院同级的其他法院处理,由此引发的涉诉信访,如何处理?又如,对于因不服申请再审裁定驳回的案件以及再审裁判案件而提起的涉诉信访,案件如何处理,责任如何承担?还有,如果涉及维稳问题,到底是贯彻维稳属地原则,还是维稳上移原则?诸如此类的情况,如果缺乏明确具体的规定,很可能会使原审法院和再审法院之间协调配合难度加大,甚至产生推诿扯皮的情况。

① 最高人民法院审判监督庭:《民事诉讼法审判监督程序修改的意图及其实现》,载《人民司法》2007年第23期。

其实,以上对于涉诉信访的各类影响在问卷调查中也有所反映,有26人认为"会大大减少涉诉信访,特别是到市委市府或进京上访,因为上提一级申请再审强化了司法公信力",占15.6%;26人认为"对于涉诉信访的处理会带来一定难度,可能会带来上下级法院互相推诿的情况",占15.6%;46人认为"有助于厘清申请再审与涉诉信访的关系,进而有助于法院内部的责任划分和情况处理",占27.5%;36人认为"增加了上级法院的信访工作压力",占21.6%;只有33人认为"对于涉诉信访不会带来很大影响",占19.8%。

(四)公权和私权的冲突

民事诉讼中有一个非常重要的原则就是意思自治,即在私权范围内,当事人可以按照自己的意愿处置自己的诉讼权利,包括决定是否提起诉讼、向哪些主体主张权利、主张什么权利等。新民事审判监督程序依然保留了公权力提起再审的规定,即法院依职权提起再审和检察院以抗诉形式提起再审。虽然公权力提起再审可以起到诸如纠错、监督、恢复司法权威、维护公共利益等积极作用。但在很大程度上也会导致公权和私权的冲突,与当事人的处分权发生冲突,不当干预了当事人的私权。因为在法院作出生效裁判后,当事人未提出异议甚至已履行,很大程度上表明其在权衡各种因素后对裁判结果的一种接受或认可,如果公权力自行启动再审程序,有可能会与当事人的意思相左,以牺牲司法效率与司法权威的代价换取了当事人并不认可的所谓公平①。此外公权力提起再审还具有违背司法的被动性、中立性原则,发动程序僵化,实际效果不佳,容易滋生地方保护主义等诸多弊端。对于公权力提起再审的效果,问卷调查中也普遍反映不佳,如对于法院依职权提起再审的效果,有17人认为"实际效果很好",占19.5%;21人认为"基本上没有什么实际效果",占24.1%;49人认为"实际效果没有充分发挥,需要完善有关机制",占56.3%。对于检察院以抗诉的形式提起再审的效果,有12人认为"实际效果很好",占13.8%;16人认为"基本上没有什么实际效果",占18.4%;59人认为"实际效果没有充分发挥,需要完善有关机制",占67.8%。

(五)浪费审判资源,损害司法权威

公正与效率是法院工作的永恒主题。而其中的效率包含了优化资源配置,用最少的司法资源获得最大的司法收益(也即案结事了),将有限的司法资源"用在刀刃上"的意蕴。追求司法效率,这在当前人民群众日益增长的司法需求与司法资源和司法能力有限性之间的矛盾越来越突出的情况下显得尤为重要和迫切。但是新民事审判监督程序实施后,很可能会在一定程度上导致浪费审判资源,损害司法权威的问题。特别是程序性事由的再审,如果并不是很严重、无关

---

① 参见市二中院审监庭课题组:《论民事诉讼审判监督制度的改革进路》,载《第二中院审判研究》2008年第18期。

实体裁判痛痒的情况,很可能会造成重复审查,重复审理,投入不必要的人力、物力和财力。如以"违反法律规定,管辖错误的"作为再审条件为例,该规定的问题在于,提起再审的对象是法院关于管辖异议的生效裁定,还是该案的最终的生效裁判?在一审的实体审理中,当事人完全可以对管辖提出异议,或在管辖裁定生效后提出再审申请,如果还赋予当事人在案件最终裁判结果作出后就案件提出管辖错误的再审申请,将导致救济程序过剩。原本管辖问题就是法院审判工作的内部分工问题,过于强调管辖错误的救济,有可能偏离了管辖制度和再审制度的宗旨。再有,有些当事人可能会滥用程序性再审事由,即形式上符合法定的再审事由,但实际上采取的是规避法律的诉讼策略,如明明在一审期间已掌握有关证据,但故意在再审期间予以提出等诸如此类的情况,不仅拿国家的司法成本不当回事,还加大了对方当事人的诉讼成本。在问卷调查中,也有部分法官担心程序性再审事由的增加会"会束缚法官手脚,影响办案效率和效果","影响司法权威,浪费司法资源","应当加强向当事人释明,否则易产生负面影响"。

(六)与现有规定衔接不够,亟待进行细化和完善

根据系统论的观点,一个局部只有在和其他局部协调配合的情况下才能发挥其最大效用,正如一滴水只有放入大海才会永不干涸,而新民事审判监督程序在此方面还做得不够。

其一是与现有规定或做法没有衔接好。如除去法定的抗诉之外,在司法实践中,检察院还通过内部规定或联合规定等以"检察建议"的方式进行检察监督,这一创新方式较之抗诉更为灵活方便,可以达到纠错、维稳、调解等多重目的,也得到了法院的肯定和配合。"立法应考虑将检察建议纳入审判监督程序中,作为检察院行使检察监督权的一种补充形式加以规定,以丰富审判监督层次,使尚不足以进入再审程序的案件在审判监督程序中得到化解"①。但此次新民事审判监督程序并没有给其法定的名分,令其地位比较尴尬,到底该何去何从,不甚明朗。与其有同样命运的还有近年来在审判监督方式的改革中,各地法院逐步探索并日趋完善的亮点举措——复查听证制度②。再有,与检察机关现行层级办案体系也有矛盾(抗诉后发回重审的案件),与现有举证期限规定也有冲突等。而在问卷调查中,不少法官都对这些现有规定或做法充满期待,寄予厚望,如在对于《决定》实施后,市高院2002年出台的《民事申请再审案件复查听证操作规范》中规定的听证方式的看法中,有4人认为"效果不好,应予取消",占4.5%,21人认为"效果很好,继续加强",占23.9%,61人认为"效果没有完全发挥,应予继续完

① 市二中院审监庭课题组:《论民事诉讼审判监督制度的改革进路》,载《第二中院审判研究》2008年第18期。

② 即在民事申请再审案件的事由审查阶段,由法院通过听证的形式分析和决定当事人的申请再审理由是否成立的一种审查方式。不过关于此类听证的称呼,各地法院并不一致,如有的称审监听证,有的称审查听证。

善”,占69.3%,2人做了开放式问答(另行填写了自己的选项),占2.3%。

其二是规定本身需要细化,司法解释亦需完善。由于新民事审判监督程序属于局部修正,依然存有诸多从整体架构到具体细节需要亟待完善之处,比如是否应当进一步明确法院依职权再审的范围?在当事人坚持向原审法院申请再审的情况下,原审法院是否具有审查权(这涉及对“当事人……可以向上一级人民法院申请再审”中“可以”作何解释)?再审事由中的“新的证据”、“基本事实”、“主要证据”、“剥夺辩论权利”等有何具体操作标准①?诸如此类的问题,亟待出台配套规定予以细化和完善,否则极易导致实践操作混乱,影响司法权威。目前的情况是,虽然最高人民法院《关于适用〈中华人民共和国民事诉讼法〉审判监督程序若干问题的解释》(下称《解释》)终于在《决定》发布近一年之后,也即2008年11月10日正式出台,并自2008年12月1日起施行,使先前存在的不少模糊之处得到澄清,概括之处得到细化,歧义之处得到明确,结束了各级法院实施新民事审判监督程序相对混乱的状况。但《解释》仍然有不少完善的空间,并且需要随着司法实践的反馈进一步健全,比如对于当事人向原审法院申请再审的情况,《解释》中没有涉及,不置可否;再如《解释》对于“基本事实”、“管辖错误”、“剥夺辩论权利”、“适用法律错误”等采用的是“开放式”的明确方式,其中仍然有“等”、“其他”、“主要”、“明显”等字眼,需要在司法实践中进一步细化。

五、对未来的对策建议

这里的建议既有针对使已有的措施更加完善,对存在的问题对症下药,也有对审监程序的整体建议,目的是建立公正、权威、高效的审判监督程序,让现有的新民事审判监督程序的正面影响得到最大限度发挥,负面影响降到最低程度。

(一)处理好审监程序的定位问题

新民事审判监督程序实施以前,司法实践中出现了两个极端,一是申请再审难,二是申请再审无限制。新民事审判监督程序实施以后,这两个极端虽然得到了一定程度的解决,但离最终解决还有一段相当的距离。之所以如此,问题的症结就在于审监程序的定位问题还没有得到明确的澄清。依笔者之见,要处理好审监程序的定位问题,重点是要在维护司法权威和确保当事人诉权之间进行平衡,确保司法公信力,要维护正常的诉讼秩序,要明确审监程序“售后服务”的性质,对其应该加以控制,越少越好,防止审监程序成为三审终审制中的“第三审”,审监程序(特别是再审程序)只能用于例外情况的救济,再审事由不仅须明确,而且须苛刻,明确与苛刻是再审事由的固有属性。之所以如此,不仅是因为我们追求的是司法正义,而正义具有很多种,可以说有多少人,就有多少种正义,还因为“迟来的正义非正义”,如果一个判决老是处于不确定状态,随时可以申请再审,

① 参见孙祥壮:《民事审判监督程序的修改与配套司法解释的任务》,载《法律适用》2008年第4期。

那么正常的诉讼秩序、司法权威、司法效率等重要价值将无从得到维护，人们对司法的信任将无从树立，更遑论信仰了。因此，虽然新民事审判监督程序对于保障当事人的申请再审权利给予极大关注，但“保障当事人申请再审权利，并不是鼓励申请再审，也不能超越法律去提供保障。当事人不依法申请的，法院就不应给予保障”①。

1. 确立有限再审或一审终审原则

所谓有限再审原则，又称再审不重复原则，其具体含义为：再审理由或再审诉因不得重复，即不得以同样的诉因要求法院对再审裁判进行再审。这是世界各国普遍采用的再审原则，对于维护正常诉讼秩序，防止审监程序成为一审、二审的必然延伸意义重大。但新民事审判监督程序对此没有涉及，可以从理论上理解为再审可以无限制次数地发起，包括对再审生效裁判亦可提起申请再审。因此，应确立有限再审原则，或者作为替代，规定审监程序一审终审原则，终审后当事人再次申请再审的按照涉诉信访处理。另外，对于不予立案或立案后审查驳回的申请再审次数也要予以限制，如对于申请再审缺乏材料者，经两次补充仍未到位的则不予受理。在问卷调查中，也显示了确立有限再审原则的必要性和迫切性，有 64 人认为“立法应当确立有限再审原则，以树立司法权威和节约司法资源”，占 71.1%；8 人认为“对于司法实践中违反有限再审原则的情况，一律驳回申请，不予受理”，占 8.9%；18 人认为“这是《决定》的一大缺陷，会引发实践中当事人滥用申请再审权利的现象增加”，占 20%。

2. 确立有限审查和有限审理原则

新民事审判监督程序没有涉及再审事由审查阶段的审查范围以及再审阶段的审理范围，但出于防止再审法院承担原审法院重复的调查事实和适用法律的职能，以及提高审监程序的针对性等考虑，应当确立有限审查原则和有限再审原则。即在再审事由审查阶段，应当围绕当事人提出的再审事由是否成立进行；在再审阶段，应当以当事人的再审请求范围为限，并限制在原审诉请范围，对于增加或变更诉讼请求的不予审理。当然有一个例外，即如果不在当事人申请范围，但不审查将导致案件无法审理的情况除外。对于再审事由审查阶段的审查范围，《解释》第 9 条规定“应当围绕再审事由是否成立进行”，可以说确立了有限审查原则，但是仍有模糊之处——这里的再审事由是仅限于当事人提出的再审事由，还是可以扩展到《决定》列举的其他事由？对于再审阶段的审理范围，《解释》第 33 条规定“人民法院应当在具体的再审请求范围内或在抗诉支持当事人请求的范围内审理再审案件。当事人超出原审范围增加、变更诉讼请求的，不属于再审审理范围”，可以说确立了有限审理原则，但是仍有需要明确的地方——如果当事人没有超出原审范围而增加、变更诉讼请求的，是否属于再审审理范

① 苏泽林：《准确把握立法精神，正确处理审判监督若干关系》，载《人民司法》2008 年第 3 期。

围？而从问卷调查来看，对于再审程序中，当事人是否可变更诉讼请求，有14人认为“可以”，占15.9%，有49人认为“不可以”，占55.7%，有25人认为“具体情况具体分析”，占28.4%，可见大部分法官还是不支持当事人在再审阶段变更诉讼请求的。

3. 明确部分情形的案件不得进入再审

为了维护正常的诉讼秩序，在平衡当事人申请再审权利的前提下，在以后的立法修正或司法解释中，可以明确部分情形下的案件不得进入再审程序：如最高法院终审的、无纠正可能的、无纠正必要的、对一审裁判不服又未上诉的等①。

4. 限制或取消公权力提起再审

“尊重诉讼主体的意志，弱化公权力对民事私权领域的主动干涉，是对当事人申请再审进行诉权化改造的主旨，也是民事诉讼当事人处分原则的应有之义。”②因此在综合考量和协调平衡的基础上，需要对公权力提起再审的情况予以必要限制。具体而言，对于法院以职权提起再审，应予以严格限制，仅限于侵犯国家、集体、案外人等第三方利益的情形；对于检察院以抗诉形式提起再审也要严格限制，一是限于侵犯国家、集体、案外人等第三方利益的情形，二是对于其他情形，则须经当事人或案外人向检察院提出申请的前置程序。在问卷调查中，大部分法官也持类似态度，如对于法院依职权提起再审，7人认为“应予取消，因为不符合法院的中立原则，而且没有实际效果”，占8%；45人认为“应予严格限制，仅限于侵犯国家、集体、案外人等第三方利益情形”，占51.7%；35人认为“继续保留，以发挥法院的自身纠错作用”，占40.2%。对于检察院以抗诉的形式提起的再审，6人认为“应予取消，因为基本没有实际效果”，占6.9%；55人认为“应予严格限制，仅限于侵犯国家、集体、案外人等第三方利益情形”，占63.2%；26人认为“继续保留，以发挥检察院的法律监督作用”，占29.9%。对于“对于检察机关以抗诉形式提起的再审，须由当事人向检察机关提起抗诉申请为前提条件；如果没有当事人提起抗诉申请，则原则上仅限于原审裁判侵犯了国家、集体或他人等第三方利益”这一观点，有80人表示“同意”，占90.9%，仅有8人表示“不同意”，占9.1%。此外，对于公权力提起再审的时间等事项也可予以限制。

5. 确立具体措施预防或惩处恶意申请再审

正如一把锋利的菜刀既可以用来切菜也可以用来杀人一样，新民事审判监督程序实施后，在便利了当事人申请再审的同时也可能引发部分当事人恶意诉讼，即出于规避法律等不当目的而滥用再审事由（特别是程序性再审事由）恶意申请再审。为了维护正常的诉讼秩序，需要确立具体措施预防或惩处此类恶意情况。比如以新证据为再审事由的要由申请人举证是基于客观原因

① 参见景汉朝、卢子娟：《论民事审判监督程序之重构》，载《法学研究》1999年第1期。

② 宫鸣、孙祥壮：《〈关于适用民事诉讼法审判监督程序若干问题的解释〉的理解与适用》，载《人民司法》2009年第1期。

未能及时举证，如果有证据表明该证据是申请人在原审中已经掌握，只是出于恶意规避法律（故意或重大过失）等原因而未予提交，则可以不予采纳，另外相应的诉讼成本（包括给对方当事人带来的交通费、误工费等）也可以转移给恶意申请再审方支付。好在《解释》对此进行了一定程度的关注，第39条规定，“新的证据证明原判决、裁定确有错误的，人民法院应予改判。申请再审人或者申请抗诉的当事人提出新的证据致使再审改判，被申请人等当事人因申请再审人或者申请抗诉的当事人的过错未能在原审程序中及时举证，请求补偿其增加的差旅、误工等诉讼费用的，人民法院应当支持；请求赔偿其由此扩大的直接损失，可以另行提起诉讼解决。”但很明显，《解释》的关注力度还有待加强，关注层面也有待拓展。在问卷调查中，大部分法官也对此表示了赞同意见，针对明明在一审期间已掌握有关证据，但故意在再审期间予以提出等诸如此类的情况，有1人认为“依法做出有利于当事人的判决”，占1.1%，有26人认为“依法做出不利于当事人的判决”，占29.9%，有60人认为“依法做出有利于当事人的判决，但要求当事人承担由此给对方带来的额外损失”，占69%。此外，也可以考虑限制或禁止当事人一审后未经上诉程序就直接申请再审的情形，以防止审判监督程序的异化。

（二）多管齐下，多措并举，处理好发生的审监案件，做到案结事了，促进社会和谐

“条条大道通罗马”，对于已经发生的审监案件，要在法定范围内挖掘最大限度的空间，在法外范围内想方设法，多措并举，使其得到高效、权威、公正的解决。

1. 审监案件上下级法院联动化解机制

新民事审判监督程序实施后，对于民事申请再审案件，原审法院（特别是基层法院）对于本院审理的案件基本上没有机会受理、审查并进而启动再审程序。但是这并不意味着对于民事申请再审案件，原审法院已无所作为，仍然需要原审法院和再审法院上下联动，形成合力。

（1）和解与听证。对于再审事由审查阶段的和解以及复查听证，视案件具体情况可以由原审（基层）法院、上一级法院或联合主持复查听证，在一方主持的情况下，另一方可以视情况需要予以参加，在此期间要注重缓解当事人对立情绪，点明纠纷症结，联合做好引导当事人和解的工作。

（2）判后答疑。判后答疑制度是近年来最高法院推行的一项重要举措，旨在做好司法延伸工作，“让当事人理解法院裁判的结果和理由，自觉接受裁判的结果，理解法院裁判所宣誓的公平正义的法律精神，促使当事人服判息诉，从源头上治理涉诉信访，达到促进司法公正，维护司法权威的目的”①。为了发挥原审法院的作用，再审法院在立案受理之前可以视案情需要，先行设置一个原审法院

① 李珏：《“判后答疑”的法理基础与实践》，载《上海审判实践网络增刊》2008年第7期。

判后答疑程序,由原审法院的承办人或立案法官等,用通俗易懂的日常语言对与裁判有关的、当事人持有异议的程序适用、证据认定、裁判理由等事项进行解释、说理和说明,让双方当事人充分理解法院如此裁判的法理和道理,以促使或引导双方当事人撤回再审申请。

(3) 程序要点指引。由于新民事审判监督程序大大扩展了程序性再审事由,对法官提出了更高的要求,对庭审规范提出了更高的标准。为了避免大量因程序性再审事由引发的申请再审,节约司法资源,提高法官素质,上级法院特别是高级法院可以问卷调查、实践反馈、座谈研讨等形式总结本辖区法院审理过程中常见的、重大的、易出现的程序瑕疵,提出解决之道,编辑成册或形成规范性文件以提醒办案法官,规范案件审理。当然,各法院内部也可以各显神通,对症下药,但要将有关做法或规定向上级法院汇报或备案。

(4) 审监案件异议反馈评价机制。在不改变上下级审判监督关系、不影响法定程序以及不违反审判纪律的基础上,可以打破藩篱,尝试建立"审监案件异议评价反馈机制",在原审法官和再审法官之间搭建一个针对审监案件的交流和沟通平台,通过再审的审判监督和原审的异议反馈,形成相互促进、共同提高的协调运行模式,提升案件审判质量。具体操作模式可参见前述第三部分第四小节中上海法院推行的"改判发回重审案件异议评价反馈机制"。

(5) 将审监率纳入考核指标。可以调整考核指标,把申请再审率、抗诉率以及再审率纳入对于法院、条线以及法官个人的考评体系,帮助各级法官树立不仅关注自己的承办案件,也要关注之后的申请再审案件以及再审案件的兼顾思想。此外,还可以将审件案件和解率、调解率、撤诉率、驳回率等纳入考核指标,以鼓励法官采取多种方式化解审监案件纠纷。

2. 审监案件和涉诉信访疏导分流机制①

(1) 息诉疏导。接待初访时,对于申请再审和涉诉信访都要先行做好息诉疏导工作,防止简单告知甚至动员当事人申请再审。尤其是经过接待发现再审事由明显不成立的,要积极做好有关解释和劝导工作。

(2) 筛选分流。经过息诉疏导后,当事人仍然不满意的,要做好申请再审和涉诉信访的筛选分流工作,属于申请再审的,应当及时转由申请再审立案人员接待处理,属于涉诉信访的归入信访渠道处理。

(3) 明确责任。为了防止原审法院甩包袱,也为了防止任务过多集中于再审法院,可以贯彻"审理上移,维稳属地"的原则。即虽然申请再审案件以及再审案件上提一级法院审理,但由此引发的涉诉信访依然由原审法院负责处理,做好息诉教育和维稳控制工作,再审法院则应当配合做好解释说服工作。对此,上海

---

① 部分内容参见江苏省高级人民法院课题组:《民事审判监督立法修改影响及应对的调研报告》,载《人民司法》2008 年第 7 期。

法院也采取各类措施积极应对，如市高院出台了《上海法院信访维稳协作联动机制实施办法（试行）》，其中明确规定，高、中院均成立信访维稳协作联动工作领导小组，领导小组根据具体信访件情况，可指定成立专案小组，对人案分离的信访件，根据属地原则，由信访人实际居住地法院按照联动工作领导小组的要求，配合承办法院做好矛盾化解及稳控工作；需要与居住地党委、政府协调的，由专案小组成员及相关法院的联络员共同做好跨区联络协调工作。

3. 多元化解决审监案件机制

为回应新时期人民群众对司法的新要求新期待，缓解人民群众日益增长的司法需求与司法资源和司法能力有限性之间的矛盾，需要在现有法律空间内借助有关力量，创新相应形式，建立健全多元化解决审监案件机制。

在主体方面，可以引入社会力量弥补司法资源和司法能力之不足。视案情需要可以邀请有关专家、人民陪审员、人民调解员、特邀监督员或人大、政协、检察、公安、司法、妇联、村（居）委会等国家机关、社会团体、基层组织的有关人员做一些参与化解、协助和解之类的辅助工作，并探索诸如联席会议制度、联动协调机制之类的工作方式，形成以法院为主体，社会参与的合力化解机制。

在形式方面，可以视案情需要灵活采用判决、调解、和解、撤诉、审监前的缓处机制（做当事人工作）①等形式，还要注意完善审前化解机制，加强对审前准备程序的研究。特别值得一提的是，由于“差一点的和解也胜过完美的诉讼”，因此在对民事申请再审案件的再审事由审查阶段，要注重和解制度的构建，增强和解工作的实效。比如，在和解过程中，要坚持当事人自愿、主持人引导、不违反法律规定、贯穿于听证过程始终以及效率等原则。考虑中国国情，在原有裁判确有错误时，应以选择和解为原则，依法纠错为例外。再如，为确保和解协议履行，可以采取诸如倡导即时履行、约定违约金、要求提供担保等措施，此外，为增强和解协议效力，还可以在现有法律空间内进行适度探索，做出裁定以确认效力或做出调解以对接和解。又如，为充分发挥和解的应有功效，可以采取引入社会力量，加强监督检查考核等措施②。

（三）建立健全配套措施，努力将问题解决于一审和二审过程中

因为审监程序属于“售后服务”性质，是以牺牲司法权威、安定和效率为代价的非常救济程序，自然是越少越好，为此需要建立健全配套措施，尽力将案件化解在一审和二审过程中，尽量避免启动审监程序。从广义上而言，前述的诸多措施都具有配套性质，这里的配套措施主要具有补充的性质，重点是树立“早知今

---

① 市高院在2007年曾发布规定，上海各级法院在申请再审受理后两个月内不得以驳回方式结案，在此期间审监庭要采取相关措施，联合业务庭以及原审承办人等做当事人工作。由于新民事审监程序对于再审事由审查规定了三个月的时间限制，该制度的发挥空间已大大缩减甚至弃置不用，但并不意味着该制度已无用武之地，抑或无改善可能。

② 参见张建国、肖强根、王庆廷、陈德锋：《再审之前的“案结事了”——民事申请再审案件复查听证中的和解研究》，系市高院2008年报批的调研课题。

日,何必当初”的未雨绸缪意识和居安思危意识。

1. 调整错案追究机制的标准和尺度

所有法官都要树立这样一个思想,即要尽最大努力避免审监程序的启动,关键是做好一审和二审案件的审理,在程序方面要杜绝出错,在实体方面要竭尽所能。为了适应这一要求以及回应新民事审判监督程序,特别是在错案追究方面,要向程序方面进行倾斜,同时实体方面在自由裁量权方面要予以适当放开,除非明显不当,一般不作为错案处理。这样可以促使法官在一审和二审过程中树立程序第一的思想,以免因为程序问题引发再审,造成司法资源浪费。

2. 完善司法解释,建立配套制度

最高法院在充分调研的基础上已发布了针对新民事审判监督程序的《解释》;各地高院在依法的前提下,也可以根据实际情况创立地区性的机制,当然具体机制视情要向最高法院和同级人大常委会备案;各个法院也可以各显神通,出台具有本单位特色的方式方法,同时也要做好相应的备案、完善和反馈工作。总之,各级法院要根据司法实践的反馈,对于已出台的机制要不断完善,对于未出台的机制要不断探索。

结 语

通过前述的统计、调查和分析,可以得出一个大致的结论:新民事审判监督程序实施以来,总体效果是好的,特别是在保障当事人的申请再审权利,提高案件审理质量,促进庭审程序规范等方面,而且还在很大程度上影响了法院体系的纵向分工格局,可以说影响深远。但同时,我们也看到,新民事审判监督程序远没有达到十全十美的境界,虽然比以前进步了不少,但我们依然“在路上”,仍然需要继续努力,需要不断探索。

再审之前的"案结事了"

——民事申请再审案件复查听证中的和解研究

张建国课题组*

（本文系2008年市高院报批调研课题成果，荣获2008年市高院报批调研课题优秀奖，载《上海审判实践》2009年第6期）

审判监督是法院进行案件纠错的重要制度，在体现司法公正和提高司法公信力方面具有十分重要的意义。近年来，随着审判监督改革的不断深入，特别是审判监督方式的改革，各地法院逐步探索或摸索出了不少新的举措，其中亮点之一就是引入了复查听证制度①。所谓民事申请再审案件的复查听证，即在民事申请再审案件的事由审查阶段，由法院通过听证的形式分析和决定当事人的申请再审理由是否成立的一种审查方式。

由于在复查听证过程中，当事人双方可能达成和解，从而在案件进入再审程序之前达到"案结事了"，各地法院在制定复查听证有关规范的同时也大都对和解有所涉及。但在规范层面，有关和解的规定甚为粗略；在实践层面，和解的应有功效未能得到充分发挥；在理论层面，对于和解的专题研究几乎处于空白。因此，本文拟以上海法院的有关规定和实践（间或涉及其他法院）为基础素材，对民事申请再审案件复查听证中的和解②做一系统性的研究，以期在完善相关理论、规范和实践层面有所裨益。

一、和解的含义与意义

（一）含义

和解是指在民事申请再审案件的复查听证过程中，根据双方当事人的意愿

* 课题主持人：张建国（上海市金山区人民法院研究室主任、审判委员会委员，四级高级法官，法律硕士）。课题组成员：肖强根（上海市金山区人民法院办公室主任）、王庆廷（课题执笔人，上海市金山区人民法院研究室法官，法学硕士）、陈德锋（上海市金山区人民法院审监庭法官，法学硕士）。

① 关于此类听证的称呼，各地法院并不一致，如有的称审监听证，有的称审查听证，本文统一称为复查听证。

② 基于研究的目的性需要，以及行文方便，如无特别说明，文中所涉"和解"特指民事申请再审案件复查听证中的和解。

或在听证主持人以及其他听证人员的引导下,双方自愿达成解决相互之间纠纷的协议进而撤回再审申请的制度。

(二) 意义

和解本身意义重大,可以实现司法公正和司法效率的双重价值。具体而言:

1. 实现案结事了

当事人之所以提起再审申请,究其根源,主要是案件虽然审理结束,在法律上有了一个处理的结果,但涉案纠纷并未得到彻底解决,当事人之间的矛盾仍然存在。换言之,虽然在法律效果上已经“官了、案了”,但在社会效果上“民没了、事没了”。此外,在审判监督阶段,当事人之间的矛盾和冲突由于长期的积累会变得更加激烈,如果得不到积极引导和妥善处置,往往会采取种种过激行为,影响社会稳定。而双方当事人如果在复查听证阶段达成和解,就能既解开他们之间的“法结”,又解开他们之间的“心结”,使案件在进入再审程序之前达到“案结事了”。

2. 减轻涉诉信访

就司法实践而言,当事人提起再审申请案件,都是经过一审或二审法院审理后的生效案件,其中绝大多数案件认定事实清楚,适用法律正确,裁判结果公正。按照法律规定,经过再审事由审查后,绝大多数再审申请会被驳回而进入不了再审程序。这样一来,相当比例的当事人在被驳回申请后,基于种种原因,就会转向法院或其他单位的涉诉信访部门请求处理。不仅极大增加了涉诉信访部门的工作压力,也极大增加了诸多社会不稳定因素。而双方当事人如果在复查听证阶段达成和解,则不仅减轻了涉诉信访部门的工作压力,也减少了社会不稳定因素。

3. 节约司法资源

对于当事人提起的再审申请,如果经过审查,符合法定再审事由进入再审程序后,法院要重新组成再审合议庭,重新开庭审理,将一审或二审已经走过的诉讼流程重新再走一遍;如果经过审查,不符合法定事由进入涉诉信访程序后,法院则需要确定具体的时间、场所和人员予以接待、解答和答复。可见在两种情况下,都会占用极大的司法资源,加剧了原本有限的司法资源与人民群众日益增长的司法需求之间的矛盾。而双方当事人如果在复查听证阶段达成和解,则会大大节约司法资源,使有限的司法资源得到更大效能的发挥。

4. 维护司法权威

在某种意义上,审判监督程序是把双刃剑,自始至终面临着一个“两难”处境:就微观的个案而言,可能通过再审改判,使个案的瑕疵得到纠正,不足得到改进,得到更加公正的结果;就宏观的司法而言,如果再审改判,则生效裁判的既判力不可避免地被动摇,既影响了司法权威,又影响了司法效率。而双方当事人如果在复查听证阶段达成和解,则既避免了对生效裁判的变动,维护了司法权威,事实上又纠正了生效裁判的瑕疵,做到了两全其美。

二、规范、实践、理论——和解的三维现状

为了使课题研究能够做到有的放矢,对症下药,需要对和解的现状做一考察和分析。

(一) 规范层面

1. 地方法院,有所涉及,但甚为粗略

如今,不少法院特别是各地高级法院大都出台了有关复查听证的操作规范。如上海市高级人民法院(下称"市高院")在2002年出台的《民事申请再审案件复查听证操作规范》(下称《复查听证规范》),江苏省高级人民法院1999年出台的《关于实行申诉复查听证制的若干规定(试行)》(下称《江苏省规定》),浙江省高级人民法院2007年出台的《关于民事、行政申诉、申请再审案件听证制度若干问题的规定(试行)》(下称《浙江省规定》)。这些规定对于和解均有所涉及,但大都相当原则,甚为粗略,可操作性不强。如市高院《复查听证规范》仅仅规定了短短100余字:"听证主持人可以征求双方当事人和解意愿,告知当事人和解的法律后果,并可视情况做双方当事人的和解工作。如双方达成和解协议,应制作和解协议书,办理撤回再审申请手续;和解协议能够即时履行的,亦可不制作和解协议书,但应及时办理撤回再审申请手续。"《江苏省规定》和《浙江省规定》对和解的规定也大同小异,同样较为粗略。

2. 最高法院,有所肯定,但仍是空白

虽然最高人民法院对于发端于海南省高级人民法院的申诉复查听证制度予以肯定,并在《最高人民法院关于全国法院立案工作座谈会纪要》(法[1999]186号)中"要求有条件的法院,应积极试行推广",但迄今为止,最高人民法院一直没有出台一部明确、统一、规范的全国性复查听证规定,更遑论其中的和解规定了。

(二) 实践层面

为了切实反映和解在上海法院的实际运作情况,笔者根据统计学中的抽样分析理论,向几个兄弟法院请求提供了三个相关数据,即2007年本院审结的民事申请再审案件数,其中经过复查听证的案件数,经过和解后撤回再审申请的案件数(详见表1)。

表1 本市部分法院2007年民事申请再审案件听证与和解情况

法 院	民事申请再审案件(件)	复查听证案件(件)	和解后撤回申请案件(件)
卢 湾	22	14	2
闵 行	18	18	0

续 表

法 院	民事申请再审案件(件)	复查听证案件(件)	和解后撤回申请案件(件)
南 汇	29	20	15
浦 东	119	86	7
徐 汇	68	65	11
长 宁	29	29	0
金 山	19	4	0

由表1可以看出,在提供数据的兄弟法院中,其和解功效大都未能得到切实、充分、有效的发挥①。

此外,据市高院审监庭的统计,2008年第二季度全市法院审监庭审结民事(含商事)申诉、申请再审案件517件,其中结案方式为和解的仅仅1件(详见表2)。

表2 2008年第二季度全市法院审监庭申诉、申请再审案件结案情况

项目类型	结案	结案方式								现存
		书面驳回	口头驳回	和解	撤诉	终结	再审	指令再审	其他	
刑 事	25	19	2			,	3		1	16
民 事	454	377	2	1	55	1	11		7	235
民商事	63	40	1		11		2		9	46
知 产										
行 政										
海 事										2
合 计	542	436 (80.44%)	5 (0.92%)	1 (0.18%)	66 (12.18%)	1 (0.18%)	16 (2.96%)		17 (3.14%)	299

由表2可以看出,以全部申诉、申请再审案件为基数,和解仅占0.18%,而2008年第一季度的比例虽然稍高,但也仅仅占0.27%②。

由以上两个表格的数据可以推知,在整个上海法院系统和解的实际运作状况整体上并不尽如人意,存在较大的上升空间。

---

① 需要说明的是,表中部分法院(如浦东法院)的第三个数字还包括和解之外的撤诉情况,因此单纯因和解而撤诉的数字可能更少。

② 数据见市高院审监庭:《2008年第二季度全市法院审监庭各类案件审理数据分析》,载《审监庭情况》2008年第8期。

（三）理论层面

据笔者掌握的不完全资料，在理论层面，无论是实务界还是学术界，对于和解的专题研究几乎处于空白，并没有积极回应来自司法实践和操作规范两方面的需求，至多是在研究审判监督程序或复查听证的过程中蜻蜓点水式地附带说明一下，既不重视，也不深入。这一方面增加了对于和解课题的调研难度，另一方面也凸显了对于和解进行系统性专题研究的必要性和重要性。

三、和解的原则

要使和解在司法实践中充分发挥应有功效，首要工作是需要明确和解的原则。因为法律原则是司法活动的指导性依据，只有明确了原则，才能确保和解的整体性功效。

（一）当事人自愿原则

与公权（权力）相比，民事诉讼处理的一般是私权（权利），在整个民事诉讼过程中也就自始至终贯穿了一个重要原则——意思自治原则，即当事人可以按照自己独立的意愿处分自己的权利。对应在审判监督程序中，和解权是当事人的一项重要权利，是意思自治原则在民事审判监督程序中的具体体现。因此，与民事诉讼中的调解一样，和解也要奉行当事人自愿原则。

（二）主持人引导原则

调解与和解的一个主要区别是第三方所起的作用程度不一样：在调解中，第三方所起的作用较大，也即必须以第三方的介入为条件，在第三方的主持与调和下双方当事人达成调解协议；在和解中，第三方所起的作用较小，也即并不以第三方的介入为条件，双方当事人可以自行协商达成和解协议。因此，与调解不同，在和解中，听证主持人以及其他听证人员主要起到一个引导的作用，不得越俎代庖。

（三）不违反法律规定原则

即除去双方当事人意思自治范围内的事项，和解的过程和结果都不得违反现行法律的禁止性规定。如双方当事人在和解过程中均不得采取胁迫、欺诈、恶意串通等非法手段，达成的和解协议不得侵犯或损害国家、集体或他人等第三方利益。

（四）贯穿于听证过程始终原则

根据《新民事诉讼法》[①]的规定以及此前相应的司法实践，民事审判监督程序划分为三个相对独立的阶段，一是立案受理阶段，二是再审事由审查阶段，三是再审审理阶段。由于复查听证是审查的一种方式，属于再审事由审查阶段，显

① 指根据2007年10月28日第十届全国人民代表大会常务委员会第三十次会议《关于修改〈中华人民共和国民事诉讼法〉的决定》修正之后的《中华人民共和国民事诉讼法》，如无特别说明，下同。另外，文中所涉法律均省略“中华人民共和国”字样。

然其中的和解也属于这一阶段。和解的原则和精神不仅可以贯穿于复查听证全程以及整个再审事由审查阶段,而且还可以前移后延,即在条件许可的情况下,前移到立案受理阶段或者后延到再审审理阶段。

(五)效率原则

公正与效率是司法的两大价值追求。在追求平和公正解决双方当事人之间纠纷的同时,和解也要追求效率,切忌久和不解。为此,不能将其视为达致案结事了的唯一手段,“咬定青山不放松”,不仅要对和解设定相应的期限,而且在和解手段已明显无能为力时要果断选择其他手段进行处理。

四、和解的程序

根据和解的启动方式的区别以及当事人的和解意愿强烈与否,可以将和解分为两种:一是主动型和解,即和解的启动由当事人自行发起,无需听证人员的引导,并且和解意愿强烈;二是被动型和解,即和解的启动需要听证人员的引导,当事人的和解意愿并不强烈。

(一)主动型和解的程序

1. 自愿和解

双方当事人均具有和解意向,由一方提起,另一方同意,或双方同时提起的方式启动和解程序。

2. 达成协议

经过协商或让步,双方当事人达成和解协议,制作和解协议书,以合法合理合情的方式自愿解决相互之间的纠纷,或者不用制作和解协议书,而是即时履行。

3. 撤回申请

双方当事人在和解协议书中注明撤回申请再审的内容,或者不注明,但均应及时办理撤回再审申请的手续,实践中法院可以设定时间予以限制,以防止当事人人为拖延。

4. 法院准许

听证主持人以及其他听证人员需要对和解协议书的内容和形式进行审查,对于其中容易发生纠纷之处或违法之处,要予以提醒或纠正,可以在和解协议书上以证明人的身份进行签字盖章,以增强和解协议书的效力和权威。同时,务必要将和解过程详细记录在卷,当事人也要在听证记录上签字。之后,法院根据规定予以准许,并办理相关手续。

(二)被动型和解的程序

大体程序与主动型和解的程序类似,主要不同之处在于此类和解中当事人双方或一方并没有和解意向,或和解意向不强烈,这时就多了一道程序,就是听证主持人以及其他听证人员的引导工作。待引导和解成功启动后,其余各项程序与主动型和解基本无异。另外在其他各项程序中，听证主持人以及其他听证人员也要更加主动一点，摒弃不理不睬的中立态度。

值得注意的是，在两个程序中，只要有利于达成和解，解决矛盾，化解纠纷，听证主持人以及其他听证人员在遵循和解有关原则的情况下，其释法说理、答疑解惑、穿针引线、撮合调和等工作都可以贯穿和解全程。

五、与和解协议相关的问题

（一）和解协议的性质

和解协议的性质既关乎双方当事人的意思自治，也关乎原审生效裁判的司法权威，需要慎重对待，以寻找两者之间的平衡点。

应当明确，和解协议与再审改判之间有质的区别。再审改判是在否定原有生效裁判的基础上做出新的裁判，而和解协议并不否定原审生效裁判的法律效力。即和解协议是在承认原审生效裁判法律效力的基础上，就如何执行原审生效裁判达成的协议，本质上与诉讼过程中的执行和解类似。一旦和解协议执行完毕，在效力上，便视为原审生效裁判已得到执行；在程序上，诉讼过程即告终结。一般情况下，无论是否依当事人申请，还是依职权，法院都不得再行启动原审生效裁判执行程序。一旦一方或双方当事人不履行和解协议，法院就可依申请或依职权恢复对原审生效裁判的执行。

（二）达成和解协议的时间

原则上，在遵循法律规定的各种期限的前提下，达成和解协议的时间可以在复查听证过程之中、之前或之后，也即在整个再审事由审查阶段都可以，并不局限于复查听证过程中证据认定之后。不过在司法实践中，基于和解意愿的强弱问题，对于被动型和解，在时间上可以相对从紧处理，以避免时限延误；对于主动型和解，在时间上可以相对从宽处理，以追求案结事了。

（三）和解协议的撤销

由于和解协议从本质上而言属于民事合同的性质，在和解协议履行完毕后，一方当事人如果发现和解协议具有欺诈、胁迫、重大误解、显失公平等情况，也可以向法院申请撤销，以避免对方当事人从中获取不当利益。在法院审查可撤销事由的过程中，要兼顾和解协议的稳定性和当事人的合法权益，只有在可撤销事由确实存在且达到一定程度后才可以准许撤销，这里的程度需要法官根据个案情况予以自由裁量，不宜统一规定。此外，基于司法效率的考量，应对撤销权的行使设定时间限制，可以借鉴《合同法》第 55 条的规定①，规定两种情况下撤销权消灭：一是自当事人知道或应当知道和解协议具有可撤销事由一年内没有行

① 《合同法》第 55 条：有下列情形之一的，撤销权消灭：（一）具有撤销权的当事人自知道或者应当知道撤销事由之日起一年内没有行使撤销权；（二）具有撤销权的当事人知道撤销事由后明确表示或者以自己的行为放弃撤销权。

使撤销权;二是当事人知道可撤销事由后明确表示或者以自己的行为放弃撤销权。和解协议撤销后,可以视情况需要重新达成和解协议或者恢复原审生效裁判的执行。

(四)确保和解协议效力的方式

在司法实践中,之所以各级法院对于和解并不十分重视,和解的应有功效未能得到充分发挥,一个非常重要的原因就是和解协议缺少法定效力,致使当事人对于和解协议缺少尊重和敬畏,随意反悔现象严重。这一问题的根本解决当然要依赖于立法或司法解释的明文规定,以赋予其类似法院主持下达成的调解协议的法定效力,提供法律上的约束力和国家强制力的保障。但这无疑是一项重大且长远的规划,牵涉部门较多,涉及层次较高,在可预计的短时期内恐怕难以达到此一预期目标。因此,当下还要依靠各级法院特别是各高级法院"自谋出路",先行利用现有法律空间和资源"建章立制"。就目前状况来看,可以尝试以下几种方式来增强和解协议效力,确保和解协议履行:

1. 倡导即时履行

此一方式无疑是目前最简洁、快速、有效的方式,既可以防止一方当事人因虚假承诺,而造成对方当事人再次申请再审,避免诉讼资源的不当浪费;又可以免除和解协议日后履行过程中的种种"不测风云",即时达致案结事了。因此,无论是主动型和解还是被动型和解,听证主持人以及其他听证人员都要倡导这一做法,向双方讲明利害是非,促使双方在此问题上达成一致,或者写入和解协议书,或者力促当庭即时履行。特别是对于和解协议中金钱偿付、赔礼道歉等义务形式,如果条件允许,应尽量促成当庭履行。此外,对于双方当事人约定日期请法官见证履行等情况,一般也应予以支持。

2. 约定违约金

双方当事人可以约定违约金,在一方当事人出现拒绝履行、瑕疵履行、迟延履行等情况时向对方当事人支付,以此来督促和确保和解协议的履行。由于和解协议具有民事合同的性质,因此这一做法在现有法律空间内是有法定依据的,而且操作起来也比较容易。听证主持人以及其他听证人员要注意提醒和审查有关违约金的注意事项,如约定的违约金额要适当,既不能太高不切实际,也不能太低起不到作用,而是根据案件具体情况来确定;再如支付违约金的条件要具体明确,尽量避免歧义或模糊词句。

3. 要求提供担保

由于和解协议具有民事合同的性质,双方当事人在其中约定的义务也就有了合同之债的性质,履行义务的一方当事人也就成了债务人,对方也就成了债权人。因此在现有法律空间内,可以适用债权担保的有关规定,由履行义务的一方向对方提供担保。担保的形式既可以是人保,由履行义务一方的亲属、好友等予以保证;也可以是物保,由履行义务一方提供抵押、质押等方式进行担保。听证主持人以及其他听证人员要注意提醒和审查有关担保的注意事项,如各种担保方式的区别和优缺点等。

4. 探索增强和解协议法律效力的新途径

虽然当前法律并没有明确赋予和解协议法律效力,但并不妨碍在现有法律空间内进行适度的探索。就目前来看,法院可以从两个方面来增强和解协议效力,防止苦口婆心达成的和解协议仅仅因为一方当事人不予履行而打了水漂,致使前功尽弃。

(1) 做出裁定以确认效力。即法院做出裁定对双方当事人达成的和解协议的法律效力予以确认①。依据是《新民事诉讼法》第140条第1款第(11)项规定②。当初立法之所以留下一个"其他需要裁定解决的事项"的尾巴条款,可以合理推测就是为了应付现实中各种复杂情况而准备的。在当前立法迟迟没有对"其他"予以明确列举或概括限定的情况下,可以推理为是立法对司法予以了授权,即将"其他"予以细化或明确的任务交给了司法,否则,这里的"其他"永远无法跨越从纸面到现实的门槛,只能是"镜中花"、"水中月"。这样,法院做出裁定后就可以取得一举三得之效:第一,由于裁定仅仅是对当事人自愿处分某些实体权利及诉讼权利的确认,并未对原生效裁判认定的事实、责任予以变更,维护了原有裁判的权威;第二,由于裁定书是《新民事诉讼法》规定的法定文书形式之一,因此当事人便有了履行协议的法定依据,进而获得了国家强制力的保障;第三,根据《新民事诉讼法》第140条规定,当事人对此类裁定不可以上诉,因此协议的履行也得到了程序保障,避免了诉讼程序上的繁琐和反复。

(2) 做出调解以对接和解。即法院以调解结案的方式固化和解协议的效力。具体方式有两种:第一,双方当事人达成和解协议后,由法院裁定案件进入再审程序,然后在再审中以和解协议为基础出具调解书。这一方式在当前法律空间内没有任何问题,有足够的法律依据,而且在实践中也早已有付诸实施的案例③。第二,直接以调解的方式对和解协议予以确认。这一方式虽然在当前并没有具体明确的法律依据,但依然有现实的需要和原则上的法律依据。首先,从现

① 参见孙利建:《浅谈调解原则在民事申诉复查案件中的适用》,载《上海审判实践网络增刊》2003年第1期。

② 《新民事诉讼法》第140条:裁定适用于下列范围:(一)不予受理;(二)对管辖权有异议的;(三)驳回起诉;(四)财产保全和先予执行;(五)准许或者不准许撤诉;(六)中止或者终结诉讼;(七)补正判决书中的笔误;(八)中止或者终结执行;(九)不予执行仲裁裁决;(十)不予执行公证机关赋予强制执行效力的债权文书;(十一)其他需要裁定解决的事项。对前款第(一)、(二)、(三)项裁定,可以上诉。裁定书由审判人员、书记员署名,加盖人民法院印章。口头裁定的,记入笔录。

③ 如在市高院复查的福州铁道大厦与福州联邦商业中心及方振榕承包合同纠纷申请再审一案,经复查查明,原判决在认定事实、适用法律及审理程序上均存在问题,如处理不当,连锁诉讼还将接踵而来,几百人面临失业的窘境,给当地的社会稳定带来一定隐患。经市高院反复做当事人的工作及与案外人协调,最终各方当事人达成了履行期为十年的十八条协议。为确保协议的履行,市高院指令原二审法院对该案再审,由再审法院出具调解书。参见孙利建:《浅谈调解原则在民事申诉复查案件中的适用》,载《上海审判实践网络增刊》2003年第1期。

实需要来看,基于和解协议本身没有法律效力以及实践中有的当事人需要有法律文书为付款依据、财务凭证等因素,不少当事人都希望法院能出具确保协议履行的法律文书①,而调解自然符合这一需求;其次,根据《新民事诉讼法》第一章“任务、适用范围和基本原则”中第9条的规定:“人民法院审理民事案件,应当根据自愿和合法的原则进行调解。”可见,调解是民事诉讼的基本原则,贯穿于民事诉讼的始终,而在复查听证中进行调解自然符合这一基本原则。

这样一来,由于调解书是法定文书形式之一,而且调解不能上诉,因此不仅使当事人有了履行协议的依据,也使协议履行得到了法定保障。

(五)与和解协议有关的证据

由于和解本身暗含对某些事实不清、责任不明的纠纷,在互谅互让,不伤和气的基础上达成一致意见的意味,因此其间双方认可的证据也就蒙上了一层主观色彩,在客观性上也就打了折扣,易言之,存在“失真”的可能。因此,如果达成协议后当事人反悔,案件进入再审程序后,达成和解协议过程中认定的证据仍然需要经过质证和认证的审查程序,不得直接采纳采信。此外,在和解过程中,听证主持人以及其他听证人员要及时向双方当事人对这一情况进行提醒和释明。

(六)原有裁判确有错误时和解协议的处理

毫无疑问,在当事人提起的民事申请再审案件中,确有部分案件存在实体或程序上的瑕疵或错误之处。如果在听证过程中发现此种情况,就面临一个抉择的问题:是拒绝和解,选择依法纠错?还是拒绝纠错,选择和解了事?特别是在《新民事诉讼法》大大扩展和细化了再审事由的情况下,类似抉择的几率可能大大增加。

由于我国当前的民事审判指导思想是“能调则调,当判则判,调判结合,案结事了”,因此面临类似抉择时,应以选择和解为原则,依法纠错为例外。具体而言:第一,一般情况下,只要双方当事人能达成和解协议,就应当选择和解以求案结事了。但有一个前提,就是听证主持人以及其他听证人员应该提前如实告知双方当事人案件的错误或瑕疵,这样就可以确保当事人在充分知情的情况下行使和解权;第二,如果原审裁判侵犯了国家、集体、个人等第三方利益,则一般应当按照审判监督程序依法纠错,因为和解协议一般不应当涉及双方当事人之外的权利义务,除非第三方表示明确同意。

六、对于和解的几点建议

(一)引入社会力量

当前,人民群众日益增长的司法需求与司法资源和司法能力有限性之间的

---

① 而且在民事申请再审复查中也已出现了当事人坚持要求法院制作书面调解书,否则不接受和解的情况。见2006年1月23日《静安动态》之《建议明确民事申请再审复查程序中法院可以出具调解书》,载上海全市法院网:http://gyweb.hshfy.sh.cn:8081/shqsw/gweb/gww_xxnr_view.jsp?id=37048&xh=4,2008年7月31日访问。

矛盾越来越突出。为回应新时期人民群众对司法的新要求新期待,引入社会力量弥补司法资源和司法能力之不足,不仅是当务之急,更是终南捷径。

和解同样也不例外,为了更好地发挥和解的作用,也需引入社会力量。这既可以得到现有法律政策的支持,也是回应现实的需要,而且在实践中已有法院通过引入社会力量成功促使双方当事人达成和解协议的案例①。因此,在复查听证过程中,可以邀请有关专家、人民陪审员、人民调解员、特邀监督员或人大、政协、检察、公安、司法、妇联、村(居)委会等国家机关、社会团体、基层组织的有关人员参与听证,发表意见、协助和解,以更好地促成当事人的和解息诉。

(二) 加强监督检查考核

如今,虽然在某种意义上,"加强监督检查考核"已成为一种假大空式的口号,其压迫式被动式的管理倾向多遭人诟病,但同样在一定意义上,存在即合理,"加强监督检查考核"仍然具有发挥作用的空间,对于和解也不例外。在效能上,它可以起到提高思想认识,规范和解工作,发挥和解效能的作用;在方式上,可以多种多样。如上级法院可以派检查组进行专项检查或抽查,也可以定期要求听证法院形成书面文字材料予以汇报。此外,最有效的方式,在笔者看来,就是设计一项模块纳入"上海法院审判质量效率评估数据"体系,进行相应的评价考核。实践证明,自 2003 年市高院推行这一评估数据体系以来②,已愈来愈得到各级法院的认可,对于提高审判质量效率所起的作用也越来越大。相信将和解指标数据也纳入这一体系,也会起到预期的效果。

(三) 与《关于修改〈中华人民共和国民事诉讼法〉的决定》有关的问题

2007 年 10 月 28 日第十届全国人民代表大会常务委员会第三十次会议通过了《关于修改〈中华人民共和国民事诉讼法〉的决定》(下称《决定》)。《决定》对于审判监督程序修改幅度较大,自然会对民事申请再审案件造成较大影响,相应地,和解中也需要注意一些问题,以做好衔接工作。粗略看来,主要有以下几个方面:

1. 注意和解的期限

1991 年的《民事诉讼法》对于民事申请再审案件的有关期限并没有明确规定,而《决定》明确规定了审查期限(三个月内)、将再审申请书副本发送对方当事人的期限(五日内)以及对方当事人提交书面意见的期限(十五日内)等相应期限。因此,司法实践中,法院要及时组织复查听证,在收到再审申请书之日起,只要相应条件具备,越快越好,其间的和解要加快节奏,严格控制在审查期限之

① 如早在 2004 年,黄浦区法院就通过邀请人民陪审员参与复查听证,使一起将要提起再审的信用卡纠纷案件以双方当事人达成和解协议而结案。见市高院发布的 2004 年第 82 期《今日法院信息》。

② 从 2003 年起,市高院开始排序公布《上海法院审判质量效率评估数据》,以季度为周期累计公布,所涉法院为全市各级法院,所涉指标包括同期结案率、平均审理天数、均衡结案度等几十项。

内。此外,此前市高院发布的再审案件缓处机制的期限(两个月)如果继续施行的话,有关期限也要相应缩短,在此期间也可视情积极做双方当事人的和解工作。

2. 注意节约诉讼资源

1991年的《民事诉讼法》规定了5项可以申请再审的事由,《决定》将其具体化为13项(另加一款),特别是增加了不少程序性再审事由,其中的6项(另加一款)为程序违法的再审事由①。应该说,《决定》更加强调程序正当性的重要性值得称道,但是如果在司法实践中,只要出现类似程序违法事由就一概启动再审程序,对于原本并不充裕的诉讼资源而言无疑是捉襟见肘,因此在强调依法办事的同时,也应注意节约诉讼资源。而和解无疑提供了一个节约诉讼资源的良好机制,特别是对于那些虽然在程序上具有瑕疵,但是并不影响案件实体裁判的民事申请再审案件,如果做好了双方当事人的和解工作,无疑大大节约了诉讼资源。

3. 注意上下法院联动

1991年的《民事诉讼法》规定,当事人申请再审可以有两种选择:向原审法院或上一级法院提起。而《决定》明确规定当事人申请再审只有一种选择:向原审法院的上一级法院提起。这样一来,对于民事申请再审案件,基层法院基本上没有机会受理、审查并进而启动再审程序。但是这并不意味着对于民事申请再审案件,基层法院已无所作为。审理虽然上移了,但维稳还是属地的,因此对于民事申请再审案件,应该注意上下法院联动,形成合力化解纠纷。对于和解而言,就是视案件具体情况可以由原审(基层)法院、上一级法院或联合主持复查听证,在一方主持的情况下,另一方可以视情况需要予以参加,在此期间要注重缓解当事人对立情绪,点明纠纷症结,联合做好引导当事人和解的工作。

4. 注意与现有工作机制结合起来

与其他现有工作机制结合起来,以形成机制合力,发挥机制效用,也是和解过程中应该注意的问题。就目前状况而言,主要是与两项制度相结合。

(1) 与判后答疑结合。判后答疑制度是近年来最高人民法院推行的一项重要举措,旨在做好司法延伸工作,"让当事人理解法院裁判的结果和理由,自觉接受裁判的结果,理解法院裁判所宣誓的公平正义的法律精神,促使当事人服判息诉,从源头上治理涉诉信访,达到促进司法公正,维护司法权威的目的"②。此一制度完全可以融入和解工作之中,即在复查听证过程中,将原审法官纳入听证主

---

① 其中的6项分别是:(1) 违反法律规定,管辖错误的;(2) 审判组织的组成不合法或者依法应当回避的审判人员没有回避的;(3) 无诉讼行为能力人未经法定代理人代为诉讼或者应当参加诉讼的当事人,因不能归责于本人或者其诉讼代理人的事由,未参加诉讼的;(4) 违反法律规定,剥夺当事人辩论权利的;(5) 未经传票传唤,缺席判决的;(6) 原判决、裁定遗漏或者超出诉讼请求的。其中的一款是:违反法定程序可能影响案件正确判决、裁定的情形,或者审判人员在审理该案件时有贪污受贿,徇私舞弊,枉法裁判行为的。

② 李珏:《"判后答疑"的法理基础与实践》,载《上海审判实践网络增刊》2008年第7期。

持人或其他听证人员之列，用通俗易懂的日常语言对与裁判有关的、当事人持有异议的程序适用、证据认定、裁判理由等事项进行解释、说理和说明，让双方当事人充分理解法院如此裁判的法理和道理，以促使或引导双方当事人达成和解。

（2）与涉诉信访结合。在《决定》发布之前，在司法实践中，涉诉信访和申请再审并不做严格区分，因此在处理方式上存在混同情况。而在《决定》发布之后，两者之间有了相对明确的划分，但并不意味着两者从此就“你走你的阳关道，我过我的独木桥”。在当事人提起的民事申请再审案件中，绝大多数经复查后因不符合再审法定事由而被裁定驳回，[①]而在当事人仍然不服的情况下，这些被裁定驳回的案件会有相当一部分进入涉诉信访程序，转由法院涉诉部门处理。以笔者之见，与其如此让复查和信访两个程序前后脚，还不如将两程序合一以“毕其功于一役”。具体而言就是，对于在复查听证中确定不符合再审法定事由且又有涉诉信访苗头的，直接将和解工作和信访工作结合起来：在人员上，可以将法院涉诉信访人员引入复查听证程序共同做当事人和解工作；在方法上，一些涉诉信访的特殊做法可以提前在和解工作中予以适用，或将和解与信访的方法予以互补。

结　语

虽然根据《新民事诉讼法》，基层法院基本上不再受理民事申请再审案件，但基层法院仍有研究的必要性，因为在此之前，很多类似案件都是在基层法院审理的，对于其中发现的问题或形成的经验，基层法院正好可以课题调研的方式向上级法院予以反映，提供参考。而复查听证作为审判监督制度改革中的一项重要举措，特别是其中的和解更是具有研究的必要性和重要性。本课题的研究正是这一尝试的过程，形成的本文正是尝试的结果，目的就如本文引言中所说，奢望“在完善相关理论、规范和实践层面有所裨益”。另外，由于在民事申请再审案件的整个审查阶段都可以做和解工作，因此虽然课题仅仅选取了复查听证阶段的和解这样一个“点”，但调研结果仍然可以在整个审查阶段弥散“面”的意义。但由于学术界和实务界对此关注甚少，可以说几乎处于空白，因此笔者研究这一选题，就像一个拓荒者开垦荒地一样，能垦出块良田是值得欣慰的，能吸引更多人来垦荒是值得欣慰的，即使最终垦了块劣田，遭人诟病，能够抛砖引玉亦是值得欣慰的。

---

① 以2006年为例，市高院共审理民事再审申请复查案件616件，而审理再审案件仅10件（其中还包含部分人大、本院院长等交督办引起的再审案件）。见市高院：《新民诉法关于审判监督程序中审理级别上的变化及其对高院审判监督工作量的影响》。

调解的困境与出路
——对民(商)事诉讼中“调而不解”的实证分析

张建国 王庆廷*

(本文荣获2008年度全市法院优秀司法统计分析成果评选二等奖)

作为中华法系的一大特色,被西方誉为“东方经验”的调解制度可谓源远流长①。如今在构建社会主义和谐社会的大背景下,调解又有了更加理性的定位,“能调则调,当判则判,调判结合,案结事了”成为民事审判工作的基本方针。调解之所以生生不息至今,就在于其独特的优越性:在效果上,可以解开当事人之间的“法结”和“心结”;在资源上,可以实现民间法和国家法的博弈与整合。

按照常理,在法官主持下,双方当事人达成调解协议后,就应该“案结事了”了,即“随着当事人对自己的所作所为感到后悔、决心改过、与对方和解并开始迈向新的、更美好的未来,原来的冲突就此告终”②。但司法实践中有部分案件虽然用了“调”的手段,却并没有达到“解”的效果。基于此,本文从司法统计分析的角度,通过对金山法院近年来民(商)事诉讼调解的有关数据统计③,以及对有关法官的走访调查和对有关卷宗的调阅查看,对“调而不解”的现象进行一番实证分析,以期对调解制度的完善和效用的发挥有所裨益。

一、表现形式

(一)进入执行程序

即当事人达成调解协议后,一方或双方并没有自动且完全履行各自的义务,

---

* 张建国,上海市金山区人民法院研究室主任、审判委员会委员,四级高级法官,法律硕士;王庆廷,上海市金山区人民法院研究室法官,法学硕士。

① 据《史记·夏本纪》,早在原始父系氏族社会末期,大禹就曾成功调解过历山和雷泽两地间的民间纠纷。另据《周礼·地官司徒·调人》,早在三千年前,周朝已设“调人”职位,专司“掌万人之难而谐和之”。

② 陈弘毅:《调解、诉讼与公正:对现代自由社会和儒家传统的反思》,载《法理学的世界》,中国政法大学出版社2003年版,第178—212页。

③ 如无特别说明,所涉案件数据均不包括刑事案件和行政案件。

致使案件又进入执行程序。据统计,2005—2007 年调解结案的案件进入执行程序的有关数据如下①:

1. 总体数量

表 1　2005—2007 年调解进入执行的数量情况

	调解结案的案件	调解后进入执行程序的案件②	调解执行率③
2005 年	2 029	759	37.4%
2006 年	1 942	808	41.6%
2007 年	5 522	3 351	60.7%
合　计	9 493	4 918	51.8%

2. 结案方式

表 2　2005—2007 年调解进入执行的执行结案方式

	强制执行	自动履行	和 解	终结执行	中止执行	移 送	其 他④	合 计
2005 年	148	285	201	69	52	1	3	759
2006 年	155	255	284	41	70	1	2	808
2007 年	2 350	495	357	72	34	22	21	3 351
合　计	2 653	1 035	842	182	156	24	26	4 918

① 之所以没有统计 2008 年的数据,是因为根据《全国人民代表大会常务委员会关于修改〈中华人民共和国民事诉讼法〉的决定》(下称《决定》),自 2008 年 4 月 1 日起,申请执行的期间统一延长为两年。而根据 1991 年的《民事诉讼法》(文中所涉法律均省略"中华人民共和国"字样,下同)第 219 条规定,申请执行的期限,双方或者一方当事人是公民的为一年,双方是法人或者其他组织的为六个月。因此笔者在 2008 年 10 月份对 2005—2007 年的数据进行统计,基本能反映真实情况,保证统计的科学性。

② 其中,2005 年含恢复执行 33 件,2006 年含恢复执行 17 件,2007 年含恢复执行 15 件。

③ 即调解结案后进入执行程序的百分比。

④ 在该项数据中,2005 年和 2006 年均为当事人申请撤回的情况,2007 年主要是数据输入方面的遗漏问题。

3. 案由分布

表3 2005—2007 年调解进入执行的原审案由分布

	买卖合同①	借贷借款②	劳动争议③	损害赔偿④	其他合同⑤	家庭婚姻⑥	其他纠纷	合计
2005 年	141	164	99	56	151	106	42	759
2006 年	325	98	16	49	156	107	57	808
2007 年	2 427	319	179	177	79	77	93	3 351
合　计	2 893	581	294	282	386	290	192	4 918

(二) 进入审监程序

即当事人达成调解协议后,一方或双方对调解不满,对调解案件提起再审申请,致使案件进入审判监督程序,形成两类案件:一是申请再审案件,二是再审案件。据统计,2005—2008 年前三季度调解结案的案件进入审监程序的有关数据如下⑦:

1. 总体数量

表4 2005—2008 年前三季度调解进入审监程序的数量情况

	申请再审案件	原审为调解的申请再审案件	再审案件	原审为调解的再审案件
2005 年	16	3	5	2
2006 年	14	1	3	0
2007 年	19	5	2	0
2008 年前三季度⑧	13	2	3	1
合　计	62	11	13	3

① 主要包括买卖合同和一般买卖合同等纠纷类型。

② 主要包括民间借贷、借款合同、金融借款合同、一般借款合同等纠纷类型。

③ 主要包括劳动争议、劳动(雇佣)合同等纠纷类型。

④ 主要包括道路交通事故人身损害赔偿、财产损害赔偿等纠纷类型。

⑤ 主要包括除上述合同之外的合同纠纷类型,如电信合同、加工合同、租赁合同、承揽合同、经营合同等。

⑥ 主要包括离婚、继承、"三费"(扶养、赡养、抚育)、分家析产等纠纷类型。

⑦ 考虑到申请再审两年期间的限制,再加上统计时间是在 2008 年 10 月份,因此原审案号为 2005 和 2006 年的数据基本是科学的,大致可以反映实际情况。

⑧ 2008 年前三季度的数据统计也面临一个不科学的问题。根据《决定》,自 2008 年 4 月 1 日起,申请再审案件要上提一级申请,并且提起的法院定位为中级以上法院,因此基层法院基本不再受理申请再审案件,除去上级法院指令等特殊情况,也基本不再审理再审案件。2008 年前三季度的再审案件中就包括 1 件原审为调解的案件,当事人向中院申请再审后,中院指令我院再审的案件。

2. 案由分布

表5 2005—2008年前三季度调解进入审监程序的原审案由分布

	申请再审案件					再审案件	
	买卖合同	借款合同	建设工程合同	离婚纠纷	道路交通事故人身损害赔偿	离婚纠纷	买卖合同
2005年				3		2	
2006年					1		
2007年	2	1	1	1			
2008年前三季度	2						1
合　计	4	1	1	4	1	2	1

3. 结案方式

表6 2005—2008年前三季度调解进入审监程序的结案方式

	申请再审案件				再审案件①	
	驳回申请	提起再审	当事人撤诉	和解撤诉	调 解	判 决
2005年	1	2			1	1
2006年			1			
2007年	5					
2008年前三季度		1		1		
合　计	6	3	1	1	1	1

4. 原审年代

表7 2005—2008年前三季度调解进入审监程序的原审结案年代

	2004年	2005年	2006年	2007年	2008年前三季度
申请再审案件	2	2	1	6	1
再审案件	1	1			1
合　计	3	3	1	6	1

（三）进入信访程序

即当事人达成调解协议之后，一方或双方并没有自动且完全履行义务，

① 还有1件正在审理中。

或者对调解不满,致使案件又进入信访程序。在抽样统计的2008年前三季度48件典型信访案件中,有6件是属于调解结案后进入信访程序的情况(含1件重访)①:

1. 案由情况

表8 2008年前三季度调解进入信访程序的原审案由情况

	人身损害赔偿纠纷	买卖合同纠纷	加工合同纠纷	离婚纠纷
数 量	1	2	1	2

2. 与调解的相关程度

表9 2008年前三季度调解进入信访程序的案件与调解的相关程度

	直接针对调解书	间接针对调解书	
		调解后进入执行程序	调解后进入审监程序
数 量	4	1	1

3. 处理结果

表10 2008年前三季度调解进入信访程序的处理结果

	良好解决(息诉罢访)	暂时解决(情绪得到安抚)
数 量	3	3

4. 原审年代

表11 2008年前三季度调解进入信访程序的原审年代

	2004年	2005年	2006年	2007年
数 量	1	1	2	2

(四) 其他表现

1. 调解后需要判后答疑

即当事人达成调解协议后,对案件的事实认定、法律适用等存有疑惑,需要法官给予说明和解释。我院是将此纳入信访工作的,在前述统计的48件典型信访案件中,有2件是反映证据问题,经接待后均表示息诉罢访。

---

① 由于现有信访数据统计中没有相关模块,如果精确统计的话需要对来信、来访、来电以及接待的每起案件进行仔细查对,此番工作无疑甚是浩大。由于我院的《信访传真》除了对每月的信访案件数量统计外,还刊登一些典型信访案例(如院庭长接待、重信重访、矛盾易激化等),笔者即以这些案例为基础进行了抽样统计。

2. 调撤后又起诉

即司法实践中有些调解的案件最后是以当事人的和解撤诉方式结案的，也即名义上是撤诉结案，实际是调解结案，而当事人在撤诉后又来法院起诉的情况。据笔者的走访调查，此类情况在司法实践中存在但数量很少①。在走访的几位法官中，只有一位回忆起了一个具体案例②。此外需要说明的是，《诉讼费用交纳办法》于2007年4月1日起正式施行后，调解结案和撤诉结案一样，诉讼费用都是减半收取，当事人失去了此前存在的选择和解撤诉的经济动力，相应地，此类情况会越发少。

3. 调解书送达前反悔

据笔者的走访调查，此类情况以前曾经是一个相对突出的问题，但如今已基本不存在了。在走访的几位法官中，没有回忆起一个具体案例。之所以曾经是一个问题，是因为根据《民事诉讼法》的规定，当事人具有调解反悔权③。之所以如今已不再是一个问题，则可归因于自2003年12月1日起施行的最高人民法院《关于适用简易程序审理民事案件的若干规定》中的立即生效制度④。

二、基本特点

（一）形式方面

在形式方面，可以说多种多样，包括调解后进入执行程序、进入审监程序、进入信访程序、需要判后答疑以及调撤后又起诉、调解书送达前反悔等各种形式。但从案件数量来看，绝大多数集中于调解后进入执行程序这一表现形式。基于前述统计，以2005年为例⑤，调解结案2 029件，进入执行程序的有759件，仅有5件进入审监程序⑥，仅有1件进入涉诉信访程序⑦。

（二）案由方面

相对集中于以下几个案由：合同类（特别是买卖合同）、损害赔偿、婚姻家庭、劳动争议以及借贷借款。粗略统计，这些案由的案件总和可以占到所有“调

① 由于此类数据难以专门统计，所以只能根据对有关法官的走访调查，得出一个大致结论。

② 即在一起买卖合同纠纷案件中，当事人以达成庭外还款协议为由向法院提出撤诉申请，后因还款未果又提起诉讼。

③ 第89条：调解书经双方当事人签收后，即具有法律效力。如此规定使得在调解书送达前一方可以无条件反悔，在调解书送达时一方也可以拒签的方式反悔。

④ 第15条：调解达成协议并经审判人员审核后，双方当事人同意该调解协议经双方签名或者捺印生效的，该调解协议自双方签名或者捺印之日起发生法律效力。调解协议符合前款规定的，人民法院应当另行制作民事调解书。调解协议生效后一方拒不履行的，另一方可以持民事调解书申请强制执行。而在基层法院，绝大多数民事案件都适用简易程序，简易程序适用率往往达到80%以上。

⑤ 之所以以2005年为例，是因为根据2005年的调解案件既过了执行申请期限（一年或六个月），也过了申请再审期限（两年），因此数据相对来说已经固定，不再会有大的变化。

⑥ 如果从案号来讲，实际为3件，因为2件再审案件的原审案号包含在3件申请再审案件的原审案号之中。

⑦ 当然涉诉信访的数据因为是抽样统计，不是很准确，但从反映的总的趋势来看，数量也会远远低于进入执行的数据。

而不解”案件的90%以上。基于前述统计,仅以合同类案由为例,在执行方面,在4 918件案件中有3 279件,占66.7%;在审监方面,在14件案件中有7件,占50%;在信访方面,在6件案件中有3件,占50%。

(三)二次解决

即在调解之后的再次解决方面,绝大部分案件都得到了良好解决。基于前述统计,在执行方面的4 918件案件中,严格来说只有中止执行和终结执行意味着案件没有“事了”或“不了了之”,而这部分占的比例很小,有338件,占6.9%,而自动履行、执行和解以及当事人撤回申请等完全“事了”方面,有1 927件,占39.2%,在强制执行等相对“事了”方面,有2 653件,占53.9%①。在审监方面,在14件案件中,绝大多数已经处理的案件都得到了良好解决。在信访方面,在6件案件中,有3件得到了良好解决,信访人表示息诉罢访,有3件得到暂时解决,信访人情绪得到安抚。

(四)数据趋势

就各类数据的大体趋势来看,诸如审监、信访等大都表现平缓,没有明显的大起大落。但执行数据起伏比较明显,特别是2007年的数据有较大幅度的增长。如在总体数量方面,2007年调解进入执行的案件在数量上同比增加了2 543件,在调解执行率上增加了19个百分点,这主要是来自两方面数据的带动,一是结案数大幅上升,2007年我院共结案15 281件,同比增长了70.5%,二是调解率大幅上升,2007年我院调解率达到了62%,同比增加了24个百分点。

三、主要原因

(一)当事人层面

1.“牙膏”心理

基于人之常情,绝大多数人都会有不同程度的自私自利心理,虽然调解协议达成了,但将自己口袋里的钱拱手送给别人总有点不情愿。这就很容易导致“牙膏”心理——“反正是我欠你钱,你不要,我就不给,绝不能让你轻轻松松拿到手”,在此心理支配下,不少当事人往往会采取拖延、逃避、不配合、谈条件等消极行为。

2.假调解之名实现不当目的

有些当事人会利用调解手段来达到不正当目的。如有些道路交通事故的肇事方,为了逃脱或避免可能面临的刑事处罚(交通肇事罪),即使没有履行能力,也会答应受害方提出的高额人身损害赔偿金,与之进行调解;再如在一些债务案件中存在“手拉手”进法院调解的现象,即当事人在身负多项债务的情况下,与各债务人达成调解协议后,会选择性地优先履行对其亲属或关联企业等关系人的债务,或者与关系人虚构债权债务关系,然后通过调解予以确认,并优先履行该

① 这里的“事了”标准主要考虑了案件的最终解决是否合乎了当事人的“你情我愿”以及执行措施的强度等综合因素。

债务,致使其他债权人利益受损。

3. 缺少风险防范意识

有的当事人对对方的诚信度和履行能力估计过于乐观,在调解协议达成后,坐等对方上门,怠于自力救济。有的当事人则缺乏沟通意识,如将案件委托给律师并予以特殊授权后,对于具体事项没有交代,结果对律师与对方达成的调解协议不满意或不认可,引发新的矛盾。

4. 缺乏履行义务能力

特别是在人身损害赔偿、大宗买卖合同、大额借款合同等纠纷中,涉案金额高达数十万甚或数百万,当事人往往难以一次即时付清,因此在调解协议中往往采取一个较长时期的分期付款方式,一旦出现当事人经营或生活状况恶化等意外情况,往往难以按期付款。

(二) 法官层面

1. 片面追求调解率,不重视调解质量

司法实践中,部分法官存在片面追求调解率,对调解质量重视不够,只要达成调解协议就万事大吉的心态。在此心态支持下,有的法官片面相信当事人的一面之词,疏于审查;有的法官对相关法律规定释明不够,没有全面阐述双方的风险与收益,致使当事人在信息不对称的情况下作出"违心"选择;有的法官只管自己的"一亩三分地",只要能结案,就想方设法使当事人接受调解,甚至为促成调解作出难以兑现的承诺或将自己的意志强加给当事人。诸如此类的情况,在前述统计的案例中都有所体现。如在一起进入审监程序的离婚纠纷案件中,男方为了离婚,在离婚协议中承诺将自己的房子分给女方一半,而法官在对房子的归属没有审查的情况下,就主持双方达成调解协议,结果事实证明该房子是男方和父母共同出资购买,调解协议不当处分了案外人的财产。又如在一起进入执行程序的电信合同纠纷案件中,被执行人宣称,当时主张身份证是出借给别人的,签字也非本人所为,但法官在调解时并没有采纳,而是告知案件还有一个执行程序,这些问题可以在执行过程中向法官反映。

2. 信息沟通不畅等其他因素

如在执行阶段,在一些人身损害赔偿等案件中,保险公司、被执行人、法院财务部门、申请执行人以及执行法官之间信息沟通渠道不畅,造成被执行款项已经打到法院账户,但当事人没有及时收到,就来法院申请执行,被立案受理,结果造成"调而不解"的假象。

(三) 客观情势与制度方面

1. 现有考核机制的唯调解率导向

现行法官业绩评价机制和法院管理考核机制片面追求调解率的倾向,对法官起到了一定的误导或诱导作用。相对于判决或裁定等结案方式,调解没有上诉风险,不会产生改判或发回重审的问题,"安全收益"相对较高。此外,在现有机制中没有关于调解质量的考评标准,比如调解进入执行、审监以及信访等情况都付诸阙如,更遑论因调解质量引发的责任。因此,部分法官基于趋利避害的本能,对于案件是"能调则调,不能调也要调",至于最终能否案结事了,则是"只管案中调,哪管案后解"。

2. 调解独特的时间性特点

由于没有严格的时间阶段限制,而且可以立即生效,调解就成了当事人诉讼的一项"时间性策略"。对于债务人而言,可能会利用调解来"拖时间",以转移财产或赢得市场的喘息机会;对于债权人而言,可能会利用调解来"抢时间",以尽快进入执行程序。调解的这种策略性就使得不少原本即使判决结案也会进入执行程序的案件,反倒以调解方式结案进入执行程序了。特别是对于一些企业濒临破产或倒闭的批量案件,可以预见无论是何种方式结案均会进入执行程序,因此欠薪职工以及其他债权人为了尽快进入执行程序参与分配,往往会选择调解的结案方式。

3. 协助执行的客观必要性

虽然民事诉讼处理的一般是私权(权利),意思自治原则也贯穿诉讼始终。但是有一些民商事案件并不仅仅涉及当事人双方,如在可能需要办理登记、过户、划拨、转账等有关手续的情况下,就会涉及当事人所在单位、账户所在银行、车辆管理机构、房屋登记机构等第三方。由此导致的结果是达成调解协议后,需要在第三方的协助下,当事人双方才能按照协议切实履行各自义务。在此情况下,基于方便和快捷等因素,当事人可能就向法院申请执行,由法院向第三方发出协助执行通知书。

四、对策建议

(一)正确认识调解,加强释明审查

1. 加强释法说理

作为当事人主义和职权主义的平衡器,释明权的价值就是法官在不损害居中超然性的前提下,主动利用理性语言,对诉讼能力缺陷方进行程序救济,以赋予双方当事人实质的平等机会。具体到调解过程中,就要求法官既要告知当事人调解可能带来的收益,如权利人可以尽快进入执行程序、义务人可以得到市场喘息机会;同时也要提醒当事人可能带来的风险,如权利人的债权可能打折扣,义务人不能按约履行的法律责任。当然,告知和提醒应以可能性而非确定性为限,最终处分权仍应留给当事人,以便使其"一人做事一人当"。

2. 审慎审查案情

虽然不少人对"事实清楚、分清是非"的调解原则颇有微词①,但笔者认为,

① 曹昆:《民事诉讼中"事实清楚、分清是非"的调解原则应予以取消》,载 http://www.justice.gov.cn/dongfangfz/node15/node21/u1a3396.html,2008 年 10 月 27 日访问。

从提高调解质量的角度而言,此原则不能偏废。一是可以预防恶意调解。对于那些假调解之名损人利己的恶意调解行为,如果法官洞若观火,无疑可以将其预防于萌芽状态。二是可以“打开天窗说亮话”。虽然在事实不明、责任不清的前提下容易“和稀泥”达成调解协议,但这种平静很可能是暂时的。一旦当事人知道应该可以获得更多“好处”时,很可能产生后悔心理,继而缠诉闹访。因此与其“和稀泥越和越稠”,还不如“打开天窗说亮话”,使当事人更好地权衡利弊,法官也可以更坦然地做工作。

(二)厘清调执关系,注重调执兼顾

1. 注重调解协议的可执行性

首先,要明确执行标的,给付的财产和履行的行为要合法且具有可执行性;其次,一定要明确、具体和全面,尽量避免模糊、概括和歧义之处。

2. 调解过程中注意控制财产

即在调解过程中,要通过扣押、查封、冻结、划拨等适当方式对义务人的财产进行控制。这样对权利人而言,可以增强调解动力,消除后顾之忧;对义务人而言,则可消除对抗情绪,促使履行义务。不过有两点需要注意,一是对财产的控制应以不影响义务人正常的生产、生活为限,否则可能会增强其对抗情绪,使双方失去对话的平等基础;二是注意财产控制在时间上的连续性,法院内部的立案、审判和执行部门要注意信息共享,并与当事人及时沟通,尽量避免审理阶段的财产保全与执行阶段的强制执行可能出现的时间断层以及不必要的麻烦。

3. 积极倡导即时履行

法官要积极促使双方在即时履行问题上达成一致,特别是对于调解协议中金钱偿付、赔礼道歉等义务形式,如果条件允许,应尽量促成当庭履行。此外,对于双方当事人约定日期请法官见证履行等情况,一般也应予以支持。另外,为增强即时履行的动力,可促使双方约定一些激励条款,并写入调解书,如10万元的债务,如果当庭履行的,可以打5%的折扣。

4. 依法促成提供担保

调解协议是在法官主持下当事人双方达成的处分民事权利义务的协议,其实质是民事合同。因此,在现有法律空间内,担保合同履行的各项措施也可以移用到调解协议中来。如双方当事人可以约定违约金,在一方当事人出现拒绝履行、瑕疵履行、迟延履行等情况时向对方当事人支付。再有,可以适用债权担保的规定①。担保的形式既可以是人保,由履行义务一方的亲属、好友等予以保证;也可以是物保,由履行义务一方提供抵押、质押等方式进行担保。在此期间,法

① 《最高人民法院关于人民法院民事调解工作若干问题的规定》第11条:调解协议约定一方提供担保或者案外人同意为当事人提供担保的,人民法院应当准许。案外人提供担保的,人民法院制作调解书应当列明担保人,并将调解书送交担保人。担保人不签收调解书的,不影响调解书生效。当事人或者案外人提供的担保符合担保法规定的条件时生效。

官的任务就是向双方阐明有关法律规定,提醒有关注意事项。

(三)改革考核机制,促进质量提升

今后在继续考核调解率的同时,要重点考核调解质量。大致可以操作如下,在上海法院审判质量和效率评估数据体系、民事各条线以及各法院内部的考核体系中,除去(民事)调解率这一指标外,还要考核两类指标:一是“调而不解”的指标,包括调解进入执行程序(调解执行率)、进入审监程序(调解审监率)、进入信访程序(调解信访率)等;二是调解进入执行程序后的结案方式指标,包括自动履行、强制执行、和解、中止执行、终结执行等。这些指标纳入考评体系后,可以在全市法院、民事条线以及法院内部对有关法院、庭室和法官进行排名,逐渐引导法官在追求调解率的同时,也要注重调解质量。

(四)加大惩教结合,构建诚信体制

一方面,对于“手拉手”等恶意调解者,以及有履行能力和条件而不自觉履行者,要动之以情,晓之以理,加强诚信教育;一方面,建立恶意调解惩戒机制,加强执行威慑机制,特别是积极落实《民事诉讼法》的新规定:“被执行人不履行法律文书确定的义务的,人民法院可以对其采取或者通知有关单位协助采取限制出境,在征信系统记录、通过媒体公布不履行义务信息以及法律规定的其他措施。”这样惩教结合,双管齐下,逐步在全社会树立起“以诚信为荣,以不诚信为耻”的良好风气。

结　语

之所以选择金山法院为统计样本,除了笔者搜集资料的“近水楼台”外,还有一个重要原因就是近年来我院的调解工作在全市法院系统已经具有一定影响力。问题和成绩往往相伴而生,因此我院反映的问题也会有一定的代表性,在一定程度上可以视为当前全市法院调解工作中的共性问题。

如果把调解喻为一块“玉”,相信绝大多数人都认为“瑕不掩瑜”,笔者也深以为然,但我们平常更多的是对“瑜”的赞叹,而忽略了对“瑕”的关注。“玉不琢,不成器”,但要想雕琢精美的玉器,则不仅需要赞叹“瑜”,也需要关注“瑕”,而本文关注的正是上面的“瑕”。

传统民间借贷纠纷的新趋势
——以金山法院近四年司法统计为分析背景

潘家祥 张心全*

（本文荣获2008年度全市法院优秀司法统计分析成果评选鼓励奖）

随着经济的快速发展，民间资本需求随之增长，但囿于银行贷款难度较高，相对弱势的小型企业、个人等，通常诉求于民间隐性的资本渠道，由此产生了较为广泛的民间借贷市场，相应纠纷亦随之增多。民间借贷纠纷虽系传统的纠纷类型，但在多种因素的影响下，出现了一些新情况、新问题，增加了法院的审理难度。为此，本文试图对金山法院近四年的民间借贷纠纷审理情况统计分析，以期助益于对其新趋势的了解与把握。

一、民间借贷纠纷的基本特点

（一）案件数量整体呈上升趋势

2005年、2006年两年的民间借贷案件数量基本持平，分别为361件、344件。但是，自2007年起案件数量明显上升，2007年收案453件，同比增长32%；2008年1—8月份收案达386件，又与2007年同期相比增长30%（见图1）。可以预见，纠纷数量可能仍会上升。

（二）经营性借贷纠纷增多

为了量化分析民借贷纠纷的具体类型，我们从近四年的案件中，每年随机抽取30件，统计借款目的。经过统计可知，2005年至2008年用于生活性需求、解决生活困难等消费性借贷的数量分别为21件、13件、7件、2件，相反，民间借贷用于生产经营的比例逐年增加，分别为7件、14件、18件、20件，所占比例分别为23%、47%、60%、67%（见图2）。

* 潘家祥，上海市金山区人民法院副院长、审判委员会委员；张心全，上海市金山区人民法院民三庭法官，法学硕士，现在上海市高级人民法院挂职锻炼。

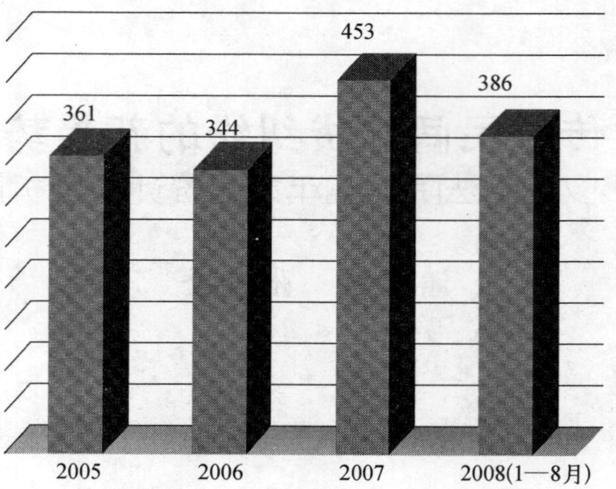

图1 收案数量图

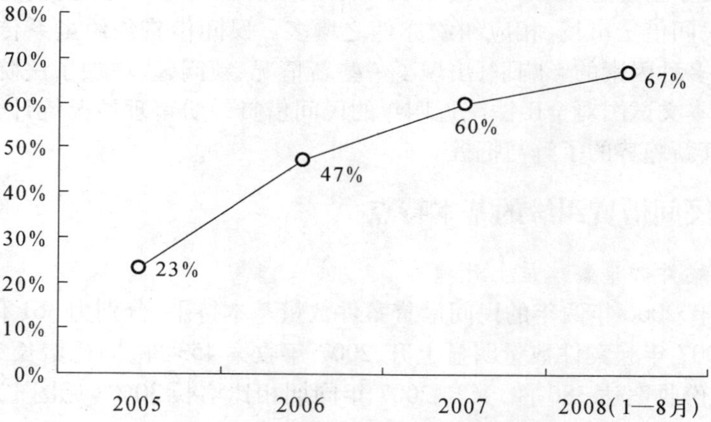

图2 经营性借贷比例图

(三)名为借贷实为赌债的现象增多

在民间借贷纠纷中,除了上述消费型借贷与经营性借贷之外,还存在借贷目的模糊的情形,这类纠纷中的被告多抗辩称借贷系赌债,输钱后被胁迫出具借据。根据上述随机抽查的案件分析,2005 年至 2008 年涉嫌涉及赌博的案件数量分别为 2 件、3 件、5 件、6 件,每年所占比例见图 3。

(四)被告无法送达的情况增多

在近年来,被告故意躲避债务的现象愈发突出,无论是绝对数量上,还是相对比例上,均呈上升趋势。由于被告故意避债,只能转入公告送达,2005 年至 2008 年(1—8 月份)公告的案件数量分别为 44 件、71 件、80 件、83 件,并占该类纠纷较大的比例,其比率整体上具有上升趋势(见图 4)。

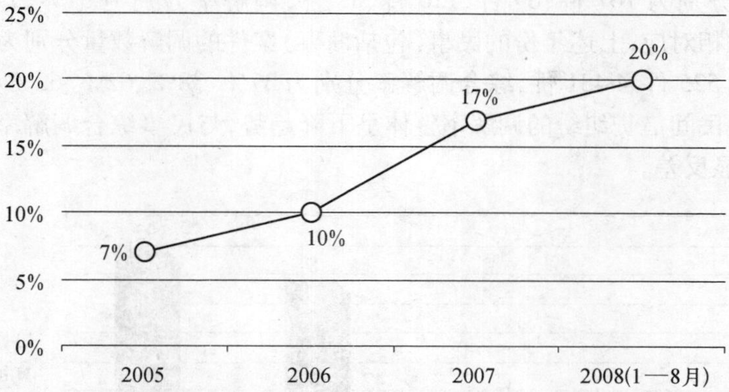

图3　涉嫌涉及赌博的案件比例

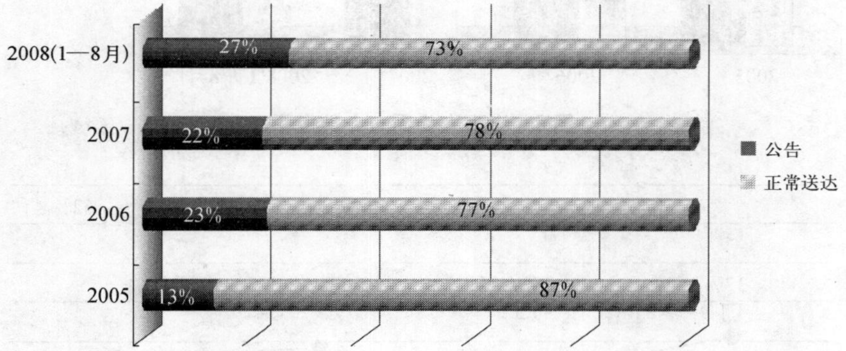

图4　公告案件比例

（五）原告或被告系同一人的案件数量增多

从案件当事人的重合度来讲，当事人一方为同一人的案件总体数量呈增长趋势，但具体到原告或被告，数量变化趋势又有所不同。原告为同一当事人的案件数量，从2005年至2007年分别为7批39件、4批16件、12批42件，2008年1—8月的数量为4批14件，数量呈不规则变化，忽高忽低。对于被告为同一人的案件数量，则呈明显增长趋势，分别为4批16件、9批31件、13批81件、16批92件，并且每批本身所包含的数量不断增多，如在2006年之前同一被告所涉讼的案件数量最多不过7件，而2007年涉及侯永奇的案件为30件，2008年涉及张兴辉的案件为17件、涉及杨红梅的案件为25件（见图5）。

（六）调解率较低

民间借贷纠纷中，原告起诉的依据主要是借条，借条上通常载明具体的借款数额，借款事实较为清楚，双方均无太大争议，从理论上讲，该类纠纷的调解率应较高，但事实与此相反。据统计，2005年至2008年（1—8月）民间借贷案件的调解结案数分别为107件、69件、120件、87件,调解率分别为31%、21%、28%、26%;与此相对应,上述年份的民事(包括商事)案件的调解数量分别为2 010件、1 938件、5 525件、4 431件,综合调解率分别为37%、38%、62%、62%(见图6)。可以看出,民间借贷纠纷的调解率整体呈下降趋势,与民事综合调解率上升的趋势形成明显反差。

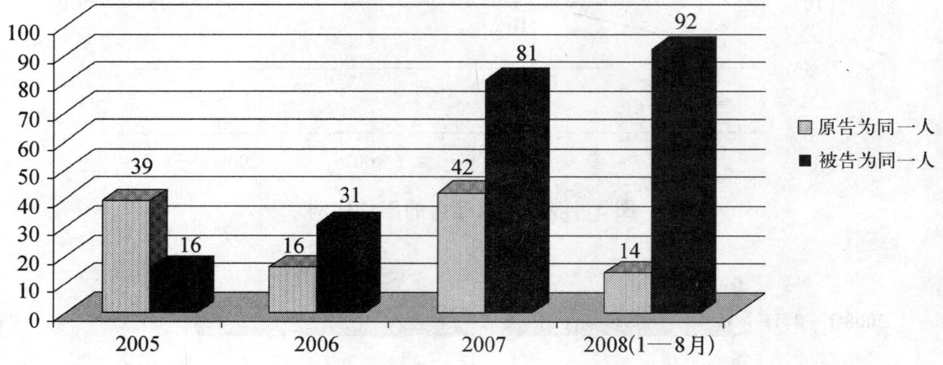

图5 当事人为同一人数量图

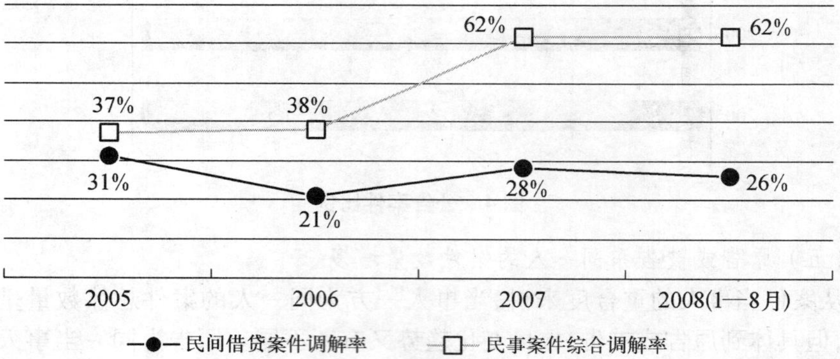

图6 调解率对比图

(七)借贷额度略有上升

在我院所审理的案件中,借贷金额相对较低,基本上在5万元以下,其在近四年的所占比例分别为73%、70%、60%、60%,虽然该比例整体上较为平稳,但亦略有降低,特别是在2007年之后。相反,5万元以上的借贷逐渐增多,主要反映在5万—10万元的额度范围内,所占比例分别为11%、13%、16%、19%;而10万—20万、20万以上的借贷,前三年的比例不断提高,在2008年又略有下降,其中10万—20万的借贷案件所占比例分别为9%、10%、12%、10%,20万以上的借贷所占比例分别为7%、7%、13%、11%(见图7)。

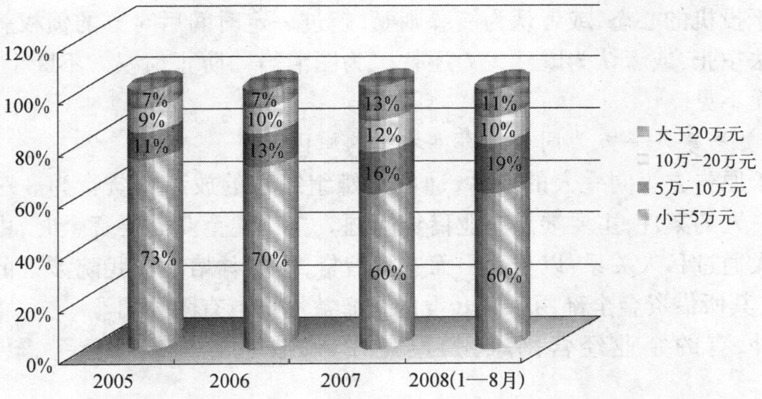

图7　结案标的额比例图

二、民间借贷纠纷特点背后的原因

（一）案件数量上升的原因

民间借贷纠纷案件数量的变化，原因有两点：首先，随着我区城市化进程的不断推进，涉农拆迁随之增多，农民身份发生形式上的变化，但生存技能却未跟进和提升，生活存在困难，于是借款。其次，近年来我区经济发展总量不断增大，市场交易日趋活跃，企业所需资金流量增大，但由于银行贷款难度较高，小型企业主要通过民间借贷的方式融资。

（二）经营性借贷增多的原因

消费性民间借贷所占比例的减少，主要归因于我区经济的快速发展。2004—2007年我区的国内生产总值分别为151.1亿元、201.3亿元、254.5亿元、305.6亿元，该数据说明我区的经济处于良好的发展形势，人民生活得到明显改善，居民为看病、升学等问题而借款的现象减少。与此同时，由于生活水平的提高，人的需求层次亦不断提升，从单纯的消费需求转向投资需求，并在投资过程中产生诸多借贷行为。

（三）涉嫌涉及赌债案件增多的原因

涉嫌涉及赌博的借贷案件增多的原因，主要有两点：第一，我区外来人口不断增加，而开设赌场者外来人员占有较大比例，2008年我院审理开设赌场犯罪案件58件，其中有17件的被告为外来人员（占30%）。2004年之前外来人口仅5万余人，但自2005年开始迅速增长，至今已超过20万人。外来人口在沪工作不如意的情况下，容易做出赌博放贷等违法行为。第二，居民物质生活得到较好改善，而精神生活却未能相应提升，精神状态消极，容易寻求畸形的刺激活动，走上赌博的道路。

（四）公告案件增多的原因

由于我国尚未建立完善的信用认证体系，导致故意避债现象突出。有的借款者出于投机的心态,或者认为能躲则躲,超过一定时间后对方的债权就会超过时效无法主张,或者认为既然无力还款,“为图清静”,防止债权人不断上门讨债,干脆避而不见。

(五)当事人一方为同一人案件增多的原因

对于原告方为同一人的案件,通常涉嫌组织性的放高利贷行为。对于被告方为同一人的案件,主要涉及企业借贷问题。在小型企业需要资金时,由公司管理者个人通过私人关系,以个人出面进行借贷,譬如林培兴在我院涉讼的案件达30余件,其所借资金全部用于其开设的上海益培机电有限公司。

另外,有的企业经营困难,为避免债务,故意虚构借贷债务,转移公司资产。

(六)调解率持续较低的原因

调解率持续较低的原因,有三个方面:其一,被告躲避债务者较多,在缺席审理的情况下无法调解。其二,在借款可能实为赌债时,被告认为债务非法,而原告则坚持借款的真实性,双方分歧极大。其三,被告即使承认借款事实,但称无力还款,要求给予较长宽限期,而原告不予同意,无法达成和解意向。

(七)借贷额度略有上升的原因

近年借贷额度略有上升的原因主要有:第一,我区居民的生活富裕程度增加,手中余款增多,放贷数额自然提升;第二,近年来物价上升,对资金的需求系数提高,借贷数额相应增加;第三,经济发展活跃,对资金的需求更加旺盛,诱致借贷数额提高。

三、民间借贷纠纷中的新问题与处理对措

如上文所述,民间借贷纠纷逐年增加,借贷额度不断提高,涉及情况更趋复杂,而该类案件所呈现出来的上述特点,恰又侧映了法院的审理难点,并且随着上述特点的强化凸显,审理难度亦必然随之上升,因此有必要对司法实践中遇到的新问题归纳分析,以资后鉴。

(一)公司借贷与个人借贷的区别认定

在经营性民间借贷中,借条上签字者以公司管理者(如法定代表人)居多,通常无公司盖章,借款用途一般笼统地载明为做生意所用,至于借款主体是公司,还是管理者个人,双方争议较大。对此,我们认为在认定上述债务的性质时,要结合各种证据综合认定,不宜一概而论:

1. 签字者的身份

如果签字者能够实际管理控制公司,或有权对外代表公司进行商事行为,使他人足以相信其借款为公司行为,则应倾向于认定为公司债务;如果签字者系普通的股东或职员,则倾向认定为个人借款行为。

2. 资金来往的账户

需查明在借款或还款时,借款方所使用的银行账户,若使用的是公司账户,则倾向于认定公司债务;若使用的是个人账户,则倾向于认为系个人债务。

3. 借款的实际用途

借款用途可以反映实质的借贷主体,如直接用于公司经营,则倾向认定为公司债务;如实际用于个人消费等,则倾向认定为个人债务。

4. 实际的还款主体

在考察民事行为时,应注意其连贯性、一致性,如在偿还过程中,公司确实偿付部分款项,则应倾向于认定为公司债务;如果持续还款者为个人,则倾向于认定为个人债务。

上述四个方面只是在相应情形下的倾向性意见,需要相互之间进行印证综合分析。

(二) 涉嫌赌债问题的处理

在涉嫌涉及赌博的民间借贷中,虽然被告以赌债抗辩,但借条上的内容极为简单,难以推断背后真实的交易关系。如果简单认定借贷并非赌债,武断支持原告诉请,容易诱发被告方的情绪激化,有可能产生案外暴力冲突,酿成恶性事件。

为妥善审理涉嫌赌债的案件,可从以下几个综合处理:

1. 合理分配举证责任

在庭审中,认真听取双方之间的相互抗辩和质问,并主动询问,从各方举证及陈述中发现案件疑点,并根据疑点性质分配举证责任,如对借贷事实产生合理怀疑,则由原告进一步举证证明借贷的真实性。

2. 利用测谎辅助手段

在案件标的较大时,可以引入测谎机制。目前,测谎结果虽然不能作为法定证据使用,但是可以作为重要辅助参考资料,可以结合案件的其他事实综合判断。

3. 对被告释明向公安机关报案之权利

如果被告一味坚持赌债事实,而又无相关证明,可以向其明确说明,对违法犯罪事实,任何人均可以向公安机关报案处理,若被告能积极报案,则法院民事审理程序中止,待公安机关处理结果而定。

(三) 减少公告送达的对措

民间借贷案件的公告送达比例较高,致使审限延长,并在客观上损害债权人的现实利益。为了制止债务人的恶意躲避行为,可从如下几方面做好应对工作:

1. 通过电话送达

根据上海市高院的相关送达规定,可以通过电话录音的方式,对恶意不领取法律文书者可电话送达,在电话中明确告知相关的应诉内容。

2. 关注本院其他涉及被告的案件

通过法院查询系统,查询被告是否还有其他案件在我院审理之中,特别是有利于被告利益的案件,被告很有可能到庭。为此,承办法官应在其他案件开庭时,及时前去查看被告是否到庭,如到庭,应及时让其签收文书。

3. 查询本市有无其他涉及被告的案件

通过全市法院查询系统,查询被告在其他法院有无其他案件,如有可及时联系相关法院,查看卷宗中是否存有被告的送达地址确认书,并按此址送达法律文书。

4. 向被告家属送达

有时被告虽躲避在外,但同住家属仍在家中,而其家属却往往诈称被告长期不归,拒绝代收法律文书。对此,可向居委会、村委会或邻居等询问核查实际情况,如果被告家属所述不实,则可向被告家属送达。

5. 及早固定送达地址

在实践中,经常遇到首次送达应诉材料时,被告签收,但再次送达开庭传票时,被告已避而不见。为及早固定被告的送达地址,可请求法警予以协助,在首次送达应诉材料之时,即让被告当场填写送达地址确认书。

(四) 非法集资与正常借贷的界限问题

在某一被告涉及多起民间借贷的案件中,往往涉及非法集资与正常借贷如何界定的问题。在刑法中,涉及非法集资的罪名有两个,分别为非法吸收公众存款罪、集资诈骗罪。

对于非法集资与正常借贷的区分,根据我国《刑法》以及最高人民法院发布的《全国法院审理全同犯罪案件工作座谈会纪要》,可从如下几个方面把握:

1. 借贷数额

在非法吸收公众存款罪中,客观要件方面要求数额较大,因此借贷数额就成为罪与非罪重要的区别因素之一。个人非法吸收或者变相吸收公众存款20万元以上的,单位非法吸收或者变相吸收公众存款100万元以上的,方构成非法吸收公众存款罪。

2. 借贷目的

如果借贷的目的是为了骗取出借人钱款,据为己有,则构成集资诈骗罪;如果借贷目的是为了将集资款用于放贷,从中赚取利差,则构成非法吸收公众存款罪。需特别注意,非法吸收公众存款罪与一般的民间借贷目的之区别,前者主要目的是吸收公众存款后用于从事货币经营,后者主要目的是用于开发项目、投资酒店、企业经营等商业投资。

3. 借贷户数

借贷户数的多少,亦是衡量罪与非罪的重要标准。个人非法吸收或者变相吸收公众存款30户以上的，单位非法吸收或者变相吸收公众存款150户以上的，才能构成非法吸收公众存款罪。

4. 损失程度

如果个人非法吸收或者变相吸收公众存款给存款人造成损失10万元以上的，单位非法吸收或者变相吸收公众存款给存款人造成损失50万元以上的，或者造成其他严重后果的，可构成非法吸收公众存款罪，低于上述损失数额，一般属于民事审理范围。

上述四个方面，不能割裂开来，需要相互结合，共同作为判断依据，如涉及构成犯罪，则应移送公安机关处理。

(五) 对虚假借贷债务的审查

虚假的民间借贷纠纷，主要存在于恶意转移资产的情形之中，故意制造若干借贷债务。为了保护案外债权人的合法权益，应对借贷纠纷的真实性高度警惕。

1. 注意核对多张借条的形式是否相同

有的当事人为转移高额资产，虚构出多个借贷纠纷。对此，应注意审查这些借条在形式上是否相同，譬如所用纸张是否相同，借条书写笔迹是否相同，借条措辞风格是否相同，如果确属相同，应引起重视，进一步审查债务的真实性。

2. 注意审查借贷双方的关系是否亲近

当事人在恶意转移资产时，为了确保转移行为的隐蔽性和可控性，虚构的借贷债权人通常与其关系密切，或亲属，或股东，或朋友等。在面对被告为同一人的多起案件时，要跳出案件之外，尽量仔细审查双方实际关系，并查询被告是否在法院具有其他的债务纠纷。

3. 注意观察借贷双方默契程度

如果债务系虚构，则原被告双方的关系极为平和，通常没有争议，能迅速达成调解协议，并能积极主动地支付钱款；即使故意不达成调解协议，要求判决，双方亦会不经意地显露出“合作”姿态，而非对抗态度，且在执行过程中异常顺利。

在发现具有上述可疑迹象时，应及时深入调查，进行相应的司法强制措施，坚决制止恶意诉讼。

(六) 对于涉嫌放高利贷的案件处理

民间借贷中，涉嫌放高利贷的案件越来越多，并且有的利率极高，最高者可达到年息100%以上。出借人了为规避法律，常通过各种表述方式，以掩盖高利贷的事实，实践中较难查明。

对于涉嫌放高利贷的案件，应做好如下几个方面的工作：

1. 对于以违约金形式约定利息的情形

有的借贷中约定，如借款人不能于约定期限前归还，则需支付较高数额的违约金。对此，由于合同法中规定，如认为违约金过高，可请求适当减少，因此对违约金的审查,法院只能是被动审查。在调整时,应以人民银行同期贷款利率的四倍为参照标准。

2. 对于明确以利率形式约定利息的情形

注意审查约定利率与同期人民银行同期贷款利率的对比,如果未超过后者的四倍,则予以支持;如果已超过后者的四倍,则对超出部分不予支持。需注意的是,即使被告未提出利率过高的抗辩,法院亦应主动审查,最高院《关于人民法院审理借贷案件的若干意见》持主动干预态度。

3. 对于借款数额实际包含利息的情形

对此,应当查明后扣除利息,确定真实的借款本金。但是,对于是否包含利息的事实常难以查清。为查明事实,可从案件细节中查找突破口,如通过多个证人相对印证,找出矛盾之处;还比如,查明原被告之间的关系,如果二者关系并非亲近,则让原告解释未约定利息的非常理事实,并结合其他疑点,综合判断。

(七)对"一笔借款多张借条"的处理

由于借贷双方有时发生多次借贷、多次还款的往来行为,经常出现一笔借款多张借条的情形。对该类案件,需施以特别注意,因为处理不慎会导致冤假错案,引发当事人情绪的剧烈反应。为此,可从以下两个方面注意:

1. 注意让双方当事人本人到庭

在该类案件中,原告通常会委托代理人到庭,而自己却不到庭,以防承办法官庭审时的询问,害怕露出破绽。为了查明事实,法院可在必要时要求原告亲自到庭,陈述借款的详细事实。审理中,可结合案件中疑点,以及原告到庭诉讼的态度综合考量。

2. 注意运用生活经验

对于借条证据的审查,不应拘泥于形式审查,而且要凭借丰富的生活经验、敏锐的洞察力,善于发现其中的微妙之处,合理运用证据规则中的经验法则,对多张借条时间的连接性、内容的重合性、表述的一致性、用途的同一性、数额的对应性等诸多方面,进行常理推断。

城市郊区涉农村土地承包权纠纷调查研究

——以金山法院近年来涉农村土地承包权纠纷案件为视角

潘家祥 朱 炜 陈祥华*

（本文荣获2009年上海法院系统司法统计分析鼓励奖）

引言：日益城市化的上海郊区农村

与一般的农业省份不同，上海的城市化、工业化发展迅猛。据上海市政府网站公布的最新统计数据显示：2007年上海国民生产总值为12 188.85亿元，作为第一产业的农业在2007年的产值为101.84亿元，仅占同期上海国民生产总值的0.83%。与第二、第三产业年均增长10%以上的增长速度不同，上海农业在2001年至2007年呈现年均增长速度为-0.5%①。受上海经济发展浪潮的影响，上海郊区农村第二、第三产业的比重也在加大。以处于该市远郊地区的金山区为例。据统计，该区2008年农业总产值为29亿元，仅占该区同期国内生产总值的3.2%，而该区2008年工业总产值为1 012.3亿元，占该区同期国内生产总值的63.6%②。

基于这种经济发展格局的影响，上海第二、第三产业吸收劳动力的能力较强。现实的上海郊区农村中，普遍存在青壮劳力从事二、三产业，不从事耕种的情况，这些青壮劳力在工厂工作一两个月的工资已经抵得上其在承包地上一年辛劳耕种的所得③。这也导致目前上海农村耕地集中流转由少数大农户耕种的

* 潘家祥，上海市金山区人民法院副院长，审判委员会委员；朱炜，上海市金山区人民法院民三庭庭长；陈祥华，上海市金山区人民法院民三庭法官，法学硕士。

① 见上海市政府网站公布的《上海年鉴2007》，载http://www.shanghai.gov.cn/shanghai/node2314/node19803/index.html。

② 见上海市金山区人民政府网站公布的《2008年金山区国民经济和社会发展统计公报》，载http://jsq.sh.gov.cn/gb/shjs/jsgl/tjzc/index.html。

③ 从本课题组成员与当地农委及种粮户的调研中获知，上海农村居民如种地，一亩地一年的收益大概在1 000元左右；而上海郊区农村居民如到工厂上班，一般一个月的工资均在1 000元以上。

情况比较普遍。以处于远郊的金山区具体情况而言,在该区586平方公里的陆地面积中,除石化、朱泾等少数城镇,该区还有相当数量的农村地区,全区耕地总面积为39.71万亩,农户承包确权地面积33.68万亩,机动地2.18万亩,集体及新增土地1.66万亩。其中土地流转面积已经达到27.74万亩,占该区耕地总面积39.71万亩的70%①。

尽管郊区农村青壮劳力存在不愿意从事农业耕种的情况,但是随着农村税费改革的进一步深入,国家惠农政策的相继出台,农副产品价格的不断回升,尤其是随着上海城市化、工业化浪潮所带来的土地征收、征用等因素的影响,上海郊区农村土地的经济价值在逐步提高。因此,尽管土地作为郊区农村最基本生产资料的功能在逐渐退化,但是农民却不轻言放弃手中所掌握的土地承包经营权。

基于上海郊区农村土地承包经营权面临的这种新格局,需要我们以新的视角来观察上海郊区农村的土地承包经营权纠纷。

一、上海市金山区人民法院涉农村土地承包权纠纷案件基本情况

(一)收、结案数呈现激增又迅速回落的特点

2002年至2008年,该院共受理民事案件31 068件,其中涉农村承包权纠纷案件130件(不包含执行类案件),占同期民事案件收案总数的0.42%。各年具体收、结案情况如图1所示。

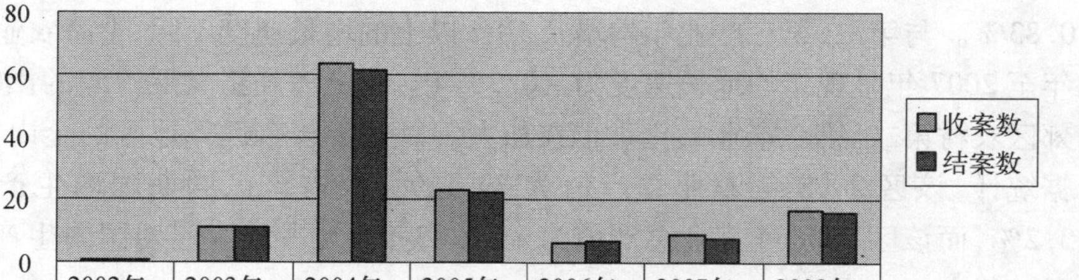

	2002年	2003年	2004年	2005年	2006年	2007年	2008年
收案数	1	11	63	23	6	9	17
结案数	1	11	61	22	7	8	16

图1

由图1可知,该院受理的涉农村土地承包权纠纷数量从2002年开始快速增多,发展至2004年达到高峰,2004年一年受理的案件数量占2002年至2008年七年案件数量总数的48.46%,2005年案件数量也较多,占到七年案件数量总数的17.7%,2004年和2005年两年总计占到七年案件总数的66.16%。之后从2006年开始至2008年,案件数量明显回落,2006年和2007年受理案件数甚至回

① 以上关于上海市金山区农村土地的数据参考上海市金山区农委农村经济经营管理指导站内部资料:2009年3月23日《金山区土地流转基本情况(截至2008年底)》。

落至个位数。同期的收结案数基本保持平衡。

(二) 以判决方式结案的比率较高,调解率较低

该院在2002年至2008年审结的130件非执行类涉农业承包合同纠纷案件中,判决74件,调解16件,撤诉36件,驳回起诉4件,具体情况如图2所示。

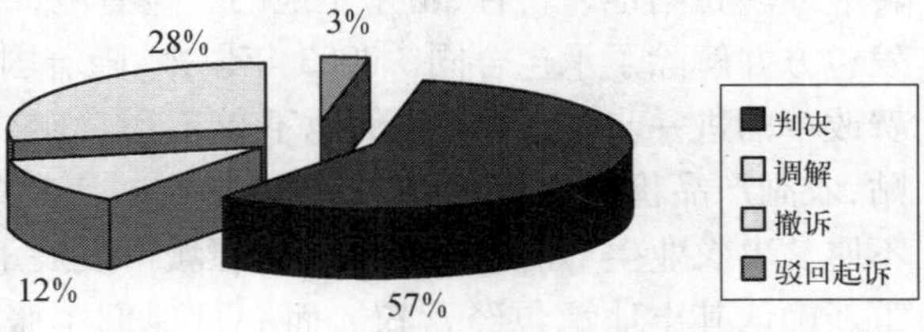

图2

由上图可知该院在2002年至2008年受理的涉农业承包合同纠纷类案件中,通过判决方式结案的比率达到57%,调撤率则为40%,调解率仅占12%。

(三) 简易程序适用率相对较低,案件审理难度较高

在2002年至2008年审结的130件非执行类涉农业承包合同纠纷案件中,适用简易程序的有58件,占44.62%;适用普通程序的有17件,占13.08%;简易转普通程序的有55件,占42.31%。简易程序适用率相对较低,案件的审理难度比较高。

(四) 部分案件呈现群体性纠纷的特点

在2002年至2008年审结的130件非执行类涉农业承包合同纠纷案件中,群体性纠纷案件58件,占同期非执行类涉农业承包合同纠纷案件总数的44.62%。群体性纠纷案件的出现与同期受理的案件数量有紧密联系。2004年之前,无群体性纠纷案件出现;在受理案件数量最多的2004年,出现涉及施引根的42件群体性纠纷案件数量,达到高峰;2005年则出现了涉及上海市金山区漕泾镇海涯村村委会的8件群体性纠纷案件,之后随着受理案件数量的大幅度回落,2006年、2007年两年无群体性纠纷案件发生;2008年随着案件的回升,出现了涉及赵加敏的8件群体性纠纷案件。

(五) 农村土地承包经营权流转纠纷案件所占的比例较高

在该院所受理的涉农村土地承包纠纷案件中,涉及土地承包经营权流转的案件有83件,占同期受理案件数量的63.85%,比例最高。涉及土地承包合同的案件有37件,涉及土地侵权的案件有8件,其他公民侵犯土地承包经营权的有1件。

二、涉农村土地承包权纠纷案件的原因分析

(一) 收、结案数呈现激增又迅速回落的原因

经分析,涉农村土地承包权纠纷案件数量变化较大的原因主要是受国家惠农政策的影响。从90年代农民工群体的形成开始,农民外出务工经商不务农的

现象增多。外出务工经商的农民一般没有时间和精力回家务农。农民外出时,家里还有亲属的,可将土地交由亲属耕种,如果没有亲属在家里,则往往将土地转包或转租给他人耕种,由于土地的收益有限,部分农民甚至将土地抛荒或交给发包方并解除了承包合同。2003 年以来,随着国家惠农政策的相继出台,农村税费改革的进一步深入,农民种地不仅不用缴纳农业税,而且还能从国家获得补贴,农副产品价格也不断回升,这就使农村土地的经济价值逐步提高,部分原来不愿从事农业生产的农民以及部分在城市发展不顺利的农民工开始考虑收回或重新确认其土地承包经营权。而一旦他们主张收回或重新确认原来承包的土地,这就会与现在的土地使用者发生利益的直接冲突,在现在的使用者对土地进行了较多的投入、规模式经营的情形,这种冲突更为明显。这也导致了从 2003 年开始,农村土地承包纠纷数量逐年增加。当然,这种纠纷也会因个案的解决、权属的明确而逐渐趋于减少。只要国家的惠农政策不变,则农民像过去一样随意抛荒、转让承包地导致发生农村土地承包纠纷的现象就不会重演。这也是在 2004 年我院农村土地承包纠纷数量达到高峰以后,迅速回落的根本原因。

(二) 以判决方式结案的比率较高,调解率较低的原因

涉农村土地承包权纠纷案件的审理出现以判决方式结案的比率较高,调解率较低的现象,其原因有两点:1. 农村土地涉及农民的根本利益,是其赖以为生的重要基础,一般而言,农民不会轻言放弃其所占有的土地。2. 该类案件在到法院进行诉讼前,一般已经当地政府调解组织、当地司法所、所在村委等进行调解,相对简单的案件已经基本处理完毕,进入到诉讼的案件一般是案情相对复杂,当事人矛盾相对突出的案件,调解的难度较大。

(三) 简易程序适用率相对较低,案件审理难度较高的原因

由于调整农村土地的法律法规及政策内容繁杂,变化较大,而农村居民缺少相应的法律知识,难以充分了解相关的法律知识,不能合法、规范地处理土地承包经营权问题,仅仅凭借表面的证据难以准确把握当事人的真实意思表示,且一旦发生纠纷,则可能会形成群体性纠纷案件,这就更需要注意在案件的处理中兼顾法律效果和社会效果的统一,对案件的审理水平要求更高。

(四) 出现部分案件呈现群体性纠纷的原因

首先,农户将自己的责任田流转给他人耕种时,手续一般不规范,缺乏书面合同,存在未经农户授权许可,由村民小组长私自代表本村民小组农户与他人签订流转协议的情况,遇到国家惠农政策,农地的价值提高,则农户往往会以集体否认原流转协议的形式要求收回原承包地或提高流转费,从而引起群体性纠纷的发生。其次,城市化、工业化开发所需要的土地较大,所涉及的农户一般较多,处理不当,则容易形成群体性纠纷。再次,农村出现"大农户"的现象,由种粮大户向多个农户租赁土地进行种植,一旦发生纠纷,亦容易形成群体性纠纷。

(五) 农村土地承包经营权流转纠纷案件所占比例较高的原因

首先,受到上海城市化、工业化浪潮的影响和推动,目前我区已经逐步进入以工促农、以城带乡的发展阶段,进入加快改造传统农业的关键时期,城乡经济社会一体化格局正在逐步得到推进,农民的收入来源呈现多元化趋势,尤其是年轻一代的农民真正从事农业的人数已经大为减少,据统计,我区土地流转面积27.74万亩,占耕地总面积39.71万亩的70%。流转土地基数的增加,客观上提高了纠纷发生的概率。其次,由于农村居民法律知识有限,在订立相关流转合同时,缺乏合同的重要条款,相互间的权利义务约定不明确,有的只是做出口头约定后即开始承包,从而导致在履行过程中发生冲突而产生的纠纷。

三、涉农村土地承包权纠纷案件中需要共同探讨的主要问题

涉农村土地承包权纠纷案件具有法律关系复杂、事实认定困难、法律适用疑点较多、法律法规内容庞杂等特点,已经成为法院受理案件中审理难度较大的案件类型。因此有必要对司法实践中遇到的问题归纳分析,以资后鉴。

(一) 因农村土地确权不明导致难以保护当事人权利的问题

现行的上海农村土地承包登记证中,只登记承包地的面积,未登记承包地的四至。这就导致农户的承包权存在确权不明的问题。一旦发生相邻承包地或者承包地与宅基地之间的权属纠纷,难以依据该农村土地登记证给予证明,法院难以有效地保护当事人的权利。且目前农村耕地集中流转由大农户耕种的情况比较普遍,农村的青壮劳力从事二、三产业,不从事耕种情况在增多,他们已经不是很熟悉自已的承包地确切所在,如果没有一定的确切的四至标志,将来遇到其中部分土地被征收的情形,则农户之间势必会产生权属纠纷。该情况的存在不利于我区进一步开展农村土地流转工作。目前,家庭土地承包经营权作为一项特殊用益物权的地位已经基本得到确认①,其自承包合同成立之日起即生效,但如果不采取登记的方式,则无法对抗善意的第三人,如果未对承包地的四至做出登记亦无法有效对抗善意第三人。综上,建议相关主管部门进一步完善农村土地登记制度,在可能的条件下,明确农户的承包地四至,并结合采取在承包地之间埋界桩等办法来加以固定。

(二) 土地承包经营权是否可用以抵押的问题

农村土地承包经营权抵押是指土地承包经营权人在法律允许的范围内,不移转土地占有而将土地承包经营权作为债务的担保,债权人在债务人届期不履行债务时,享有将该土地承包经营权进行拍卖、变价并优先受偿的权利。

以其他方式承包取得的土地承包经营权抵押问题。依据我国《农村土地承

① 王利明:《物权法研究》,中国人民大学出版社2002年版,第458页;梁慧星主编:《中国物权法草案建议稿》,社会科学文献出版社2000年版,第514页;崔建远:《土地上的权利群论纲——我国物权立法应重视土地上权利群的配置与协调》,载《中国法学》1998年第4期。

包法》第四十九条的规定,不宜采取家庭承包方式,通过招标、拍卖、公开协商等其他承包方式承包农村土地,经依法登记取得土地承包经营权证或者林权证等证书的,其土地承包经营权在发包方同意的前提下可以依法采取抵押等流转方式进行流转。因此该类承包权可以进行抵押。但是对以家庭承包方式取得的土地承包经营权是否可以进行抵押的问题,目前的争议比较大。禁止该类土地承包经营权抵押的观点认为中国是农业大国,有9亿左右的农业人口,农民的土地承包经营权是其赖以生活的基础,具有社会保障的功能。如果允许农民抵押自己的土地,如遇到无法抵偿之情形,则农民将面临失去土地并失去生活保障的风险①。有学者就指出,农民离开了土地,社会又不能对农民提供保障,这将会使农民丧失基本的生活保障②,不利于农村和整个社会的稳定。依据2005年最高法的相关司法解释,以土地承包经营权设定抵押的,应认定为无效。当然也有学者表达了不同的意见:"现行法律对农村土地承包经营权的抵押规定不明确,理论界对此也有很大争议。否定土地承包经营权抵押的理由不能成立,土地承包经营权抵押有利于实现、维护和发展农民利益。"③

两种观点可以说各有其理由,然考虑到现行的农村土地流转现状,现行法律和国家政策已经允许农村土地在一定条件下进行流转,而农村土地抵押的可能后果就是不能按期还债导致土地流转。为了预防农民失去社会保障而不允许抵押,但是却允许农民将土地直接进行流转,这种立法模式本身的逻辑是值得反思的。因为在这种立法模式下,农民即使不采取抵押的方式流转土地,但是仍然可以采取转包、出租甚至转让等流转方式流转其土地。如果说抵押的方式可能会导致农民失去承包地,后几种流转方式下,尤其是在转让的方式下,农民又何尝不可能失去土地。农村土地承包经营权作为一项用益物权,现行法律对其流转设定了不同于一般物权的更为严格的流转方式,但是这并不影响其属于用益物权这一性质本身。同样的道理,对农村土地承包经营权抵押设定诸如需要发包方同意、不允许改变农业用途等条件,也并不能成为影响其进行抵押的理由,相反,这反而突出了农村土地承包权抵押这一不同于其他类型抵押的特点所在。

考虑到上海郊区农村的非农产业和非农就业已经发展到一定的程度,我区耕地流转面积已经达到70%的程度,可以说,土地已经不是农民的唯一收入来源,也不是唯一的生存就业保障。尤其考虑到上海现在的相关政策,我市农村自90年代以来出生的小孩,其户口基本是登记为非农业户口④,这就意味着我市现

① 中国物权法研究课题组:《中国物权法草案建议稿:条文、说明、理由与参考立法例》,社会科学文献出版社2003年版,第532页。

② 邓科:《土地能保障农民什么》,载《南方周末》2001年6月14日第3版。

③ 韦福:《论农村土地承包经营权抵押的必要性和可行性》,载《河池学院学报》2007年第6期。

④ 从本课题组成员与上海市金山区当地公安局户籍科同志的调研中获知,从2005年7月1日起,金山区当地农村居民的新生小孩其户籍登记为非农业户口。

有的农村有可能在他们这一代起全面实现城市化,他们将依法享受到城镇的基本社会保障福利待遇。忧虑农民因为土地承包权抵押导致可能失去生活保障的理由应当适当调整。

综上所述,建议考虑对该类农村土地承包经营权设定抵押问题进行适当松绑。

(三)发包方何种条件下可收回承包权的问题

现在法律规定发包方只有在农户全家户口迁入设区的市的情况下,才有权收回其承包地。这主要是考虑到我国在设区的市已经基本设立了社会保障制度,农民的户口一旦迁入设区的市,则可以享受到城市居民的社会保障福利,这部分人的生活已经得到基本的保障,不应使其再占用农村有限的土地资源。目前实践中,存在拥有承包地较多,在土地被征收,全家人均享受城镇社会保障以后,仍拥有承包地的情形。基于目前地少人多的现实,其他未享受镇保的农民存在缺地、少地的情况,如果将来其土地被征收,则其家庭成员可能有人享受不到城镇社会保障。家庭土地承包经营权最重要的意义在于其在农村社会中起到最基本的社会保障功能。如果农户已经享受到城镇社会保障,则不应再拥有所承包的耕地和草地。建议依法及时收回该类农户剩余承包地的承包经营权,防止埋下隐患。

(四)因国家政策变化导致原土地流转费过低的问题

国家进行农村税费改革之前,部分农户流转土地时,存在期限过长,价格过低的现象,随着国家惠农政策的出台,该类流转合同的价格明显过低,承包方往往不愿意按照原来的合同履行,要求收回承包地或提高流转费。对于该类纠纷,可从以下几个方面着手:

(1)如果承包方提出收回承包地的要求,一般应优先适用和解、调解方式来解决双方的纠纷。审判经验表明,承包方真正想从事农业的并不多见,其真实意图往往是企图提高土地流转费,平衡原流转价格和相关国家惠农补贴之间的差价。且现在土地的承租方往往已经对土地进行了一定投入,贸然解除合同容易引发新的纠纷。因此,在处理该类纠纷时,要多做工作,尽量让当事人协商一致和解或达成调解。一方面有利于化解矛盾、平衡利益,另一方面有利于保护农业发展和经济秩序。

(2)如果流转合同本身已经包含对相关意外变更事由的约定,则该约定应当得到遵守,任何一方当事人均不得再以该事由主张重新协商。

(3)在零收益、负收益或接近零收益的流转土地中,继续履约将显失公平的,在承包方提出调整要求的情况下,可严格适用情势变更原则给予适当调整。即只有在继续履行合同将导致双方利益严重失衡或无意义且无其他救济途径时才能严格适用相关规定给予适当调整。但是承包方对于对方因此所遭受的合理损失应给予赔偿。

(五) 少数农户弃耕撂荒土地甚至不要承包地,现在要求落实土地承包经营权的问题

基于农资涨价、农民负担过重等各种因素考虑,部分农户采取了弃耕、撂荒土地等方式,有的农户甚至不要承包地。为了完成缴纳农业税、减少损失,农村集体组织采取了将撂荒的土地发包给希望发展农业的少数农户或者是发包给集体经济组织成员之外的其他人的现象,出现了部分农户承包到较大面积承包地的现象。随着政府减免农业税、增加粮食补贴等一系列惠农政策的出台,部分农户要求重新落实土地承包经营权,继续承包经营土地。这就导致了究竟是原承包人还是新的承包人享有农村土地承包经营权的纠纷。如何处理该类纠纷,目前各方的争议比较大。

(1) 应以《农村土地承包法》第二十九条的规定为准作为认定承包方是否自愿交回承包地的法律依据。交回承包地的实质是解除土地承包经营合同。合同法第九十四条的规定,在履行期届满之前,当事人一方明确表示或者以自己的行为表示不履行主要债务的,当事人有权解除合同。如果依据该条规定,则部分承包户出现的撂荒、弃耕行为无疑可以表明其不愿意继续履行承包合同。发包方基于此原因,当然有权解除合同,并另行发包给他人。但是农村土地承包法作为特别法,对承包方在承包期内交回承包地做出了严格的规定,该规定有利于最大限度地保护农户的土地承包经营权,避免非法剥夺农户土地承包经营权的现象发生。依据特别法优于普通法的法理原则,不应以《合同法》第九十四条为准,而应以《农村土地承包法》第二十九条的规定为准作为认定承包方是否自愿交回承包地的法律依据。即承包期内,承包方可以自愿将承包地交回发包方。承包方自愿交回承包地的,应当提前半年以书面形式通知发包方。承包方在承包期内交回承包地的,在承包期内不得再要求承包土地。

(2) 应着重审查承包户是否自愿交回承包地。农户有权在承包期内交回其承包地,但该行为应当在符合承包方具有完全民事行为能力、意思表示真实,不存在欺诈、胁迫、乘人之危等条件下进行,否则应认定为无效行为。

(3) 在承包期内,不应以承包方弃耕撂荒为由收回其承包地。依据《农村土地承包法》第二十六条的规定,在承包期内,发包方收回承包地的唯一条件是承包人全家迁入设区的市,此外,原则上发包方不得以任何理由收回承包土地。因此,发包方无权以承包方弃耕撂荒为由收回其承包地。如果发生发包方以此为由收回承包地,并发包给他人的情形,应认定第二个承包合同无效。但是对于第二个承包合同的实际耕种方的合法利益应给以适当补偿。

(4) 对于两轮延包时,部分农户自愿不要承包地,现在主张要求落实承包地的问题,依据《最高人民法院〈关于审理涉及农村土地承包纠纷案件适用法律问题的解释〉》,人民法院主要受理以下五种类型农村土地民事纠纷案件:农村土地承包合同纠纷、土地承包经营侵权纠纷、土地承包经营权流转纠纷、土地承包

经营权继承纠纷以及对承包地征收补偿费分配引起的纠纷等。显然，部分农户要求落实其土地承包经营权，属于尚未取得而要求取得土地承包经营权的纠纷，该类纠纷依据《农村土地承包法》第十一条的规定应由相关行政主管部门负责本行政区内农村土地承包合同管理工作的范围，还不具有可诉性。农户应向集体经济组织和指导该集体经济组织的相关行政机关提出，还不能作为民事诉讼提出。

（六）土地承包经营权流转程序不规范的问题

2004年第二次修订的《土地管理法》第十五条规定：农民集体所有的土地由本集体经济组织以外的单位或者个人承包经营的，必须经村民会议三分之二以上成员或者三分之二以上村民代表的同意，并报乡（镇）人民政府批准。即农村土地经营权的流转是需要符合一定严格程序的，审判实践中发现，部分土地经营权的流转程序不规范，存在未经村民会议决议或村民代表同意即进行土地流传的情形以及未经承包方同意即单方代表承包方签订流转协议的情形。如果发包方以此为由主张流转合同无效的，要注意依据现有法律，探求当事人的真实意思表示；同时要结合土地流转时间的长短、发包方是否知情、发包方是否已经接受对方的土地流转费等情况综合进行考虑；如果确实是违背发包方意志的不当流转行为，则应根据发包方的请求给予调整。

试论民事侵权案件中的共同诉讼人
——以确定、追加、排除为研究纬度

郇习峰　徐　英*

（本文荣获2011年上海法院系统学术讨论会优秀奖）

《中华人民共和国侵权责任法》的颁行，为民事侵权案件的审理提供了依据。其保护的法益范围在第二条规定中以列举式加以明确："侵害民事权益，应当依照本法承担侵权责任。本法所称民事权益，包括生命权、健康权、姓名权、名誉权、荣誉权、肖像权、隐私权、婚姻自主权、监护权、所有权、用益物权、担保物权、著作权、专利权、商标专用权、发现权、股权、继承权等人身、财产权益。"这些民事权益的受益主体是谁？哪些主体会侵害到这些民事权益？侵权主体和被侵权主体究竟该如何确定？如何追加？如何排除？这直接关系到民事侵权案件审判法官判定参诉主体、简化诉讼程序的司法实务操作。

一、主体之辩：民事侵权案件中共同诉讼人的范围分析

诉讼当事人的确定是民事诉讼中法院做出的首要程序性工作。如果当事人不适格，即意味着诉讼缺失正当性。明确民事侵权案件审判中共同诉讼人的主体范围并认定其诉讼主体资格，对于追加适格共同诉讼人、排除不适格共同诉讼人至关重要。以比较法的法学分析方法为切入点，从范畴和本质两个纬度对共同诉讼人的主体范围展开辨析。

（一）范畴之辩：共同诉讼人 VS 共同诉讼当事人

共同诉讼是指当事人一方或双方为多数、诉讼标的是共同的或者是同一种类的，人民法院在办案过程中合并审理的诉讼。共同诉讼的合并不是诉讼客体的合并，而是诉讼主体的合并，即多数当事人的同质数诉之合并。因此，共同原告或共同被告复数一方的当事人在审判实践中被称为共同诉讼人。

共同诉讼当事人是指在诉讼程序中提起共同诉讼的双方当事人的统称，其

---

* 郇习峰，上海市金山区人民法院民一庭预备法官；徐英，上海市金山区人民检察院助理检察员。

范围包含共同诉讼人和共同诉讼的对方当事人(可能是单数主体或是复数主体)。共同诉讼人形态的出现,是共同诉讼区别于一对一单独诉讼之本质特征的外在表现。在某一诉讼中,可能同时存在共同原告诉讼人和共同被告诉讼人的情形,这是一种情形而已,并不能因此混淆共同诉讼人和共同诉讼当事人的概念。由于单独诉讼和共同诉讼都是解决纠纷、实现法的秩序和客观权利的主观化过程所不可或缺的诉讼形态。所以,现代各国的民事诉讼法都承认,在利害关系人与诉讼中的一方当事人之间存在某种法律或事实上的共同关联的情况下,许其作为共同诉讼人参与诉讼①。

(二)本质之辩:共同诉讼人VS连带责任人

连带责任人一般分为真正连带责任人和不真正连带责任人。共同诉讼人与连带责任人之间存在本质区别:一是涵义区别,连带责任人通常是指在民事侵权纠纷中负有连带赔偿义务的一方当事人。共同诉讼人是指在共同诉讼中存在共同或者同一类诉讼标的之复数一方当事人;二是主体区别,共同诉讼人包括责任人和权利人,因此在主体范围上共同诉讼人概念大于连带责任人;三是法益区别,共同诉讼人可能是侵害对方法益又或是法益被侵害的一方,连带责任人只是侵害他人法益的一方,姑且不论连带责任人是否直接实施了侵害行为。

连带责任人在民事侵权案件中,多表现为共同侵权的集合形态,有着共同侵权的构成要件:一是加害主体的复数性;二是加害行为的协作性;三是主观意思的共通性;四是损害结果的同一性。在被侵权人诉请这类侵权人承担侵权责任时,他们便成为连带责任人,被侵权人根据民事法律中关于连带责任承担方式并运用对象性选择规则,主张部分或者全部侵权人承担部分或全部赔偿义务。如果共同侵权的连带责任人在数量上呈现复数的,则成为侵权纠纷诉讼中的共同诉讼人。

民事侵权案件中,不真正连带责任人就是负有不真正连带责任的当事人。不真正连带责任是指多数债务人就同一内容之给付,各负全部履行之义务,而因一债务人之履行,则全体债务消灭之债务②。《侵权责任法》第43、59、68、83等条文规定中,包含不真正连带责任人。

二、类型之析:民事侵权案件中共同诉讼人的表现形态

民事侵权案件的当事人一般分为侵权人和被侵权人两类,民事侵权形态表现为直接和间接两种形态,藉此,共同诉讼人可以细分为四类:

---

① 肖建华:《论共同诉讼分类理论及其实践意义》,见《诉讼法论丛》第六卷,第350—352页,载中国知网,2011年3月15日查阅。

② 郑玉波著、陈荣隆修订:《民法债编总论》(修订二版),中国政法大学出版社2004年版,第425页。

(一) 直接侵权人:当然共同诉讼人

直接侵权人是指直接实施侵权行为,侵害被侵权人民事权益的人,应当对自己的侵权行为承担当然的侵权责任。直接侵权人是当然的共同诉讼人,其范围不止于自然人,还包括法人和其他组织。这类共同诉讼人主体特征明显:其一,民事侵权行为的直接实施者,还包括教唆者和帮助者;其二,侵权行为直接造成被侵权主体的民事权益受损;其三,侵权人的致害行为符合侵权责任法的违法性评价。该类主体在《侵权责任法》的总则和分则中均有相应的规定(见表1)。

表1 关于直接侵权人的法律规定

序 号	直接侵权人名称	侵权责任法中的章节
1	民事侵权直接行为人、教唆或帮助行为人等	第二章"责任构成和责任方式"
2	产品生产者、销售者、运输或仓储的第三人等	第五章"产品责任"
3	肇事司机、承保交强险的保险公司、肇事车辆的所有人或存在过错的出让、出租、出借人等	第六章"机动车交通事故责任"
4	医疗机构及其医务人员	第七章"医疗损害责任"
5	环境污染者	第八章"环境污染责任"
6	民用核设施、民用航空器的经营者、高度危险物的所有者、占有者(包括非法占有)、使用者和管理者以及高度危险作业人	第九章"高度危险责任"
7	动物饲养人或管理人(包括动物园)或占有人	第十章"饲养动物损害责任"
8	物件所有人、管理人或使用人	第十一章"物件损害责任"

(二) 间接侵权人:法定共同诉讼人

间接侵权人是指没有实施直接的侵权行为,因其与直接侵权人之间的特殊关系,在他负有监督、管理直接侵权人,防免损害发生义务时而没有尽到应尽义务,致使损害发生的,和直接侵权人一同承担侵权责任的人。间接侵权人的义务主体身份来自法定的特殊关系,属于法定共同诉讼人。其范围和直接侵权人一样,间接侵权人也不限于自然人。该类共同诉讼人的特征有:其一,非直接侵权行为的实施者;其二,对于直接侵权人负有民事范畴的监督和管理职责;其三,疏于对直接侵权人的监督和管理;其四,该类主体的责任义务来源于法律的明文规定,不能做扩大解释或任意解释,从而排除国家有关监管部门作为赔偿主体的可行性或可能性。《侵权责任法》第四章"关于责任主体的特殊规定"对此类共同诉讼人主体进行了全面的规定(见表2)。

表2 关于间接侵权人的法律规定

序 号	间接侵权人名称	侵权责任法中的条款
1	无民事行为能力人、限制民事行为能力人的监护人	第三十二条
2	无意识致人损害的完全民事行为能力人	第三十三条
3	侵权人的雇主	第三十四、三十五条
4	网络服务提供者	第三十六条
5	宾馆、商场、银行、车站、娱乐场所等公共场所的管理人或者群众性活动的组织者	第三十七条
6	无民事行为能力人或者限制民事行为能力人所在的幼儿园、学校或者其他教育机构	第三十八、三十九和四十条

(三)直接被侵权人:当然共同诉讼人

就文义来解释,是指民事权益因侵权人实施的侵权行为而遭受到直接侵害的当事人。称其为当然共同诉讼人,原因在于这类共同诉讼人的特征明显:其一,民事权益被直接侵害;其二,侵害的后果是直接和明确的;其三,侵害行为和侵害结果之间的因果关系呈现直接性。比如,产品责任纠纷中的缺陷产品招致损害的当事人、交通事故人身损害案件中的死者、医疗事故侵权中的患者、环境污染侵权中的受害人、高度危险物品和作业侵权案件中的受害人等。

(四)间接被侵权人:关联共同诉讼人

侵权人实施的侵权行为造成的损害可能具有蔓延性,会波及与直接被侵权人具有利害关系的第三人。因此,与直接被侵权人相对应的间接被侵权人的概念随之产生。在民事侵权案件的审判实践中,该类共同诉讼人的突出特征有:其一,被侵权人民事权益侵害的被动性和波及性,或称二次伤害;其二,该类被侵权主体和直接被侵权人之间存在利害关系;其三,该类主体享有主张侵权人予以补偿的经济性诉权。因为间接被侵权人和直接被侵权人之间存在利害关联性,因此在诉讼中具有了关联的共同诉讼人的主体资格。该类主体主要有:

第一类是为伤残或死亡的被侵权人支付了丧葬费或医疗费等费用的第三人。包括在交通事故人身损害事故中为伤亡者垫付相关费用的道路交通事故社会救助基金管理机构等。

第二类是死亡被侵权人的近亲属。《侵权责任法》第十八条中规定:“被侵权人死亡的,其近亲属有权请求侵权人承担侵权责任。”包括配偶、父母、子女、兄弟姐妹、祖父母、外祖父母、孙子女和外孙子女等。

第三类是错误出生人的父母。因医疗机构诊疗过失,致使缺陷婴儿出生的,父母为该缺陷出生孩子的医治,支出超出一般抚养费用的特殊的教育和照顾费用,大多数国家都承认应该获得赔偿。因此,在这些费用方面,父母具有被侵权人的地位①。

第四类是死亡被侵权人的被抚养人。与被侵权人之间存在法定抚养关系的人,由于被侵权人的死亡导致抚养无以为继,间接损害了这类主体的合法权益,理当作为民事权益受害主体主张权利。但是,关于该类主体是否可以维权的规定,在《侵权责任法》条文中没有明确规定,审理实践中似乎可以依旧参照最高人民法院《关于审理人身损害赔偿案件适用法律若干问题的解释》第十七条关于"被抚养人生活费"赔偿的相关规定。

三、确定之困:共同诉讼人在民事侵权案件审判中的境遇

(一)法律困境

1. 主要困境:法律缺漏和解释不一

确定共同诉讼人需要有法律的支撑。《民事诉讼法》第一百一十九条规定"必须共同进行诉讼的当事人没有参加诉讼的,人民法院应当通知其参加诉讼"。《最高人民法院关于审理人身损害赔偿案件适用法律若干问题的解释》第五条规定"赔偿权利人起诉部分共同侵权人的,人民法院应当追加其他共同侵权人作为共同被告"。最高人民法院《关于适用〈中华人民共和国民事诉讼法〉若干问题的意见》第五十六条规定"共有财产权受到他人侵害,部分共有权人起诉的,其他共有权人应当列为共同诉讼人"。似乎可以理解,以上法律规定明确必须追加遗漏的当事人。但是《侵权责任法》第十三条规定:"法律规定承担连带责任的,被侵权人有权请求部分或者全部连带责任人承担责任。"这意味着诉讼当事人可以选择起诉,而不需要法院依职权追加。法律之间存在矛盾,需要司法解释予以明确。

《侵权责任法》对于参加诉讼当事人的身份范围和赔偿范围做出了原则性规定,实施细则尚未颁布,至今缺失明确的法律规制。比如,在道路交通事故人身损害赔偿纠纷案件中,肇事车辆的挂靠单位是否需要和肇事司机、车辆的所有人等一同承担被侵权人的损害赔偿责任,在现有法律规范中没有明确规定。对于挂靠单位的民事责任承担问题②,如果认定被挂靠单位为法定共同诉讼人,在其监管责任范围内承担责任,法律适用上则较为勉强。实践中,上海法院系统普遍认为应该追加挂靠单位作为共同诉讼人参加诉讼,并且和其他有关责任主体承担连带赔偿责任;而山东省法院系统则认为可以追加挂靠单位,如果追加的,挂靠单位也只是在其收取相关管理费或挂靠费的基础上,承担补充赔偿责任,而非连带赔偿责任。

---

① 奚晓明:《〈中华人民共和国侵权责任法〉条文理解与适用》,人民法院出版社 2010 年第一版,第 30 页。

② 王峥:《论挂靠企业民事责任的承担》,载《法学研究》1994—2010 论文集。

2. 界限模糊：共同诉讼遭遇诉的合并

共同诉讼与诉的合并之间存在区别，因两者基于不同的诉而启动的诉讼程序，实践操作中往往被模糊界限。比如某起机动车交通事故，当事人诉请交强险和商业险一并处理，根据《道路交通安全法》第七十六条规定，保险公司应该在第三者强制责任险中进行赔偿，这在诉讼当事人中明确了承保交强险的保险公司是法定共同诉讼人，对承保商业险的保险公司没有做出明确规定，民事诉讼法中对此也没有相关规定。从诉讼法律关系来分析，投保人和商业险保险公司之间是保险合同关系，被侵权人和侵权人（即投保人）之间是侵权关系，两者属于不同的法律关系范畴，原则上不可以在一个诉中进行审判。实践中，安徽法院和上海法院对此理解不一，前者支持对交强险和商业险保险公司一并诉讼，后者不予支持。由于法律的不周延、法释的不一致，导致审判中对于当事人是否属于共同诉讼人的资格确认产生偏差。

（二）当事人的困扰

法院对案件当事人的确认审查工作存有难度，习惯上选择采取消极被动审查的方式。现举一则审判实践中经常遇见的民事侵权案件作分析：在一起两机动车甲、乙相撞致行人丙受伤的道路交通事故人身损害赔偿纠纷案件中，因为两车司机撞车之行为具有关联性并且存在共同过错，故而对行人构成共同侵权。两车司机作为是直接侵权人，理应承担共同被告诉讼人的连带赔偿责任。但在审判中往往困扰于"两个取舍"：

1. 基于诉讼预期而做出的取舍

诉讼当事人在提起诉讼时，一般都会有诉讼预期，即通过最低的诉讼成本追求最好的诉讼收益，或者是做出一定的让步而保证诉讼成功。比如在前例中，如果出现其中一个驾驶员逃逸造成部分侵权人处于不明状态，抑或是被侵权人同时起诉两人，但其中一人未到庭，被侵权人往往会基于诉讼预期将处于不明状态的、未到庭的侵权人赔偿责任免除。这也许是迫不得已的选择，但也是有效的选择。这种因被侵权人自主取舍共同诉讼人的行为，是否产生直接到庭应诉的侵权人一方独立承担全部的赔偿责任的效果呢？立法中并没有予以说明，实践操作中做法不一，如被侵权人不起诉其他连带责任人的，人民法院就要求追加；被侵权人不同意追加的，就等于放弃了对未追加的连带责任人的诉讼请求，被诉的连带责任人对于放弃的份额不再承担侵权责任，反而不利于保护当事人的权益，导致我们审判实践陷入两难的境地。

2. 基于情感因素而做出的取舍

当事人还会基于朴素的情感因素，就选择被侵权人作为诉讼当事人做出取舍。可以见得，中华民族几千年来崇尚无讼的传统依然存在，导致一些被侵权人基于邻里关系、亲属关系、同事关系、朋友关系甚至是担心被侵权人的打击报复等因素，放弃对侵权人的诉请。除非为了查明案件事实所需，法院往往不会主动要求当事人追加相关当事人参加诉讼。

(三)法院的困境

1. 地位之困

无论是英美法系还是大陆法系国家,法院在民事纠纷案件审理中应当保持中立地位。中立意味着法院不会对当事人是否遗漏或追加当事人进行干涉。根据民法规定,在被侵权人主张损害赔偿纠纷案件中,被侵权对于连带责任人或者不真正连带责任人是有选择诉讼的权利的,同时对于诉请金额也是可以主张部分或者全部的,正是基于当事人的主动性,法院则居中裁判,以致不会干预当事人对共同诉讼人进行处分的权利。

2. 审限之桎

审限是衡量法院审理案件时间长短、评价案件审判效率的一项直观和基本的指标。近年来,法院普遍面临审限压力,为尽早完成繁重的审判工作,习惯于将案件是否遗漏当事人或追加当事人,摆在庭审中进行询问,法官接手案件时少有时间判定诉讼参加人。细想之下,如果一切信息指明需要案外人作为共同诉讼人参加诉讼的,法院应当予以追加,而这一步工作被拖延至庭审阶段,实质上是拉长了审限。

四、确定之宗:共同诉讼人的追加排除与效率审判

确定适格共同诉讼当事人,其根本宗旨在于保证民事侵权案件诉讼的正当性、合法性以及审判的高效性。

(一)确定的后续行为之利弊

确定的后续行为是指法院对共同诉讼人进行确定后,并据此追加或排除有关当事人的行为,至少有几点益处:其一,更好地保护当事人的合法权益,因为对必须参加诉讼的当事人进行追加、保证侵权者担负其责,对不适格的当事人予以排除、保证当事人不因诉讼程序的启动而遭受不应有的损害;其二,不增加当事人的诉累和浪费司法资源,切实遵循民事诉讼“一事不再理”的基本原则,不至于出现因为重复起诉而使当事人获得多次赔偿、也不至于出现因为没有及时追加当事人而致使一部分人权益得不到及时保护的后果;其三,可以明确侵权纠纷中全部当事人之间的权利义务关系,如《侵权责任法》第十四条规定:“连带责任人根据各自责任大小确定相应的赔偿数额;难以确定责任大小的,平均承担赔偿责任。支付超出自己赔偿数额的连带责任人,有权向其他连带责任人追偿。”该法条的规定明确地析清了共同诉讼人之间责任承担问题,不至于落入形式上的案结事了;其四,是能动司法和司法为民理念的最直接体现,凭借法院的积极工作实现社会矛盾的最终化解。

诚然,确定的初衷是好的,但后续行为也难免存在一定弊端:其一,在当前审判实践中,尚未严格区分必要共同诉讼和普通共同诉讼,法院能动确认、主动追

加与排除，势必在一定程度上侵害当事人的处分权；其二，不一定利于实现效率价值。例如，共同被告中的一人下落不明，在原告未将之列为共同被告的情况下，法院主动追加其为被告，但其早已人去楼空，法院无法送达诉讼文书而选择公告。在几次开庭、发送判决书、上诉过程均采用了公告送达，法院最终做出判决耗时很长。再如其他共同诉讼人中的一人或者数人在国外，或者没有必要进行共同诉讼，在这些情况下法院主动追加共同诉讼人，是对对方当事人的不公正①。

（二）确定与追加的对接

1. 对接的原则：法院有所为和有所不为

在此，需要进行必要共同诉讼的合理分类，才能做到有的放矢。当下学界比较倾向于将必要共同诉讼分为两类，即固有的必要共同诉讼和类似的共同诉讼。根据这个分类，法院在处理共同诉讼人问题上需要有所为、有所不为。

其一，在处理固有的必要共同诉讼时需要法院有所为。固有的必要共同诉讼是指基于共同的诉讼标的，多个当事人必须一并进行诉讼，法院必须一同进行审判的诉讼。固有的必要共同诉讼应为不可分之诉，因为必要共同诉讼人没有独立的诉讼权利，法院依职权追加遗漏的当事人必须一同起诉和被诉，方为诉讼当事人适格。

其二，在处理类似的必要共同诉讼时需要法院有所不为。类似的共同诉讼是指基于诉讼标的之客观牵连性，数人若共同起诉或共同应诉，法院必须并案审理，合一确定的诉讼。法院不能依职权追加类似的必要共同诉讼人。因为类似必要共同诉讼也不存在遗漏必要共同诉讼人的问题，有关利害关系人是否共同起诉或者被共同起诉，由诉讼当事人决定。在诉讼开始后，有关利害关系人还能够以共同诉讼人身份参加诉讼，其具体参诉方式有：其一，由诉讼外的人以起诉方式要求参加诉讼，并由法院并案审理，合一确定；其二，由原告依申请追加而增加被告，使被告方成为类似的必要共同诉讼人；其三，由未被起诉的连带责任人主动申请参加诉讼。

2. 对接的实施：兼顾当事双方

我国民诉理论一般认为，诉讼标的共同（也就是属于固有的必要共同诉讼）的情形主要有：对共同共有财产的诉讼，对合伙组织的诉讼，因连带债权或债务产生的诉讼，因共同侵权致人损害产生的诉讼，以及共同继承的诉讼②。因此，民事侵权案件中，基本上属于固有的必要共同诉讼。

首先，对未被起诉的共同诉讼人的追加

法院依职权确定全部共同诉讼人的范围和身份之后，法院将依法追加这部

---

① 王宝杰：《我国必要共同诉讼制度的完善》，载《人民法院报》2006年12月18日第5版。

② 廖永安、彭熙海：《论必要共同诉讼》，载《湖南财经高等专科学校学报》2001年第3期。

分未被起诉的部分共同侵权人参加诉讼。尽管《侵权责任法》没有明确必须追加未被起诉的共同诉讼人,也许这样做还会存在诸多困难,比如这部分人的经济能力有限,判决赔付的履行能力不足;比如这部分人下落不明,送达途径比较困难等。但是,法院依职权查实这部分人确确实实存在,据此追加这部分人作为共同诉讼人参加诉讼,明确这部分人应该承担相应责任,为其他已经参加诉讼以至于履行了判决义务的当事人在日后进行内部责任划分提供依据。《侵权责任法》第十四条规定"支付超出自己赔偿数额的连带责任人,有权向其他连带责任人追偿"。已(被)诉的部分侵权人对未(被)诉的部分侵权人有追偿权,可以借助追偿程序,由已(被)诉的部分侵权人对未(被)诉的部分侵权人提起诉讼,在审判后进入执行程序,最终保护受害人的权益①。

近年来,动物致人损害案件时有发生,动物饲养人或管理人(包括动物园)作为民事侵权主体,作为当然共同侵权人毫无疑义。但是,动物的占有人在一定程度上也属于共同侵权人的范畴②。面对受害人的诉讼选择,法院依职权追加占有人参加诉讼,是可行和合理的。

其次,对未起诉的共同诉讼人的追加

《民事诉讼法》第一百一十九条中规定的"必须共同进行诉讼的当事人"不仅包括被告,还包括原告。如同一起侵权纠纷,被侵权人作为共同原告诉讼人应该一并起诉而未诉,尽管其作为原告的诉讼主体资格是确实存在的,但实体上的权益无法得到保障。此时,法院依职权追加这部分人作为共同诉讼人,符合法律规定和法律精神。

还是举机动车道路交通事故损害赔偿案例,事故中受害人甲乙丙丁是确定的,如果只有甲提起诉讼,而乙丙丁不参加起诉,此时法院查明案件事实也许没有障碍,但是为了确定侵权人到底会承担怎样的赔偿,以便于保险公司对投保人(案件中的侵权人)进行一次性理赔,需要乙丙丁在本案中进行损失确定,这就不得已追加乙丙丁作为共同诉讼人参加诉讼。在追加通知发出后,乙丙丁拒绝参加诉讼的,法院不会在第三者强制责任险或者其他责任险的保险赔偿款项中为乙丙丁保留赔偿份额,至此,乙丙丁将承担不利的后果。因此,法院启动追加程序是职责需要,而作为共同诉讼人是否参加诉讼是当事人的自我处分。

也有学者认为,应该根据道路交通事故的不同类型,即受害人死亡的、受害人致残的以及受害人属于一般伤害的,分别予以处理。其中受害人死亡的,其法定继承人是要求法院必须予以追加的;受害人致残的,法院应该分案审理;受害人属于一般伤害的,可以进行追加有关当事人进行共同诉讼③。如果单凭伤害程

---

① 刘文基:《共同侵权的选择起诉》,载《人民法院报》,2010年12月15日第7版。

② 奚晓明:《〈中华人民共和国侵权责任法〉条文理解与适用》,人民法院出版社2010年第一版,第527—528页。

③ 张鸣:《交通事故多受害人为共同原告刍议》,载中国知网,2011年4月登录查询。

度作为是否采取追加共同诉讼人的依据,实为不妥。原因很简单,追加这部分当事人作为共同诉讼人是法律法规赋予法院的一项选择权,法院仅凭某一因素作为选择依据较为草率。

(三) 确认与排除的对接

1. 对接原则:明辨是非和主持公道

确定共同诉讼人的最终环节还包括对不适格当事人的排除,以防诉讼中出现诉讼欺诈而损及有关诉讼参与人的合法权益。诉讼欺诈是行为人假借符合民事诉讼程序的诉讼形式,通过虚构事实或者隐瞒真相,伪造证据,使法院做出错误裁判,获取非法利益的行为。实践中,诉讼欺诈一般包括虚假诉讼和恶意诉讼两大类。虚假诉讼是当事人虚构法律事实或法律关系,侵害无辜第三人的利益;恶意诉讼是当事人之间存在事实和利益之争,需要法院就诉请做出支持或不支持的裁判。诉讼欺诈将法院置于诉讼程序的危险环节,需要法官对当事人的诉讼主体资格做出准确无误的判定,以及早澄清案件事实真相。

2. 对接实施:坚持公平正义

(1) 对虚假诉讼中有关当事人的排除。虚假诉讼一般经过庭审才会被发现。此时需要法官围绕当事人的诉请,就当事人是否适格问题进行甄别。如果经关联性审查,发现未参加或者已参加诉讼的当事人与本诉没有关联性,则必须把该当事人排除。比如在一起动物致人损害案件中,某甲被某乙所养的狗咬伤,甲乙涉诉,甲称是未成年人丙唆使狗咬伤的,迫使乙丙和丙的法定代理人共担责任,但是经审理查明,事发时丙根本不在现场、不存在唆使狗咬甲的行为,因而排除丙的共同诉讼人主体资格。如果简单地基于丙的自认行为而认定丙及其法定代理人具有赔偿主体资格,将会酿出遵循程序正义、固守自认制度的悲剧。当然,法院最终是以判决方式驳回甲对丙及其法定代理人的诉请,抑或是在诉讼中以裁定的方式驳回甲对丙及其法定代理人的诉讼,两种方式均可取。

(2) 对恶意诉讼中有关当事人的排除。近年来,恶意诉讼呈抬头趋势,并且经常和刑事犯罪呈现捆绑样态。对于当事人恶意地向法院提交证据或虚构事实,侵害诉讼相对人的利益,需要法院不断提高司法审判能力,以高度负责的态度,判定该类诉讼中共同诉讼人主体是否适格。比如,在广东省肇庆市人民法院审理的冯志雄、李兆兴抢劫案件中,因法院采信了冯、李用刀威逼张坤石、陆群芳所写的借条,支持了冯、李的诉请,致张、陆自杀身亡①。该案正是因为法院在审理中缺乏对当事人主体适格性的判定,导致莫须有的诉讼得以启动,并因此酿成人间悲剧。

同时,对于貌似恶意诉讼需要进行客观审视,准确地排除不适格当事人。比如某电视台报道的一起机动车交通事故赔偿案件,某甲对某乙心怀怨恨,恰逢某

① 顾伟强、周立平:《论诉讼欺诈的抑制路径》,载《上海审判实践》2011 年第1期。

丙苦于无法找到撞死女儿的肇事司机,甲便告知丙称是乙所为,乙及车主因此被丙诉致法院,经过法院审理并借助测谎手段查明,乙并非肇事司机,因而排除了乙及车主的诉讼主体资格。但是在随后乙及车主提起的名誉权侵权案件中,甲丙被列为共同被告,理由是他们进行恶意诉讼侵害了乙及车主。法院根据案件的关联分析,查明丙诉乙及车主是因为甲的虚假作证,根本不存在恶意诉讼的构成要件,因此排除了丙的共同诉讼人主体资格。

结 语

法院在审理民事侵权案件中,从保证民事诉讼程序的顺利推进以及保障当事人诉权的顺利实现等角度出发,理应对共同诉讼人主体进行先行的、准确的研判和确定,并据此追加和排除相关当事人,以保证诉讼程序的正当性,简化诉讼程序、节约司法资源,最终保障全体共同诉讼人的合法权益。

刑 事

扩张与限制：刑事附带民事诉讼赔偿范围探析

姚秀权课题组*

（文章系2007年市高院报批调研课题成果，荣获2007年市高院报批调研课题优秀奖）

刑事附带民事诉讼是我国《刑法》、《刑事诉讼法》规定的一项重要法律制度。构建这项制度的目的在于人民法院通过审理刑事案件，在依法追究被告人刑事责任的同时解决因犯罪行为引起的民事侵权纠纷，从而不仅实现刑事诉讼打击犯罪和保障人权的双重目的，而且一并维护附带民事诉讼当事人的合法民事权利，实现"节约人力、物力和时间"①。刑事附带民事诉讼制度实施几年来，虽然在打击犯罪同时保护受害人利益方面取得了一定效果，但是由于刑事附带民事诉讼立法、司法及执法中存在的种种问题，客观上影响了刑事附带民事诉讼制度的实施。其中，关于刑事附带民事诉讼赔偿范围的争议，理论与实务界历来颇有讨论，但仍无定论。笔者试图从立法沿革及刑事附带民事诉讼理论着手，结合当前的司法实践，从而得出我们对刑事附带民事诉讼赔偿范围所应持的态度。

一、重新界定与理解物质损失内涵

"物质损失"概念对于明确被害人及其他权利人在刑事诉讼过程中提起附带民事诉讼的受理标准，保证刑事附带民事诉讼顺利进行，具有重要的积极意义。《刑法》第三十六条、《刑事诉讼法》第七十七条将附带民事诉讼的范围分别表述为经济损失与物质损失。《刑法》第三十六条："由于犯罪行为而使被害人遭受经济损失的，对犯罪分子除依法给予刑事处罚外，并应根据情况判处赔偿经济损

* 课题主持人：姚秀权（原任上海市金山区人民法院副院长，现任上海市浦东新区人民法院副院长）。课题组成员：孟宪利（上海市金山区人民法院刑庭副庭长）、朱纪红（上海市金山区人民法院刑庭审判长）、史小峰（课题执笔人，上海市金山区人民法院执行庭法官，法学硕士）。

① 北京政法学院编：《中华人民共和国刑事诉讼法讲话》，群众出版社1979年版，第119页。

失。”《刑事诉讼法》第七十七条第一款规定:“被害人由于被告人的犯罪行为而遭受物质损失的,在刑事诉讼过程中,有权提起附带民事诉讼。”从法条的措词上理解,前者表达犯罪行为造成损害结果侧重在于后果的财产价值性,区别于无财产价值的损害;而后者表达犯罪行为造成损害结果侧重在于结果的物质有形性,区别于无形的精神损害。

附带民事诉讼制度设计的目的在于通过附带民事诉讼,使被害人因犯罪行为所遭受的损失能一并解决,而财产价值特征应当成为附带民事损害赔偿的重要特征。至于损害结果的物质性与否,并无法律意义。正因如此,有学者提出,“附带民事诉讼中赔偿范围应用经济损失的提法更为确切”①。

我们认为,以财产性价值来定位刑事附带民事诉讼赔偿范围具有相当的合理性。当然,这里的财产性价值仅是相对于刑事案件被害人而言的。从这一思路,笔者认为,刑事附带民事诉讼的赔偿范围的物质损失应当涵盖无形物质损失。首先,从物质的一般定义也可得知,物质可以指有形的物质,如手机、电脑等,也可以指无形的物质,如电力、智力成果等。同样,就物质损失而言,可以是有形的物质损失,也可以是无形的物质损失。刑事附带民事诉讼赔偿范围中,并没有限定物质损失的外延,随着经济社会的发展,对物质损失的理解也应当适度扩大。其次,从立法原意理解“物质损失”,物质损失也应当包括有形的物质损失与无形的物质损失,而且从现实的案例来看,将无形物质损失作为刑事附带民事诉讼赔偿范围并无不可。例如我院受理的一起在侵犯商业秘密罪刑事案件中,被告人将被害人高价购得的商业秘密公开,使得被害人的企业无法继续经营,同时也使得该商业秘密这个无形财产价值尽失。本案中该商业秘密的价值因被告人的犯罪行为而丧失,对被害企业而言,受到的损失是显然的,但是能否提起附带民事诉讼,当时存有很大的争议。最后,本院在依法对被告人的侵犯商业秘密罪追究刑事责任的同时,对受害企业就该商业秘密损失提出的附带民事赔偿诉求给予了支持。被告人的侵犯商业秘密的犯罪行为,从物质损失传统观念的理解上看,并没有给被害企业造成有形物质损失,似乎不应当支持刑事附带民事诉讼请求。但我们从刑事附带民事诉讼的本质及立法精神来看,绝不应该狭隘地理解法条规定的“物质损失”,支持无形物质损失,于法于理有据。

其次,物质损失可以划分为直接损失和间接损失。直接损失一般是由于侵权行为造成的被害人的财产损失,或者受害人为了补救受到侵害的民事权益所花费的必要支出。直接损失具有两个特征:一是侵权行为直接作用于受侵害的财产导致受害人财产量的损失,或者侵权行为直接作用于受害人的人身或人格,而发生必要的财产支出,侵权行为是直接损失发生的直接原因;二是受害人已有财产的量的减少。而间接损失,是指由于受害人受到侵害,而发生的预期可得的

---

① 仇爱云:《刑事附带民事诉讼中损害赔偿若干问题》,载《社会科学论坛》2005 年第 7 期。

财产权益的丧失,预期应当增加或可能增加的利益未能增加的损失。间接损失具有如下特征:一是在受害人受到侵害时,该财产权益损害并实际发生;二是如果被害人不受到侵害,这一财产权益是被害人必然或者可能得到的,具有一定的预期性。那么,刑事附带民事诉讼中的赔偿范围能否涵盖间接损失呢?

我们认为,刑事附带民事诉讼中的赔偿范围应当包括因犯罪行为造成被害人的物质间接损失。第一,正如上所述,损失可以是相对量的减少,同时也可以是应当增加而没有增加;第二,从司法实践的现状看,不少刑事案件的被害人,由于犯罪行为造成的直接物质损失比较直观,但被害人预期利益的损失往往也是客观存在的,而且不少案件的被害人间接损失大大高于受害的直接物质损失;第三,刑事附带民事诉讼赔偿范围包括物质间接损失,有法理支持。根据《上海法院审理刑事附带民事诉讼案件若干意见(试行)》第七十六条,赔偿义务人应当赔偿被害人因犯罪行为已经遭受的实际损失和必然遭受的损失。已经遭受的实际损失,是指因犯罪行为所造成的,一审法庭辩论终结前已经实际发生的损失。必然遭受的损失,是指因犯罪行为所造成的,一审法庭辩论终结前虽未实际发生但是将来必然发生的损失。从该条规定来看,已经遭受的实际损失即指既有利益的损失,即直接损失;而必然遭受的损失是指预期可得利益的损失,从属于间接损失范畴。

当然,刑事附带民事诉讼中所指的预期可得利益损失的界定,应当甄别于完全意义上的间接损失。间接损失是相对于直接损失而言,它的涵盖面较广,包括因侵权行为所引起的必然遭受的损失和预期可能遭受的损失。而刑事附带民事诉讼有其特殊性,一方面要符合附带民事诉讼的效率原则,另一方面也要便于刑事附带民事诉讼的审理,因而刑事附带民事诉讼的赔偿范围,应当限定在必然遭受的间接损失,即如人身伤害案件中被害人因伤残将来所必须花费的医疗费用,而对可能遭受损失这类间接损失,如伤残被害人的加班费、超额奖等,要经过努力才能得到的,不应属于附带民事诉讼赔偿的范围。

二、伤残赔偿金、死亡赔偿金的定性

关于人身伤害案件中被害人的伤残赔偿金、死亡赔偿金的定性问题,理论与实务界存有较多争议。主张将伤残赔偿金、死亡赔偿金不作为附带民事诉讼的范围的学者认为,从本质上而言,伤残赔偿金、死亡赔偿金本质上是一种精神损害赔偿,因而不得应当作为附带民事诉讼的赔偿范围①。但在实践中,对伤残赔偿金、死亡赔偿金的认定与做法不一。我们认为,伤残赔偿金、死亡赔偿金应当列入刑事附带民事诉讼的赔偿范围。

---

① 最高人民法院副院长熊选国在上海法院调研时讲话,载《调研与指导(刑二庭)》2007 年 4 月第 4 期。

(1) 民事上,2001 年最高人民法院《关于确定民事侵权精神损害赔偿责任若干问题的解释》第九条规定,精神损害抚慰金包括以下方式:(一) 致人残疾的,为残疾赔偿金;(二) 致人死亡的,为死亡赔偿金;(三) 其他损害情形的精神抚慰金。该规定出台后,不少地方法院将残疾赔偿金、死亡赔偿金认定为精神损害赔偿的内容,而将其排除在刑事附带民事诉讼范围之外。但在实践中造成大量案件因涉及刑事犯罪而不支持残疾赔偿金、死亡赔偿金的请求,而在自诉案件中不愿提起对被告人的刑事自诉,在公诉案件中积极要求公诉机关撤诉或积极私了,客观上造成受害者利益得不到有效的救济。

笔者认为,残疾赔偿金和死亡赔偿金与精神抚慰金应当是有区别的。因为,最高人民法院司法解释[2003]20 号《关于审理人身损害赔偿案件适用法律若干问题的解释》第十七条规定,受害人遭受人身损害致残的,其因增加生活上需要所支出的必要费用以及因丧失劳动能力导致的收入损失,包括残疾赔偿金、残疾辅助器具费、被扶养人生活费,以及因康复护理、继续治疗实际发生的必要的康复费、护理费、后续治疗费;受害人死亡的,赔偿义务人除应当根据抢救治疗情况赔偿本条第一款规定的相关费用外,还应当赔偿丧葬费、被扶养人生活费、死亡补偿费以及受害人亲属办理丧葬事宜支出的交通费、住宿费和误工损失等其他合理费用。另该解释第十八条单独规定,受害人或者死者近亲属遭受精神损害,赔偿权利人向人民法院请求赔偿精神损害抚慰金的,适用《最高人民法院关于确定民事侵权精神损害赔偿责任若干问题的解释》予以确定。可见残疾赔偿金、死亡赔偿金与精神损害属并列关系,对其在认定上不能将其简单纳入精神损害范围。

(2) 从残疾赔偿金、死亡赔偿金的计算上来看,最高人民法院司法解释[2003]20 号,认可了残疾赔偿金、死亡赔偿金应该是被害人一方预期可得利益,在性质上与因亲人残疾、死亡造成的精神痛苦抚慰金完全是两码事。同时根据该解释第三十六条第二款规定:"在本解释公布施行之前已经生效施行的司法解释,其内容与本解释不一致的,以本解释为准",应当说,废止了《关于确定民事侵权精神损害赔偿责任若干问题的解释》第九条的规定。正如不少学者所言,法释[2003]20 号将残疾赔偿金、死亡补偿费分别采"劳动能力丧失说"、"继承丧失说",已经将残疾赔偿金、死亡赔偿金界定为财产损失①,因而在刑事附带民事诉讼中可以得到支持。当然,也有学者认为,"从死亡赔偿金的计算办法看,是按照上一年的人均收入乘以多少年,这是一种精神损害赔偿的算法,不属于犯罪直接造成的物质损失"②。但我们认为,残疾赔偿金与死亡补偿费,二者以受诉法院所在地上一年度城镇居民人均可支配收入或者农村居民人均纯收入为赔偿计算标准,这种定性应当说是已经将残疾赔偿金、死亡补偿费视为受害人的财产性价值

① 袁明等:《刑事附带民事诉讼问题探讨》,载《法律适用》2005 年第 9 期。

② 最高人民法院副院长熊选国在上海法院调研时讲话,载《调研与指导(刑二庭)》2007 年 4 月第 4 期。

的损失,确定赔偿标准的基础是被害人遭受的实际或必然物质损失。故将二者列入附带民事诉讼赔偿范围并不违反最高人民法院《规定》第一条的规定。

(3)从刑事审判实践来看,《上海法院审理刑事附带民事诉讼案件若干意见(试行)》第七十九条规定,因人身权利受到犯罪侵犯的赔偿范围:(一)医疗费、误工费、护理费、交通费、住宿费、住院伙食补助费、必要的营养费等;(二)被害人因伤致残的,赔偿义务人除赔偿本条第一项的费用外还应赔偿:残疾赔偿金、残疾辅助器具费、被扶养人生活费,以及因康复护理、继续治疗实际发生的必要的康复费、护理费、后续治疗费等;(三)被害人死亡的,赔偿义务人除应当根据抢救治疗情况赔偿本条第一项规定的相关费用外,还应当赔偿丧葬费、被扶养人生活费、死亡赔偿金以及被害人亲属办理丧事支出的交通费、住宿费和误工损失等其他合理费用。并在第八十六和九十条分别规定了残疾赔偿金、死亡赔偿金的计算方法。因而在实践中,不少案件支持了被害人及家属的残疾赔偿金、死亡赔偿金等请求。但在第五次全国刑事审判工作会议上,最高人民法院相关同志明确死亡补偿费不能作为人民法院判决确定赔偿数额的根据,被告人出于真诚悔罪的表现愿意赔偿的,人民法院可以调解方式达成赔偿协议①。之后,残疾赔偿金、死亡赔偿金仍排除在刑事附带民事诉讼范围之外。但我们认为,无论从维护司法解释与法律之间的统一性,还是从维护被害人及家属的利益考虑,应当允许刑事案件被害人及家属提出残疾赔偿金、死亡赔偿金的请求。

三、精神损失纳入刑事附带民事诉讼范围

在刑事诉讼法制定过程中,精神损害赔偿制度在我国民法理论界中尚未有定论,刑事附带民事诉讼的立法目的是为了一并解决因犯罪行为而引起的民事赔偿,从而节省司法资源,但是,如果因为民法理论上的模糊而造成了刑事审判的过分迟延,则又有悖于立法精神,所以刑事诉讼法未将其纳入附带民事诉讼范围。因此,主要是解决被告人的刑事责任问题的刑事诉讼法当然不可能超越这一客观现实,将精神损害赔偿列入刑事附带民事诉讼的范围。但是,随着我国民法理论的发展,侵权法、人格法等不断充实,事实上,关于侵害人格权的赔偿请求问题,越来越受到法学界的重视,包括精神损失在内的赔偿请求,也得到越来越广泛的承认②,而刑事附带民事诉讼的规定仍停留在20世纪80年代水平,部门法之间的救济冲突显而易见。我们认为,随着一些调整精神损害法律法规的司法解释的出台,民事精神损害审判实践的增多③,扩大附带民事诉讼赔偿范围的

① 摘自最高人民法院姜兴长副院长在第五次全国刑事审判工作会议上的总结讲话。

② 参见"现代民法对公民人格权保护的基本情况及其发展趋势",载《外国法学》1982年第6期。

③ 2001年,最高人民法院在总结多年来的司法实践经验基础上,制定了《关于确定民事侵权损害精神赔偿责任若干问题的解释》,规定了由于侵权行为受到侵害,予以精神损害赔偿,可以说奠定了我国民事精神损害赔偿的基石。事实上,在该解释出台以前,各相关法律中如《道路交通事故处理办法》、《消费者权益保护法》中,或多或少存在一些精神损害赔偿的影子。

条件已经成熟。

1. 构建和谐刑事司法制度的应有之义

党的十六届四中全会提出了构建社会主义和谐社会的命题;随后在十六届六中全会上,又作出了《关于构建社会主义和谐社会若干重大问题的决定》。刑事司法是维护国家安全、社会秩序、公民权利的重要手段,是社会公平正义的最后保障,因此,刑事司法工作在社会主义和谐社会的建设中,具有举足轻重的地位。构建和谐的刑事司法制度,简言之就是"尽量增加和谐因素,减少不和谐因素"。目前,刑事附带民事诉讼中,受害人及家属意见较多的情况就是精神损害不属于附带民事诉讼范围。许多人当事人无法理解为何一般民事侵权行为能获得精神损害支持,而作为严重侵权的犯罪行为却没能得到精神损害支持;另一方面,侵犯人身权的犯罪行为给受害人造成的损失,精神上的痛苦有时比物质损失更重大,如伤害致人伤残,以毁容手段伤害、强奸等,给受害人造成的物质损失可能是比较小的,而对受害人造成的巨大的心灵创伤,也许受害人一辈子也难以摆脱心灵阴影,但其却无法在刑事附带民事诉讼中提出精神损害请求,造成被害人及家属对刑法司法有意见,无形中增加了不和谐、不稳定因素,也不利于真正实现刑事案件的案结事了。

事实上,和谐的刑事司法与不少国家和地区采纳的基于刑罚个别化下的复合正义有异曲同工之妙。复合正义旨在构建一个使受害人、犯罪人及社会恢复到原来的状态,以受害者为重心的刑法公正制度。它强调通过补偿受害人因犯罪承担的物质、精神损失,修补其心理创伤,恢复原有的和谐和安全感。复合正义在重视社会秩序、社会和国家利益的同时,兼顾被害人、犯罪人的个人利益,因而更符合保护个人权利、限制政府权力的现代法治精神。笔者认为,允许被害人及家属在附带民事诉讼中提出精神损害请求,补偿被害人及家属因某些犯罪行为而遭受的精神损失,更有利于化解矛盾,修复被损的社会关系,也符合当前宽严相济的刑事政策。将以公权力为核心的刑事制裁与私权利为核心的被害人利益保护结合,是和谐刑事司法的应有之义。而被害人的利益保护,自然应当包括被害人因犯罪行为所遭受的精神损害。

当然,一直有人主张,犯罪人已受到刑罚惩罚,并且精神上已然遭受到刑罚所造成的痛苦,没有必要再对其进行经济上的处罚;同时,对犯罪人进行刑事处罚就是对被害人及家属的精神安慰,故刑事附带民事诉讼中不支持精神损害请求。但笔者赞同,"刑事责任与民事责任是聚合关系,而非简单的竞合","判刑是对罪犯进行社会的和政治的评价;赔偿损失是对罪犯进行经济制裁,为罪犯提供一个赔罪、赎罪的机会,对被害人或其家属来说,则具有补偿损失和抚慰的作用,因此这两种方法不是对立的,又不能互相代替"①。承担刑事责任并不意味着民

① 陈卫东等著:《刑事特别程序的实践与探讨》,人民法院出版社 1992 年版,第 120 页。

事的责任的减免,赔偿并不是处罚,两者有着本质的不同。而且随着社会的发展,人在社会中的价值越来越重要。虽然犯罪人受到刑罚及刑罚给其精神造成的痛苦,但那只是国家对其破坏社会秩序的行为所给予的谴责和制裁。而对被害人来说,损害已经造成,精神上痛苦仍要承受,因此犯罪人理应对其行为给被害人所造成的精神损害进行赔偿。国家对犯罪人的追诉有时并不能解决被害人某些实际的需要,并充分安慰被害人受伤的身心。“虽然金钱不能完全弥补受侵害的精神利益,但可以使受害人在其他方面得到精神的享受,在此情况下,金钱是民法唯一可以采用的使受害人得到满足的方法。”①

2. 理顺部门法之间冲突,确保当事人基本诉权

最高人民法院2000年12月4日通过的《关于刑事附带民事诉讼范围问题的规定》第一条第二款明确规定,“对于被害人因犯罪行为遭受的精神损失而提起的附带民事诉讼,人民法院不予受理”,明确地阻断了被害人在刑事诉讼中附带提出精神损害赔偿的请求。但按此规定,被害人仍有权在刑事案件审结后,另行提起请求精神损害赔偿的民事诉讼,从而保障自己的权益。

但是2001年3月施行的《关于确定民事侵权精神损害赔偿责任若干问题的解释》第六条规定:“当事人在侵权诉讼中没有提出精神损害的诉讼请求,诉讼终结后又基于同一侵权事实另行起诉请求赔偿精神损害的,人民法院不予受理。”之后,2002年7月最高人民法院发布《关于人民法院是否受理刑事案件被害人提起精神损害赔偿民事诉讼问题的批复》规定:“刑事案件被害人在刑事案件审结之后,另行提起精神损害赔偿民事诉讼的,人民法院不予受理。”这样造成无论是在附带民事诉讼中提出精神损害赔偿的请求,还是在刑事附带民事诉讼终结后提出精神损害赔偿的单独民事诉讼,或者根本不提起附带民事诉讼而在刑事案件终结后另行提起民事诉讼要求赔偿精神损害,法院均不予受理,阻碍了当事人最基本的诉权保障。这些解释与批复,表面上严格遵从刑法及刑诉法的立法精神,即刑事附带民事诉讼不得提出精神损害请求,但解释与批复在回避解决刑事附带民事诉讼精神损害赔偿问题的同时,却无形中对公民最基本的民事精神损害请求诉权进行了限制,应当说剥削了被害人及家属的诉权。

犯罪具有二次犯法性特征,即犯罪首先是触犯前位的基本法,在违反前位法基础上,由于超出一定限度而纳入刑事视野。故刑事附带民事诉讼的性质,首先是一种民事诉讼。也就是说,这种诉讼活动所要解决的问题性质,是民事损害赔偿。在实体法上应当受民事法律规范调整,在程序上,除刑事诉讼法有特殊规定的以外,应当适用民事诉讼法的规定。普通的民事侵权诉讼中,当事人可以提出精神损害请求,但在严重侵权的刑事犯罪中,却不能提出该诉求,有违法理、情理

① 加藤一郎:《抚慰金比较研究》,载《比较法研究》,1992年,第54页。

与常理。其次,刑事附带民事诉讼又是一种特殊的民事诉讼,这种要求损害赔偿的诉讼是由被告人的犯罪行为引起的。"有权利就有救济",但因为刑事附带民事制度的存在,却导致了被害人某些实体权利(民事诉权)的无法实现,不得不说是该制度设计的缺陷。

3. 现实案例基础

司法实践中,已经出现在刑事附带民事诉讼中法院支持精神损害赔偿诉讼请求的案例。例如,2004 年 2 月 8 日,天津市津南区发生一起交通事故。无业人员李某酒后驾驶一辆借用四川江口醇集团的长安之星小客车,在津港公路上逆行与相对而行的一辆红色夏利车发生第一次碰撞,车失控后撞在第二辆银灰色夏利车上,导致该夏利车内两人当场死亡,一人重伤,两名死者中一人头颅飞出 10 余米远,场景令人惊悚。检察院以李某涉嫌交通肇事罪向法院提起公诉,同年 5 月 8 日赵某等人的家属提起刑事附带民事诉讼,要求李某赔偿包括精神损害抚慰金在内的各项经济损失近 70 万元。2004 年 11 月,天津市津南区人民法院以李某犯有交通肇事罪,判处其有期徒刑四年零六个月,同时判令其赔偿附带民事诉讼原告人各项损失 50 万元,其中包括精神损害抚慰金 4 万元①。正如学者所言:"天津市津南区人民法院的这份判决具体展示了法律的公平正义,无疑是一个与时俱进的判决。"②一个案例能引起这样的评价,我们是否应当反思一下现行刑事附带民事诉讼中不允许提起精神损害赔偿请求的制度设计呢?

四、限制——刑事附带民事诉讼制度完善之见

(一) 构建刑事附带民事诉讼精神损害赔偿制度的设想

1. 附带民事诉讼中可提精神损害请求的范围限制

应当说,附带民事诉讼不允许提起精神损害请求是出于现实的考虑,主流的意见认为:"如果人民法院受理被害人因犯罪行为受到精神损害都要提起精神损害赔偿的话,意味着绝大多数刑事案件都要提起精神损害赔偿诉讼,涉及的范围太大。而且,精神损害与物质损失不同,物质损失或经济损失是有形的、具体的,也能够通过具体数额予以计算;而精神损害是一种无形的、抽象的损害,本质上难以通过具体数额进行计量。由于精神损害非常抽象,难以用物质标准衡量,因此实践中大部分被害人要求的精神损害赔偿动辄上万元、几十万元,数额都相对比较大。允许被害人因犯罪行为遭受的精神损害提起附带民事诉讼,不仅影响刑事案件中的及时审结,也可能导致判难以执行,影响裁判的严肃性和权威性。"③笔者认为,刑事附带民事诉讼中引入精神损害赔偿制度,并不意味着每起

---

① 转载自刘金友、奚玮著:《附带民事诉讼原理与实务》,法律出版社,第 188 页。
② 潘强:《刑事附带民事原告有权获得精神损害赔偿》,载《人民法院报》2005 年 2 月 22 日。
③ 李洪江:《〈最高人民法院关于人民法院是否受理刑事案件被害人提起精神损害赔偿民事诉讼问题的批复〉的理解与适用》,载张军主编,《刑事审判参考》(2002 年第 6 辑),法律出版社 2003 年版。

刑事案件都可以提起精神损害请求。刑事附带民事诉讼提起精神损害请求的，应当适度限制。其次，被害人及家属在刑事案件中没有提起附带民事诉讼的，允许其在刑事案件结束后，另行提起民事诉讼，另行提起民事诉讼的诉求则不应受限，可以包括精神损害赔偿等请求在内。

因犯罪人的犯罪行为造成被害人精神损害，从目前司法实践来看，主要有两种情况：一种是以精神损害为目的实施的犯罪，它使被害人的名誉、荣誉、人格等人身权利遭受损害或精神上忍受痛苦，如侮辱、诽谤等。另一种是实施其他犯罪，主要是侵害人身的犯罪，即在给被害人造成人身损害的同时，还造成了被害人的精神损害，如故意伤害致残、强奸等，给被害人带来巨大的甚至是终身性的精神痛苦。当然，毁坏财物，比如具有人格象征意义的特定纪念物品也会给被害人造成精神损害。因而，我们认为，在上述两类犯罪的前提下，应当支持被害人的精神损害请求；而对其他类的犯罪行为，被害人或家属提出附带精神损害请求的，不予支持。

2. 确定刑事附带民事诉讼中精神损害赔偿的原则

（1）确立抚慰为主、补偿为辅的原则。精神损害赔偿具有经济补偿、精神抚慰和惩罚的多重功能。在刑事附带民事诉讼中，确定精神损害的原则是以“补偿为主，抚慰为辅”还是应以“抚慰为主，补偿为辅”，存有不同意见。主张“补偿为主，抚慰为辅”的学者，认为精神损害赔偿不但体现了法律对侵权人的惩罚与制裁，对社会起到警戒和预防作用，更体现了精神损害赔偿是对受害人必要的补救，其目的就在于填补被害人因侵权行为而遭受的精神损害，通过责令侵权人承担精神损害赔偿责任，可以使受害人受到损害的权益得到救济和补偿，抚慰受害一方因精神损害而产生的痛苦、怨愤与不满，使受害一方获得心理上的慰藉①。

但我们认为，从精神损害赔偿的功能来看，精神损害赔偿是一种手段，即通过从经济上对受害人给予一定的补偿，其目的是缓和或解除受害人的精神痛苦，对受害人起抚慰作用。精神损害具体的量度，很难像物质损害那样用数字来统计，故不能按照财产损害赔偿的思路即从填补实际损害的角度来确定精神损害赔偿的数额，而应坚持“抚慰为主，补偿为辅”的原则。在确定精神损害赔偿数额时，应根据最高人民法院《关于确定民事侵权精神损害赔偿责任若干问题的解释》规定，将精神损害的赔偿数额根据侵权人的过错程度，侵害的手段、场合、行为方式等具体情节，侵权行为所造成的后果，侵权人的获利情况，侵权人承担责任的经济能力以及受诉法院所在地平均生活水平等因素确定。

（2）法官自由酌量原则。由于精神损害并不易判断，因此在进行精神损害量的评价和确定精神损害赔偿的具体数额时，必须赋予法官自由裁量的权力。

---

① 毛永红：《刑事附带民事诉讼精神损害赔偿的理论与实践问题探析》，载《晋中学院学报》2005 年 10 月。

按照此原则,法官在审理具体案件时,可以根据法律和事实来合理地确定赔偿数额。但是,法官的自由酌量也并不意味着法官可以随意确定精神损害赔偿数额,他必须依据客观事实,分析和判断各种因素作出处理或判决。一般认为,法官在确定数额时,应考虑被害人的精神损害程度,被害人与侵害人的关系,被害人的社会地位、职业、知名度以及经济条件,侵害人的过错程度以及经济状况,当地的经济水平,地方习惯等多种因素。

(3) 法官释明原则。虽然精神损害赔偿是民法中的概念,但是在刑事附带民事诉讼中的精神损害,应当有其特殊性。法官应当向附带民事诉讼原告人进行充分释明,听取其是否要求继续提起附带民事诉讼、是否要求在附带民事诉讼中提起精神损害请求。因为刑事附带民事诉讼中精神损害请求的对象是刑事案件被告人,在刑事责任与民事责任聚合的前提下,被告人赔偿能力往往弱于单纯一般民事责任主体的赔偿能力。如果一味地按照民事立法判案,必然会遇到更大的执行难问题,这也是刑事附带民事诉讼与单纯民事诉讼的特殊性之处。法官应当在处理中充分释明,不能因为简单下判而影响后续的执行工作。

(二) 刑事附带民事诉讼提起的时间限制

根据《最高人民法院关于执行〈中华人民共和国刑事诉讼法〉若干问题的解释》第八十九条的规定,刑事附带民事诉讼提起的时间为刑事案件立案以后第一审判决宣告以前。有权提起刑事附带民事诉讼的人在第一审判决宣告以前没有提起的,不得再提起附带民事诉讼,但可以在刑事判决生效后另行提起民事诉讼。

按照该规定精神,当事人在刑事案件审理过程中没有提起附带民事诉讼的,应当在刑事判决生效后另行提起民事诉讼,时间节点需要是刑事判决生效后。但是民事诉讼与刑事诉讼是两个不同程序,两个程序并行并不存在障碍。刑事审理中,被害人及家属没有提起附带民事诉讼的,那么刑事审理法官应当就被告的刑事犯罪行为进行审理,并径行判决;而对有权提起附带民事诉讼的当事人另行提起民事诉讼而言,是基于民法上侵权行为的诉求,只要当事人提出诉讼请求,人民法院应当受理,而不应设限。因而,在刑事案件判决生效前,有权提起附带民事诉讼的当事人,可以提起单独民事诉讼,而不必等到刑事判决生效以后再行提起。

审判权的主动性旁落

——以估价鉴定为例谈法官的不作为

王庆廷　沈　铭*

（本文荣获2008年度全国法院系统学术讨论会二等奖）

法官应当依法独立行使审判权，其重要性和必要性早已毋庸赘言。就独立审判权的困境而言，人们关注的往往是来自法院系统外部的干扰以及法院系统内部行政化带来的弊端①。因为这些干扰或弊端一般会给法官带来巨大压力，使其无法有效独立审判。然而与此相反的是，在没有遭受外部压力的情况下，也会出现法官放弃审判权的情形，却没有得到应有关注。本文即以估价鉴定为例，对司法实践中审判权主动性旁落的现象做一探析。

一、主动性旁落：证据审查中的法官不作为

在对估价鉴定结论的审查中，虽然没有遭遇外来压力，但面对法定的审查职责，不少法官却选择了放弃。

（一）估价鉴定的含义与意义

根据《扣押、追缴、没收物品估价管理办法》②（下称《估价管理办法》）等规定，估价鉴定，即刑事涉案物品价格鉴定，是指在刑事诉讼中，公安司法机关将需要估价的涉案物品委托给专门估价机构——价格认证中心③，由其对涉案物品价格进行估算、鉴定和确认，并作出估价鉴定结论的活动。

就我国刑法体系而言，涉案物品的价格具有重要意义，特别是对于盗窃罪、诈骗罪、侵占罪、受贿罪等诸多与“数额”有关的具体犯罪而言，不仅是罪与非罪

---

* 王庆廷，上海市金山区人民法院研究室法官，法学硕士；沈铭，上海市金山区人民法院刑庭法官。

① 如贺卫方：《中国司法管理制度的两个问题》，载《中国社会科学》1997年第6期。再如徐显明：《司法改革二十题》，载《法学》1999年第9期。

② 由国家计划委员会、最高人民法院、最高人民检察院和公安部于1997年联合发布。

③ 由各级政府价格主管部门设立，分为全国、省、市、县四级，一般按照管辖地和级别对等原则接受委托。

的分界线,还是量刑轻重的风向标。就以几年前的“天价葡萄案”为例①,如果以第一次估价(11 220 元)为准,犯罪嫌疑人犯盗窃罪,会被判处有期徒刑 3 至 10 年。如果以第二次估价(376 元)为准,犯罪嫌疑人因达不到盗窃罪数额的标准而不会被定罪量刑。

(二) 证据审查中的法官不作为

根据《刑事诉讼法》第 42 条规定,作为证据的鉴定结论“必须经过查证属实,才能作为定案的根据”。因此,对于估价鉴定结论,必须由法官对其合法性、客观性和关联性进行审查,特别是经过严格的质证和认证后才能被采纳采信。

但实际情况是,在证据审查过程中,在没有遭遇外来压力的情况下,却出现了审判权主动性旁落的情况②:大多数法官对于估价鉴定结论的质证和认证并不重视,在公诉机关宣读完结论后,往往将质证程序予以省略和简化,不予审查就直接完全采纳采信③。至于结论的制作依据、过程和方法是否合法以及估价人员是否具有资质等程序性事项一般也不予审查。对于当事人特别是被告人的异议④,一般将其作为趋利避害的本能反应看待,对其补充或重新鉴定的申请常常以“估价鉴定结论系由权威部门依法制作,具有法定效力,应予确认”为由不予支持⑤。此外,对于一些有利于证据审查的规定,如《估价管理办法》中的复核裁定制度⑥和《关于司法鉴定管理问题的决定》(下称《司法鉴定管理决定》)中的鉴定人出庭制度⑦,实践中也很少运用。而且在司法实践中,有些法官在感觉估价不是很合理的情况下,如一台被盗电脑的折旧估价高于案发时的市场价,仍然对结论予以采纳。这样一来,基于估价数额在定罪量刑中的特殊意义,就间接造成了估价机构的“事实审判”,原本该由法院独立行使的审判权由于法官的不作为而被估价机构分享了——估价机构成了事实上的审判机关,估价鉴定结论书成了事实上的判决书,而法院的审判以及出具的文书只不过成了程序意义上的修饰和符号意义上的标签。

二、同情的理解:对旁落的原因分析

除去法官自身的素质问题,在某种程度上,可以说法官的不作为是出于“人在江湖,身不由己”的“无奈”,需要我们同情的理解。

---

① 2003 年 8 月 7 日,四民工偷摘了北京农科院 47 斤科研葡萄,造成部分植株试验链断裂。对于涉案葡萄,2003 年 9 月 2 日,北京市价格认证中心第一次估价为 11 220 元。2004 年 1 月 5 日,第二次估价为 376 元。见《“天价葡萄案”落定,商水馋嘴民工被免起诉》,载 http://www.hnsc.com.cn/news/2005/02/22/32825.html,2008 年 3 月 25 日访问。

② 以下情况是基于笔者的走访和调查总结得出。

③ 一些文章也有类似结论,如厉倩雯、王奕:《涉案物品估价制度中的突出问题及对策思考》,载《上海检察调研》2005 年第 4 期。

④ 实践中也有被害人提出异议的情况,不过相对较少。

⑤ 在走访的几位法官中,近几年办理了几百件有关案件,没有一件支持被告人的申请。

⑥ 委托机构对估价鉴定结论有异议的,可以向上级估价机构提出复核申请。

⑦ 第 11 条:当事人对鉴定意见有异议的,经人民法院依法通知,鉴定人应当出庭作证。

（一）对于权威的“迷信”

虽然大多数人都很欣赏亚里士多德的“吾爱吾师，吾更爱真理”，但在日常生活中却往往将权威（吾师）和真理等同起来——对前辈的叮咛、上级的指示和专家的意见虽不能说完全唯命是从，但至少有怀着崇敬的心态去接受的倾向。这也可以算作人之常情，通常而言，一个病人对于自身的病情，会更习惯于相信医生的诊断而非自己的判断，即使医生的诊断并非永远正确。这一相信更多缘于医生这一职业符号，对于医生所借助的专业知识、技术以及仪器并不怎么关心——病人对此并不了解和熟悉，无法也无从关心，因而也就放弃了对于职业符号背后的思维，只好认为医生“说一是一，说二是二”了。同样的道理，估价鉴定具有一定的专业性，估价人员的结论也就有了医生诊断的性质，相比而言，法官作为外行，对其不予审查直接采纳也就不难理解了。况且，当初之所以设置该项制度，就是因为这已超出了法官的能力，才委托外部的专业人员予以代劳。在此情况下，让法官这一外行对于内行的结论“指手画脚”自然有点勉为其难，需要巨大的勇气①。此外，法官的迷信还会起到减轻和转移压力的作用。首先，可以减轻审限压力。对于估价鉴定结论直接采纳，可以节约办案时间，这对于越来越多的案件压力而言无疑很是重要。因为一旦开启补充或重新鉴定，就会增加办案时间，而根据现有规定，这部分时间要计算在审限之内。其次，可以转移来自外界的压力。特别是案件引起过多关注的时候，估价过高或过低引起的社会舆论压力，会直接转移到估价机构身上②。此外，即使案件最终被改判或发回重审，法官也会得到不少外界同情和自我安慰。

（三）现有规定的“放纵”

1. 对于当事人的权利缺乏救济

《估价管理办法》只把异议权赋予了委托机关，对于当事人的异议权只字未提。也就是说，当事人对估价鉴定结论有异议，但委托机关无异议时即可认定；当事人对估价鉴定结论无异议，但委托机关有异议时就可依职权要求补充或重新鉴定。“当事人除了说‘是’或‘不是’外，没有其他权利，一切任由委托机关决定”③。而从职业倾向分析，委托机关只有在估价鉴定结论对其不利时——如达不到定罪标准——才可能行使救济权。虽然《刑事诉讼法》第121条规定：“侦查机关应当将用作证据的鉴定结论告知犯罪嫌疑人、被害人。如果犯罪嫌疑人、被害人提出申请，可以补充鉴定或者重新鉴定。”但值得注意的是，这里的规定是针

① 在走访过程中，法官大都认为估价鉴定结论是由法定机构中的专业人员做出的权威结论，除非存在非常明显的错误，否则没有不予采纳的理由。

② 就像当年的刘涌案，二审根据“专家意见书”改判为死缓后，批判和质疑的矛头大多指向“专家意见书”及有关专家，而非辽宁省高级人民法院。见《沈阳黑帮头目刘涌案一波三折，高法终审判死刑》，载 http：//unn. people. com. cn/GB/22220/29353，2008年4月22日访问。

③ 王勇：《价格鉴定的一点拙见——也谈价格鉴定的完善》，载 http：//www. chinacourt. org/public/detail. php? id =212943，2008年4月22日访问。

对侦查阶段而言的。在法院审理阶段,犯罪嫌疑人的身份已变为被告人,侦查机关早已退居幕后,代之以公诉机关和审判机关。因此在审理阶段,法官对于当事人的异议或申请缺乏救济依据。

2. 对估价鉴定结论优势证据地位的隐含肯定

根据《关于执行〈中华人民共和国刑事诉讼法〉若干问题的解释》第138条、第140条规定,经审判长准许,控辩双方均可提请传唤鉴定人出庭作证,或者宣读未到庭的鉴定人的鉴定结论。从表面看,如此规定可以同时应对司法实践中鉴定人出庭和不出庭两种情况下鉴定结论的采纳采信问题。但从实质而言,“如此规定却反映出立法者对鉴定结论的证据地位的认识前后有矛盾——当鉴定人出庭时,鉴定结论是需要接受质证的普通证据;当鉴定人未出庭时,鉴定结论则可成为只需宣读毋庸质证的优势证据”①。这种立法上的前后矛盾势必对法官产生下意识的影响,无意中剥夺当事人的质证权,将估价鉴定结论作为优势证据直接采纳采信。

(三) 其他因素的“掣肘”

此外,其他一些因素也会使法官缺少审查动力。比如实践中一般是公安机关在侦查阶段委托估价,之后检察机关审查批捕。按常理,在法院审理之前,估价鉴定结论已经过了公安和检察机关的双重审查,这在一定程度上使法官认为再行审查已无必要。还有一些因素则会使法官“有心无力”,即使有心审查也因缺乏相应条件而无法深入进行。如实践中的《估价鉴定结论书》一般比较粗略,估价的依据、方法和过程只是蜻蜓点水式地提一下,看不出与结论的逻辑联系②。再如有的估价人员经通知出庭后,仅仅片面强调其结论是“依法做出”,对于控辩双方及法官的询问,回答得不甚明了,语焉不详。

三、同情但不认同:对旁落的诘难

虽然可以对法官的放弃抱以同情的理解,但是同情不等于认同,仍然需要对其予以诘难。

(一) 权力的属性决定了审判权的不可放弃

根据权力的契约性理论,每个社会成员都让渡出部分私权利,形成公权力,进而推选出部分成员代行公权力并赋予其特定的官职作为表征。这样一来,原先完全“人人为己”的社会变为在很多情况下“由他人为己”,许多“事必躬亲”的事都可由“他人代劳”。正是在此意义上,我们才说,权力来源于并服务于人民,国家工作人员原初而本质的身份是公仆。与权利行为的目的在于私人利益不同,“权力行为的目的不在于权力主体的利益,而在于公共利益,弃权必使公共利益受损,有违设立权力的初衷,所

① 李学军、陈霞:《鉴定结论的证据地位及其质证、认证》,载《公安大学学报》2002年第4期。

② 据笔者对部分《估价鉴定结论书》的查阅,大都在“估价鉴定依据”一栏中简单罗列有关法律法规名称,在“估价鉴定方法和过程”一栏中简述为“采用市场法、成本法”或“根据物品的实际情况、市场价格(折旧)估定”。

以权力不可放弃"①。毫无疑问,独立审判权是一种公权力,但更是一种义务和责任,放弃便是渎职。而证据审查无疑是独立审判权的重要组成部分,担负着查明案件事实的重任,是做出公正裁判的前提和基础,更是容不得半点放弃。

(二) 估价鉴定的属性决定了证据审查的必要性

如果估价机构做出的结论是正确无疑的,那么证据审查也就没有必要了。但实际情况是,现有的规定和人员无法保证其必然正确,反倒可以说不完全可靠是估价鉴定的基本属性。

1. 估价人员素质不完全可靠

"有治人无治法"②,法律虽然重要,但毕竟得由人来执行。纵然法律制定得如何完美,如果执行的人不可靠,也会出现"好经让歪嘴和尚念歪"的情形。基于估价人员素质的参差不齐,难免出现不严格依照有关规定③进行估价鉴定的情形,如不具有相应资质、与委托人员串通、没有查验实物、粗心大意、弄虚作假等④,所有这些都可能造成结论的失真和失实,因此法官的审查必不可少。

2. 估价鉴定本身不完全可靠

从哲理层面讲,法官的证据审查之所以必不可少,是因为估价鉴定属于社会科学活动,追求真理的"善"——具有显著的主观性和有限的应用性——容易在估价人员与当事人及普通民众之间产生隔阂,而法官的审查则有望减少这种隔阂。

(1) 自然科学与社会科学的区别。人类的科学活动可以分为自然科学和社会科学两类⑤。两者追求的真理不同:自然科学追求"真"的真理。它不以人的意志为转移,具有显著的客观性和应用的普遍性。如数学中的"两点确定一直线",古今中外,概莫能外。因此,相应分歧也会更少,检验标准也更客观,可以最终得出孰对孰错。想当年,爱因斯坦提出的相对论没有几个人能理解,但并不妨碍其理论的正确。这也从侧面说明了在自然科学中,"真理往往掌握在少数人手中"。而社会科学追求"善"的真理。它会以人的意志为转移,具有显著的主观性和有限的应用性。如语文中的"雪化了变成什么?"答案可以是"水"、"小溪"……甚至是"春天"。因此,相应分歧也会更多,虽然可以有一定的评价标准,但很难绝对地说孰对孰错。就以死刑存废而言,有的国家废除,有的国家保留,归根结底是由该国立法者中的多数意见决定的。这也从侧面说明了在社会科学中,"真理往往掌握在多数人手中"。

之所以如此,可以归因于以下三点:

第一,研究对象不同。自然科学研究的对象是自然——自然界的物质形态、

---

① 周永坤著:《法理学——全球视野》,法律出版社 2000 年版,第 243 页。

② 《荀子·君道》。

③ 有关估价鉴定的规定也是问题多多,如作为核心规范的《估价管理办法》早已远远落伍现实需要。许多地方性规范都已做出了突破,如规定对于特定条件下灭失的物品也可估价。

④ 参见卢志坚等:《估价鉴定有"水"》,载 2002 年 7 月 3 日《检察日报》。

⑤ 本文的社会科学取其广义,包含人文科学。

结构、性质和运动规律,它可以完全独立于人的存在和活动,因而对人类来说是一个纯客观的事物。社会科学研究的对象是社会——各种社会现象及其发展规律以及人的信仰、情感等,它不可能脱离人的存在和活动,因而对人类来说是一个主观与客观的混合物。

第二,研究方法不同。自然科学注重精细的科学试验和借助精密的科学仪器。而社会科学即使试验也比较粗糙,也更少借助精密仪器。

第三,民众参与度不同。就自然科学而言,对于某一领域的专家意见,一般人很难插上嘴,只能将其作为权威被动接受,特别是在缺少背景知识时。比如,很多人都会使用word软件,但很少有人能对它的源代码发表看法。就社会科学而言,对于某一领域的专家意见,一般人即使缺少背景知识,往往也能插上嘴,而不必总是被动接受。比如,对于效率和公平的关系,几乎每个人都能说上两句。

(2) 估价鉴定中的"善"。略作对比,可以发现估价鉴定属于社会科学的范畴:

首先,追求真理的"善",对于分歧难以绝对评判对错。如某小偷偷了商店10双鞋,估价标准就不止一种,如商家标示价、实际出售价、商家进货价、厂家成本价。估价机构据此可能得出不同的结论,而且都有一定道理。

其次,研究对象是价格,属于社会现象。价格只有在人的交易活动中才会得到体现,而且很容易受到交易双方意志的影响。同样一双鞋子的价格,不仅不同的人之间交易会有差异,而且在不同的时间和地点交易也会有差异。

再次,更缺少明确标准和更少借助专业工具。相比之下,伤残等级鉴定有严格而明确的对应标准,DNA检测则会借助精密的科学仪器。

复次,普通民众也能对估价鉴定结论发表看法。价格是日常生活中经常遇到的现象,不一定非得是价格专家才有发言权。就以前面的偷鞋为例,如果商家标示价是200元一双,但实际出售价均打五折,即100元一双。即使专家以200元为准进行了估价,也不妨碍一般人觉得以100元为准的估价更为合理。

(3) 基于真理之"善"的审查必要性。虽然在社会科学领域,由于评价标准的非客观性等因素,很容易出现"公说公有理,婆说婆有理"的情况,但为了走出"明希豪森困境",为了解决实际问题,就必须得出一个真理,不然世界永无宁日,人类将在争论和争斗中耗尽自己。估价鉴定属于社会科学范畴,同样会出现"公说公有理,婆说婆有理"的情况。做为案件的裁判者,法官必须对其中的"公理"和"婆理"①的采纳采信与否表明立场,作出评判,否则无法对案件做出最终裁

---

① 根据《价格认证中心工作管理办法》第14条规定,其中的"理"包括估价机构初始鉴定、复议复核、重新鉴定或补充鉴定,以及上级估价机构复核裁定或重新鉴定得出的各种结论。此外,实践中也出现了一份结论书两个结论的情况。如在一起盗窃报废车辆案中,估价鉴定结论为:若按车辆的机械性能确定,估价73 000元;若按车辆报废回收价确定,估价6 600元。见《偷盗报废汽车同样构成犯罪》,载2007年7月12日《法治快报》。另外,实践中也出现了其他机构介入估价鉴定的情况。如在一起损毁财物案中,除去晋宁县和云南省价格认证中心外,昆明市天禹司法鉴定中心也估了价。见《对藏柏树苗价值的鉴定决定三农民的定罪量刑,三个鉴定机构竟出三种结论》,载2007年3月16日《云南法制报》。

判,而这显然需要法官的审查。此外,一个法院判决的全部合法性最终必须而且只能基于这个社会大多数民众的认可,而不是个别专家的意见。否则,即使法官根据个别专家意见冒天下之大不韪做出一个判决,它也不会有长久的生命力,带来的社会负面影响会远远超过个案的正面影响。而估价鉴定结论是由专门的估价人员根据专业知识做出的,专业性会确保其专业上的正确,但并不确保社会上的认可。因为专业性会带来与社会的隔离,意味着对社会民意一定程度的忽视和轻视,得出的专业结论容易在估价人员与当事人及普通民众之间产生隔阂,超出社会的承受范围。而法官作为社会正义的“专家”,通过证据审查则可以起到一个衔接和平衡的作用,有望减少专家与民众的隔阂,调和专家意见与民众认知的冲突,将估价鉴定结论控制在社会的承受范围之内,进而做出具有社会认可度的合法判决。换言之,估价人员做出的结论,到底是否具有以及在多大程度上具有真理之“善”的性质,需要法官以社会正义的标准对其进行审查和评判。

四、回归定位:证据审查中独立审判权的重构

让旁落的审判权回归独立的定位,无疑需要对现有制度和规定进行系统性的解构和建构。

(一)程序性控制

虽然证据审查在现有规定中已占有一席之地,但在一定程度上仍然重宏大价值轻具体制度,常常止步于口头或纸面,因此当务之急是细化有关内容以对其进行程序性控制。

1. 审查的内容

(1)形式审查。即不直接涉及结论具体内容的审查,如估价机构和人员是否适格、估价方法和过程是否合法,结论书的制作是否规范等。出现可能造成结论失实或失真的事项,又无法靠言语解释补救的,如在有实物的情况下没有按规定查验实物,则可依申请做出同意补充或重新鉴定的决定,或依职权重新委托估价或提出复核申请。

(2)实质审查。即直接涉及结论具体内容的审查。一般情况下,如果在形式审查方面没有什么大的问题,那么相应的结论可以采纳。但是在两种情况下,估价鉴定结论可以不予采纳:一是当事人提出了足以确认结论失实或失真的相反证据,如把真品当赝品来估价;二是结论明显违背人之常情和事之常理,如折旧后的估价高于案发时的市场价。

2. 审查的程序

(1)出示阶段。在法官的主持下,由控方当庭出示《估价鉴定结论书》等有关证据,予以宣读和呈交法官。法官要向双方告知有关证据审查的事项,特别是向辩方告知程序性权利事项,如可要求估价人员出庭作证。

(2) 辨认阶段。在法官的主持下,将《估价鉴定结论书》等有关证据在法官以及控辩双方之间进行传阅,以查看辨认是否符合法定形式要件。此阶段的主要任务是进行一定程度的形式审查。

(3) 质证阶段。在法官的主持下,由控辩双方通过询问、咨询、质疑以及说明、解释、反驳等方式对估价鉴定结论进行对质与核实。此阶段的主要任务是进行全面的形式审查和实质审查。法官要运用交叉询问和辩论问答规则,让质证在自由、平等和有序的氛围中进行,并逐步形成内心确信和价值判断。如有需要,尽可能依申请或依职权通知估价人员出庭作证。

(4) 认证阶段。即由法官对估价鉴定结论加以审查认定,以确定其是否具有可采性以及具有多大证明力。此阶段的关键是动态公开法官心证过程。一般而言,认证属于"自由心证",只要法官形成内心确信,即可作出相应裁判,至于心证过程无需外化让人知晓,而是可以深深地埋藏于心底。但这样有很大弊端:一是不利于法官司法能力的提高。有的法官可能心存侥幸而放弃思维评判,直接当了专业权威的附庸,或者会形成思维专断——反正是我审判,我说了算。二是会造成司法威信弱化。基于暗箱式思维作出的裁判,容易让人想到暗箱操作带来的不公正,难以面对各种质疑。因此,法官要通过口头或书面形式将心证过程予以动态地言语外化,让控辩双方知其所以然。

3. 审查的责任

正如无救济就无权利一样,无责任也就无义务。但责任不是空喊两句口号就有了,还需要相应的可操作性责任制度保障。如可以借鉴《关于修改〈中华人民共和国民事诉讼法〉的决定》,扩大刑事诉讼的申诉事由,规定当事人的申诉符合"原判决、裁定认定事实的主要证据(含估价鉴定结论)未经质证"、"违反法律规定,剥夺当事人辩论权利"等情况的,法院应当重新审判。这样,基于自身利害关系,当事人的监督无疑具有相当的积极性,而且力度也大,不仅可以获得法院再审支持,还可与现有错案追究制度衔接起来,对法官课以责任。再如,法院内部也可由审监部门通过旁听庭审、察看庭审笔录与合议庭笔录、观看庭审录像等形式进行监督。

(二) 配套性措施

审判权是独立的,但不是孤立的,仍然需要系列配套措施的支持。

1. 弱化估价鉴定结论地位

造成审判权旁落的部分原因是现有规定对估价鉴定结论优势证据地位的肯定,以及估价鉴定本身的专业性导致的权威性迷信。因此立法首要的问题是弱化估价鉴定结论的地位,让其走下权威的神坛。废除一切明示或暗示赋予其优势地位的现有规定,重新规定它仅仅可作为普通证据,与其他证据相比并不具有特殊的优势地位,不能直接采纳采信,必须经过严格的审查。

同时为避免文字上的误解,可以参考《司法鉴定管理决定》的规定①,将"估价鉴定结论"修改为"估价鉴定意见"。将其地位弱化之后,从反面而言,可以让法官找不到直接采纳采信的理由;从正面而言,可以增强法官审查的勇气和信心。

2. 加强对辩方的制度性救济

刑事诉讼中控辩双方地位事实上的不平等,以及控方对估价委托的法定垄断,使得法官的审判权因过分倚重控方的一面之词而难以独立。因此需要在证据审查中加强对辩方的救济,使独立审判权建立在"兼听则明"的基础之上。

(1) 在程序上救济。即允许辩方在交叉询问中以诱导方式提问。诱导提问可以改变辩方在质证中的羸弱地位,起到暴露估价鉴定结论的矛盾、错误及不实之处,以降低其证据证明效力,或使估价人员承认那些对辩方有利的事实等作用②。

(2) 在知识上救济。即允许辩方申请专家辅助人出庭辅佐诉讼。控方对估价委托的垄断使得估价人员成为其单方专家证人,往往得出不利于犯罪嫌疑人或被告人的倾向性结论,使估价人员及其结论在理念上应有的中立性不复存在。而借鉴民事诉讼的规定③,允许辩方申请专家辅助人出庭,则可以从专业角度对估价人员及其结论进行询问和质疑,帮助辩方与控方抗衡。

3. 完善《估价鉴定结论书》的制作

《估价鉴定结论书》担负着固化和重现估价鉴定过程以及展示结论科学性的重任。为使法官和控辩双方充分了解,有必要将估价依据、方法和过程详具成文,附于其后,同时要注意展示与结论之间的逻辑联系。此外,估价鉴定结论实际上是一种估价——唯一准确的价格只有在物品正式交易的一刹那才能确定,因此不宜给出一个明确价格,而是给出一个价格区间或几个选择值,由法官根据案情予以裁量。

4. 建立估价鉴定结论送达制度

司法实践中,当事人一般只是在开庭时听取宣读估价鉴定结论,然后匆匆签名以示被告知。如此做法使得有时当事人根本不清楚具体内容,就稀里糊涂地把名签了,有异议也无法提出,更谈不上质证了。因此,在估价鉴定结论做出后,估价机构不仅要及时送达委托机关,还要及时送达当事人,以使控辩双方互相了解,为质证做好准备。

---

① 第1条:司法鉴定是指在诉讼活动中鉴定人运用……并提供鉴定意见的活动。

② 参见毕玉谦著:《民事证据法判例实务研究》,法律出版社1999年版,第137页。

③ 《关于民事诉讼证据的若干规定》第61条:当事人可以向人民法院申请一至二名具有专门知识的人员出庭就案件的专门性问题进行说明。

结 语

本文以估价鉴定为切入点,看似反映了一个"点",实则反映了一个"面"。因为在经济鉴证类证据——各种经济鉴证类社会中介机构①出具的鉴证报告或专业技术性意见——的审查中,普遍存在审判权旁落的情况。这些证据虽然具有专业意义上的真理之"善",但是属于社会科学的范畴,可能与民众产生隔阂,而且无法确保本身没有瑕疵,因此需要接受法官的审查,以达致司法意义上的真理之"善":一是结果的"善"。即各方都予以认同,并充分表达了意见,达成了"共识"——哈贝马斯所言的基于交往理性基础上的真理②;二是程序的"善"。即各方虽然没有达成共识,但在经过了证据审查的释明解惑和情感稀释后,即使持有异议的一方也会对法官的采纳采信予以同情的理解。

---

① 根据1999年《国务院办公厅关于清理整顿经济鉴证类社会中介机构的通知》,此类机构包括会计师事务所、财会咨询公司、税务师事务所、律师事务所,各种资产评估、价格鉴证、工程造价审计等社会中介机构以及相关的行业管理协会、公会、管理中心等。

② 参见[德]阿列克西著:《法律论证理论》,舒国滢译,中国法制出版社2002年版,第127—172页。

直接民意与司法回应
——以刑事个案中的联名信为切入点

张建国　王庆廷*

（本文荣获2009年上海法院系统学术讨论会一等奖）

引言：直接民意与间接民意

就中国国情而言，民意与司法似乎是一个永恒的话题。特别是近年来发生的"刘涌黑社会案"、"苏秀文宝马撞人案"、"农民工王赋余讨薪杀人案"、"许霆盗窃ATM案"、"习水官员嫖宿幼女案"等一系列案件更是将两者推上了风口浪尖①。这在某种意义上也催发了实践和理论的双重关注，不仅最高人民法院出台了《关于进一步加强民意沟通工作的意见》（法发[2009]20号），而且有关人士也纷纷撰文，表达观点。

说起民意，几乎所有文章都打上了诸如"非理性"、"情绪化"、"不稳定"、"非机制化"、"难以衡量"之类的标签②，正所谓"民意如流水"。反观现实：个案之于民意，有顺应也有悖逆，无章可循；众人之于民意，有欣喜也有担心，莫衷一是。如此一来，仿佛研究民意是"老虎吃天"，属于"大词法学"，只能进行理论上的粗糙分析，难以展开实证考察，更遑论具体而微的制度设计了。而在一定程度上，这也是目前民意研究的一个"通病"。

问题的症结就在于对民意的看法太过粗糙——将民意简单理解为"民众的意愿"，甚或等同于"全民公决"。这在很大程度上是没有意义的：逻辑上是同语反复，现实中则难以实现。其实，民意并非只有一个面相，而是可以有不同的分类。其中根据对象、内容和方式的差异，可以将民意分为直接民意和间接民意。

---

* 张建国，上海市金山区人民法院研究室主任、审判委员会委员，四级高级法官，法律硕士；王庆廷，上海市金山区人民法院研究室法官，法学硕士。

① 限于篇幅，对此类影响广泛的案件不再赘述案情。

② 比如宋宗明：《论民意的司法解读》，载《山东审判》2008年第6期。又如莫晓宇：《民意的刑事政策分析——一种双向考量后的扬弃》，载《甘肃政法学院学报》2007年第5期。

两者具有如下区别：首先，在对象上，直接民意针对的是司法个案，单纯而切实地表达对个案的关注；间接民意则既可针对司法个案，也可针对司法整体，如司法改革。另外，针对个案的间接民意也往往是“移情表达”，即人们容易把长期以来形成的但平日里难以有效表达的情绪——通过迁怒或同情当事人的方式——予以集中宣泄①。其次，在内容上，直接民意一般明确而具体，具有清晰而集中的诉求，看得见摸得着；间接民意则往往人多嘴杂、众口难调，甚至相互之间经常发生冲突。最后，在方式上，直接民意一般是直接向司法机关及其办案人员反映，具体有集体访、联名信、请愿书等方式；间接民意则往往通过网络评论、媒体报道、闲聊消遣等间接方式予以表达。

为了更好地进行实证考察、理论分析和制度构建，本文特选择直接民意作为分析对象，同时以刑事个案中的联名信为切入点。

一、管窥：50 个案例样本

基于条件限制，对各地法院涉及联名信的刑事案件进行全面统计几乎不可能，退而求其次，以抽样统计作为替代性手段，力求达到“有限却完整”的效果。

(一) 收集与整理

为使样本更具代表性和随机性，笔者利用了百度的“高级搜索”和“普通搜索”，查阅了近千个网页，最后收集并整理出 50 个典型案例②。它们具有以下特点：第一，案例信息较为完整。材料比较翔实，大多包括起因、审理过程、裁判结果、当事人情况等具体信息；第二，提交对象较为固定。联名信的提交对象一般为审理案件的法院及法官，且主要是书面形式，单纯提交给非法院单位的——如公安、检察、党委、妇联——不纳入统计范围；第三，影响程度有可测性。联名信对定罪量刑起了怎样的作用，在材料中有所表述或者能够从中推断出来；第四，案例地域相对广泛。既有农村的，也有城市的，既有东部的，也有中部和西部的；第五，时间上“近年来”居多。以审理时间来看，绝大部分发生在 2000 年之后，具有大致相同的时代背景。

(二) 统计与分析

1. 涉及犯罪大多为自然犯，侵犯法益大多为人身权利

① 比如很多人同情许霆是出于对银行霸权和官员腐败的不满。参见黄海涛：《ATM 案，为何民意向左法律向右》，载《大江周刊》2008 年第 5 期。

② 具体搜索、收集和整理过程：2009 年 4 月 18 日—5 月 7 日，首先利用百度(www.baidu.com)的“高级搜索”(设置条件：1. 包含完整关键词：犯罪、联名信、法院；2. 网页时间：全部时间；3. 网页格式：所有网页和文件；4. 关键词位于：网页的任何地方)，找到相关网页约 2 210 篇。经百度自动省略相似条目后剩下 533 篇，逐页查看后初步整理出 66 个案例。由于报道的选择性和时段性，案例信息大都不完整，遂又利用“普通搜索”，围绕案例搜集并查看数百个网页补充信息，最后根据整理情况及研究需要筛选出 50 个案例样本。

表1 涉及罪名与犯罪数量

涉及罪名	故意杀人罪	故意伤害罪	聚众扰乱社会秩序罪	非法侵入住宅罪	故意毁坏财物罪	拐卖妇女罪	玩忽职守罪	集资诈骗罪	挪用公款罪	强迫交易罪	失火罪	抢劫罪	强奸罪	绑架罪	贪污罪	受贿罪
犯罪数量	27	9	3	1	1	1	1	1	1	1	1	1	1	1	1	1

50个案例共涉及16个罪名和52个犯罪①。就罪名来看,绝大多数是自然犯——侵害或威胁法益并明显违反伦理道德的传统型犯罪,几乎没有典型的法定犯——侵害或威胁法益但没有明显违反伦理道德的现代型犯罪②。可见自然犯因与伦理道德的密切相关性和较低的认识门槛(往往不需要专门法律知识)更容易引起关注。而从具体案情来看,绝大多数案例都涉及情理法的碰撞。仅以故意杀人罪为例,有18件发生在亲属之间——这一情理法最"剪不断理还乱"的空间,占66.7%,且情况大都类似:要么是被害人实施家庭暴力使被告人不堪忍受,要么是被害人身患重病绝症使被告人不堪重负。就法益来看,大多数犯罪侵犯的是人身权利③,共计40件,占76.9%。其中,有35个犯罪致使被害人死亡④,占67.3%。可见,与财产权利、社会秩序等法益相比,人身权利更容易引起关注,而且"人命关天",出人命的案例更是关注的焦点。

2. 被告人以农村村民居多,且以"小人物"为主

表2 被告人身份情况

身份	普通农民	普通市民	学生	律师	教师	矿主	企业领导	机关干部	农村干部
数量	40	7	6	1	1	1	2	3	9

① 有两个案例分别涉及两个犯罪。
② 参见张明楷著:《刑法学》(上),法律出版社1997年版,第90页。
③ 涉及故意杀人、伤害、绑架、强奸、抢劫、拐卖妇女等罪名。
④ 涉及全部故意杀人罪、绑架罪和7个故意伤害罪。

50个案例共涉及被告人70人。其中农村村民49人,占70%;普通群众47人,占67.1%。

3. 签名者大多与当事人处于同一小型熟人社会

表3 签名者与当事人的关系

关 系	亲缘关系	地缘关系	业缘关系	无关系
案例数量	7(14%)	40(80%)	14(28%)	2(4%)

绝大多数联名信的签名者与当事人(被告人、被害人及其家属)有一定的亲缘、地缘或业缘关系,而且往往在同一联名信中三种关系交叉出现。此外,签名者的身份与被告人类似——大多属于草根阶层。

4. 联名信具有一定的证据性,且对被告人大多表现宽容

表4 联名信的内容情况①

涉及内容	宽大处理	严厉惩处	反对指控	程序要求	当事人情况	案 情
案例数量	32(64%)	5(10%)	11(22%)	4(8%)	19(38%)	27(54%)

大多数联名信由两部分组成:陈述部分和要求部分。

就陈述部分来看②,基本上分为两类:一是"当事人情况",主要是一些与案件无关的个人情况,如品德良好、学习优秀、工作积极、成果突出、家境困难等;二是"案情",主要包括案件起因、犯罪动机、危害后果、被害人过错以及其他关乎定罪量刑的情况。从刑事诉讼法的视角来看,前者属于证据性材料,后者属于证据。

就要求部分来看,根据对定罪量刑的态度,可以分为四类:一是"反对指控",即对(检察院指控或法院判决的)定罪和量刑均不认可,而是认为被告人无罪,如认为被告人的行为系正当防卫,应无罪释放;二是"程序要求",即对定罪和量刑均不表态,而是提出一些程序要求,如公开开庭;三是"宽大处理",即认可定罪,但在量刑上要求从轻处罚被告人;四是"严厉惩处",即认可定罪,且在量刑上要求从重处罚被告人。可以看出,大多数联名信对被告人表现宽容,认为被告人无罪以及需要从轻处理的共有43件,占86%。

5. 联名信的作用不一,但对其积极回应的案例大多效果较好

---

① 共有52件联名信,有两个案例各有两件联名信。

② 因收集所限,一些联名信不是很完整,因此陈述部分的统计存在一定误差,实际所占比例可能更多。

表 5　对联名信的司法回应以及相关案例的效果①

要求		宽大处理(32)		严厉惩处(5)		反对指控(11)		程序要求(4)	
司法回应		积极	消极	积极	消极	积极	消极	积极	消极
		23 (71.9%)	9 (28.1%)	2 (40%)	3 (60%)		11 (100%)	3 (75%)	1 (25%)
案例效果	好	17		1	1		3	2	
	一般	6	8		2		5	1	1
	差		1	1			3		

根据对联名信的回应程度，可以分为两类：一是“积极回应”，即在一定程度上顺应或采纳了联名信的要求；二是“消极回应”，即对联名信的要求没有顺应或采纳。在 52 件联名信中，有 28 件得到积极回应，占 53.9%。但是不同的要求得到积极回应的比例差异极大，由低到高依次是“反对指控”(0)、“严厉惩处”(40%)、“宽大处理”(71.9%)、“程序要求”(75%)。可见定罪量刑与民意要求一定程度上呈现出负相关的趋势，即民意对定罪量刑的否定程度越高，得到的积极回应越低，反之则越高。

根据法律效果和社会效果的兼顾情况，可以将案例效果分为三类：一是“好”，即取得了法律效果和社会效果的统一，具体表现为群众满意，符合法律规定，当事人服判息诉等；二是“一般”，即案例结果符合法律规定，但是社会效果不好，比如群众不满，当事人上诉等；三是“差”，即案例结果违反法律规定，最终被改判或被证明是冤假错案。在得到积极回应的 28 件联名信中，对应的案例效果分别为“好”20 件，占 71.4%，“一般”7 件，占 25%，“差”1 件，占 3.6%；在得到消极回应的 24 件联名信中，对应的案例效果分别为“好”4 件，占 16.7%，“一般”16 件，占 66.7%，“差”4 件，占 16.7%。可见就总体效果而言，对联名信予以积极回应的案例要远远好于消极回应的案例。

6. 大多数联名信能够反映真实情况，但也有少数例外

表 6　联名信的真假情况

类别	知悉案情 且表达真实意愿	知悉案情 但表达虚假意愿	不知悉案情 但表达真实意愿	不知悉案情 且表达虚假意愿
数量	46	1	4	1

按照是否知悉案情以及表达意愿的真假，可以将联名信分为四类：一是知悉案情且表达真实意愿，即签名者了解案情，且签名也是出于内心自愿；二是知悉

① 因收集所限，一些案例缺少完整判决书，故对联名信陈述部分的回应情况作省略处理。

案情但表达虚假意愿,即签名者虽然了解案情,但签名并非出于内心自愿——受到了误导、引诱或胁迫;三是不知悉案情且表达虚假意愿,即签名者不了解案情,签名也并非出于内心自愿;四是不知悉案情但表达真实意愿,即虽然签名者不了解案情但签名却出于内心自愿。从严格意义上来讲,只有第一类属于真实联名信,反映了真实民意,后三类则属于虚假联名信,或多或少存在虚假成分。在52件联名信中,有46件为真,占88.5%,有6件为假,占11.5%。

二、论证:直接民意的合理性

直接民意实际上是一种"地方性民意",是部分人的意愿,但它仍然具有"天然"的合理性,进而司法也有予以回应的必要性。

(一)法治悖论的消解

法治的核心是法律的普遍性:一是意志的普遍性,即在逻辑上被推定为全体人民的意志,二是对象的普遍性,即在效力上适用于一切个人。但立法实际上是一个由着眼于私人利益的"众意"向着眼于公共利益的"公意"转化的过程①,其间充斥着斗争、抵消、妥协和整合,最后出台的法律可能仅仅戴上了"全体人民"的面纱,并不必然符合"一切个人"的意志。这是一个逻辑和现实的悖论,直接民主尚不能解决这一难题,更何况间接(代议制)民主走的精英主义道路——精英与大众的差异甚或对立屡见不鲜,很多情况下难以担起代表大众的重任。而在中国法治进程中,精英们远没有将自身的根基扎入"人民的土地","在人民中间生根、开花"②,与大众的差异甚或对立显得更为突出,这一点甚至在前述统计中也有明显例证③。这样一来,"两种民意之间的冲突——假定覆盖全体人民的规范性民意(法律)与部分人民的个案性民意"④,也就在所难免了。

当抽象的法律适用于具体的个案时,以联名信等方式表现出来的,被轻视、忽略甚或排斥的直接民意则有望起到消解的作用,比如具化法律的粗疏、填补法律的缺位、钝化法律的锋利、柔化法律的刚性。如果将法律比作一块布,个案比作一个人,那么直接民意和法官在一定程度上起的作用是一样的——量体裁衣,目的都是让法律恰到好处地适用于个案。

(二)历史文化的传承

在中国古代,民意对司法的影响广泛而深远。在场所设置方面,古代县衙坐

① 参见[法]卢梭:《社会契约论》,何兆武译,商务印书馆2003年版,第35页。

② 毛泽东:《关于重庆谈判》,载《毛泽东选集》(第四卷),人民出版社1977年版,第1162页。

③ 差异:在"邱兴华杀人案"和"杨佳袭警案"中,联名信的签名者大都是精英,与当事人素不相识,采用网络公开信,关注程序问题。在其他案例中,联名信的签名者大都是草根,与当事人比较熟悉,采用纸质联名信,关注实体问题。对立:无论邱兴华还是杨佳,单从杀害无辜人员的数量看,就已突破了常人底线,而两件网络公开信分别要求精神病鉴定和特赦。

④ 田飞龙:《民意、民主与司法》,载 http://article.chinalawinfo.com/Article_Detail.asp?ArticleID=46478,2009年5月19日访问。

堂问案的地方常悬挂两块匾额，一书“明镜高悬”，旨在体现司法公正，一书“天理国法人情”，旨在提示裁判标准。在法律思维方面，古代法官基本上是解决纠纷式的“父母官”，适用法律时重视“目的”与“情理”，依循原则为“法本原情”，断案方法为“衡情度理”，力求判决体现民意①。在司法实践方面，自汉代春秋决狱以来，就存在径直依据情理裁判案件的情况，而且此类参情酌理的案件往往被传至后世，奉为楷模，为人乐道②。

虽然经历了近代化和现代化的洗礼，当代中国的司法重心依然是“纠纷解决”，而非“规则之治”，而且很多地方特别是在乡土社会和熟人社会中，情理依然起着无可替代甚至决定性的作用，直接民意对于个案的介入情况也就数量更多力度更大，这从前述有关被告人和签名者的身份统计中也可得到验证。在此情形下，法官对“衡情度理”历史文化的适度传承就显得尤为重要，更何况“历史，即使是一个民族的幼年，都永远是一位值得敬重的导师”③。

（三）法律的开门接纳

就程序法来看，根据《刑事诉讼法》第 48 条规定④，凡是知道案件情况的人，都有作证的义务。从前述统计来看，大多数联名信具有一定的证据性，特别是其中有关案情的陈述部分，可以说属于法定证据中的“证人证言”，理应得到法庭的质证和认证。从这一角度看，以联名信为代表的直接民意具有法律上的正当性，而且是法定义务。

就实体法来看，《刑法》中绝大部分犯罪的刑罚都是浮动刑，而且跨越幅度很大。以故意伤害罪为例，就涵盖了从管制到死刑的所有主刑种类。《刑法》第 61 条规定了量刑依据，“对于犯罪分子决定刑罚的时候，应当根据犯罪的事实、犯罪的性质、情节和对于社会的危害程度，依照本法的有关规定处罚”。但问题是《刑法》中除了法定量刑情节外，还有大量酌定量刑情节，而且许多法定量刑情节本身也很模糊。为了个案的精确处理，无疑需要法官的“自由”裁量——综合各类因素分析判断。直接民意显然是一个需要认真考虑的因素，因为“犯罪情节和社会危害程度”在很大程度上不单是一个客观的事实问题，还是一个主观的认定问题。同样是杀害一个人，但情节轻重和危害大小是不一样的，怎么个不一样法？民众的感觉和意愿——对于被告人的态度是“罪不容赦”还是“情有可原”——无疑是一个强有力的可测的衡量标准。因此直接民意在一定意义上是“犯罪情节和社会危害程度”的具体化、事实化和证据化，是法官行使自由裁量权的重要依据。

---

① 参见孙笑侠、熊静波：《判决与民意——兼比较考察中美法官如何对待民意》，载《政法论坛》2005 年第 4 期。

② 参见贺卫方著：《司法的理念与制度》，中国政法大学出版社 1998 年版，第 193 页。

③ [德] 萨维尼著：《论立法与法学的当代使命》，许章润译，中国法制出版社 2001 年版，第 86 页。

④ 文中所涉法律均省略“中华人民共和国”字样。

另外,司法实践中已逐步确立了针对特殊刑事被告人——如未成年人和拟判缓刑者——的“社会调查制度”①,即由法院之外的机构或个人向被告人的家庭、单位、学校、居(村)委会等进行调查,然后出具有关被告人一贯表现等情况的社会调查报告,以作为法官量刑的参考依据。而从前述统计来看,联名信无疑是一份由熟悉被告人情况的人主动提交的“准社会调查报告”。

(四) 个案的有限弥散

根据与当事人关系的差异,可以将人分为两类:一是关系人,即与当事人有亲缘、地缘、业缘等特定关系的人,他们与当事人是“共同体”关系;二是非关系人,即与当事人没有特定关系的人,他们与当事人是“社会”关系②。个案除了法律效果——对当事人产生效力,还有社会效果——一定范围内的弥散效力。一般而言,弥散效力仅限于关系人范围,即使弥散到非关系人,在程度上也远逊于关系人。这是由关系人与非关系人的差异决定的:第一,前者对当事人了解较多,后者一般“素不相识”。第二,前者对当事人命运更加关心③,后者一般“漠不关心”④。第三,个案的处理对前者影响较大,对后者一般“无关痛痒”。

根据经济分析法学的观点,权利要赋予那些最珍视它们的人,以实现“财富最大化”⑤。同理,在非关系人的间接民意与关系人的直接民意并存的情况下,理性的司法态度是,与其回应前者,不如回应后者,这样既可发挥个案的弥散效力,又能取得更大的社会效益。

(五) 比较法上的借鉴

民意与司法既是一个中国问题,也是一个世界问题。以美国为例,不仅有“辛普森案”、“焚烧国旗案”等著名的民意司法碰撞案例⑥,而且最高法院会把社会舆论当作某些案件判决中必须考虑的因素,在宪法判决中也允许考虑社会的“公共意识”和“普通感情”⑦。此外,印象中美国之所以没有频繁的民意司法冲突,很大程度上是因为“在美国司法体制中,法庭之友制度、陪审团制度和法官自由裁量权的三维组合使得民意能够充分地引入司法过程中,与司法达成一个和谐的状态”⑧。而中国目前恰恰缺少类似一套行之有效的衔接和吸纳制度。

---

① 可参见最高人民法院《关于审理未成年人刑事案件的若干规定》第 21 条,以及北京朝阳区法院《关于适用缓刑宣判前社会调查的工作意见(试行)》等规定。

② 共同体是建立在自然基础之上的群体,而社会是目的联合体。参见[德] 滕尼斯著:《共同体与社会》,林荣远译,商务印书馆 1999 版。

③ 在前述统计中,绝大多数联名信的签名者都是关系人。

④ 以许霆案为例,大多数非关系人关注的方式是在网络上发牢骚,并未采取实质行动。

⑤ 参见[美] 波斯纳著:《法律的经济分析》,蒋兆康译,中国大百科全书出版社 1997 年版。

⑥ 参见任东来等著:《美国宪政历程——影响美国的 25 个司法大案》,中国法制出版社 2004 年版。

⑦ 参见[美] 詹姆斯·安修著:《美国宪法判例与解释》,黎建飞译,中国政法大学出版社 1999 年版,第 157 页。

⑧ 向朝霞等:《民意与司法的冲突及协调》,载《长江大学学报》2007 年第 4 期。

三、构建：司法回应的程序控制

直接民意需要司法回应，但从前述统计的情况来看，在联名信的回应与否以及程度上都表现出较大的随意性，而且效果也并不尽如人意。因此当务之急是确立回应原则，细化回应程序，构建一套机制化的、可操作的回应模式。

（一）收集

1. 原则

要坚持被动原则，即只有在直接民意“主动送上门来”时才进行收集。这样既符合直接民意的应有之义，保持其“原生态”，也有利于维护司法权威，防止法官先入为主。

2. 任务

直接民意最初到达法院时，可能比较杂乱：表达方式可能有多种，如口头的（集体访）、书面的（联名信）、电子邮件（法院的网上信箱）；表达对象也可能有多种，如法院、业务庭、院庭领导、承办法官。因此，收集阶段的主要任务就是将民意的内容固定、集中、明确，形成书面文字材料。收集过程也是一个整理过程，类似于前述统计的联名信内容，可以将民意内容整理为“陈述”和“要求”两大部分。其中“陈述”部分再细化为“当事人情况”、“案情”等小部分，“要求”部分再细化为“反对指控”、“程序要求”、“宽大处理”、“严厉惩处”等小部分。

3. 流程

由于立案庭具有处理信访的职能，而“信”与“访”是直接民意的主要表达方式，因此一般由立案庭负责直接民意的材料收集，整理好后传递给承办法官。当然，考虑到效率因素，如果直接民意——比如联名信——是由律师当庭提供，则由承办法官收集为宜。

（二）甄别

1. 任务

基于直接民意的复杂性与个案的特殊性，甄别真假至关重要。与前述统计的联名信真假情况类似，按照是否知悉案情以及表达意愿的真假，可以将直接民意甄别为真实和虚假两类。其中真实的只有一种，即知悉案情且表达真实意愿。虚假的包括三种：一是知悉案情但表达虚假意愿，二是不知悉案情且表达虚假意愿，三是不知悉案情但表达真实意愿。

2. 流程

由于甄别的过程是一个辨别真假的过程，再加上直接民意具有一定的证据性，因此甄别可以纳入或者参照证据的质证认证流程来操作。操作环节也和证据一样，既可庭前甄别，也可庭中甄别。

具体来说，对于其中属于证据或证据性材料的陈述部分，在法官的主持下，根据证据的质证认证程序和标准进行甄别；对于其中的要求部分，则在法官的主导下,参照证据的质证认证程序,通过随机传唤民意表达人(如联名信的签名者)等方式进行甄别。对于要求部分的甄别原则有三个,主要围绕民意表达人展开:一是与当事人的关系,越是熟悉,真实度越高,但当事人的近亲属例外;二是对案情的了解程度,越是了解,真实度越高,但要以了解关系定罪量刑的主要事实为底限;三是意愿表达的自由程度,越是自由,真实度越高,一般只要排除误导、引诱或胁迫等情况即可。另外,如果直接民意——比如联名信——不是由民意表达人以自发形式提供,而是由当事人一方通过牵头、策划、组织等方式提供的,则提供方负有证明责任。

(三) 考量

1. 任务

这一阶段是核心,因为事关直接民意对个案定罪量刑的具体影响。同时也最难把握,因为事关法官的自由裁量权。

2. 流程

出于考量的规范性和可操作性考虑,可以参照证据适用的流程。具体而言:对于其中的陈述部分,符合证据形式的,根据法定证据的适用规则来处理,即根据其真实性、合法性和关联性,结合有关法律规定和其他证据,予以认真考量;对于其中陈述部分的证据性材料以及要求部分,则作为酌定情节,也即《刑法》第61条中“犯罪情节和社会危害程度”的一个具体量化依据,结合有关法律规定和其他酌定情节,予以认真考量。

3. 思维

在此过程中,法官的思维方式既非“法律裁判”中的“大前提→小前提→结论”,也非“民意裁判”中的“民意→大前提→结论”①,而是两者的结合——“大前提→小前提→结论(初步)→直接民意→结论(修正)”。具体分两步走:第一步是“大前提→小前提→结论(初步)”,即严格依据法律规定和认定事实进行演绎逻辑推演,得出初步结论。对直接民意中符合证据形式的陈述部分的考量要在这一步完成;第二步是“结论(初步)→直接民意→结论(修正)”,即根据直接民意对初步结论进行适当调整,得出修正结论。对直接民意中陈述部分的证据性材料以及要求部分的考量要在这一步完成。

4. 原则

(1) 尊重但不盲从。即理性对待直接民意,具体问题具体分析。避免两种极端:不分青红皂白一概予以置之不理,或迷信盲从甚至屈从。

(2) 在法律框架内考量。为达致独立审判与民意监督的平衡,考量不能背离法律的“质”,而是要在法律的“量”内进行。具体到刑事案件,一是直接民意不能影响定罪,因为如果影响定罪,就从根本上背离了法治,触犯了独立审判的底限;二是直接民意可以影响量刑,但应局限在法定刑幅度内。不过出于实用主义考虑,在诸

① 纯粹的“民意裁判”应是“民意→结论”,但法官一般会找法律依据增强裁判的“合法性”。

如“许霆案”等“难办案件”中①，在法定刑幅度内判罚明显不合情理的情况下，可作为特殊例外。

（四）反馈

1. 任务

此一阶段是收尾，主要是就回应情况向民众作一交代或解释，以澄清误解，明确模糊，达致司法与民意的互动和谐。

2. 形式

（1）裁判文书的说理与公布。作为司法公正的最终载体，强化裁判文书说理不仅可以使当事人服判息诉，而且从杜绝舆论审判、引导舆论方向来看，也是一个值得期待的努力方向②。对直接民意而言，可以通过提及、分析和评价等方式在裁判文书中做出回应，而司法实践中亦已有范例③。另外，裁判文书也可通过上网公布，向当事人所在地的村（居）委会、工作单位、直接民意的发起人送达等方式让更多关心个案处理的人知晓，达到反馈效果。

（2）召开新闻发布会。如果案情复杂、影响重大，可以在判决之后举行新闻发布会。具体由业务庭准备案件材料，综合部门负责会务安排，邀请直接民意的表达人和有关媒体参加，由法院新闻发言人通报情况，回答问题。

（3）法制宣传跟进。法院的法制宣传部门也可以通过展板、报刊、广播、电视、网络等媒介，以图文并茂、喜闻乐见的形式报道典型案例，引导民意走向。

结语：联名信的弥散性

本文以刑事个案中的联名信为切入点，对直接民意进行了粗浅分析，看似反映了一个“点”，但笔者仍然奢望它在一定程度上，对民意与司法这一宏大主题弥散些微“面”上的意义。民意与司法是一项浩大的系统工程，需要我们长期的辛劳、智慧和勇气。可以肯定的是，当前无论是司法实践，还是理论研究，我们“依然在路上”，但“既然选择了远方，便只顾风雨兼程”④。

---

① 参见苏力：《法条主义、民意与难办案件》，载《中外法学》2009 年第 1 期。

② 参见烨泉：《法官司法判决何以不能引导舆论》，载 2008 年 4 月 2 日《法制日报》。

③ 据前述统计，江西上饶县法院的“（2005）饶刑初字第 15 号”以及北京海淀区法院的“（2008）海法刑初字第 1466 号”等判决书都对联名信做了明确而具体的回应。

④ 汪国真：《热爱生命》，载 http://bbs.besgold.com/thread-31146-1-1.html，2009 年 5 月 26 日访问。

司法水源的刑法涤荡
——诉讼欺诈侵财行为犯罪化的司法评价与路径选择

徐翠萍　王永亮　史小峰*

(本文荣获2009年度上海法院系统学术讨论会优秀奖)

一、实证考察:以四起典型案件为样本

案件一①:勋怡公司与瑞申公司系关联公司。债权人起诉瑞申公司并依法采取财产保全措施后,勋怡公司向上海市第二中级人民法院提起诉讼,请求确认其对被查封财产的所有权。上海市高级人民法院终审认定,"双方当事人恶意串通,隐瞒事实、编织理由进行诉讼,企图通过法院的确权来对抗法院的查封,是诉讼欺诈行为",判决驳回勋怡公司的诉讼请求。

案件二②:李林持盖有瑞奇公司印章的欠条诉至法院,要求瑞奇公司归还欠款36万元。由于对印章真实性未提出异议,瑞奇公司一审败诉。二审期间,欠条被确认系李林伪造。江苏省无锡市中级人民法院裁定发回重审,并对李林处以1 000元罚款。

案件三③:在一起离婚诉讼当中,张峰分别向9个朋友出具虚假欠条,请求他们将自己告上法庭,先后骗取法院9份判决或裁定。案发后,被告人张峰被浙江省台州市玉环县人民法院以妨害作证罪一审判处有期徒刑两年六个月。

案件四④:被告人王连丰在帮助他人诉讼时,以需要写授权委托书为名诱骗11名被害人在空白纸上签名。之后,王连丰利用上述空白纸伪造了被害人向其借款的借条,先后11次提起诉讼,要求被害人归还"借款"。在诉讼中,王连丰与

---

* 徐翠萍,原任上海市金山区人民法院副院长,现任上海市徐汇区人民法院副院长;王永亮,上海市金山区人民法院行政庭庭长助理,法学硕士;史小峰,上海市金山区人民法院执行庭法官,法学硕士。

① 参见《勋怡公司诉瑞申公司财产权属纠纷案》,载《中华人民共和国最高人民法院公报》2004年卷,第359—366页。

② 参见丁国锋、赵正辉:《形形色色的恶意诉讼》,载《法制日报》2007年2月27日。

③ 参见陈虹伟、李艳芬:《伪造9起诉讼案诈骗处理偏轻引起争议》,载《法制日报》2007年11月25日。

④ 参见笔者拙文:《情节严重的诉讼欺诈行为构成诈骗罪》,载《人民司法·案例》2009年第4期。

5名被害人达成庭外和解协议，共计取得人民币7 900元。上海市金山区人民法院判决被告人王连丰犯诈骗罪，判处有期徒刑一年，缓刑一年，并处罚金人民币4 000元。

通过查阅相关的文献资料、考察各地法院的具体做法与规定①，结合自身的审判工作经验以及对相关业务庭室法官的走访和座谈，笔者对诉讼欺诈侵财行为的机理进行了梳理，并对法院的实际处理方式作出了比较。

（一）机理剖析

1．内涵

诉讼欺诈侵财行为是指行为人通过欺诈手段，误导法院作出与事实不符的裁决，并进而依靠国家的司法强制力取得被害人财物的行为。诉讼欺诈侵财行为与虚假诉讼是从属关系，为虚假诉讼所包含。诉讼欺诈侵财行为最主要的特点在于目的的特定性，即行为人以取得他人财物为目的，而虚假诉讼行为人的目的则要丰富得多，比如损害他人名誉、假离婚、使违章建筑合法化等。但浙江省高级人民法院、天津市高级人民法院与北京市朝阳区人民法院的调研②均表明，侵财仍然是行为人虚假诉讼的主要动因，诉讼欺诈侵财行为是最具代表性的虚假诉讼行为。

2．构成要件

第一，主体要件。单位与自然人均可以成为诉讼欺诈侵财行为的适格主体。案件一中的主体是单位，案件二、案件三和案件四中的主体则是自然人。第二，主观要件。行为人主观上均存在直接故意，即希望以虚假诉讼为手段侵占他人财产。第三，客体要件。正常的审判秩序和他人的财产权利均受到损害。第四，客观要件。行为人的手段呈多样化的趋势，且不断翻新，难以穷尽。主要包括：亲自或指使他人伪造证据、通过欺骗手段取得证据、恶意串通侵犯案外人利益等。

3．类型划分

基于不同的视角，诉讼欺诈侵财行为可以作如下划分：根据阶段的不同，可以划分为诉讼前的诉讼欺诈侵财行为、诉讼中的诉讼欺诈侵财行为以及执行中的诉讼欺诈侵财行为；根据对象的不同，可以划分为以案外人为对象的诉讼欺诈侵财行为和以对方当事人为对象的诉讼欺诈侵财行为；根据手段的不同，可以划分为通过伪造证据或提供虚假证人证言实施的诉讼欺诈侵财行为和恶意串通的诉讼欺诈侵财行为；根据直接效果的不同，可以分为积极的诉讼欺诈侵财行为和

---

① 诉讼欺诈侵财并不属于一项独立的案由，因此笔者无法获取全国性的权威统计数据。本文采集了北京、上海、天津、浙江、江苏等五省市法院的部分调研数据，总体来讲仍具有较强的代表性。

② 分别参见魏新璋等：《对"虚假诉讼"有关问题的调查与思考——以浙江法院防范和查处虚假诉讼的实践为例》，载《法律适用》2009年第1期；李经纲等：《不能让虚假诉讼戏弄法律——天津采访札记》，载《人民法院报》2007年3月15日；钟蔚莉等：《关于审判监督程序中发现的虚假诉讼的调研报告》，载《法律适用》2008年第6期。

消极的诉讼欺诈侵财行为①。

4. 流程解析

第一步,准备阶段。行为人为了赢得虚假诉讼,积极地伪造证据或与他人恶意串通。第二步,诉讼阶段。行为人提起诉讼,取得胜诉的法律文书或者直接取得被害人财产后撤诉。第三步,取财阶段。行为人通过申请执行或与被害人私下协商取得财产。行为人的侵财路径有三条(见图1)。

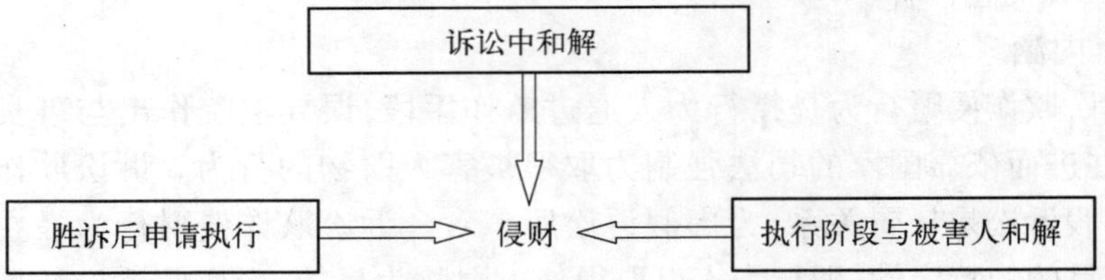

图1 侵财路径

(二) 处理方式

1. 分歧

在四起案件当中,法院对诉讼欺诈行为作出了不同的处理:在案件一中,行为人未受任何处罚;在案件二中,行为人被处以罚款;在案件三中,行为人被以妨害作证罪定罪处罚;在案件四中,行为人被以诈骗罪定罪处罚。随着处罚力度的不断加强,上述四种实际处理方式的适用比例呈现出下降趋势②。

除了案情的具体差别外,造成法院对诉讼欺诈侵财行为处理方式迥异的主要原因在于对法律适用的不同理解。主要的分歧在于:对于诉讼欺诈侵财行为能否按照诈骗罪定罪量刑。目前主要存在肯定说③和否定说④两种观点。

2. 进路

笔者认为,对于情节严重的诉讼欺诈侵财行为应当按照诈骗罪定罪处罚。

---

① 积极的诉讼欺诈侵财行为的直接效果是使得行为人的财产增加,消极的诉讼欺诈侵财行为的直接效果是使得行为人的负债或可供执行的财产减少。案件二和案件四属于前者,案件一和案件三则属于后者。

② 比如,浙江省台州市两级法院近年来确认虚假诉讼案件37件,涉及近50人,其中被以妨害作证罪或帮助伪造证据罪追究刑事责任的只有10人,被以诈骗罪追究刑事责任的人数为零。参见童明强、潘君辉:《虚假民事诉讼现象分析与法律对策研究》,载《建设公正高效权威的社会主义司法制度研究》,人民法院出版社2008年版,第378页。

③ 赞同肯定说的理论著作可参见:张明楷:《论三角诈骗》,载《法学研究》2004年第2期;刘芳等编著:《刑法适用疑难问题及定罪量刑标准通解》,法律出版社2004年版;李伟、刘为波:《诉讼欺诈侵财行为的司法定性及相关问题研究》,载《法律适用》2004年第8期;王焰明:《试析诉讼欺诈案件的定性》,载《人民检察》2001年第8期。

④ 赞同否定说的理论著作可参见:董玉庭:《论诉讼诈骗及其刑法评价》,载《中国法学》2004年第2期;龚培华著:《刑法理论与司法实务》,上海社会科学出版社2002年版;张平:《增设"利用诉讼诈骗罪"之建言》,载《国家检察官学院学报》第7卷第4期;刘远、景年红:《诉讼欺诈罪立法构想》,载《云南大学学报法学版》第17卷第2期。

下文从罪与非罪、此罪与彼罪两个层面展开论述。

二、罪与非罪——诉讼欺诈侵财行为犯罪化的司法评价

（一）必要性评价

“什么是衡量犯罪的真正标尺，即犯罪对社会的危害，这是一条显而易见的真理……”①对于诉讼欺诈侵财行为是否应当作为犯罪处理，最终仍然要归结到对此类行为社会危害性的评价。诉讼欺诈侵财行为不仅侵害了被害人的财产权利，也严重影响了司法机关正常的工作秩序，使得司法机关不得不投入大量的人力物力对子虚乌有的案件进行处理。更有甚者，诉讼欺诈侵财行为还有可能产生极其严重的间接后果②，并对司法制度存在的必要性与合理性形成挑战。诉讼欺诈侵财行为人通过欺诈手段污染了司法水源，比普通犯罪行为的社会危害性更加严重。依据“入罪举轻以明重”的刑法原理，诉讼欺诈侵财行为犯罪化具有正当性。

（二）必需性评价

诉讼欺诈侵财行为从根本上颠覆了诉讼本身的正当性，非刑事手段难以起到有效的阻却作用。从案件一和案件二可以看出，法院通常采用的惩戒措施为：不支持诉讼请求、罚款或者拘留。与不从事诉讼欺诈行为相比，行为人失去的只是有限的诉讼费用或者罚款，得到的却可能是依据自身诉请凭空捏造的任何金额。除了程序上略显复杂外，这实与购买彩票等博弈行为无异：中奖可能得到数百万甚至数千万的奖金，不中奖则仅仅失去区区数元的投注金额。对于行为人来说，这无疑是一笔“性价比”极高的买卖。此外，尽管法院可以对实施妨害民事诉讼行为的当事人予以罚款或者拘留，但囿于被动性的司法传统以及实际操作的困难，承办法官往往缺乏对当事人及其代理律师实施处罚的积极性。因此，对于违规当事人来说，即使是处罚力度较轻的罚款或者拘留也多属小概率事件，难以产生有效的威慑作用。

（三）有效性评价

最高人民法院王胜俊院长认为：“宽严相济刑事司法政策的具体适用必须注重实际效果。衡量刑事审判活动是否取得实效，要看是否有利于遏制和预防犯罪，是否有利于被告人认罪伏法、教育改造和回归社会，是否有利于减少社会对抗，促进社会和谐稳定。”③与非罪化相比，诉讼欺诈侵财行为犯罪化更加符合上述“三个有利于”标准。它既有助于净化诉讼环境，保持诉讼活动的原始机能，使得审判活动正常进行，又有助于实现有理者当然胜诉、无理者当然败诉的实质正

---

① ［意］贝卡利亚著，黄风译：《论犯罪与刑罚》，中国大百科全书出版社 1993 年版，第 67 页。

② 比如，在曾经轰动一时的莫兆军事件中，就造成了被害人自杀与承办法官被提起公诉的后果。

③ 参见《严格执行宽严相济刑事政策 全力维护国家安全社会稳定》，载《人民法院报》2008 年 5 月 14 日。

义,并最终促成社会的和谐。

(四)效率性评价

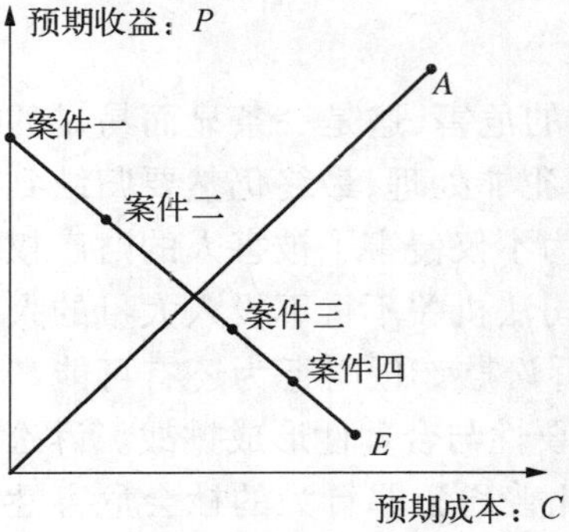

图 2 预期成本与预期收益的激励作用

"由于犯罪对他的预期收益超过其预期成本,所以某人才实施犯罪"①。从经济学的角度来看,诉讼欺诈侵财行为同样是行为人在权衡预期成本与预期利益之后作出的选择。刑事处罚的缺失,导致行为的预期利益明显大于预期成本,从而在一定程度上对行为人产生了激励作用(见图2)。"公共政策决策者绝不应该忘记激励,因为许多政策改变了人面临的成本或收益,从而改变了行为"②。

在图2中,P 线条代表预期收益,C 线条代表预期成本,A 线条代表预期成本等于预期收益,E 线条代表实际的激励作用。案件一和案件二处于 A 线条的上方,即表示预期收益大于预期成本;案件三和案件四处于 A 线条的下方,即表示预期收益小于预期成本。随着处罚力度的加大,正面的激励作用不断增加。从经济学的角度来看,当案件处于 A 线条的上方时,表明行为人欺诈行为的外部成本未获得足够的评价,从而带来法律适用的无效率。"如果一个人将成本强加于他人,为了迫使他作出决定时将这些成本考虑在内,要让他付出与其所造成的损害相同的代价"③。犯罪化有助于内化诉讼欺诈侵财行为的外部成本,从而提高法律适用的效率。

(五)合理性评价

对于某种特定的社会行为是否应当作犯罪化处理,理论界存在着多种判断标准。美国刑法学家帕克尔提出的行为犯罪化的六项具体标准为:这种行为在大多数人看来,对社会的危害性是显著的,从社会的各重要部分来看是不能容忍的;对这种行为课处刑法符合刑罚的目的;对这种行为进行控制不会导致制止对社会有利的行为;对这种行为能够进行公平的、无差别的处理;对这种行为进行刑事诉讼上的处理时,不产生质与量的负担;对这种行为的处理不存在代替刑罚的适当方法④。我国学者张明楷教授认为行为犯罪化应符合下列五个条件:行为具有严重社会危害性并且为社会绝大多数人不能容忍并主张以刑法规制;其

① [美]理查德·A.波斯纳著,蒋兆康译:《法律的经济分析》(上册),中国大百科全书出版社1997年版,第292页。

② [美]曼昆著,梁小民译:《经济学原理》,北京大学出版社2001年第2版,第7页。

③ [美]大卫·D.弗里德曼著,杨欣欣译:《经济学语境下的法律规则》,法律出版社2004年版,第110页。

④ Herbert. Packer, The limits of The criminal sanction, 1968, p.296,转引自张明楷著:《外国刑法纲要》,清华大学出版社1999年版,第8—9页。

他制裁力量不足以抑制这种行为,只有动用刑法才能充分保护合法权益;运用刑罚不会导致禁止对社会有利的行为以及使公民的自由受到很大限制;对这种行为刑罚能够进行客观的认定和公平的处理;动用刑罚会有预防或抑制该行为的效果①。也有学者从刑事政策角度探讨了行为犯罪化的两个实质标准,即必要性标准和实质性标准②。基于前文对必要性、必需性、有效性与效率性的分析,笔者认为无论套用上述的六要件说、五要件说还是二要件说,诉讼欺诈侵财行为的犯罪化都具有充分的合理性。

三、诈骗罪抑或他罪——诉讼欺诈侵财行为犯罪化的路径选择

司法实践中,诉讼欺诈侵财行为主要有两条入罪路径③。路径一:依据行为人提起虚假诉讼的手段定罪。《最高人民检察院法律政策研究室关于通过伪造证据骗取法院民事裁判占有他人财物的行为如何适用法律问题的答复》(以下简称《答复》)是法院选择路径一的主要动因。路径二:以诈骗罪定罪。路径二侧重于对行为人侵财目的的评价,具体的虚假诉讼手段则不被作为定罪量刑的直接依据。路径一和路径二的主要区别见表1,关于定罪效果与量刑效果的详细说明见下文。

表1　入罪路径的比较

入罪路径	定罪依据	定罪效果	量刑效果
路径一	虚假诉讼手段	存在“盲点”	不平衡
路径二	侵财目的	无“盲点”	平　衡

笔者认为,由于司法实践与认知水平在不同的阶段存在着较大的差异,诉讼欺诈侵财行为的犯罪化路径也应有所区别。具体而言,在现阶段应当按照诈骗罪处理。但从长远来看,设立诉讼诈骗罪等新罪名也不失为一种理性的选择。

(一)诈骗罪——现阶段的现实选择

1. 罪质上的正当性

“规范与事实之所以能够取得一致,是由于存在一个第三者,即当为与存在之间的调和者——事物的本质”④。本质类同的事物,调整的规范也应一致。诉讼欺诈侵财行为与传统诈骗的罪质具有趋同性。诈骗罪客观方面的本质特征在于“骗”,即行为人采用虚构事实、隐瞒真相等手段来非法占有他人的财物。虚构

① 参见张明楷:《论刑法的谦抑性》,载《法商研究》1995年第4期。

② 参见张远煌著:《现代犯罪学的基本问题》,中国检察出版社1998年版,第223页。

③ 理论上还存在着敲诈勒索罪等学说。但这些学说在实践当中并未得到普遍的认可,多停留在理论层面。限于篇幅,本文关于此罪与彼罪的探讨主要围绕法院的实际判决方式展开。

④ 张明楷著:《刑法分则的解释原理》,中国人民大学出版社2004年版,第8页。

事实、隐瞒真相的手段可以千变万化,行为人只要基于使被害人产生错误认识的目的,实施了无中生有或掩盖事实真相的行为,则无论具体方式如何,均不影响诈骗的性质。借助诉讼与借助其他手段诈骗并没有本质上的区别。《刑法》第二百六十六条以简明罪状的方式将诈骗罪概括为"诈骗公私财物,数额较大",对行为人是直接诈骗还是间接诈骗被害人,并没有作出明确的规定。笔者认为,在罪质相同的情况下,通过虚假诉讼间接诈骗被害人的行为同样可以构成诈骗罪。

2. 法律适用上的正当性

(1) 以诈骗罪论处有利于减少定罪盲点。许多虚假诉讼行为虽然性质恶劣,但却并不受《答复》的规制,因此法院无法单纯依据虚假诉讼手段本身定罪量刑。在这种情况下,如果不能以诈骗罪论处的话,就会使许多情节严重的行为逃脱刑法的制裁。比如,恶意串通、伪造他人签名、单纯作虚假陈述等行为都难以依据《答复》定罪量刑。

(2) 以诈骗罪论处有利于保持量刑平衡。诉讼欺诈侵财行为的社会危害性既表现在对法院审判工作的干扰,也表现在对被害人财产权益的损害。其中,对被害人财产权益的损害程度应当是量刑的主要依据。在许多情形中,行为人的犯罪手段可能存在着较大区别,但社会危害性则并无实质差异。比如,甲与乙均对丙提起虚假诉讼,分别通过指使他人作伪证和伪造印章的方式取得了胜诉判决书,并均从丙处取得了10万元的执行款。根据《刑法》第三百零七条第一款关于妨害作证罪的规定,甲可能被判处的最高刑期为七年;而根据《刑法》第二百八十条第二款关于伪造公司、企业、事业单位、人民团体印章罪的规定,乙可能被判处的最高刑期则为三年。《答复》中的量刑模式,过多地考虑了行为人实施犯罪行为的具体手段,而忽视了从质的层面上对被害人财产权益的受损程度作出评价,势必将导致量刑的失衡。只有以诈骗罪对此类行为作出统一的处理,才能较为准确地反映出行为的本质与社会危害性,以保持量刑的平衡。

3. 立法技术上的正当性

罪名的确定要兼顾犯罪客体与主观目的。在复杂客体的犯罪中,到底将该犯罪规定在哪里,一方面要考虑应偏重保护的客体是什么,另一方面也要考虑行为人的主要目的是什么。比如,抢劫罪既侵犯了公民的人身权,又侵犯了公民的财产权。人身权作为一种绝对性的权利,肯定要优先于财产权,但考虑到行为人的主要目的是侵犯财产,因此《刑法》还是把抢劫罪放在财产犯罪当中。同理,行为人以非法占有他人财物为目的,故意通过虚假诉讼获取他人财物的,也应当以诈骗罪论处。

4. 比较刑法上的正当性

德国、日本等国的刑法,并没有将诉讼诈骗规定为独立的犯罪,但是刑法理论的通说与审判实践均认为诉讼诈骗成立诈骗罪①。"判例和通说认为诉讼诈欺

---

① 参见张明楷:《论三角诈骗》,载《法学研究》2004年第2期。

是指欺骗裁判所(即法院),使其作出错误的判决,根据这一判决而取得财物或财产上的利益,这时就构成了诈欺罪"①。在我国台湾地区的刑事判例中不但承认诉讼诈骗,而且普遍认为诉讼诈骗构成诈骗罪。"所谓诉讼诈欺,即指行为人以提起民事诉讼为手段,以虚伪之陈述,提出伪造之证据或串通证人提出伪造之证据,使法院作成错误之判决,而达其不法所有之目的" ②。

5. 司法传统上的正当性

旧中国刑法没有规定诉讼诈骗罪,但实务上一致肯定诉讼诈骗成立诈骗罪。例如,旧中国最高法院 1939 年上字第 3912 号判决和 1940 年上字第 2118 号判决均认定,当事人以虚假契约提起侵财诉讼的行为构成诈骗罪③。笔者认为,这种司法传统具有借鉴价值。

(二) 诉讼诈骗罪——明天的或然选择

在现阶段,对情节严重的诉讼欺诈侵财行为以诈骗罪论处是适当的。但从更加长远的眼光来看,可以考虑增设"诉讼诈骗罪"等新的罪名。是否以诈骗罪对现阶段的诉讼欺诈侵财行为予以处罚,体现了司法机关对现有法律条文的理解与适用,反映了司法的能动性和务实性;是否增设"诉讼诈骗罪"等新的罪名则体现了立法机关对立法时机的把握,反映了立法活动的科学性和前瞻性。

"刑法立法中犯罪的设定反映了立法者对犯罪的价值的认知和评价,是立法者代表社会对犯罪行为所作的规范评价。这种认知评价应当和社会发展客观要求相一致。"④从新中国的立法史来看,诈骗罪经历了一个不断细化的过程。对于虚构事实、骗取财物的行为,1979 年《刑法》仅笼统地设定了诈骗罪,而 1997 年《刑法》则根据诈骗行为所侵犯的客体差异等因素分别设定了诈骗罪、集资诈骗罪、贷款诈骗罪、票据诈骗罪、金融凭证诈骗罪、信用证诈骗罪、信用卡诈骗罪、有价证券诈骗罪、保险诈骗罪、合同诈骗罪等罪名。随着犯罪手段的复杂化和多样化,将诉讼欺诈侵财行为罪确定为单独的罪名将更能反映出犯罪行为的本质。

四、诉讼欺诈侵财行为犯罪化的再思考——以宽严相济的刑事司法政策为背景

(一) 构建民事层面的反诉讼欺诈机制

对行为的规范与调整应当强调次序。基于处罚手段的严厉性,刑法只有在其他调控手段难以奏效时才应予适用。刑罚不是目的,更多的时候应当作为一种威慑手段存在。人民法院应当加强反诉讼欺诈侵财行为机制的构建,以从源

① [日] 木村龟二主编,顾肖荣等译:《刑法学词典》,上海翻译出版公司 1991 年版,第 713 页。在日本刑法中,欺诈罪、诈骗罪、诈欺罪系属同一意思表述。

② 林山田:《刑法特论》(上),台湾三民书局股份有限公司 1978 年版,第 324 页。

③ 参见张明楷:《论三角诈骗》,载《法学研究》2004 年第 2 期。

④ 郭立新著:《刑法立法正当性研究》,中国检察出版社 2005 年版,第 78 页。

头上阻却犯罪行为的发生。

1. 预防机制

对以诈骗罪定罪处罚的典型案例进行充分宣传，合理引导当事人诚信诉讼；引入测谎仪等现代科技手段，作为承办人员查明案件事实、甄别当事人真实诉讼意图的辅助手段；提高法官素质、增强法官责任心，充分调动法官“识假”的积极性；完善审判流程、强化案件管理，对发现的可疑案件及时地通报与沟通。预防机制的核心内容在于尽可能地使法律事实接近于客观事实，使形式正义趋同于实质正义，努力实现法律效果与社会效果的统一。

2. 处罚机制

完善处罚程序，提高罚款、拘留等处罚手段的适用几率，对尚不构成犯罪的诉讼欺诈侵财行为及时地予以司法或行政处罚；找准处罚对象，对于唆使当事人从事诉讼欺诈行为的律师，法院也应当积极追究其法律责任。对于情节较为严重的，法院应当向律师协会或司法局等部门发出司法建议，借力行政手段予以处罚；顺畅处罚渠道，加强与公安机关、检察机关的协调与合作。

3. 纠错机制

在人民法院发现作出的判决书或执行文书确有错误时，应当及时通过再审程序或执行回转予以纠正。《民事诉讼法》的修订降低了启动再审程序的难度，丰富了申请再审的条件；《最高人民法院关于受理审查民事申请再审案件的若干意见》扩大了申请再审主体的范围，允许案外人提起再审申请。各级法院应当以此为契机，积极听取当事人与案外人对于已生效案件的反馈意见，加强对可疑案件的复查，尽可能减少被害人的损失，避免涉诉信访情况的发生。

4. 赔偿机制

诉讼欺诈侵财行为完全符合普通侵权行为的构成要件，对于被害人的民事赔偿请求法院可以直接依据《民法通则》关于侵权行为的规定作出处理。一些法院在这方面已经作出了初步的尝试①。目前的主要问题是，《民法通则》的规定尚缺乏针对性，对损失的确定及因果关系的认定等具体问题没有作出明确规定。建议在制定《侵权责任法》时，对诉讼欺诈侵财行为作出专门的规定。

(二) 从严把握定罪量刑的条件②

1. 本着刑法的谦抑性认定犯罪形态

(1) 着手的认定。行为人提起虚假诉讼时即可视为已着手实施犯罪，提起

---

① 具体案情及裁判可参见徐婷姿：《财产保全中的民事赔偿责任》，载《人民司法》2008 年第 3 期。

② 本文未涉及量化的执法标准，这有待于最高人民法院以司法解释作出统一规定。但一些地方法院在这方面已经进行了有益的尝试。比如，浙江省玉环县人民法院在《关于查处虚假诉讼犯罪案件的若干意见》中规定：涉案的债权债务全部虚假，且金额为 7 万元以上的；涉案的债权债务部分虚假，且虚假部分金额满 8 万元的；因虚假诉讼行为导致法院已经作出了错误判决、调解或者执行，且虚假金额满 2 万元的等都应当认定为“情节严重”，并追究行为人的刑事责任。

诉讼前的伪造证据或恶意串通行为等不具有诉讼诈骗的行为定性意义，因此不应当被视为着手行为①。

（2）既遂的认定。既遂的认定标准因侵财行为方式的不同而有所区别：在积极的侵财行为中，行为人实际取得被害人财物时为既遂；在消极的侵财行为中，行为人取得对其有利的生效裁决时为既遂②。如果行为人一审胜诉，但二审败诉，则应当认定为未遂，因为行为人的义务在法律意义上并未被确定地免除，尚未损害到被害人的财产权益。

2. 以实得数额作为定罪量刑的依据

在诉讼欺诈侵财类案件当中，通常会同时存在三个数额：起诉数额、胜诉数额、实得数额。起诉数额和胜诉数额主要反映了行为人对诉讼活动的干扰程度，而实得数额则直接体现了对被害人的损害程度，也更好地反映了行为的社会危害性，因此应以实得数额作为定罪量刑的直接依据。起诉数额与胜诉数额可作为定罪量刑的酌定情节。

3. 对于情节较为轻微的行为可不作犯罪处理

主要包括以下两种情形：第一，预备犯。行为人已经伪造了证据或者已经与他人就虚假诉讼恶意串通，但基于意志以内或以外的原因最终未提起诉讼的。第二，未造成严重后果的未遂犯或中止犯。行为人已经提起了虚假诉讼，但基于意志以内或以外的原因主动撤诉或者诉讼请求未得到法院支持的，原则上可以不追究行为人的刑事责任，但已经造成严重后果的除外。由于行为人的诉讼请求未获得支持，通常对被害人不会产生直接的影响，因此情节是否严重主要应考虑对法院审判工作的干扰程度。比如，行为人在一审、二审及再审中始终坚持其虚假的诉讼请求，则即使被害人最终并未遭受财产损失，也应当认定属于情节严重。

4. 罪数的认定

在虚假诉讼过程中，行为人往往会同时触犯妨害作证罪、伪造公司、企业、事业单位、人民团体印章罪等罪名。对此，应当依据牵连犯的吸收原则以诈骗罪一罪从重论处，而不宜采取数罪并罚。

结 语

"问渠哪得清如许，为有源头活水来。"建设公正高效权威的社会主义司法制度，必须首先保证人民法院自身审判功能的正常发挥。只有引入适度的刑罚，才足以去除诉讼欺诈侵财行为的污浊，从而使司法水源得以涤荡。

---

① 参见李伟、刘为波：《诉讼欺诈侵财行为的司法定性及相关问题研究》，载《法律适用》2004 年第 8 期。

② 实务界对此存在分歧。有观点认为，只要行为人在一审中取得对其有利的裁决即应当认定为既遂，而不考虑一审裁决最终是否发生法律效力。参见李伟、刘为波：《诉讼欺诈侵财行为的司法定性及相关问题研究》，载《法律适用》2004 年第 8 期。但也有同志与笔者观点相同，参见武迎松：《刍议诉讼欺诈侵财行为》，http：//www. chinacourt. org/html/article/200411/02/137303. shtml，2009 年 5 月 7 日访问。

涉商标犯罪中量刑情节的反思与重塑

——论知名度因素的纳入考量

张心全*

（本文荣获2009年上海法院系统学术讨论会三等奖）

一、引语：被假冒商标的知名度是否应纳入考量

案例一：甲未经注册商标权人许可，擅自制造、销售假冒注册商标“A”的商品，经营数额为五万元，其中“A”商标为中国驰名商标。

案例二：乙以同样方式，制造、销售假冒注册商标“B”的商品，经营数额亦为五万元，但是，“B”商标无任何市场知名度①。

对于上述两个案例，在主客观要件方面均相同，根据最高人民法院、最高人民检察院《关于办理侵犯知识产权刑事案件具体应用法律若干问题的解释》（下称《解释》）的相关规定②，在涉及商标犯罪的案件中③，判断罪与非罪、轻罪与重罪的衡量标准是非法经营数额、非法所得或销售金额，据此，上述两个案例由于非法经营数额相同，依据罪刑法定、同事同罚等原则，甲、乙二人应处以同等的量刑幅度。

但是，不容忽视的是，两个案例中被侵犯的注册商标“A”“B”，知名度显然有重大不同，因此权利人所受损害必然有所区别，并且对社会广大相关公众的利益致损程度亦有重大不同。由此得出疑问，不考虑被假冒商标的知名度，而仅以非法经营额、销售金额等为判断尺度，量刑结果是否有失公正？如果答案是肯定

---

* 上海市金山区人民法院民三庭法官，法学硕士，现在上海市高级人民法院挂职锻炼。

① 在实践中，虽然被假冒的商标多为知名度较高的商标，但有些假冒者不乏为节省注册的时间成本，而假冒一般无知名度或较低知名度的商标。

② 譬如假冒注册商标罪中，“情节严重”的情形为：“（一）非法经营数额在五万元以上或者违法所得数额在三万元以上的；（二）假冒两种以上注册商标，非法经营数额在三万元以上或者违法所得数额在两万元以上的；（三）其他情节严重的情形。”

③ 根据我国《刑法》规定，涉及商标犯罪的罪名包括三种，一是假冒注册商标罪，二是销售假冒注册商标的商品罪，三是非法制造、销售非法制造的注册商标标识罪。在本文中主要以假冒注册商标罪为例而论，三种罪名对商标知名度的问题，《解释》持相同态度和逻辑。

的，则如何予以矫正？本文就此展开分析。

二、现行量刑规定的逻辑分析

两高《解释》的逻辑是，假冒注册商标者经营数额或获利数额越大，所处刑罚亦应随之加重。在此，《解释》把假冒注册商标与普通的财产型犯罪等同起来，仅以有形的财产数额来衡量社会危害性的强弱，未能将商标知名度这一因素纳入考量，其背后的逻辑基础存在一定歧误。

（一）不应混淆商标价值与物质价值的区别

商品在市场中所表现出来的价值，通常包含两个部分：一是商品本身的物质价值，譬如一块"浪琴"牌手表，需要在制作过程中消耗一定的材料，材料成本加上相对应的材料溢价即为物质价值；二是商品之上所附着的商标价值，并且商标的知名度越高，该部分价值亦相应提升，如前述"浪琴"商标，由于在国际上具有极高的知名度，是吸引消费者的重要因素，亦是其品牌价值核心价值和利润部分。

在刑法中，对涉商标犯罪规制的目的是，禁止犯罪人利用他人注册商标之价值，对权利人、相关公众造成损害，保护注册商标制度管理体系，以及消费者搜索商品的有序性①。因此，在分析商标犯罪对权利人的危害性时，要着重分析所制造或销售的假冒商品中，其中利用权利人商标价值的部分之大小。如文中开头所举案例二，如果被假冒的商标无任何知名度，则假冒者所获得的利润主要来自物质价值中的增值部分，并未实质上利用了权利人的商标之市场声誉的价值。由此说明，被侵冒的商标知名度不同，其被犯罪行为所侵害的程度亦各有所异。通过下图可以展示本文所举两个案例中，假冒者利用权利商标价值的大小之别。

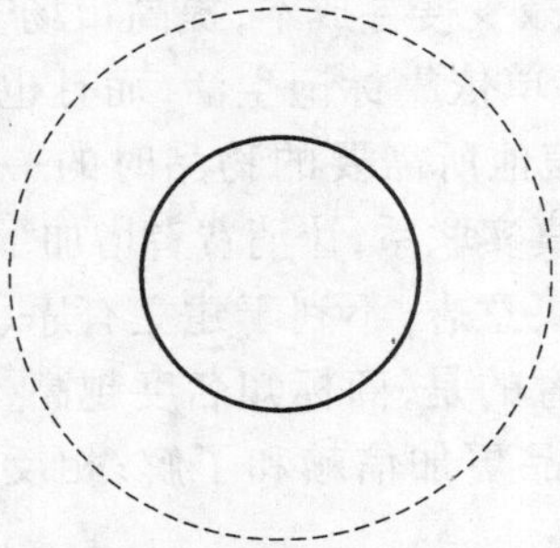

图 1

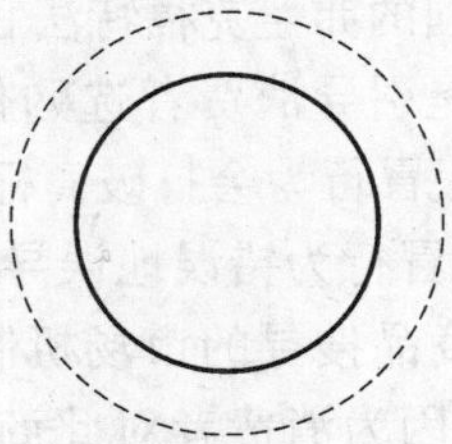

图 2

注：实圈代表所售假冒商品数额，图 1 与图 2 同大，虚圈代表所利用权利商标价值的大小。权利人商标知名度越大，虚圈越大。

---

① 赵秉志：《刑法个论问题研究》，中国法制出版社 1996 年第 1 版，第 214 页。

(二)不应将假冒数额与危害性等同

1. 被假冒的商标知名越高,对权利人的损害越大

从商标权利的角度讲,商标作为一种商业标识虽然是有形的、固定的,但其所承载的市场商誉却是无形的、变化的,这种商誉决定着商标知名度的高低。从本质上讲,商标知名度依赖于社会公众的评价和认知,而知名度不同的商标,在遭受侵权时所受到的影响亦各有不同,所受影响与商标知名度、侵权商品的数量均成正相关函数关系(见图3)。即在同等情形下,知名度越高,所受的负面影响越大,因为知名度越高,社会关注度自然越高,当侵权发生时,会对相关公众产生更大范围的波及性的负面刺激,从而对商标的声誉产生更大程度的贬损,反之亦然,对于一个默默无闻的商标,消费者不可能也不会去关心是否被假冒。另外,如果假冒商品数额越大,则会稀释和淡化权利人的商标知名度,让更多的公众接触到假冒商品,对权利人的商标产生不良的印象和联想,使该商标的声誉折损。《解释》显然只关注到了后面的假冒数量的问题,而忽视了前者。

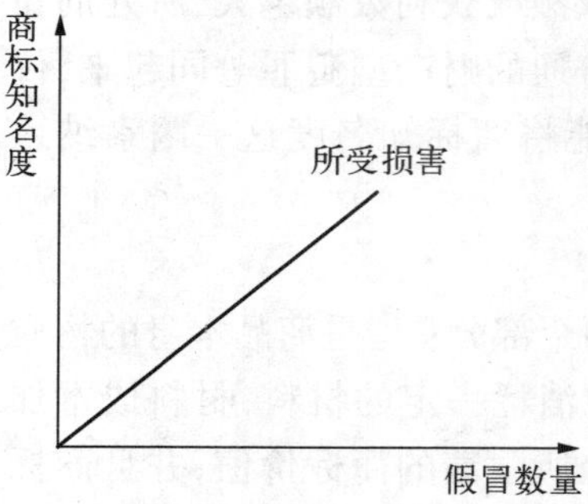

图3

2. 被假冒的商标知名越高,对消费市场的损害越严重

权利人的商标知名度越高,假冒行为对消费者的权益损害亦相对严重,社会危害性越大。我们知道,商标知名度越高,其显著性亦就越高,对特定商品的指示性亦更强,如"LV"商标,消费者看到此标识时,会立刻想到该标识所代表的路易威登奢华皮草等商品;而对于一个默默无闻的商标,则没有在消费者头脑留下印象,让人无法依此联想到某种特定商品。我们知道,消费者可依据商标,在市场中便利、快捷地找到意欲购买的商品,从而减少搜寻成本,提高市场交易效率,这正如美国的弗兰克福特法官所说:"我们不单依靠标记生活,而且也靠标记购物。商标是引导消费者选购他需要或他相信他所需要的物品时的一条商业捷径。"①而假冒行为会打破商标与商品之间的真实联系,让消费者增加了搜寻和辨别成本,假冒行为错误地误导了消费者的购买意志,不利于建立有序、稳定的商品流通和商品搜寻的市场机制。同时,需注意的是,商标知名度越高,越能节省搜寻成本,因为消费者对此商标所标指的商品更加信赖和了解;相反在被假冒时,造成消费者搜寻成本的浪费亦越大。

三、知名度因素纳入考量的法理基础

在涉商标犯罪的量刑过程中,适当考虑被假冒注册商标的知名度,不仅是为

① 黄晖:《驰名商标和著名商标的法律保护》,法律出版社2001年5月第1版,第118页。

了理顺刑法条款内在的逻辑基础，在法理上来讲，还具有相应的价值诉求。

（一）宽严相济刑事政策的需要

刑罚贵在轻重有别①。宽严相济的"济"，就是协调的意思，既要做到宽中有严，又要做到严中有宽。在刑事审判中，区别对待，努力化解消极因素为积极因素，该宽则宽，尽可能地减少社会对抗，但同时又要加大打击犯罪的力度，威慑犯罪，该严则严，从而达到预防和控制犯罪的目的，充分发挥法律的告示、指引、预测、评价、教育和强制的规范作用。涉商标犯罪案件中，被假冒的商标知名度不同，对权利人、消费者的损害程度，以及市场秩序的破坏程度均有所异别，因此，只有把知名度因素纳入考量，才能精确、合理区分对假冒行为的量刑轻重，体现宽严相济的刑事政策。

（二）司法技术精细化的需要

随着我国刑事审判实践的不断完善和发展，对审判工作的精细化要求不断提高，特别是对于存在自由裁量权较大的量刑方面，要尽量使刑法内容保持适正性，即定罪及量刑内容必须合理，适应具体社会的要求②。在定罪量刑时，不仅要考虑明确的数额等硬性因素，还要考虑诸如主观恶性等软性因素。同样，在涉商标犯罪中，非法经营数额、非法所得等要件，在实践中容易计算和衡量，可直接根据标价或司法价格鉴定计算得知，仅以此为定罪和量刑的依据，极容易操作。但是，值得注意的是，这种量刑方式过于粗略，没有考虑数额要件背后所代表的社会危险性的重大区别，从而导致量刑技术的非规范化、非准确化，不符合刑事司法精细化发展的趋势。

（三）保护商标财产价值的需要

商标是极为重要的资产要素，其可以促进市场竞争力的提升，是市场主体不可或缺的商业标识。只有给予商标有效合理的保护，才能为其创造有序、安全的知名商标之培育环境。在设计刑事保护制度时，注意制度的诱致性效应。如果在涉犯罪中，不考虑知名度因素，而仅以假冒数额为据，则会向假冒者释放出一个诱导信号，即假冒非知名商标不如假冒知名商标，因为假冒更为知名的商标，即使获得相同的利润率和利润额，但在市场中更有利于快速销售，资金回笼亦更快，被权利人或行政管理机关发现的机会成本更少。

在此，为了形象说明问题，我们可以将非知名商标比喻为一个价值较低的实物，而知名商标则比喻为较贵重的实物，而在定罪量刑时，则将两者价值等同，其实目前的制度设计就是引诱犯罪者在同等犯罪条件下，去尽量破坏一个贵重的物品，因为物品价值本身的高低与最终定罪量刑的数额割裂开来，导致物品价值的高低没有区分。由此该制度设计产生了负面的诱致性效应，诱导犯罪者作出"更大恶"，而不是进行"减少恶、增强善"的制度诱导。

---

① 陈兴良：《宽严相济的刑事政策：一个学者的解读》，摘自谢望原、张小虎：《中国刑事政策报告》，中国法制出版社 2007 年 1 月版，第 20 页。

② ［日］大昉仁：《刑法概说·总论》，中国人民大学出版社 2003 年版，第 62 页。

四、知名度因素的角色担当：定罪情节抑或量刑情节

如果把商标知名度因素纳入考量时，则需要考虑该因素的具体作用，其担当的角色是定罪情节还是量刑情节，其定位不同，对刑事审判实践的操作之影响亦有重大不同。所谓定罪情节，是指据以认定被审理的行为符合特定犯罪构成起码要求，而使该行为成立某种罪行所必需的主客观事实情况；所谓量刑情节，是指定罪情节以外的，据以在法定刑限度以内或者以下对犯罪分子从重、从轻、减轻或者免除处罚的主客观事实情况①。显然，定罪情节决定着罪与非罪、此罪与彼罪的区分，而量刑情节决定刑罚的轻重。定罪情节着眼于情节的共性，而量刑情节则较广泛，多着眼于个性。

笔者认为，综合各因素，将商标知名度因素归入量刑情节较为适宜，并且应定为“法定量刑情节”。具体理由如下：

（一）商标知名度所彰显的市场价值不易确定

定罪情节决定了违法行为是否构成犯罪，在实践中需要相对容易确定，否则在定罪时无法掌控一定的实践标准，不利于对犯罪人的权利保护。譬如，在财产型犯罪中的盗窃罪，在各省市的司法实践中，都确定一个基本起刑数额，财产价值直接进行司法鉴定评估即可得出；例如，在破坏社会主义市场经济秩序犯罪中的生产、销售伪劣产品罪，需要销售金额五万元以上者才构成犯罪，具有明确的基本定罪情节；还比如，在侵犯公民人身权利犯罪中的故意伤害罪，构成犯罪的基本要求是构成轻伤害，对此，可从医学上予以鉴定。

但是，商标知名度作为定罪情节，则较难量化。我们知道，注册商标知名度的不同，代表不同的市场价值；即使知名度相同，由于核定商品使用的范围不同，其彰显的价值亦各有所异，如联想集团的“Lenovo”商标与“可口可乐”在国内基本上都是家喻户晓，但两者的商业价值显然并不相同。因此，如果把商标知名度因素作为定罪的考虑情节之一，则面临着如何区分和界定知名度背后的价值之大小，在司法实践中难以操作。同时，对商标价值的鉴定，目前亦没有权威、中立、客观的鉴定机构能够承担此项工作，且该类鉴定需要综合考虑大量的商业及社会因素，耗时漫长，成本较高，不像对某个实物产品的价值的鉴定简便易行，因此商标知名度不宜作为定罪情节。

（二）知名度不是决定犯罪的共性定罪情节

正如上文所述，定罪情节具有共性，即该类犯罪中所共同抽象出来的基本构成要素。譬如盗窃罪的起刑点数额 2 000 元，就是该类犯罪最基本的共同性情节，即所有的盗窃行为至少符合该最低数额的基础上才构成犯罪。而在涉商标犯罪中，无论是假冒注册商标罪，还是销售假冒注册商标的商品罪，抑或非法制

① 赵廷光：《定罪与量刑：两种情节泾渭分明》，载《检察日报》2004 年 11 月 3 日。

造、销售非法制造的注册商标标识罪，均不以商标是否知名为构成犯罪的必要条件。

如此规定的目的是，因为刑法需要保护注册商标制度体系的有序性、稳定性①，不仅保护知名的注册商标，亦要保护毫无知名度的注册商标。某项行为是否归入犯罪，应与其社会危害性相联系。虽然商标遵循"注册自由"原则，但与非注册商标相比，注册商标在市场中占有主体地位，绝大多数商品通常附着注册商标，并且注册商标给消费者的信赖度亦更高，如不能有效制止假冒行为，则造成消费者对注册商标制度的不信任，从而无法建立良好的商标管理秩序。这在台湾地区亦持相同做法。

（三）知名度因素应定位为"法定"量刑情节

根据刑法的基本理论，量刑情节分为两种，一是法定情节，二是酌定情节。前者是刑法明文规定、司法人员必须考虑的情节，后者是刑法并未明文规定，由司法人员结合具体案件情况灵活把握的情节。与法定情节相比，酌定情节具有灵活性和不确定性，是否适用由司法人员裁量决定，属于自由裁量的范围。在此，也许有人会认为，商标知名度因素既然不能归入定罪情节，并且难以确定其所彰显的商业价值，则可由法官根据刑法总则的规定，在裁判时酌定考虑商标的知名度因素，不需要在刑法条文再予以明确。

我们认为，在考虑制度设计时，一定要面对审判实际情况，而不是从理论想象的角度去单纯考虑。在笔者所在法院办理的涉及商标犯罪的案件中，均无商标知名度因素的提及，另在公开的其他法院的法律文书中，亦是相同情形，由此说明，司法实践中对于酌定量刑情节方面，持特别审慎的态度；并且在实际上，为了防止违反"罪刑法定原则"的诟病，通常亦不轻易使用酌定情节。随着社会文明和人权保护的进步和需要，酌定情节出现向法定情节转化的大趋势，越来越多的学者对此呼吁②。另外，正如上文已讲，权利人商标知名度的不同，涉商标犯罪对权利人、对社会的危害性亦有明显区别，为了区分罪责轻重，有必要在每个案件作为量刑情节纳入考量。因此，将其定位为"法定"量刑情节，既符合刑法理念的发展趋势，又避免自由裁量权的不当适用，以防遗漏知名度因素的考量。

五、考量知名度因素应注意的问题

虽然要把知名度因素纳入法定情节考量，但与普通的民事侵权案件有所区别，无论是在认定的程序，还是在知名度认定的模式等方面。具体来讲，在运用时需要注意如下方面：

---

① 杨春洗、杨敦先主编：《中国刑法论》，北京大学出版社 1994 年第 1 版，第 341 页。

② 林亚刚、袁雪：《酌定量刑情节若干问题研究》，载《法学评论》2008 年第 6 期。

(一)是否需要认定驰名商标

国家工商总局2003年发布的《驰名商标认定和保护规定》中规定,只有在权利人认为他人侵犯其商标权,需要采取扩大保护时,才可以在该具体案件中请求认定驰名商标。同样,最高人民法院2009年出台的《关于审理涉及驰名商标保护的民事纠纷案件应用法律若干问题的解释》,其中对于注册商标的认定保护,主要针对在侵权案件中,由于侵权者将相同或近似的商标使用在非相同或近似的商品或服务上时,需要进行扩大性的跨类保护,才予以认定驰名商标,这是一种保护较高知名商标的特殊的制度安排,以便于侵权定性的认定。

而在涉商标犯罪的刑事审判中,笔者认为不需要认定驰名商标。第一,涉商标犯罪中不涉及商标的跨类保护,譬如假冒注册商标罪中,犯罪行为限于“未经注册商标所有人许可,在同一种商品上使用与其注册商标相同的商标”,即限于“相同商标、相同商品”的假冒行为,其他罪名亦是同样的设计模式,因此,该类情形下的犯罪行为的成立较为明确,侵犯他人权利的社会危害性已无异议,因此不需要再通过认定驰名商标进行跨类保护。第二,不同知名度的商标在保护强度上的区分,不需要以认定驰名商标为前提,因为刑事法官可以通过对知名度的内心确信,进行适当的自由裁量,可以将商标的知名程度划分为县区内知名、省市内知名、全国知名三个层次,分别进行相应的量刑考量,从而起到轻重有别的合理对待。

(二)在认定知名度时的注意要点

由于商标知名度属于社会评价的概念范畴,具有无形、动态等特点,很难直接自证,需要通过产品销量、市场排名等证据综合佐证认定。但是,在具体认定时,应针对不同证据作相应重点的区别。

1. 关于广告与商标的对应性

在审查时需注意两个方面的问题,一是要查看广告合同是否实际履行,因为如果没有履行自然不能产生相应的宣传效果,要根据报纸广告报样、电视广告录像、户外广告照片等具体认定。二是要查看广告标的是否为涉案商标,出于商业战略的考量,企业通常注册有多个商标,并对多个商标共同进行广告宣传,法官容易忽略进行必要的区分审查(特别是在企业字号与商标相同的情形下),对此要多加注意。

2. 关于新旧商标之间的连续性

在企业更换商标后,旧商标知名度是否能延续于旧商标之上,不能一概而论,需考虑两个方面的事实:第一,对比新旧商标的要部部分是否存相同或近似,商标的要部是商标的核心部分,消费者对此部分的反射效应亦最明显,当新旧商标要部相同或近似时,消费者会将对旧商标的认可和赞誉,部分转移到新商标之上。第二,更换商标是否为广大的相关公众所知晓,相关公众作为市场理性人,在知晓权利人换标的情况下,毫无疑问地会将对旧商标的认知全部转移到新商标之上，例如联想电脑将 Legend 换成 Lenovo 后，报纸、电脑、网络等传媒对其进行了大量的宣传报道，Lenovo 迅速获得较高知名度。

3．关于受保护记录的证明力

在认定商标的知名度时，之前的受保护记录亦应纳入考量，因为从逻辑上讲，如果某一商标被多人故意仿冒，说明该商标通常具有较好的声誉。但是，在衡量受保护记录的证明力时，需要区分不同情况。首先，需要审查受保护记录的次数和区域，如果权利人商标被侵权的次数多、区域广，这说明该商标具有较高的认知度和赞誉度，因为显然一个默默无闻的商标，不会受到众多侵权者的青睐。其次，在审查时，应主要限于侵权门槛相对较低的产品领域，因为技术高端的领域（如电脑芯片）侵权本就较为罕见。

4．关于在先判例认定知名度事实的采信

法院判决具有既判力，在先判例认定的事实，通常对关联的在后判决具有拘束力，但是对于商标知名度的认定，既要遵循既判力原则，又要灵活运用，因为既判力产生的提前是先后两个案件中的事实处于固定不变、清晰可量的状态，而知名度是一种社会评价，处于不断的动态变化过程。面对在先判决对商标知名的认定事实时，在后案件的审理法官需要注意审查前后两个案件间隔时间的长短，如果间隔时间较长，则商标的知名度可能已发生质的变化或变得已不知名，或变得更加知名，根据此间隔期间商标知名度变化的证据材料，以作准确认定。

多项举措推进刑事和解着力化解涉诉社会矛盾

——金山法院开展刑事和解工作的探索与实践

徐跃 彭勇 张鹿*

近年来,在构建社会主义和谐社会的宏观背景下,刑事和解作为一种新型的刑事案件解决机制,因其能够有效地化解社会矛盾,促进社会和谐而广受关注。金山法院认真贯彻落实中央政法委关于深入推进社会矛盾化解、社会管理创新、公正廉洁执法三项重点工作的要求,适时更新司法理念,积极开展刑事和解,不断探索和创新工作机制和工作内容,取得了良好的效果。

一、循序渐进,稳步探索

刑事和解作为一种探索性尝试,不宜急于求成,在选定试点罪名时,应当尽可能全面地考虑司法实践基础,民众接受程度、社会治安状况等各方面因素,循序渐进、有所取舍地推进。金山法院在开展刑事和解初期,重点选择轻伤害案件进行实践。这主要是考虑到轻伤害案件往往由口角、纠纷引发,一般情节较轻,当事人之间的矛盾比较容易通过赔偿等方式达成和解协议等等因素。随着实践的深入,在结合既有经验的基础上,金山法院决定从常见的罪名着手,适当加大刑事和解的适用力度,将交通肇事和对亲属、朋友等具有特定关系的人的盗窃等几类犯罪也纳入刑事和解的适用范围中来。刑事和解适用范围的适度扩大,有力地促进了刑事和解工作的开展和探索。

二、规范机制,严格程序

程序公正是实体公正的前提和保证。金山法院努力从适用程序和工作机制两方面着手,确保刑事和解公正、规范进行。

(一) 建立、规范工作机制

金山法院先后会同区检察院、公安局、司法局签订了《刑事和解的若干意见

* 徐跃,上海市金山区人民法院党组成员、纪检组长;彭勇,上海市金山区人民法院刑庭庭长;张鹿,上海市金山区人民法院刑庭书记员。

（试行）》以及《关于进一步推进刑事和解的补充意见（试行）》，就适用刑事和解的范围、条件、适用程序、处理方式等方面做出了较为具体的规定，建立起规范、有序的工作机制。此外，金山法院还通过定期召开区公、检法、司联席会议，刑事和解研讨会等方式，及时通报刑事和解的工作情况，研究实践中遇到的问题，建立起良好、有效的协作机制。

（二）严把告知程序

对符合刑事和解范围但尚未达成刑事和解的案件，制作《刑事和解告知书》，将刑事和解的相关程序及可能产生的法律后果等事项及时告知被告人、被害人双方，使当事人第一时间了解相关信息，从而及时接触沟通、化解矛盾。

（三）严把审查程序

对当事人主动提出和解要求的，从适用范围、适用条件等各方面进行严格审查，对符合适用范围和条件的案件及时启动刑事和解程序；对危害国家利益等不属于适用范围的案件以及被告人对基本犯罪事实有异议等不符合适用条件的案件则坚决排除适用刑事和解。

三、整合资源，专案专审

随着刑事和解的深入推进，金山法院发现原有的由各承办人零散处理个案刑事和解的模式存在着工作效率不高，理论与实践结合不紧密，案件质量不均衡等弊端。为此，金山法院积极探索和创新工作模式，结合实际，整合资源，成立了刑事和解专业化合议庭。一方面，精心安排审判经验丰富的资深法官和理论功底扎实的研究生书记员作为刑事和解合议庭成员，理论和实践紧密结合，审判工作和调研工作互不偏废，反而相得益彰，成果显著；另一方面，将符合刑事和解适用范围和条件的案件专门交由刑事和解专业化合议庭审理，做到专案专审，在保证工作质量的同时，有效提高了工作效率。

四、培养精品，树立典型

金山法院在逐步加大刑事和解力度的同时，坚持精品意识，认真选取具有一定代表性和影响力的典型案件进行重点培养和探索。

如金山法院审理的金某某故意伤害案就是一起通过刑事和解程序审结的典型案例：

被告人金某某与被害人周某某系恋人关系。某日，金某某因怀疑周某某有新男友而与其发生争吵。在争执中，金某某用手搧打周某某，致其左耳膜外伤性穿孔，经鉴定构成轻伤。案发后，金某某多次对周某某表示歉意，并表示愿意赔偿被害人损失。本案审理期间，金山法院及时启动刑事和解程序，当事人双方自愿达成和解协议并已履行。庭审中，被害人周某某当庭对被告人金某某的行为表示谅解，请求不要对其判处刑罚。金山法院综合考虑案件具体情节，依据有关法律规定及区公、检、法、司《关于刑事和解的若干意见(试行)》的相关规定,经沟通协作,最终由检察院撤回起诉,妥善处理了本案。金某某故意伤害案是金山法院适用刑事和解程序审结的金山区第一起由检察院撤回起诉的公诉案件,标志着金山法院的刑事和解工作取得了阶段性进展。

在金山法院开展刑事和解的过程中,像这样精心培养的案例还有很多。这些典型案例的出现,不仅引起了良好的社会反响,同时也为此后刑事和解的实践提供了具有指导意义的判例参考。

五、注重调研,加强交流

由于刑事和解的法律地位尚未被立法确认,导致各司法机关在对刑事和解的认识和具体做法上都不尽相同。金山法院充分认识到刑事和解的创新性和前瞻性,认真开展刑事和解的调研工作,有力地推动了刑事和解的规范化和制度化:

一是围绕典型案例进行调研。陆续发表了《和谐社会语境下的轻微刑事案件审理模式》、《公权挑战与权力让渡之间的衡平选择》等多篇调研文章。其中《金山区法院积极探索轻微公诉刑事案件和解制度》一文,被市高院简报及市政法委《研究与参考》转载,得到了市政法委、市高、中院领导的广泛肯定。

二是成立专项课题组,积极探索前沿问题。金山法院集合调研骨干,专门成立了刑事和解相关问题课题组,对刑事和解立法设计等前沿问题进行专题调研,现已完成了《刑事和解立法设计若干问题研究》等多项课题,成果显著。2011年,金山法院更是作为最高人民法院"刑事诉讼第一审程序"改革与完善课题组上海市高院子课题组的成员单位,承担"刑事和解案件程序"的调研任务。金山法院以高度的使命感和责任感,立足实践,深入探索,按期高质量地完成了调研任务,为刑事诉讼制度的改革与完善提出了建议。

在注重调研工作的同时,金山法院还积极搭建交流平台,先后两次举办刑事和解研讨会。在2010年举办的"刑事和解专题研讨会"上,市高院孙建国副院长、一中院黄祥青副院长,市检及高、中院刑事条线的领导都作了重要讲话,并对金山法院的刑事和解工作予以了充分肯定。通过积极交流,各方分享了实践经验和研究成果,对刑事和解实践中存在的诸多问题进行了深入的探讨,为进一步推进刑事和解工作提供了有力的支持。

六、化解矛盾,效果显著

金山法院依托刑事和解工作,积极化解社会矛盾,有力维护了社会的和谐稳定。据不完全统计,金山法院开展刑事和解工作以来,共有130余件案件适用刑事和解程序并达成和解,其中有4件刑事自诉案件实现和解后撤诉结案,还有1件公诉案件由公诉机关撤回起诉。通过刑事和解,共挽回被害人损失七百余万元，有150余名被告人在与被害人达成和解协议后被依法从轻或减轻处罚，90余名被告人被依法宣告缓刑。

金山法院通过开展刑事和解，积极化解社会矛盾，努力减少消极因素，通过当事人双方都能接受的方式，极大地减少了双方在刑事诉讼中的对立，不仅保障了被害人的合法权益，还修复了不和谐的社会关系，避免和减少了上诉、申诉和其他后遗症，使判决或案件的处理更加契合和谐司法的理念，取得了良好的社会效果和法律效果。

行 政

非诉行政执行运行模式研究

——兼论建立非诉行政执行令状制度

张斌课题组*

(本文系上海市高院2007年重点调研招标课题成果,荣获2008年《中国审判》“海南杯”二等奖,2011年该课题荣获全国法院第五次优秀调研成果评选一等奖)

一、我国非诉行政执行制度的历史脉络及基本理论问题

任何制度模式的完善,都要考证该制度的历史发展和制度存在的法律土壤,才能够有的放矢地提出针对性的完善意见。本文从非诉行政执行制度的历史脉络分析入手,以非诉行政执行的价值功能满足为目标,以性质分析为突破口,以非诉行政执行模式完善为重点,展开论述。

(一)非诉行政执行制度的历史脉络

非诉行政执行属于行政强制执行制度中的内容,而从新中国建立到改革开放前的30年间,我国基本上不存在行政强制执行制度。自然也就没有非诉行政执行制度。

行政强制执行的立法和实践均始于20世纪80年代。进入80年代以来,随着立法进程的加快,有关行政强制执行的立法也逐渐增多,但始终未形成统一的立法①。1989年颁布的《中华人民共和国行政诉讼法》(以下简称行政诉讼法)仅在第66条简略规定,公民、法人或者其他组织对具体行政行为在法定期限内不提起诉讼又不履行的,行政机关可以申请人民法院强制执行,或者依法强制

---

* 课题主持人:张斌(上海市金山区人民法院党组书记、院长,上海交通大学法学院硕士生导师),课题组成员:叶必丰(上海交通大学法学院副院长,法学博士、教授)、岳婷婷(上海市第一中级人民法院行政庭副庭长)、徐景华(上海市金山区人民法院执行庭庭长)、沈敢峰(原任上海市金山区人民法院行政庭庭长,现任金山区政府法制办公室副主任)、郭寒娟(课题执笔人,原任上海市金山区人民法院行政庭法官,现任上海市浦东新区人民法院行政庭法官,法学硕士)。

① 胡建森主编:《行政强制法研究》,法律出版社2003年版,第335页。

执行。

除少数法律、法规规定特定行政机关享有强制执行权之外，法律、法规多将强制执行权授予人民法院，由法院按民事诉讼法规定的民事强制执行程序执行。

由于法律规定的欠缺，其后有很长一段时间，非诉行政执行的立案、审查、执行机构处于不规范的状态。就立案而言，有行政庭负责也有立案庭负责；审查阶段，有立案庭负责也有行政庭负责；执行阶段，有行政庭执行，也有执行庭执行，还有交给法警大队或者派出法庭执行。

甚至有一个时期，某些地方法院在行政机关内派驻执行员，在该行政机关单位办公，包干该单位的非诉行政执行，将行政权和司法权合二为一；具体行政行为的做出、送达、申请、通知、执行等一系列行政与司法程序一步到位，由同一班人员、同一个时间进行①。有的联合强制执行产生法律后果，行政机关一推了事，当事人要求司法赔偿，使法院陷于被动境地。既混淆了司法与行政的界限，也间接导致了之后非诉行政执行的非良性发展。

1996年《最高人民法院关于处理行政机关申请人民法院强制执行案件分工问题的通知》(法发[1996]12号)第一次明确规定，行政机关申请人民法院强制执行案件由行政审判庭负责审查；需要强制执行的，由行政审判庭移送执行庭办理。这就强化了法院对具体行政行为合法性审查，初具目前非诉执行体制的雏形。到了1998年，《最高人民法院关于办理行政机关申请强制执行案件有关问题的通知》(法发[1998]77号)重申了行政审判庭负责审查行政机关申请人民法院强制执行案件，还明确了审查的标准和作出决定的形式，即人民法院确认申请执行的具体行政行为有明显违法问题，侵犯相对人实体合法权益的，裁定不予执行，并向申请机关提出司法建议②。2000年施行的《最高人民法院关于执行〈中华人民共和国行政诉讼法〉若干问题的解释》(以下简称行政诉讼法司法解释)，在总结以往司法实践的经验教训的基础上，巩固和发展了司法强制为主的执行体制。确立了“明显违法”的审查标准，还规定了先予执行和财产保全。但是行政诉讼法司法解释第93条规定：“需要采取强制执行措施的，由本院负责强制执行非诉行政行为的机构执行。”将是否由执行庭办理非诉行政执行案件进行模糊化处理。也是立法者对当时的各地法院非诉行政执行办理机构不同现状的肯认。尽管上述罗列的法律规范对非诉行政执行进行了相比以前较为充实的规范③，但是仍然不能解决实践中许多不明确的问题。

---

① 吴国强：《论非诉讼行政执行》，载《行政法学研究》1999年第3期。

② 刘莘：《行政强制执行体制探析》，载《法商研究》2001年第1期。

③ 最高人民法院和各省高级人民法院也在积极探索非诉行政执行案件的程序规范，如，最高人民法院正在研讨制定《最高人民法院关于审查非诉行政执行案件若干问题的规定》，上海市高级人民法院拟定的《关于非诉行政执行案件立案、审查与执行工作指南》，也即将定稿下发。

（二）非诉行政执行制度的价值功能

非诉行政执行本质上是在剥夺行政机关自行强制执行权情况下的制度设计。这种制度设计的目标追求，主要是为了阻止违法的具体行政行为进入执行过程，保障行政相对人的合法权益不致因其未提起诉讼而受到违法具体行政行为的侵害。同时，采用非诉讼的执行模式，一方面是为了表明行政相对人在法定期限内未行使诉权启动诉讼程序，另一方面也是为了简化程序，确保在较短的时间内，使用较小的成本，完成合法具体行政行为的强制执行。我国的非诉行政执行模式是，先由处于行政机关和行政相对人以外的第三人地位的法院，对行政机关申请执行的具体行政行为进行法律评判，然后再决定是否予以执行，这充分体现了优先保护相对人合法权益的价值取向，对于制约行政权力滥用，弥补因种种原因造成的行政案件数量少，法院难以通过诉讼审查否定违法具体行政行为的不足，具有积极意义。

（三）非诉行政执行的性质辨析

学术界对非诉行政执行的性质存在不同认识，主要包括行政性质说、司法性质说和混合性质说。对非诉行政执行性质的认识不明确，也是现在对非诉行政执行模式定位不准的一个原因。因此，明晰非诉行政执行到底是何性质，是完善运行模式的逻辑起点。

1．行政性质说

持此种观点的学者认为，非诉行政执行所执行的依据是行政机关作出的行政处罚、行政处理等具体行政行为，执行结果是为了实现行政目的。因此，从行政义务被实现的角度，非诉行政执行应该属于行政性质。① 法院强制执行只是方式和手段中的一种。“人民法院依申请强制执行行政机关的行政处理决定，是行政强制执行的继续和延伸。人民法院实施强制执行，在某种意义上是受行政机关的委托代行政机关实施强制执行”②。与此类似的观点认为，法院所实施的行政强制执行，实际上是行政权能的体现，是行政权的延伸和继续③。

2．司法性质说

持此种观点的学者认为，行政机关申请人民法院强制执行，如果法院裁定强制执行，那么具体行政行为的内容就转化为司法裁定的具体内容，因而属于司法强制，不应该再视其为行政行为或者具体行政行为④。还有学者认为，强制执行的过程是司法机关行使司法权的作用过程，当然是司法性质⑤。有学者把持此种

---

① 马怀德：《我国行政强制执行制度及立法构想》，载《国家行政学院学报》2000 年第 2 期。

② 罗豪才主编：《行政审判问题研究》，北京大学出版社 1990 年版，第 363 页。

③ 姜明安主编：《行政法与行政诉讼法》，北京大学出版社、高等教育出版社 1999 年版，第 235 页。

④ 杨逸强：《非诉行政执行制度的理论与实践》，载《法律适用》2006 年第 5 期。

⑤ 李军泽：《论非诉行政执行》，西南政法大学 2005 年硕士论文，第 11 页。

观点的理由归结为：其一，符合行政诉讼法第66条的立法本意。相对人不起诉，并不能说明具体行政行为合法。对相对人不起诉的具体行政行为，除非相对人自愿履行，行政机关要想强制执行，原则上必须经过人民法院的司法审查；其二，如果将法院的非诉讼行政执行理解为具体行政行为的继续，那么，法院对具体行政行为的执行就成了被执行的具体行政行为的有机组成部分。法院对该具体行政行为进行审查就实属没有必要。这同建立非诉讼行政执行制度，排斥或阻止违法具体行政行为进入执行过程的初衷不相符；其三，非诉讼行政执行制度作为法院诉讼审查具体行政行为之外的一种审查方式、一种审查制度，可以体现突出保护相对人合法权益的精神①。

3. 阶段性质说或者混合性质说

有学者认为，将非诉行政执行制度一概界定为行政行为或者司法行为都是错误的②，要根据非诉行政执行不同阶段来界定其到底属于何种性质。非诉行政执行兼具司法权和行政权性质。有学者将非诉行政执行权划分为执行决定权、执行裁决权、执行实施权③，执行决定权属于行政权，而执行裁决权属于法院，执行实施权则根据强制执行主体来确定属于行政权还是司法权。

笔者同意第三种观点，非诉行政执行既具有行政权的性质，又具有司法权的性质。但对学者将非诉行政执行的混合性质归结为阶段的不同，而得出的结论，不敢苟同。判断一个行为究竟属于何种性质，应当首先设定判断标准。根据行使权力的主体来看，作出行政决定的权力是行政机关行使的，而审查具体行政行为的权力是法院行使的，最后执行阶段行使执行权的既有行政机关，也有法院。根据非诉行政执行的内容来看，包括审查性和执行性两方面的内容。因此，从行使权力主体和内容两个标准来看，都不能认为非诉行政执行只具有行政性质或者只具有司法性质。因此，根据非诉行政执行兼具行政性和司法性的独特特点，非诉行政执行运行模式的完善也应当充分考虑到与这种特性相契合。

二、我国非诉行政执行运行模式现状分析及国外制度比较

学术界大多数认为，中国的行政强制执行模式属于折中模式，即“既不一概否认司法机关的行政执行权而仅赋予行政机关强制执行权，也不完全把行政执行权归于司法机关而排斥行政机关的强制执行权”④。非诉行政执行作为强制执行制度的重要组成部分，也是折中模式，不过更倾向于，大量的

① 娄小平、郭修江：《非诉执行若干问题研究》，中国行政法学研究会2000年年会论文。
② 杨逸强：《非诉行政执行制度的理论和实践》，载《法律适用》2006年第5期。
③ 张倩：《论非诉行政执行的性质》，载《甘肃政法成人教育学院学报》2006年第1期。
④ 胡建淼主编：《行政强制法研究》，法律出版社2003年版，第335页。

强制执行权掌握在法院手中,只有少数行政机关有自行强制执行权①。以下从法律规范和实然运行两个方面对我国非诉行政执行的运行模式的现状加以论述。

(一)非诉行政执行权的分布——法律规范层面

行政诉讼法司法解释第87条对法院和行政机关的行政强制执行权进行了模糊的区分,其内容为:"法律、法规没有赋予行政机关强制执行权,行政机关申请人民法院强制执行的,人民法院应当依法受理。法律、法规规定既可以由行政机关依法强制执行,也可以申请人民法院强制执行,行政机关申请人民法院强制执行的,人民法院可以依法受理。"从表1,可以看出大部分法律法规倾向于申请法院执行。据对涉及我国行政强制执行的65部法律、法规的统计,申请法院执行的情形主要集中于农、林、牧、渔、卫生、土地、环保、城建、交通、邮政、资源能源管理等领域;行政机关强制执行的情形主要集中于公安、税收等领域;行政机关和法院选择执行的情形主要集中于海关管理领域②。

表1 规定非诉行政执行权的法律法规分配③

法律法规类别	法律(件)	行政法规(件)	部门规章(件)	合计(件)
合计(件)	48(20%)	96(40%)	98(40%)	242
规定行政机关有强制执行权的法规数(件)	11	30	50	91(38%)
规定行政机关申请人民法院强制执行的法规数(件)	32	58	36	126(52%)
规定行政机关既可直接强制执行也可申请法院强制执行的法规数(件)	5	8	12	25(10%)

由于单行法律法规只规定具体领域的行政强制执行主体是法院、行政机关或者是选择执行,没有总体的强制执行权的区分标准,而行政管理领域包罗万象,单行法律法规不可能将所有领域都囊括进去,而且有些领域的法律规范层级较低,对行政强制执行的设定似有越权之嫌。因此,有很多学者都认为确定较为明确的行政强制执行权的区分标准,才能够解决非诉行政执行目前较为混乱的状态。

---

① 根据《行政诉讼法》第66条规定和《行政诉讼法解释》第86—95条的规定,我国非诉行政执行确立的是以行政机关申请法院执行为原则,行政机关自行强制执行为例外的模式。参见应松年:《论行政强制执行》,载《中国法学》1998年第3期。

② 杨海坤、刘军:《论行政强制执行》,载《法学论坛》2003年第3期。

③ 章剑生:《中外行政强制法研究资料》,法律出版社2003年版。转引自黄勇斌:《对非诉行政执行的重新审视》,载《浙江师范大学学报(社会科学版)》2005年第5期。

关于行政强制执行权限划分的标准，行政法学界有过较为激烈的争论，综合起来有以下几种观点：① 以执行标的为划分标准；② 以法律后果的严重程度为划分标准；③ 以案件影响大小为划分标准；④ 以对相对人权益影响的大小为划分标准；⑤ 以案件执行的难度为划分标准①。但是这些标准本身，就有一定的模糊性，需要进一步地界定，如，就对相对人权益影响大小而言，对相对人影响大的由法院执行，对相对人影响小的由行政机关执行，具有一定的合理性，但是对相对人的权益影响的大小如何判断也是问题，采取的行政强制措施不同，对相对人权益的影响也不同；就案件的执行难度而言，在执行开始之前如何预期案件的执行难度，除了一些可能引起矛盾激化容易分辨的案件，其他案件执行过程中，也可能出现难度增加的情况。单一的标准由于操作上不具可操作性，无法被立法采纳，有学者提出综合标准，认为以对执行标的所采取的强制措施为根据，从对相对人权益影响的大小的角度出发，可以合理有效地划分行政机关与法院之间的强制执行权。如对人身采取强制措施，有的影响大，有的影响小；对财产强制执行设定一定的金额，在标准金额以上的由法院执行，在标准金额以下的由行政机关执行②。这种综合标准势必要求法律规范对强制措施进行列举的方式详尽地规定出每一种行政强制措施，立法工程浩大，难免疏漏；再者对相对人权益影响大小仍然模糊，不好确定，各地区经济发展不同，统一的金额标准也不易确定。

因此，在现行框架内，通过完善非诉行政执行运行模式，似乎更为可行。要逐步确立间接强制执行由行政机关自行执行，直接强制由法院来执行的原则③，并确保法院享有对行政机关的强制执行监督制裁权力。

（二）非诉行政执行的实施程序——实然运行层面

目前的非诉行政执行程序，可以分为三个部分，包括启动程序、审查程序和执行程序。启动程序即申请和立案程序，包括申请主体、申请条件、申请方式、申请时间和管辖等几个方面。行政诉讼法司法解释第 86 条、第 88 条规定，行政机关应当在被执行人的起诉期限届满之日起 180 日内提出申请，同时提交申请执行书、据以执行的行政法律文书、证明该具体行政行为合法的材料和被执行人财产状况以及其他必须提交的材料。实践中，行政机关提交的行政法律文书主要是行政处罚决定书，还包括一部分行政处理决定书。非诉行政执行的案由也多

---

① 周佑勇：《行政强制执行权的划分标准》，载《中南民族大学学报（人文社会科学版）》2002 年第 4 期。

② 马生安：《论我国行政强制执行的模式选择及其程序设计》，载《行政法学研究》1997 年第 3 期。

③ 理论上认为，行政强制执行措施分为直接强制措施和间接强制措施。直接强制措施是指直接对义务人的人身或财产采取强制手段，以达到与义务人履行义务相同状态的执行方式；间接强制措施是指通过采取间接手段促使义务人履行义务或达到与义务人履行义务相同状态的执行方式。间接强制又分为代执行和执行罚。代执行是义务人不履行作为义务，由行政机关与义务人以外的第三人代为履行，并向义务人收取必要费用的强制行为；执行罚是对拒不履行义务的当事人进行制裁，令其缴纳一定比例的强制金，以促使其自觉履行义务的一种强制执行措施。

种多样,以上海法院为例①,案由包括环保、劳动和社会保障、卫生、食品药品、规划、拆除违章建筑、工商、质量监督、技术监督、房屋登记、城建等常规行政管理领域,最近两年又增加了如水利、农业、交通、安全、教育等新的领域。申请执行的标的主要是金钱债务,标的为行为的非诉执行案件为数不多,且主要集中在拆除违章建筑方面。

审查程序包括审查人员、审查标准、审查方式、审查时间。行政诉讼法司法解释第93条、第95条规定,法院受理行政机关申请后,应当在30日内由行政审判庭组成合议庭对具体行政行为的合法性进行审查,并就是否准予强制执行作出裁定。审查标准为是否明显缺乏事实依据、是否明显缺乏法律依据、是否有其他明显违法并损害被执行人合法权益的情况。审查方式主要采取书面审查,部分法院引进听证程序,对当事人权益影响重大的裁定作出之前进行听证。作出的裁定包括准予强制执行的裁定和不准予强制执行的裁定,这两个裁定均不允许上诉。

非诉行政执行中的执行程序,包括执行主体、执行方式和执行依据。由于行政诉讼法解释第93条的表述为"需要采取强制执行措施的,由本院负责强制执行非诉行政行为的机构执行",因此实践中各个法院的做法也不同,有的由行政庭执行,有的由执行庭执行。总体来讲,由执行庭强制执行的居多。例如,上海大部分区县法院都由行政庭审查,执行庭执行。执行方式与民事强制执行方式一样,包括直接强制、代执行、执行罚等方式。近来国外出现了新的强制手段,包括撤回受益行为、拒绝给付、公布违法事实、行政罚、行政刑罚、赔偿损失、强制征收等。由于国情不同,不能都予以借鉴,但有些执行方式如撤回受益行为、公布违法事实等较为轻微的强制执行方式可以借鉴过来,充实我国的执行方式。执行依据理论界有不同认识。实践中,法院作出的裁定准予强制执行的裁定作为法院执行依据,对于法院审查过后、确认合法的行政法律文书,也可作为法院进行执行的依据。

(三)域外行政执行模式比较

1. 大陆法系——行政机关主导执行模式

大陆法系行政法的传统学说认为:行政强制执行权乃行政权不可缺少的一部分,行政机关既有决定权,自然也就有执行权。行政法上义务的强制执行应该由行政权自身实施,若行政权借助司法权的帮助实施行政执行,被认为是根本有悖于情理的②。

因此,德国、奥地利和我国台湾地区,秉承了这种以行政机关为当然行政强制主体的学说,确立了行政机关为主的执行模式。如《德国行政执行法》规定了

① 根据上海各基层法院研究室提供2004—2006年的统计数据,下同。

② 杨建顺著:《日本行政法通论》,中国法制出版社1998年版,第488页。

行政强制执行包括金钱给付义务及行为的忍受、不作为义务的强制执行；行政强制执行分为一般强制和即时强制。一般强制执行原则上是以先有行政机关作出的行政行为（行政处理决定）为前提，即时强制则无需预先的行政行为。行政强制执行的机关原则上是作出行政行为的机关，也可部分或全部委托下级行政机关代为执行。奥地利有完整的行政程序法典，还有独立的行政强制执行法规。强制执行制度与德国极为相似，属于典型的大陆法系行政执行模式①，都比较强调行政强制的效率。

我国台湾地区深受大陆法系影响，也将强制执行按照标的分为两类，金钱给付义务，由法院作为执行机关，多数法院设立财务法庭负责办理。对于作为或者不作为义务的执行，由原处分机关自行执行②。根据1998年修改的《行政执行法》第4条的规定，公法义务上的金钱义务不履行者，也移送"法务部行政执行署"所属行政执行处执行，替代了法院作为金钱给付义务执行机关的地位。

从以上可以看出，大陆法系相当多国家都采取了行政机关强制执行行政决定的做法③。这样做可以提高行政效率，有利于较快地实现行政目的，符合行政及时性的要求。但也存在权力不受控制，容易侵犯被执行人合法权益的担忧。尤其是当今社会行政权力对公民生活的各个方面的渗透，对行政强制权的限制是必需的。如，一般事项交由行政机关强制执行，将涉及公民重大权益的执行事项交由法院执行。

2. 英美法系——司法机关主导执行模式

英国属于普通法系国家，法律体系以判例法为主要渊源。其独特的法治原则要求：法律必须平等地对待政府和人民，但政府拥有特权在事实上是不可避免的，法治所要求的平等是，政府不应当享有普通法上所不必要的特权和豁免权④。由于没有严格的公私法划分，公民和政府之间的关系以及公民之间相互的关系，原则上受同一法律支配，同一法院管辖。行政机关和公民之间的法律关系适用公民相互之间的法律关系同样的法律。于是运用私法救济手段，由普通法院颁布强制执行令状来完成行政法上的强制执行任务的司法性强制执行成了英国行

---

① 此外，还有其他的强制执行模式，如法国，可以认为属于广义的司法强制执行模式。法国采用由司法机关对义务违反者施加刑罚的办法，依靠义务人对刑罚的恐惧来促使其自动履行。这种刑罚与一般刑罚不同，称为行政刑罚。但行政罚和行政刑罚只有在法律有规定时才适用。

② 武楠：《非诉行政执行制度》，中国政法大学2003级硕士论文，第15页。

③ 但是大陆法系国家随着强制执行权理念和观念的变化，制度安排也发生了变化。将某些重要的行政强制赋予了法院，如德国的《联邦行政强制执行法》第5条、第40条规定，若公法上金钱给付义务的执行标的为不动产的，则由行政机关移送法院依民事强制执行程序执行。在公法上作为、不作为或容忍义务的执行中，若某项执行方法涉及义务人人身自由、财产权之基本权利，实施强制执行的行政机关应当申请法院裁定为之，从而导致执行主体的转变。大陆法系的由行政机关"一统天下"担任行政强制主体的做法逐渐演变为根据执行标的的不同，将行政强制执行权在法院和行政机关之间进行适当分工，但仍然以行政机关为主要行政强制主体的制度。参见胡建淼主编：《行政强制法研究》，法律出版社2003年版，第330—333页。

④ 吴庚著：《行政法理论与实用》，台湾三民书局1993年版，第408页。

政强制法律制度的核心。与此同时,由行政机关自力强制执行的行政性强制执行便在整个制度中显得次要和平淡。

美国奉行司法优位原则,司法权作为最终保障手段,被赋予了相当高的地位。“行政决定的执行在很多情况下,直接地或者最终地依赖于司法程序”①。基于这一理论,在美国的行政执行体制中,法院理所当然地成为行政强制执行的最后主体。虽然行政机构可以发动行政程序来实施行政执行,但是当行政机构的决定遭到当事人拒绝履行时,行政机构一般无权强迫当事人履行,必须起诉和寻求司法执行,或者由行政机构提起民事诉讼,请求法院以命令促其履行,如仍不履行,由法院以藐视法庭罪处以罚金或者拘禁;或者由法院依据刑法和刑事诉讼法对义务违反者处以刑罚;甚至行政机构在做出裁决前的执行阶段对当事人采取的强制行动也有赖于法院的支持②。

理解英美司法主导强制执行模式的关键就是普通法系国家认为,对公民极易造成损害的行政强制执行权从来都是属于司法权而非行政权的。英美法系国家司法主导的强制执行模式,注重对公民权益的充分保护,但是对事无巨细的执行事项都通过法院来解决,由于司法程序的繁琐,大大降低了行政效率。当然,英美法系国家,行政机关在特定情况下也可以直接行使强制执行权,但范围有严格限制③。

3. 分析比较

无论是行政机关主导强制执行模式还是司法机关主导强制执行模式,都是与本国的法律传统和民主政治发展状况相适应的。在司法具有高度权威的英美法系国家,采用司法为主导的行政强制执行制度,既可对行政权进行制约,又不会产生执行难的问题,影响行政效率;而在程序法高度发达的西方大陆法系国家,由于有严密、细致的程序法对行政权进行自我约束,采用行政机关为主导的执行模式,基本能做到在保障行政权高效运行的同时,强大的行政权亦不至于对公民权利构成太大的威胁。两种制度选择均能达到制度设计的初衷。对两大法系的行政强制执行模式的比较之后,我们可以归纳出以下两个特点和三个结论:

(1)强制执行权享有主体的趋同化。司法机关执行和行政机关执行并行能够克服单纯采用一种方式所引发的弊端,由行政机关执行可能会造成行政专断,而单纯由司法机关执行可能会影响行政效率。“司法执行和行政执行并不是相互排他性的……从国际法上的制度总体来看,两种制度是混合在一起的。概而言之,将重点置于司法执行的是美国,将重点置于行政执行的是德国。”④将一些

① 王名扬著:《美国行政法》,中国法制出版社,第402页。

② 朱新力主编:《外国行政强制法律制度》,法律出版社2003年版,第17页。

③ 如美国,行政机关在必要时,可以不经行政上的听证或者司法程序即具有行政强制执行权:1. 查封、扣押负有交纳国税义务人的财产;2. 驱逐外国人;3. 消除妨害卫生的行为;4. 排除妨害安全秩序的行为。参见陈亚平:《各国行政强制执行制度比较研究》,载《法律科学》1991年第6期。

④ 参见[日]盐野宏著:《行政法》,杨建顺译,法律出版社1999年版,第159页。

重大的行政义务交给司法机关执行，能够保证强制执行公正合理，维护相对人的合法权益；同时将一般的行政义务交给行政机关执行，能够确保强制执行高效快速地实现行政管理目的。因而大多数国家均采用了行政执行与司法执行并存的模式，尽管其侧重有所不同。

通过梳理，可以看出，两大法系均将强制执行权交由司法机关和行政机关共同享有，形成了目前强制执行权享有主体的趋同化。并且，两大法系国家的行政强制执行模式都倾向于把常规的、间接的强制方式赋予行政机关，而把重大强制措施的决定权交由法院，既可以保证行政效率，又能确保在采取有可能侵犯公民权利的重大强制措施之前，法院可以通过审查的方式进行控制。

（2）价值取向考量的综合化。大陆法系传统过于注重行政效率和英美法系过于注重保障人权，都存在一定的弊端。在两大法系不断融合的今天，行政强制执行模式的不断完善发展，也体现了两大法系在价值取向考量上的综合化倾向。无论是人权保障还是行政效率，都是一个追求法治的国家，应当综合加以考虑的因素。

实践中的做法，也恰恰体现了这一点。德国联邦政府1953年《行政执行法》已经放弃纯粹的行政机关强制执行模式。在特定情况下，法律规定行政机关必须向法院申请强制执行。英美法系国家，没有行政强制执行概念。行政机关往往通过提起诉讼的方式，来申请法院作出强制执行决定，被称为“执行诉讼”。影响公民基本权利的行为只能由法院作出。而对于公共安全和公共卫生方面，美国法律也授权行政机关可以自行强制执行。强制执行模式出现了两大法系融合的趋势。

（3）结论。第一，司法机关和行政机关共享行政强制执行权，是不争的事实，也符合行政强制发展的方向。第二，行政机关强制执行领域主要着重于间接强制方面及危及公共利益的紧急执行事项。第三，司法机关强制执行的领域主要表现在涉及公民重大人身财产权益可能受到侵害的方面，并且为行政机关强制执行程序启动之前后可能存在的侵害公民权益的情况，充当审查监督保障力量。

三、非诉行政执行运行模式存在问题及原因分析

非诉行政执行制度自设置以来，一直运行不畅，存在执行困难、执行不规范和执行真空三大类问题。本文以下对非诉行政执行存在的问题加以梳理，并对运行不畅原因进行分析，以求提出的非诉行政执行模式完善的建议，更针对实践，更具有操作性。

（一）非诉行政执行存在的问题

1. 非诉行政执行的执行困难问题

（1）非诉行政执行案件执行期限较长，执行到位率较低。既损害了具体行

政行为的公定性和强制性,也影响了司法权威。如以浙江宁波市为例,办案法官普遍感到两违案件(即违法占地和违法搭建案件)、拆迁案件、计划生育案件执行难度最大。两违案件的被执行人常通过横向比较,阻挠执法,同时违法状况错综复杂,实践中并不能一拆了之;拆迁案件涉及老百姓的切身重大利益,而地块常常是政府"挂牌"出让,须在一定时间内执行完毕,法官倍感压力;计划生育征收社会抚养费往往数额较大,被执行人支付能力有限,申请人又无法提供具体的财产线索,法院不得不和被执行人玩"捉迷藏"①。这些案件持续上升,导致非诉行政执行案件的执行到位率低。而卫生、食品等非诉执行案件,以上海市金山区为例,被执行人大多是外地来沪的人员,有的本来生意不好或者想转产,碰到罚款执行,常常关门走人,难觅踪影,只能终结执行,执行到位率较低。

由于非诉行政执行案件在行政机关申请法院强制执行之前,须经过半年甚至更长的时间,法官再审查决定是否强制执行到执行结束,都需要时间。造成了执行期限过长,严重影响了行政效率。

(2)非诉行政执行案件日益增多,超过行政诉讼案件数量,法院不堪重负。以上海市法院为例,非诉行政执行案件大大超过了一审行政诉讼案件的数量(见图1)。非诉行政执行案件全市2004年共收案3 007件;2005年共收案2 987件;2006年收案3 463件,2007年1—9月收案2 134件。而一审行政诉讼案件收案分别为2004年1 881件,2005年1 954件,2006年为1 990件,2007年1—9月为1 523件。2004年、2005年、2006年、2007年1—9月,非诉行政执行案件分别占到全部一审行政诉讼案件的61.52%、60.45%、63.51%、58.35%。个别基层法院的非诉行政执行案件更是连年大幅度攀升,如上海市崇明县法院,2004年为140件,2006年激增为223件。上海市南汇区法院2004—2006年非诉行政执行案件数量一直居高不下,分别为390件、435件、430件。

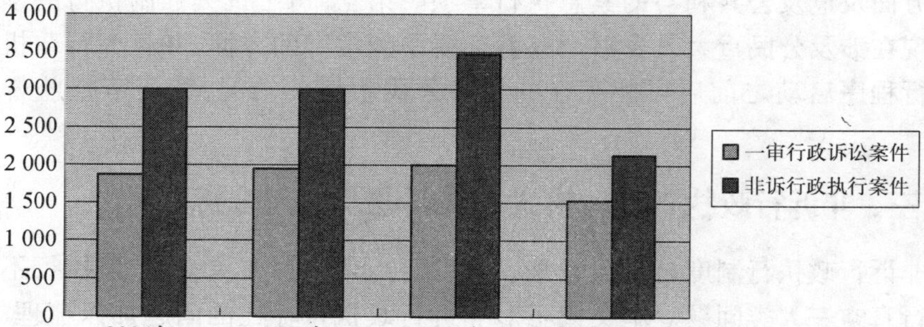

图1 2004年、2005年、2006年、2007年1—9月上海法院非诉行政执行案件与一审行政诉讼案件对比

① 浙江省宁波市中级人民法院行政庭:《对非诉行政执行模式的分析》,载《人民司法》2007年第13期。

2. 非诉行政执行的执行规范问题

（1）由于缺少基本的程序约束，运作不够规范，损害了司法权威，也影响了行政效率和行政目的的实现。行政机关对其作出具体行政行为缺乏严格的程序规范，很多书面材料看似无误的状况，实际执行时，往往发现确实有行政处罚不公正的情况存在。又没有相关的救济途径来保护此时行政相对人的执行异议权。法院在裁定准予强制执行后，也没有执行回转的规定可供参照。行政相对人因此会产生对司法公正的合理怀疑，对法院的司法权威的树立非常不利。还有，行政机关对有些案件，未对行政相对人进行充分的事先告诫，行政处罚告知书往往邮寄送达或者送达时对处罚事项告知并不明确，造成相对人对处罚事实的模糊。申请到法院后，很多被执行人在法院告知后马上自动履行的也占相当的份额，也表明了行政机关前期行政行为的疏漏。

（2）法院办理非诉行政执行的机构不一致。非诉行政执行案件审查由行政庭负责，但是对于非诉行政执行究竟由谁来执行法律并不明确。因此，各个法院办理强制执行非诉行政执行案件的机构并不一致。有些法院是由行政庭执行，有些法院对于自动履行的，由行政庭负责执行，对于无法自动履行的，由执行庭负责强制执行。

（3）法院对非诉行政执行案件结案方式不统一。根据上海市各基层法院研究室提供的数据来看，实践中对非诉行政执行案件的结案方式包括不予执行、自动履行、申请撤诉、中止执行、终结执行、和解、强制执行、其他。各个基层法院此类案件的结案方式也并不统一，包括以上列举的几种，或者全部。由于行政诉讼法及其司法解释，只规定了裁定准予强制执行和裁定不准予执行两种方式。非诉行政执行的结案方式基本上是比照民事强制执行的结案方式进行操作的。

（4）法院采取的审查方式不统一。行政诉讼法及其司法解释对法院审查非诉行政执行案件的方式，并没有加以规定。通常的做法是书面审查为主，在案情较为复杂的情况下，有些法院采取听证的形式，对非诉行政执行案件加以审查。

3. 非诉行政执行案件的执行真空问题

（1）法律规定某些行政机关自己强制执行，但是没有规定可以申请法院执行。如果这些行政机关作出具体行政行为没有申请法院执行，自己也不执行，导致具体行政行为作出后，没有任何监督和督促的力量进行制衡，如何保障国家的行政目的实现也是问题。

（2）行政机关有选择权的，既可以申请法院执行，也可以自己强制执行。有些行政机关对于自己执行有难度的案件，未执行到位，而且已经过了申请法院执行的期限，自动放弃执行。没有法律规定对其这种行为进行规制。

（二）非诉行政执行模式运行不畅原因分析

非诉行政执行运行不畅，跟法律不完备有很大的关系。具体法律条文屈指可数，而且缺乏细化的、可操作的程序规范。对强制执行权在行政机关自行执行和申请法院执行之间如何分配没有明确、统一、合理的标准。学者们在理论上作出种种界分,但目前并没有明确的法律规定,而且这些标准本身具有不确定性,同时缺乏具有客观、公正性的判断主体,导致实际执行中出现诸多弊端。如,对哪些案件可以申请法院强制执行、法院采取何种审查方式(形式审查还是实质审查)、审查的程度如何把握(明显违法不具有可操作性)、结案方式也比较单一(裁定准予强制执行或者裁定不予强制执行)等,都没有相关法律规定或者规定较为宽泛。

除了法律规定不完备的原因,就执行困难、执行规范、执行真空分别有各自不同的原因。

1. 非诉行政执行执行困难原因

(1) 案件数量大幅上升,新类型的非诉行政执行案件不断涌现,执行压力增大。上海法院的非诉行政执行案件,如图1所示,案件数量一直保持高位运行,大大超过行政诉讼案件数量,执行压力显著增大。许多行政机关缺乏法律赋予的强制执行权,无法在进行行政执法之后直接实施强制执行,因此只能求助于法院的非诉行政执行。但是很大一部分小标的额的罚款,又增加了法院的负担。例如,卫生局、劳动局和食品药品监督局一些千元以下的罚款也申请法院强制执行。如,金山法院2007年截至目前受理的120件食品非诉行政执行案件,最高标的额为4 900元,绝大部分案件标的额都是1 000元到2 000元左右,更有4件标的额为500元,以2007年10月9日立案的14件食品非诉执行案件来看,13件标的额是1 000元,1件是900元。

而且,非诉行政执行案件不断涌现新类型案件,也为审查带来了难度。如文化、农业、交通、水务等新领域,也申请法院强制执行。法院行政庭对这些新领域非诉行政执行案件的审查,没有以前的案例可供参照,对行政机关处罚的法律依据和处罚依据的事实,以及该行政部门的行业标准,都要加以了解和学习,才能够做出正确的裁定。

(2) 计划生育、劳动保障、拆除违章建筑等非诉行政执行案件当事人对抗情绪激烈,导致执行困难。计划生育非诉行政执行案件的被执行人通常收入不高,难以负担征收的高额的社会抚养费,常常阻挠执法。劳动保障非诉行政执行案件通常是因为对企业未给职工缴纳社会保险费、不按时发工资,或者低于最低工资标准等进行处罚或者处理的情况,涉及职工人数众多。到申请法院执行的时候,企业老板早已人去楼空。大部分要经过评估拍卖程序,执行时间一般较长。而拆除违章建筑非诉行政执行案件,行政机关有时候在成片违章建筑中,只对部分进行申请拆除,被执行人抵触情绪大。这几类案件涉及社会稳定,执行起来要考虑诸多因素,必要时也要和相关行政机关进行协调,要花费较长时间。

(3) 法院财力弱于行政机关,而且行政庭人手也不足,法院轻审查重执行的倾向等原因,造成非诉行政执行处境难堪。法院的执行资源和财力弱于行政机关,却要承担更大的执行重担,难免有些吃力。基层法院行政庭由于案件数量通常少于民庭,因此人员配备较少。而行政庭的业务并不单一,行政庭不仅要办理行政诉讼案件,非诉行政执行案件,还要办理民行拆迁案件。无论是行政诉讼案件,还是民行拆迁案件,处理不好,都有可能导致矛盾激化,进而转变成涉诉信访,因此,办理为数不多的行政诉讼案件和民行拆迁案件却要花费行政审判法官的大量精力。而且有些区县法院,非诉行政执行案件不仅由行政庭审查,而且由行政庭负责执行。而大幅上升的非诉行政执行案件又不得不在行政庭内仅有的几个承办法官中分配办理,导致法官常常疲于奔命,执行效果并不尽如人意。如金山法院,非诉行政执行案件由行政庭负责审查和执行,金山各乡镇相隔较远,常常一个执行案件就需要耗费一个上午的时间,行政庭法官普遍感到执行压力较大。而且,法院存在轻审查、重执行的观念,影响了对非诉行政执行的审查。更大程度上,忽略了法院作为中立者本应担当审查机关的角色,背离了建立非诉行政执行监督依法行政的初衷。

(4) 一部分行政机关制作法律文书缺乏严肃性,给法院执行带来了很大的难度。行政法律文书中处罚内容含糊,或者申请执行书与行政处罚书里确定的罚款数额不一样。还有,行政机关提供的申请执行材料不完整或者对被执行人地址书写不明,降低了法院出警执行的有效性,增加了法院执行难度。

2. 非诉行政执行执行不规范原因

(1) 由于法律规定较少,对于法律没有明确规定的地方,法院实践操作基本上是参照民事强制执行的情况下,再根据实际情况变通处理。由于法律缺少明确细化的程序规定,法院主要参照民事强制执行的方式进行操作。又因为非诉行政强制执行毕竟不同于民事强制执行,因此,各法院在立案、审查、执行等阶段的具体操作过程中,又会根据实际情况进行变通处理,造成各个法院对非诉行政执行案件的处理方式不一致。例如,结案方式各有不同;强制执行的机构也不相同,有的是行政庭,有的是执行庭。

(2) 非诉行政执行案件的立案、审查、执行阶段相互掺杂,立审、审执没有明确区分,也造成了非诉执行的不规范操作。行政机关对非诉行政执行案件申请立案时,立案庭的法官通常会将卷宗交由行政庭的法官进行初步审查,得到认可,方予立案。这种做法,虽然给案件的审查多设了一道门槛,但也增加了行政庭的工作压力。同时容易造成行政庭法官先入为主的观念,影响了之后审查阶段对案件的审查,混淆了立案和审查的界限。审查与执行,比立审区分的明确一些,但是也有一些法院,非诉行政执行案件的审查和执行都交由行政庭。审查机构和执行机构的同一,造成本应中立的审查机构缺乏应有的中立地位,容易侵害被执行人的合法权益,而被执行人又缺乏有力的救济途径。

(3) 行政机关重视实体处罚依据的事实,对程序上的事项不够重视,法院受理后,往往要做本应由行政机关处理的事项。行政机关作出行政处罚或者行政处理决定的时候,往往注重违法事实是否充分,但是对于程序上的事项,一般不太注重。例如,行政机关对被处罚人做出罚款决定之后,有时候没有进行充分的告诫。法院受理后,对被执行人进行电话催告,告知其自动履行行政法律文书确定的行政义务。通过法院催告之后,被执行人自动履行行政义务的情况也占到相当的份额。

3. 非诉行政执行产生执行真空原因

(1) 行政机关的强制执行权由单行的法律法规设定,有些法律法规对行政机关申请法院执行未予规定,一般认为没有规定,即不可以申请法院强制执行。行政诉讼法及其司法解释,对非诉行政执行的规定,较为原则。行政机关享有的强制执行权,通过分散立法的方式赋予行政机关。对于行政机关自己没有强制执行权,又不申请法院执行的,行政义务将无法得以实现。对于有强制执行权的行政机关也存在这个问题。行政机关对自己做出的行政决定的执行难度,估计不足,有时自己执行不到之时,往往也超过了申请法院执行的期限。

(2) 层级较低的行政机关的依法行政意识不强,对自己做出的难以执行的行政决定,往往采取不了了之的态度。部分行政机关依法行政意识不强,对其做出的有些行政处理决定,在难以执行到位的情况下,有时就采取放任的态度。而现行的法律对此类情况,又没有规定如何监督,容易产生执行真空。因此,应当加强对行政机关作出具体行政行为的司法监督力度,防止产生类似的执行真空,损害行政机关的执法权威。

四、完善非诉行政执行运行模式之构想——兼论建立非诉行政执行令状制度

应该说,我国现行强制执行模式将绝大部分行政强制执行权分配给人民法院,是针对我国行政权过于强大而行政程序立法又相对落后的现实而作出的选择,并无大碍。但是,具体运行模式和机制上采用的是完全等同于民事执行的由法院亲自参与到直接执行和实现行政决定确定义务的实施过程中的直接强制模式,一定程度上混淆了司法职能与行政职能,使司法与行政的角色错位,"法院成了政府机关的执行部门,司法权与行政权又形成一股合力来对付行政相对人,实际上否定了行政诉讼制度存在的基础"①,降低了司法公信,也加剧了行政相对人和社会公众对行政机关及法院的对立和紧张局面;同时,这种模式背离了我国目前司法资源有限,普通民众法制意识不强等制度运行的现实环境,形成了目前我国非诉行政执行举步维艰的困境。由此不难看出,其主要根源在于,具体运行模式仍然采用的是完全等同于民事执行的由法院亲自参与到直接执行和实现行政决定确定义务的实施过程中的直接强制模式,而没有把非诉行政执行的基点放在监督行政强制执行权的运行,并促进行政机关依法行政上。并且法院立案、审

① 陈有西:《对行政诉讼困境的宏观思考》,载《行政法学研究》1993 年第 4 期。

查、执行阶段，对非诉行政执行案件的规范，都不尽完善。因此，完善我国非诉行政执行运行模式，应当旨在实现非诉行政执行的建立初衷，以下从现行法律框架内的模式完善和建立非诉行政执行令状两个方面来进行论述。

（一）现行法律框架内的非诉行政执行运行模式完善

正如一位英国法官所说：“一部健全的法律，如果用专横的武断的程序去执行，不能发挥良好的效果。一部不良的法律，如果用一个健全的程序去执行，可以限制或者削弱法律的不良效果。”①因此，在现有法律框架下，对非诉行政执行运行模式进行完善，首先就应当从程序上进行规范。

1. 非诉行政执行程序的概要规范

（1）申请受理阶段。

第一，非诉行政执行案件的受理范围。根据行政诉讼法司法解释第 87 条规定：法律、法规没有赋予行政机关强制执行权，行政机关申请人民法院强制执行的，人民法院应当依法受理。法律、法规规定既可以由行政机关依法强制执行，也可以申请人民法院强制执行，行政机关申请人民法院强制执行的，人民法院可以依法受理。① 行政机关没有强制执行权。对于没有强制执行权的行政机关应当申请人民法院强制执行，但是，在实施行政管理过程中已经采取查封、扣押行政强制措施的行政机关，可以将查封、扣押的财物依法拍卖抵缴罚款②。这种情况，也要赋予被查封扣押人应当享有的程序权利，给予相应的救济途径。② 法律授权行政机关有自行强制执行权，也规定可以申请法院执行。对于法律法规规定行政机关有强制执行权的，行政机关申请人民法院强制执行，考虑到目前法院承担的民事强制执行任务较为繁重的状况，一般倾向于不予受理，让行政机关自行强制执行，实现行政强制执行权的回归。对于涉及被执行人重大人身财产权益的执行事项，法院应当受理，防止行政机关不当侵害被执行人的合法权益。③ 法律、法规赋予行政机关行政强制执行权，但是没有规定可以申请法院强制执行。这种情况，申请法院执行，通常做法是不予受理。但是，有可能出现执行真空。行政机关如果自己做出行政决定认为执行有难度，法院也不受理，如何确保做出的行政处罚或者处理决定的严肃性，维持正常的行政管理秩序呢？对此种情况，要设置明确的监督检查方式，督促行政机关依法行政，对已经明确产生法律效力的行政决定，要确保行政决定的公定力和执行力。

第二，申请人的范围。根据行政诉讼法司法解释，申请主体包括行政机关、行政裁决的权利人及具体行政行为的权利人。

就行政机关申请权而言，通说以行政诉讼法司法解释第 87 条的规定为依据。

① 章志远：《重构我国行政强制执行体制的理论思考》，载《甘肃政法学院学报》2000 年第 4 期。

② 参见《中华人民共和国行政强制法（草案）》第 36 条。

行政诉讼法司法解释第90条规定了行政裁决权利人和具体行政行为的权利享有人,申请法院强制执行具体行政行为的权利。规定权利人对行政机关作出的具体行政行为可以向法院提出申请,应该如何界定。笔者认为,行政裁决的权利人和具体行政行为的权利人应当理解为:当事人的权利义务受到实际影响。具体而言,由于行政机关对行政处理决定的不作为,而使公民、法人或者其他组织的权利受到了不利影响或者承担了非法定的义务①。这种实际影响不一定要求必须是现实、直接的损害,包括可以预见的损害。就如此界定而言,笔者认为行政机关对具体行政行为的怠于执行使当事人权益受到了影响,尤其是对当事人权益影响重大的规划、房地领域的行政裁决或者具体行政行为的权利人,可以申请法院强制执行。

(2)审查裁定阶段

第一,人民陪审员可以参加审查合议庭。现行法律规定,由行政庭组成合议庭进行审查非诉行政执行案件,并没有明确必须是审判员组成合议庭来进行审查。基于司法透明度和民众参与度的要求,可以考虑由人民陪审员参加,但要尽量保证人民陪审员对该行政机关申请人的相关业务有所了解,从而具备进行审查的知识背景。对于人民陪审员参加审查效果较好的案件,也可以由其参加。人民陪审员参加非诉行政执行案件的审查,可以促进审查效率的提高,有利于司法公开,由于人民陪审员的特殊身份,被执行人更容易找到认同感,有利于推动执行和解。

第二,非诉案件的审查方式。由于非诉执行案件毕竟不是行政诉讼案件,人民法院对被申请执行的具体行政行为的审查,当然不能按照行政诉讼法规定的行政诉讼案件的审查标准进行审查。但是,也不能就此将审查方式局限于书面审查②,而应兼顾公平与效率的原则,根据案件具体情况,灵活采取书面审查与调查、听证等方式相结合的审查方式。笔者粗略进行归纳如下:一是只需要进行书面审查的案件范围:案件事实清楚明确,证据充分,处罚数额较小,行政相对人对此无争议。或者行政相对人对行政机关作出的具体行政行为所依据的法律依据有争议,通过书面审查可以审查清楚的。二是需要法院进行调查的案件范围:行政相对人对作出行政决定的事实部分、作出程序有争议。书面审查难以查清案件事实的。三是需要设置听证程序③的案件范围:应当遵循个人利益与公共利益平

---

① 马怀德主编:《行政诉讼原理》,法律出版社2003年版,第218页。

② 行政诉讼法及其司法解释对非诉行政执行案件的审查方式并没有规定,实践中一般采取书面审查的方式。近年来,很多法院考虑到社会效果的问题,对一部分重大案件采取了听证审查的方式。

③ 对非诉行政执行设立听证制度具有必要性:一是监督行政机关依法行政的需要。非诉行政执行是未经过开庭举证、质证、辩论等诉讼程序,直接申请法院进行执行的具体行政行为。行政机关作出具体行政行为的事实是否充分、适用法律是否正确、程序是否合法都无法通过书面审查完全查清;二是保护被执行人的合法权益。对涉及重大事项的非诉执行案件,设置听证不仅必要而且必需;三是可以更好地执结非诉行政执行案件。因为被执行人参与到审查过程中,在行使了陈述、申辩等权利之后,更容易倾向自动履行。参见张倩:《论非诉行政执行》,湘潭大学2006硕士论文,第25页。

衡原则。

听证审查的案件范围：案件有重大影响的①；案件有较大争议的；执行后果无法补救的；案外人提出异议的且人民法院认为有必要的；被申请人提出申请且人民法院认为有必要的；法院认为应当进行听证的其他情形。对于行政机关在行政程序中已经进行听证的②，且认定事实较为清楚的，则不需在司法程序中再进行听证。

听证审查的方式：组织听证应当采取合议庭组织听证和主审法官听证相结合的原则，因为非诉行政执行不同于行政诉讼程序，制度设计中比行政诉讼更注重效率，因此，对于案情重大、复杂的案件，由合议庭组织听证，其他案件则由主审法官组织听证。主审法官主持听证的，仍由合议庭评议作出相应裁定，以确保审查程序的公正性。

听证审查的内容：具体行政行为是否有效，是否具有可执行内容；是否超过申请期限；被申请人是否履行了行政义务；本院是否有管辖权；行政机关及其相对人是否符合主体资格；具体行政行为是否符合法定程序；做出具体行政行为的事实根据是否充分，适用法律依据是否正确；具体行政行为是否具有其他明显违法的情形；是否有其他不宜执行的情形。

第三，非诉案件的审查标准。对于非诉行政执行案件是否裁定准予强制执行，笔者认为，应当综合考虑法律角度合法性和社会效果角度合理性两个方面。合理性标准包括执行是否可操作，例如，不动产强制执行中是否能够操作，也是衡量合理与否的一个标准。

具体可以从以下原则把握：一是具体行政行为合法有效原则。即无效违法具体行政行为所确定的行政义务不能作为申请法院强制执行的依据。二是公共利益保留原则。即对于涉及到重大公共利益的行政强制执行，要以维护公共利益作为考量标准，作出是否准予强制执行的裁定。三是个案考量原则。即具体案件具有特殊性，在审查时衡量了一般的标准之后，也要考虑到个案的特殊情况，作出是否准予强制执行的裁定。例如，对行政行为不具有可执行性的情况，要裁定不准予执行。四是有其他可替代方式解决的。即行政机关申请强制执行已经通过其他方式或者可以通过其他方式解决的，法院裁定不予强制执行。

裁定不予执行的状况，应当由具体操作规则予以列明，防止法官过多地运用自由裁量权，导致结果的不可预期。

第四，完善裁定种类。目前非诉行政执行裁定，只有准予强制执行和不准予

---

① 例如有些群体性非诉行政执行案件，涉及面广，社会影响大，容易导致矛盾激化。如可以借鉴共同诉讼的原理，集中听证审查，既可以查清案情，缓解双方对立矛盾，又可以显著地提高办案效率。

② 《中华人民共和国行政处罚法》第42条设置了较为严格的听证程序，要求行政机关在作出责令停产停业、吊销许可证或者执照、较大数额罚款等行为时，应当告知当事人有要求举行听证的权利；当事人要求听证的，行政机关应当组织听证。

强制执行两种裁定形式。实践中,对中止和终结的情况,一般参照民事执行中的做法,以民事裁定的形式作出。应当以法律的形式对这两种裁定进行肯定和认可。

此外,对准予强制执行和不准予强制执行裁定,并没有救济途径,可以允许复议一次,另行组成合议庭进行审查裁定是否正确。

另外,对已经裁定准予执行,发现错误,可以以裁定的方式进行补正。对行政机关由于对账滞后,对已经缴纳的款项进行申请,法院裁定准许执行后,行政机关发现款项已经到位,向法院撤回申请,应当以裁定的形式准许撤回申请。

(3)执行实施阶段

第一,强制执行中的程序:中止、终结、不予执行、变通执行。根据行政诉讼法和行政诉讼法司法解释的规定,对非诉行政执行的实施程序没有详细的规定。执行过程所碰到的情况又千变万化,需要完善中止、终结、不予执行和变通执行的规定。

第二,强制方法。对于需要采取强制措施的非诉执行案件,由法院负责执行非诉案件的机构进行执行。强制执行不排除执行和解的可能。对于金钱执行,可以采取和解的方式。

第三,加处罚款和滞纳金的问题。一是加处罚款。行政处罚法规定,对于被处罚人不履行缴纳罚款义务,按日加处3%的罚款①。笔者认为加处罚款不是具体行政行为的执行内容,而是作为一种和申请法院执行同样选择适用的强制措施,加处罚款与行政处罚决定并非一并生效,因此不能够直接执行。而且如果行政机关没有及时申请法院强制执行,罚款的数额按日以3%的比例递增,不利于被处罚人合法权益的保护。较为妥当的做法是,法院对加处罚款部分裁定不予执行。行政机关若要对加处罚款进行收缴,需根据被处罚人不履行行政处罚的事实另行制作行政法律文书。二是加收滞纳金。对行政相对人不履行行政征收费用的缴纳义务,行政机关通常会通过加处滞纳金的方式促使行政相对人履行义务。比例一般低于加处罚款的比例②。

笔者认为,滞纳金与加处罚款同属执行罚的一种,滞纳金与加处罚款区别在于,滞纳金与本金是不可分的。但是作为催促相对人缴纳征收费用的手段,滞纳金如果远远超出本金,收缴滞纳金也不符合行政合理性的原则。目前倾向于,对

---

① 《中华人民共和国行政处罚法》第51条是关于行政机关对逾期不履行处罚决定可以采取的强制措施的规定。该条规定行政机关可以采取三项强制措施:(一)每日按罚款数额的百分之三加处罚款;(二)将查封、扣押的财物拍卖或者将冻结的存款划拨抵缴罚款;(三)申请人民法院强制执行。这三项强制措施的规定在逻辑上是一种并列选择的关系,而不是重叠适用的关系。

② 《中华人民共和国税收征管法》第32条规定,纳税人未按照规定期限缴纳税款的,扣缴义务人未按照期限解缴税款的,税务机关除责令限期缴纳外,从滞纳税款之日起,按日加收滞纳税款万分之五的滞纳金。《中华人民共和国行政强制法(草案)》第46条也规定,按日加处罚款比例不得高于百分之三,按日加处滞纳金的比例不得高于千分之二。

滞纳金超过本金的部分,法院不予支持。若被执行人申请减免滞纳金,可以向行政机关申请,由行政机关决定是否同意减免,若同意减免向法院提交书面意见。

2. 不动产强制执行的操作要点

不动产强制执行涉及被执行人的重大财产权益、执行难度大、处理不好容易造成矛盾激化。因此,此处专门将不动产的强制执行单独列出加以论述。

(1)范围。不动产强制执行包括:拆除违章建筑、恢复建筑物原貌、退还非法占地、房屋拆迁等。

对于法律规定,区县人民政府可以责成相关部门进行强制执行的,一般由行政机关自行进行强制执行。

行政机关相对于法院而言有更强大的执行力量,也更熟悉片区内的不动产的违法状况,更便于执行。新颁布的《城乡规划法》①也表明了将拆除违章建筑的权限赋予行政机关的倾向。如该法第65条赋予了乡镇人民政府的拆除违章建筑的权限,第66条赋予了市、县人民政府城乡规划主管部门拆除违章建筑的权限。

(2)审查标准。对行政机关向法院申请不动产强制执行,法院对此类案件,不能拘泥于行政诉讼法司法解释第95条“明显违法标准”,要采取严格审查标准,即合法性审查标准。对房屋拆迁管理部门未作出拆迁补偿安置裁决,拆迁人没有对被拆迁人实施货币补偿、补偿货币提成或者未提供拆迁安置用房、周转用房等明显违法或损害被拆迁人合法权益的应当裁定不予执行。对此类强制执行进行严格把关,防止对被执行人合法权益的侵害。在具体审查的时候,还要考虑是否存在合理性的问题,最大限度地防止矛盾激化。

(3)具体操作程序。对不动产强制执行的申请条件要加以严格规定,要求行政机关提供详细的不动产强制执行的前期行政法律文书及相关证据材料。对违章建筑,申请材料中要明确拆除的具体范围和具体部位。对涉及房屋买卖的违法搭建行为,如果违法搭建人与现产权人或使用人非同一人,行政机关在对违章建筑处理时,要充分注意保障违章建筑使用人享有必要的程序权利,在申请执行时提供已经告知现产权人或者使用人处理意见并听取其意见的相关材料或说明②。合议庭经过初步书面审查后,应当到现场实地考察、勘测和了解情况,对该不动产的相关情况做到心中有数,对可能造成的后果也有所预计。对涉及大范围的不动产强制执行,法院应组织听证,让双方到场陈述意见,充分听取双方理由,最后再决定是否准予强制执行。对于已经成形的大片违章建筑,政府应当尽可能有计划、有步骤地分批处理,不要单独执行某部分,避免造成当事人的不平衡心理。对难以区分的违章建筑物,行政机关申请的时候,应当提供便于操作的依据及详细的操作方案。

---

① 《中华人民共和国城乡规划法》,2007年10月28日通过,自2008年1月1日起施行。
② 《关于房屋、规划等非诉行政执行案件有关问题的协调会纪要》,沪高法[2007]294号。

决定准予强制执行前,要与当地政府进行协商,确定具体的执行方案和步骤,并且在强制执行前予以公告,公告中要再次对不予配合强制执行的后果进行明确。强制执行前后的证据,应当由申请人向公证机关申请保全①。强制执行由法院组织,人员可以委托行政机关人员或者其他组织实施。

(4)特殊程序。

第一,预案。不动产强制执行案件,法院应当在强制执行之前要制作紧急情况预案,对可能出现的情况事先有所准备。将预案报分管院长审批。涉及重大建设工程项目或者被执行人反抗拆迁激烈等可能导致重大矛盾激化状况的,要将情况向上级法院汇报。

第二,和解。对裁定准予执行的不动产的强制执行应当设定一个前置的和解程序,由法院出面,对当事人双方进行和解,尽量化解双方对立情绪,以期在不采取强制手段的情况下促成执行完毕。例如,2006 年 5 月上海南站通车之前的拆迁矛盾,就是巧妙通过了和解的方式,化解了本已十分激烈的拆迁矛盾,最后保证了上海南站的顺利通车②。

第三,先予执行。不动产强制执行的先予执行,原则上控制,一般情况下,不轻易先予执行。对先予执行的范围,也不得随意扩大。

3. 非诉行政执行职权分工

对于原来不够规范的立审不分、审执不分的情况,明晰立、审、执各自不同角色,加以规范。

(1)区分立审。应当明确非诉行政执行案件的立案审查由立案庭负责,实体审查由行政庭负责。对于较为复杂的非诉行政执行案件,加强与行政庭的沟通,但是要明确立案庭的功能,是对非诉行政执行案件的第一道筛选程序,不能将立审混同。针对非诉行政执行案件较为复杂多变的情况,可以在立案庭中固定一个法官,专门处理非诉行政执行案件的立案工作。保证立案质量的同时,也可以保证效率。

(2)区分审执。实践中,对非诉行政执行案件的处理,有三种情况。行政庭审查,执行庭执行;行政庭既审查又执行;行政庭审查,对自动履行的案件予以执行,需要强制执行的移送执行庭办理。笔者认为,最后一种方式较为合理。应当明确行政庭的职责权限是审查非诉行政执行是否合法,对重大非诉行政执行案件,兼审查是否合理。由执行庭负责对审查准予强制执行的非诉行政执行案件进行强制执行。确保行政庭的中立审查非诉行政执行案件的地位,克服有些法院行政庭既审查又执行的状况。而执行庭有更大的人力物力,去执行非诉行政

---

① 《城市房屋拆迁管理条例》对拆迁证据保全进行了规定。比照此规定,对不动产强制执行,也可以进行证据保全。

② 上海市高级人民法院编:《三级法院联动 化解拆迁矛盾 确保上海铁路南站七月一日顺利通车》,载《行政庭情况》2006 年第 18 期。

执行案件。自动履行案件，由行政庭办理，可以避免非诉行政执行案件全部移送执行庭。

（二）建立非诉行政执行令状的设想

1. 建立非诉行政执行令状的基础

（1）理论基础。

第一，非诉行政执行权的二重属性。正如前文所述，非诉行政执行权具有行政和司法双重属性，前期行政机关作出具体行政行为具有行政行为属性，法院对申请进行审查，具有中立性被动性的特点，具有司法属性，最后执行又是基于法院审查过的认可合法的行政法律文书，具有行政行为属性，因此针对混合属性的非诉行政执行权，分开行使也就理所当然。

第二，强制执行权内部分权理论，裁决权、命令权、实施权三权分离。即行政机关作出裁决的权力与法院发布执行令状的权力和行政机关的强制执行实施权分离开来。行政机关针对自己管理领域作出行政处理或者行政处罚的裁决权，具有直接性和主动性的特点，也是国家为维护正常的行政管理秩序所赋予行政机关的责任，因此毫无疑问属于行政机关自身。而法院针对行政机关申请，发出执行令状的命令，是对行政机关作出的具体行政行为运用司法的权力进行审查，对其进行监督，显然是司法机关的权力。我们认为对非诉行政执行的审查也是司法审查的一种①，只不过这种司法审查与行政诉讼中的司法审查程度不同、对象不同、内容不同。但本质上都是国家司法权力对行政权力的监督和制约，是司法审查权的一种表现形式。

第三，权力必须受到监督原理。现在的非诉行政执行制度，以法院执行为原则，由于最后的执行主体是人民法院，如果执行过程中产生侵害被执行人权益的情况，被执行人根本就没有救济的途径。这违反了一个法治社会的基本要求，没有有效的救济途径，如何保障被执行人的合法权益，没有监督制约的权力更会滋生腐败。被执行人只能通过举报和信访等非诉讼途径来进行救济，无疑是对我们现行制度缺陷的巨大讽刺。

而设置执行令状制度，由行政机关实施行政强制执行，如果产生了侵害被执行人权益的情况，当事人还可以诉诸法院解决纷争。赋予被执行人以有效救济途径，更有利于被执行人对执行的理解和认同。

（2）现实基础。

第一，我国民事审判调查令制度和民事执行裁执分离的改革实践。2000 年 4 月 14 日上海市高级人民法院颁布了《上海法院调查令实施规则（试行）》。实施规则对调查令制度进行了较为详细的规定，法院向律师签发调查令，由律师到

① 有学者认为，法院对行政机关执行申请的审查不属于司法审查权的范围，否则会导致司法审查的泛化，并增加行政强制执行的复杂性，认为司法审查仅表现为行政诉讼制度，参见胡建淼主编：《行政强执法研究》，法律出版社 2003 年版，第 347 页。

相关单位调查取证,体现了民事诉讼中职权主义向当事人主义转变的趋势。也体现了法院回归中立裁判地位的要求,不要参与过多的调查过程,否则会先入为主,增加当事人对司法机关裁判公正性的合理怀疑。2004年上海高院颁布了《上海市高级人民法院关于在执行程序中使用调查令的若干规定》(沪高法[2004]92号),2006年修订,对执行程序中的调查令的使用,也进行了规范。

上海二中院于2001年11月在上海市法院系统探索执行实施权和执行裁判权的分离运行,在执行机构内以三审一书为基本架构,抽调富有审判经验和执行经验的资深法官组成裁决合议庭,专门行使执行裁判权,简称"裁执分离"。2003年上海市高院颁布了《上海市高级人民法院关于执行权运行中若干问题的意见》(沪高法[2003]226号),2006年修订。对裁执分离进行了条线上的统一规范。裁执分离在很大程度上解决了过去执行工作中权力过于集中、程序不够公开、救济途径较少、忽视权利保护等问题,提高了执行工作效率和质量。改变了过去一个案件由某一个执行员一包到底的做法。

无论是民事调查令制度还是民事强制执行中的裁执分离的试点运行,都表明法院对审查和执行要分开对待,让法院重新回归中立裁判者的地位。

民事调查令制度也为英美令状制度在我国能否很好地运行进行了很好的试验,实践表明英美法系的制度只要注意移植时候与本国国情结合,在两大法系法律制度不断相互融合的趋势下,令状制度的借鉴也取得了很好的效果。同时让很多人了解了令状制度,为非诉执行令状的建立奠定了一定的社会舆论基础。

第二,行政机关集中执法机构的设立,弥补了部分行政机关执行力量的不足。建立非诉行政执行令状制度,是要把行政强制执行的实施权还权给行政机关。这就要求行政机关具有实施行政强制执行的权限和具备相应的执法力量。但是部分行政机关没有法律授权的执法权限,自然也就没有行政强制执行的权限。诸如计划生育部门等。而且这些行政机关由于人员配备很少,因此执法力量也严重不足。目前,浙江很多地级市成立了综合执法局①,对城市管理很多方面具有相对集中的行政处罚权。2006年9月1日,上海市人民政府颁发了《关于扩大浦东新区城市管理领域相对集中行政处罚权范围的决定》,开创了全市综合执法改革之先例。行政机关执法机构在全国广泛试点建立,为行政机关实施强制执行权,创造了机构上的现实基础。弥补了部分行政机关执行力量的不足。

第三,非诉行政执行现状决定执行令状制度具体可行。上海的非诉行政执行案件总体情况是,自动履行率较高,这些完全可以通过行政机关的加强告诫程

---

① 如衢州、义乌等市都建立了综合行政执法局,在本市范围内行使市容环境卫生管理、城市规划管理、城市绿化管理、市政管理(含液化石油气管理)方面的法律、法规、规章规定的全部监督检查权和行政处罚权;行使环境保护方面的社会生活噪声、建筑施工噪声、城市饮食服务业排污违法行为,工商行政管理方面的流动无照商贩,公安、交通方面的侵占道路行为及三轮车、摩托车非法营运,卫生方面的无证流动饮食摊点、室外无证行医及游医的监督检查权和行政处罚权;履行法律、法规、规章或省、市人民政府规定的其他职责。

序或者法院收到执行申请对行政相对人进行告知自动履行予以解决。签发执行令状并不会造成法院大量的审查压力,应该远远小于现在法院既要审查又要执行的压力。

第四,由行政机关实施行政强制执行权,被执行人更有认同感,也更有利于树立司法权威。现在法院在执行行政机关的罚款时候,被执行人常常感到莫名其妙,感到行政机关处罚之后,法院来执行,形成法院是行政机关的下级执行机构的误解。并且常常认为法院和行政机关是一家,也会影响行政相对人对行政诉讼案件的公正性的怀疑。

由行政机关实施强制执行,被执行人在认为自己的合法权益受到侵害时,还可以诉诸法院寻求司法救济。如果法院来进行强制执行,执行错误或者侵害被执行人权益,被执行人常常感到没有救济途径,要么极不情愿交纳罚款要么坚决抵制,增加了被执行人对整个现行法律制度的对抗,不利于国家法治程度的提高。

2. 立足现实设立的执行令状——从现有法律规定角度

(1) 行政机关有强制执行权的强制执行——行政强制执行权回归。法律法规赋予行政机关强制执行权的,该行政机关申请法院强制执行的,法院可以通过签发执行令状的形式,让行政机关自己执行,将行政强制执行权回归给行政机关。

有学者将行政强制权主要由行政机关实施,归结为三点:一是司法权与行政权的关系,要求把行政强制执行权交给行政机关。因为行政强制执行毕竟发生在行政领域,由行政机关行使强制执行权,更有利于发挥行政机关的优势。二是行政强制执行的具体行政行为性质要求把行政强制执行权交还给行政机关。具体行政行为具有公定力、确定力和执行力。没有法律的特殊规定,任何机关不得停止执行。如果让法院行使强制执行权,必然导致行政效力的不稳定。三是行政强制执行权赋予法院有两大缺陷:其一,使行政执法缺乏连贯性(相对方不履行义务即申请司法机关执行,会中断行政过程);其二,降低行政效率。

行政机关自行执行具有快速高效等优点,但要保证被执行人对无效违法的行政行为的执行有合法的抵抗权。即对行政机关作出的重大且有明显瑕疵的具体行政行为,被执行人享有拒绝履行的权力。

(2) 小额、无争议非诉行政执行案件的强制执行——法院审查,行政机关执行。非诉行政执行案件存在相当一部分,行政机关没有强制执行权、而标的额又比较小的金钱执行案件。自动履行比例也很高,如水利、卫生、食品药品非诉执行案件。通过法院对行政机关的具体行政行为的法律上的确认,再赋予行政机关去执行的权力。

如没有行政强制执行权的食品药品监督管理局申请的大量的千元左右的罚款、基本没有争议的案件,就可以采用法院审查后,由法院签发令状,行政机关执行的方式。

理论基础:行政强制执行权的性质,具有司法和行政的双重属性;各国实践中,强制执行权的执行主体均包括法院和行政机关,只不过根据法律传统的不同,在法院和行政机关之间执行权分配的侧重不同;审查后准予强制执行的行政法律文书已经发生法律效力而且权利义务已经确定的案件,拒不履行,就可以依据法律对义务人采取强制措施。小额金钱执行和动产执行,不采取强制措施的情况,由行政机关进行执行,具有可行性。

此类执行的限定范围:部分执行标的为金钱的案件;不需要采取强制措施的案件;执行的行政机关是有能力负责执行的行政机关,即具备相应的执行能力和行政技术。对于执行过程中,涉及到需要采取强制措施的,由行政机关向法院申请,法院审查决定是否采取。

执行的行政机关一般是申请机关,对标的较大,被执行人有异议的可以事先组织听证,再决定是否予以签发令状让行政机关去执行。

起步阶段,倾向于案件范围不要太宽,暂定为个人罚款数额为2 000元以下,法人或者其他组织1万元以下,令状形式为支付令,在裁定准予执行之后签发给行政机关。如果效果很好,推广来看,可以将令状名称改为履行令,执行标的也可相应扩大:金钱数额提高一些,再把动产执行包括在内。但是,不动产强制执行,要严格排除在外。

(3) 过程性的令状——法院执行程序的辅助手段。类似民事调查令,不具有最后法律效果的、法院在执行程序过程中签发的令状、委托行政机关去调查或者实施其他行为。

在非诉行政执行过程中,由于案件事实不清楚或者出现其他情况,法院可以应当事人的申请,签发令状,作为辅助查明案情的手段。

3. 展望未来设立的行政执行令状——从立法完善角度

在借鉴美国民事执行令状制度、日本行政强制执行措施许可制度以及我国民事审判调查令制度和民事执行裁执分离的改革实践的基础上,笔者认为在未来完善立法的基础上,非诉行政执行程序中可尝试建立较为完整的行政执行令状制度。即执行法官原则上不直接参与行政执行强制措施的实施过程,只负责审查和签发行政执行强制措施的许可令,具体实施则交由行政机关,执行过程中涉及的相关实体和程序争议以及主体变更、追加等事项则又由对具体行政行为进行合法性审查的合议庭法官来处理。

(1) 行政执行令状制度的运作具体包括以下内容。

第一,行政强制执行程序的推动贯彻当事人主义,而非职权主义,以申请人申请执行令状为前提。为防止行政机关怠于行使权力、提高效率,应设定执行令状的申请时限和有效期限。逾期未申请则中止、终结执行程序。执行令状实施完毕,实施的行政机关应及时向执行法官报告并将材料移交执行法院。

第二,执行令状的种类[①]:调查令、冻结令、查封令、扣押令、划拨令、变卖令、拍卖令、传唤令、搜查令、罚款令、拘留令、强迁令等。执行程序实际上是围绕法庭所发出的各种令状进行的,各种执行措施或方式是与执行令状相对应的,执行令状的种类就表明执行措施的种类。其中,拘留令和强迁令,对行政相对人的财产和人身构成重大影响,签发这两项执行令状的时候,要慎重对待。该类执行令状应当由庭长组成的合议庭负责审查并签发。

第三,行政执行令状的内容:要载明所采取强制措施的价值、数额、有效期限、告知救济权利等具体内容。

第四,其他相关问题。执行通知书上面的自动履行期限,根据民事诉讼法第220条规定,由法院根据情况自行指定履行期限,在执行通知书上写明。

此外,应当把握一个原则[②],即直接强制措施由法院掌握,间接强制措施逐步通过立法完善的角度赋予行政机关,把法院从非诉执行的重压下解放出来,回归到审查地位上来。

(2)非诉行政执行的救济[③]程序。非诉行政执行一般是根据行政机关的申请而启动,在实践中,法院的审查申请没有具体行政行为相对人的参与,有可能造成错误的裁定。此外,行政机关在执行法院颁发的执行令状过程中亦有可能侵害行政相对人和案外人的权利。因此,为了避免权利的过度失衡,从保护相对人权利和行政公正原则出发,有必要建立相应的救济制度。笔者建议,结合我国司法改革实践,可以参照某些较为成熟的立法体例,建立我国非诉行政执行的救济制度:

第一,程序上的救济方法:上诉制度。对法院审查非诉行政执行案件过程中作出的某些裁定,确立上诉制度。可上诉的裁定范围包括:不予受理裁定、管辖权异议裁定以及准予强制执行和不准予强制执行的裁定。由执行当事人向负责

---

① 这里笔者仅对执行令状的种类进行简单列举,具体设立进展,还要与我国的法律制度完善相结合,需要一个循序渐进的过程。

② 原则方面还可以借鉴某些国家和地区在行政强制执行中确立的原则,如奥地利:最轻微原则,最低限度原则;德国:间接强制优于直接强制原则,比例原则,禁止夜间、星期日、法定假日实施执行行为;日本:代执行原则;英国、美国、中国香港地区:正当程序原则和自然公正原则;葡萄牙:确保义务履行原则,对当事人最小损害原则;中国台湾地区:法律保留原则,比例原则,救济原则;中国澳门地区:确保完全实现行政行为之目的原则,选择对私人权利与利益造成较少损失之方法的原则。参见胡建淼主编:《行政强制法研究》,法律出版社2003年版,第463页。

③ 各国对执行行为的救济模式一般包括三种:1. 行政救济型。以奥地利最为典型,当事人对执行行为不服,只能向行政机关本身提出审查请求,不能向司法机关提出救济请求。2. 司法救济型。通过法院的司法审查获得救济。英国、美国和中国香港地区采取此类。3. 行政和司法并重型。把执行行为视作行政处分(相当于中国的"具体行政行为"),故适用对"行政处分"的法律救济。参见胡建淼主编:《行政强制法研究》,法律出版社2003年版,第469页。我国对非诉行政执行的救济的法律规定并不多。有学者认为对非诉行政执行案件的审查,是对被执行人的一次救济机会,但是这种救济是一种附带、被动的救济。参见项新:《不同行政强制执行模式下法律救济之探析》,载《法律与社会》2001年第4期。鉴于"司法最终救济"的法治原则被各国的普遍认同,笔者倾向于对非诉行政执行的救济应完善司法救济途径。对签发执行令状后,行政机关的执行行为也要设置司法救济途径。

非诉行政执行案件审查的法院提出上诉,由该法院将案卷移交上级法院审查。上级法院在收到案卷之日起,对于不予受理裁定和管辖权异议裁定,在15日内作出最终裁定;对准予强制执行和不准予强制执行的裁定,在20日内作出最终裁定。

第二,实体上的救济方法①:一是执行异议②。执行当事人或利害关系人认为执行行为违背执行相关法律规定而请求执行机关为、不为一定行为或变更、撤销已为的行为。执行异议的范围包括:执行标的不能成为被执行标的;错列被执行人;执行命令与行政裁决内容不一致;使用的强制方法为法律法规所禁止。提起异议的方式:对实施执行令状的行政机关的异议向签发执行令状的执行法官提出,由执行法官审查;对执行法官的异议向审查行政行为合法性的合议庭提出,由合议庭审查。对提起异议的情况,审查机关应当在20日内,对异议作出最终决定,允许复议一次。二是执行回转。比照民事诉讼法的规定,建立非诉行政执行的执行回转制度。非诉行政执行案件已经执行完毕之后,原执行根据被撤销,可以适用执行回转。笔者认为,执行回转有两种责任承担方式,即返还财产和国家赔偿。返还财产方式包括:是款项的退还款项;是特定物的退还原物;不能退还原物的,可折款抵偿;回转的标的有孳息的,应一并执行回转。国家赔偿③的责任机关,要分情形来认定。具体行政行为经法院审查裁定后,由法院执行或者签发非诉行政执行令状由行政机关执行,基础行政行为被发现违法所导致的国家赔偿责任,一般由作出具体行政行为的机关承担。但是如果由于法院未尽到审查职责,而导致明显违法、明显缺乏事实依据、明显缺乏法律依据或者有其他明显损害被执行人合法权益情形的具体行政行为进入执行程序,应当由法院承担赔偿责任。

---

① 有学者认为,若注重执行程序的迅捷性,避免因司法救济而阻碍执行,则只要规定提起司法救济不停止执行就足够了,没有必要否定当事人的诉权。参见翁岳生主编:《行政法》,台湾翰芦图书出版有限公司1998年版,第885页。对非诉行政执行的司法救济进行完善立法时,也可以作为参考意见。

② 此处设置的执行异议救济,也与新修订的民事诉讼法的执行异议制度扩大执行异议主体的倾向保持了一致,将非诉行政执行中的执行异议主体界定为执行当事人、利害关系人。旧的民事诉讼法将执行异议的主体仅仅限定为案外人,太过狭窄,不利于保护公民的合法权益。

③ 《中华人民共和国国家赔偿法》第31条规定,"人民法院在行政诉讼过程中,对判决、裁定及其他生效法律文书执行错误的,造成损害的,赔偿请求人要求赔偿的程序适用刑事赔偿程序的规定。"可见,对于法院由于执行的原因造成的当事人的权益受损,是可以请求国家赔偿的。依此立法原理,对非诉行政执行当中出现的执行行为损害当事人权益的情形,也可以请求国家赔偿。

行政审判信访"困局"之应对

——试论行政诉讼信访风险评估机制的构建

张建国 邱 瑜*

（本文荣获2010年度全国法院系统学术讨论会三等奖）

一、问题：行政案件申诉上访高压态势的现实及原因

在社会转型阵痛期的当下，涉诉信访问题的突出已成为法院工作亟须正视和破解的一道实践难题。尤其是在行政诉讼中，作为"民告官"的制度终局平台，当事人申诉上访的高压态势业已成为行政审判的现实困局。

据统计，全国法院2009年刑事、民事和行政一审案件受案数为668.5万件，其中行政案件一审受案数为12.1万件，所占比重约为1.8%，但行政申诉上访案件却占全部申诉上访案件比重近18%。① "1.8%"和"18%"两个比重数的反差，正是说明了行政案件申诉上访率高位运行的态势。究其原因，笔者将其归结为主要存在三对矛盾。

（一）涉诉纠纷复杂性与司法裁判供给有限性的矛盾

当前社会正处在转型的关键期，转型期具有经济蓬勃发展、利益格局深刻调整和利益主体多元复杂等特点。此时，承担管理职能的行政主体与行政相对人之间的矛盾呈"井喷式"爆发，且呈现易发、多发、并发的复杂态势。作为"民"与"官"博弈的制度终局平台，行政诉讼机制承载的压力可以"生命不能承受之重"一词来表述。

一方面，涉诉行政纠纷的维度、深度和广度不断拓展，几乎涉及所有的行政管理领域和行政行为类型，当事人的诉求从人身权、财产权扩展到教育权、知情权甚至政治权利，有些纠纷在进入诉讼阶段时已呈矛盾升级、冲突锐化的状态。

* 张建国，上海市金山区人民法院研究室主任、审委会委员，四级高级法官，法律硕士；邱瑜，上海市金山区人民法院办公室法官，法学硕士。

① 全国法院2009年刑事、民事和行政一审案件受案数出自《人民法院工作年度报告(2009)》，载http://news.163.com/10/0714/07/6BHO70NO000146BC_4.html，行政申诉上访案件所占比重数出自《行政申诉上访案件占比达18% 最高法决定开展专项治理活动》，载http://news.sohu.com/20100523/n272285661.shtml，2010年5月28日访问。

另一方面,行政诉讼制度所承载的如许民众希冀与司法裁判有限的供给空间存在较大冲突。从行政审判软环境看,其实际作为空间与法律制度赋予空间有相当落差,这种落差是诉讼当事人难以理解和接受的,也是其采取信访手段的内在动因。

(二)当事人诉讼期望值高与司法审查度有限性的矛盾

应该说,民告官是需要勇气的,与其他诉讼相比,行政诉讼当事人的诉讼期望值更高,一旦判决结果与之前期望的不一致,由此产生的心理落差大,诉求表达反弹力也更强。以复议前置的行政诉讼案件为例,当事人在穷尽其他救济方式的前提下向法院提起行政诉讼,其实现诉求的期望值实已积攒至最大值。

而法律明确规定法院审查被诉行政行为时应以合法性审查为原则,合理性审查为例外,也就是说,行政诉讼的审查维度是有限的。在对部分行政申诉案件进行梳理时,笔者发现,有相当部分的当事人在提出申诉请求时认为一审和二审没有解决实际问题,法院在"捣糨糊",并据此判断存在"官官相护"的情况。这就说明,当事人在行政诉讼中的关注点并不限于行政行为合法与否,而更关注其认为权益受到行政行为侵害后,能否得到司法的救济和支持。此时,法律的专业视角与民众的素质视角发生错位,导致当事人转而"信访"不"信法",在诉讼制度框架之外寻求实现权益的途径。

(三)当事人诉求多样性与司法裁判方式有限性的矛盾

在审判实践中,诉讼当事人诉求的多样化和司法裁判方式的有限性之间的落差也是行政诉讼的制度"硬伤"。毕竟行政诉讼法颁行距今已近二十年,法律规范与社会现状难免脱节,法官在适法裁判时对于诉讼当事人诉求的回应会有"有心无力"之感。以工伤认定行政诉讼案件为例,法院只能以撤销判决的形式认定被诉具体行政行为违法,而不能直接作出变更判决。此时,行政相对人必须再次通过繁琐的行政程序申请工伤认定,甚至需再次启动司法程序才能实现权益,如此增加当事人的诉累,且可能引起当事人对司法的不满并采取其他激烈手段实现诉求。

二、应对:构建行政诉讼信访风险评估机制的现实需要

当前,行政审判面临当事人申诉上访现象突出和失范的现状,此时,司法的回应姿态是什么?应对举措有哪些?笔者认为,尽管法院在应对行政诉讼涉诉信访方面投入了大量人力、物力和财力,但应对之时多是在当事人采取信访行为之后,此时无论涉诉矛盾的冲突度还是当事人的情绪度都已发酵升级,化解纠纷的难度愈增。

笔者建议,可在行政诉讼一审程序中,建立行政诉讼信访风险评估机制,设计标准化评估流程,并与现有行政审判机制有效对接,将涉诉信访的解决时机和

端口前移，争取化解矛盾的主动时机，以补强行政诉讼协调化解机制的运作，并对法官依法作出裁判起辅助作用。

（一）行政诉讼信访风险评估机制概念

1. 风险评估

风险，从字面上解释，是指某一特定危险情况发生的可能性与后果的组合。根据经典的风险理论，风险一般应具有如下要素：① 事件（不希望发生的变化）；② 事件发生具有不确定性；③ 风险的影响（后果）；④ 风险的原因①。

“风险评估”概念源自风险管理理论，是指在风险事件发生之前或发生之后尚未结束之前，就该事件给人们的生活、生命、财产等各个方面造成的影响和损失的可能性进行量化评估的工作②。可见，风险评估的两个关键词：一是“量化评估”，二是“风险概率”。风险评估的目标是以最小的经济成本获得最大的安全保障效益，就是以最少的费用支出达到最大限度的分散、转移、消除风险③。风险评估过程可概括为，识别面临的风险，综合评估风险概率、等级和可能引发的负面效应，评估风险承受的能力，确定风险消减和控制预案，进入实施阶段，最后评估风险管理效果。为尽可能清晰地表述风险评估的过程，笔者将过程图示如下：

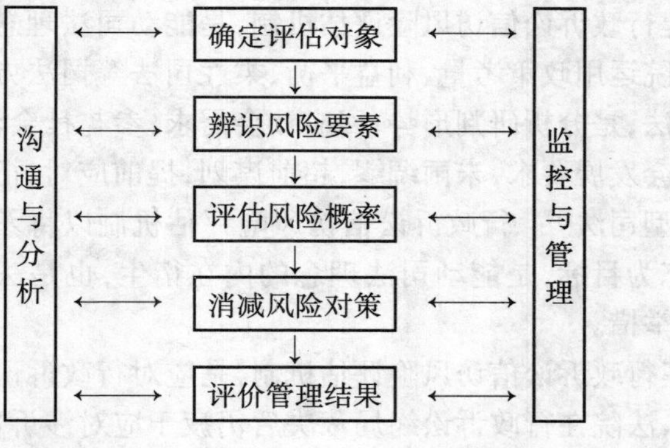

2. 行政诉讼信访风险评估

笔者对行政诉讼信访风险评估的定义，是将风险评估本体概念与行政审判工作特点糅合而得出。所谓行政诉讼信访风险评估，是指在行政审判过程中，由承办法官负责对行政诉讼案件审结后发生涉诉信访的可能性进行评估，确定风险概率和等级，并据此制定相应的风险消减预案，从而尽可能地预防和减少行政诉讼涉诉信访事件的发生。

---

① 参见高鹏：《企业风险管理理论与方法概述》，载http: //www. chinaacc. com/new/287_294_/2009_4_17_wa3553132825171490021104. shtml，2010年6月3日访问。

② 参见《百度词条》，载 http: //baike. baidu. com/view/863635. htm? fr = ala0_1，2010年6月6日访问。

③ 参见阎春宁：《风险管理学》，上海大学出版社2002年版，第207页。

3. 行政诉讼信访风险评估机制

笔者认为,行政诉讼信访风险评估机制应包括如下内容:① 信访风险评估目的和原则;② 信访风险评估主体;③ 信访风险评估对象;④ 信访风险评估内容;⑤ 信访风险评估程序;⑥ 信访风险评估方法;⑦ 信访风险等级评定;⑧ 信访风险的消减对策;⑨ 激励考量等。

(二) 构建行政诉讼信访风险评估机制的现实需要

创新是一个富有张力的辞藻。审判工作机制的创新是一个探讨性很强的话题,在对行政审判工作机制进行创新探讨之前,有两个问题是必须回答的:一是这种创新有没有现实必要性?二是这种创新有没有现实可行性?

1. 必要性分析

首先,构建行政诉讼信访风险评估机制,是和谐司法理念的必然要求。信访问题已经成为社会转型期之"伤",伤口之深不容小视,一旦失控,可能会演化成法治社会之"殇"。当前,法院成为社会矛盾冲突的"集散地",承担的涉诉信访化解压力愈增,这就要求法院出台更多务实性举措。建立行政诉讼信访风险评估机制,变"事后被动应对涉诉信访矛盾"为"事前主动评估涉诉信访风险",做到提前研判、提前预应,是行政审判应对涉诉信访高压态势的一项回应性探索。

其次,构建行政诉讼信访风险评估机制,是能动司法理念的内在衍生。能动司法应当是法院运用政策考量、利益平衡、柔性司法等司法方式履行司法审判职能的服务型司法;是分析研判形势,回应社会需求,参与社会治理的主动型司法;是根据经济社会发展要求,未雨绸缪,超前谋划,提前应对,把矛盾纠纷解决在萌芽状态的高效型司法①。行政诉讼信访风险评估机制以将矛盾纠纷解决在一审阶段、萌芽状态为目标,是能动司法理念的内在衍生,也是法院参与社会管理创新的一项务实举措。

再者,构建行政诉讼信访风险评估机制,是应对行政诉讼信访高压态势的实践尝试。当前,法院在行政诉讼终局裁决后仍疲于应对涉诉信访矛盾化解,长此以往,定会对行政审判制度造成难以弥合的制度伤口。而建立信访风险评估机制,在审判过程排查、评估、应对和管理涉诉信访风险,尽可能地在一审阶段消减信访风险,可自源头处减少当事人申诉上访行为发生的可能。

2. 可行性分析

对行政诉讼信访风险评估机制进行可行性分析,重点关注的是这项机制是否具有实务操作性,在实际运作中会否"水土不服"。本文将从如下三个方面分析:

首先,从行政案件受案数方面分析。与民商事诉讼案件相比,行政诉讼受案

---

① 参见《什么是能动司法?为什么要能动司法?》,载 http://www.gmw.cn/01gmrb/2010-05/13/content_1119469.htm,2010年6月7日访问。

数的绝对量较小,法官的审判任务压力相对而言不是那么繁重。从精力上看,对于行政诉讼个案法官是可以承担"精雕细琢"式的信访风险评估工作。

其次,从行政诉讼案件的审理期限方面分析。根据《行政诉讼法》第57条规定,法院应当在立案之日起三个月内作出第一审判决。也就是说,行政诉讼一审案件的一般审理期限为三个月。从三个月的审限看,法官在一审判决作出前有充足时间开展信访风险评估工作。

再者,从行政审判已有工作机制方面分析。当前,法官已在审判过程中开展矛盾排查和化解工作,只是未形成标准化的机制流程。建立信访风险评估机制,不是"先破后立"的革新,而是明确信访风险的量化评估和过程管理,如此不会打乱现有的行政审判机制框架,而能与现有审判机制实现对接,具有实务上的可推行和操作性。

三、探索:构建行政诉讼信访风险评估机制的几点设想

关于行政诉讼信访风险评估机制的构建,笔者拟从基础考量、静态考量、动态考量和激励考量等方面着手,对信访风险评估机制进行一些粗浅的设计与构想。

(一)基础考量:信访风险评估的目的和原则

1. 评估目的

信访风险评估的目的指向明确,就是通过信访风险评估机制的建立,将信访风险源的排查节点和预应端口前移,把握化解纠纷的主动权和时机,尽可能地降低行政诉讼案件的申诉率和上访率,实现案结事了的目的。

2. 评估原则

信访风险评估工作应遵循四点原则:一是科学评估原则;二是事先评估原则;三是全面评估原则;四是谁承办,谁负责原则。

(二)静态考量:信访风险评估的主体、对象及内容

1. 评估主体

依据"谁承办,谁负责"的原则,建立合议庭、行政庭庭长和分管院长的三级评估主体机制。应由承办法官根据案情、参照评估要素对一审行政诉讼案件进行风险评估,撰写风险评估报告,并逐级报庭长和分管院长审核,必要时报请本院审判委员会讨论决定。

2. 评估对象

风险评估对象关注的是将哪些案件纳入风险评估视野,出于审判能效考虑,应依据一定标准对案件进行筛选,否则评估工作量大且可能做无用功。笔者认为,拟启动信访风险评估的案件,可概括表述为重大、敏感、复杂或疑难的一审行政诉讼案件。但该表述多半逃不开宏大叙事的空泛之嫌,因而在概括表述基础上,仍需设立一定的筛选标准。

具体表述为：一是被诉具体行政行为是以当事人生活和生存权益为基本内容，如农村土地征用、城市房屋拆迁、劳动和社会保障等矛盾容易激化的民生类行政诉讼案件；二是在社会上有较大影响或公众关注度高的行政诉讼案件；三是与重大事件、重要时期紧密相关的行政诉讼案件，如世博会期间的涉世博行政诉讼案件；四是涉及诉讼当事人众多(5人以上)的行政诉讼案件；五是需要评估的其他案件。

3. 评估内容

风险评估机制的效果何如，在很大程度上取决于评估内容的设定是否精准、适当。笔者认为，评估内容可解构为两个层次，总体表述为“研判行政诉讼涉案矛盾的复杂和激化程度，评估引发后续信访风险的可能性”，并确定数个评估要素，以综合评定风险等级。主要评估要素为：一是对行政诉讼当事人的诉求分析；二是对被诉具体行政行为的分析；三是对客观因素的分析。具体如下表所示：

评估要素	具体指标	备注
诉讼当事人诉求分析	1. 行政行为是否触及相对人的基本权利(如生存权和发展权等)	通过对五项具体指标分别进行“是”与“否”的回答，综合评判该项评估要素风险存在“较高”、“一般”和“较低”等三种结果。
	2. 当事人情绪判断(言语是否过激、情绪是否激动)	
	3. 当事人是否属于老弱病残等弱势群体	
	4. 当事人是否存在亟待解决的实际困难	
	5. 是否存在行政诉讼第三人	
被诉具体行政行为分析	1. 行政行为合法性的初步评判	通过对两项具体指标分别进行回答，罗列“合法但不合理”、“不合法且不合理”、“合法且合理”三种组合，相应地评判该项评估要素风险存在“较高”、“一般”和“较低”等三种结果。
	2. 行政行为合理性的初步评判	
客观因素分析	1. 案件的社会关注度	通过对两项具体指标分别进行“高”、“一般”和“低”的回答，综合评判该项评估要素风险存在“较高”、“一般”、“较低”三种结果。
	2. 案件的社会敏感度(如重要节点、特殊时期的敏感度)	

(1)“诉讼当事人诉求”要素分析。设立“诉讼当事人诉求分析”的评估要素，主要是测试行政相对人对司法裁判的接受度和反弹力，重在对当事人诉求的

合理性、权益受影响程度、相对人自身情况和情绪表达进行初步评估和判断。基于相对人诉求要素的综合评估,可分别得出“较高”、“一般”和“较低”等三种评估结论。

(2)“被诉具体行政行为”要素分析。设立“被诉具体行政行为分析”的评估要素,主要是对行政行为的合法性和合理性作初步评判。审判现实中最大的问题在于“形式法治存在着制度与现实的巨大紧张”①。法官经常遭遇对合法不合理行政行为的裁判难题,突出表现为涉拆迁行政诉讼案件的高申诉率②。从制度上溯因,涉拆迁行政案件的问题多属拆迁立法或拆迁执法层面的合理性问题,超出合法性审查的界限,法院一旦判决维持,当事人对司法裁判的接受度极低。这种制度性缺位是申诉上访率高的潜在“推手”,当事人对此类判决的反弹力很高,其以民众朴素观点都认为是不合理的行为、法院却判决维持或驳回诉讼请求,背后必是“官官相护”,转而以信访不信法的途径来实现权益。

笔者认为,在风险评估时,法官应在合法性审查基础上,对行政行为的合理性作适度评判。当然,这种评判仅是法官初步的内心判断,作为风险评估结论的参考要素。对被诉行政行为的初步评估,可得出三种结论,合法不合理的行政行为对应的风险最高,不合法且不合理的行政行为风险次之,合法且合理的行政行为风险最低。

(3)“客观因素”要素分析。设立“客观因素”的评估要素,是基于全面评估的考虑,须在评估时一并考量汹涌的网络舆情和媒体报道对行政诉讼案件审理的影响力度,否则,评估的风险等级可能与实际风险有所出入。作为民告官的裁决平台,一些首例或重大的行政诉讼案件会在短期内成为公众关注聚焦点,网络舆情和媒体报道对案件的影响导向两种结果:一是正面报道引向的正向效应,二是负面或失实报道引向的负面效应。

我们设想当下对法院并不陌生的一幕:某一案情并不复杂、法律关系明晰的行政诉讼案件,在法院和法官未有预期的情况下引起媒体追逐和网络舆情关注,此时,短期发酵的舆情像一只“看不见的手”,会对法官审案造成巨大的语境压力。从个案看,如此法官处在被动境地,可能影响正常的审理和裁判结果,一旦裁判结果与舆情希冀结果相悖,愈为汹涌的舆情会成为当事人采取上访、闹访和缠访等非理性行为的“催化剂”,增加案结事了的难度。从长远看,将影响司法裁判的权威性,有损法院在公众视野中的形象。笔者认为,为避免因预期缺位而导致的被动,应将案件的社会关注度和社会敏感度纳入风险评估要素,对案件审理可能导致的负面效应作出充分评估,增强应对的主动性和预期性。

---

① 参见李辉:《论合理性审查在行政诉讼审判中的运用》,载 http://vip.chinalawinfo.com/NewLaw2002/Slc/SLC.asp? Db = art&Gid = 335576104,2010 年 6 月 12 日访问。

② 据统计,2008 年度最高院立案审查的行政申诉案件中,涉拆迁行政案件占 59.26%,2008 年度上海法院受理的行政申诉案件中,涉拆迁行政案件占 45.96%。

(三) 动态考量:信访风险评估的阶段、方法、程序、风险等级评定及风险消减对策

1. 评估阶段

关于信访风险评估的阶段,笔者认为,前端界定为立案之后,后端界定为裁判作出之前,在立案后、裁判作出前的域度内实行全程评估。

2. 评估方法

风险管理学上通用的评估方法包括基于知识的评估方法、基于模型的分析方法、定性分析和定量分析等①。笔者认为,行政诉讼信访风险评估的方法应是基于知识的评估方法和定量评估的组合运用。具体来说,就是适度的量化评估加上法官理性判断的组合,法官参照风险评估要素和具体指标进行量化评估,同时结合案件实际情况和审判经验得出评估结论。需指出的是,行政审判不是精准的逻辑演算,因诉讼案件类型复杂、案情差异大,因而量化评估只能是适度的,在量化基础上法官的经验和直觉十分重要,因为"法律的生命不在于逻辑,而在于经验"②。

3. 评估程序

笔者选取数个风险评估规范作为样本,经比对发现风险评估程序相对固定。在参照基础上,本文对风险评估程序设计如下:一是确定风险评估对象。承办法官认为该案需进行风险评估的,逐级报庭长和分管院长,确定是否开展该项工作。二是撰写风险评估报告。承办法官参照相关评估要素对该案进行风险评估,初步评定风险等级,报庭长审核。三是制定风险应对预案。根据风险等级评定的高低,承办法官提出相应的风险消减和应对预案,报庭长审核,进入实施阶段。四是评估风险管理效果。在案件审结后,庭长对风险评估效果进行评判并报分管院长。对于评估中初评和审核程序的分离,基于两点考虑:一是增加审核这道工序,可提高风险等级评定的科学性和审慎度;二是行政诉讼案件的受案数相对较少,如此数度的初评和审核应在法官可接受的工作量范围内。

4. 风险等级评定

信访风险等级评定,是法官在定量分析与经验判断的基础上,分析个案的信访风险概率及可能衍生的负面影响,综合评定信访风险等级。笔者尝试将信访风险从高到低划分为一级信访风险、二级信访风险、三级信访风险,并与三项风险评估要素的结果相呼应。但因信访风险难以精准分值方式计算,评定的风险等级域度也只以描述式语言来解析。

一级信访风险为最高风险等级,对应的是三项风险评估要素评判均为"风险较高"的累加情况。此时,诉讼当事人在情绪表达和利益实现的内在驱动强,被

① 参见《百度词条》,载 http://baike.baidu.com/view/863635.htm? fr=ala0_1#4,2010 年 6 月 14 日访问。

② 参见[美]霍姆斯著:《普通法》,冉昊、姚中秋译,中国政法大学出版社 2006 年版,第 2 页。

诉具体行政行为存在合法但不合理状况，该案的社会关注度和敏感度较高，此类案件处理难度很高，一旦处理不慎，当事人申诉上访的后续行为几能预见，且案件可能因舆情的渲染和助推导致法院裁判的公正性受到质疑和非难。

因二级信访风险的域度描述存在难度，笔者采取排除法来描述，即除去一级风险和三级风险所涵盖域度，余下风险域度均在二级风险范围内。三级信访风险为最低风险等级，对应的是三项风险评估要素评判均为"风险较低"的累加情况，此时，诉讼当事人在情绪和诉求表达的激烈度较低，被诉具体行政行为初步评判属合法且合理状况，该案的社会关注度和敏感度较低，法官可在依法裁判同时加强释明，妥处结果可能导致的后续信访行为几率较小。

5. 风险消减对策

如果将风险评估比作中医诊断的话，那么排查和评估是望闻问切式的"问诊"，真正对症下药"出方"的是提出风险消减对策。为使消减对策尽可能地具有对症的可行性，其须与风险源描述、等级评定状况相匹配，同时与现有行政审判机制有效衔接，不能离开制度框架进行"天方夜谭"式的臆想。具体为：

对于评定为一级信访风险、极易引发当事人申诉上访的行政诉讼案件，法官应坚持高度审慎稳妥的原则，尽可能地将此类案件导致行政诉讼协调化解机制的途径上来，为诉讼当事人提供利益对话和博弈平台。通过向相关部门发送"协助化解矛盾建议函"，同时附上法院编制的信访风险评估报告书，为化解突破口的寻找和协调的成功率强化可能性。在案件疑难复杂、协调难度较高情况下，应及时向本院审委会报告，并积极寻求上级法院和同级党委、人大的支持，以形成钝化矛盾、化解纠纷的强化合力。

对于评定为二级信访风险、可能引发当事人申诉上访的行政诉讼案件，法官应根据案件实际情况，在"调"与"判"间作出谨慎的经验选择，此类案件仍应优先考虑协调化解机制的运用，并尤其注重行使法官释明权。

对于评定为三级信访风险、不容易引发当事人申诉上访的行政诉讼案件，法官可在"调"和"判"间作出一般的经验选择，并以法官释明的方式对当事人情绪进行管理，尽可能兼顾行政审判效率与效果。为行文清晰之目的，笔者试图将消减对策与风险等级一一对应，需指出的是，在信访风险消减对策管理中，有两点对策是通用的：一是注重行政诉讼协调化解机制的运用，二是注重法官释明权的运用。

（四）激励考量：与行政审判绩效考核机制的衔接

行政诉讼信访风险评估机制的预判和预警效应是正向的，但这在客观上增加了行政庭法官的工作量和压力。工作压力与工作激励应是比肩而行的。笔者提一个不成熟的想法，就是将行政诉讼信访风险评估机制与行政审判绩效考核机制对接起来，通过建立台账方式，有效管理法官在信访风险评估中的工作量和效果，以适当形式在行政审判绩效考核机制中得以体现，增强法官开展此项工作的能动性,更好地体现法官工作价值。

结 语

行政诉讼信访风险评估机制的构建,是直面当前行政审判现实困局的一种实践思考。依笔者之浅见及数千字之文章,无法对该机制进行深刻而全面的探讨。临末搁笔,仍存些困惑,如信访风险等级的评定标准如何更加直观和量化?信访风险评估的程序如何更加完备和科学?信访风险的消减对策如何更具针对性和操作性?行政诉讼信访风险评估机制的建立对于其他诉讼类型是否具有普视的借鉴价值?面对这些未知困惑,谨以牛顿先生“未知的大海,让一切事物躺卧在我眼前,任我去探寻”之名言勉励自己。

隐形的"法律"
——行政诉讼中其他规范性文件的异化及其矫正

沈敢峰　王庆廷[*]

（本文荣获2010年度上海法院系统学术讨论会优秀奖，发表于《现代法学》2011年第2期）

一、隐形的法律：对其他规范性文件的实证考察

（一）考察对象及方法

基于条件限制，笔者仅以上海法院系统为考察对象，并采用以下各有分工、互为补充的实证方法，力求"窥一斑而知全豹"。

1．案例统计

目的在于发现"法官实际是怎样做的"，着眼于"真实性"考察，因为案例是"尘封的历史"。笔者从《上海法院30年经典案例(1978—2008)》和2005—2009年的《上海法院案例精选》刊载的109个行政案例中①，梳理出30个涉及其他规范性文件的案例。所选案例涉及多个行政领域（表1），涵盖多数行为种类（表2）。相关的其他规范性文件多达54个，且身份大都是被诉具体行政行为的依据（表3）。作为典型案例，它们在承载"滴水光辉"的荣誉同时，反映的问题也会有"见微知著"的放大效应。

表1　行政领域分布情况

行政领域	劳保	工商	房地	税务	公安	卫生	金融	版权	教育	交通	规划	检疫	安监	质监
案例数量	6	4	3	3	2	2	2	2	1	1	1	1	1	1
文件数量	13	5	6	4	2	4	3	3	1	2	1	1	3	6

* 沈敢峰，原任上海市金山区人民法院行政庭庭长，现任金山区政府法制办公室副主任；王庆廷，上海市金山区人民法院研究室法官，法学硕士。

① 分别由人民法院出版社和上海人民出版社公开出版。

表2 具体行政行为种类情况

行为种类	行政处罚	行政确认	行政许可	行政征收	行政给付	行政奖励	行政裁决	行政复议	行政赔偿
案例数量	9	8	3	3	2	2	1	1	1
文件数量	16	12	8	5	3	3	4	2	1

表3 其他规范性文件的身份情况

身　份	被诉具体行政行为的依据（被告提供）	反驳行政机关的依据（原告提供）	案件裁判的依据（法官找法）
数　量	40(74.1%)	11(20.4%)	3(5.5%)

2. 问卷调查

目的在于了解“法官内心是怎么想的”，着眼于“可能性”考察，因为“言行不一”也是人之常情。笔者设计了一份调查问卷，共有26个题目，涉及对法律条文的理解、现实状况的判断、预设情境的选择等方面。然后发放50余份，最终回收40份，基本上覆盖了上海法院行政法官的三分之一。

3. 深度访谈

目的在于知悉一些细节和“内幕”，着眼于“补充性”考察。为此，笔者与几位行政法官进行了数次涉猎广泛且耗时长久的“聊天”。

(二) 问题归纳与分析

1. 审查的意识和勇气不足

这是问卷调查反映的问题之一。

第一，从审查的立场来看，大部分法官并非旗帜鲜明，而是对中庸式的“具体问题具体分析”青睐有加(表4和表5)。

表4 对于其他规范性文件，您认为是否应当审查？

选　项	应　当	不应当	具体问题具体分析
人　数	17(42.5%)	3(7.5%)	20(50%)

表5 审理时涉及其他规范性文件，您是否会审查？

选 项	一定会	不 会	一般会	具体问题具体分析
人 数	5(12.5%)	3(7.5%)	12(30%)	20(50%)

第二，从审查的动因来看，不少法官秉持“多一事不如少一事”的心态。在不考虑其他因素的情况下，如果当事人没有异议，近一半的法官(16人，占40%)“不会审查”；即使当事人有异议，也有不少法官(15人，占37.5%)“不一定审查”；另外，即使自己感觉其他规范性文件有问题，亦有部分法官(8人，占20%)

“不会主动审查”。

第三,从审查的勇气来看,大多数法官(24 人,占 60%)有行政级别的顾虑,即对级别高于法院的行政机关发布的其他规范性文件倾向于不予审查,直接认定。且顾虑程度与级别高低呈现正相关态势,级别越高,顾虑越大。

另外,部分法官(11 人,占 27.5%)承认所在法院与行政机关签署过(或形成了)类似承认其他规范性文件效力的内部文件(或传统惯例)。可见,承认效力在一定程度上已成了实践中的“活法”①。

2. 审查的力度和广度不够

这是问卷调查反映的问题之二。

就审查的内容来看,不够广泛。首先,从合法性审查来看,大多数法官在主张审查内容的合法性同时,相对忽略了主体、权限和程序的合法性(表 6)。其次,从合理性审查来看,绝大多数法官(25 人,占 62.5%)“不会审查”。

表 6 对于其他规范性文件的合法性,您会审查哪些方面?(可多选)

选　项	制定主体是否适格	制定权限是否越权	制定程序是否合法	内容是否合法适当
人　数	27(67.5%)	27(67.5%)	23(57.5%)	40(100%)

就审查的力度来看,有待加大。① 就审查方式而言,多数法官(21 人,占 52.5%)会“被动审查”,即主要让被告说明合法的理由,然后由法官确认。出于被告自我防卫的本能,审查力度自然会大打折扣;② 对于一些具有重大瑕疵的其他规范性文件——如缺少明确的上位法依据(23 人,占 57.5%),没有向社会公布(11 人,占 27.5%)——不少法官仍会“认可”其效力;③ 对于审查结果,大部分法官在裁判文书中“不予公开”或“选择性公开”(表 7);④ 遇到被诉具体行政行为依据的其他规范性文件违法时,绝大多数法官(32 人,占 80%)倾向“案外和解”而非“直接下判”;⑤ 在审查过程中有偏行政机关的倾向。比如,部分法官在法律法规规章与合法的其他规范性文件之间,以有利于行政机关为适用原则(表 8);再如,大部分法官(29 人,占 72.5%)在行政机关没有提供作为依据的其他规范性文件时,不会直接判其败诉;⑥ 在所有参与调查的法官生涯中,没有一例因其他规范性文件违法而致行政机关败诉的案件。

表 7 对于其他规范性文件的审查结果,您会在裁判文书中如何表述?

选　项	一般会明确表述	一般不会表述	合法的,会表述;不合法的,不表述
人　数	6(15%)	10(25%)	24(60%)

① 参见[奥] 埃利希著:《法社会学原理》,舒国滢译,中国大百科全书出版社 2009 年版,第 20 章“活法的探究”部分。

表8　法官选择适用法律时偏向行政机关的情况

问　　题	选　项	人　数
在法律法规规章对行政机关有利,而合法的其他规范性文件不利时,如何处理?	根据前者做出裁判	37(92.5%)
在法律法规规章对行政机关不利,而合法的其他规范性文件有利时,如何处理?	根据后者做出裁判	9(22.5%)

3. 回避审查成为实践常态

这是案例统计反映的问题之一。

30个案例54个其他规范性文件中,原告在7个案例中提出异议,涉及8个(14.8%)文件(表9)。而法院在8个案例中予以了审查(其中7个系原告有异议,还有一个是原告在行政复议中有异议,法院认可了复议结果),对9个(16.7%)文件作出了效力认定,认定结果均与原告异议相反(表10)。对其余45个(83.3%)文件则回避审查,没有评判。

表9　原告的异议情况

异议内容	与上位法抵触	相互冲突	适用不当	没有公开
文件数量	4(7.4%)	2(3.7%)	1(1.9%)	1(1.9%)

表10　法院的认定情况

认定内容	合法有效	不抵触	不冲突	已经公开
文件数量	4(7.4%)	2(3.7%)	2(3.7%)	1(1.9%)

可见,就司法实践而言,法官一般不会主动审查;一旦原告提出异议,法官一般也会予以审查回应:就审查内容来看,大都对应于异议内容,且基本拘泥于内容的合法性;就审查力度而言,往往“点到为止”,明确作出“合法有效”这样全面的效力认定较少。

比回避审查更进一步的是对其他规范性文件不理不睬,代之以直接适用其他法律,以程序违法回避实体处理等方式作出裁判。法院在6个(20%)案例中采取了这一态度,涉及10个(18.5%)其他规范性文件,且5个案例是被告败诉。可见,如果不用审查就可对被诉具体行政行为作出判断——特别是否定判断时,法院一般不会关注其他规范性文件的效力。

4. 实际适用成为惯常做法

这是案例统计反映的问题之二。

30个案例54个文件中,有21个(70%)案例实际适用29个(53.7%)其他规范性文件。既有直接适用,即直接以其他规范性文件为依据,判断被诉具体行政行为的合法性;也有间接适用,即先对其他规范性文件进行解读(解释),再以其为依据,判断被诉具体行政行为的合法性(表11)。

在适用时,10个(33.3%)案例使用了"按照"、"参照"、"根据"等字眼,可见在一定程度上其他规范性文件与法律法规规章的地位趋于类似。

在适用中,也存在偏行政机关的倾向:一是对被告的违法行为予以宽容,特别是程序性违法;二是选择性适用,即在法律法规规章与合法的其他规范性文件之间,适用对被告有利的规定。有4个(13.3%)案例存在此类明显偏向。

表11 法官适用其他规范性文件的情况

适用情况	实 际 适 用		没有适用
	直接适用	间接适用	
案例数量	15(50%)	6(20%)	9(30%)
文件数量	22(40.7%)	7(13%)	25(46.3%)

从其他规范性文件所处的裁判文书位置看,全部在裁判理由或事实认定部分,没有一个出现在判决主文中。可见在形式表述上,其他规范性文件和法律法规规章还是有一定区别的。

此外,根据深度访谈,实践中部分其他规范性文件,比如公安机关作为处罚标准的内部文件,可能并不出现在裁判文书中,审理中也不质证或审查,但在很多情况下,法官内心会采信并作为裁判依据。

5. 一个敏感而可能的结论

行文至此,似乎可以得出一个敏感但又可能接近现实的结论:总体而言,在当前的行政诉讼实践中,法官对其他规范性文件基本不予审查,即使有审查的过程,也往往缺乏审查的力度。这在一定程度上使得其他规范性文件取代法律法规规章,成为实际的审理依据。换言之,其他规范性文件在行政诉讼中异化为"隐形的法律",无"法律"之名但行"法律"之实。虽然此结论对行政法官来讲可能"有失颜面",但在问卷调查中,依然有超过一半的法官(21人,占52.5%)表示认同。

这一结论令人失望,让人忧虑。说句"危言"但不"耸听",长此以往,会引发诸多负面影响,造成各方"共输"的局面:

首先,立法被架空。法律会止步于纸面,变成"死"法,在法律→法规→规章→其他规范性文件的链条传递中,法律的辐射力会逐步弱化,甚至归零;

其次,司法会异化。法院的"中立审判"变为行政机关的"内部找茬",法院成了陪衬,法律成了摆设,失去监督的意义。而法官在一味迁就行政机关的过程中,也会逐步丧失公正司法的智慧和勇气;

再次,依法行政变成依"令"行政。由于缺少法律的统领,违法土政策层出不穷,大局地方化花样百出,其他规范性文件相互之间以及与上位法之间的冲突屡

见不鲜,行政机关将陷入执法任性和执法混乱的泥淖;

最后,行政相对人权益受损而得不到救济的几率大大增加。"在行政管理中对社会发生效力的文件,85%都是各级政府的非法律规范性文件"①,其间往往存在程度不一的理念缺失、职权滥用、内容不当、程序失范等问题②,甚至会出现不少"恶法"③。而有问题的其他规范性文件在经过行政诉讼的程序后,依然不会有所改变,继续"遗毒"社会。

二、同情与诘难:疏于审查背后的原因辨析

如此疏于审查,既让人"哀其不幸",需报以同情;也使人"怒其不争",需予以诘难。

(一)法律:模糊 VS. 明确

在相当长的一段时期内,其他规范性文件的身份、地位、效力等方面的规定或缺位,或模糊,无疑在一定程度上影响了审查。但是梳理相关规定,却发现这并不足以成为疏于审查的坚实理由。

1. 缺位的法律

1989 年的《行政诉讼法》只是将其他规范性文件排除在受案范围之外(第 12 条),没有涉及对法院的约束力。但是从该法将其定位于准证据的身份来看(第 32 条),可推断出隐含的审查权,因为审查证据是法官的职责。

2. 模糊的司法解释

《关于执行〈中华人民共和国行政诉讼法〉若干问题的解释》(法释[2000]8 号)规定,人民法院审理行政案件,可以在裁判文书中引用合法有效的规章及其他规范性文件(第 62 条)。由此也可推断出隐含的审查权,因为其他规范性文件是否合法有效,离不开法官的审查评判。但该解释回避了《行政诉讼法》中的"依据"和"参照",创设了模糊的"引用"④,且把规章和其他规范性文件并列,引发了不少争论⑤。

3. 相对全面和明晰的"准司法解释"

《关于审理行政案件适用法律规范问题的座谈会纪要》(法[2004]96 号)是迄今为止最为全面和明晰的规定。其中在"关于行政案件的审判依据"部分明确规定其他规范性文件"不是正式的法律渊源,对人民法院不具有法律规范意义上的约束力",同时也赋予法院以下职权:

---

① 郝永伟:《地方人大急需加强对非法律规范性文件的审查》,载《人大研究》2009 年第 8 期。

② 参见郑旭辉:《论行政规范性文件体系的缺失与规范》,载《西安电子科技大学学报》2009 年第 2 期。

③ 如对未初中毕业的不办理结婚登记,投资 1 000 万以上的闯红灯不受罚。参见吴兢:《让公众有权状告"红头文件"》,载 2007 年 4 月 18 日《人民日报》。

④ 参见叶必丰:《行政规范法律地位的制度论证》,载《中国法学》2003 年第 5 期。

⑤ 参见林庆伟、沈少阳:《规范性文件的法律效力问题研究》,载《行政法学研究》2004 年第 3 期。

（1）审查权。其他规范性文件的合法性（是否合法有效）与合理性（是否合理适当），只有经过法院审查才能作出认定。

（2）评述权。在法律文书的裁判理由部分，法院可以展示审查的过程、结果和理由。

（3）适用权。对于审查后的其他规范性文件，如果有问题，法院可拒绝适用；如果没问题，法院也并非必须适用，特别是在仅靠法律法规规章就能作出裁判的情况下。

（4）有限性。一是对象有限，法院审查的其他规范性文件必须与被诉具体行政行为有明确关联；二是效力有限，法院对其他规范性文件的审查仅具有个案效力，对于行政机关没有当然的普遍拘束力。因为根据当前的司法体制，法院还无权在裁判文书中直接对其他规范性文件予以撤销、变更或责令行政机关废止、修订，进而"产生法律上的形成力"①。

4．其他配套规定的掣肘

比如规章与其他规范性文件难以辨别，直接影响审查力度：一是发布形式混同。1987年和1993年的《国家行政机关公文处理办法》均规定发布规章适用命令（令）或通知②，而很多其他规范性文件也是以通知发布的；二是法定名称重合。根据《规章制定程序条例》，规章一般称"规定"、"办法"（第6条）。而根据《上海市行政规范性文件制定和备案规定》（下称《上海规范性文件规定》），其他规范性文件一般称"规定"、"办法"、"细则"、"决定"、"通告"（第8条）。当然与审查方面的规定相比，配套规定的掣肘有些"小儿科"，自然更不足以成为疏于审查的"挡箭牌"。

（二）知识：专业 VS. 通俗

不少法官认为其他规范性文件涉及的专业门槛较高，常人难以理解，出于对知识权威的尊重而对审查心有余力不足。这一理由貌似充分，实际也站不住脚。

虽然行政案件涉及面广、专业性强，但法官不能因为知识匮乏而放弃裁判。为此，除了自己"充电"外，法律其实已铺就了两条捷径：一是庭审程序。其价值就在于让模糊变得明晰，复杂变得简单，晦涩变得明白，专业变得通俗。因此在庭审中，法官要有驾轻就熟的能力，以让双方当事人全面而充分地陈述、举证、质证和辩论。其实，这与陪审的道理是一样的，如何让不懂法的陪审员有能力处理专业案件，答案就是"依靠当事人双方或者控辩双方的法庭举证和辩论行为将法律事实作生活化处理来解决"③。二是专家证人。《关于行政诉讼证据若干问题

---

① 参见江必新、梁凤云著：《行政诉讼法理论与实务》，北京大学出版社2009年版，第1061页。

② 2000年的《国家行政机关公文处理办法》已将发布规章的形式统一为命令（令）。

③ 参见高一飞：《陪审制的根本目的是防止政府压迫人民》，载 http://www.dajunzk.com/peishen.htm，2010年6月1日访问。

的规定》(法释[2002]21号)设置了专家证人制度,对被诉具体行政行为涉及的专门性问题,当事人可以向法庭申请由专业人员出庭说明。必要时,法庭也可以通知专业人员出庭说明,甚至组织他们对质(第48条)。可见,如果真的遇到了棘手的专业问题,还可以请专家证人作出通俗化解释说明。

(三)地位:强势VS.弱势

根据宪法规定,政府和法院都由人大产生向人大负责,两者地位是平等的,但现实架构却是强政府弱法院:法院不仅在级别上要低于政府,而且人财物受制于政府。在访谈中,更有法官笑言,法院就是政府的"审判管理局"。如此一来,角色的附庸和地位的弱化,使原本法院对政府的监督与制约更多时候成了服务与配合。在此背景下,法官畏惧于压力和退缩于阻力似乎也情有可原。但这也并非一个坚实的理由,因为自《行政诉讼法》实施以来,行政机关败诉早已不是什么新鲜事,就以笔者所在法院为例,行政机关败诉率在1998年甚至高达80.7%。而审查只不过是裁判过程的一部分,并不意味着行政机关当然败诉。况且这本来就是法官的职责,理应有所作为,有所担当,否则便是失职。

三、柔性的体系:实用主义视角下的审查机制建构

对于其他规范性文件,不仅当前的审查方式十分有限,实际的审查效果也不尽如人意。为此,也有不少学者提出了司法审查的理想建构①,但是基于特殊国情,可以合理预见在相当长的一段时期内,完全意义上的司法审查制度——法院可以直接对其他规范性文件(甚至规章)予以审查且审查结果对行政机关有普遍约束力——恐难以建立。这在问卷调查中也已得到证实,绝大多数法官(33人,占82.5%)认为由于各种阻碍(表12),当前建立司法审查制度的时机并不成熟。在司法审查制度缺位的巨长空白时期,如何让法院在行政诉讼中回归监督和制约行政机关的职责,让其他规范性文件不再成为"隐形的法律",无疑是值得认真思考的问题。道路可能不止一条,方法也许不止一个。以笔者之见,在实用主义的视角下,建构一套柔性的审查体系是可行的替代之选②。

表12 您认为当前对其他规范性文进行司法审查的主要障碍有哪些?(可多选)

选　项	强行政弱司法的政治体制	法官的素质和能力不匹配	会给行政机关带来诸多难题(比如法院的认定有无溯及力,行政机关应否赔偿)	《行政诉讼法》对于司法审查没有明确授权
人　数	36(90%)	21(52.5%)	21(52.5%)	23(57.5%)

① 如陈高英:《试论行政规范性文件的司法审查》,载《福州党校学报》2002年第3期。又如胡锦光:《论中国司法审查的空间》,载《河南社会科学》2006年第5期。

② 问卷调查也涉及柔性审查的部分内容,得到了绝大多数法官(31人,占77.5%)的认可。

(一) 实用主义视角下的三个原则

作为一种哲学流派,实用主义产生于19世纪70年代的美国。发展至今,已经具有相当的影响力,广泛渗透于包括法律在内的各个领域。作为一种学术的、生活的哲学,它区别于"有钱能使鬼推磨"之类为达目的不择手段的庸俗标准,也不是趋于功利和走向虚无的哲学。它崇尚务实,但在力所能及的范围内,仍会将"认识事物的本真"视为"值得奋斗的理想"①。作为一种强调改进和行动的哲学,它提倡"思考事物而不是思考语词","首先是指一种处理问题的进路,它是实践的和工具性的,而不是本质主义的;它感兴趣的是什么东西有效和有用,而不是这'究竟'是什么东西。因此,它是向前看的,它珍视与昔日保持连续性,但仅限于这种连续性有助于我们处理目前和未来的问题"②。因此以实用主义为视角,意味着秉持三个原则:

1. 操作上的可行性

本着务实的态度,设计的方案不一定尽善尽美,但要切实可行;依据的理论不一定宏大高深,返璞归真更好。

2. 效益上的低成本

将考虑效益视为美德,充分利用现有各类资源,向其借力,予以衔接,或进行改良,尽量避免另起炉灶,推倒重来。

3. 方式上的渐进性

"摸着石头过河",进度上要循序渐进,范围上要逐步铺开,不刻意追求毕其功于一役。同时注意方法的柔和与灵活,尽量不与现实体制激烈碰撞。

(二) 柔性的审查体系

1. 诉讼外的能动介入

其他规范性文件进入诉讼前,法院可以提前介入能动"审查",以防患于未然。

(1) 两个阶段。一是在其他规范性文件制定完毕之前,特别是在调研起草阶段,行政机关可以主动听取法院的意见和建议,具体可以采取书面征求意见或者召开座谈会、论证会、听证会等形式,而法院亦可主动提出意见和建议;二是在其他规范性文件制定完毕之后,行政机关可以通过发布通知、送达传阅等方式让法院知悉文件内容,如果发现问题,法院亦可提出意见和建议。

(2) 三点要求。一是确保信息沟通的及时充分,对此法院和行政机关可以通过联合发布文件、签署会谈纪要、形成内部惯例等方式提供制度保障;二是同等对应原则,即征求意见的行政机关和提出建议的法院的级别一般应是同等的,且相互对应,不牵涉其他机关;三是建议的非正式性,毕竟还未进入诉讼程序,因

① [美]卡多佐著:《司法过程的性质》,苏力译,商务印书馆2003年版,第65页。
② [美]波斯纳著:《超越法律》,苏力译,中国政法大学出版社2001年版,第4页。

此这里的建议一般是非正式的,可视情灵活操作。

(3)实践支持。诉讼外的能动介入既符合当前的能动司法理念,也有实践资源的支持。如根据《上海规范性文件规定》,起草规范性文件,起草部门应当听取相关机关、组织和管理相对人或者专家的意见(第12条),而公民、法人或者其他组织对文件草案内容提出意见和建议的,起草部门应当予以研究处理(第13条)。再有,法院和行政机关也可以出台一些考核激励措施,提升"审查"的意识和水准。

2. 诉讼中的柔性处理

其他规范性文件进入诉讼后,法院可以根据审查结果采取不同的处理方式。

(1)承认效力并予以评述。法院经审查认为其他规范性文件合法有效且合理适当的,要在裁判文书中明确承认其效力,并适当展示审查的过程、内容和理由。如此做法既符合当前的规定,又支持了行政机关依法行政,还打消了行政相对人的疑虑,可谓一举三得。

(2)和解撤诉+司法建议。

第一,整体步骤。法院经审查认为其他规范性文件有问题的,要采取两步走的策略:首先要尽力促成双方当事人的案外和解进而以撤诉结案;其次,结案后要向有关机关发出司法建议。如此做法既维护了行政相对人的权益,又顾及了行政机关的颜面,还有望使有问题的其他规范性文件得以改观,也是一举三得。

第二,司法建议的格式和内容。此处的司法建议是以法院名义制定的正式文书,要有专门的文号和规范的格式。具体内容有以下部分:① 审查动因,注明案号并简介案情;② 审查过程,包括审查(审核)主体,审查方式等;③ 审查结果,即是否超越制定机关法定职权,内容是否与法律、法规、规章和国家政策相抵触,具体规定是否适当,是否与相关的规范性文件协调、衔接,是否违背法定程序;④ 审查建议,即撤销、变更、废止、修订或其他;⑤ 回复要求,让被建议机关以适当方式予以反馈。

第三,司法建议的制发程序。司法建议的制定机关为审理案件的法院。为慎重起见,具体先由合议庭拟定司法建议,再由行政庭讨论,最后由审判委员会通过。

对应其他规范性文件的制定机关,司法建议的发送需要遵循一定的位阶原则:

对于中央行政机关(国务院及其部门)发布的其他规范性文件,一般由最高人民法院向全国人大常委会、国务院及其(制定文件的)部门发出司法建议;

对于省级行政机关(省级政府及其部门)发布的其他规范性文件,一般由高级人民法院向省级人大常委会、省级政府及其(制定文件的)部门发出司法建议;

对于市级(含)以下行政机关(市级以下政府及其部门)发布的其他规范性文件,一般由中级人民法院向市级(含)以下人大常委会、市级(含)以下政府及其(制定文件的)部门发出司法建议。①

对应于上述位阶原则,如果司法建议的制定机关与发送机关为同一法院的,则由该法院在制定完毕后直接向有关机关发送;如果制定机关与发送机关不是同一法院的,则在司法建议制定完毕后,由负责制定的法院逐级向负责发送的法院提起发送建议,负责发送的法院在审核后再向有关机关发送。

第四,司法建议的效力保证。至于司法建议的效力问题,可以从两个方面解决:

一是现有法律资源的支持。如根据《各级人民代表大会常务委员会监督法》,县级以上地方各级人大常委会可以对本级政府发布的决定、命令进行审查,认为有不适当情形的,有权予以撤销(第30条)。而法院的司法建议可以与此衔接,向人大常委会提出审查建议,从而使有问题的其他规范性文件名正言顺地进入人大(立法)机关系统的法定审查程序。再如,根据《上海规范性文件规定》,对于公民、法人或者其他组织对规范性文件提出的书面建议,备案监督机关或制定机关应当予以核实。如果发现规范性文件存在问题的,则可以由备案监督机关直接予以撤销或改变,亦可由制定机关自行改正或撤销(第34条)。而法院的司法建议显然符合该规章的规定,可以使有问题的其他规范性文件光明正大地进入行政机关系统的法定审查程序。

二是法院和政府的联合推动。具体方式可以"八仙过海,各显神通",最好出台一些操作性较强的考核激励措施,并逐步规范化、制度化,同时要取得党委、人大、政协等机关的支持。此外,最高人民法院可以制定一个长远规划,选几个地方作为试点,由点及面逐步推动,待时机成熟后可建议立法将其上升为一项有中国特色的"司法审查"制度。

结 语

在行政诉讼中,其他规范性文件是一个令人纠结的问题。诸如概念、范围、类型、法律地位、效力位阶②、司法审查、选择适用、解释体系之类的问题,在理论上和实践中都还没有得到彻底解决。囿于篇幅和能力,本文也许仅仅触及了"冰山一角",甚至难以掩饰论证的粗疏。"虽不能至,然心向往之",若能引发读者的些许思考,则为笔者之万幸。

---

① 之所以将发送门槛定为中级法院,主要是考虑到基层法院地位的普遍弱势和素质的参差不齐,会影响司法建议的质效。

② 比如其他规范性文件的效力并非一律低于规章。参见蔡小雪:《国务院下属部门规范性文件的法律效力判断与适用》,载《人民司法》2008年第4期。

执 行

对执行庭与司法警察机构共同行使执行权的思考[①]

张 哲*

(本文荣获第二届中国审判方式改革理论研讨会二等奖、1999年度上海法院系统学术研讨会三等奖)

一、执行权分配改革的依据

(一) 必要性

1. 执行权具有行政权特征的性质决定了执行权应该进行科学的分配

执行权是一种具有行政权特征的司法权。司法权是指国家机关和法律授权的专门组织运用法律,处理诉讼案件的权力。行政权是指国家行政机关和法律授权的组织在行政管理过程中,实施能产生法律效果的单方法律行为的权力。由此可见,司法权是诉讼权,而行政权是管理权,两者有着明显的区别。现行民诉法规定执行实施的主体机关是人民法院,这决定了执行权依然是一种司法权,但执行行为的行政特征也决定了执行权具有某些行政权特征的性质。第一,执行中的一些具体行为,如查封、冻结、扣押等措施,完全是人民法院单方的行为,这种单方行为所产生的法律后果是明确和具体的,对当事人或案外人有很强的约束力;第二,执行中的很多行为是一种纯操作的行为,不需要司法行为所要求的司法推理和判断,只要求对该执行行为的实施完成即可;第三,执行是一种主动性行为,具有明显的职权主义的特点,它可以不依当事人的申请采取强制措施,也无须当事人的申请进行证据的调查,这与纯司法行为被动性的特征不相一致。

---

① 民事、行政案件中的财产保全和先予执行及人民法庭审结的一般案件的执行,根据最高院司法解释的规定分别应由该审判业务庭和人民法庭自行负责。笔者认为上述两类执行有其特殊性,不具有执行权概念的普遍意义,为表述问题的统一和便利,故不在本文中专门论述。

* 上海市金山区人民法院民二庭法官。

执行权的行政特征决定了执行权应该进行分配。现行执行实践中，执行案件大都由人民法院执行庭负责处理，具体处理方式是执行庭内的执行员一人或以合议庭形式负责，但执行员毕竟是一名法官，不宜行使部分具有行政特征的执行权，这部分执行权应交由属行政性质的司法警察机构。其一，执行中出现的法院主动性行为，与法官是一个居中裁判者、不带任何偏向的身份不相符；其二，法官与行政官员的职业技能是不同的。法官职业要求个体具备较强的推理与判断能力，而行政官员的职业要求个体具备较强的社会操作能力。当今社会注重分工合作，以提高效率，专业性完全不同的两种职业从效率角度说不应由一人同时担任。其三，执行行为所具有的一些行政性特征，也决定了执行较注重效率，因而执行过程缺少程序监督与当事人的救济方法。如果将所有的执行都交由执行员一个人去处理，其权力难以进行有效限制，易导致腐败现象的出现。

2. 现行执行体制运转的弊端决定了执行权应该进行合理分配

现行执行体制模式起始于80年代，随着时代的发展，它与执行工作的特性已越来越不相适应，严重制约着执行工作的顺利开展。笔者认为，现行执行体制在运转中出现了以下弊端：

(1) 执行管理效率低下。虽然诉讼程序中的执行与审判有着明显的不同，但执行模式依旧按照传统的审判工作模式进行设置，即执行案件自分案后同审判方式一样，便实行由承办人个人负责到底及案件指标考核到个人的考核制度。执行人员对案件的执行由法院执行庭的正副庭长负责具体管理，这种管理仅限于业务指导和政治领导，缺乏对执行的整体组织、协调和监督。个人执行不仅力量分散、效率低，影响到案件的执行质量，而且在大案、要案及群体性案件越来越多的形势下，个人对案件的处理显得势单力薄，反映到整个执行中表现为执行工作重复，法院执行的"无用功"很多。

(2) 执行人员配置缺乏科学性。执行的工作特性决定了执行人员要有较强的法律水平和社会实践能力。但从目前法院执行人员的构成来看，很难同时具备上述的两个条件。现有执行人员中，一部分直接来自审判庭，长期形成的工作思路与习惯方式，保留着审判工作的模式，这与执行案件的工作特点与规律不相适应；而另一部分则长期从事执行工作，虽然社会经验相对比较丰富，但在处理案件实体和程序问题时则显出法律专业知识的缺乏。

(3) 执行程序缺乏监督。执行是强制当事人履行生效法律文书义务的一种行为，目的在于保证法律文书确定的义务能够得以实现，相对审判程序来说，执行程序中立法有关当事人救济手段的内容较少，这更需要完善的执行体制来进行有效制约，但现行的执行运行机制中，一个执行案件经承办人受理后，即由其负责到底，案件处理均由个人决定，任意性很大，案件执行的正确与否完全取决于执行人员的水平和素质。

笔者认为，以上三大弊端从表面看，其症结似乎在于执行机构内部管理的问题,但从实质看人民法院执行权行使机构的单一性才是上述现象产生的根本原因。理由是: ① 执行庭虽然不是审判机构,但仍然是人民法院的一个内部机构,一个行使执行权的机构,依据有关法律的规定,执行员均属法官编制,因而执行庭内部的管理模式显然不能采用行政的方式,这样在执行中就无法利用行政机构集中协调作战的优势,形不成执行的合力,因而总体效率不高。② 执行权只集中于执行庭一个机构,这就要求执行员具备双重的专业能力,即前述明显不同的司法能力和行政能力,这样的能力要求比一般审判法官的应该更高,而目前我国法官的整体能力水平偏低,具备两种能力的法官数量相对较少,实践中如果让并不同时具备这两种能力的法官担任执行员一职,其外在表现即是执行人员的来源和配置缺乏科学合理。③ 执行庭单独行使执行权,使执行权的监督显得较为空泛,即使内部建立了完整的监督规范,但由于非执行人员不可能参与执行,其进行的监督不能起到治本的作用,再加之利益关系的冲突与考核因素的影响,这种缺少了外部力量的监督,客观上无法对执行人员及其执行活动进行实质的监督,因此这样的监督只能流于形式。

（二）可行性

1. 执行权分配改革方案的比较法基础

从世界各国执行机构的设置情况看,英美法系与大陆法系有着明显的差别。如美国理论认为执行是一种纯行政性事务,所有的具体执行也由警察来完成。我国民诉法的体系与形式框架脱胎于大陆法系,笔者研究了法国的执行体制,认为其制度值得借鉴。法国从 1972 年起试行专门处理执行案件的执行法官制度,1993 年起正式实施。根据法国民事诉讼法的规定,法国的执行法官是专门处理执行纠纷案件的法官,而不是具体实施执行行为的人员,具体的执行人员被称为执行官,性质上属于行政官员。执行法官职责是处理执行程序中的实体纠纷及程序争议,并对此作出裁决。实体纠纷裁决包括两类:一类是执行中当事人或案外人对执行标的的争议裁决;另一类是执行中发生因当事人的行为造成的损害赔偿的裁决。执行程序争议裁决也包括两类:一类是下达具体执行措施的命令;另一类是作出暂缓履行期间的命令。分析上述的实体纠纷和程序争议裁决,不难看出这同我国执行程序中的执行异议,查封、扣押、冻结裁定与执行中止极为相似。法国执行体制增设执行法官制度,其目的在于提供当事人及相关人员在执行过程中的救济。因此笔者认为,在坚持我国国情的基础上,可以学习和利用法国的执行法官制度。

2. 执行权分配改革方案的实践基础

《人民法院司法警察暂行条例》第三条规定:人民法院司法警察的任务是通过行使职权,预防、制止和惩治妨碍审判活动的违法行为,维护审判秩序,保障审判工作的顺利进行。第七条规定:司法警察参与对判决、裁定的财产查封、扣押、冻结或没收活动。上述规定表明司法警察的一项基本职责就是参与案件的执行。当然其职责范围也限于具体的执行实施，不涉及纯司法性质的裁决。虽然《民事诉讼法》第二百零九条规定："执行工作由执行员进行"，但这并不表明全部的执行工作都是由执行员来完成，将部分执行工作交由司法警察去处理，是符合执行的工作特点和专业性质的。司法实践中，人民法院的司法警察均参与了不少的执行工作，更有相当数量的法院直接将司法警察安排在执行庭参与执行，这些司法警察在执行中发挥了很大的作用，取得了良好的效果，因此，司法警察机构享有执行权并行使执行权在实践上已有了初步的经验，绝大部分的司法警察也已具备了一定的执行能力，方案让司法警察机构直接行使部分执行权完全是可行的。

3. 执行权分配改革方案的人员基础

当前人民法院的人事制度改革目标之一就是要把法官从大量行政性事务中解脱出来，使之专心于审判业务工作。笔者改革方案中的执行权分配，亦旨在让执行法官从事真正意义上的执行司法活动，这与人事制度改革的目标也相一致，但同时，方案增加了司法警察机构的职权，势必要增加司法警察的工作量，除了由司法警察机构通过提高工作效率来解决这一问题之外，还必须增加司法警察的人员配备。笔者以为对此可以复转军人进行补充。自80年代以来，我国法院的法官队伍很大部分来自部队复转军人，这些复转军人退役后，大多经过一段短期培训即成为法官。理论界认为法官的专业性很强，复转军人不宜成为法官主要的后备来源，因此应严格限制其进入法院工作。这固然有其道理，但复转军人的工作安置也是一项非常重要的政治任务，如果完全排除其进入法院工作，将不利于军队队伍建设的稳定。司法警察从法律专业要求来说比法官略低，但政治要求却很高，而复转军人正符合这一特点，所以，复转军人进行一定的职业培训后是完全可以胜任司法警察工作的。

4. 执行权分配改革方案的价值基础。

人民法院的执行权由执行庭和司法警察机构分配行使，符合改革在于建立公正、高效执行体制的价值目标。司法公正是人民法院工作的灵魂，也是评价改革成功的最根本标志。首先，司法公正表现为实体公正和程序公正的有机统一，执行庭和司法警察机构分别承担不同性质的执行工作，并辅以互相监督之责，这对于现行的执行程序，无疑是一种更正当合理的规则，也更能有效保证实体公正的实现。其次，高效从某种意义上也是公正的表现之一，如果某一改革方案成本过高，影响效率，这种改革的价值显然值得怀疑。笔者方案中人民法院的成本由构造成本和运行成本两部分组成：构造成本表现为法院内部人员的调整，即增加一定数量的司法警察，减少一定数量的执行法官，总体构造成本不会因此发生大的变化；运行成本表面看因出现了两机构间的衔接工作而有所增加，但这种增加量是非常有限的，而且对此还可以通过合理的执行流程管理进行控制。同时，改革方案一旦实现，当事人因执行的支出成本会有一个明显的下降，社会总成本因而将大幅下降。综上所述,改革方案符合公正、高效的价值目标。

二、执行权分配的操作框架

(一)执行法官与司法警察的职责分工

我国民诉法规定了执行的实施机关是人民法院,这决定了我国的民事执行行为从总体上依然是司法行为,只是如前所述,执行中有许多具有行政行为特征的内容,划分执行法官和司法警察的职责也应以是否具有行政行为特征为标准。

1. 执行程序中的各类裁定均系司法性行为,应由执行法官负责处理

民事裁定是指在民事诉讼程序中,人民法院依法对程序问题所作的决定。民事裁定是一种较明显的司法性行为,根据民诉法的规定,这些裁定包括:执行中止、执行终结、变更、追加被执行人、追加第三人、强制查封、冻结、扣押、划拨、扣留、提取被执行人财产、执行回转等,应由执行法官负责处理。

2. 执行程序中的各类决定也是一种明显的司法性行为,应由执行法官负责处理

民事决定是人民法院为了保证能够公正地处理民事案件和维护正常的诉讼秩序,对在诉讼程序中发生的某些特殊事项作出的决定。从类型上可分民事制裁决定和民事复议决定。执行中的民事制裁包括:训诫、责令具结悔过、罚款、拘留。这些制裁方式是法院针对妨害民事诉讼行为所作的强制措施,直接涉及当事人的人身和财产权利,应由执行法官负责处理。执行中的民事复议决定包括:上级法院所作当事人申请复议罚款、拘留的复议决定,这一类复议决定实际是民事制裁程序的延续,同样应由上级法院的执行法官来负责处理。

3. 执行程序中的其他一些司法性行为,也应由执行法官负责处理

执行程序中还有一些司法性质的行为,也应由执行法官负责处理。具体有如下几类:

(1)执行异议的审查。案外人对执行标的提出异议,异议理由不成立的,予以驳回。民诉法规定要求执行人员应以通知形式告知案外人驳回异议,此类驳回直接涉及案外人的实体权利。

(2)执行和解协议的审查。执行中双方当事人可以自行和解,但人民法院应当审查和解协议的合法性,这种审查所涉及的是适用法律,需要执行人员找法来审查,因而审查合法性应由执行法官来负责,并对最终和解协议是否认可下结论。

(3)执行担保的审查。对执行担保的审查同执行和解协议的审查较为相似,审查之后法院可以决定暂缓执行及暂缓执行的期限,实质上这种决定是对程序的一种处理。

(4)搜查令的制作。被执行人不履行义务并隐匿财产,法院有权发出搜查令,搜查活动直接涉及人身权利和住宅、财产权利不受侵犯的权利。

4. 除此之外的执行行为均由司法警察负责处理

除了上述应由执行法官来负责处理的事务以外，人民法院的其他执行事务均应由司法警察来负责，这些执行行为有：各类执行文书的送达、各类执行措施的实施、司法拘留等强制措施的执行、财物或票证的交付、土地和房屋的强制退出或迁出、执行证据的调查等。

（二）案件执行流程管理

现有执行体制中司法警察参与执行工作的面极为狭窄，如果方案增加司法警察直接进行大规模执行的工作，一方面可以细化执行工作，执行法官和司法警察分别从事单一性工作，增加熟练程度，提高效率；另一方面，整个执行工作由于有了司法警察的参加，多了一道法官与法警的执行管理衔接工作，总量有了增加。所以从这个意义上说，必须要设置合理的执行流程进行管理，尽可能减少因衔接引起的工作量。这与案件流程管理的目标“建立案件良性循环的有效管理机制，环环相扣、层层负责、互相制约、互相促进”也是一致的。

案件执行管理流程是否合理、有序，有两个具体要求，即效率和监督。为此，笔者对总的案件执行管理的流程设想是：

（1）执行案件的审查和受理统一由立案庭全面负责。彻底贯彻立、审、执分开的精神，改变原有不予执行事由由执行庭审查裁决的规定，凡涉及执行案件的审查和受理均由立案庭处理。审查和受理范围应包括具有执行力的法院法律文书、公证债权文书、非诉行政文书、仲裁裁决书及其他需要由法院执行的法律文书。

（2）案件受理后，立案庭将案件移交司法警察机构，并由司法警察首长对案件进行统筹管理。这种统筹管理可以采用行政首长负责制：执行个案不分配至个人，统一由司法警察首长依照法律的规定全面指挥、协调，以便发挥集体作战的力量。

（3）当案件出现需要由执行法官处理的情况时，由司法警察机构提出书面申请，同时把案件移送执行庭，由执行庭安排法官进行处理。具体安排可以比照审判程序，以复杂、疑难程度为标准选择合议或是独任程序。

（4）案件执结后，由司法警察制作执行结案报告并归档。

三、执行权分配方案的现实意义

司法警察机构参与行使执行权，对克服人民法院的“执行难”和“执行乱”现象具有较强的现实意义，它能有效解决目前法院执行中出现的各类问题，保障执行公正。

（一）加强法院的执行力度

近年来，公众对执行颇有意见，其中一个较普遍的反映就是法院执行力度不够，该用强制措施的不敢用、不能用，无法产生对被执行人的威慑作用。法院不敢用强制措施既有立法上的因素,也有认识上的因素,但法院不能用强制措施却是受客观执行装备的影响,执行通讯工具、车辆等物品的严重欠缺,影响了法院执行工作的灵活开展,无法保障法院强制措施的有效实施。在现有各级人民法院经费普遍比较紧张的情况下,由装备比较齐全的司法警察机构进行大部的执行工作将节约这一部分开支,也可以克服法院执行力度欠缺的现状。

(二)加强法院执行过程的合法性

相比起审判工作中存在的重实体、轻程序的毛病来,执行中轻视执行过程的问题表现得更为突出。现有执行体制中由执行员一人对执行案件包办到底,权力显然过大,而由执行法官与司法警察进行分工负责,可以限制原有执行体制中执行员的权力,这将会有效防止违法执行的发生。如果一起执行案件因为客观原因无法执行到位,但执行人员在整个执行过程严格依法处理,相信当事人也会表示理解。

(三)加强执行法官的法官意识

现有执行体制下,外界认为执行员只是一些“唱完红脸唱白脸,白脸红脸来回唱”的讨债官,现实中确有部分执行员利用威吓、诱骗等方法来处理执行案件,有些案件执行的结果还相当不错,这使得较多执行员产生了错误认识,以为这就是一个优秀的执行员应该具备的能力,进而认为执行员在法律业务上可以有所放松。执行法官如果专门从事纯司法性执行工作的处理,将使执行法官树立起应有的法官意识,由此提高执行法官的素质,因人为因素所引起的“执行难”、“执行乱”将会大幅度减少。

司法公正视域下的执行听证制度

陈福才　崔胜东*

（本文荣获2008年《中国审判》（唐山杯）三等奖，载于《上海审判实践》2008年第4期）

公正与效率是21世纪人民法院的工作主题，二者同样是司法程序的两大基本价值。就司法公正而言，它是公平正义这一价值理念在司法程序中的体现，它要求人民法院的全部司法活动做到审判公开，程序合法，审限严格，裁判公正，依法执行。①“如果说司法是维护社会公平与正义的最后一道防线，那么民事执行就是维护司法公正的最后一道防线”②，所以在执行领域，为遵守和贯彻司法公正的理念，必须确保当事人得到公平公正的对待，其合法权益得到切实保护，唯有如此，人民法院的司法权威才能得以树立。而审判程序和执行程序的性质不同，二者的侧重点又有不同。审判程序必须对当事人的实体权利做出认定和判断，故注重公正；执行程序是对既有生效法律文书的执行，更注重效率。但执行程序中过度重视效率带来了很多负面效应，损害了司法公正，所以，在执行程序中注入更多的公正性因素显得更为重要和迫切，而执行听证制度正是在这一背景下产生和发展的。

一、我国执行听证制度的建立及发展

听证制度起源于英美，可追溯到英国的自然公正原则及美国的正当程序原则，其核心在于防止有关机关滥用权力，保障公民权利。听证程序是解决争议，作出决定的方式和手段，对于法律秩序、社会民主、公民权利等也具有深远意义③。近年来，听证制度逐步被引入我国，并受到社会大众及理论界的关注。1996年3月通过的《行政处罚法》首次在法律层面将听证制度引入，1997年12月通过的《价格法》也规定了价格听证制度，2000年3月通过的《立法法》又将这一制度纳入立法程序。

* 陈福才，上海市金山区人民法院副院长，审判委员会委员；崔胜东，上海市金山区人民法院执行庭法官，法学硕士。

① 为了行文的方便和概念的严谨，本文所讨论的执行或执行程序，均是指民事执行，不包括非诉执行和刑事案件的执行。

② 童兆洪：《民事执行权研究》，法律出版社2004年8月版，第34页。

③ 刘勉义：《我国听证程序研究》，中国法制出版社2004年9月版，第20页。

在进入行政和立法领域之后,听证制度自然要在司法程序中有所体现,可以说,执行听证正是听证制度在司法领域的回归、普及和体现①。

执行听证制度是人民法院在案件执行过程中,因执行相关当事人向执行机构提出涉及自己某些实体权利或者程序权利的请求时,在法院的主持下,采用听证会的形式,由申请人、被执行人以及其他参加人对相关问题进行举证、质证,法院根据听证情况做出裁决的制度。目前,我国的执行法律规范中没有执行听证制度的内容规定,但执行程序中很多问题的认定和实施缺少载体,在司法改革的推动下,执行程序的改革和创新也在深入推进。执行程序改革是时代的产物,是形势发展的要求,是客观实际的需要②。在此背景下,各级法院都在以各种形式进行执行听证程序的尝试和实践。如上海市高级人民法院制定并实施了《执行案件听证审查操作规范》;海南省出台了《海南省高级人民法院执行案件听证程序规则》;广东省高级人民法院出台了《执行听证程序规则(试行)》;重庆市高级人民法院也颁布了《执行庭审查执行异议听证流程》。这些执行听证规范主要对执行听证审查的性质,适用范围,听证程序中申请人、被执行人以及案外人的法律地位和权利义务,听证程序的提起和受理,听证审查与行使执行裁判权的关系,听证审查的进行方式等方面作了规定。执行听证制度一般适用于对案外人对执行标的提出的异议、申请执行人变更或追加被执行人的申请等事项裁决时的审查。

二、执行听证制度建立的意义

执行听证制度的建立和发展意义重大,在一定程度上满足了执行程序公正性因素的需要,推动了执行工作的开展,成为司法制度改革一个重要组成部分③。

(一) 执行听证体现了司法公正

注重效率的特性决定了执行程序中缺乏严格法律程序的规制,它必须对法院做出的判决尽快地执行到位。因此,执行程序中存在一些不规范的地方,容易引起当事人的误解,进而引发来信来访。而误解的原因正在于执行程序缺少比较规范的程序导致当事人对执行程序的公正性产生怀疑。我国传统的执行程序重“强制”和“效率”,本无可厚非,但若因此而忽略义务人(被执行人)和案外人的权

---

① 之所以用“回归”一词,乃是因为听证制度最初只适用于司法审判领域,以体现公平和救济原则,且在自然公正原则的支配下成为司法审判活动的必经程序。后美国将其移植到行政和立法领域,作为增加民主化和获取信息的主要方法。故听证程序再次进入司法领域谓之“回归”。可参见周鑫:《公共治理中的中国听证制度改革》,载《广西社会科学》2004 年第 6 期。

② 沈德咏、张根大:《中国强制执行制度改革理论研究与实践总结》,法律出版社 2003 年 8 月版,第 56 页。

③ 各地法院推行执行听证制度的过程,总体而言,效果良好。它有利于取得当事人的理解和查明案情,对于攻克执行难问题有一定的促进作用,取得了较好的经济、政治、社会效果。各地法院执行听证制度的运作情况可参考冯蕴强:《“执行听证”之必要和可行》,载《法学杂志》2001 年第 3 期;刘锋、王筱文:《坚持公开公正原则 打造“阳光执行工程” 新乡中院大力推行执行听证制度》,载《决策探索》2005 年第 1 期。

利保障,忽视执行行为的正当程序要求,就有悖于法治原则了①。执行听证制度的建立可以有效缓解规范性缺失造成的公正性怀疑。执行听证所适用的范围大多是矛盾比较突出的,处理和认定的相关事项又关系到听证参加人的切身利益的案件,这类案件如果没有一个可以供执行相关当事人进行辩论、质证和交流的平台,无论执行员自己做出多么合法公正的裁决,相关当事人都会对执行的公正性表示怀疑和不满。执行听证制度的建立正好提供了这样一种载体,可以在法院的主持下,通过一种公开透明的辩论质证程序获得对案件相关事项接近真理性的认识,这样无论裁决的结果如何,都会使当事人没有对执行程序公正性的质疑。

(二)执行听证增加了执行程序的公开性

在传统的执行方式下,执行案件分配到每个执行员手里之后,执行员一个人负责案件的执行直至最后的结案,中间的执行措施和进度都是执行员一个人说了算,什么时候进行调查,什么时候采取拘留措施,什么时候查封冻结,都是执行员一个人在操作。这就使得案件执行留有非法操作的可能。或者尽管执行员已进行了艰苦的调查和执行,但是却没有公开出来,同样会遭到暗箱操作的质疑。当然,其中很大一部分的原因在于社会背景和历史因素的影响,但与执行程序公开性缺乏也不无关系。在执行中引入听证制度后,由其他具备审判员资格的执行员对案件执行中需要做出处理和认定的事项进行裁决则可以有效监督案件的办理,更增加执行程序的公开度和透明度,使案件的办理处于社会公众的视线之内。阳光之下无罪恶,执行听证正如一缕阳光照进执行程序,使其公开而透明。一个公开而透明的执行程序正是遏制执行腐败、实现执行公正的良药。

(三)执行听证更好地维护了当事人的合法权益

司法公正要求任何权利都必须公正地行使,在做出不利于当事人的判决裁定时,必须听取当事人的意见,不能片面认定事实,剥夺案件当事人的申辩权利。在执行程序中,往往忽视这一点。执行程序本身的规范性和制度性就不够,很多措施的采取只是进行形式审查,并没有深入进行实质审查,现行制度下无法也不能进行耗时耗力的实质认定,所以难免会出现一些错误。在执行程序中出现错误时,执行听证就提供了这样一种可以救济的途径。比如在执行中,如果执行了表面上是被执行人的,而实际上却是第三人的财产时,如果第三人无法提出执行异议,无法进行执行听证的话,这对维护相关人的利益绝对是一种损害,而且这种损害没有途径进行救济。执行听证制度的建立可以有效地处理这个问题,更好地保护了当事人的合法权益。

(四)执行听证为执行程序中有关事项的认定和裁决提供了平台和载体

如前所述,执行程序中还存在很多不规范的地方,许多制度尚未得到完全有效

---

① 田玉玺、雷运龙:《民事执行听证制度若干问题探讨》,载《执行工作指导》2007年第2辑,人民法院出版社2007年8月版,第153页。

的适用。《民事诉讼法》第二百零八条规定：执行过程中，案外人对执行标的提出异议的，执行员应当按照法定程序进行审查。此条规定了执行异议制度，但是这个法定程序究竟是什么程序却没有界定。首先可以排除适用审判程序，因为案件已经经过审理进行了裁决，不可能在执行中再进行审理。其次，民事诉讼制度中并无其他可供适用的程序。程序的缺乏使执行异议失去依存的制度基础和载体，使相关人的合法权益无法救济。所以执行听证的出现解决了这一难题，使执行异议有了可以依托的平台和载体。同此类似，在被执行人追加和变更的过程中，也是如此，而有了执行听证，正可在此制度下解决被执行人追加和变更的问题。

三、执行听证制度暴露的问题

执行听证制度作为一个新出现的制度，面临的问题和挑战在所难免。通过近年来的实践，执行听证制度暴露出很多问题，而这些问题中，有些对当事人合法权益的维护是很不利的，更不符合维护司法公正的设计初衷。

(一) 执行听证规范的内容有缺陷

在各地出台的执行听证规范中，有些制度设计不甚合理，或者措施力度不够，使执行程序失去其存在的价值和意义。内容设计上的缺陷主要有：

1. 执行中止纳入听证程序急剧增加了法院执行的压力

新的《诉讼费用缴纳办法》实施后，诉讼成本大幅度降低，各地案件数量都有明显增加，在案件数量大幅度增加的情况下，如果只是为了追求个案的公正而舍弃效率，那只是一种理论的空想。在案件数量大幅度攀升的情况下，有很多执行案件一时无法执行到位，而且执行员数量并没有同比例上升，如果执行中止纳入听证程序，那么执行工作将很难顺利进行，甚至是寸步难行，这种设计将导致法院执行人员超负荷的运转，根本无法承受。

2. 执行听证强制约束力不足，当事人的出席率不高

执行听证制度在运作中，发现有部分执行相关当事人并不重视执行听证，执行听证的参加人缺席率较高。而缺席率较高的背后折射出执行听证制度设计时强制约束力不足。现有的执行听证专门规范中，大多缺少对执行相关当事人缺席听证会的法律责任的规定，尤其对被申请人缺席听证的法律责任缺乏规定。这就会使当事人不重视执行听证，随意缺席，而缺少当事人充分参与的听证，执行听证的价值将大打折扣。

3. 执行听证的规范性不强

执行听证是整个执行程序的一部分，虽然有增加执行程序的公正规范的作用，但不可避免地也带有随意性的特点。在法院可供使用的法庭中，并无专门供执行听证使用的，听证参与人的身份并不能简单地等同于原告、被告或第三人，所以他们参与听证时会时并没有恰当的席位铭牌可供使用。此外，执行听证程序与审判程序不同，为和审理程序相区别，执行法官参与听证时不能着法袍，但

应该着法院制服,并佩戴徽章,态度要严肃,不能肆意乱为,因为听证会上的法官也应规范和慎重,而实践中,执行法官这方面做得不够。

(二)执行听证的法律依据不足,立法保障缺失

执行听证制度的探索若要追究其合法性,是一件很令人感到困惑的事情。因为至今无论是《民事诉讼法》,还是其他的法律、司法解释等均未提及此制度①,只在最高人民法院《关于人民法院执行工作若干问题的规定(试行)》第五条规定中提及执行程序中的重大事项的办理应由三名以上执行员讨论,但未指明讨论制度所依为何。较为明确提到执行听证的是最高人民法院颁布的《关于人民法院执行公开的若干规定》,其中涉及了听证制度。依照此规定的第十一条、第十二条、第十四条规定,人民法院在办理参与分配的执行案件,以及对案外人异议、不予执行的申请、变更和追加被执行主体、终结执行时可组织各方当事人举行听证会。当然,法律规定的繁简与否并不能决定法院的司法运作,法律不可能对所有问题都进行事无巨细的规定,这就要求司法在实际解释法律、运用法律时有一定解释权限。虽然我国现在大体上是奉行大陆法系的体制,但是法官在法律规定之下仍然有一定司法弹性,在面对法律规定阙如的情况下,必须以公平正义为宗旨,以维护公民合法权益为目的进行司法的解释或者创新。执行听证就是这样一种司法创新,依靠仅有的不充分的法律依据而设计新的制度,以保护公民合法的权益,但其合法性不足的先天缺陷却显而易见,这也是执行听证存在的一个重要问题。

(三)执行听证容易导致执行程序久拖不执,耗费成本增加

执行听证的举行必然要暂时停止执行程序,必须等听证完毕做出裁决后才能依据裁决之结果继续执行。但执行听证必须赋予当事人适当的听证权利,给予提交证据和材料的一定期限,给予适当的救济措施,法院在组织听证时也要有一定时间进行准备,进行裁决也需要一定时间。另外,在执行听证在运作实践中,如果一次听证无法查清案情或者当事人缺席,如有必要还需要再组织听证,这种现象并不鲜见。上述情况导致执行程序期限被拉长,并导致执行成本增加。对法院来说,听证的举行势必延长了执行期限,对执行人员也自然产生压力;对当事人来说,一次或多次听证对其权利的维护也是不利的,对申请人更是如此,其相关权益在时间的流逝中将面临更大的消耗。

四、司法公正对执行听证的期待——完善执行听证相关制度

总体上来说,执行听证制度符合司法公正的要求,给执行案件当事人带来更

① 有人甚至认为执行听证程序违背合法性原则,因为从现有的法律规定或司法解释中,都未能寻觅到执行听证程序的相关规定。参见娄正前:《执行听证程序的反思与完善》,载《法律适用》2005 年第 12 期。这首先说明执行听证制度确实缺少法律支撑,但是是否必然没有执行听证制度存在的法律依据和空间呢,笔者认为是有的。在下文的论述中提到的相关规定可以为执行听证寻找到一定意义上的法律依据,而且,在司法改革的大背景下,必须允许有些许创新和突破,这是实现良法之治的必然。

多更大的公平和正义。当然,任何一个新兴的制度都不可避免地在运作中产生各种各样的问题,执行听证也是如此,其设立及发展的过程中,存在上面的各种问题,但我们并不能就此武断地宣称执行听证制度是落后的,不适应司法实践的。我们应秉承一种信念:任何能够充分维护公民合法权益的公正制度都是社会所需要的,如果这种制度存在问题或者不成熟,我们更应该去完善和发展它,而不是否定它,所以本文更愿意以一种肯定的态度从公正的角度去探寻其完善路径。

(一)调整执行听证的适用范围

如前所述,执行案件中止的情况下进行听证大幅度增加了法院执行工作的负担,增加了执行人员的执行压力,而且从执行实践上看,大量暂时无法执行到位的案件必须在执行期限内结案,必然出现很多的执行中止案件。若每个都听证,很不现实,那么这个制度将名存实亡,不如不予纳入,故应将执行中止案件排除在执行听证之外。

综合最高法院的《执行公开的若干规定》及各地实践做法,比较适合纳入执行听证的案件主要有以下几种:

1. 需要当事人参与分配的案件

人民法院在办理参与分配的执行案件时,因为此类案件牵涉到被执行人财产的如何处理、如何分配,需要综合各方意见制定分配方案,还需要通知被执行人的其他债权人,所以牵涉到各方利益以及实体处分,利用听证会能公开透明地推进案件的执行。

2. 案外人异议案件

由于执行机构依据执行名义进行执行,只要法律文书已生效,审查后即可予以执行,所以只是相当于进行了形式审查。如果执行过程中,执行了表面上是被执行人的,实际上是第三人的财产的,必须为第三人提供一条救济途径,而执行听证即为良好载体。这一点前文已有说明。

3. 不予执行的申请

当事人持法律文书申请法院予以执行时,法院经审查若认定不符合执行条件而不予执行的,也必须提供救济途径,执行听证可承担此项功能。

4. 变更和追加被执行主体

此问题涉及案件实体认定,必须慎重对待。若简单地通过执行人员进行审查而做出是否追加的决定,显然过于草率,应该通过类似审理程序中合议庭的执行裁决庭进行审查。执行听证恰恰符合要求,应纳入执行听证的范围。

5. 终结执行

案件执行过程中,如果出现可予以终结的六种情形,按照《民事诉讼法》第二百三十五条之规定可予以终结。但除申请人申请撤销的,执行终结对申请人的利益是种巨大损害,必须慎重,必须加强审查。而通过执行听证进行审查和裁决正当其时。

6. 其他需要执行审查和裁决的事项

由于执行程序中重大事项的办理需要三名以上执行员讨论,而前面也提到,并无此讨论制度的载体,而对于除上述五种情形而又牵涉当事人重大利益的其他情况,也可纳入执行听证。

(二)进一步规范执行听证的运作,规定并释明缺席听证的不利后果

法院工作主要有两大块组成:审判和执行,而法院建筑设计上是以审判为中心的,故设有审判庭,却无专门的执行裁决庭室。这也是与传统的执行方式有关系的,因为执行员大多是在外执行,很少能使用到专门的执行庭室。但是随着执行实施权和执行裁决权的分离和执行制度的完善,尤其是执行听证制度的建立,急需法院开辟专门的执行裁决室。而且根据执行权力的内部分离和控制,也需要在执行员中独立出专门的执行裁决法官,专职负责执行听证。更可制定执行听证中法官和当事人的行为规范,规范参与执行听证的法官和相关当事人的各种随意性行为,凸显司法权威。

同时,在执行听证的准备过程中,可通过听证通知书、口头或电话等方式向参与听证的当事人阐明缺席听证所承担的不利后果,促其出席听证,以利于案件审查。因为进入执行听证的主要涉及重大的执行行为和执行措施,处分重大执行标的物,或者是重大疑难案件,当事人的对立情绪较大,容易引发群体性的事件,所以要尽量通知双方或者多方当事人出席听证会。① 而一旦当事人缺席听证,前面的告知也为其可能面临的不利后果奠定了释明基础。

(三)明确执行听证的基本原则,以此指导执行听证的进行

执行听证是司法程序组成部分之一,必须遵循司法程序的基本原则,而作为一项独特的执行程序,它又具有自己的基本原则。

首先,执行听证必须遵循公平、公正、公开原则,回避原则,救济原则等其他司法程序也需遵循的基本原则。执行听证必须做到公平、公正、公开,这也是其设计初衷,只有做到公正公开,才能使当事人对司法程序产生信赖。而执行回避也是执行员在接到案件时首先要遵循的基本原则,执行员不能执行与自己或自己亲属有利害关系的案件。救济原则也是执行听证制度要遵守的,因为在对涉及当事人利害关系的事实进行审查和认定时,必须提供做出不利裁决时的救济途径。它可以为当事人或案外人提供权利保护方法,体现了法律权威与尊严,维护了社会安定,预防了社会纠纷的发生②。

其次,执行听证还必须遵循其特有的原则:裁执分离原则、意思自治原则、效

① 王书琼:《浅谈执行听证》,载《特区法坛》2003 年第 76 期。

② 牟道媛:《民事执行难及相关制度研究》,上海交通大学出版社 2006 年 4 月版,第 108—109 页。

率原则。裁执分离在执行程序改革中逐渐得到重视,现在执行程序已经逐步改变原来的执行一体制度,即执行实施和裁决不分,由一人负责的情况。而且把执行权分为执行裁决权和执行实施权也是执行权力内部控制的有效途径。意思自治原则之所以要在执行听证中提及,因为执行程序所涉及的绝大部分是当事人的各项民事权利,而民事权利有一个基本要求即意思自治,所以在执行听证中也应贯彻此原则,允许当事人对自己的各项民事权利进行自由处分;而且,从执行听证的启动来看,也需要以当事人的意思自治为基础①。效率原则是很多制度的共有原则,之所以把它作为执行听证的特有原则乃是加以强调。因为执行程序的最重要价值就是效率,执行听证中必须保证案件能够快速、及时地执行②。

(四)立法层面应正式纳入执行听证制度,增强其合法性

如果要说执行听证是有法律依据的,那么主要有:最高人民法院《关于人民法院执行工作若干问题的规定(试行)》第五条及《关于人民法院执行公开的若干规定》的第十一条、第十二条、第十四条。但是前者只是说明执行程序中重大事项的办理需要三名以上执行员讨论,未指明听证制度;后者提及听证制度,但却只是最高院关于执行公开的若干规定,不能认为是司法解释。所以,执行听证是有法律依据的,但又不是很充分。所以,必须在法律层面上,至少在司法解释上予以明确,增强其合法性。而且,各地都在使用执行听证程序,但是各地出台的规定又不一致,为确保法制统一和司法适用的一致,也必须由更高层级的法律及司法解释进行规定和明确。

结 语

胡锦涛同志在党的十七大报告中指出:依法治国是社会主义民主政治的基本要求,必须维护社会公平正义,维护社会主义法制的统一、尊严、权威,并要求深化司法体制改革,优化司法职权配置,规范司法行为,建设公正高效的社会主义司法制度。这是对法院工作的要求,也是对执行工作的要求。按照中央的要求,各项司法制度的创新必须保证公正和高效。各地法院在推进司法体制改革的同时,也进行了执行程序的创新。执行听证制度顺应了司法改革的潮流,也契合了中央的要求,而且它符合司法公正对执行工作的期待。虽然现在这项制度还存在各种问题,但是通过各级法院和执行机构的努力,相信会得到完善和发展,必将使法院执行工作更为规范和公正。

---

① 执行裁判权的启动应由当事人进行启动,这是充分尊重当事人权利的表现,突出当事人主义色彩,这充分体现了当事人的意识自治。具体可参见周愉晴:《论执行裁判权运行程序的构建》,载《河北法学》2003 年第 3 期。

② 执行听证设立之初衷在于提高执行程序的公正性和公开性,就其根本而言,公正性是执行听证运作中必须遵循的最重要价值,这一点毋庸置疑。公正是各种法律程序都需遵循的普遍价值,但这并不能否定效率原则在执行听证中的重要性,缺少效率的执行听证对于当事人来说都是无意义的,执行听证必须在公正和效率间保持动态的平衡。

创 新 篇

刑事和解

【工作要览】

一、创新篇

(一)工作背景及总体思路

近几年来,在大力推进社会主义和谐社会建设的宏观背景下,刑事和解作为一种新型的刑事案件解决机制,因其能够妥善地解决纠纷,化解矛盾,促进社会和谐而广受关注。最高人民法院王胜俊院长曾指出:"构建和谐社会,对人民法院更新司法理念提出了新要求。人民法院行使审判权不能只考虑走完程序,要充分发挥法律手段化解矛盾、促进和谐的作用。促进和谐,就要牢固树立宽严相济的理念,研究制定贯彻宽严相济刑事政策的具体办法,既严厉打击严重刑事犯罪分子,又从宽处理具有法定从轻减轻和免除刑事处罚的轻微犯罪人员,减少社会对抗,增加和谐因素。"金山区法院认真贯彻宽严相济的刑事政策,适时更新司法理念,对符合和解条件的轻微刑事案件,充分听取各方意见,深入细致地开展刑事和解工作,收到了良好成效。

2009年底,中央政法委提出了"社会矛盾化解、社会管理创新、公正廉洁执法"三项重点工作,要求全国政法机关深入、扎实推进三项重点工作,为实现国家长治久安奠定坚实基础。刑事和解作为化解社会矛盾的重要手段,对深入推进三项重点工作具有重要意义。金山区法院认真贯彻政法工作会议精神,按照扎实推进三项重点工作的要求,继续实践和探索刑事和解工作,以确保社会和谐稳定,为经济社会又好又快发展提供更加有力的法治保障。

(二)指导原则

1. 自愿原则

双方当事人自愿进行和解是适用刑事和解的一个重要条件,是否进行刑事和解必须严格建立在双方自愿的基础上。刑事和解的主要目的,是为了保护被害人,使其得到精神和物质上的补偿,并且修复被破坏的社会关系,并为加害人重归社会创造良好的条件。因此,只有双方在自愿的前提下,才能进行刑事和解。

2. 依法适用原则

在工作中,应当明确刑事和解的适用范围,严格把握刑事和解的适用条件。对于与被害人达成刑事和解的被告人,究竟适用何种处理方式,既要考虑案情,又要严格依据实体法和程序法,坚持罪刑法定、罪刑相适应和法律适用平等的原则,做到宽严有据,处罚适度,努力实现司法公正与社会正义的统一。

3. 公正和谐原则

既要坚持依法保障公民合法权益,维护法律的权威性与严肃性,又要注重审判工作的社会效果,做到有利于化解社会矛盾、减少社会对抗,实现法律效果与社会效果的有机统一。

(三) 创新内容和价值

刑事和解致力于最大限度地恢复社会关系,蕴含着符合和谐社会要求的先进价值观念,对于妥善化解社会矛盾,维护社会稳定具有十分重要的意义。金山区法院以和谐司法理念为指导,认真贯彻宽严相济的刑事政策,积极开展实践和理论探索,创新工作机制和工作内容,取得了显著成效,也受到了高、中院各级领导的肯定。

1. 加强理论实践结合,推进刑事和解工作的制度规范和理论创新

由于刑事和解工作缺乏统一的法律支撑,具有很强的专业性和前瞻性,在实践过程中难免会遇到一些问题。为此,金山区法院加强理论联系实践,认真研究、积极探索,不仅联合区公、检、司各单位起草了《关于刑事和解的若干意见(试行)》等规范性文件,从制度上对刑事和解工作进行规范;还成立了刑事和解课题组,对刑事和解的实践困难及立法设计等问题进行深入研究,并形成了多篇具有理论创新性和实践价值的调研成果,有力推动了刑事和解工作的顺利开展,并将为上层今后的立法决策提供有益参考。

2. 采取多项措施,推进刑事和解工作模式创新

(1) 成立刑事和解专业化合议庭,建立专案处理机制。金山区法院加强专业化分工,对符合条件的案件专门交刑事和解合议庭,由具有丰富审判经验或具有理论专长的审判人员负责审理,做到专案专审,在提升工作质量的同时,有效提高了刑事和解案件的处理速度和效率。

(2) 加强沟通协作,建立公检法联动机制。金山区法院不仅与检察院、公安局、司法局等单位联合出台了刑事和解的规范性文件,还通过设立联络员、定期召开联席会议等方式,加强协作,及时沟通,有力地推动了刑事和解工作的顺利开展。

(3) 严禁刑事和解滥用,建立约束监督机制。金山区法院为防止刑事和解的滥用,保护刑事和解工作的健康有序开展,认真建立刑事和解工作的约束监督机制,确保刑事和解协议的执行和司法工作的廉洁性和公正性。一方面,对和解过程进行监督,防止被告人以钱买法或受害人因害怕不敢主张权利的现象出现;

另一方面,开展案件质量检查、定期对刑事和解案件当事人进行走访等形式,杜绝刑事和解工作中的违规违纪现象,防止法院工作人员通过职务便利,帮助被告人利用刑事和解程序逃避法律责任。对司法工作人员在刑事和解工作中违法违纪的,将给予纪律处分,徇私枉法、徇情枉法情节严重的,将依法追究刑事责任。

二、实践篇

(一) 工作运行

金山区法院自2008年开展刑事和解工作以来,在院领导的关心和指导下,认真开展、积极推进,刑事和解工作运行情况良好。主要开展了以下几方面的工作:

1. 整合优势资源,成立刑事和解专业化合议庭

金山区法院结合审判工作的实际情况和专业化优势,成立了"刑事和解专业化合议庭"。一方面整合优势资源,精心安排刑事审判经验丰富的资深法官和具有一定理论专长的硕士书记员作为刑事和解专业化合议庭的成员,有效提高了刑事和解工作质量;另一方面,根据刑事和解的适用范围,对符合条件的案件专门交刑事和解合议庭审理,坚持以抓办案质量为工作要点,做到专案专审,努力将每起刑事和解案件都培养成精品案件,取得了很好的社会效果和法律效果。

2. 严把程序关,规范办理刑事和解案件

在刑事和解工作过程中,金山区法院严把程序关,准确适用刑事和解程序,确保刑事和解工作公正、规范。一是规范告知程序。对符合刑事和解范围、受理前没有达成刑事和解的案件,制作《刑事和解告知书》,将刑事和解的法律依据、事实理由、相关程序以及法律效果及时告知被告人和被害人双方,使当事人及时了解信息,及时化解矛盾。二是严格把握刑事和解案件的审查程序。对于当事人提出的和解要求,从适用范围、适用条件、适用后果各方面进行考察和审批,确保刑事和解工作的规范与公正。对符合条件的案件及时启动和解程序。

3. 逐步探索、适当扩大适用刑事和解的罪名范围

案件范围是刑事和解工作实施过程中的一个关键问题。在开展刑事和解工作初期,刑事和解案件范围还比较狭窄,主要集中故意伤害(轻伤)案件。此类案件比较多,是因为轻伤害案件本就可以由当事人自诉,当事人之间的矛盾比较容易通过经济赔偿等方式达成和解协议,人民群众对此类案件进行刑事和解的认同程度也比较高。但刑事和解作为一种改革尝试,需要从局部试点向全面推广迈进。金山区法院在已经取得一定经验的基础上,在对刑事和解的运行情况进行统计、整理和分析后,决定适当扩大适用刑事和解的罪名范围。金山区法院认为,作为实践探索,刑事和解的范围还不宜过宽。因此在选定试点罪名时,金山区法院尽可能全面考虑前期的实践基础,社会的接受程度、治安状况等各方面的

情况,从司法实践中较为常见的几种罪名开始着手,最终确定了交通肇事、对具有亲属或朋友等特定关系的人的盗窃、恶意透支型的信用卡诈骗、故意毁坏财物等几类犯罪进行重点研究和探索。经过半年多的努力,取得了较好的实践效果。

4. 紧密结合审判实践,认真做好理论研究工作

由于刑事和解制度的法律地位尚未被立法确认,对刑事和解也缺乏直接具体的法律规定,使得目前的司法实践中对刑事和解工作的看法和做法还存在不一致的情况。为此,金山区法院紧密结合审判实践,及时总结经验做法,制定了关于刑事和解工作的规范文件,就刑事和解适用的原则、范围、条件、程序、法律后果和责任等问题都作了明确规定。此外,还成立刑事和解课题组,结合审判实践进行刑事和解相关问题的理论研究工作,了解和考察各地司法机关刑事和解工作的开展情况,并形成了多篇研究成果,为刑事和解工作夯实了理论基础。

(二) 重大节点

(1) 2008 年 6 月,金山区法院主持召开“轻微公诉刑事案件和解工作”研讨会。金山区法院张斌院长等院领导、金山区法院刑庭的同志、区检察院领导及公诉科的部分同志参加了会议。与会同志就刑事和解的意义、适用范围、和解的期限、履行期限、和解的赔偿数额以及和解后的处理方式等问题进行了深入交流与研讨,并达成了初步共识。

(2) 2008 年 6 月,由金山区法院负责起草,金山区法院与区检察院、区公安局、区司法局共同制定并会签的规范性文件《关于刑事和解的若干意见(试行)》出台并施行。

(3) 2009 年 1 月,金山区法院适用刑事和解程序顺利审结金山区法院第一起最终由检察院作撤诉处理的公诉案件。这标志着金山区法院刑事和解工作取得了阶段性的重大进展。

(4) 2009 年 11 月,金山区法院成立刑事和解课题组,开始进行刑事和解相关问题的理论研究工作。

(5) 2010 年 1 月,为进一步推进刑事和解工作,金山区法院结合审判工作的实际情况和专业化优势,经院党组及审委会批准,申请成立了“刑事和解专业化合议庭”。

(6) 2010 年 3 月,在院分管领导的主持下,金山区法院由彭勇庭长牵头成立了“刑事和解立法设计若干问题研究”课题组。课题组着重从考察刑事和解立法现状和司法实践中的基本情况入手,通过对现行立法空缺的比较分析,研究刑事和解的立法设计问题,并形成具有指导意义的建议和方案。

(7) 2010 年 6 月,金山区法院会同区检察院共同召开刑事和解专题研讨会,市高院、市一中院、市检察院、市检一分院,金山区公检法司相关领导和华东政法大学、上海政法学院等部分政法院校专家学者出席会议。会议介绍了金山区法院刑事和解工作探索与实践的基本情况,并对刑事和解工作所涉及的实践价值、审判操作、立法设计等方面进行了深入探讨。市高院与市一中院领导对金山区

法院开展刑事和解工作的经验与取得的成果表示肯定,并勉励继续加强与相关单位的协作配合,加强制度保障,依法推进刑事和解工作,并将经验向全市法院推广;相关专家教授也对金山区法院的刑事和解探索表示赞赏,并认为开展刑事和解工作应充分保护被害人权益,注重矛盾化解,注重各案件均衡性,体现刑罚公正与权威。

(8) 2010年8月,金山区法院会同本区检察院、公安分局、司法局召开公检法司第三次联席会议,并会签《关于进一步推进刑事和解工作的补充意见(试行)》。该规定对新形势下刑事和解工作的重要意义给予了充分肯定,并分别对刑事和解含义、适用的范围、适用的罪名与公检法司工作协调机制三方面对原试行规定进行了补充修改,存在较大突破与创新之处。

(9) 2011年2月,金山区法院被市高院确定为"刑事诉讼第一审程序"改革与完善课题组的子课题成员单位,具体承担最高院"刑事诉讼第一审程序中当事人和解案件程序"课题调研任务。金山区法院高度重视,及时向区人大、政法委汇报课题情况,并召开刑事和解专题研讨会,成立课题小组,确立"立足上海,放眼全国"的调研思路,以上海法院刑事和解经验为研究基础,并赴湖北宜昌中院进行调研交流,广采全国其他法院刑事和解优秀经验,最终形成系统的"刑事诉讼第一审程序中当事人和解案件程序设计"调研报告及相应立法建议稿与司法解释建议稿,为刑事诉讼法修改建言献策。

(三) 实践效果

1. 通过对刑事和解工作的探索和实践,加深了对和谐司法理念的理解,审判工作能力有了进一步提高

金山区法院以探索和实践刑事和解工作为契机,适时更新司法理念,引导全庭干警进一步学习和领会对宽严相济的刑事政策,在依法从重从快打击严重刑事犯罪的同时,树立"恢复性司法"理念和"能动司法"理念,在办理轻微刑事案件时,积极化解当事人之间的矛盾冲突。通过刑事和解工作,金山区法院干警的理论认识水平和审判工作能力都有了很大的提升。

2. 刑事和解工作专业化分工更加明确,有效提高了工作效率和工作质量

金山区法院充分考虑到刑事和解工作的专业性,安排资深审判员和具有理论专长的硕士成立刑事和解专业化合议庭,狠抓办案质量,根据刑事和解的适用范围,做到"专案专审,小案快审,精案精审";还考虑到刑事和解工作的前瞻性和创新性,先后成立了刑事和解课题组及刑事和解立法设计课题组,为刑事和解工作的推进提供理论支撑。通过以上措施,使得刑事和解工作的专业化分工更加明确,有效提高了工作效率和工作质量。

3. 依托刑事和解工作,努力化解矛盾,有力促进了社会的和谐稳定

金山区法院通过刑事和解工作,努力化解消极因素,通过刑事案件的当事人双方都能接受的处理方式,极大地减少了双方在刑事诉讼中的对立,避

免和减少了上诉、申诉和其他后遗症，使判决或案件的处理更加符合社会和谐的需要。据不完全统计，金山区法院开展刑事和解工作以来，共有 250 余件案件达成刑事和解，共为被害人挽回赔偿款人民币约 700 余万元，有 12 件案件以撤诉结案（其中 1 件公诉案件由公诉机关撤回起诉），5 件案件被告人免予刑事处罚，230 余件案件被告人获得从轻处罚或者被判处缓刑。不仅保障了被害人的合法权益，促使更多的犯罪人真诚悔改，有效遏制了再犯罪，还修复了不和谐社会关系，促进了社会和谐稳定，取得了良好的社会效果和法律效果。

三、发展篇

（一）检讨不足

从金山区法院刑事和解工作两年来的运行情况来看，还存在着一定的不足之处。一是有关刑事和解工作的规范意见有待完善。自 2010 年出台《关于进一步推进刑事和解工作的补充意见（试行）》之后，工作中出现了一些新情况，新问题，需要对该意见作出补充和修改。二是与公安、检察机关、司法局的协调衔接机制没有充分发挥作用，与社区、街道等社区矫正机关的沟通协作机制还有待完善。

（二）明定方向

1. 充分依托专业优势，进一步加强理论研究和探索

金山区法院将充分依托刑事和解专业化合议庭及刑事和解课题组的专业优势，将理论研究与审判实践结合起来，继续对刑事和解在实践中遇到的疑难问题进行深入研究并形成指导性的解决方案，继续探索刑事和解的规范化和制度化。

2. 完善刑事和解工作的协作机制，积极搭建交流平台

针对目前刑事和解工作中，公、检、法三方沟通协调不足，难以发挥合力的情况，为充分发挥各机关在刑事和解中的作用，实现刑事和解过程的顺利衔接，金山区法院将继续加强与公安、公诉机关的沟通协作，积极搭建交流平台，完善协作机制，以更好地共同做好刑事和解工作。金山区法院已于今年 6 月 24 日召开了“刑事和解专题研讨会”，市高院孙建国副院长、一中院黄祥青副院长，市检及高、中院刑事条线的领导，东政法大学郑伟教授、上海政法学院闫立教授等专家学者，以及区公、检、司的相关负责同志应邀参加会议。与会各方对刑事和解工作中存在的问题进行联合会商并初步达成了共识，成果丰硕。金山区法院将以此为契机，继续完善协作、交流机制，为刑事和解工作的进一步推进提供更有力的支持。

3. 注重刑事和解工作的前后延伸

在今后的刑事和解工作中，要继续提高司法为民的自觉性，注重刑事和解的前后延伸。在案件进入法院审理阶段之前，加强与公安机关、公诉机关的密切协

作,做到提前介入,及时建议并启动和解程序。在案件审理及刑事和解过程中,要加强法制宣传教育,通过释法明理,解民怨,了纠纷,促和谐。在案件审结之后,要进一步加强与司法局及相关社区矫正部门的沟通和协作,对进行刑事和解案件的被告人,要加强跟踪考察,落实帮教措施,以确保刑事和解取得预期的社会效果和法律效果。

四、案例篇

(一) 张某某故意伤害案

[案情] 被告人张某某与被害人王某某经人介绍相识、相恋,平时虽偶因琐事发生争吵,但感情尚算和睦,且已发展到谈婚论嫁的阶段。2008 年 10 月 21 日 22 时 30 分许,被告人张某某因怀疑被害人王某某有新男朋友在本区某广场上与王某某发生争吵。在争执过程中,被告人张某某用手搧打王某某,致使其左耳膜外伤性穿孔,经华东政法大学司法鉴定中心鉴定构成轻伤。案发后,被告人张某某多次对被害人王某某表示歉意,并表示愿意赔偿被害人损失,但因家庭经济困难暂时无法赔偿被害人。金山区法院审理期间,当事人双方自行达成和解协议并已履行。庭审中,被害人王某某当庭表示对被告人张某某行为的谅解,请求对其不要判刑,同时要求与被告人张某某解除恋爱关系。被告人张某某表示若王某某愿意两人可以做普通朋友,若不愿意,其也不会影响王某某的正常生活。

[审理] 本院认为,本案事实清楚,证据确实充分,被告人张某某亦无异议。双方当事人原系恋爱关系,因感情纠葛在争执过程中导致伤害的发生。事后,被告人张某其积极赔偿被害人损失,被害人王某某出具书面意见并当庭表示了对被告人张某某行为的谅解,恳请法院对张某某不要判刑。综合考虑被告人张某某犯罪情节轻微,主观恶性较小并自愿认罪、悔罪,社会危害性不大,最终本案以刑事和解的方式得以妥善处理。

(二) 王某某盗窃案

[案情] 被告人王某某系被害人陈某某所开工厂的职工,工作之余帮助被害人带孩子。一日被告人王某某在被害人陈某某房间内玩时,临时起意,从床头柜内一手提包内窃得黄金手链一根和黄金戒指一枚,合计价值人民币 9 395.75 元。案发后,被告人王某某在被害人陈某某询问时主动承认了自己的行为,并退赔了全部赃款,也得到了被害人的谅解。在采取取保候审措施时,被害人陈某某还为被告人王某某垫付了保证金并表示继续留用王某某,同时要求司法机关对其从轻处罚。

[审理] 本院认为,被告人王某某以非法占有为目的,采用秘密手段,窃取他人财物,价值人民币 9 395.75 元,数额较大,其行为已构成盗窃罪。综合考虑案件具体情况,金山区法院对王某某从轻处罚并适用缓刑。

【专家点评】

对金山法院“刑事和解工作”的点评

陈琦华*

近年来,刑事和解制度因其突出的正面价值和积极作用而逐渐被我国司法界所接受。对法院来说,探索和开展刑事和解工作的更主要原因是:法院在司法实践中发现,对于某些类型的案件以监禁刑为主的传统刑罚手段没有达到预想的效果。一起刑事案件虽然在法院已经结案,但庭外纠纷仍没有解决,受害人的损失得不到应有的赔偿和补偿,当事人往往采用上访等方式继续主张权益。同时,还出现了加害人与社会严重对立、羁押场所人满为患、犯罪人改造效果不理想等情况。于是,对法院来说,开展刑事和解工作不仅非常必要而且十分紧迫。

金山法院是上海乃至全国法院系统内较早开展刑事和解工作的单位,我们欣喜地看到,通过几年来的积极探索,金山法院的刑事和解工作取得了很好的实践效果,值得肯定。如金山法院成立了专门的刑事和解专业化合议庭,依托刑事和解工作,努力化解矛盾,使受害人的利益得到了切实的保护;促使更多的加害人真诚悔过,有效遏制了再犯罪;修复了不和谐的社会关系,有力促进了社会的和谐稳定等等。

看到金山法院的刑事和解工作取得的出色成绩,我也想对如何进一步完善这项工作提两点建议:

(1) 认真研究刑事和解的适用范围。笔者认为,由于刑事和解是受害人与加害人之间的一种和解,因此更适用于受害人为自然人的案件。另外,还应认真研究社会舆论和公众接受程度对刑事和解适用范围的影响。从社会效果来看,如果受害人与加害人的和解使公众丧失对法律的尊重和信赖,或者令公众难以接受,这样的案件就不适宜进行刑事和解。

(2) 加强刑事和解案件的审判延伸工作。笔者认为,金山法院应进一步加强审判延伸工作,逐步建立刑事和解案件跟踪监督制度,在结案后加强跟踪考察,确保刑事和解协议有效履行;并重点考究非罪化或轻刑化处理后的社会效果,及时向相关机构提出帮教意见,以确保达到矛盾纠纷化解、预防遏制犯罪、社会和谐稳定的预期效果。

最后我想说,刑事和解制度是在司法实践中产生的新事物,其与构建和谐社会的目标相契合,符合“以人为本”的司法理念,得到社会各界和广大民众的认可,其发展前途是光明的。希望金山法院认真实践,积极探索,在完善刑事和解制度的道路上取得更大的成绩。

* 上海大学法学院,法学博士,硕士生导师。

诉调对接

【工作要览】

一、创新篇

(一) 工作背景及总体思路

1. 社会背景

当前,我国正处于社会转型的重要时期,这一时期,既是经济社会发展黄金机遇期,也是人民内部矛盾凸显、刑事犯罪高发、对敌斗争复杂的时期,大量社会矛盾纠纷以案件形式汇聚到人民法院,使得人民法院化解社会矛盾、保护人民利益、维护社会稳定的任务越来越繁重。人民群众对于多层次、多途径解决纠纷的需求更加突出,建立健全多元纠纷解决机制,及时有效化解纠纷,已为社会普遍认同。这也对新形势下法院如何更好地开展诉调对接工作提出了更高的要求。

2. 最高人民法院及上海法院调解工作的背景

2009 年,全国各级法院着力加强调解工作,构建符合国情的调判结合工作机制,在所审结的一审民事案件中,调解和撤诉结案 359.3 万件,占 62%,同比上升 3.1 个百分点。最高人民法院指导地方各级人民法院高度重视调解工作,把调解作为民事审判工作的首要选择,自觉主动地适用调解方式处理矛盾纠纷,强化全程调解、全员调解、全面调解,抓好立案调解、委托调解,尽可能实现案结事了。为总结交流人民法院调解工作的成绩和经验,认真贯彻"调解优先,调判结合"工作原则,最高人民法院组织召开了全国法院调解工作经验交流会,进一步研究部署了人民法院调解工作。最高人民法院于去年出台了《关于建立健全诉讼与非诉讼相衔接的矛盾纠纷解决机制的若干意见》,对发挥人民法院在建立健全诉讼与非诉讼相衔接的矛盾纠纷解决机制方面的积极作用,促进各种纠纷解决机制的发展作出具体指导和全面部署。各地、各级法院按照《意见》的要求,充分发挥审判权的规范、引导和监督作用,完善诉讼与仲裁、人民调解、行政调处、行业调解以及其他非诉讼纠纷解决方式之间的衔接机制,推动各种纠纷解决机制的组织和程序制度建设,促使非诉讼纠纷解决方式更加便捷、灵活、高效,为矛盾纠纷解决机制的繁荣发展提供了有力的司法保障。

2003 年,上海高院提出了"调审适度分工,以审前调解为主,随机调解为辅,在法官主导下适度社会化”的调解工作指导思想。当时这样的提法，主要是考虑到一方面市委领导希望法院在支持人民调解工作方面更加放开一些；另一方面，从法院案件审判压力日益增大、人少案多的状况逐步显现的现实来看，需要通过委托人民调解等方式以拓宽调解渠道，适当分流案件。因此，有了“法官主导下适度社会化”的要求。但是，考虑到当时情况下，多元纠纷解决机制尚处于探索阶段，人民调解员的业务能力普遍不强等因素，所以强调诉前委托人民调解工作还要在法院主导和法官参与的情况下进行。随着多元纠纷解决机制的不断拓展，原来提出的法官主导下适度社会化的工作指导思想，已经无法涵盖当前工作的范围，也不能充分体现当前多元纠纷解决机制的新特点，因此有必要加以适当调整。去年以来，建立诉调对接和多元纠纷解决机制是市委政法委、高院党组确定的一项重点工作，是极具开创性的工作，也是解决社会矛盾多元多样化与司法资源、司法功能有限性之间的矛盾、构建和谐社会、贯彻落实司法为民举措的有效途径。市委领导对这项工作非常重视，高院应勇院长也提出要重点思考如何将法院的人民调解窗口工作做大、做强、做实的要求。高院去年出台了推动诉调对接，构建纠纷解决机制的相关工作意见。

3. 金山区法院诉调对接工作的总体思路

金山区法院一直高度重视诉讼调解工作，不断创新调解方法，完善各类民事调解工作机制。一是不断完善和创建各类专业化诉调对接工作机制，从横向推进诉调对接的专业化进程；二是，构建“8＋1”诉调对接模式，即创建8公里调解圈，设立一个诉调对接中心，从纵向深化诉调对接的覆盖范围。

（二）指导原则

1. 优势互补原则

法院调解与人民调解、行政调解、行业调解各有优势，发挥组合优势，才能实现有效对接。

2. 因地制宜原则

我区地处远郊，与中心城区相比而言，群众居住较为分散，并且郊区农村属于熟人社会，较为注重淳朴的人情关系、乡村民约、风俗习惯等，为此应在充分尊重这些礼治规则的基础上，因地制宜，构建群众易于接受、乐于回应的多种形式的诉调对接工作。

3. 资源共享原则

法院司法调解室的联系法官与各司法所、人民调解员建立通讯录，不定期地以口头或书面形式交换信息，确保信息传递的准确与快捷。人民调解难以调解的案件，及时引导当事人进入诉讼程序，形成人民调解与司法调解的实质互动。各单位通过调解网络及时了解辖区的纠纷，达到资源共享的目标。

4. 关注民生原则

关注民生，保护弱势群体的合法权益，加大专项调解力度，是金山区法院落实民生工作的重要内容之一,也是构建和谐金山的应有之义。老、弱、病、残、幼等当事人的配套调解机制,与普通的调解机制相比,需区别对待,更要注重该类机制的便捷性、实效性,为弱势群体的当事人提供最有效的司法救济。

(三)创新内容与价值

1. 发挥能动、提高效率,探索便民新措施——回应人民群众便利诉讼的司法需求

不同类型、不同区域的纠纷,其表现形式、解决方式亦不尽相同,传统一体化的调解方法,已越来越不适应社会发展本身对法院调解工作的新要求,需要根据各种案件类型的特点,将其归入相应的调解渠道,使调解工作具有针对性和契合性。从司法便民方面讲,调解工作不仅要注重调解协议是否达成,还要注重调解程序和方式是否方便,以及调解过程是否快速高效,从而体现司法的人民属性。对此,根据区域特点、调解时机等因素,进行相应的巡回主动调解,就可以使当事人以较小的成本获得便捷的调解服务,减少调解障碍,缩短诉讼流程,最终达到提高调解效率的效果。金山区法院建立的多种诉调对接机制,结合了金山的区情、人情、风俗习惯等,从横向和纵向两个角度完善对接机制的覆盖率,满足人民群众便利诉讼、便利调解的司法需求。

2. 多重对接、形成合力,探索惠民多途径——回应人民群众多元调解的司法需求

从系统论的角度来看,法院的司法调解虽然是纠纷调解系统的核心,但要发挥最大程度的整合效力,需要结合其周边的辅助调解模式,以填补司法调解的不足,并使司法调解已有的优势得到进一步强化,从而形成具有集合效应的调解合力。多重对接机制的构建,是调解工作全局意识的表现。各种调解工作具有共同的目的和宗旨,相互之间的对接不是简单的叠加和重合,而是要保持有机的延续性、递进性和聚合性,通过这种融合,为调解工作提供多元的调解平台,使当事人获得的调解服务质量更高、速度更快、效果更好。金山区法院建立的各类专业化调解机制,充分利用了各行业、各部门的优势,形成合力,满足了人民群众多元调解的需求。

3. 关注弱者、从简从速,探索护民重实效——回应弱势群体权益保障的司法需求

关注弱势群体、关注民生,是人民法院的职责所在。在涉及老、弱、病、残、幼等弱势群体的案件中,金山区法院积极制定各项积极措施,以减少当事人的讼累,尽力促成老有所养、弱有所助、病有所治、残有所济、幼有所护。保护弱势群体的合法权益,加大专项调解力度,是金山区法院落实民生工作的重要内容之一,也是构建和谐金山的应有之义。老、弱、病、残、幼等当事人的配套调解机制,与普通的调解机制相比,需区别对待,更要注重该类机制的便捷性、实效性,为弱势群体的当事人提供最有效的司法救济。金山区法院结合金山的地域特点,对

于弱势群体的诉讼采取了许多便民措施，创设了8公里调解圈，与人民群众零距离接触，及时有效保障了弱势群体的合法权益。

二、实践篇

（一）工作运行

1. 设立联合调解窗口，开展委托调解

2006年在市司法局的指导和金山区委、区政府的高度重视下，金山区法院与区司法局认真研究，大胆尝试，通力协作，根据《中华人民共和国民事诉讼法》以及《上海市高级人民法院、上海市司法局〈关于规范民事纠纷委托人民调解的若干意见〉》等规定，对人民调解与诉讼制度相衔接的具体方式、方法进行了探索，共同设立了人民调解与诉讼制度的衔接平台——“区联调委人民调解窗口”，尝试开展民事纠纷委托人民调解工作。

2. 建立司法调解与人民调解对接机制

2008年自金山区法院与司法局、各街镇（工业区）建立司法调解与人民调解对接机制以来，在对接联动机制领导小组的领导下，该工作机制已运行两年多。两年多以来，区法院负责调解室的法官、各司法所及街镇相关工作人员本着维护稳定、化解矛盾、促进和谐的宗旨，互相配合、积极工作，解决处理了一大批疑难复杂纠纷，为促进和谐金山建设和社会主义新农村建设，维护金山社会稳定做出了应有的贡献。

3. 逐步完善各类专业化调解机制

对不同的纠纷进行分类，研究其特点，使调解专业化，有利于有针对性地化解矛盾，提高调解效率。近几年来，金山区法院不断探索各类纠纷的诉调对接机制。一是，自2007年金山区法院在全市法院系统内率先与区公安分局交警支队设立“交通事故合议庭调解室”，实现与公安行政调解的对接。在对接调解中，采取灵活多样的方式，或先后衔接调解，或共同联合调解，使双方快速达成协议并及时履行，及时维护了当事人的合法权益；二是，受国际及国内经济大环境的影响，劳动纠纷近年来呈现上升的趋势。为此，金山区法院经过多方酝酿及探索，2009年与区总工会、人保局、司法局联合成立了本市第一家专业化“劳动纠纷联合调解中心”。法院进行专门的法律指导和咨询，使调解过程及内容在法律层面上透明化、规范化、互动化，促进劳动者与用人单位达成调解协议；三是，医患纠纷的矛盾，长期以来都难以通过调解化解，这主要归因于双方对医学知识的信息不对称，进而导致患者对医院及调解者的不信任。为破解信任难题，2008年金山区法院会同区司法局、区卫生局及部分医疗机构建立了医患纠纷便捷调处机制，邀请医药卫生专家在诉前、诉中、诉后三个环节上参与医患纠纷案件的调处工作。由于医学专家的参与，取得了当事人的极大信任，大大提高了调解效果，调解率达50%；四是，为保障《农村土地承包经营纠纷调解仲裁法》在我区的有效实施,金山区法院与区农委、区司法局进一步健全完善人民调解机制,联动协作,把握化解矛盾的有利时机,实现将土地承包经营纠纷矛盾化解在形成之前、调解在形成之中,在2009年年底成立了“金山区土地承包经营纠纷联合调解中心”。五是,金山区法院为切实维护老年人的合法权益,关注弱势群体权利保护,立足金山区情和审判工作的实际情况,采取多项措施保护老年人合法权益。2009年陆益中、王静两位法官被石化街道老年大学聘为兼职教师,为老年人进行授课,取得了良好的社会效果,金山区法院民一庭也制订了《保护老年人合法权益工作计划》并已在审判实践中开始实施,取得了较好的工作效果,被上海市老龄工作委员会办公室授予了“爱心助老特色基地”光荣称号;六是,为更好地保护弱势群体合法权益,实现司法人文关怀,在区妇女儿童维权工作研讨会上,潘家祥副院长代表金山区法院与金山区妇女联合会签署了《金山区妇女儿童维权工作合作协议书》,与区妇联就妇女儿童维权建立了对接机制;七是,金山区法院十分关注残疾人合法权益的保护,2008年在调研的基础上,与区残疾人联合会签订了《关于保护残疾人合法权益工作的实施意见》,就涉及残疾人案件的调解建立了对接机制;八是,为充分保护少年儿童的合法权益,保障少年儿童健康成长,金山区法院设立了涉少审判庭,2008年金山区法院朱泾人民法庭与西林中学共同筹办成立了家长法律学校。成立后的家长法律学校将充分利用朱泾法庭的宣传和教育资源,除了对西林中学家长及学生进行法律宣传外,还为他们提供法律援助,提高自我保护意识,切实维护家长和未成年人的合法权益,同时今后援助的对象将扩大到周边的兄弟学校。从而实现了涉少案件的诉调对接机制;九是,2009年7月31日,金山区法院与区司法局、区工商联正式建立商事纠纷联合调解机制并签署了合作协议,设立了“商事纠纷联合调解室”,凡涉及区工商联合会会员之间的经济纠纷案件,在案件起诉前和受理后,征得当事人的同意后,可由区司法局和工商联召集经验丰富的人民调解员和有声望的行业协会人员共同调解,法官则予以指导。

4. 设立诉调对接中心,完善三级对接机制

通过不断实践,金山区法院建立了区级、街镇级、村级的三级诉调对接模式,采取法官“沉下去”的工作方式,使调解工作满足群众多元化的需求。在区级层面,2009年,金山区法院在区政法委领导下,在充分调研的基础上,会同司法局设立了诉调对接中心,成为法院在诉前与人民调解相衔接的区级平台,为把矛盾纠纷化解在基层、化解在萌芽状态提供了机制和组织保障。在街镇层面,自2008年以来,金山区法院、区司法局在区委政法委的支持下,建立了司法调解与人民调解对接联动机制。实现了我区每一个街镇都有一个司法调解室,在街镇级层面通过巡回调解的方法实现了诉调对接的进一步延伸,也是诉调对接的又一个平台。金山区法院定期下派骨干法官到司法调解室定期协助司法所开展法律咨询、人民调解、业务培训等相关工作。在村(居)委会层面,2009年金山区法院朱

泾法庭在朱泾镇南圩居委会设立了“社区法律诊所”，在兴塔新黎村设立了司法调解室。在村(居)委会层面进一步实现了诉调无缝对接。对于各级诉调对接工作的开展，金山区法院配备了专车，保障了工作的便利。

5. 创建8公里调解圈，从纵向深化调解机制服务新农村

通过不断实践，金山区法院建立了以各街镇(工业区)司法调解室为中心，对不能覆盖的地区以居委会设立的“社区法律诊所”等为中心，创建了8公里覆盖的诉调对接调解圈。利用8公里调解圈，金山区法院与各相关部门，充分发挥地域优势，利用人脉关系、电话联系方式调解。对于调解工作取得优秀成绩的调解室，加强宣传，互相交流经验。如金山区法院亭林镇、漕泾镇两个司法调解室两年来取得了良好的效果。今年金山区法院在漕泾镇成立了“王静法官调解工作室”，并在部分村委设立了“王静法官法律诊所”，形成了品牌效应。王静法官今年荣获了“上海市五一巾帼奖”，成为2010年上海法院系统唯一获此殊荣的干警。

(二) 重大节点

1. 探索阶段

在金山区刚建区的1997年6月，为方便指导人民调解，方便群众诉讼，金山区法院在金山西南角的枫泾镇设立了枫泾便民诉讼接待站，挑选责任心强、精通业务、熟悉枫泾镇情的同志负责接待工作。枫泾接待站深受群众欢迎，被群众亲切地称为“流动的法庭”。在总结枫泾接待站及指导人民调解工作经验的基础上，为更好地服务社会主义新农村建设，区法院积极推行“五进”措施服务新农村建设，即公开开庭进农村、诉讼调解进农村、信访接待进农村、司法调研进农村、法制宣传进农村，并于2004年和2005年在漕泾镇和廊下镇设立便民诉讼接待站，每周派出法官下乡接待群众，指导人民调解，风雨无阻，从未间断，化解了许多矛盾纠纷。2006年7月与区司法局共同设立了人民调解与诉讼制度的衔接平台——“区联调委人民调解窗口”。

2. 发展阶段

2007年以来，金山区法院不断探索，逐渐建立了各类专业化诉调对接机制。

2007年5月28日，金山区法院在金山区交警支队设立了交通事故合议庭调解室，实现了交通事故司法调解与行政调解的对接。

2008年4月10日，金山区法院与区残疾人联合会签订了《关于保护残疾人合法权益工作的实施意见》，就涉及残疾人案件的调解建立了对接机制。

2008年7月26日，金山区法院与区司法局、卫生局签订了《金山区医患纠纷便捷调解机制工作办法(试行)》，建立了医患纠纷的司法、人民、行政三方调解机制。

2008年10月8日下午，金山区法院朱泾人民法庭与上海市西林中学共同筹办成立了家长法律学校，朱泾人民法庭与西林中学签订了共建协议书。

2009年2月26日,金山区法院与区总工会、人保局、司法局联合成立了本市第一家专业化"劳动纠纷联合调解中心"。

2009年7月31日,金山区法院与区司法局、区工商联正式建立商事纠纷联合调解机制并签署了合作协议,设立了"商事纠纷联合调解室"。

2009年12月24日,金山区法院与金山区妇女联合会签署了《金山区妇女儿童维权工作合作协议书》。

2009年12月25日,金山区法院联合金山区农委、金山区司法局共同组织成立了"金山区土地承包经营纠纷联合调解中心"。金山区法院、区农委以及区司法局共同签订了《土地承包经营纠纷联合调解机制及服务土地承包经营纠纷仲裁机制协议书》。

3. 完善阶段

2008年3月19日下午,金山区法院与区综治办、区司法局联合召开司法调解与人民调解对接联动机制工作会议。会议成立了对接联动机制领导小组,签订了《司法调解与人民调解对接联动机制协议书》,金山区法院覆盖全区各镇、街道和工业区的11家司法调解室挂牌成立。

为了使司法调解室在全区达到一定的覆盖率,2009年4月23日,金山区法院朱泾法庭在朱泾镇南圩居委会设立了"社区法律诊所"。6月2日,金山区法院又在兴塔新黎村设立了司法调解室。这使金山区法院的司法调解室在全区8公里范围内达到了全覆盖。金山区法院通过创建的8公里调解圈,进一步实现诉调无缝对接,让广大居民感受到了多层次、多途径的权利保障和人民法官的情法通融、亲和诚意。

今年金山区法院在漕泾镇成立了"王静法官调解工作室",并在部分村委设立了"王静法官法律诊所",形成了品牌效应。

4. 整合提高阶段

2009年12月金山区法院在充分调研的基础上,会同司法局设立了诉调对接中心,制定了《诉调对接中心工作办法》。从而为将法院诉讼、司法调解与人民调解、行政调解、行业调解等调解机制有机对接,充分发挥各自优势提供了平台。今后金山区法院将通过这一平台,进一步整合各方调解力量,以期达到更好的效果。

(三) 实践效果

1. 有效满足了人民群众司法新需求,提高了调解率

通过诉调对接机制,使当事人以较小的成本获得便捷的调解服务,减少调解障碍,缩短诉讼流程,最终达到提高调解效率的效果。2009年金山区法院的案件调解率达到58.60%,在全市法院调解率排名中列第一位。

2. 发挥了组合优势,提高了案件质量

从系统论的角度来看,法院的司法调解虽然是纠纷调解系统的核心,但要发

挥最大程度的整合效力,需要结合其他调解机制,以填补司法调解的不足。诉调对接机制使司法调解已有的优势得到进一步强化,从而形成具有集合效应的调解合力。如金山区法院与交警支队对接后,每件案件的审限比以往的诉讼程序节省约20天,每年通过该机制调解的案件与全区交通事故案件的比例在全市最高。通过与村委调解的对接,达到了"小事不出村,大事不出镇,难事不出区,矛盾不上交"的效果。诉调对接工作开展以来,金山区法院受理案件的服判息讼率逐年提高,信访工作也取得了较好成绩,实现了"无进京上访"、"无重大节点上访"、"无重大疑难涉诉涉法案件"的目标。

三、发展篇

(一)检讨不足

1. 诉调对接中心的整合作用还未完善

目前金山区法院诉调对接中心虽然挂牌成立,但是还未发挥其案件分流的中心作用,相关的办公场所、人员、经费还未落实。

2. 各类专业化诉调对接机制发展不平衡

目前金山区法院建立了八类诉调对接机制,但各机制的发展情况不同。有的机制没有发挥其应有的作用,还需要进一步完善。

3. 诉调对接工作的考核机制尚不完善

目前对于诉调对接工作还未建立完善的考核机制。

(二)明定方向

1. 加强诉调对接中心建设

进一步完善金山法院诉调对接中心的硬件措施,争取在第三季度进一步落实办公场所,进一步完善相关人员的配备,落实经费保障,并对委托调解案件的范围、类型进行扩大,使诉调对接工作由传统型向专业化逐步转变,以充分发挥组合优势,取得良好的社会效果。

2. 进一步完善各类诉调对接机制

针对各类专业化诉调对接机制的进展情况,制定不同的计划,进一步完善对接的程序,培养专家型法官负责不同类型的诉调对接工作。积极探索尚未建立诉调对接的新类型案件的对接工作。

3. 进一步做好调解回访工作

对于已经达成调解协议的,通过实地见面访、远程通讯访或者利用基层调解工作网络委托访等形式及时回访,督促当事人履行调解协议。对于相邻权、道路交通事故、劳动争议等多发易发纠纷的案件,应当将诉讼调解向后延伸,实现调解回访与息诉罢访相结合,及时消除不和谐苗头,巩固调解成果,真正实现案结事了。

4. 注重发挥律师和法律援助机构在调解工作中的积极作用

积极推动、引导律师和法律援助机构参与或者主持调解、和解,共同做好调解工作。要积极探索,争取当地司法行政部门、律师协会的支持,注意解决律师风险代理收费与调解结案之间的矛盾。推进律师和法律援助机构参与或者主持调解工作的制度化、规范化。对于在调解工作中成绩突出的律师和法律援助机构,向当地司法行政部门、律师协会提出予以表彰和奖励的建议。

5. 加强责任考核

全面落实诉调对接工作责任制,从加强长效管理、完善责任考核、提高服务效能等方面,引导工作人员高度重视并切实做好对接工作。建立诉调对接工作台账,如实反映工作开展情况。定期召开联席会议,及时总结分析工作中存在的问题和不足,针对社会矛盾纠纷的阶段特点,研究落实诉调对接阶段性工作具体措施;并建立经费保障和考核奖励机制,定期对工作开展情况进行考核和评查。

四、案例篇

(一) 交通事故人身损害赔偿诉调对接案

[案情] 2009年4月11日7时40分,被告柴文革无证驾驶无牌工程装卸翻斗车沿本区浦卫公路南侧非机动车道由东向西行驶至该公路5公里处时,与对向驾驶电动自行车的原告周军杰相撞,造成原告受伤。经鉴定,原告肝脏破裂切除构成重伤,尺骨骨折构成轻伤。经金山交警支队认定,被告负本起事故的全部责任。案发后,被告主动到公安机关接受调查,并委托家属与原告就民事赔偿事宜进行调解。本案在金山区法院设在交警支队的"交通事故合议庭调解室"进行立案调解,在承办民警、金山区法院调解法官、人民调解员、被告所聘请的律师参与下,最终使双方就民事赔偿达成了协议。被告也通过家属及朋友当场履行了赔偿款。原告也对被告表示谅解,并出具了谅解书。在刑事判决中,被告被从轻处罚并适用了缓刑。

[分析] 本案的调解贯彻"调解优先、调判结合"工作原则。积极发挥了各方在调解中的作用。当事人通过承办民警进行联系沟通、金山区法院调解法官、联合调解委员会人民调解员从情理、法理各个角度进行调解,被告聘请的律师也配合做好法律解释工作和与当事人的沟通工作,最终使双方当事人达成协议。本案的民事赔偿协议达成在被告刑事判决之前。在双方对事故发生经过及责任均无异议的情况下,没有遵循"先刑后民"的原则。既及时使受害人得到了赔偿,又为被告争取从轻处罚争取了条件,取得了较好的社会效果。

(二) 请求履行人民调解协议纠纷案

[案情] 原告李庆余系被告上海中邦新材料有限公司的职员,2009年10月24日,原告在被告厂房内调试机器时,不慎受伤,被送往复旦大学附属金山医院救治,经诊断为多发伤,后经金山区人力资源和社会保障局认定为工伤。至起诉时,原告仍在医院接受治疗,昏迷不醒,形成医学上的植物人状态,失去了民事行为能力。2010年2月26日,原、被告在金山区山阳镇人民调解委员会的主持下

达成了人民调解协议,后在履行协议过程中出现纠纷,原告遂于同年3月3日诉至法院请求被告履行人民调解协议中约定的付款义务。金山区法院诉调对接中心的派出法官在驻地调解室现场受理本案之后,当场组织双方当事人进行调解,引导双方以原有的人民调解协议为基础达成了新的调解协议,并当场制作了民事调解书向双方当事人进行了送达。由于原告在伤后成为植物人,尚在医院治疗,每天治疗费用达1 500元,是一笔很大的开销,所以在调解完毕后,承办法官敦促被告当天即给付了原告方赔偿款300 000元。

[分析] (1)"为人民司法,为大局服务",维护"世博"期间的社会稳定,及时有效地化解一起矛盾激化纠纷。由于原告伤势严重,赔偿协议又迟迟未能达成,原告家属遂多人、多次到被告处吵闹、打骂,影响了基层社会稳定和被告的正常经营活动。在人民调解员及金山区法院承办法官的共同努力下,调解了这一矛盾激化纠纷,消弭了"世博"期间的社会不稳定因素。

(2)本案为一起新类型案由纠纷。本案的案由为"请求履行人民调解协议",这一类型的案件是金山区法院诉调对接中心成立以后,根据最高院相关规定及诉调对接工作实际运行的需要新设立的一类案由,其设立目的是以民事调解书的形式确认人民调解协议的效力,并通过这一确认程序,赋予其强制执行力,从而避免许多原本在基层达成协议的民事纠纷由于当事人思想意识的变动等原因反悔后,形成不必要的诉讼,影响社会稳定,增加司法成本。

(3)本案为诉调对接中心成立之后金山区法院受理的请求履行人民调解协议纠纷中具代表性的案例,体现了联动调解机制的比较优势。由于本案原告在工伤事故中受伤严重,成为植物人,涉案金额也高达660 000元,系人身损害中标的较大的案件,成为诉调对接工作开展以来这一新类型案件中具有代表性的一例,而本案的顺利调处也得益于诉调对接机制框架下人民调解与司法调解联动机制在化解基层矛盾方面所具有的比较优势。

(4)对弱势群体进行积极的司法关怀,从审执兼顾入手,实现案结事了。本案原告家境并不富裕,在受伤后形成植物人状态,花费了大量的医疗费用,并且需要继续住院治疗,且日均治疗费用高达1 500元。承办法官考虑到案件"涉残"的特殊情况,对弱势群体进行积极的司法关怀,提高了审理节奏,尽快地促成协议达成并引导双方当事人约定了违约金条款以促成被告尽快履行付款义务。调解协议签订当日,即敦促被告履行了300 000元的赔偿义务,解了原告的燃眉之急,取得了良好的社会效果。

(5)发扬高效、务实的作风,当场立案、当场调解、当场制作法律文书、当场送达,案件的全部审理过程中,效率和公平并重,极大地方便了基层百姓进行诉讼,也很好地践行了金山区法院诉调对接中心设立的宗旨:深入基层、方便百姓、服务大局、维护稳定。

(6)司法为民情怀,感动纠纷当事人。有感于承办法官的司法为民情怀,在案件调解结案之后,被告上海邦中新材料有限公司向金山区法院赠送了"服务基层,定纷止争"的牌匾,以感谢承办法官以高效、务实、作风公正地审结此案。

【专家点评】

诉调对接机制建构的有益探索

——以金山法院为研究样本

瞿 琨*

诉调对接机制是实现法院调解与各种类型社会调解有效联动的制度平台,对积极应对社会大发展阶段各类矛盾高发的复杂局面,有效地节约司法资源,形成全社会的合力,以达到共同化解矛盾纠纷,实现社会和谐的目的都有重要的价值。与西方国家不同,中国的法院和法官担负了更多的社会和政治责任,除了查明事实、适用法律之外,中国的法官还担负着维护社会和谐的特殊使命,同时,中国的国情和社会风俗也决定了,各种社会资源在实现社会矛盾化解方面具有各自的比较优势。金山法院立足基层工作的特点及辖区内的民风、区情,整合各部门及组织调解社会矛盾纠纷的力量,形成全社会参与调解纠纷的大格局,并在区委政法委的领导下,与相关部门积极配合,建构了多种纠纷诉调对接机制,创新了许多调解方法,进行了许多富有创新价值的探讨,在维护金山的地区稳定和社会和谐方面取得了不错的实效。但作为一个新生事物,诉调对接机制还并不完善,在怎样较好地平衡调解与判决的关系、注意调解中的方式方法、避免用片面的调解率考核法院及法官工作、完善相关配套机制、培养符合诉调对接工作要求的法官人才等方面还有很长的路要走,还需要有一个发现问题、解决问题、不断完善的过程。

当然,无法勉强一项新机制在创设之初即已十分完善,判断它的好坏,要考察其社会功效。金山法院的相关实践收到了良好的社会效果,实现了传统调解模式在现代社会的创造性转化。这表明:诉调对接机制灵活多变、富有活力,它在预防纠纷、解决纠纷、减少诉讼、节约司法资源以及维护社会的和谐秩序中发挥着重要的作用。正如法国学者卢梭所言:"一切法律中最重要的法律,既不是铭刻在大理石上,也不是铭刻在铜表上,而是铭刻在民众的内心里。"以"对接"为运作模式,以"和谐"为追求目标的诉调对接机制的价值正在于它印证了卢梭的上述表达。诉调对接机制将各种非诉调解类型引入到法院诉讼与法院调解中,反映了法治在当代发展的特征,即纠纷解决从对抗对决走向对话协商,从是分清非曲直到争取双方和谐,它对于建构和倡导一种柔性解决纠纷的模式具有很好的样本示范作用。

---

* 上海大学法学院副教授、法学博士,上海大学法学研究所副所长。

协助执行网络建设

【工作要览】

一、创新篇

（一）工作背景

1. 法律法规和相关文件为网络建设提供了政策法律依据

2007年新修订的《民事诉讼法》第221条、第226条以及《最高人民法院关于适用〈中华人民共和国民事诉讼法〉若干问题的意见》第287条这三个条款都赋予了基层组织在人民法院依法对被执行人采取强制措施时的协助执行义务。中政委下发的52号文件，对各级法院，尤其是基层法院推进协助执行网络建设的做法予以肯定。此后，最高法院和中央综治办发出的《关于将法院执行工作纳入社会治安综合治理目标考核范围的意见》（法发[2006]36号）、中政委下发的37号文件《关于完善执行工作机制加强和改进执行工作的意见》，都明确提出了加强基层协助网络建设破解执行难。金山区政法委也先后5次发文指导推进金山区协助执行网络建设工作。这一系列的法律法规和政策文件为金山区协助执行网络建设工作提供了充分的法律保障。

2. 社会分工理论及执行权的权利属性研究为网络建设提供了理论保障

现代市场经济条件下，市场经济天然所具有的专业化和社会化的特点使国家控制社会的权力分工越来越细化，国家甚至还将部分行政资源分配给了相关的社会组织，以更好地实现对众多社会人的管理。法院的执行工作是众多社会分工中的具体一环，而执行难问题又是经济社会众多因素的综合体现，需要不同部门和单位之间的通力合作，法院的执行工作只有依托基层协助执行网络，实现各部门、各单位、各基层组织在解决执行难问题上的联动，才有可能实现执行工作的适度社会化。

同时，法院执行权是一种兼具司法性与行政性的权力。执行权这种天然行政权属性，决定了对生效的法律文书所有的国家机关都应当有协助执行的义务。在行使执行实施权时，因立足于实现权利而不是对具体争议进行判断，更倾向于效率价值。因此，为追求效率的最大化，建立协助执行网络，使执行工作成为行政部门、基层组织日常工作的一部分，走适度社会化、多元化的道路，也是由执行权的本质属性决定的。

3. 执行工作面临的现实迫切需要建立协助执行网络

执行难是长期困扰法院工作的一个难题,目前执行难的局面突出地表现在:一是案件数量不断增长,案多人少的矛盾越来越突出:以金山法院为例,2002 年受理的执行案件是 2 015 件,到 2010 年已达 5 353 件,案件数量增长了 2.66 倍;二是执行难度增大,成本增加,而执行手段不多,执行法官疲于奔命,不堪重负。由此导致公众对执行工作反映强烈。尽管近年来,执行工作厉行改革,促进了执行能力的提高,但执行难局面并未得到根本改变,这也从另外一个角度喻示,单靠法院执行系统"内部挖潜"、"孤军作战"显然难以解决执行难问题。谋求根治执行难这一顽疾,应跳出法院执行系统,着眼于全社会的共同努力,通过社会管理模式的创新,建立协助执行网络,探索解决执行难的多元化、社会化途径。因此,执行工作所面临的现实迫切需要建立协助执行网络。

(二) 整体思路及工作原则

所谓的协助执行网络机制,就是指整合各种社会资源和力量,协助法院开展执行工作,实现司法目的的法律机制。在网络的建设过程中,金山法院始终秉持以正确的思想为指导,紧紧依靠党委的领导与政法委的支持,十分注重调动各基层组织与各方力量的积极性,采取先搭框架、稳步推进、不断深化、务求实效的整体工作思路。具体来说,坚持了以下几个工作原则:

1. 始终坚持正确的指导思想

始终以科学发展观思想统领协助执行网络建设,将以人为本的理念贯彻到网络建设的过程中,使协助执行网络在破解执行难、兑现当事人胜诉权方面能真正发挥作用;紧紧围绕中政委"社会矛盾化解、社会管理创新、公正廉洁司法"三项重点任务与最高法院王胜俊院长"公正、廉洁、为民"的人民法官核心价值观的要求,将协助执行网络建设提高到社会矛盾最终化解、实现综合治理的社会管理模式创新以及实现实质公正正义、倾力为民司法的高度。

2. 紧紧依靠党委领导与政法委支持的原则

基层协助执行网络是一项依托社会、发动群众共同来破解执行难的工作,因此在协助执行网络的建设过程中,金山法院紧紧依靠党委的领导与政法委的支持,注重依托党委"总揽全局、协调各方"的作用;注重区政法委的牵头协调作用。在党的统一领导下,运用和动员全区和社会各种力量,多管齐下,形成合力,达到标本兼治的目标。

3. 分清主次、注重发挥两个主体作用的原则

始终注意处理好法院与协助执行单位之间的主次关系。执行工作的主体是法院,法院也是推进协助执行网络建设工作的主力军,必须要发挥主体作用;同时,网络的关键在协助,在工作中要发挥好网络成员单位的协助作用,注重积极性的调动,使之真正形成合力。

4．稳步推进、不断完善、效率司法原则

在长期试点实践的基础上通过政法委发文等多种形式，将实践中的良好做法与成功经验不断固定为长效机制，以此稳步推进协助执行网络的完善。同时，协助执行网络建设中始终坚持在公正的基础上尽可能地提高司法效率。

（三）创新的内容与价值

1．协助执行网络回应了执行理论的需求

随着对执行权以及对法院执行工作研究的深入，法院执行工作越来越显现出它的理论品性。协助执行工作的开展，正是从法理学的角度、社会学的角度、经济学的角度回应了民事执行权分权理论、社会分工理论以及效率价值理论等，协助执行网络建设是这些理论在执行工作中的最新实践。

2．协助执行网络工作是对社会管理创新的探索

协助执行网络的本质，是依托党委的领导支持，充分调动与整合社会资源，相互配合、齐抓共管，通过综合治理的方式来破解执行难。它改变了以往执行工作法院一家“独唱”的困境，形成了包括法院、公安、银行、房地、工商、街道、社区等全面参与的“合唱”局面，实现了原有单一的司法手段向多元综治手段的转变。它的本质是对各种社会资源与力量的重新排列组合，是社会管理模式的一种创新，通过创新社会管理的方式实现社会矛盾化解的目的。

3．率先推行三级协助执行网络的网格化管理

较早形成了区、各街镇、村、居委的三级网络模式；同时推行网格化管理，将辖区内的各街镇、工业区协助执行网络与执行庭内的各执行组分别对应，实行分片归类，形成网格，明确各网格内协助执行单位与人员的职责与任务，形成“纵到底、横到边”的网格化管理模式。从而化被动为主动，实现数字化、信息化的科学管理体制。

4．率先形成了一套比较完善的网络运行机制

经过多年的建设，金山区的协助执行网络运行机制形成了从单一的执行协作机制逐渐扩展到执行协调机制、执行救助机制、信息通报机制和考评奖惩机制等多种机制并存运行的良好局面。

5．率先形成一系列较有成效的网络长效机制

一是与区公安分局签订《关于建立公安协助法院执行长效机制的意见》，建立上海市首个公安协助执行工作室，探索公安协助执行长效机制。二是与区内银行等金融机构签订《金融机构协助执行工作备忘录》，建立全面覆盖、全市联查、及时反馈的集中查询机制。三是与区总工会、人保局、司法局建立金山区欠薪联动处置机制，通过四家联动，更好地维护广大职工合法权益。

6．扩大协助执行范围，建立跨区域执行协作机制

不断扩大协助执行范围，延伸协助执行网络效应，建立金山、嘉善、平湖三地执行协作机制，在执行联动、执行威慑、执行信息共享方面互予便利，开展跨区域

执行协作。

通过以上一系列的网络建设创新,有力调动了破解执行难的一切有利因素,较好维护了金山区经济发展和社会稳定。

二、实践篇

(一) 工作运行

1. 紧密依靠各级党委的支持和协调

在协助执行网络的建设推进中,金山法院始终坚持区委的组织领导,高度重视各级党委对于推进法院执行工作的意见建议,依托党委“总揽全局、协调各方”的职能,在协助执行网络的建立、组织、运行等方面主动争取党委的支持。积极听取政法委的指导意见,主动将协助执行工作与政法综治工作结合,协助区政法委召开协助执行会议,通过政法委发文的形式将协助执行工作机制固定下来,给协助执行网络的建设提供了强有力的政策支持。

2. 积极推进协助执行网络升级

金山法院从金山区情、执行工作实际情况出发,倡议推进协助执行网络扩大、升级。此举也得到了金山区委政法委的肯定。区委政法委发文明确并细化了区协助执行领导小组成员单位各自的职责范围,同时将协助执行网络从原先的镇级扩大到村(居)委级,率先构建起区、镇、村(居)委会三级协助执行网络,协助执行工作获得更大合力。目前金山区已有255名协助执行联络员分布于全区各处,共同疏导化解执行矛盾。为进一步做好新形势下的矛盾化解工作,金山法院从2010年起又探索执行催告令状制度,在全区各街镇聘请11名有一定经验与威望的执行督解员,发挥他们“人熟地熟”的优势开展执前催告督促、执行辅助等工作,进一步将网络向基层延伸。

3. 建立健全协助执行网络运行机制

金山法院在协助执行网络建设的实践中,不断建立健全各项网络运行机制。一是执行惩戒机制,加强公安、检察、法院之间的协作配合,依法严厉打击拒不执行判决裁定等违法犯罪行为。二是执行威慑机制,通过与协助执行网络衔接,利用协助执行网络各成员单位的资源优势,把不履行义务被执行人的信息披露纳入到政府主导的社会诚信体系之中,通过综合治理增强威慑力。三是协助执行网络联络机制。通过互通信息、定期召开联席会议等加强执行信息的共享,加强网络单位之间的沟通交流,及时总结提炼先进经验。四是考核激励机制。在政法委的大力支持下,每年召开协助执行表彰大会,将协助执行工作纳入社会综治和平安建设考核评分,进一步加大网络单位的积极性与重视度。五是执行救助机制。通过协助执行网络,已初步设立了财政拨款、法院审议、民政救济的特困群体案件执行救助机制,对于双方当事人均为特困群体的案件,按一定程序给予救济。

（二）重大节点

1. 起步阶段

为贯彻1999年中央11号文件精神，2002年由中共金山区委政法委发文（金委政法[2002]5号）成立金山区协助执行工作领导小组，初步确定了协助执行领导小组的成员组成及各自分工与职责，形成了区协助执行网络轮廓。

2. 快速发展阶段

2007年4月30日在金山区协助执行工作会议下发了金山区委政法委《关于建立和完善协助执行工作机制的意见》，将执行网络从区、镇两级扩展到区、镇及村民委员会、居民委员会三级，确立了各成员单位的协助执行联系人，全区各街镇共23家单位成为协助执行网络的成员单位，255位街镇基层司法干部和村、居委干部被聘请为协助执行联络员，在全区构建起了区、街镇、村居委三级的协助执行网络。同年8月13日又召开了区协助执行工作座谈会，逐步建立了协助执行领导小组联席会议机制、协助执行信息通报机制、特困群体案件执行救助机制和考评工作机制。

3. 深化细化阶段

2008年5月20日，在区协助执行工作总结表彰会上，就公安110出警协助执行、公安机关协助查控被执行人及其财产、房地局协助查控处置被执行人房地产、建立群体性劳动争议执行联动机制等方面达成协议，进一步探讨健全和完善金山区的协助执行网络，将金山区的协助执行网络正式与“110”联网，初步形成了一个执行良性循环机制。同年7月9日，金山区委政法委下发《关于加强基层协助执行网络建设的意见》，明确各街镇成立街镇协助执行领导小组，法院执行庭在各街镇设立执行工作站，加强法院执行机构与基层协助执行网络成员的无缝衔接和良性互动，使执行工作得到更大的合力，具有金山特色的网格化管理的三级协助执行网络进一步完善。

2010年5月17日，金山区委政法委又正式下发了《金山区“服务平安世博”协助执行网络建设推进方案的通知》，建立执行催告制度和基层执行督解员制度。通过由法院在各街镇聘请具备良好道德品质，有较高社会威望和较丰富社会经验的人士担任执行督解员，负责在案件强制执行前的执行催告，协助送达有关法律文书并做好相关人员的思想疏导工作。执行催告制度的推出和执行督解员的聘任，进一步探索了在法官主导下执行工作适度社会化的新模式，进一步调动了基层组织的力量，进一步形成了“大执行”工作格局。

2011年5月18日，金山区法院又协助金山区政法委召开“反规避执行联动机制”建设推进会，金山区法院与金山区税务机关签订“关于推进执行联动机制的工作纪要”，正式将区税务机关纳入金山区协助执行网络。同时，金山区法院又与金山区房地局、社保中心、工商局等单位建立网上执行联动机制，进一步提高协助执行网络的科技化、信息化水平。

（三）实践效果

协助执行网络建设的不断推进,为用综合治理的办法解决执行难做了有益探索,大力推动了金山法院执行工作的开展,其成效主要体现为“四个有利于”。

1. 有利于促进地区经济发展和社会和谐稳定

通过协助执行网络,积极化解和稳妥处理经济社会运行中出现的各种矛盾,为地区社会诚信建设以及良好投资环境的营造提供了优质司法服务。2010 年,金山区法院借助执行网络协助执行的案件达 2 000 余件,占结案总数三分之一多;全年共受理初执案件 4 880 件,结案 4 887 件,实际执行到位金额人民币 7.21 亿元,有力促进了我区经济的平稳较快发展和社会和谐稳定。

2. 有利于保障百姓民生

利用协助执行网络,连续 6 年开展“服务大局、保障民生”等专项执行活动,较好地维护了广大职工尤其是外来务工人员的合法权益。利用协助执行网络的执行救助专款,逐步加大对确需救助的交通肇事、刑事附带民事、劳动报酬纠纷等案件当事人的救助力度,较好展现了能动司法对民生的保障作用。

3. 有利于提高案件办理质量和执行效率

通过协助执行网络,拓展了法院的执行思路,丰富了法院的执行方法,提高了法院的执行效率。9 年来,经区协助执行工作领导小组直接协调而执结的案件有 600 多起,经协助执行网络协助执行的案件有 7 000 余件;2008 年,区政法委王美新书记就我区协助执行网络建设情况在市解决“执行难”工作推进会上做交流发言;近年来,在上海市高院发布的审判质量效率评估数据中,金山法院执行庭的平均执行天数、实际执行率、执限内执结率、执行标的清偿率等指标连续稳居全市基层法院前茅。

4. 有利于调动积极因素营造合力破解“执行难”的良好环境

通过协助执行网络建设,较好地调动了社会方方面面的积极因素,形成了“党委领导、法院主办、各方参与”的良好执行态势。通过对协助执行网络以及典型案例的宣传介绍,不仅使社会对执行工作有了更深更直接的了解,而且提升了全社会的诚信意识与法治意识,营造了合力破解“执行难”的良好环境。

三、发展篇

（一）检讨不足

1. 网络机制还有待进一步深化细化

在金山区的三级协助执行网络建设中建立了一系列的网络运行机制,为网络顺利运行、发挥实效提供了较好保障。但是一些机制虽然建立,但还不够深化细化或者执行力不够。

2. 网络单位的协助意识还有待进一步增强

个别协助执行单位的主动协助配合意识还不强,有的甚至对协助执行工作有一定抵触情绪；有些网络单位的协助义务还不够明确，网络单位间“大执行”的观念还有待进一步增强。

3. 基层网络建设工作还有待进一步创新完善

协助执行网络的基础在基层，特别是村、居委、派出所等基层组织更是网络建设的重点对象。目前，协助执行网络扎根基层、深入社区、取得群众广泛支持参与配合的基础还不够牢固。

4. 协助执行网络单位的激励考评机制还有待进一步完善

目前，网络单位的协助执行工作已经纳入区县综合治理和平安建设考核，金山区也通过每年召开协助执行总结表彰会等形式表彰先进，开展激励。但是总体而言网络单位的激励考评工作还不够完善，激励手段比较单一、力度不大，不利于全面调动网络成员的积极性。

(二) 明定方向

1. 进一步建立和健全执行网络的组织和领导机制

在党委的领导下，主动争取、积极依托社会各界的支持配合，充分发挥党委总揽全局、协调各方的政治优势，调动与提高各协助执行网络单位特别是基层组织、基层群众参与协助执行的热情与意识，动员更多的力量参与到执行工作中来，使执行工作得到更大的合力，努力形成区委统一领导，法院全力破解，各部门齐抓共管，群众积极参与的“大执行”工作格局。

2. 进一步发挥网络优势加大执行工作的力度

继续加强与银行、房地、税务、工商、公安等单位的协作力度，密切在财产发现、查控、处置等方面的协作配合。继续加强与公安、检察机关的协作，加大对干扰执行、逃避执行、抗拒执行等行为的查处力度，对有能力履行拒不履行涉嫌拒执犯罪的，坚决追究刑事责任，增强执行威慑力。

3. 进一步建立和健全协助执行网络的管理工作机制

着力加强执行联动机制、信息共享机制、执行救助机制的细化完善；开展对协助执行联络员、执行督解员的业务培训，适时给予奖励激励，加强与网络单位间的交流互动；根据执行工作实际，进一步探索协助执行的新领域，不断扩大网络的覆盖范围。

4. 进一步加强对协助执行工作宣传，营造良好社会舆论氛围

继续加强对协助执行网络以及协助执行工作的宣传，进一步凝聚共识，促进全社会诚信意识和法治观念的提升，为法院执行工作营造知法律、讲诚信、重承诺的良好社会舆论氛围。

四、案例篇

(一) 依托协助执行网络　妥善化解群体信访难案

[案情]　上海万强(集团)有限公司系金山区张堰镇的一家企业。3 年前，

该企业由于经营不善而关门停产，在此期间除拖欠银行等其他企业大量债务外，还拖欠400余名职工的工资款、经济补偿金、工伤损害赔偿、社保金，总的债务额高达3 000余万元。两年多来，该企业职工不断到区委区府、张堰镇政府等集访，要求政府帮助解决工资款等劳动报酬，给金山区的社会和谐稳定造成了相当大的压力。

[执行]　该案进入执行程序后，在区协助执行网络单位的大力配合下，金山法院前后仅用两个月左右的时间，就快速执结这一历时近三年的信访难案：一是领导重视，亲自接待。该案发生后，区委区府、区政法委领导十分重视，主要领导多次听取汇报，实时关注案情发展，并多次亲自接待，稳定职工情绪。二是网络联动，联合接访。由于该案职工试图不断通过集访等形式解决问题，金山法院主动与区协助执行网络单位——区信访办及张堰镇加强联动，在张堰镇执行工作站联合接访，引导职工通过法律途径解决问题。同时，区总工会、区人保局等网络单位也发挥各自职能，共同做好涉案企业职工的情绪疏导等思想工作。三是借力政府，快速变现。由于涉案资产为集体及划拨土地房地产，金山法院积极与网络单位张堰镇党委政府联系，与该镇招商引资部门加强信息沟通，加快资产变现进度。四是召开由地方党委政府共同参加的债权人会议，协商分配方案。“万强”一案不仅涉及职工工资款，还牵涉到银行等部分抵押债权人的债权。为了维护社会稳定的大局，尽全力保障民生，金山法院特地召开债权人会议，与银行等其他债权人协商分配方案。

(二) 上海祥端贸易有限公司申请执行平湖市恒远服饰有限公司加工合同纠纷案——借力三地协作机制合力执结一起异地搬迁案件

[案情]　上海祥端贸易有限公司申请执行平湖市恒远服饰有限公司加工合同纠纷案，申请人上海祥端贸易有限公司提供布料给被执行人平湖市恒远服饰有限公司，委托其加工成衣，后由于被执行人经营不善，停止加工，申请人起诉至法院，经调解确定被执行人应返还申请人委托其加工的成衣及辅料。同时，金山法院审理期间对系争财产进行了保全查封。

[执行]　在该案执行过程中，金山法院通过三地协作执行网络中的信息通报机制，了解到浙江平湖法院也受理了以同一被执行人的系列执行案件，且对被执行人遗留在仓库的所有财产进行了整体查封，准备拍卖。由于被执行人拖欠许多职工工资，工人情绪激动，对外地法院执行仓库里的财产较为抵触，为妥善化解本案，金山法院依照三地协作机制与平湖法院召开联席会议，共同商讨案情，加强双方之间的案件协调。通过紧密配合，依靠当地协助执行网络，由基层组织出面共同做思想疏导工作。平湖法院派专人会同当地村委会干部协同到现场，维护现场秩序，共同将属于申请人的财产清点登记，最终将财产返还给申请人。本案通过两地法院及当地协助执行网络的合力，顺利执结了一起矛盾复杂，工作量极大的异地财产搬迁案件。

【专家点评】

执行联动机制是司法能动的具体实践

刘金祥*

“执行难”一直是困扰法院工作的一个难题。鉴于执行难问题在我国的特殊性，谋求根治执行难，必须借鉴多元化纠纷解决的公共治理思路，推进协助执行网络建设，构建执行联动机制，实现解决执行难的多元化、社会化的“大执行”格局。

金山区人民法院在推进协助执行网络建设、构建执行联动机制破解执行难方面进行了一系列有益探索，起步早、思路新、路径实、力度大。比如，金山区法院对协助执行工作实施开创性的网格化管理；拓展网络协助范围，与浙江嘉善、平湖建立跨区域的执行协作机制；创立以优秀法官彭文忠个人名字命名的执行工作室；建立上海市首个公安协助执行工作室，探索公安协助法院执行工作开展；探索“编外法官”体制，建立执行催告令状制度；在协助执行网络范围内建立联席会议机制、考评激励机制等。上海市高院执行局副局长林祖彭对此由衷地表示：“金山区委和区政法委非常重视金山法院执行工作，不仅在全市率先探索建立了基层协助执行网络，而且以协助执行网络建设为依托，每年都有新的举措、新的进展、新的成效。”

今后，协助执行网络建设还可以从以下几个方面予以推进完善：一是健全和完善执行救助机制。固定执行救助资金来源，明确执行救助资金适用对象和范围，建立执行救助资金追偿制度。二是进一步扩大和完善异地协助执行网络的范围。在建立金山、嘉善、平湖三地执行协作机制的基础上，不断扩大协助执行范围，延伸协助执行网络效应，在执行联动、执行威慑、执行信息共享方面互予便利。三是进一步提高协助执行网络化的水平。可借鉴劳动监察部门借助网络化管理来应对劳资纠纷的成功经验，进一步提高协助执行网络化的水平，真正步入“网格化”管理时代。四是强化执行惩戒和威慑机制。加强公安、检察、法院间的协作配合，依法严厉打击拒不执行判决裁定等违法犯罪行为；通过网络平台，利用协助执行网络各成员单位的资源优势，把不履行义务被执行人的信息披露纳入到政府主导的社会诚信体系之中，通过综合治理增强威慑力。

* 华东理工大学法学院教授。

非公经济法制论坛

【工作要览】

一、创新篇

（一）工作背景及总体思路

一方面，自金融危机爆发以来，我区以加工出口为主的中小企业受到严重冲击，如今上海发展进入“后金融危机”、“后工业化”和“后世博”时期，将进入全面转型的关键时期。我区的中小企业也面临重要任务，要在努力转变企业发展方式、积极培育企业核心竞争力上下工夫，推动企业做大做强，为推动金山经济发展、优化金山产业结构发挥更加突出的作用。另一方面，最高院王胜俊院长指出，能动司法是人民法院服务经济社会发展大局的必然选择。人民法院处在化解矛盾、维护社会稳定、促进社会和谐的最前沿，面对新形势，如何围绕大局提供司法服务，运用司法手段积极鼓励、支持和引导中小企业的发展，从优化经济发展环境的大局出发，主动延伸司法服务职能，是人民法院在新时期肩负的重要责任。为充分发挥职能作用、促进我区非公经济持续健康发展，金山区法院积极探索服务非公经济发展、创新社会管理的路径，与金山区工商联、金山区台侨办联手设立金山区非公经济法制论坛。

（二）指导思想

以能动司法理念为指导，按照区委杨建荣书记“三个不”的要求，主动服务发展。一是不回避。不回避困难和矛盾，积极解决困难、破解难题；二是不推诿。自觉向前多迈一步，主动帮助中小企业解决实际困难；三是不守旧。切实增强创新进取精神，勇于打破条条框框束缚。积极落实金山区法院制定的《关于进一步发挥审判职能服务中小企业发展的意见》的相关规定，强化大局意识、服务意识，树立开放型司法服务理念，让中小企业最大限度地“享受”法律服务，为金山经济又好又快发展提供有力的司法保障。

（三）创新内容和价值

1. 搭建沟通平台，回应司法需求

通过与区工商联、区台侨办对接，充分发挥工商联、台侨办桥梁、纽带作用及人民法院司法服务功能，整合各方优势资源，搭建法律服务平台，积极帮助非公经济排忧解难,回应中小企业新形势下日益增长的法律需求,提升企业防范风险的意识和能力,积极研究解决中小企业融资难中遇到的法律问题,为金融机构融资打造快捷保障平台,推动金融机构创新和拓展多种融资渠道,促进非公经济合法经营、健康发展、不断壮大。

2. 延伸服务功能,探索社会管理创新

增强主动服务、高效服务、优质服务的意识,结合审判实践,分析形势,研判规律,延伸审判职能,拓展审判效果,凸显司法对社会的引导、示范、评价、规制等功能,着力制度创新和措施调整,促进矛盾纠纷的源头化解以推进社会管理创新,努力为我区经济社会发展营造良好的司法环境。

二、实践篇

(一) 工作运行

1. 主要做法

(1) 明确主线,辅以活动落实。论坛以整合资源、搭建平台、延伸功能为主线,辅之以各种形式的活动予以落实,如案例编发、法制讲座、专题研讨等,并视情不断探索新形式,扩展新内容。

(2) 明确分工,委以个人负责。区法院负责安排论坛的工作内容,区工商联、区台侨办负责论坛的日常组织工作。由法院商事审判部门负责人具体负责计划制定、分工协调、监督落实等工作,并设立一名日常事务联络员,负责与工商联、台侨办间论坛事务联络以及有关企业的咨询工作。

2. 具体措施

(1) 请进来学法,提高风险意识。一是组织庭审旁听、座谈。在充分调研我区非公企业经营中存在的普遍性法律问题基础上,由区工商联、区台侨办组织部分企业家进行庭审旁听,并在庭后进行案例讲解、现场答疑、专题法律培训。迄今已累计组织560余名企业家集中旁听和观摩庭审16次,召集160余名企业家参加座谈会6次。二是开设法制讲坛,邀请法学专家、资深法官授课。迄今已累计组织大型专题讲座5次,参加的企业家累计1 200余名。如2008年12月,专门邀请市一中院资深法官郭文龙,围绕新劳动合同法实施后的问题和对策予以授课。2009年4月区法院副院长沈英明在非公经济人士培训班上作商事案件的管辖技巧的法制宣讲;2009年6月邀请上海市高院法官沈旭军作关于合同法有关司法解释的讲座。

(2) 走出去送法,提升防范能力。一是编写、发送典型案例,以浅显易懂的语言分析讲解中小企业日常经营活动的法律风险。迄今累计已向300余家会员企业发放《合同法案例》、《公司法案例》、《其他商事案例》、《诉讼法案例》等案例汇编手册1 200余册。二是送法上门。2009年初,区法院和区工商联开展“春暖百家中小企业、百名法官送法上门”活动,深入上海腾达企业发展有限公司等80

余家区内企业,解答法律问题。三是深入企业调研。2009年3月,区法院和区工商联召开企业家座谈会,走访上海华普汽车有限公司等企业,在广泛听取和征求意见的基础上,对论坛工作进行调整和充实。四是举行法律咨询沙龙活动,先后深入金山工业区、朱泾工业区、枫泾工业区就有关法律问题与60多家企业代表进行互动交流。五是连续三年向区内120余家有代表性的重点非公企业和台资企业赠送了人民法院报,为我区非公经济代表人士进一步了解司法工作,增强法制意识提供了又一个重要的平台和渠道。

(3)借助互联网,拓展沟通渠道。2009年4月8日,正式启用金山区非公经济网上法律咨询信箱,畅通与区内非公企业沟通交流的渠道,及时解答法律问题。该信箱在区法院互联网站设置,区内非公企业可以直接登录网站发送电子邮件,与"法律咨询解答小组"取得联系。

(4)建联调机制,合力化解纠纷。2009年7月31日,区法院与区司法局、区工商联正式建立商事纠纷联合调解机制并签署了合作协议,凡涉及区工商联合会会员之间的经济纠纷案件,在案件起诉前和受理后,征得当事人的同意后,可由区司法局和工商联召集经验丰富的人民调解员和有声望的行业协会人员共同调解,法官则予以指导。

(5)搭沟通桥梁,解融资法律困境。积极研究法院在破解中小企业融资难问题的方式方法,制定相关意见,优化中小企业融资环境。充分发挥司法判例的作用,通过每年发布金融审判白皮书、编写金融审判典型案例、建立突发性金融纠纷快速处理机制等,指引金融创新,鼓励金融机构贷款向中小企业倾斜,缓解中小企业融资困难。积极开展银企结对工作,为中小企业与金融机构搭建直接沟通交流平台。

(6)建立知识产权保护工作论坛

为进一步加强知识产权创造、运用、保护和管理,共同倡导社会和企业尊重知识产权,经区法院、区科委、区工商联充分沟通协商,决定以金山区非公经济法制服务论坛为工作平台,于2011年6月2日三方签署《关于加强知识产权服务保护促进金山社会经济发展的备忘录》。将建立知识产权保护工作论坛,每年举行1—2次法制讲座或专题研讨会;选编知识产权典型案例发放给中小企业;不定期组织法律咨询,为企业的知识产权保护答疑解惑;成员单位之间将保持经常性的沟通和联系,在力所能及的范围内为企业提供帮助。三方备忘录的签署标志着知识产权保护服务工作有了新的平台和渠道。

(二)重大节点

2008年4月8日下午,区委常委、统战部部长刘其龙等一行深入金山区法院就金山区法院与区工商联联合设立的金山区非公经济法制论坛工作开展前期调研。

2008年6月19日,法院与区工商联签署《关于服务非公经济促进金山发展的备忘录》,设立金山区非公经济法制论坛。

2008 年 8 月 21 日,金山区法院组织旁听庭审、座谈活动。

2008 年 12 月,组织第一次非公经济法制讲坛,就劳动合同法进行学习、讨论。

2009 年 3 月 31 日启动“春暖百家中小企业、百名法官送法上门”活动。

2009 年 4 月 8 日,金山区非公经济网上法律咨询信箱点击启用。

2009 年 6 月 23 日,金山区非公经济法制论坛工作推进会顺利召开,总结并规划论坛工作。

2009 年 6 月 23 日,组织第二次非公经济法制讲坛,就合同法进行学习、研讨。

2009 年 7 月 31 日,法院与区司法局、区工商联正式建立商事纠纷联合调解机制并签署了合作协议。

2009 年 8 月,组织旁听庭审、座谈。

2009 年 9 月,完成了涉及合同、公司、担保、程序等多方面的案例编辑工作,并向全区中小企业进行发放。

2009 年 10 月,市委常委、统战部部长杨晓渡对《工商经济专报》第 53 期作出重要批示:“这是一种很好的服务,做法应予推广。”

2009 年 11 月 19 日,金山区法院与区委统战部就金山区非公经济法制论坛进行工作研究。

2009 年 12 月,组织第三次非公经济讲坛,就民事诉讼法进行学习、研讨。

2010 年 4 月 1 日,金山区法院与区委统战部携手调研 2010 年非公经济法制论坛工作。

2010 年 4 月,金山区非公经济法制论坛入选“上海十大优秀依法治市案例”。

2010 年 6 月 29 日,“跟踪重点企业、挂钩重点项目、联系基层商会”活动举行启动仪式,重点跟踪服务 10 家企业,联系 11 个基层商会。

2010 年 7 月 27 日,金山区非公经济座谈会在金山区法院召开。

2010 年 8 月 25 日,张斌院长为非公企业授课。

2010 年 8 月 25 日,金山区非公经济法制研讨会顺利召开。金山区法院党组书记、院长张斌主持会议,市高院党组成员、副院长盛永强,区委常委、统战部部长刘其龙,市工商联副主席陈平田等出席。

2010 年 9 月 6 日举行以“走进法院、感受法治”为主题的金山台企活动日。

2010 年 9 月 17 日,举行“法律服务基层行”活动,拉开了金山区非公经济法制服务论坛“法律服务基层行”系列活动的序幕。

2010 年 12 月 21 日,金山区非公经济法制论坛领导小组会议在金山区法院召开,论坛相关成员单位就当前的经济形势下,如何发挥金山区非公经济法制论坛作用为我区非公经济提供司法服务联合开展工作研究,区委常委、区委统战部部长刘其龙出席会议。

2011 年 3 月 17 日,举行“走进枫泾工业园区”法律咨询沙龙活动。

2011 年 5 月 30 日下午,组织部分非公企业旁听金山区法院首起涉外国际货物买卖合同纠纷案件的审理。

2011 年 6 月 2 日,区法院、区科委、区工商联三方签署《关于加强知识产权服务保护促进金山社会经济发展的备忘录》。

2011 年 6 月 2 日,举行知识产权专题讲座暨法律咨询沙龙活动。

2011 年 7 月 18 日下午,院党组副书记、副院长黎淑兰在区工商业联合会书记陆惠明陪同下,走访了上海华峰超纤材料股份有限公司。

2011 年 8 月 24 日下午,金山区非公经济法制论坛工作推进会在区会议中心召开。本次会议主题为“延伸服务功能、深化银企结对”。区法院党组副书记、副院长黎淑兰主持会议,上海市高级人民法院副院长盛勇强,区委常委、统战部长刘其龙,区法院党组书记、院长张斌出席大会。

(三) 实践效果

1. 增强了非公企业主的法制意识和防范风险能力

非公经济法制论坛既为企业家学习法律法规创造了条件,又为企业从源头上减少纠纷提供了可借鉴案例,进一步增强了非公经济人士的法制意识。上海开乐暖通有限公司的代表在论坛年会上就表示:“这一年来我们开乐暖通公司就没有发生任何的法律纠纷或案件,很大部分应归功于法制论坛的成功举办。”

2. 提升了法院服务发展的水平和息纷止争的能力

区法院通过主动服务,变坐堂问案为能动司法,积极回应区内企业对于司法服务的需求,及时发现矛盾并将纠纷化解在萌芽状态。迄今已借助联合调解工作室成功调解商事案件 126 起,涉及金额 10 880 万元,区内商事案件同比下降 18.4%,无一起矛盾激化案和涉诉上访案。

3. 有效整合各方资源切实“保增长、保民生、保稳定”

对于非单纯法律服务能解决的问题,区法院和工商联依托论坛与相关主管部门和有关企业沟通协调,在法律允许的范围内为非公企业争取便利,共谋发展,特别是采取“放水养鱼”等灵活措施,让困难企业、债权人及企业职工达到“多赢”。如一被诉企业某灯泡厂因法定代表人意外死亡致使企业处于停产状态,法院在促成案件调解的基础上通过与工商部门沟通、走访村委会和有关人员等措施,积极促成被诉企业的转让,并解决法定代表人变更方面的实际困难,且对债权人做好解释和说明工作,不仅使陷于困境的企业得以重生,而且使 70 余名员工避免了失业的风险。

另外,非公经济法制论坛还得到了市委、市高院领导的肯定。在市委统战部工商经济处《工商经济专报》第 53 期刊登金山区非公经济法制论坛主要做法后,市委常委、统战部长杨晓渡作出重要批示:"这是一种很好的服务,做法应予推广。"市高院党组成员、副院长张海棠对区法院上报的载有"非公经济法制论坛"相关做法的信息作出批示:"为中小企业提供良好的法律服务,是应对当前的金融危机、预防风险的有力措施。金山法院的做法值得借鉴。"

此外,金山区非公经济法制论坛的有关做法业已形成一定规模效应,具备了初步的影响力,已有上海部分法院着手借鉴或推广。

三、发展篇

(一) 检讨不足

回顾论坛运作至今的概况,尽管契合了能动司法在新时期的要求、卓有成效,但梳理这两年的实践探索,还存在着部分审判人员对于法院主动开展服务非公经济的活动存有疑虑、服务范围如何规制、服务内容如何拓展等问题,需要我们在实践中完善、在探索中规范。

(二) 明定方向

1. 提升服务的高度

以能动司法理念为指导,树立大局意识、服务意识。坚持能动司法,要求我们时刻想着大局,胸中怀有大局,主动贴近大局,充分发挥审判职能作用,自觉将法院工作放在党和国家工作大局中去谋划、去推进。人民法院作为掌握司法权的国家审判机关,虽然不直接参与经济发展决策和建设,却可以利用职业之长和特殊视角,对经济发展提供司法保障。人民法院不能主动揽案并不意味着面对经济发展的严峻形势无动于衷、消极懈怠,更不能把法院工作置身于经济社会发展大局之外,而应是做深做实司法延伸,以司法职能帮助政府作为、规范企业经营活动。主动提供司法服务与司法的被动性并不冲突,为区域发展营造安定祥和的社会环境,构建诚信规范的经济秩序,更好地发挥保障与服务作用,既是法院工作的应有之义,也是时势的必然要求。

论坛运行制度化、常态化。非公经济法制论坛尽管脱胎于国际金融危机这个时代背景,但并非纯粹应对金融危机的应景之作。法院服务于地方非公经济发展工作应是长期、一贯的,非公经济法制论坛不仅是应对金融危机的适时之举,更应在显实效的同时求长效。首先,细化具体操作流程,规范论坛运作。由于非公经济论坛尚处于探索阶段,工作的开展无章可循。应加强规范化建设,以法院为主导、联合工商联等建立起例会、书面记录、回访反馈、档案管理、涉案当事人回避、工作考核等制度,用制度规范工作,杜绝论坛工作开展的随意性,确保服务非公经济的长效性。其次,完善配套措施,确保服务实效。建立和完善情况通报机制、快速反应机制、保全执行机制、司法救助机制、多元化调解机制、案外延伸机制等,使审判工作和延伸服务资源共享、相互促进,真正将服务非公经济、司法为民落到实处。

2. 规范服务的限度

服务发展须以审判工作为依托。一方面,在应对金融危机中,司法审判工作是可以有所作为的,也应当有所作为。另一方面,否定司法的被动性,必将有损司法的权威性和公正性,要把握司法能动的底线。法官要在法律规定和国家政策允许的框架内履行职责,发挥作用,而不能超越法律,绝不能突破依法办案这条底线。非公经济法制论坛工作必须围绕审判工作开展,以商事审判活动中常见纠纷类型确定论坛服务对象、内容,同时,以论坛为沟通渠道,主动听取中小企业对法院审判工作的意见和建议,不断提高服务和保障中小企业健康发展的水平和能力。而法官在既当依法办案的审判员,又当建言献策的"指导员"、传授法律知识的"辅导员"、化解矛盾的"消防员"的角色变换中,必须首先确保履行审判职责的中立要求,涉诉企业应在同期非公经济论坛活动中予以回避,不得就具体案件咨询法官,避免给对方当事人形成法官私下接触一方当事人的印象,防止延伸服务有损审判工作的严肃性、公正性。此外,可利用非公经济法制论坛这个沟通平台,因案制宜吸纳与案件当事人有特定关系的人员参与调处纠纷,如工商联工作人员、企业合作商等,引导涉诉企业走出困境、形成双赢。

主动服务须以保障经营自主权为前提。企业是市场活动的主体,它的生存和发展应该遵循客观市场规律。法院主动延伸职能,引导非公经济防范、化解法律风险,促进企业生产经营质量和水平,帮助企业渡过难关固然重要,但若服务内容无限扩张,影响企业自主经营,法院出面"拉郎配"、招商引资等,不仅不能给企业带来效益,而且会造成负担甚至成为"扰企",也会是法治进程的重大倒退。司法延伸服务必须在保障企业经营自主权的前提下进行,非公经济法治论坛的活动应围绕风险提示、预警开展。针对审判、执行中发现的企业管理的突出问题、共性问题,精心归纳总结,向有关单位和部门有针对性地发出司法建议,最大限度减少企业出现类似问题,引导中小企业依法管理、完善管理,最大限度地保护交易安全和创新能力。

延伸服务须以平等保护为原则。平等、快捷、维护是人民法院实践科学发展观、服务保障中小企业发展的内在要求。司法活动须正确反映和充分兼顾不同阶层、不同方面群众的利益,把各个阶层、各个方面的合法权益保护好、协调好。必须坚持"平等保护、平等服务"的原则,对所有市场主体给予公平的关注,对各方当事人利益予以平等的保护,非公企业与国有企业一个样、本地企业与外地企业一个样、弱小企业与重点企业一个样。法院服务区内非公企业发展,绝非恣意滥用公权力为地方产业撑打保护伞,而是以非公企业为司法服务的直接受众,将司法的能动性作用于在我区内创建有利于产业集群发展、壮大、繁荣的法治环境和经济秩序。

3. 拓展服务的深度

扩大论坛惠及面,丰富服务方式。鉴于司法功能的有限性及市场经济优胜劣汰规律,服务非公经济既要尽可能扩大惠及面,又要针对不同形势甄别企业状况,增强服务的针对性。一方面,在服务非公企业的经验基础上逐步拓展服务范围,今年拟与区台办联手,开展"服务台商年"活动。另一方面,借力工商联精选服务企业和服务内容。主要针对生产经营受宏观经济环境变化影响较大的企业、司法需求迫切的企业、对社会稳定影响大、有发展前景的企业,创新工作思路和工作方法,因地制宜,采用灵活多样的联系方式,深入企业开展调查研究,全面掌握企业状况,了解企业的司法需求,有针对性地开展法律咨询活动,预防和减少企业内部纷争和外部经营风险。

加强组织协调,充分借力。通过法院内部相关部门间的协作,法院与工商、税务等外部单位的协调,加强信息共享、工作协作联动,整合资源共同为非公企业发展服务。将法院工作视为保护区域经济发展链条上的关键一环,积极从审判各个工作环节收集信息发现问题,及时与区内其他部门联系沟通。对于服务过程中发现的非本部门职能范畴的问题,通过与相关主管部门的沟通协调,堵塞漏洞,消除隐患,强化企业抵御风险的意识,在法律允许的范围内为企业争取便利、共谋持续稳定发展。

及时总结经验,适时推广。坚持调研是审判工作的延伸、拓展和深入,要不断创新,力求突破,要加强审判态势的分析预测,提高对各类敏感问题发展趋势的预测能力,及时掌握宏观经济环境变化引发的审判领域新情况新问题,通过研判新形势,及时调整工作计划,不断推出符合形势需要的新举措,对在非公企业诉讼案件中发现的经营活动与日常管理中的疑难法律问题和新型社会关系进行调查论证,使形成的理论成果服务审判业务、指导服务方向、提升服务技巧。

四、案例篇

(一)上海某混凝土有限公司与某工程建筑有限公司买卖合同纠纷案

2009年8月底,金山区法院受理了位于金山区的上海某混凝土有限公司与上海某工程建筑有限公司买卖合同纠纷案。该案是由于金融危机对实体经济的影响,使得工程公司承建的项目延期,进而导致付款延迟。而对于专业经营混凝土的公司,此次危机带来的回收资金困难导致大量的应收款没收进,流动资金运转出现了困难。"我们不得不起诉,否则公司面临资金链断裂的可能。但我们也很矛盾,上法庭可能使与业务单位的合作无法再进行下去。"金山区法院根据该案的实际情况,启动了商事纠纷联合调解机制,邀请区工商联进行沟通,并由区司法局派驻金山区经济纠纷联合调解室的人民调解员共同参与调解,从法理和情理进行分析,希望大家相互体谅,共同应对金融危机对金山企业带来的挑战。最终,在法院与工商联、司法局的共同努力下,双方当事人达成调解协议,工程公司当庭将25万元货款送到了混凝土有限公司代理人手中,并殷切地表示:"如果再有建筑工程项目,我们还愿牵手合作。"混凝土有限公司代理人惊喜不已:"不仅拖欠货款的纠纷在法院得到了圆满解决,实现了快速回笼资金的目的;而且双方互相谅解,存在继续合作的可能!感谢法院、工商联和司法局为我们所做的工作。”在场的金山法院法官、区工商联、区司法局的人民调解员的脸上露出了欣慰的笑容。

(二)金山区法院与区工商联、区台侨办深入金山工业区联合举办法律咨询沙龙活动

2010年6月28日下午,金山区法院与区工商联、区台侨办深入金山工业区联合举办法律咨询沙龙活动,区委常委、统战部部长刘其龙出席会议,我区近40名民营企业家、台商参加咨询活动。区工商联主席陶励强主持了咨询活动,沈英明副院长向与会企业家介绍了金山区法院服务非公经济的工作情况,金山区法院刑庭彭勇庭长就涉企业犯罪的类型、特点等进行了归纳,在此基础上提出了相应的建议,民一庭庭长朱振豪庭长围绕新颁布的侵权责任法进行了详细的解读,民二庭黄杰国庭长紧紧围绕“诉讼管辖、诉讼时效、公司内部治理”等问题,为企业开出了“药方”,民三庭朱伟庭长紧紧围绕2009年金山区法院劳动争议审理的情况,向企业发出了忠告,执行庭徐景华庭长结合执行实际,从申请人、被执行人的不同角度讲解了企业应该履行的义务,并就拒执罪进行了解读。金山区法院相关庭室负责人的精彩讲解,获得了出席沙龙活动的企业家们的热烈欢迎,他们也分别从企业自身的情况就应收款的催讨、建筑工程结算、商业秘密的保护、企业劳动合同管理等问题进行了法律咨询,金山区法院相关人员进行了详细的解答。刘其龙部长对此次沙龙活动的成功举办表示由衷的祝贺,认为此次活动是金山区非公经济法制论坛延伸法律服务手臂、不断扩大企业受益面的实举,也是一次成功的尝试。

【专家点评】

可预期性与人类文明的进步

——对“非公经济法制论坛”的点评

阮赞林*

金山区人民法院的“非公经济法制论坛”这一创新,得到了非公经济主体的认可,实践中取得了一定的效果;也得到了领导的肯定,并被认为有一定的推广价值;同时,在实施过程中感觉到还有一些可以探讨和完善之处,如服务范围的规范问题、服务内容的拓展问题。所以,我们有必要对这一创新进行总结、提高,以使“非公经济法制论坛”能够更好地为我们金山区、上海市乃至于全国的经济建设服务。

从金山区人民法院创设“非公经济法制论坛”的背景来看,当时主要是两个

* 华东理工大学法学院教授,博士。

方面：即后金融危机、后工业化、后世博时期为推动金山经济发展、优化金山产业结构发挥更好的作用；二是从能动司法的要求。前一个背景是从区域经济发展的需要考虑，后一个背景是从法院的职能角度考虑。如果将"非公经济法制论坛"作为一项具有长效性的服务创新，我认为，还应将我们设立的背景建立在"化解社会矛盾、促进和谐社会"的更高的社会价值上。另外，法律是人类对自己行为的可预期性的重要依据。人类文明越发达，说明人们对自己行为的可预期性越明确，也就说明一个社会的法律制度越完善。金山区人民法院提供的"非公经济法制论坛"这一创新机制，我认为其核心的价值就是体现在增强了非公经济的经营者对自己经营行为的可预期性。

其实，金山区人民法院在对"非公经济法制论坛"的经验做了很好的总结，对存在的不足也做了很好的把握，对提升服务功能方面已经有了进一步的思路。今后，金山区人民法院可以在引导非公经济组织的公司制改造、提倡企业的诚信文化建设、培养企业的社会责任心、提高企业的权利意识和维权意识等方面继续加强服务的力度、深度和广度。

非诉行政执行令状

【工作要览】

一、创新篇

(一) 工作背景及总体思路

2004年至2008年,金山区人民法院受理的行政非诉执行案件收案数:2004年收案29件,2005年收案60件,2006年收案87件,2007年收案190件,2008年收案192件。

2009年开始,为了进一步推进行政非诉执行案件的办理,金山区人民法院在对非诉行政执行令状机制的现有探索基础上,进一步创新管理机制,将非诉行政审查案件单独立为非执字号案件。2009年金山区人民法院受理行政非诉案件308件,其中非诉行政审查案件111件,非诉行政执行案件197件;2010年收案257件,其中非诉行政审查案件128件,非诉行政执行案件129件;2011年1到8月份收案352件,其中非诉行政审查案件184件,非诉行政执行案件168件。

面对不断增长的案件数量,金山区人民法院认真贯彻全国政法工作会议推进社会矛盾化解、社会管理创新、公正廉洁执法三项重点工作的重大部署,以社会管理创新为重点,积极探索非诉行政执行令状机制。非诉行政执行令状的总体思路是在非诉行政执行案件立案后,法院通过签发令状的形式,将执行运作的权力部分赋予行政机关,实现执行权归属和执行权运作的部分分离,加快行政义务的实现过程。非诉执行令状制度的核心内容是:人民法院通过签发令状,强化司法审查功能,弱化行政执行功能。

(二) 指导原则

1. 依法执行原则

符合现行法律的规定,是非诉行政执行令状试点工作的首要原则。虽然在具体的操作方式上有所创新,但根本性的机制构建仍严格限定在现有的法律框架内。

2. 资源共享原则

非诉行政执行令状的实施过程中,始终坚持与行政机关相互借力,共享资源的原则,既减轻了法院在送达与执行等方面的工作量,也提高了非诉行政执行的效果与效率。

3. 稳步推进原则

在充分论证后，非诉行政执行先后经历了试点、推广、全面铺开三个阶段，案件的标的从3 000元以下到不受限制，案件的种类也从金钱罚扩展到行为罚。

(三) 创新内容和价值

非诉执行令状对传统的司法权与行政权之间的分工进行了重新界定，不再拘泥于传统理论对执行权是司法权还是行政权的讨论，力求实现司法权向裁判权的回归。非诉行政执行权具有行政和司法双重属性，前期行政机关作出具体行政行为具有行政行为属性；法院对申请进行审查，具有中立性被动性的特点，具有司法属性；最后执行又是基于法院审查过的认可合法的行政法律文书，具有行政行为属性，因此针对混合属性的非诉行政执行权，分开行使也就理所当然。与传统的非诉行政执行模式相比，金山区人民法院的非诉行政执行令状显著的创新价值在于：第一，促进官民和谐。为被申请执行人的早期介入提供机会，提供提出异议的话语平台，避免日后在执行中发生更大的冲突，避免信访群访等社会矛盾的产生；第二，提高执行效率。法院对于被执行无异议、自动履行的案件即不必再进入实际执行程序，而仅需将审查工作重点放在拒不执行的案件当中，突出了工作重点，提高了工作效率。正如最高人民法院行政庭庭长赵大光指出的，上海试点的非诉行政执行令状机制具有四方面特点：一是法制性。非诉行政执行令状不仅有利于提高行政执法活动的严肃性，而且体现了司法的权威性，同时体现了我国司法改革和法制前进的方向，对于完善我国法律制度具有积极意义。二是通行性。上海目前试点推行的非诉行政执行令状机制在世界许多国家和地区都已经得到认可并长期实施。三是科学性。该项机制对公权力进行了合理分配，并对司法权的职能作了准确定位，理顺了司法机关、行政机关与被执行人之间的关系。四是实用性。该项机制对提高执行办案的效率具有积极意义。

金山区人民法院的令状试点工作，得到上级领导的认可。2009年9月，最高法院江必新副院长作出重要批示，充分肯定了上海法院探索和试点非诉行政执行令状制度所取得的成绩，认为上海法院试行非诉行政执行令状制度值得认真总结，并指示可考虑与有关法制部门共同研讨，在取得共识基础上逐步推开。市高院应勇院长也对令状工作作出重要批示，要求“继续探索、总结”。

金山区人民法院令状试点工作，也得到行政审判条线的充分肯定。2009年，市高院为进一步推进令状的调研深度和试点范围，将闸北法院也纳入试点范围，使试点工作在郊区和市区法院同步进行，为试行效果的正确评估提供了更具代表性的依据。2010年4月23日，最高院在沪召开探索非诉行政执行令状研讨会，最高院赵大光庭长对令状试点工作表示钦佩和赞同，认为令状体现了法制性、司法权威性和司法改革方向的三大特点，对完善非诉行政执行具有积极意义，提出三点建议：一是要对令状做法要进一步推广和规范。二是要能否在强制执行法立法或行政诉讼法修改中有所体现。三是要在全国人大法工委和国务院法制办支持配合的前提下,有条件的地方可以试点,最高人民法院也要积极探索出台司法政策和指导意见。

二、实践篇

(一)工作运行

2007年,在张斌院长的主持下,金山区人民法院承担并完成市高院重点调研课题《非诉行政执行运行模式研究——兼论建立非诉行政执行令状制度》,为令状的运行奠定了理论基础。在课题基础上,金山区人民法院通过以下几点工作,稳步推进令状从理论向实践的转化。

1. 审慎试点

2008年6月4日,金山区人民法院审判委员会讨论通过《非诉行政执行令状操作规程(试行)》,非诉行政执行令状开始进入试行阶段。2008年6月2日,非诉行政执行令状成果转化研讨会在金山区人民法院召开,市高院副院长张海棠、研究室主任顾建荣、金山区人民法院庭长吴偕林、执行局副局长余志强等上级法院的专家领导出席会议,并提出了宝贵的意见和建议,极大丰富了令状制度的内涵。

2. 交流研讨

2009年8月,在市高院行政条线年中会议上,沈英明副院长就令状运行情况做交流发言。2009年12月24日,在上海市人民政府法制办公室、上海市高级人民法院联合举办的"第四届依法行政与公正司法论坛上",张斌院长以"构建'三位一体'的对接机制,把握三个层面的能动司法"为题作交流发言,介绍了令状在良性互动方面的作用。2010年1月18日至19日,高院召开2010年上海法院行政审判工作会议暨审判业务培训。金山区人民法院庭长沈敢峰做交流发言。

3. 良性互动

2009年8月20日,金山区人民法院召开非诉执行令状座谈会,与区政府法制办、区环保局、区计生委、区食监局、区卫生局等五部门就非诉执行令状的实际运行进行了研讨。2009年8月27日,区劳动局来金山区人民法院协调非诉执行令状工作。2010年3月17日,金山区人民法院与上海市规划和土地管理局执法总队召开非诉行政执行令状专题研讨会。2010年3月24日,金山区人民法院召开"加强良性互动、化解行政争议"座谈会暨举行2009年度行政案件司法审查报告发放仪式。2010年4月,在令状试点近二周年之际,金山区人民法院法官回访了上海鼎品塑料制品有限公司、上海月满服饰有限公司、上海市金山区方燕国饭店等被执行人,听取他们对金山区人民法院非诉行政执行令状工作的意见,以更加深入地了解非诉行政执行令状的实际效果。

4. 稳步推进

2009年5月6日,金山区人民法院在已有经验的基础上,制定了《非诉行政执行令状操作规程》,非诉行政执行令状进入推广阶段。2009年6月1日,上海法院行政审判机制创新研讨会在金山区人民法院召开。上海市高级人民法院副院长张海棠,金山区委常委、区政法委书记王美新等领导和专家参加了这次研讨会。2010年4月23日,最高法院在上海高院召开探索非诉行政执行令状研讨会。最高法院赵大光庭长,国务院法制办政府法制协调司青锋司长和全国人大法工委行政法室童卫东处长等出席会议。金山区人民法院张斌院长以《非诉行政执行令状试点工作综述》为题首先做交流发言,结合具体的统计数据和生动翔实的案例,从理论基础、试点情况、运行效果以及理性思考四个方面介绍了非诉行政执行令状制度在金山法院的试点情况,得到了与会领导和专家的一致好评。

(二)重大节点

2008年6月2日,非诉行政执行令状成果转化研讨会在金山区人民法院召开。

2008年6月4日,金山区人民法院审判委员会讨论通过《非诉行政执行令状操作规程(试行)》,非诉行政执行令状开始进入试行阶段。

2009年5月6日,金山区人民法院在已有经验的基础上,制定了《非诉行政执行令状操作规程》,非诉行政执行令状进入推广阶段。

2009年6月1日,上海法院行政审判机制创新研讨会在金山区人民法院召开。

2010年起,金山区人民法院开始将非诉行政执行令状适用于所有的非诉行政执行案件。

2010年4月23日,最高法院在上海高院召开探索非诉行政执行令状研讨会。

(三)实践效果

1. 明确了职能分工

非诉行政执行令状机制的实施,使得法院的司法审查定位更加清晰,司法审查功能得到了明显的加强。法院在一定程度上实现了由执行者向裁判者的回归与转变。

2. 提高了执行效率

在许多非诉行政执行案件当中,被执行人没有固定的营业场所或者营业场所没有明显的标志,以致法院干警以往需要投入较大的人力和时间解决送达问题。而令状制度实施后,行政机关在办案过程当中,已经对被执行人的基本情况有了较多的了解,能够更有效率地完成送达等工作。非诉行政执行令状的实施,使得法院的工作重点更加突出,执行效率也因此得以提升。

3. 实现了合作双赢

人民法院与行政机关共享执行资源,相互借力,实现合作双赢。非诉行政执行令状机制的建立,并不意味着法院对于已经发出督促履行令的案件就可以置之不理。金山区人民法院始终将通过令状执行的案件纳入全方位的司法调控之中,并通过协助执行网络等多种手段,给予行政机关强有力的支持。

三、发展篇

(一) 检讨不足

1. 非诉执行的立法定位有待调整

非诉执行令状机制的运行仍在现有的法律框架之内,委托后无法获得执行的案件仍然要靠法院来执行。法院并未从根本上实现从"执行者"到"审查者"的转变,非诉行政执行固有的一些问题也就无法得到有效解决。

2. 行政机关的配合有待加强

个别行政机关的工作人员对于令状制度不了解,不接受,存在一定的抵触情绪。他们认为,非诉行政案件的执行都应当是法院一家单位的事情,督促履行令的签发加大了行政机关的负担。基于这种消极的认识,个别行政机关在收到令状后,并不积极地督促被执行人履行,而是倾向于在督促履行期限届满后,再将案件转由法院司法执行。个别行政机关的懈怠在一定程度上降低了令状机制的运行效率。

(二) 明确方向

1. 强化司法审查的作用,提高令状公信度

在签发令状前,法院应当严格地对行政机关的非诉执行申请予以审查,确保所发出令状的质量。对于不符合条件的执行申请,坚决不予受理。令状只有具备了司法审查所赋予的公信力,才能够在实践当中更好地推行。

2. 加强与行政机关的沟通,营造良性执法氛围

法院与行政机关在非诉执行案件当中应当通力协作。非诉执行令状的实施有利于提高行政效率。一些难以执行的行政案件是行政机关长期不作为的结果。"解铃还需系铃人",要求行政机关自行执行,有利于敦促行政机关及时依法作出行政行为。

3. 加强实践、总结提升,适时为立法提供参考

随着令状制度的不断完善,许多深层次的问题暴露出来,这些问题的解决最终只能通过立法机关加以解决。比如,非诉行政执行权的权利属性、令状制度的实施范围以及督促履行主体的确定等。金山区人民法院将及时地总结令状实施当中的经验,解决存在的问题,为立法提供充分的参考依据。

四、案例篇

（一）上海市金山区环境保护局申请执行上海鼎品塑料制品有限公司环保非诉行政执行案

[**案情**] 上海鼎品塑料制品有限公司从事家庭用品喷漆，在烘干与喷房中有废气产生。该公司未经环保部门同意，擅自投入生产。上海市金山区环境保护局依据有关规定作出责令该公司停止生产的行政决定，但该公司迟迟不予履行。周围村民不堪废气袭扰，投诉不断。经上海市金山区环境保护局多次上门督促，被执行人仍不停止生产。2009 年 5 月 5 日，上海市金山区环境保护局向金山区人民法院申请强制执行。

[**执行**] 金山区人民法院受理该案后，依法裁定准予强制执行，于 2009 年 6 月 2 日签发督促履行令，并启动金山区协助执行网络，在环保局、镇政法委、村委会及金山区人民法院的共同努力下，该案最终于 2009 年 6 月 24 日以自动履行的方式结案。被执行人另觅厂址，周边居民不再为废气困扰，被执行人也可继续生产盈利，实现了案结事了人和。

[**评析**] 本案是金山区人民法院非诉行政执行令状制度在行为罚执行方面的成功尝试。与金钱罚相比，行为罚体现了法律对被执行人的直接强制，也因此具有更大的执行难度。本案的执结，为发挥非诉行政执行令状在拆除违章建筑等行为罚中的作用积累了宝贵的经验。

（二）上海市金山区人口和计划生育委员会申请执行顾忠辉计划生育非诉行政执行案

[**案情**] 顾忠辉系金山区吕巷镇人，其于 2006 年 11 月 6 日与朱永芳再婚。顾忠辉、朱永芳婚前各自生有一子，婚后两人未经批准生育一女，上海市金山区人口和计划生育委员会决定对其征收社会抚养费 27 639 元。收到征收抚养费决定书后，顾忠辉寻找各种理由拒不履行。2009 年 5 月 31 日，上海市金山区人口和计划生育委员会向金山区人民法院申请强制执行。

[**执行**] 在执行过程中，被执行人顾忠辉与朱永辉因生活困难而无力一次性支付社会抚养费，向上海市金山区人口和计划生育委员会提出先缴纳 8 000 元、余款分期支付的方案，上海市金山区人口和计划生育委员会表示认可。依据上海市金山区人口和计划生育委员会的申请，金山区人民法院依法对和解方案的合法性予以确认。

[**评析**] 和解的理念始终贯穿于令状制度的全过程。执行和解的意义不仅仅在于个案的顺利执结，更在于增强行政机关执法的大局意识，使得其在作出行政行为时能够更全面地考虑执法的可行性和合理性。同时，执行和解缓和了法院与行政机关和被执行人之间的直接冲突，有利于提升人民法院作为审判机关的中立形象。

【专家点评】

金山法院非诉行政执行令状工作述评

蒋传光*

金山区人民法院在理论分析和现实改革实践的基础上,对建立非诉行政执行令状机制进行探索,其意义表现在以下方面。

一、非诉行政执行令状机制的探索符合我国司法改革的总体思路

近年来,我国司法改革总的思路,就是在学习借鉴国外经验的同时,要立足中国的国情,立足中国的实践,立足中国的问题,学习西方,但不照搬西方。金山区人民法院的探索,就体现了这一思路。

能动司法成为近两年司法机关倡导的司法理念。能动司法起源于社会主义法治理念教育。在学习和践行社会主义法治理念过程中,从最高法院到各地法院提出了服务大局、司法为民等一系列措施,积极追求办案法律效果与社会效果的有机统一。能动司法是司法机关遵循司法规律、坚持严格执法前提下的适度能动、适度干预、适度参与。金山区人民法院的探索,就较好地体现了遵循司法规律、坚持严格执法前提下的适度能动这一理念。

二、非诉行政执行令状机制探索的理论意义

(1)学术价值。关于非诉行政执行令状机制探索,做到了理论性与实践性的结合,有对我国非诉行政执行制度历史脉络的考察,非诉行政执行制度价值功能的探讨,非诉行政执行实行政权还是司法权性质的分析等,为相关研究和探讨提供了具有参考价值的观点和实践案例,为深化相关研究提供了一个开端和基础。

(2)为中国司法改革的路径的选择提供了借鉴。金山区人民法院从具体问题探索入手,针对司法实践中面对的制度缺失和操作中存在的问题,寻求改革的办法,为完善相关制度提供参考依据,代表我国司法改革未来的发展方向。

三、非诉行政执行令状机制探索的实践意义

金山区人民法院关于非诉行政执行令状机制探索,除了研究报告中列举的三个方面的实践效果外,我认为还有以下实践意义:

(1)为各级法院解决同类问题提供了案例;

(2)为执行制度的改革和完善进行了有益的探讨;

(3)为完善相关立法提供了实践经验。

---

* 上海师范大学政法学院教授、博士生导师、法学博士。

廉政文化建设

【工作要览】

一、创新篇

工作背景及总体思路。党的“十七大”报告明确提出“加强廉政文化建设,形成拒腐防变教育长效机制”的要求,中央制定下发的《建立健全惩治和预防腐败体系 2008—2012 年工作规划》,提出了加强廉政文化建设的主要任务和工作部署。2008 年 9 月,市高院召开上海法院廉政文化建设现场会,下发了《上海法院廉政文化建设的实施意见》。金山区人民法院党组进行了专题研究,提出了整体推进金山区人民法院廉政文化建设的工作思路和措施,即以强化金山区人民法院党员领导干部和干警秉公用权、廉洁司法的廉政价值认同感为出发点,通过加强廉政宣传教育、健全廉政文化建设工作机制、丰富廉政文化建设内容和形式等途径,进一步浓厚金山区人民法院廉政文化氛围,增强反腐倡廉工作渗透力,在潜移默化中发挥好廉政文化的教育、示范、熏陶和导向作用,为实现公正、为民、廉洁司法提供思想和文化保证。中央作出深入推进三项重点工作的战略部署以后,金山区人民法院将廉政文化建设当作落实公正廉洁执法重点工作的重要抓手,加大了推进力度。

指导原则。坚持整体推进,在以往分散于各项工作中的廉政文化建设工作基础上,统一规划实施,当作整体性的系统工程进行推进。坚持以人为本,不断增强反腐倡廉宣传教育的亲和力,使广大干警易于接受,将他律内化为高度的自律。坚持司法特色,以审判和执行为廉政文化建设实施的主要领域,立足于提高法官和其他工作人员的整体素质,发挥廉政文化在确保司法公正中的积极作用。坚持制度创新,将廉政文化建设的成果制度化、机制化,推进廉政文化建设向更高层次、更深层面发展。

创新内容和价值。金山区人民法院的廉政文化建设创新主要体现在司法特色上,即以审判和执行工作为主要领域,以提高法官和其他工作人员对法院工作核心价值观的认同程度为主要目标,把廉政文化建设与法院的审判工作密切结合起来。如把对廉政风险考核纳入审判岗位目标绩效考核体系之中,将一系列的廉政机制建设引入法院重点审判、执行领域等。其价值在于发挥廉政文化的宣教功能、导向功能、熏陶功能，以强大的文化力量作为反腐倡廉的助推器，服务审判、引导审判，为审判公正和廉洁，为司法为民提供支持和保证。

二、实践篇

2009年，金山区人民法院推出“六加一”(即六个基础项目加一个特色项目)廉政文化建设思路，今年又推出了“七加三”的项目推进规划，并且着力推行实施。主要内容有：

(一) 开展“廉洁司法”教育活动

一是将廉政教育与“服务保障世博，公正廉洁司法”主题实践活动结合起来，切实落实好主题实践活动的各项教育措施。二是以签订领导干部党风廉政建设责任书和干警廉政承诺书等形式，明确工作职责，增强廉洁自律意识。三是开展院、庭两级领导干部廉洁从政主题教育活动，树立正确的领导干部权力观。四是以《人民法院工作人员处分条例》、最高法院“五个严禁”和上海法院“司法廉洁十条纪律”学习为重点，并以题目测试等形式深化学习效果，五是开展廉政监察员培训活动，增强廉政监察员队伍的履职能力。

(二) 开展经常性的讲廉述廉活动

每年开展一次院党组书记上廉政党课的活动；纪检监察干部经常深入各部门开展廉政教育和讲评活动；各党支部书记和各部门廉政监察员结合实际采取上微型党课以及作纪律作风讲评活动等形式进行廉政教育宣传；以廉政演讲会、故事会等形式开展干警讲廉活动，形成讲廉氛围。

(三) 开展廉政征文评比及理论研讨活动

推进廉政文化调研工作，举办廉政理论研讨征文评比活动，进行评优奖励，并且汇编调研成果。以“法官论坛”为平台，开展以廉政理论与实践问题研讨活动。

(四) 开展增进法官与律师良性互动的工作机制

将规范法官与律师的关系纳入到审判管理工作之中，通过案件评查、庭审检查等工作进行风险排摸。坚持法院与司法局关于法官与律师良性互动的联席会议制度，加强沟通协调，不断研究新情况，解决新问题。此外，不定期地走访司法局有关职能部门和律师事务所，听取对审判工作的意见和建议。

(五) 开展丰富多样的文体活动

利用本院局域网平台，以廉政文化视窗展示党风廉政建设工作进展动态，以每周滚动播出的廉政警句格言提醒干警的行为规范，以播出廉政教育片从正反两个方面开展拒腐防变的思想灌输。利用金山区人民法院宣传栏和大楼走廊悬挂宣传画等形式，烘托浓厚的廉政文化氛围。以《新风貌》等刊物为载体，大力宣传廉政先进典型和先进事迹。鼓励干警以创作文学作品、摄影作品、书法书画作品等形式宣传廉政文化、弘扬廉政文化。此外,组织开展群众性健康向上的体育活动,以强身健体,陶冶情操。

(六)开展法官和党员宣誓活动

选择初任法官就职、法官等级晋升和发展新党员以及重大纪念日等时机,组织举行以公正、廉洁、为民为主题的法官宣誓和党员宣誓活动。必要时吸收部分法官家属参加宣誓仪式,以家庭助廉推动廉政文化建设。

(七)开展廉政机制试点工作

开展各项廉政机制试点工作,民一庭"五必谈"、民二庭"非程序性过问案件台账"、民三庭"关心、提醒工作机制"、执行庭"个人廉政档案"、"执行权分权制衡"以及"非程序性过问案件台账"等制度试点工作有目标、有落实、有总结地切实推进。

(八)推行领导干部"一岗双责"制度

制定《关于加强党的建设贯彻落实院庭领导"一岗双责"责任制的若干意见(试行)》,将院庭两级领导一手抓业务,一手抓队伍的目标责任明细化和制度化。落实"一岗双责"责任人在思想政治教育、党的建设、精神文明建设、作风建设、对干警教育培训以及推进廉政建设中应履行的职责,加强目标考核,实现责任目标。

(九)建立实施廉政风险考核制度

将廉政建设纳入考核体系之中,在金山区人民法院的岗位目标绩效考核中设立廉政风险考核,对于因违反规定而受到诫勉谈话、警示谈话、廉政教育谈话的干警,在廉政风险考核中扣分。

(十)建立廉政、作风问题信访台账机制

整合立案信访、执行信访以及纪检监察信访举报、投诉工作力量资源,建立信访工作联席会议制度,设立审判作风信访台账,每月沟通情况,每季度汇总和分析情况,发现苗头性、倾向性问题,合力将问题解决在萌芽状态。

通过实践,取得了明显的效果。一是公正廉洁的司法理念进一步增强,院庭两级领导秉公用权、廉洁从政的意识得到强化,表率作用进一步发挥;广大干警的反腐倡廉意识也得到了增强,两年来未发现不廉洁的违法违纪行为发生。二是法院尊廉、崇廉的氛围更加浓厚,干警的思想境界、文化品位都得到了提升,廉洁自律的能力也得到了提升。三是廉政文化的机制不断形成。金山区人民法院在廉政文化建设推进中不断总结经验,巩固取得的成果,加以制度化,形成了一系列与审判工作密切相关的廉政机制,如"非程序性过问案件台账"、"执行权分权制衡"等机制;形成了领导干部抓业务和队伍的责任机制,如"一岗双责"制度;形成了廉政考核激励机制,如廉政风险考核制度等,有力地推动了党风廉政建设,进而推动了审判工作向前发展。

三、发展篇

金山区人民法院的廉政文化建设在探索中有进展、有成效,但还存在着许多不足,廉政机制创新上还应更全面化,要研究解决廉政作风发现机制滞后化问题,从苗头性、倾向性问题抓起,将廉政问题消除在萌芽状态;廉政建设的理论探索还应进一步增强,要加强廉政文化建设的前瞻性,深化实践总结和理论研究,进一步指导廉政文化建设的实践。此外,还应在学习、教育、宣传上加大力度,减少廉政作风问题的信访举报、投诉,提高审判工作在人民群众中的满意度。

廉政文化建设要推向新的高度,必须注重强化三个方面的工作:

(一) 强化意识,形成合力

要充分认识开展廉政文化建设对强化法院干警廉洁司法、构建思想道德防线的重要作用,把廉政文化建设作为法院队伍建设的重要内容。按照院党组的决策,各部门领导要认真部署、狠抓落实。广大干警要积极参与,成为廉政文化建设的主体力量。全院上下形成合力,推动廉政文化建设。

(二) 把握规律,讲究实效

要遵循廉政思想教育的规律,适应审判工作的特点,使廉政教育的内容和方法贴近实际、贴近生活、贴近审判工作,把廉政文化建设渗透到审判工作的全过程和各个方面,力求在潜移默化、循序渐进中使广大干警受到廉政文化的教育和熏陶。

(三) 总结经验,转化成果

要从追求实效出发,积极开展机制创新,内容和形式创新,注重总结成功经验,巩固和扩大廉政文化建设成果。同时,要善于积极转化廉政文化建设成果,指导审判工作和其他工作实践,把金山区人民法院的各项工作推向新的高度。

四、案例篇

积极推进廉政文化建设,是人民法院建立健全教育、制度、监督并重的惩治和预防腐败体系的重要内容,也是促进法院反腐倡廉工作的重要任务。在加强廉政文化建设的大背景下,金山区人民法院先后在一些重点部门、重点岗位开展工作试点,以点带面,逐步推广,形成不同特点的廉政风险防范机制。一是在民二庭、执行庭开展“非程序性过问案件台账制度”试点;二是在执行庭开展“个人廉政档案”试点,将廉政建设中优秀事迹和存在的问题予以登记;三是在执行庭开展“执行权分权制衡”试点,在机制上保证执行、听证、裁决等互相分权和制约;四是在民三庭开展“关心、提醒工作机制”试点,将督廉、助廉工作做到细微之处;五是在民一庭开展“五必谈工作机制”试点,明确庭领导与干警之间做到“有困难谈、外出谈、违纪谈、有荣誉谈、情绪低落谈”。为此,有关重点部门均制定了相关规定或者工作计划。

通过半年的积极尝试,金山区人民法院廉政文化建设在原有工作的基础上拓宽了范围、丰富了内容、创新了机制,取得了实质性进展。广大干警廉洁自律意识得以提高,领导干部廉政表率作用明显发挥,上半年全院未发现违法违纪现象。

一是抓互动,增强队伍凝聚力、向心力。民一庭“五必谈”机制试点工作开展以来,增进了庭领导与干警之间沟通和联系,形成了庭领导与干警之间良好的互动关系。一方面领导主动关心干警的情绪、困难、异常现象,强化了对队伍思想状况的动态掌握和分析;一方面增强了干警廉洁自律的自觉性,干警外出或有重要事项主动想到向领导汇报。

二是抓宣传,营造廉政文化氛围。执行庭“个人廉政档案”开展试点以来,共记录执行庭干警收到锦旗、感谢信等情况以及拒收财物、拾金不昧等好人好事共22人次,涉及13位干警。执行庭将廉政档案中的记录情况通过“彭文忠执行工作室视窗”等庭内刊物予以刊载,并将其与庭内季度考核挂钩,予以适度奖励,以达到弘扬先进的目的。同时通过廉政档案反映的平时办案中产生的不规范问题,开展讲评分析,及时向干警提醒、告诫,防微杜渐,有效地提高了干警的廉洁自律意识。

三是抓监督,发挥团队作用。民三庭的“关心、提醒”机制渗透于日常工作与生活的方方面面。在工作上,以抓减少十八个月以上案件为抓手,狠抓审判作风建设,特别是庭审作风建设。在日常相处中,对生活上的困难,司法礼仪的疏忽,可能发生的违纪迹象,同事间也互相关心、经常提醒,目前,民三庭十八个月以上案件显著减少,审判效率显著改善,队伍在各方面的素质均得到了进一步的提高。

四是抓分权,规范和健全权力运行机制。执行庭“执行权分权制衡”试点工作以重要环节和关键节点为重心,从办案流程上全面规范执行人员的自由裁量权。通过制订具体准则,规范中止执行、终结执行、执行和解、恢复执行、评估拍卖等重点环节的操作流程和办案规定,在关键节点上加强监管。效果:一是促进执行人员廉洁履职,权力分解后,风险控制更加有力;二是更加公正合理处理案件,有效避免了自执自裁的局面;三是推进了执行工作运作机制的科学化发展。

五是抓管理,规范干警业内行为。执行庭、民二庭分别制订了《关于规范非程序性过问案件的若干规定》。执行庭在深入分析执行工作实际的基础上,采取“区别对待,分类管理,重大节点控制”的原则,对于申请人、被申请人不同的非程序性过问案件做不同处理,从而为在案件执行过程中使承办人恪守法官职业道德,依法行使职权,最大限度地排除干扰。

【专家点评】

金山法院廉政文化建设工作点评

蒋德海*

金山法院廉政文化建设工作,具有双重意义,它既是我国基层法院科学地建立健全教育、制度、监督并重的惩治和预防腐败体系的一种努力,又是我国基层法院创造中国特色廉政文化的一种形式。

从金山法院的廉政文化建设工作看,应当说已经做了大量积极有效的工作,下列做法给人印象极深。

(1) 从廉政文化的角度来促进廉政建设,以审判和执行工作为主要领域,既符合党的“十七大”提出“加强廉政文化建设,形成拒腐防变长效机制”的要求,又具有强烈的针对性,能有效促进法院的反腐倡廉工作,具有纲举目张的功效。

(2) 制度建设和廉政教育两手抓,有效地促进了廉政。

(3) 在廉政建设方面做了大量工作,一定程度上促进、保障了廉洁司法。

(4) 在廉政制度建设方面有创意、有特色。

当然,作为中国特色社会主义反腐倡廉文化的建设者,金山法院的廉政文化建设工作只是开了一个好头。无论是现行的廉政文化建设还是进一步提高廉政文化工作的设想,还不是很完善。概括起来,主要有以下方面值得注意:

第一,在道德教育和制度建设的关系上,虽然应当两手抓,但从廉政文化的工作重心看,应更侧重制度建设,并通过深化使制度建设更加完善。建议金山法院在试点的基础上,通过总结经验,就这些制度推出内部规定。在条件成熟后,还可向全国推广。

第二,关于抓互动增加队伍凝聚力向心力问题,也值得进一步深化。建议法院在凝聚力方面能够更加突出权力的制约,出台一些规定,严格禁止类似广东东源法院的“父子兵”“夫妻店”现象。

第三,“抓分权”的设想很好。从金山法院的“抓分权”来看,在分权以后,应当加强权力的制约,而不是监督。也就是说,在设计分权的时候,要考虑不同权力间制约的可能性,要通过分权形成制衡,通过制衡促进廉洁。

总而言之,金山法院的廉政文化工作,在法院系统的廉政文化建设方面开了一个好头,做了很好的工作。在不久的将来,我们期待金山法院在廉政文化工作方面取得更大的成就!

---

* 华东政法大学教授、华东政法大学政党研究所所长。

学习型法院建设

【工作要览】

一、创新篇

（一）工作背景及总体思路

中央政法委要求强化三项重点工作，其中之一为公正廉洁执法，这需要有坚定的理论信仰、过硬的司法能力和良好的工作作风。着眼于法院的长远发展，金山区法院深入贯彻党的十六大、十七届四中全会精神，找准学习型法院建设这一着力点和契合点，紧紧围绕“促进和谐，服务发展，创先争优”工作主线，理念引领强规划、法官沙龙促推进、项目落地抓实施、精品检验显成效，不断提升职业素养和能力，切实回应人民群众对司法的新要求、新期待，为“创业金山、宜居金山、和谐金山”的法制环境建设提供源源不竭的动力和支持。

（二）指导原则

1. 有序推进原则

学习型法院建设并非一蹴而就，需要定目标、定规划、定阶段、定步骤、定举措，并付诸持之以恒的努力。

2. 统筹兼顾原则

学习型法院建设是法院工作的重要组成部分，需要与学习实践科学发展观活动、“人民法官为人民”、学习践行司法核心价值观等活动紧密结合起来，加强统筹协调，整合资源。

3. 学以致用原则

创新学习工作化、工作学习化的模式，通过学习来提高能力素养、推动创先争优工作，用工作来检验学习成效、激发学习热情和动力。

4. 铸造品牌原则

紧贴社情民意开展调查研究，创新学习机制，培育具有金山特色的学习品牌，提升影响力。

（三）创新内容和价值

培根曾说过，“对于一切事物，尤其是最艰难的事物，人们不应期望播种与收获同时进行，为了使它们逐渐成熟，必须有一个培育的过程。”学习型法院建设虽然于2004年提出,但不可否认的是,在此之前已经开展了大量的基础性工作。经过调研和思考,金山区法院逐步明晰了“四步走”方略:第一步为思想建设阶段,结合学习党的十六大精神以及上海法院精神讨论,培育“人人皆可成才、皆需成才”的理念,使干警变“要我学”为“我要学”,不断挖掘学习的自主性和积极性。第二步为机制建设阶段,对已有机制进行梳理,并合理创新,形成了精案精审、审判专业化、岗位练兵、信息调研等七项长效机制。这就将原先隐性的、参与范围较为狭窄的争创先进工作,调整为显性的、人人均需参与的工作,并在长期有序运行中不断深入人心。第三步为先进激励阶段。以专家型法官培养为引领,结合专业化合议庭建设,加强审判业务带头人培养工作,对预备法官、初任法官进行跟踪培养,努力形成衔接有序的人才梯队。同时,对业绩突出的干警采用命名工作室进行激励,如建设“王静法官调解工作室”等5个工作室,激发了争当学习型个人的勇气和决心。第四步为文化培育阶段。精心打造品牌项目,在全院形成了“法官论坛”、“午时一刻”、“悦读之旅”三位一体的“法官沙龙”项目,部门层面则建设“审判长论坛”、“乐学堂”等,提高了干警分析疑难问题的水平,在全市条线产生了较大影响力。适应网络时代的特点,局域网共享各部门编辑的40余份内部刊物,互联网开展“干部在线学习”,使学习不受时间、空间的限制。

二、实践篇

(一) 工作运行

1. 抓规划,认真谋划全年安排

每年制订学习型法院推进意见及安排表,各部门制定具体学习计划,做到学习任务化、任务项目化、项目菜单化、菜单责任化、责任明细化。

2. 抓基础,扎实开展培训工作

把握时代脉搏,邀请专家学者来院讲学、研讨,更新理念,提高职业素养和技能。组织参加“菜单式”专题培训、预备法官培训和“中青班”培训,更新知识,培养专家型法官和储备人才,建设人才梯队。充分发挥工青妇团等群团组织作用,组织开展社会公益活动,融洽团队精神,增强社会责任感。

3. 抓载体,精心培育学习品牌

积极开展“学习月”活动,组织“我与法院共成长”、群众观点大讨论等主题征文,与华东理工大学法学院等院校加强合作,推动学术资源和司法资源的良性互动。以“开放、学习、回应”等为主题,连续多年举办法院文化节,邀请“中国法官十杰”袁月全等专家学者来院讲学,举办才艺展示活动献上“文化盛筵”。以优秀法官姓名命名设立“永亮说案”、“蜻蜓”品法社等平台,凝聚团队力量,打造司法调研新阵地。

4. 抓精品,深入推进岗位练兵

连续三年组织竞赛活动,激励法官快办案、办好案,引导干警做好每一个细节,共同提升工作质效。按季度评选精品案件、精品工作、优秀裁判文书、示范庭审,并在年底开展十大精品案件、精品工作、裁判文书等,激发了争创精品、铸造品牌的意识。围绕全院重点工作,领导干部带头想法子、出点子、找路子,推动特色工作生根发芽、结出硕果。

5. 抓运行,动态掌握学习进展

将学习情况纳入"一岗双责"责任制范围,纳入队伍讲评范围,纳入法官(干部)业绩档案系统,增强部门负责人的责任意识,推动学习常态化开展。

6. 抓典型,浓厚良好学习氛围

深入开展学习型个人、学习型庭室等评比活动,党组织开展学习型党支部评选活动,努力挖掘、培养、树立先进典型,并以此为标杆,带动全院干警和工作人员强化学习意识,优化学习安排,提升学习实效。

(二) 重大节点

1. 2006年9月25日,举办第一期法官论坛。

2. 2007年7月23日,制定《关于2007年推进学习型法院建设的若干意见》,第一次用规章制度的形式提出七项建设机制。

3. 2007年7月23日,召开推进学习型法院建设暨欢送张永红赴英留学座谈会。

4. 2008年7月16日,举办审判业务带头人选拔培养工作研讨会。

5. 2008年11月26日,推出"午时一刻法苑论坛"。

6. 2009年5月27日,2009年全市法院政治部主任培训班暨学习型机关(法院)建设推进工作现场会在金山区法院召开,集中展示建设成果。

7. 2009年9月8日,制订《关于加强专业化合议庭建设的实施意见(试行)》。

8. 2009年9月14—18日,开展首届法院文化节活动。其间,成立"彭文忠法官执行工作室"、"王静法官调解工作室"。

9. 2010年2月25日,举行第一期"悦读之旅"活动。

10. 2010年6月1日,举行首次公众开放日活动。

11. 2011年5月13日,在全国法院党的建设理论研讨暨经验交流会上,金山区法院就加强学习型党组织建设作理论研讨发言。

(三) 实践效果

1. 提高了审判质量效果

加强精细化管理,定期开展评查、讲评活动,及时采取有效措施,掌握审判规律和趋势。近年来,审判质量效率稳步提升,在市高院排序公布的上海法院审判质效评估指标中,多项评估数据位列全市法院先进行列。围绕案结事了要求,加强判后答疑和矛盾化解工作,实现了在北京奥运会、上海世博会等重大节点期间,无一例进京上访、闹访。

2. 凸显服务大局实效

结合社情区情主动创新,精心做好非诉行政执行令状、刑事和解、非公经济法制论坛、执行网格化建设等七项特色工作,得到了有关部门领导的充分肯定。继续巩固、拓展和延伸司法为民举措,健全交通事故、劳动纠纷等联合调解机制,实现了司法调解与行政调解、人民调解的有机对接;推进协助执行网络网格化建设,通过与银行工商税务等部门联动、成立公安协助法院执行工作室等方式,全力兑现胜诉合法权益;运用法律手段,对涉少、涉老、涉残等群体加大关注力度;扎实推进"社区法律诊所"、"彭文忠法官执行工作室"等工作,传递司法人文关怀。

3. 提升司法能力水平

通过培训和岗位锻炼,干警"三个素养、五个能力"有了质的飞跃,形成了一批审判精品。多篇文书在市高院优秀裁判文书评审活动中获奖,一批优秀案例和文书入选上海法院"四个一百",一篇优秀案例成功入选《最高人民法院公报》。

4. 浓厚了学习研讨氛围

学习研讨活动激发学习热情,提高了处理疑难复杂问题的能力,培育了浓厚的学术氛围。近年来,共中标最高法院重大调研课题2个,其他市级以上课题33个,一个课题荣获全国法院第五届优秀调研成果一等奖;干警在国家级专业刊物上发表论文200余篇,17篇论文在全国和上海法院系统学术讨论会中获奖。

5. 涌现出先进典型和团队

各部门认真抓好学习,提高质量效果,赢得了社会各界的充分肯定。近年来,在上海法院系统评选活动中,金山区法院荣立集体二、三等功,2个部门荣立集体一等功,5个部门荣立集体二、三等功。优秀集体和个人不断涌现,民一庭被评为"上海市劳模先进集体",彭文忠法官荣获"全国政法系统优秀党员干警"、"全国法院办案标兵"等荣誉称号。

6. 扩大了法院影响力

学习型法院建设已成为一张"名片"。2009年,金山区法院荣获上海市创建学习型机关先进单位,成为全市13家获奖机关中唯一获此殊荣的基层法院;"法官沙龙"则被评为全市学习型机关优秀工作项目。同年,金山区法院被评为2007—2008年度上海市推进学习型社会建设先进单位,院党组荣获区(党委)党组中心组学习创新成果优秀奖。2010年,学习型法院建设工作荣获上海法院政治部创特色工作三等奖。2011年,院党组书记、院长张斌撰写的学习型党组织建设的论文荣获全国法院党建工作理论研讨评选活动一等奖。

三、发展篇

(一) 检讨不足

学习如逆水行舟,不进则退。学习型法院建设虽然取得了一定成绩,还存在一些不足,亟须改进。一是在观念层面,有干警存在小富即安的想法,学习的紧迫感还不够。二是在践行层面,有干警不能较好地处理好工作和学习的关系,学习时紧时松,未能形成良好的习惯;不同部门、干警之间存在一定差距,推进不平衡。三是在渠道层面,学习触角还不够广泛,网络学习力度还不够。四是在文化层面,审判文化延伸力度不够,未能形成良好循环。五是在典型层面,有影响力的专家型法官群体还未形成。

(二)明定方向

1. 瞄准新的目标,激发学习力

一位马拉松冠军获奖时坦言,成功的关键在于事先熟悉比赛路线,进行目标分解,每冲过一个小的目标,则激发出新的活力和动力,保证整个比赛过程始终保持奋勇前进状态。这种方法被称为"目标分解法"。在学习型法院建设进程中,要树立新的更高的目标,并注重长期目标和短期目标之间的衔接,积极采取有效举措,力争创建全国法院文化建设示范单位、全国文明单位。在朝着有形目标努力同时,要注重无形目标建设,即终身学习习惯的养成,长期开展"我喜欢的一本书"推荐活动和网上博客,促使业余时间学习成为一种自觉举措。

2. 强化岗位竞赛,提升实践力

陈燕萍法官曾提到"司法工作是做人的工作",很难用具体数据来衡量效能,但这并不意味着质量、效率不能用数据来进行衡量。为客观掌握司法工作情况,上海高院较早探索开展了质量效率评估指标工程,使各家法院有了新的比较点,成为引领和推动工作的"风向标"。要总结办案竞赛活动的经验,继续开展业务部门法官、书记员(含司法辅助文员)技能比赛,提高审书配合度,争取培育更多的优秀裁判文书、示范庭审、精品案例和知名法官。同时,要以完成的最高院重点调研课题《关于法院内设部门业绩考核标准换算问题的调研》为基础,设定具体竞赛标准,使服务审判部门有舞台,不断提高服务水准和绩效。"流动的水有生命力",要将竞赛结果应用到人员适度流转中去,努力做到人尽其才、皆可成才。

3. 加强调查研究,提高创新力

创新是社会进步的重要桥梁,但创新并不是脱离实际的空想,而是秉持解放思想,在调查基础上所探索出的新思路、对试点工作进行思考和分析后所形成的新举措。司法工作需要契合区情、社情和民情,要将"走出去"和"请进来"相结合,深入村(居)委会调研,邀请行政专家、资深法官、高等法学院校专家学者来院,了解人民群众对司法工作的新要求、新期待。要适应信息时代要求,将局域网、"上海干部在线城"、晋高网络培训相结合,组织干警编辑优秀部门内刊,通过网络媒介为干警学习提供便利。在汲取知识养分和社会养分的基础上,花大力气做好 2011 年承担的最高法院审判理论重大调研课题,组织骨干力量开展市级、院级课题调研,努力提出方向正确、思路清晰、论证充分、措施可行的方案,切实解决法院发展、司法改革等进程中所遇到的复杂问题。同时,要落实审判调研结对和调研助理机制,对审判实践中遇到的问题,及时进行思考和研究,为解决疑难案件提供重要参考和借鉴。

4. 注重整合资源,提高协作力

围绕建设学习型政党的要求,党组中心组带头走出去,开展跨区域联组学习;党支部书记落实"一岗双责"责任制,运用"审判长论坛"、讲座等开展学习,适时开展部门联合学习,在交流中凝聚智慧、迸发火花。在院外,与华东理工大学法学院、上海政法学院、区委党校等院校加大协作,积极探索新的资源整合途径。在院内,依托"蜻蜓"品法社、"永亮说案"等平台,重点推进学术讨论会调研活动,逐步形成基础扎实、专业特色鲜明、衔接有序的团队学习梯队。要善于挖掘先进,开展"五好"党支部、学习型党支部、学习型先进个人评选活动,加强组织宣传,引导全院干警全身心地投入学习,形成齐头并进、百花齐放的良好格局。

5. 加强文化建设,提高发展力

文化是群体所认可的思维方法,潜移默化中指引和影响着人们的行为方式。要强化内部学习,就学习方法和学习习惯组织专题研讨,鼓励优秀法官和书记员走上讲台,探索学习工作模式的优化。如一优秀法官每周读 3 本书,随身携带一速记本,记录心得体会;有书记员每日做好工作记录,了解工作进展。要树立开放型理念,举行人民陪审员培训,邀请人大代表、政协委员视察审判执行活动,加强以案说法和法律宣传工作,推动队伍建设文化向审判文化的延伸。以公众开放日活动为契机,邀请群众走进法院观摩庭审,组织法官指导学生开好模拟法庭,就人民法官核心价值观举行法官论坛、开展网络直播,增进法院干警与群众的理解,让更多群众感受法院的学习氛围,共同追求"法律让生活更美好"的目标。

四、案例篇

(一) 运用"法官沙龙"品牌 梯级式共享世博内涵

五年来,金山区法院坚持与时俱进,建立健全三个学习平台,梳理彼此关系,在实践中形成了"法官沙龙"这一优秀学习品牌。"午时一刻"于 2007 年底启动,由干警自主选择当前热点问题、邀请嘉宾进行交流,有兴趣的干警自愿参与。"法官沙龙"相对来说位阶较高,2006 年启动,主要就法院发展进程中碰到的重点、难点问题,邀请行政专家、资深法官、高等法学院校学者等多方参与,在研讨中达成共识,努力达成切实可行的实施方案。"悦读之旅"则为 2010 年启动,围绕具有学习价值的主题进行交流,形式不限,重在培养健康的情趣和良好的心态。2009 年,《法官沙龙》被评为全市学习型机关优秀工作项目,相关情况入选《团队学习导航——上海市创建学习型机关优秀工作项目选编》。

现围绕世博这一主题介绍开展活动情况:2010 年 3 月举行了"世博与我们同行"的"午时一刻"法苑论坛,由原世博事务协调局轴部团支部书记李启帅主讲、部长助理龚卫星点评,简要介绍了欣赏世博的侧重点,不少团员青年踊跃参与。7月,专门举行“安全、和谐、秩序”为主题的法官论坛,邀请市高院、区委政法委、区公安分局等部门主要领导参加,就加强法院世博安保工作进行了深入热烈的讨论。在达成共识的基础上,金山区法院与区公安分局共同签订了安全保卫工作机制协议。另外,5月、7月,以“悦读之旅”为平台,举行了“雅言传承文明 激情拥抱世博”、“悦读世博 沐浴世界文化之风”两次交流活动。前者主要在团员青年间举行,采用配乐诗朗诵形式,诗言志,表达服务世博的决心;后者主要为中层以上干部,感悟和运用世博最佳城市实践区的经验,努力推动创新。通过系列交流,干警对服务世博、共享世博有了更深的认识,对推进工作、创先争优有了更清晰的理解。

(二)凝聚“民间”力量　建好学习调研新阵地

为凝聚更多的智慧和力量,自下而上地浓厚学习研讨氛围,培养精审判、善调研的优秀人才,2010年3月金山区法院专门成立“永亮说案”、“蜻蜓”品法社两平台。前者侧重案例分析,后者侧重司法调研,社长均为在此领域技能高超、能起到“领头羊”作用的青年法官,社员则为兴趣浓厚的青年干警。目前,“永亮说案”主要是编辑内刊,通过典型案例的生动分析,介绍经验和技巧,为干警撰写案例提供了便利。“蜻蜓”品法社业已发布章程,特别是在法院系统学术讨论会组织工作中,发挥了积极作用。2010年4月组织听取最高院研究室领导的辅导报告,5月邀请高院研究室领导来院作专门辅导,5月底组织论文作者交流,有效提高了论文质量。这两个民间社团的优势在于,能够充分运用各种场合和机会,快速交流信息,并及时进行针对性指导,推动形成优秀成果和人才,更好地浓厚学习氛围。

【专家点评】

创建学习型法院的思考

——以上海市金山人民法院创建实践为入手

李瑜青　冯梦成*

创建学习型法院对法院来说是具有很高要求的实践活动。金山法院从2004年起不断探索,精心培育,在创建学习型法院上取得了可喜的成绩。

金山法院创建学习型法院的工作有三个亮点,一是创建学习工作化,工作学习化模式,把学习和工作融为一体,重视运行,将学习情况纳入“一岗双责”责任制范围,纳入队伍讲评范围,纳入法官(干部)业绩档案系统,增强部门负责人的责任意识,推动学习常态化开展。二是强调组织学习,建立层次简明,结构扁平、系统开放的组织平台。金山法院在全院层面形成了“法官论坛”、“午时一刻”、

* 李瑜青,华东理工大学法律社会学研究中心主任、教授、博士生导师,中国人民大学兼职教授,华东政法大学兼职教授;冯梦成,华东理工大学法律社会学研究中心博士研究生,浦东区委党校副教授。

“悦读之旅”三位一体的“法官沙龙”项目,成立了“永亮说案”、“蜻蜓”品法社两大调研平台,在部门层面建设了“审判长论坛”。在院外,加强与华东理工大学法学院等机构的交流与协作,推动学术资源与司法资源的共享与互动。同时,通过开展“学习月”、“文化节”等活动,营造浓厚的学习交流研讨氛围。这些举措使金山法院具有了持续的学习力、创新力、发展力和竞争力。三是在学习的基础上实现自我超越,以学习助力法院发展。金山法院不断创新工作的方式方法,提升审判质量和效率,在市高院公布的上海法院审判质量效率评估指标中,多项评估数据位列全市法院先进行列,并结合社情区情主动创新了非诉行政执行令状、刑事和解等七项特色工作,积极围绕案结事了的要求,着力维护社会的和谐稳定。

金山法院在创建学习型法院的过程中,以素质培育为重点,实现了法官品德素质、专业素质、实践经验、人文素质的提高,使全院法官的素质不断适应时代发展的要求。在高素质法官群体这一人才条件的基础上,金山法院积极倡导能动司法的理念,成立“王静法官调解工作室”等品牌载体,积极回应社会司法需求,探索和完善多元纠纷解决机制,充分体现了学习型法院创建的社会效果。

当然,在取得成绩的同时,我们也应该看到一些问题,如学习紧迫感不够,不同部门、不同个人之间在学习成效上存在差距等。这还需要全院上下对创建学习型法院的共同愿景形成更大程度的共识和追求,并自觉内化为实现更大自我超越的动力。我们相信,金山法院通过不懈的努力和实践,一定能够将学习型法院的创建形成一种文化,通过文化的力量,更好地践行“公正、廉洁、为民”的司法核心价值观。

案 例 篇

民 事

上海唐衡电子有限公司诉唐森錶拒不移交公司证件资料案

王 静*

（载于2000年《上海法院案例精选》）

【提示】

本案因已被免去法定代表人职务的被告继续占有公司证件、印章而引发的纠纷。法院判决被告履行股东会决议，移交公司证件资料，维护了原告的经营权。

一、案情

原告：上海唐衡电子有限公司(简称唐衡公司)。

被告：唐森錶

1994年，唐光錶、唐森錶及唐令华共同出资开办上海唐衡电子有限公司，注册资金50万元，主营电子仪表器件等。1997年董事会同意唐令华退股，并吸纳新股东唐荻錶、李朝京加入，投资总额不变。唐光錶、唐荻錶、李朝京及被告唐森錶四股东的投资比例分别为30%、30%、10%、30%，同时选举被告唐森錶为原告上海唐衡电子有限公司的法定代表人及财务负责人，公司行政章、财务章、制造计量器具许可证等一切象征公司法人、财务负责人权力的证件和资料均由唐森錶负责保管。1998年9月21日，唐衡公司董事会决议改选法定代表人，免去唐森錶的法定代表人职务，1999年4月9日唐衡公司召开临时股东大会，选举李朝京为新一任法定代表人，并形成书面股东会决议。1999年4月13日，被告在致李朝京的信函中称，赞同由李朝京担任下一届执行董事，也同意在4月16日前办理移交手续。然被告一直未办理有关移交手续，遂涉讼。

诉讼过程中，根据原告的先予执行申请，法院依法先予执行讼争的证件、

* 上海市金山区人民法院审监庭副庭长。

资料。

原告上海唐衡电子有限公司诉称：1999 年 4 月 9 日，原告召开临时股东大会，会议依据公司法及原告章程的有关规定，选举李朝京为新一任法定代表人，并形成了书面股东会决议。股东会依法将 4 月 9 日的《股东会决议》送达给被告，被告表示赞同由李朝京担任下一届执行董事，也同意在 4 月 16 日 10 时前办理移交手续。然被告至今未办理有关公司证件、资料的移交手续，严重妨碍了原告的正常运行，请求法院依法判令被告交出原告的：① 行政章，财务章，发票专用章，专用发票条形章；② 营业执照正本、副本；③ 工商代码证正本、副本，税务代码证正本、副本，银行组织机构代码证正本、副本；④ 银行账户管理卡、工商IC卡；⑤ 银行开户许可证正本、副本，计量器具制造许可证正本、副本；民营企业科技许可证正本、副本；⑥ 历年财务账册和出纳账册；⑦ 发票购买印制簿，劳动年检手册；⑧ 私营工业发票一本#36051－36100，私营服务业发票一本#59901－59950，支票、电汇、信汇贷计凭证等一切属于原告所有的物件和资料。

被告唐森錶辩称：原告主体资格不合法。其一，被告唐森錶占有原告唐衡公司30%股份；其二，在工商登记上，被告是按照法律规定产生的，是经国家工商行政部门认定的法定代表人，故请求法院驳回原告的诉请。

二、审判

法院经审理认为：1998 年 9 月 21 日唐衡公司董事会决议及 1999 年 4 月 9 日股东会决议，符合《中华人民共和国公司法》及唐衡公司章程的有关规定，合法有效，被告唐森錶未按决议办理有关移交手续，侵犯了原告的合法权利。唐衡公司作为原告提起诉讼，也是合法的，因为被告未执行股东会决议，直接侵害了公司的经营权，符合我国民诉法第一百零八条第(一)项的规定。根据《中华人民共和国民法通则》第五条、《中华人民共和国民事诉讼法》第一百二十八条之规定，判决：被告唐森錶于本判决生效之日交出原告上海唐衡电子有限公司以下证件资料：上海唐衡电子有限公司行政章、财务章、发票专用章、企业章、建行四支行055041－00261099992 章、055041－00261099992 章各 1 枚，制造计量器具许可证正本、副本，企业法人代码证书正本、副本，国税税务登记证正本、副本，地税税务登记证正本、副本，中国农业银行金山县枫泾营业所开户许可证、中国建设银行上海第四支行开户许可证、中国人民建设银行上海市金山县支行枫泾镇综合办事处开户许可证各 1 本，发票购用印制簿，发票临时购用证各 1 本，枫泾经济区纳税户管理卡 1 本，上海市统计登记证副本，科技经营证书副本，上海市服务业统一发票(0059901－0059950)1 本，上海市工业统一发票(0036051－0036100)1 本，建行四支行支票(AV123425)1 张，建行枫泾办支票(AU768389－768400)12 张，贷记凭证(AF711484－711500)17 张，银行账户管理卡、组织机构代码证各 1

张，历年账务账册（1995年1月至1998年9月记账凭证，1995年、1996年、1997年公司总账、明细账，公司报表、银行对账单、银行凭证及现金报销凭证）。本案受理费50元，由被告负担。

三、评析

本案是一起涉及公司证件、资料的纠纷案件，案件类型比较新颖。本案的主要焦点是原告主体资格的确认。对此，有三种不同观点：一种观点认为原告应为李朝京。理由是董事会决议合法有效，李朝京以拟任法定代表人身份要求唐森銶办理有关移交手续顺理成章。现唐森銶拒不交出相关证件、资料。李无法至工商部门办理法定代表人变更手续，也就无法成为法律意义上的新任法定代表人，据此可以认为唐森銶的不作为实际上已侵犯了李朝京的合法权益。另外，被告在致原告的信函中也赞同由李朝京担任下一届法定代表人，并同意办理有关移交手续。第二种观点认为，原告应为唐衡公司，理由是唐衡公司行政章、企业法人营业执照的产权属于公司所有，唐森銶拒不移交，侵犯了公司的利益。第三种观点认为，股东李朝京、唐光銶、唐荻銶三人均应列为原告，理由是唐森銶拒不移交证件、资料，导致公司无法正常运行，侵害了股东的利益。法院最终采纳了第二种意见，即由唐衡公司作为本案适格原告，这是正确的。理由是：

（1）公司印章是公司依法刻制的公章和专用章，是公司行使管理本单位事务，对外承担法律规定的权利义务和法律后果的符号和标记。公司印章包括公司行政章、财务章、发票专用章等；公司证件是所有能证明和记录公司身份、权利义务关系、业务活动或者有关事实的凭证。如营业执照、许可证、财务发票、账册、税务登记证等。公司的印章、证件及有关资料是公司存在并进行经济活动不可缺少的组成部分，属于公司依法所有。其他任何人的非法持有、占有都是对公司权益的侵犯，是一种违法侵权行为。就本案来说，涉及唐衡公司的印章、证件、资料都属该公司所有，唐森銶在不担任该公司法定代表人后，应当移交原由其持有的印章、证件和资料，唐森銶未履行该义务，作为这些印章、证件和资料的所有者，即唐衡公司就有权起诉要求其归还，以维护公司的合法权益。

（2）根据有关法律和行政法规的规定，负责保管法定代表人和公司的印章、证件、资料的专职保管人只是依照法律、法规、公司章程取得合法持有和保管的权利，并根据公司的授权在权限内使用，他们不是公司的印章、证件、资料的合法所有者。从本案案情来看，唐衡公司是涉讼标的的合法所有者，且能依法行使权利，不存在行使诉讼权利的障碍，因此，不宜由新任法定代表人李朝京个人作为原告提起诉讼。

（3）根据《公司法》的有关规定，股东出资后享受按出资比例分取红利的权利，股东对公司的管理通过股东会实现。但《公司法》未赋予股东以自己的名义直接作为原告起诉侵权人的权利,对侵犯公司权益的行为只能由公司依法寻求行政、司法等途径保护。因此,第三种观点认为由股东李朝京、唐光錶、唐荻錶三人作为原告直接起诉本案被告也是不正确的。

判决书:上海市金山区人民法院[1999]金民初字第1948号。

合议庭组成人员

审判长:姚秀权

审判员:王静

代理审判员:陈芬红

杭州微电机厂诉上海威群空调设备有限公司购销合同债务转让案

徐永其*

(载于《2001 年上海法院案例精选》)

【提示】

预期违约制度是《中华人民共和国合同法》规定的一项新的合同制度。本案被告的违约性质能否认定为预期违约?如认定为预期违约,但其违约行为的发生和向法院提起诉讼的时间都在《合同法》实施前,那么能否适用《合同法》处理本案?

一、案情

原告:杭州微电机厂。

被告:上海威群空调设备有限公司。

上海金国空调设备有限公司与原告杭州微电机厂曾发生购销电机业务。1998 年 4 月 7 日经双方对账,上海金国空调设备有限公司确认尚欠原告杭州微电机厂电机款 27 070 元、运输费 750 元,合计欠款 27 820 元。1998 年 5 月 12 日,上海金国空调设备有限公司法人代表浦国清与被告上海威群空调设备有限公司总经理阮淑贤签订一份债权债务转让协议书,明确将所欠原告杭州微电机厂的货款 27 820 元转由被告上海威群空调设备有限公司承担。1998 年 12 月 17 日,被告上海威群空调设备有限公司在对账单上盖章予以正式确认:"上海金国空调设备有限公司于 1997 年尚欠原告杭州微电机厂货款 27 070 元、运输费 750 元,合计 27 820 元,于 1998 年 5 月 13 日起转移上海威群空调设备有限公司承付"。1999 年 4 月 5 日,被告上海威群空调设备有限公司致函原告杭州微电机厂,对所欠货款作出还款承诺,于 1999 年 7 月支付 1 万元,于 1999 年 8 月支付 1 万元,余款在 1999 年 9 月付清。之后,被告上海威群空调设备有限公司一直未能履行付款义务,原告杭州微电机厂催讨无着,遂于 1999 年 8 月 27 日向法院提起诉讼。

* 上海市金山区人民法院研究室法官。

原告杭州微电机厂及委托代理人诉称：上海金国空调设备有限公司与原告杭州微电机厂于1998年4月经对账确认，上海金国空调设备有限公司尚欠原告杭州微电机厂电机货款27 820元。1998年5月13日经债务转让，由被告上海威群空调设备有限公司承付，并于同年12月再次确认债务。1999年4月5日，被告上海威群空调设备有限公司对此作出还款计划，但被告上海威群空调设备有限公司至今未能支付欠款。请求法院判令被告上海威群空调设备有限公司支付货款27 820元，偿付逾期付款利息1 668元（自1999年4月至8月起诉止，按每日万分之五计算），并承担本案诉讼费。

被告上海威群空调设备有限公司无书面答辩。诉讼中称欠款属实，拖欠未付原因系被告上海威群空调设备有限公司与债务转让方上海金国空调设备有限公司尚有一些事宜未完全了结，表示无力支付。

二、审判

法院经审理认为：原告杭州微电机厂与"金国公司"间的口头购销合同，符合有关法律规定，应当予以认定。"金国公司"将合同的债务偿付义务全部转让给被告上海威群空调设备有限公司，已取得合同另一方即原告杭州微电机厂的同意，符合有关法律规定，应当确认有效，受法律保护。被告上海威群空调设备有限公司未按约履行明确的付款义务，应承担本案纠纷的全部责任。根据《中华人民共和国民法通则》第九十一条、《中华人民共和国民事诉讼法》第一百三十条、参照《中华人民共和国合同法》第八十四条、第一百零八条之规定，于1999年11月25日作出判决：

（1）被告上海威群空调设备有限公司给付原告杭州微电机厂欠款27 820元，于本判决生效后十日内履行。

（2）被告上海威群空调设备有限公司偿付原告杭州微电机厂逾期付款违约金1 335.60元，于本判决生效后十日内履行。

（3）原告杭州微电机厂的其他诉讼请求不予支持。

本案案件受理费1 199元，由原告负担238元，由被告负担961元，被告所付之款于本判决生效后七日内交纳本院。

三、评析

本案涉及口头购销合同债务转让和适用新合同法规定问题。在审理中主要有两个难点：

（1）债权债务的转让，债权人是否可以用默示的方式进行同意表示。

《民法通则》第九十一条规定："合同一方将合同的权利、义务全部或者部分转让给第三人的，应当取得合同另一方的同意，并不得牟利。……"新《合同法》第八十四条规定："债务人将合同的义务全部或者部分转移给第三人的，应当经债权人的同意。"根据民法和新合同法的规定,债权债务的转让必须经相对方即债权人同意,这是一种法律行为。也就是说,如果债务人不经债权人的同意就将债务转让给第三人,这种转让是一种无效法律行为。因此,债务人不论转移的是全部义务还是部分义务,都需要征得债权人的同意。未经债权人同意,债务人转移合同义务的行为对债权人不发生法律效力。债权人有权拒绝第三人向其履行,同时有权要求债务人履行义务并承担不履行或者迟延履行合同的法律责任。但无论是《民法通则》还是《合同法》,都没有明确规定债务转让中债权人表示同意该用什么方式进行表示。那么,在债务转让中,是否允许债权人用默示的方式进行意思表示。我们认为,对于债权债务转让中债权人的同意方式,既然法律没有明确的限制性规定,债权人可以采取明示的方式表示,也可以采取默示的方式表示,这符合合同自由原则。本案被告对于所涉债务转让,在原告的对账单上明确表示"上海金国空调设备有限公司于 1997 年尚欠原告杭州微电机厂货款 27 070元、运输费 750 元,合计 27 820 元,于 1998 年 5 月 13 日起转移上海威群空调设备有限公司承付"。虽然原告未作明确同意表态,但原告对于被告所作的还款计划又未予拒绝,且因此以债务受让方为被告诉至法院,原告的默示行为已清楚表明其已经接受了该债权债务转让,已将被告作为新的债务人。

(2) 债务受让方违约行为的性质认定和处理。

从民法理论上说,违约行为有两种类型:实际违约行为和预期违约行为。实际违约行为是指合同履行已经届期,当事人不履行合同义务或不按合同约定履行合同义务。预期违约是指当事人一方在合同规定的履行期限到来之前,明示或默示其将不履行合同,由此在当事人之间发生一定的权利义务关系的一项合同法制度。预期违约行为又可分为明示毁约和默示毁约。在新合同法实施之前,预期违约仅适用于涉外合同,经济合同法及其他法律均未涉及到预期违约,而只对实际违约行为作了规定。为完善我国合同制度,并与国际经济贸易法则和惯例相一致,促进国际间经济交往,新《合同法》第一百零七条建立了预期违约制度,第一百零八条确立了预期违约的民事责任。结合分析这两个法条,明示毁约是指当事人向对方明确表示将不履行合同的行为。构成明示毁约应具备四个条件:① 明示毁约方必须明确肯定地向对方提出违约的表示;② 明示毁约方必须是在合同履行期限到来以前,作出履行期到来后不履行义务的表示;③ 明示毁约方须表示不履行合同的主要义务;④ 明示毁约需无正当理由。默示毁约是指当事人一方以自己的行为表明不履行合同义务的行为。默示毁约的构成要件有三个:① 一方预见另一方在履行期限到来时,将不履行或不能履行合同。一方之所以作出如此预见,是因另一方自己的行为产生的。② 一方的预见有确切的证据。一方预见另一方在履行期间到来时不会或不能履约,必须以一定的证据来说明自己判断的适当性。③ 被要求提供履行保证的一方不能在合理的期间内提供充分的保证。在一方预见到另一方不能或不履行合同以后,必须向对方提出提供履行保证的要求,且只有另一方在合理期间内没有提供担保后,才能构成默示预期违约。(参照李国光主编《合同法释解与适用》)从本案事实来看,1998年5月13日上海金国空调设备有限公司欠原告杭州微电机厂电机的货款正式转移给被告上海威群空调设备有限公司,由被告承付。但直至一年后的1999年4月5日,被告才作出还款计划,对所转让的欠款作出分三期履行付款承诺,1999年7、8月各支付1万元,余款在9月付清。但事实上,1999年7月到期后,被告就没有履行第一期的付款义务,且第二期的付款期限又即将到期,经原告催讨,被告亦无付款意思表示,促使原告在1999年8月底向法院起诉。这些事实清楚表明,被告正以自己的不作为行为表明其将不履行约定第二、三期的合同义务,对照默示预期违约要件,我们可以认为,被告的行为已构成默示预期违约,应承担民事责任。但接踵而来的法律问题是:本案被告的默示预期违约行为发生在1999年10月1日新合同法实施前,原告向法院起诉也是在10月1日前,而法院对案件的审理过程却跨越了《合同法》正式实施日1999年10月1日这个重要日期,本案能否适用《合同法》有关预期违约制度的规定?根据《最高人民法院关于适用〈中华人民共和国合同法〉若干问题的解释(一)》第一条的规定:"合同法实施以后成立的合同发生纠纷起诉至人民法院的,适用合同法的规定;合同法实施以前成立的合同发生纠纷起诉到人民法院的,除本解释另有规定的以外,适用当时的法律规定,当时没有法律规定的,可以适用合同法的有关规定。"由于合同法实施以前没有一部法律(除涉外经济合同法以外)对预期违约行为作出规定,而合同法作了规定,因此,法院在审理本案时,可以根据该司法解释,对债务受让方的预期违约行为运用新合同法的有关规定加以认定和处理。

判 决 书:上海市金山区人民法院[1999]金经初字第909号。

审判组织:独任审判

代理审判员:徐永其

景某某诉俞某某不当得利案

——对优势证据规则及推定规则的运用

沈敢峰　韩长印*

(载于2006年《上海法院案例精选》)

一、案情

原告:景某某

被告:俞某某

原、被告系姻亲关系,原告丈夫陶某某与被告之妻系兄妹关系。

2003年初,原告丈夫陶某某因患癌症住院。同年4月14日,原告因重症急性肝炎入住医院,次日院方发出重危通知。5月29日陶某某病故。6月20日原告病愈出院。

2003年5月17日,被告持陶某某借记卡、借记卡密码及自己身份证在农行某营业所提取4万元现金。

2003年5月26日,陶某某立代书遗嘱一份,由陶某某亲笔签名。该遗嘱就家庭房产及存款如何处理作了交代,并特别指明"准备在近日将家中仅有的5万元转交给小姨景某,作为我履行与岳父大人的口头约定"。

借记卡户又作银行证券一户通,主要通过电话委托方式买卖股票,调度资金在证券公司与银行间流转,平时由陶某某持有。陶某某住院后,该卡转交原告(其间仍由陶某某负责买卖股票),原告因病住院时交还陶某某,陶某某病故前五六天,该卡转交于原告母亲,后由原告妹妹景某转交给原告。

根据借记卡一户通对账单记载:2003年5月16日,银证通入账39 992.48元,卡内余额为41 466.04元。被告于次日提取现金4万元。2003年5月27日,银证通入账43 805.94元,卡内余额为44 159.70元。原告从2003年5月28日起至2003年6月1日,由其本人及通过其妹妹从该卡中提取现金44 100元。

---

* 沈敢峰,原任上海市金山区人民法院行政庭副庭长,现任金山区政府法制办公室副主任;韩长印,上海交通大学法学院教授,博士生导师。

原告景某某诉称：被告趁原告及其已故丈夫陶某某均病危之机，持陶某某银证一户通从农行某营业所提取现金人民币4万元，至今未归还。请求判令被告返还不当得利4万元。

被告俞某某辩称：其取款系受陶某某口头委托，并已在提取当天将4万元交给陶某某。还款事实由当时与陶某某同一病房病人妻子杨某某证实。

二、审判

本案争议焦点在于如何运用优势证据规则来认定陶某某与被告间存在委托关系，以及被告已将4万元交付陶某某之事实。

法院经审理认为：不当得利是指没有合法根据，取得不当利益，造成他人损失，应当将取得的不当利益返还受损失的人。根据证据规则，在被告至银行提取陶某某名下存款4万元事实无争议前提下，本案的举证责任归被告承担，即被告须证明其与陶某某间存在委托关系且已将4万元归还陶某某。因讼争当事人系亲属关系，在判断本案被告是否构成不当得利，除按证据规则分配举证责任外，还须充分考虑传统风俗、伦理道德、人之常情等一般常人所认知的公序良俗。

关于本案被告与陶某某是否存在委托关系。因陶某某已病故，被告的辩解无证据佐证，形成事实争点。对此争点，法院注意到如下事实：① 被告取款发生在原告及陶某某均住院接受治疗之时；② 涉案银行借记卡是原告与陶某某家庭共同财产重要的组成部分，日常主要由陶某某保管；③ 在被告取款前一天，借记卡内发生一笔银证通入账39 992.48元，卡内余额增至41 466.04元；④ 被告与陶某某系亲属关系。依据上述事实，结合传统风俗、伦理常情等公序良俗综合分析，法院有理由作如下推断：① 陶某某因亲属关系信任被告，存在口头委托取款的可能性；② 陶某某作为借记卡的保管人，必然对卡和密码的保管持谨慎态度，被告即使通过非法手段获取借记卡，也很难达到银行取款的目的；③ 上述巨额资金的划入及卡内资金状况，只有陶某某是清楚的，而作为旁人的被告难以获悉这些细节。据此，法院认定如下事实：陶某某与被告间存在委托取款关系，即陶某某于2003年5月17日将自己的借记卡及密码交付被告后，被告至银行取款。

关于被告是否已归还陶某某4万元。根据证据规则，被告应对已归还之事实承担举证责任。对此，被告仅向法院提供一份证人证言，对该证据证明力原、被告各执一词。法院注意到如下事实：① 原告母亲在陶某某病故前五六天从陶某某处获得了借记卡；② 陶某某5月26日所立遗嘱中对家庭房产及存款如何处理作了交代，特别指明“准备在近日将家中仅有的5万元转交给小姨景某某，作为我履行与岳父大人的口头约定”。其病故后，原告即通过其妹妹从该卡中提取现金44 100元；③ 证人与原、被告无利害关系。结合委托关系的认定，根据生活常识及经验法则，法院有理由作如下推定：① 陶某某始终控制着借记卡，对自己卡内资金流转及余额非常清楚；② 原告与其妹妹提取的现金额印证了陶某某遗嘱的真实可靠性;③ 从常理上讲,陶某某不可能在遗产处理中遗漏4万元巨款。以上推定实质上补强了被告的证据,也使法院形成内心确信:被告已将4万元交给陶某某,陶某某生前已实际处分此笔钱款。

综合上述分析,就证据优势及证明的盖然性角度而言,本案被告证据证明力优势明显大于原告证据证明力,原告现有证据不足以证明被告不当得利的事实存在。原告的诉讼请求,不符合《中华人民共和国民法通则》第九十二条之规定。法院遂判决对原告景某某要求被告俞某某返还不当得利款4万元的诉讼请求不予支持。判决后,原告未上诉。

三、点评

不当得利作为债的发生原因之一,是指没有法律上的理由,使他人受损而自己因之获益。我国不当得利制度的法律渊源出于民法通则第九十二条的规定"没有合法根据,取得不当利益,造成他人损失,应当将取得的不当利益返还受损失的人"。

根据我国民法通则第九十二条规定,不当得利的构成要件包括:

(1) 一方取得财产上的利益;

(2) 他方受到损失;

(3) 取得利益与受损失之间有因果关系;

(4) 没有法律上或者合同上的依据。

本案中,原告景某某诉被告俞某某非法从其已故丈夫陶某某的账户中提取人民币4万元,并一直未归还,要求被告归还其不当得利。被告则主张其是受陶某某的委托而提取现金的,并且在提取的当日便将现金归还于陶某某,并无不当得利。对于被告曾从陶某某账户中提取人民币4万元的事实,双方均无异议。双方争议的焦点在于:① 被告是否受陶某某的委托而提取现金;② 被告是否归还了现金。这两点决定了被告是否符合不当得利的构成要件,即被告是否构成不当得利。

在现代民事诉讼中,当事人对自己的事实主张承担举证责任已成为一项基本的诉讼原则。但是,当事人提供的证据所证明的事实,其真实性达到何种程度,才能成为定案的根据?如果双方当事人所举证据,显示了截然相反的事实怎么办?我国现行的民事诉讼法未作出明文规定。最高人民法院《关于民事诉讼证据的若干规定》(以下简称《证据规定》)第73条指出:"双方当事人对同一事实分别举出相反的证据,但都没有足够的证据否定对方证据的,人民法院应当结合案件情况,判断一方提供证据的证明力是否明显大于另一方提供的证明力,并对证明力较大的证据予以确认。"据此解释,我国现阶段民事诉讼中的证明标准可以被界定为"明显优势"。法院根据"明显优势"来判断双方当事人对同一事实提出的相互矛盾的证据,这一裁判准则即为"优势证据规则"。优势证据规则又被称为高度"盖然性占优势"的证明规则。即当证据显示待证事实存在的可能性明显大于不存在的可能性，法官可据此进行合理判断以排除疑问，在已达到能确信其存在的程度时，即使还不能完全排除存在相反的可能性，也可以根据已有证据认定这一待证事实存在的结论。

对于本案争议的焦点，双方均未提供足够的证据来否定对方的证据。由于诉争当事人系亲属关系，因此法院充分考虑了传统风俗、伦理道德等为人们所认知的社会道德规则。法院认为被告证据的证明力明显大于原告证据的证明力，根据优势证据规则，法院确认了被告提供的证据，认定被告与陶某某之间存在委托关系，被告受陶某某委托提取现金后将 4 万元交给了陶某某，不构成不当得利。

胡志淡诉胡建祝、胡晓妹租赁合同纠纷案

王永亮*

(载于2009年《上海法院案例精选》)

一、案情

原告(反诉被告)胡志淡,男,1975年7月9日生,汉族,住浙江省文成县东溪乡九南村陡降头。

被告(反诉原告)胡建祝,男,1964年3月27日生,汉族,住浙江省文成县玉壶镇冰心街263号。

被告(反诉原告)胡晓妹,女,1965年9月26日生,汉族,住址同上。

2005年2月15日,胡志淡与胡建祝、胡小妹签订租房协议一份,约定胡建祝与胡小妹将自有商铺出租给胡志淡经营,租赁期限为5年。2005年5月起,胡志淡与案外人签订租赁协议,将所涉房屋转租给案外人经营使用。2006年初,胡建祝与胡小妹以胡志淡擅自转租为由提起诉讼,法院判决解除了双方间租房协议。2007年8月,胡志淡提起诉讼,要求胡建祝与胡小妹返还多收的租金14万元和押金3万元。胡建祝与胡小妹提起反诉,以不当得利为由要求胡志淡赔偿从案外人处收取的租金差价20万元。

二、审判

一审法院经审理后认为,本案原告与被告间的租赁关系已因承租人(即本案原告)擅自转租而由他案判决解除,且依[2006]金民三(民)初字第1270-1273号民事调解书,本案两被告与租赁房屋的实际使用人间已就租赁房屋的实际使用费达成了一致意见,即自2006年5月1日起的租金由实际使用人向本案两被告支付,故原告与两被告间的租赁关系履行至2006年4月30日,原告应支付被告租金至2006年4月30日。现原告主张其已支付两被告至2006年8月15日

* 上海市金山区人民法院行政庭庭长助理,法学硕士。

的租金,故要求返还2006年5月1日至8月15日租金14万元,鉴于被告仅确认原告已付租金至2006年6月15日,故原告应当举证证明其已付租金至8月15日的事实,由于原告提供的证据尚不足以证明其已付租金至2006年8月15日,故本院依被告确认的2006年6月15日为原告已付租金的截止日期。故对2006年5月1日至6月15日租金6万元(以每月4万元计算)被告应当返还,另外,被告确认已收原告押金3万元,被告认为此押金有支付租金的可能,由于被告未提供证据证明此押金已抵作租金,故对其陈述意见本院不予采纳,被告应将押金退还原告。

关于被告的反诉请求,被告要求原告返还不当得利20万元。本院认为,根据我国民法通则的有关规定,不当得利是指没有合法根据,取得不当利益,造成他人损失的,应当将取得的不当利益返还受损失的人。本案原告租赁被告房屋后再行转租,其与次承租人间形成了次租赁合同关系,承租人是依据该次租赁合同的约定向次承租人收取合同约定的租金,故本案原告收取租金是依据其与案外人间的合同约定。而本案被告依据我国合同法的相关规定,以原告的转租行为未经得出租方同意为由行使了合同的解除权,解除了其与原告间的租赁关系,被告的合法权益已通过解约的形式予以维护,原告的转租并未造成被告其他损失。现被告依据其从工商等部门调取的租赁协议主张原告是以被告的名义转租,故该收益应由被告享有。本院认为,首先,被告除提供租赁合同外,并未举证证明原告的实际收益金额;其次,被告提供的租赁协议原告否认系其签署,同时被告也确认非被告所签名,由于原告的转租行为已由生效法律文书所确认,故本案无须再对该行为的性质重新作出认定,况且,被告在前后两案中对原告的转租行为要求作出不同性质的认定,显然有失诚信。需要指出的是,被告认为其提供的租赁合同是备案的合同,即是实际履行的合同。根据我国城市房地产管理法的规定,房屋租赁,出租人和承租人应当签订书面租赁合同,并向房产管理部门登记备案。被告向非正规就业服务中心及工商部门调取的租赁协议非法律规定登记备案的租赁合同,该租赁协议的产生不排除租赁房屋的实际使用人为办理非正规劳动组织证书及工商经营执照而提供给相关行政部门。由此本院认为,被告主张原告取得不当得利应予返还,无事实及法律依据,本院不予支持。综上,依照《中华人民共和国民事诉讼法》第一百二十八条、《中华人民共和国合同法》第九十七条、《中华人民共和国民法通则》第九十二条之规定,判决如下:

(1)胡建祝、胡晓妹于本判决生效后十日内返还胡志淡租金6万元;

(2)胡建祝、胡晓妹于本判决生效后十日内退还胡志淡押金3万元;

(3)胡志淡的其余诉讼请求不予支持;

(4)胡建祝、胡晓妹的反诉请求不予支持。

一审宣判后,胡建祝、胡小妹提起上诉。上海市第一中级人民法院于2008

年5月20日作出终审判决：驳回上诉，维持原判。

三、案例索引

一审：上海市金山区人民法院 [2007]金民三(民)初字第2075号

二审：上海市第一中级人民法院 [2008]沪一中民二(民)终字第1331号

一审合议庭：陈国友 何绍辉 姒勇

二审合议庭：周峰 孔美君 彭坚

海南三和实业投资有限公司诉上海中桥律师事务所法律服务合同案

——律师履行代理事项应当尽到善良注意义务

高丽宏*

（载于2010年《上海法院案例精选》）

一、案情

原告：海南三和实业投资有限公司

被告：上海中桥律师事务所

2002年6月30日，原告委托被告（原名为上海市金海律师事务所）执业律师杨荣荣，作为原告起诉上海中鼎投资发展有限公司（以下简称“中鼎公司”）经营合同纠纷一案的代理人，因中鼎公司下落不明，上海市长宁区人民法院（以下简称“长宁法院”）曾三次公告送达开庭传票，杨荣荣律师代理原告参加了三次庭审。2003年8月20日，长宁法院作出了[2002]长民二（商）初字第662号民事判决书，判决中鼎公司退还原告经营权转让费人民币222 222元、原告其他诉讼请求不予支持，案件受理费11 232.20元、原告承担7 432.20元、中鼎公司负担3 800元，并于同日公告送达判决书，杨荣荣律师于当日签收了民事判决书。2008年4月19日杨荣荣律师出具承诺书，确认因自身原因使案件发生了一定的情况，并承诺将提起申诉，若申诉不成将与原告协商处理损失问题，此后，杨荣荣律师并未兑现承诺。因杨荣荣律师领取判决书后未能及时交付原告，致使原告丧失了提起上诉和申请执行的权利，造成原告相应的经济损失，故起诉要求被告予以赔偿。

原告诉称：被告执业律师杨荣荣接受原告的委托，作为原告诉中鼎公司经营合同纠纷一案的代理人，收取原告代理费30 000元，并参与了长宁法院对该案的审理全过程。但是，杨荣荣律师签收了该案民事判决书后，既不将判决书邮寄或传真给原告，也未电话通知原告，特别是原告多次与他电话联系，他均拒绝接听，

* 上海市金山区人民法院民二庭副庭长。

以致原告一直以为案件尚未判决。2008年3月6日,原告经查阅档案,方知杨荣荣律师早在2003年8月20日就收到了判决书,原告由此丧失了提起上诉和申请强制执行的权利。2008年4月19日,杨荣荣律师出具承诺书,确认案件发生的问题是由其造成,承诺与原告协商损失处理问题,后杨荣荣律师未能付诸行动。据此,原告请求被告赔偿经济损失263 454.20元。

被告辩称:杨荣荣律师收到判决书后已经交付原告,因原告并未授权杨荣荣律师代为提起上诉和申请执行,不应承担原告丧失诉讼权利的责任;原告委托杨荣荣代理的案件,早在2003年就已判决,原告现起诉已经超过了诉讼时效期间;中鼎公司早在2003年就已被吊销营业执照,即使原告申请执行,也已无财产可供执行,即使要承担赔偿责任的,也只能由杨荣荣律师承担,而不应由被告承担;因此,原告的起诉,缺乏事实和法律依据,请求法院予以驳回。

二、审判

本案双方当事人争议的主要焦点之一,被告主体是杨荣荣律师还是其执业的律师事务所。律师法规定,当事人委托律师提供法律服务、进行诉讼代理活动,必须与律师事务所签订委托协议,执业律师只是接受事务所的指派、代表事务所为委托人提供法律服务。原告与上海市金海律师事务所虽未签订委托合同,但签署委托书确认杨荣荣律师为原告的代理人,双方之间法律服务合同关系依法成立;上海市金海律师事务所经主管行政机关核准,更名为上海中桥律师事务所,依照法律规定,两律师事务所名称、组织形式的变更、只是发起成立事务所的律师之间的内部事务,对于委托人并无法律约束力,只要执业律师是由该事务所指派,无论该律师是否是合伙人,该律师事务所就必须对其指派律师的过错,承担相应的法律责任;因此,原告起诉杨荣荣律师执业的上海中桥律师事务所,并无不当。

本案双方当事人争议的主要焦点之二,造成原告丧失上诉权和申请执行权的过错责任在于原告还是杨荣荣律师。被告主张已经将判决书交付原告,并主张按照律师行业的惯例,律师将法律文书交付委托人,并不像法院一样而要求委托人签收送达回证,是难以举证的;依照谁主张谁举证的原则,行业惯例并不能免除被告的举证责任,因此,被告的这一主张并不能成立。按照双方签署的委托书,原告并未授权杨荣荣律师提起上诉和申请执行的权利,杨荣荣律师虽然无权代为提起上诉和申请执行,但作为专业人士,可以向原告提出合理建议或参考意见,可杨荣荣律师未置可否;根据杨荣荣律师出具的承诺书,杨荣荣律师确认在执业过程中明显存在过错,对于原告权利的丧失,应当承担主要责任。诉讼权利的行使与否,关键在于当事人本人,原告在委托律师作为诉讼代理人后,也应当时刻关心案件的进展情况,如果从代理人处不能全面了解时,则完全可以直接向法院了解、查询,可是,原告只是一味消极等待,亦存在一定的过错。

本案双方当事人争议主要焦点之三，原告的起诉是否超过法律规定的诉讼时效期间。按照法律规定，当事人必须在知道或者应当知道自已民事权利受到不法侵害的两年内请求人民法院予以保护。原告自2008年3月6日方知案件早在2003年8月20日就已判决，且杨荣荣律师于2008年4月19日出具承诺书，承诺与原告协商处理损失赔偿问题，故原告知道其权利受到侵害之时与原告提起诉讼之时，并未超过两年；因此，被告主张原告之诉超过诉讼时效期间的规定，与事实不符，不能成立，本院不予支持。

本案双方当事人争议的主要焦点之四，在于原告的损失范围。原告要求被告赔偿的损失之中包括了经营权转让费、案件受理费以及律师代理费三部分，按照长宁法院的判决，中鼎公司应退还原告经营权转让费222 222元、负担原告已经缴纳的案件受理费11 232.20元中的3 800元，对于法院判决原告自行承担部分的案件受理费，是原告起诉不当或证据不足而造成，是原告应当自行承担的损失；原告主张支付了被告30 000元律师代理费，但未能提供相应证据予以证明，难以成立，本院不能支持。据此，原告主张的实际损失为中鼎公司应退还原告的经营权转让费222 222元以及承担的案件受理费3 800元。

本院认为，律师法规定，律师违法执业或者因过错给当事人造成损失的，由其所在的律师事务所承担赔偿责任。合同法规定，有偿的委托合同，因受托人的过错给委托人造成损失的，委托人可以要求赔偿损失。由于杨荣荣律师在执业过程中存在过错，造成原告相应的经济损失，被告应当承担赔偿责任。可是，被告对于原告的损失是承担全部赔偿责任，还是承担部分赔偿责任呢？原告主张的损失是法院判决中鼎公司应退还的经营权转让费及相应的案件受理费，如前所述，关于原告丧失上诉权和申请执行权的问题，原、被告对此均存在过错，对于法院判决义务人应当履行的义务、因未能申请强制执行而造成损失，原、被告均应承担相应的责任；原告起诉中鼎公司一案，诉讼期间，因中鼎公司下落不明而采用公告方式送达，在判决书公告期间，中鼎公司因未按时年检而被吊销营业执照，在一般情况下，原告即使能够申请执行，但最终能够执行到位的可能性也是比较小的。综合上述原因分析，对于原告所造成的损失，原、被告虽然均存在一定的过错，但相比较而言，被告作为从事法律服务的专门机构所承担的过错责任应当明显大于原告，为此，本院认为被告承担百分之七十的赔偿责任，是比较恰当的。

综上所述，法院判决被告赔偿原告经济损失158 215.4元。宣判后，双方当事人均服从判决。判决生效后，被告向本院缴纳了赔款。

三、案例索引

一审：上海市金山区人民法院　[2009]金民二(商)初字第209号

刑 事

胡国进、潘桂林组织淫秽表演案

李 菁*

(载于2001年《上海法院案例精选》)

【提示】

组织淫秽表演罪是1997年刑法规定的新罪名。通过剖析本案例,我们可以对该罪的犯罪构成有一个大致的了解。同时,该案的审判充分体现了我国在刑事司法过程中对被告人人权的关注。

一、案情

公诉机关:上海市金山区人民检察院。

被告人:胡国进。

被告人:潘桂林。

上海市金山区人民法院因本案涉及个人隐私,依法不公开开庭。经审理查明:被告人潘桂林系上海豪欣俱乐部法定代表人,被告人胡国进系在该俱乐部内负责联系演出事宜的经纪人。2000年初,被告人潘桂林因俱乐部生意清淡,经与被告人胡国进商量,决定由胡国进联系"艳星"在俱乐部舞厅作"艳舞"表演以招徕顾客。自2000年3月起上海豪欣俱乐部每周有一至二次"艳舞"表演,每位观众收费人民币25元。2000年5月16日晚,被告人胡国进安排"艳星"伍海莉(已另处)在该俱乐部舞厅进行表演,在场观众达六十余人,后被公安机关当场查获。上海豪欣俱乐部当晚的营业款、《司仪道白》磁带1盘、《艳舞销魂》VCD 1张亦被扣押。经上海市社会文化管理处鉴定,当晚伍海莉的演出系淫秽表演。

另查明:被告人潘桂林患有需定期随访的恶性肿瘤疾病。

检察院指控:2000年初,被告人潘桂林为达到吸引观众、招揽生意的目的,经与被告人胡国进谋划,决定在上海豪欣俱乐部进行"艳舞"表演。同年5月16

* 上海市金山区人民法院民三庭审判长。

日晚,被告人胡国进安排伍海莉在豪欣俱乐部舞厅进行表演,台下观众近百人。经上海市社会文化管理处鉴定,该表演属淫秽表演。认为,被告人胡国进、潘桂林组织他人当众进行淫秽性表演,其行为均已触犯《中华人民共和国刑法》第三百六十五条之规定,构成组织淫秽表演罪,依法应处三年以下有期徒刑。

二被告人对起诉指控的事实、情节与罪名均无异议。

二被告人各自委托的辩护人都提出了被告人主观恶性较小,认罪态度较好,建议从轻处罚的辩护意见。被告人潘桂林委托的辩护人还提出被告人潘桂林身患重病且正是为还债治病而犯罪,建议对其适用缓刑。

公诉人对二辩护人提出的辩护意见未表示异议。

二、审判

法院经审理认为:被告人胡国进、潘桂林组织他人进行淫秽性演出,其行为均已构成组织淫秽表演罪,公诉机关指控罪名成立,依法应处三年以下有期徒刑并处罚金。被告人胡国进、潘桂林组织他人在娱乐性营业场所内公开进行淫秽表演,社会影响恶劣,依法不应从轻处罚亦不适用缓刑。据此法院根据《中华人民共和国刑法》第三百六十五条、第二十五条第一款、第六十四条,作出如下判决:被告人胡国进犯组织淫秽表演罪,判处有期徒刑二年六个月,并处罚金人民币一万元;被告人潘桂林犯组织淫秽表演罪,判处有期徒刑二年六个月,并处罚金人民币一万五千元;没收被告人潘桂林非法所得款人民币一千五百元;移送在案的 VCD 碟片 1 张、磁带 1 盘予以没收。

本案判决后,被告人未提出上诉,检察院也未提出抗诉。

一审判决生效后,考虑到潘桂林确实患有需定期随访的恶性肿瘤疾病,不宜收监执行,法院依法作出了将潘桂林暂予监外执行的决定。

三、评析

(一) 关于定性

本罪在客观方面表现为组织淫秽表演的行为。所谓淫秽表演是指在整体上宣扬淫秽行为以挑动人们的性欲,足以导致普通人腐化堕落,而又没有艺术或欣赏价值的演出。所谓组织淫秽表演,是指行为人通过策划、指挥以招募、雇佣、引诱、容留等手段纠集、控制他人进行淫秽表演活动。我国营业性演出管理条例明确规定禁止举办含有宣扬淫秽、色情等有害观众身心健康内容的演出活动。我国娱乐场所管理条例也作了相应规定。但在当前一些娱乐场所的管理者、经营者或演出经纪人为了攫取高额利润,不惜铤而走险,置法律和道德于不顾,在各种名目的掩盖下或明或暗地组织着这类表演,以吸引社会上一些有不健康思想的观众来"休闲消费",在社会上造成了极恶劣的影响。在本案中,被告人胡国进作为个体演出经纪人,理当介绍一些艺品双馨的演员演出一些有一定的艺术性、观赏性的文艺节目,以丰富人民群众的生活,然而他却为了追求金钱利润,具体实施了为俱乐部舞厅策划表演淫秽歌舞节目、联系"艳星"并支付"艳星"报酬等行为,其行为符合组织淫秽表演罪客观方面的特征。被告人潘桂林作为豪欣俱乐部法定代表人,为使生意兴隆请胡国进安排歌舞表演,为了进一步招徕顾客,与胡国进商量,听从胡国进的建议并全权交由胡国进来安排"艳星"表演,当看完演出知道演出内容后并没有加以制止或提出反对意见,反而为了招徕顾客一直听任"艳星"在俱乐部内演出并坐享其利直至案发。其行为符合组织淫秽表演罪共犯的特征。

本罪在主观方面必须是故意,但动机可以是各种各样的,有的是为了牟利,有的是为了招揽生意,有的是为了满足特殊观众的要求以获取某种不正当利益等。尽管动机多种多样,但只要行为人主观上具有组织他人进行淫秽表演的故意即可构成本罪。本案被告人潘桂林作为娱乐场所的经营者,明知这种表演是管理部门禁止的,为了招揽生意,抱着侥幸心理,由胡国进四处联系"艳星"来俱乐部演出。被告人胡国进是走南闯北的个体演出经纪人,当潘桂林提出生意太清淡时,他主动出谋划策,后又利用在娱乐圈中的关系网,从各地请来所谓"艳星"跳"艳舞"。二被告人为吸引顾客、招徕生意,共同商量,在明知"艳舞"表演有害社会风气,为管理部门所禁止的情况下,由胡国进联系"艳星"安排演出,潘桂林提供场所支付包场费,公开在营业性娱乐场所内组织淫秽表演,因此在主观上都具有犯罪的故意。

(二)关于量刑

本案作案地点系公开对外营业的娱乐场所的舞厅,案发当晚现场观众不少于五六十人,还不包括各包房内的顾客也随时可免费进去观看,在社会上造成了极其恶劣的影响。再从二被告人的犯罪心理状态看,二人为了谋取不法利益,积极策划,多方联系所谓"艳星"来表演,其腐化社会风气的犯罪恶意是明显的,事实上也造成了这样的影响,故依法不应从轻处罚亦不适用缓刑。对潘桂林暂予监外执行,主要是从人道主义精神出发。潘桂林患有恶性肿瘤,经指定医院证明确需定期随访,不宜收监,对其监外执行有利于开展治疗,尽快恢复身体健康,这也充分体现了我国司法工作中对人权的关注和保护。

判决书:上海市金山区人民法院[2000]金刑初字第184号

合议庭组成人员

审判长:严志高

代理审判员:李菁

人民陪审员:马建国

戚道云等暴力抢劫欠条逃债抢劫案

喻美奇　董永强*

（载于2001年《上海法院案例精选》）

【提示】

抢劫罪是财产犯罪中常见的多发的一种犯罪。一般情况下，犯罪对象指向的“财物”是不难认定的。但由于现实经济生活的复杂性和法律对财物界定的不明确，对“欠条”之类明显具有财产利益性质的债权凭证，能否直接认定为财物？实践中已出现了多起抢劫财物凭证的案件，本案的处刑可提供借鉴。

一、案情

公诉机关：上海市金山区人民检察院。

附带民事诉讼原告人：倪新昌。

被告人（上诉人）：戚道云。

被告人：王荣。

被告人（上诉人）：张连观。

被告人（上诉人）：沈正元。

被告人：张水龙。

被告人：沈永权。

1995年10月，由被告人戚道云承包的上海金山万安建筑装潢工程公司与江苏省南通市工程承包人施锦良签订《建筑安装工程合同》，合同签订当日，施锦良与本案被害人倪新昌各出资人民币5万元计10万元，作为工程质量保证金，交付给被告人戚道云。后因工程未能如期施工，倪新昌多次向被告人戚道云索要保证金未果。被告人戚道云因无力偿还，与被告人张连观提出其认识本地小有名气的安徽来沪人员王荣，可叫王荣带人将事情“搞定”，被告人戚道云表示同意。1997年9月4日，被告人戚道云、王荣、张连观、沈正元、张水龙经通谋，商定由戚道云以还款为由，将倪新昌骗至戚所在公司（上海市金山区石化平乐小学），

* 喻美奇，上海市金山区人民法院审监庭法官；董永强，上海市金山区人民法院民三庭副庭长。

然后由王荣等人以强制手段向倪索要欠款凭证,以达到赖账目的,并许诺事成之后付给王荣等人人民币2万元作为酬金。次日,被告人戚道云、张连观、沈正元、张水龙、沈永权等5人,携人民币2万元等候在平乐小学。当晚7时许,被告人王荣纠集了周勇(在逃)等多人携带木棍、铁管赶至。8时许,被害人倪新昌及同乡顾伯昌、黄佰冲租用徐忠明的出租汽车赶至,即被王荣等人强制隔离,倪被带入戚的办公室,被责令交出欠款凭证。倪不从,被告人王荣纠集的同伙用玻璃杯敲击倪的脸部,致倪面部两处皮肤裂伤。倪无奈将欠款凭证交出并在由戚起草的收到10万元欠款的收条上签字。嗣后,被告人王荣和周勇等人用车将倪新昌等人分别遣至野外,被告人王荣获"酬金"人民币1万元。

被害人倪新昌因伤花费医疗费1 483元,交通费1 118.50元,误工损失费1 000元,营养费140元,鉴定费300元,合计经济损失人民币4 041.50元。

检察院指控,被告人戚道云、王荣、张连观、沈正元、张水龙、沈永权以暴力、胁迫等手段抢劫公民财物,数额巨大,其行为均已触犯《中华人民共和国刑法》第二百六十三条之规定,构成抢劫罪。被告人戚道云、王荣在共同犯罪中起主要作用,系主犯;被告人张连观、沈正元、张水龙、沈永权在共同犯罪中起次要作用,系从犯,应当从轻或者减轻处罚。提请法院依法审判。

附带民事诉讼原告人倪新昌诉称,因戚道云等被告人的犯罪行为,使其蒙受经济损失,要求判令赔偿其差旅费、医疗费、误工费、营养费、术后治疗费及被抢金戒指等损失共计人民币20 494.50元。

被告人戚道云辩称,其事前未与张连观、王荣等人通谋,对民事赔偿只愿意承担差旅费的损失。其辩护人辩称:被告人戚道云的行为是企业法人行为,主观上无非法占有的故意,公诉机关指控其犯抢劫罪的法律依据不足。

被告人王荣拒绝承担民事赔偿责任。被告人王荣的辩护人提出:被抢的欠条不具有价值,不能成为抢劫罪的犯罪对象,起诉指控的罪名不能成立。

被告人张连观、沈正元、张水龙、沈永权的辩护人均同意被告人戚道云、王荣的辩护人提出的辩护意见。

二、审判

法院经审理认为:被告人戚道云、王荣、张连观、沈正元、张水龙、沈永权以非法占有为目的,采用暴力、胁迫手段强行索回欠款凭证,并让债权人在已写好的10万元虚假收条上签名,以消灭债务的行为,符合抢劫罪的特征。六名被告人的行为均已构成抢劫罪,且系情节严重,依法应予以处罚。公诉机关指控六名被告人犯抢劫罪的罪名成立。六名被告人的犯罪行为使被害人遭受经济损失,依法应当承担民事赔偿责任。被告人戚道云承包经营上海金山万安建筑装潢工程公司,该10万元债务的消灭与否,直接影响其个人利益;被告人的犯罪行为侵犯的客体是被害人对该10万元的所有权,故对六名被告人的辩护人就此提出的辩护意见,法院不予采纳。本案发生在《中华人民共和国刑法》施行以前,依照从旧兼从轻的原则,本案应适用1979年《中华人民共和国刑法》,公诉机关适用法律有误,应予纠正。被告人戚道云、王荣组织实施抢劫行为,被告人张连观事先为戚道云出谋划策,积极联络王荣等人参与抢劫,三名被告人在本案中起主要作用,系主犯,应按照参与的全部犯罪处刑;被告人沈正元、张水龙、沈永权在本案中起次要作用,系从犯,应当减轻处罚。根据本案具体情况,依照1979年《中华人民共和国刑法》第五十九条第二款的规定,经审判委员会决定,对被告人戚道云、王荣在法定刑以下处刑。依照《中华人民共和国刑法》第十二条、1979年《中华人民共和国刑法》第一百五十条第二款、第五十一条第一款、第五十二条、第五十九条第二款、第三十一条、第六二十条,《中华人民共和国刑法》第二十六条第一款、第四款、第二十七条,《中华人民共和国民法通则》第一百一十九条的规定,作出如下判决:戚道云犯抢劫罪,判处有期徒刑六年,剥夺政治权利一年;王荣犯抢劫罪,判处有期徒刑六年,剥夺政治权利一年;张连观犯抢劫罪,判处有期徒刑五年,剥夺政治权利一年;沈正元犯抢劫罪,判处有期徒刑二年;张水龙犯抢劫罪,判处有期徒刑一年;沈永权犯抢劫罪,判处有期徒刑六个月;追缴被告人王荣非法所得人民币1万元;戚道云、王荣、张连观各赔偿附带民事诉讼原告人倪新昌经济损失人民币808.30元;沈正元、张水龙、沈永权各赔偿附带民事诉讼原告人倪新昌经济损失人民币404.15元。

一审宣判后,原审被告人戚道云、张连观、沈正元不服,提起上诉。

原审被告人戚道云上诉称:本案是经济纠纷,不构成抢劫罪,原判定性不当,并否认叫倪新昌在其起草好的收条上签字的事实。

原审被告人张连观上诉称:本案是抢劫未遂,其不属主犯,原判量刑过重。

原审被告人沈正元上诉称:其有自首、立功情节,要求从轻处罚。

二审法院经审理认为:本案上诉人、原审被告人及原审附带民事诉讼原告人对一审作出的附带民事部分判决,均未提出上诉。故本案附带民事部分的判决已发生法律效力。关于戚道云提出的上诉理由,经查,上诉人戚道云与被害人签订了建筑安装工程合同后,当场收取了被害人等人民币10万元保证金。后戚道云未履行将工程发包给被害人的合同,又不返还10万元质量保证金,为消灭此10万元的债务纠纷而纠集了上诉人张连观、沈正元及原审被告人张水龙、沈永权,原审被告人王荣纠集了周勇等多人携带木棍、铁管等,采用暴力手段,夺取了债权人的债权凭证,消灭了其债务,不仅侵害了债权人的财产权益,同时也侵害了债权人的人身权利。此行为已由经济纠纷转化为刑事犯罪,符合抢劫罪的特征,应以抢劫罪论处。戚道云威逼被害人倪新昌交出欠款凭证及要倪在其起草的收条上签名的事实,有多名同案被告人相互印证的供述所证实。戚道云上诉提出本案系经济纠纷的理由是其对法律的曲解;戚上诉否认威逼倪新昌在其起草好的收条上签字,亦与查明的客观事实不符。

关于张连观上诉提出本案是抢劫未遂，其不是主犯，经查，上诉人张连观与同案犯事先进行通谋，事后又着手进行了预定的犯罪，并使犯罪的结果得以发生，已完成了刑法规定的抢劫罪的全部构成要件。张连观认为本案是抢劫未遂，显与法律规定相悖。上诉人张连观在犯罪的预谋阶段首先提出叫原审被告人王荣带人将被害人“搞定”的犯罪意图，客观上起了组织策划的作用，张并积极联络王荣和参与了整个犯罪过程，其主要作用明显，依法应以主犯论处。

关于沈正元上诉提出其有自首、立功的表现，经查，被害人在案发后即向公安机关报案，公安机关已初步掌握了上诉人及其同案犯的基本犯罪事实，上诉人沈正元被公安机关抓获后，如实交待自己参与的共同犯罪事实，并供出了同案犯，这一行为属于论罪态度较好，而不具备法律规定的自首、立功的构成要件，其上诉要求作为自首、立功对待，无法律依据。故三名上诉人的上诉理由均不能成立。

二审法院根据上述理由认为：上诉人戚道云、张连观、沈正元及原审被告人王荣、张水龙、沈永权以非法占有为目的，采用暴力胁迫手段，强行索回欠款凭证，并让债权人在收到10万元欠款的收条上签名，以消灭债务的行为，均已构成抢劫罪，依法应予处罚。原审根据上诉人及原审被告人的犯罪事实、性质及对社会的危害后果，依法所作出的判决定性准确，量刑适当，且审判程序合法。二审检察机关建议驳回上诉，维持原判的出庭意见依法有据，应予采纳。依照《中华人民共和国刑事诉讼法》第一百八十九条第（一）项之规定，裁定：驳回上诉，维持原判。

三、评析

本案在审理过程中对被告人的行为是否构成犯罪争论较大，其焦点就是欠条能否成为抢劫罪的犯罪对象。

（一）本案被告人劫取欠条行为的定性问题

第一种意见认为，本案戚某的行为不构成犯罪。理由是，戚某抢劫欠条的行为，法律上无明文的规定，刑法规定的抢劫犯罪是抢劫财物，而欠条并非有价证券，根据刑法罪行法定的原则，戚某的行为不应当受到刑法的处罚。

第二种意见认为，戚某的行为构成抢劫罪且系既遂。理由是，本案被告人戚某以非法占有所欠倪某的10万元为目的，客观上实施了暴力行为，已符合抢劫罪的特征，构成抢劫罪，尽管抢得的仅是欠条这种欠款凭证，但当这些行为实施终了时，被害人便已失去了向被告人主张这10万元债权的证据和理由，因而本案应当定为犯罪既遂。

第三种意见认为，本案被告人戚某的行为构成抢劫罪，但系未遂。理由是，戚某以非法占有为目的，实施暴力劫取欠条的行为，已构成抢劫罪，但由于被告人的行为，客观上不能达到非法取得该10万元所有权的目的，因而构成犯罪未遂。

判决采纳了第二种意见。

本案是在当前社会主义市场经济条件下出现的一种新型的犯罪类型,具有相当的社会危害性,触犯了刑法的有关规定,具有刑罚的应受惩罚性,因而戚某的行为已构成犯罪,如果不加以打击,势必造成严重的社会后果。根据刑法的有关规定,抢劫罪是以非法占有为目的,采用暴力、胁迫等手段劫取公私财物的行为。抢劫罪的犯罪构成特征为:① 本罪侵犯的客体是双重客体,不仅侵犯了公私财物的所有权,而且由于使用了暴力等手段,往往同时侵犯被害人的人身权利;② 本罪的客观方面,应当是具有当场使用暴力、胁迫或者其他对人身实施强制的方法;③ 本罪的主观方面,应当由直接故意构成;④ 本罪的犯罪主体,乃是一般主体。从以上关于抢劫罪犯罪构成的分析看,被告人戚某是否构成本罪的关键之一是欠条是否属于公私财物,之二是如何理解戚某非法占有的目的。欠条是债务人出具给债权人用以证明一定债务关系存在的凭证。它对债权人对债务人享有的财产请求权起到证明作用。刑法所保护的社会关系体现为对权利的保护,刑法打击侵犯公私财产的行为,并不是保护财产本身,而是保护公民对财产的合法"权利",本案中被告人戚道云等劫取倪某 10 万元欠条的行为,是为了剥夺倪某对该 10 万元的请求权,从而取得对该 10 万元的所有权,取得所有权则是被告人所希望发生的结果,是其主观目的。尽管欠条与支票、股票等有价证券有区别,不具有当然的价值,但它在特定的当事人间则具有价值,是一定的财产权凭证,具有表明一定财产所有关系的特征,体现一定的民事权利,该民事权利的物化就是财产。因而欠条应当纳入抢劫罪侵犯对象的公私财物的范畴。

关于本案被告人戚道云、王荣等非法占有的犯罪目的问题。财产型犯罪主观上都具有非法占有的故意。所谓占有,按照民法理论,是指客观上特定的人对特定的物的事实控制,它分为有权占有和无权占有,有权占有是指合法的、受到法律保护的占有,因不法原因而取得的占有为无权占有。相对于事实占有而对物拥有的权利为本权,所有权则是最重要的一种本权。在民法意义上,完整的所有权包括了占有权、使用权、收益权、处分权等四项权能。因犯罪行为所取得的占有为无权占有,只能达到事实上的占有目的,但不能取得所有权,其占有不能被称为占有权。本案中,戚某正是依据民事合同合法地占有了倪某的 10 万元保证金,其犯罪行为区别于一般的抢劫犯罪之处在于他所要达到的目的并不是获得事实上对财产的控制,这一状态已因合法原因而达到,其本身已经实际控制了该 10 万元,他的最终目的是为了剥夺倪的所有物返还请求权,将这 10 万元据为己有,所以本案中戚某非法占有的目的体现为要取得倪某的 10 万元财产所有权,犯罪行为直接指向的对象是所有权。

综上,被告人戚道云、王荣、张连观等以非法占有倪某的 10 万元为目的,客观上实施了暴力劫取行为,因而已经构成了抢劫罪。

(二) 对戚道云、王荣等犯罪行为人的量刑问题

本案发生在 1997 年《中华人民共和国刑法》施行以前,依照《中华人民共和国刑法》第十二条的规定,适用从旧兼从轻的原则,应当适用 1979 年《中华人民共和国刑法》的规定对被告人定罪处刑,但是根据本案的实际情况,被告人戚道云等劫取的对象具有一定的特殊性,属于欠款凭证,其行为的社会危害性与抢劫钱财等又有一定的区别,故经审判委员会决定,对被告人戚道云、王荣、张连观在法定刑以下量刑。

一审判决书:上海市金山区人民法院[1998]金刑初字第 225 号。

合议庭组成人员

审判长:朱龙根;审判员:喻美奇;代理审判员:逢文清

二审裁定书:上海市第一中级人民法院[2000]沪一中刑终字第 326 号。

合议庭组成人员

审判长:沈维嘉

审判员:龚浩南、钟效文

张运波等盗窃案

——采用欺骗手段诱使被害人交出财物后秘密窃取的行为构成盗窃罪案情

贝冬梅　赵旭明*

（载于2008年《上海法院案例精选》）

一、案情

公诉机关：上海市金山区人民检察院

被告人：张运波

被告人：郑德兴

被告人：张　乾

2007年4—5月间，被告人张运波、郑德兴、张乾共同或分别伙同他人至上海市金山区张堰镇松金公路张泾桥处，亭林镇恒顺路、立新街口，奉贤区柘林镇新拓石路1号处，设置圈套：由一人佯装遗失钱款于路上，诱惑被害人捡拾，其他同伙则以“见者平分”为名将被害人骗进路旁树林，“失主”跟随而至进行索要，遭一致否认后，即要求被害人等证明并未拾得钱款，从而诱使被害人出示随身财物或说出银行卡、存折密码以供查询。继而又以需要分别查验，为防有人携款逃走为由，要求被害人等将财物集中藏匿于树林中作为担保。待被害人交出财物后，同伙佯装藏匿，并趁被害人不备将财物藏于身上借机溜走。通过上述方法，窃得被害人徐秋连现金人民币5 000元；窃得被害人戴秀林银行卡，后持银行卡至银行取款人民币22 000元；窃得被害人聂德琼存折，后持存折至银行取款人民币24 000元。

公诉机关以被告人张运波、郑德兴、张乾构成盗窃罪向法院提起公诉。

被告人张运波、郑德兴、张乾对指控事实均无异议，但认为其行为系诈骗行为，不构成盗窃罪。

---

* 贝冬梅，原任上海市金山区人民法院刑庭法官，现任上海市闵行区人民法院刑庭法官，法学硕士；赵旭明，原任上海市高级人民法院专职审委会委员、审管办主任，现已退休。

二、审判

一审法院经审理认为：区分盗窃罪与诈骗罪的关键在于被害人是否基于错误认识自主处分了财物。本案中虽然被告人实施了一系列欺骗行为，达到了被害人将财物交给被告人的目的，但实际上被害人并未处分自己的财物给被告人。被害人之所以将随身携带的财物交给被告人，是基于将财物暂时性存放以证明自己“清白”的考虑。在主观上，被害人并无将财物转移给被告人支配或控制的意思；客观上，被害人并未“转移”对财物的占有，而仅是使占有变得“弛缓”。被告人所实施的欺骗行为并不能直接获得想要非法占有的财物，而仅是迷惑被害人，为盗窃创造条件。究其根本，被告人非法占有财物的最主要方式是通过采用秘密窃取的方法，使财物脱离了被害人的控制。据此，法院依照《中华人民共和国刑法》第一百九十六条第三款，第二百六十四条，第二十五条第一款，第二十六条第一款、第四款，第二十七条，第六十四条之规定，以盗窃罪分别判处被告人张运波有期徒刑四年六个月，并处罚金人民币 1 万元；被告人郑德兴有期徒刑四年，并处罚金人民币 8 000 元；被告人张乾有期徒刑三年，并处罚金人民币 5 000元。

本案判决后，三被告人均未提出上诉。

三、点评

本案是一起典型的“盗、骗”结合的案件。在此类案件中，被告人通常既采用了欺骗方法也实施了秘密窃取的行为，因而在如何认定上观点不一，颇有争议。这种情况下，深入分析其行为的本质特征，正确认识诈骗罪和盗窃罪的界限是案件认定的关键。

诈骗罪是指以非法占有为目的，以虚构事实或者隐瞒真相的方法骗取数额较大的公私财物的行为。诈骗罪的基本构造为：行为人实施欺骗行为——被骗人产生错误认识——被骗人基于错误认识处分财产——行为人取得财产。在实际生活中，犯罪分子的欺骗行为是多种多样的，但其最终都是为了使被骗人作出对自己财产的处分行为，从而非法取得他人财物。

而盗窃罪是指以非法占有为目的，秘密窃取公私财物，数额较大或者多次窃取公私财物的行为。对其客观方面进行分析，可以发现盗窃罪具有以下特征：首先，行为人采取的手段是秘密窃取，即自认为被害人没有发觉而暗中秘密取得财物。其次，这种财物占有的转移是违背财物占有人意志的。再次，窃取行为是排除他人对财物的支配，建立新的支配关系的过程。至于窃取的手段与方法并没有限制，即行为人也可使用一定的欺骗方法。

刑法理论认为，诈骗罪与盗窃罪都是以非法占有为目的而不法取得财产的犯罪，即都属于取得罪的范畴。其中诈骗罪是被害人基于错误认识而同意交付财产的犯罪,属交付罪;而盗窃罪是违反被害人意志取得财产的犯罪,属于秘取罪。受骗人是否基于认识错误而交付财物是诈骗罪与盗窃罪区别的关键。如果犯罪分子是通过欺骗方法,使他人基于认识错误"自愿"作出处分行为从而获取他人财物的,就应当认定为诈骗罪;反之,犯罪分子即便使用了欺骗方法窃取他人财物,但如果该欺骗行为并没有使对方基于认识错误处分财产的,仍然成立盗窃罪。

通过上述理论分析,结合本案的具体案情,法院认定三被告人构成盗窃罪是正确的。在本案中,被告人张运波等人先采用欺骗手段,使被害人产生了一定的错误认识并交出了财物,表面上看似乎符合诈骗罪的特征,但被害人交出财物只是为了将财物暂时存放,主观上并无处分财产的意思,且这些财物事实上还在被害人的支配领域之内,被害人客观上也没有处分财产的行为,因而被告人的行为不能认定为诈骗罪。被告人实际上是通过欺骗手段为窃取行为创造便利条件,该欺骗行为并没有使对方基于认识错误处分财产。被告人对财物的取得方式最终还是靠"窃"而非"骗",是违反被害人意志的。因此,被告人的行为应当认定为盗窃罪,法院的认定是正确的。

张玉红等抢劫案

——共犯中止与共犯从犯的司法认定案情

沈 磊 赵旭明*

(载于2008年《上海法院案例精选》)

一、案情

公诉机关:上海市金山区人民检察院

被告人:张玉红

被告人(上诉人):王飞强

2007年7月期间,被告人张玉红、王飞强因赌博输钱而预谋实施抢劫,并准备了气动枪、自制的“爆炸装置”(经鉴定为烟火剂成分)等作案工具,由被告人王飞强选择了被害人周志军作为实施抢劫的对象,两人制定了详细的抢劫计划。

同年8月上旬,被告人张玉红、王飞强伙同他人携带上述作案工具至被害人周志军家附近欲实施抢劫,因见附近有警车巡逻而未实施。后被告人张玉红多次向被告人王飞强提出实施抢劫,被告人王飞强因心中害怕予以拖延。被告人张玉红因急需钱,表示无法再等下去,后直接向被告人王飞强提出索要气动枪等作案工具,于是被告人王飞强分两次将气动枪一支、自制的“爆炸装置”一只交给了被告人张玉红。

同月25日凌晨2时许,被告人张玉红伙同左双其(在逃)经事先预谋,携带王飞强所提供的气动枪、自制爆炸物等作案工具,至金山区廊下镇景阳村新建丰2组1098号周志军家,采用对被害人刀砍、捆绑、用胶带封嘴以及言语威胁等手段,劫得现金人民币1万元、18K彩金项链带挂件一根、PT950铂金手链一根、足金黄金嵌宝戒指一枚(合计价值人民币4 981元)及上海农村商业银行卡、建设银行龙卡各一张(内分别有存款人民币340 259.38元和人民币173 912.06元)。

检察机关以被告人张玉红、王飞强的行为均构成抢劫罪向法院提起公诉。

---

* 沈磊,上海市金山区人民法院刑庭法官;赵旭明,原任上海市高级人民法院专职审委会委员、审管办主任,现已退休。

被告人张玉红辩称：有自首情节，要求予以从轻处罚。

被告人王飞强辩称：对2007年8月25日发生的抢劫不知情，其事先已明确表示过不参与抢劫，所提供给张玉红的作案工具系让对方防身所用，故主观上不具有抢劫故意，不应认定为抢劫共犯。

被告人王飞强的辩护人提出：王飞强第一次参与抢劫未遂后，主观上不想再参与，对被告人张玉红等人实施的抢劫确不知情，但客观上提供了作案工具；被告人王飞强只参与了预谋、准备阶段，在共同犯罪中起辅助作用，作用相对较轻，应认定为从犯。

二、审判

一审法院经审理认为：

（1）关于被告人张玉红提出的自首辩解。被告人张玉红因形迹可疑被抓获，公安人员当场从其身上查获匕首、戒指（带血）等物时，其未立即交代上述抢劫事实，且又无法说明物品合法来源以及银行卡的开户情况，据此，公安人员足可判断其存在重大作案嫌疑，并掌握了重要的证据，故对其自首辩解不予认定。

（2）关于被告人王飞强提出的不构成抢劫共犯辩解。经庭审质证的多项证据证实了被告人王飞强参与预谋、选择作案对象、准备并提供作案工具的事实，被告人张玉红伙同左双其对被害人周志军家实施入户抢劫的事实。被告人王飞强提供作案工具给被告人张玉红，其虽辩解当时心中害怕不想参与，但主观上应明知被告人张玉红拿工具目的是为了实施抢劫，其未予以阻止，反而提供工具，说明主观上具有共同故意，故应认定为抢劫共犯，对其辩解不予采信。

（3）关于被告人王飞强辩护人提出的从犯意见。被告人王飞强在共同犯罪准备阶段有积极行为，但在具体实施抢劫过程中只起到提供作案工具的次要作用，相对作用较小，故应认定为从犯。

综上所述，被告人张玉红、王飞强伙同他人以非法占有为目的，采用暴力、胁迫等手段入户抢劫公民财物，其中劫得财物合计价值人民币14 981元及内有现金人民币514 171.44元的信用卡，并致一人轻伤、一人轻微伤，其行为已构成抢劫罪。被告人张玉红、王飞强抢劫信用卡后，因意志以外的原因未实际使用，系抢劫数额巨大的未遂，可以比照既遂犯从轻或者减轻处罚。被告人张玉红在共同犯罪实施抢劫过程中行为积极，起主要作用，系主犯。被告人王飞强在共同犯罪准备阶段有积极行为，但在具体实施抢劫过程中只起到提供作案工具的次要作用，相对作用较小，故认定为从犯，应当减轻处罚。依据《中华人民共和国刑法》第二百六十三条第（一）项、第（四）项，第二十五条第一款，第二十六条第一款、第四款，第二十七条，第二十三条，第五十五条第一款，第五十六条第一款，第六十四条之规定，法院判决被告人张玉红犯抢劫罪，判处有期徒刑十四年，并处罚金人民币2万元，剥夺政治权利二年；被告人王飞强犯抢劫罪，判处有期徒刑九年,并处罚金人民币1万元,剥夺政治权利一年。责令被告人张玉红、王飞强于判决生效之日起十日内退赔被害人经济损失人民币1万元。

一审判决后,被告人王飞强以与一审同样理由提出上诉。

被告人王飞强的辩护人在二审中提出,王飞强只构成绑架罪的共犯,不构成抢劫罪的共犯。

二审法院经审理认定的事实和证据与一审相同。

二审法院经审理后认为,关于上诉人王飞强提出其对抢劫一事不知情的上诉理由以及辩护人提出王飞强只构成绑架罪共犯,不构成抢劫罪共犯的辩护意见。经查,王飞强到案后曾供述其伙同张玉红预谋抢劫,并准备了气动枪、自制的“爆炸装置”等作案工具,由其提供抢劫对象。在第一次抢劫未果后,张玉红多次提出再去抢劫,其因为害怕提出暂时别去,张玉红则表示无法等待并向其索要气动枪和自制的“爆炸装置”,于是其将气动枪和自制的“爆炸装置”交给张玉红。上述供述与张玉红到案后的供述相互印证,足以采信。上述事实表明,王飞强参与共同抢劫的预备,并在明知张玉红欲再次抢劫被害人周志军家时,向张玉红提供作案工具。因此,原判认定王飞强在主观上具有共同犯罪的故意,构成抢劫共犯并无不当。上诉人王飞强的上诉理由及辩护人的相关辩护意见缺乏事实和法律依据,均不予采纳。鉴于被告人抢劫后信用卡未实际使用,不计数额,原判适用抢劫数额巨大及未遂条款不当,予以纠正。其余原审法院所判并无不当,二审法院裁定驳回上诉,维持原判。

三、点评

对本案中被告人张玉红行为的认定不存在争议。而本案的争议主要集中在以下三个问题:被告人王飞强是否构成抢劫罪的共犯?王某的行为是否成立犯罪中止?共同犯罪场合如何确定主犯与从犯?应当说本案中出现的这几个问题也是司法实践中常见的几类问题,不仅在认定上较难把握,理论上也存在着进一步探讨的空间,因而具有一定的典型意义。

(一)关于被告人王飞强是否构成抢劫罪的共犯

认定此问题的关键在于准确把握共同犯罪的成立条件。根据我国刑法的规定,共同犯罪的成立条件是:两人以上,共同故意犯罪。本案主要涉及共同故意的认定和共同行为的认定。

1. 共同故意的认定

“共同故意”包括两个内容:一是各共犯人均有相同的犯罪故意;二是具有意思联络。首先,共同故意要求各行为人都明知共同犯罪行为的内容与危害结果,并且希望或者放任危害结果的发生。所谓相同的犯罪故意,只要求在刑法规定的范围内相同,不要求故意的形式与具体内容完全相同。其次,共同故意要求各行为人主观上具有意思联络,即共犯人认识到自己不是孤立的,而是在和他人一起共同犯罪。本案中，被告人王飞强、张玉红共同预谋和制定抢劫计划、准备作案工具，虽后来王飞强因害怕未参与实施抢劫，但王飞强明知被告人张玉红索要工具是为了实施抢劫，未予以阻止反而提供工具，主观上对危害结果的发生是持放任态度，故有意思联络，因此两被告人具有共同的犯罪故意。

2. 共同行为的认定

“共同行为”可能表现为三种情况：一是正犯行为，即对犯罪事实起支配作用的行为，如直接造成结果发生的行为，组织、策划、指挥共同犯罪的行为；二是教唆行为，即故意一起实施犯罪意图的行为；三是帮助行为，既帮助实行犯罪的行为。从本案来看，被告人王飞强不仅参与实施了抢劫的预谋策划、选择作案对象等正犯行为，而且还实施了为张玉红提供犯罪工具的帮助行为，足以认定其具有共同行为，不能因其未参与实施抢劫的实行行为就否认共同行为的存在。

综合上述分析，不难得出王飞强构成抢劫罪共犯的结论，法院的认定是正确的。

（二）王飞强的行为是否成立犯罪中止

共同犯罪行为具有整体性特征，因此，犯罪中止的有效性只能以整个共同犯罪是否最后达到完成状态来确定。即在共同犯罪中，个别共同犯罪人意图中止犯罪，不仅要求其自动停止犯罪行为，而且要求其采取积极的行为阻止其他共同犯罪人继续实施犯罪或者有效地防止犯罪结果的发生。在本案中，王飞强的行为不能构成犯罪中止，因为其停止犯罪的行为不符合有效性的特征。王飞强虽然出于自己的意志未实施抢劫的实行行为，但他并没有采取积极地行为来阻止张玉红等实施抢劫，也没有有效地防止危害结果发生，反而为张玉红提供气动枪、自制爆炸物等作案工具，对张玉红实施抢劫行为起到了帮助作用，与危害结果的发生存在因果关系。因此，法院没有认定王飞强构成犯罪中止是正确的。

（三）共同犯罪场合如何确定主犯与从犯

我国刑法以共同犯罪人在共同犯罪中的作用为标准，同时兼顾行为人的分工，将共同犯罪人分为主犯、从犯、胁从犯和教唆犯。主犯分为两种，即组织、领导犯罪集团进行犯罪活动的犯罪分子，以及在共同犯罪中起主要作用的犯罪分子。

究竟如何认定共同犯罪人的作用是主要还是次要，在司法实践中是一个比较复杂的问题，需要根据具体案情综合考虑。所谓“主要作用”是指共同犯罪人对共同犯意的形成、共同犯罪行为，以及共同犯罪的危害结果所具有的决定性作用。从主观上看，主犯的作用主要表现在促成和强化共同犯罪故意。具体表现为发起犯罪的犯意、策划犯罪的行为等。从客观上看，主犯的作用主要表现在对共同犯罪行为及其危害结果所起的决定和推动作用，如纠集共同犯罪人、指挥共同犯罪人实施犯罪等。

根据我国刑法规定，从犯包括两类：一类是在共同犯罪中起次要作用的犯罪分子，即次要实行犯。这类共同犯罪人虽然直接实施了具体犯罪构成客观要件的行为，但是在整个犯罪活动中较之主犯的作用要小，主要表现为本人没有主动发起犯意、在共同犯罪行为实施过程中积极性不高、对犯罪结果所起的作用不大等。第二类是在共同犯罪中起辅助作用的犯罪分子。此类共同犯罪人不直接实施具体犯罪构成客观要件的行为，而只是为共同犯罪的实施准备工具、创造条件等。

结合以上分析和本案具体事实，本案中法院对主犯和从犯的认定是正确的。首先，被告人张玉红的行为完全符合主犯的特征：在犯罪的预备阶段，张玉红直接参与发起了抢劫的犯意、实施了制定抢劫计划、准备犯罪工具、纠集共同犯罪人等行为；在犯罪的实行阶段，张玉红是主要的参与者和实施者，在共同犯罪中起主要作用。其次，被告人王飞强的行为也符合从犯的特征：王飞强虽在预备阶段参与实施了抢劫的预谋和犯罪工具的准备等行为，但在第一次抢劫未能实施后，在被告人张玉红多次提出再次实施抢劫的情况下，并未积极响应，且仅向张玉红提供了犯罪工具而并未参与实施抢劫的实行行为。因此，可以认定王飞强在共同犯罪中起次要或者辅助作用。

共犯中止与共犯从犯的司法认定
——张玉红、王飞强抢劫罪一案的评析

史小峰*

（载于《人民法院案例选》2009 年第 1 辑）

【提示】

共同犯罪中止的形态的认定，应当秉承共同犯罪的整体观，对共同犯罪行为人中单一退出共同犯罪行为的形态应当从严把握；对共同犯罪中主犯与从犯的区分，应当以客观事实为依据，适当结合考虑刑事政策因素，充分发挥刑法设立主从犯的立法意图，作出科学判断。

一、案情

公诉机关：上海市金山区人民检察院。

被告人：张玉红，男，1976 年 11 月 10 日生，汉族，初中文化，无业，户籍所在地河南省淮滨县涂营乡杨湾村 1 组，暂住浙江省平湖市新仓镇大莉村朱家圩 17 号。

被告人：王飞强，男，1980 年 5 月 21 日生，汉族，初中文化，无业，住金山区廊下镇南陆村南 2026 号。

上海市金山区人民法院经审理查明：

2007 年 7 月期间，被告人张玉红、王飞强因赌博输钱而预谋实施抢劫，并准备了气动枪一支、匕首一把、自制的"爆炸装置"一只（经鉴定为烟火剂成分），由被告人王飞强选择了被害人周志军作为实施抢劫的对象，两人制定了详细的抢劫计划。

2007 年 8 月上旬一天，被告人张玉红、王飞强伙同他人携带上述作案工具至金山区廊下镇景阳村新建丰 2 组 1098 号被害人周志军家附近欲实施抢劫，因见被害人家附近有警车巡逻而感到心里害怕，未能着手实施。后被告人张玉红多次向被告人王飞强提出实施抢劫，被告人王飞强因心中害怕以拖延打发。被告

* 上海市金山区人民法院执行庭法官，法学硕士。

人张玉红因急需钱,表示无法再等下去,后直接向被告人王飞强提出索要气动枪等作案工具,于是被告人王飞强分两次将气动枪一支、自制的“爆炸装置”一只交给了被告人张玉红。

2007年8月25日凌晨2时许,被告人张玉红伙同左双其(在逃)经事先预谋,携带匕首一把、砍刀一把、胶带一卷、自制的“爆炸装置”四只(经鉴定为烟火剂成分)以及王飞强所提供的气动枪一支和自制爆炸物(经鉴定为烟火剂成分)一只等作案工具,至金山区廊下镇景阳村新建丰2组1098号周志军家,先后闯入被害人周保全、周志军房间内,采用对被害人刀砍、捆绑、用胶带封嘴以及言语威胁等手段,劫得现金人民币10 000元、18 K彩金项链带挂件一根、PT950铂金手链一根、足金黄金嵌宝戒指一枚(合计价值人民币4 981元)及上海农村商业银行卡、建设银行龙卡各一张(内分别有存款人民币340 259.38元和人民币173 912.06元),并逼迫被害人讲出两张银行卡的取款密码。随后,被告人张玉红至金山区廊下镇农业银行ATM机上查询银行卡金额,查完后欲返时被巡逻至此的民警抓获。与此同时负责看押被害人的左双其因久等被告人张玉红未归且联系不上,遂挟持被害人周志军为其开车至浙江省平湖市后逃逸。经鉴定,被害人周志军、周保全分别构成轻伤和轻微伤。

公诉机关指控:被告人张玉红、王飞强的行为已构成抢劫罪,提请上海市金山区人民法院依法审判。

被告人张玉红、王飞强对指控罪名均无异议,但对部分指控事实及指控证据分别提出异议。被告人张玉红称在抢劫过程中只砍伤被害人周保全,另一被害人周志军系被左双其砍伤,且其本人到案后具有自首情节,要求予以认定。

被告人王飞强称对于2007年8月25日发生的抢劫一事毫不知情,其事先已明确表示过不参与抢劫,所提供给被告人张玉红的作案工具系让对方防身所用,故主观上不具有抢劫故意,不应认定为最后一次抢劫的共犯。

被告人王飞强的辩护人提出:被告人王飞强第一次参与抢劫未遂后,主观上不想再参与,对被告人张玉红伙同左双其所实施的抢劫确不知情,但客观上其也确实提供了作案工具;被告人王飞强只参与了预谋、准备阶段,在共同犯罪中起辅助作用,作用相对较轻,应认定为从犯。

二、审判

上海市金山区人民法院认为,本案相关证据均经庭审质证属实,且真实合法,相互印证,形成严密证据链,足以认定被告人王飞强参与预谋、选择作案对象、准备并提供作案工具的事实及被告人张玉红伙同左双其对被害人周志军家实施入户抢劫的事实。被告人张玉红因形迹可疑被抓获时,公安人员当场从其身上查获匕首、戒指(带血)等物时,其未立即交代上述抢劫事实,且又无法说明物品合法来源以及银行卡的开户情况,据此公安人员足可判断出其存在重大作案嫌疑,并掌握了重要的证据,故对其自首辩解不予认定。被告人王飞强提供作案工具给被告人张玉红,其虽辩解当时心中害怕不想参与,但主观上应明知被告人张玉红拿工具目的是为了实施抢劫,其未予以阻止,反而予以提供工具,放任其继续实施抢劫行为,故应认定为抢劫的共犯,对其辩解不予采信。

金山区人民法院认为,被告人张玉红、王飞强伙同他人以非法占有为目的,采用暴力、胁迫等手段入户抢劫公民财物,其中劫得财物合计价值人民币14 981元及内有现金人民币514 171.44元的信用卡,并致一人受轻伤、一人受轻微伤,其行为已构成抢劫罪。被告人张玉红、王飞强抢劫信用卡后因意志以外的原因未实际使用,系抢劫数额巨大的未遂,可以比照既遂犯从轻或者减轻处罚。被告人张玉红在共同犯罪各个环节中均有参与,在具体实施抢劫过程中行为积极,起主要作用,系主犯。被告人王飞强在共同犯罪准备阶段有积极行为,但在具体实施抢劫过程中只起到提供作案工具的次要作用,相对作用较小,故认定为从犯,应当减轻处罚。

依据《中华人民共和国刑法》第二百六十三条第(一)项、第(四)项、第二十五条第一款、第二十六条第一款、第四款、第二十七条、第二十三条、第五十五条第一款、第五十六条第一款、第六十四条之规定,判决:

(1) 被告人张玉红犯抢劫罪,判处有期徒刑十四年,并处罚金人民币二万元,剥夺政治权利二年。

(2) 被告人王飞强犯抢劫罪,判处有期徒刑九年,并处罚金人民币一万元,剥夺政治权利一年。

(3) 在案扣押的作案工具予以没收。责令被告人张玉红、王飞强于判决生效之日起十日内退赔被害人经济损失人民币10 000元。

一审宣判后,被告人王飞强不服提出上诉。上诉人王飞强提出,其对抢劫一事不知情,其已经犯罪中止;其辩护人提出,王飞强只构成绑架罪的共犯,不构成抢劫罪的共犯。

上海市第一中级人民法院审理后认为:相关证据印证了王飞强与张玉红共同实施抢劫行为的故意,并且王飞强在明知张玉红欲再次抢劫而向其提供作案工具。故驳回上诉人王飞强的上诉,维持原判。

三、评析

(一) 被告人王飞强的行为不构成犯罪中止

1. 犯罪中止基本特征

我国刑法第二十四条规定,在犯罪过程中自动放弃犯罪或者自动有效地防止犯罪结果发生的是犯罪中止。

犯罪中止的认定,应当把握两个基本要素,第一自动放弃犯罪,是指行为人在其完全有条件、有能力继续实施犯罪行为的前提下,主动放弃犯罪,即"能为而不为”,主要考量行为人主观意志的主动性;第二是有效性,即在犯罪完成以前停止继续实施犯罪或者有效地防止犯罪结果的发生。犯罪中止可能发生在犯罪预备阶段,称为预备中止;也可能发生在犯罪实行阶段,称为实行中止;还可能发生在实行后阶段,称为实行终了的中止。

2. 共同犯罪犯罪中止的认定

共同犯罪的中止与单独犯罪的中止构成条件在“主动性”要件上基本一致,不同之处在于“有效性”要件上。在单独犯罪的场合,只要行为人能自动放弃犯罪或有效地防止本人行为可能造成的犯罪结果发生,就具备有效性。但在共同犯罪中,部分犯罪人自动放弃犯罪,部分犯罪人仍然将犯罪进行到底,部分自动放弃犯罪的人具备何种条件才能具有“有效性”?

关于共同犯罪中犯罪中止的有效性,我国刑法理论界有五种不同的观点。第一,整体中止论。该观点认为,既然共同犯罪行为具有整体性特征,那么,其犯罪中止的有效性也只能以整个共同犯罪是否最后达到完成状态来确定,个别共犯意图中止犯罪,必须在停止自己犯罪的同时,迫使其他共犯停止实施共同犯罪行为,或有效地防止共同犯罪结果发生。倘若没有产生这种结果,共同犯罪已完成时,个别共犯的犯罪中止就不能成立。第二,个别中止论。该观点认为,共同犯罪行为虽具有整体性特征,但实际上是由每个共犯的独立行为组合而成。其中个别共犯自动停止自己的犯罪,就同共同犯罪完全脱离了联系,之后与其他共犯的行为就不再有何关联,因此,其自动停止犯罪就应该被视为犯罪中止。换言之,共犯只要停止自己的行为即可成立犯罪中止,而不论共同犯罪最后发展程度如何。第三,区别对待论。该观点认为,除主犯外,其他共犯中止的有效性,应以行为人力所能及的范围为限。如果努力阻止其他共犯继续实行犯罪,但因能力有限而阻止无效的,仍可以成立犯罪中止。第四,切断因果关系论。该观点认为,共犯中止的有效性,应以他是否有效地切断自己以前的行为与危害结果之间的因果关系来确定。如果个别共犯以自己消极或者积极行为确实已切断自己以前的行为与危害结果之间的因果关系的,即使共同犯罪的危害结果最后由其他共犯促成发生,亦能成立中止犯。第五,既遂原因力消除论。该观点认为,判断共犯中止有效性的标准是中止者必须使自己的行为与整体的共同犯罪行为解体,即主观上使自己的行为与整体的共同犯罪行为解体,即主观上切断与其他共犯之间的共同故意联系,客观上抵消自己先行行为对共同行为所起的合力作用,使之消除对犯罪形成既遂的原因力。

上述五种观点各有可取的地方,也有不足之处,应该结合不同的共同犯罪形态分别认定。但我们认为,共同犯罪中犯罪中止认定有效性,必须具备以下两个因素:① 主观上,中止犯罪的共同犯罪人自动切断与其他共同犯罪人的共同故意的联系,并且将中止的意图以一定的方式告知其他的共同犯罪人;② 客观上,中止犯罪的共同犯罪人必须有效地切断自己的以前行为与共同犯罪整体行为的有机联系。

因此,如果共同犯罪人自动、消极地停止自己的犯罪行为并能切断自己先前行为与共同犯罪的联系,就具有了有效性。如果共同犯罪人自动消极地停止了自己的犯罪行为,但并未切断自己先前行为与共同犯罪的联系,就必须采取积极的行为阻止其他共同犯罪人继续实施犯罪或者有效地防止危害结果的发生,才能具有有效性,才能认定为犯罪中止。否则,共同犯罪中个别行为人中止行为,但未切断自己先前行为与共同犯罪的联系,以致共同犯罪继续进行或者产生犯罪结果的,就不能认定为犯罪中止。

3. 被告人王飞强不能构成犯罪中止

本案中,被告人王飞强因害怕被他人认出,而未着手实施后来具体的抢劫行为,并且其因心中害怕,多次拖延、打发了张玉红的犯罪邀约,单从其个体而言,其内心对继续犯罪有消极的心理,甚至从某种意义上讲,其已经不想再参与对周某的抢劫,似乎是"主动放弃"了犯罪。但是,被告人王飞强与张玉红的预谋、抢劫计划以及实施方案等,他们的主观犯意和客观行为已形成一个有机整体,互相产生的依赖、加功,行为具有不可分割的特征,简单说,"部分行为,全部责任"。行为人王飞强虽然消极地停止了个体的犯罪行为,但其未能切断与张玉红之间抢劫的行为联系,也未能采取积极的行为阻止张玉红等人继续实施犯罪,在知道张玉红取走犯罪工具是为了着手抢劫的前提下,仍放任其取走,没有能有效地防止危害结果的发生,因而,其行为不构成共同犯罪犯罪中止的有效性要件。行为人王飞强不仅要对自己的行为及结果承担责任,还要对共犯张玉红的行为及结果负责。王飞强虽自动放弃犯罪行为,但只能作为酌定量刑情节予以考虑。

(二) 被告人王飞强应当认定为从犯

1. 共同犯罪中主、从犯类别与认定

刑法第二十六条规定:"组织、领导犯罪集团进行犯罪活动的或者在共同犯罪中起主要作用的,是主犯。"从司法实践来看,在共同犯罪中起主要作用的犯罪分子,主要有这样几种: ① 共同犯罪的发起者和操纵者。主要指发起并操纵犯罪者,即在他人没有犯意的情况下,向他人灌输犯意,鼓动他人参与活动,并操纵整个犯罪活动者;② 共同犯罪的邀约者和纠集者。主要指在团伙犯罪中的表现积极的邀约者和纠集者。在这些犯罪分子之间,其参与犯罪的积极性和主动性的程度也并不是完全相同,从而决定和影响共同犯罪分子在共同犯罪中地位和作用。一般来讲,团伙犯罪的邀约者或纠集者,是共同盗窃的积极分子和主导者,对他们一般可以认定为主犯;③ 在犯罪实行过程起主要作用的犯罪分子。如有的犯罪分子,既不是发起者,又不是纠集者,但被他人邀约参与盗窃犯罪之后,在共同犯罪中,特别积极和卖力,对促成和实现犯罪发挥了主要作用。对此,也应认定为主犯。

一般共同犯罪中从犯的认定,主要是看其实际参加犯罪的程度,从犯在共同犯罪中一般只是参与实施了一部分犯罪活动,在共同犯罪中不起主要作用。共同犯罪中的从犯一般有两种,一种是在共同犯罪中起次要作用,另一种是在共同犯罪中起辅助作用。

所谓在共同犯罪中起次要作用是指次要的实行犯,通常是指直接参与了实施犯罪行为,但在整个犯罪活动中起次要作用,如犯罪集团中参与实施某些犯罪活动,或在一般共同犯罪中,参与实施了一部分犯罪活动。

共同犯罪中起辅助作用是相对于实行犯而言,即没有直接参加犯罪的实行,但为实行犯的犯罪创造便利条件的犯罪分子。一般是指为实施共同犯罪提供方便,创造有利条件、排除障碍等,如提供犯罪工具、指点犯罪地点和路线、提出犯罪时间和方法的建议等。

2. 本案中被告人王飞强认定为从犯的依据

主从犯的认定,应当结合共同犯罪整个过程,因为共同犯罪本身就是一个整体,需要进行整体评价。被告人王飞强与张玉红从预谋实施抢劫,到准备工具,并选择实施抢劫的对象,两人均共同参与,并制定了详细的抢劫计划,可以说,之前的准备包括第一次的抢劫行为,王飞强与张玉红都是共同参与,各自在犯罪中所担当角色相当、所起的作用相当。但是,纵观整个连串的抢劫行为来看,无疑,被告人张玉红在共同犯罪各个环节中均有参与,而且在具体实施抢劫过程中行为积极、意志坚决,在实施具体的抢劫行为中起主要作用,完全符合主犯的认定要件,应当认定为主犯。而被告人王飞强在共同犯罪准备阶段虽有积极行为,提供犯罪工具、指点犯罪地点和目标,但在整个具体实施抢劫过程中只起到次要和辅助作用,相对作用较小,故认定为从犯。

四、案例索引

一审:上海市金山区人民法院[2007]金刑初字第676号(2007年11月22日)

二审:上海市第一中级人民法院[2008]沪一中刑终字第8号(2008年2月18日)

陈秀成等敲诈勒索案

——借维权名义敲诈商家的行为构成敲诈勒索罪

周娟红　舒平锋*

（载于2009年《上海法院案例精选》）

一、案情

公诉机关：上海市金山区人民检察院

被告人（上诉人）：陈秀成，2002年1月17日因犯故意伤害罪被河北省沧州市东光县人民法院判处有期徒刑一年。

辩护人：李桂珍，上海市申松律师事务所律师。

被告人（上诉人）：邓虎

2008年5月26日，被告人陈秀成至本区亭林镇寺平北路137号晶永恒珠宝店，选购了价值人民币4 319元的黄金项链一条。在店方明确告知其选购的是“百泰”牌项链的情况下，被告人陈秀成以其女友喜欢“晶永恒”品牌等理由要求店方在收据上加注“晶永恒”字样，并约定于次日取发票。第二天，应被告人陈秀成的特殊要求，珠宝店派人与被告人陈秀成一起去税务机关，将已开好的品目为“千足金项链”的发票作废，重开了一张品目为“晶永恒千足金项链”的发票。同年6月2日，被告人陈秀成又伙同吴颖彬到晶永恒珠宝店选购百泰黄金男戒一枚，并同样要求店方在发票上加注“晶永恒”字样。2008年6月14日，被告人邓虎伙同吴颖彬、赵际文到晶永恒珠宝店，以发票上的品目与实物不符为由，采用向工商部门投诉和向法院起诉等手段相要挟，多次强行要求店主陈康国对其退一赔一。2008年8月10日，被告人陈秀成、邓虎再次前往晶永恒珠宝店，利用之前类似的手段相要挟，被害人陈康国被纠缠无奈，被迫赔付人民币3 000元。

公诉机关指控称：被告人陈秀成、邓虎以非法占有为目的，采用要挟手段，强行索要他人财物，数额较大，两被告人的行为应当以敲诈勒索罪追究其刑事责任。

---

* 周娟红，上海市金山区人民法院民一庭法官；舒平锋，上海市金山区人民法院刑庭法官，法学硕士。

被告人陈秀成对公诉机关指控的事实、罪名均无异议。其辩护人认为被告人陈秀成犯罪情节一般,到案后认罪态度较好,且赃款已被追缴,建议对其从轻处罚。

被告人邓虎辩称:自己与陈秀成的行为是消费者正当维权行为,要求法院宣告自己无罪。

二、审判

一审法院经审理认为:被告人陈秀成以及吴颖彬等人抓住珠宝店做生意心切的心理,明知自己选购的是百泰牌黄金项链,而谎称自己是冲着"晶永恒"这个店名以及其女友喜欢"晶永恒"这个牌子,如不加上"晶永恒"字样则不买,促使珠宝店向其提供加注"晶永恒"字样的发票,从而使商店从表面上陷入用"百泰"牌子冒充"晶永恒"牌子"欺诈消费者"的被动处境,之后被告人陈秀成等人进而以珠宝店有欺诈行为为由,要求珠宝店退一赔一,被告人陈秀成等人非法占有的主观故意明显。而上述证据及被告人邓虎的供述证明,被告人邓虎对被告人陈秀成等人上述以非法占有为目的,故意设置圈套,并以此敲诈珠宝店的行为、目的在主观上均系明知。在此情况下,被告人邓虎积极参与了向工商部门投诉、让商店关门或向法院起诉等行为,给珠宝店施加压力,迫使被害人接受被告人陈秀成的赔偿要求,其行为已符合敲诈勒索犯罪的主、客观构成要件,足以认定。被告人邓虎的相关辩解与查明的事实不符,本院不予采信。本院认为,被告人陈秀成、邓虎以非法占有为目的,采用要挟手段,强行索要他人现金人民币 3 000 元,数额较大,其行为均已构成敲诈勒索罪。被告人陈秀成到案后认罪态度较好,可对其酌情从轻处罚。辩护人关于从轻处罚的意见予以采纳。根据《中华人民共和国刑法》第二百七十四条、第二十五条第一款、第六十四条的规定,作出判决:一、被告人陈秀成犯敲诈勒索罪,判处有期徒刑六个月;二、被告人邓虎犯敲诈勒索罪,判处有期徒刑七个月;三、在案扣押的人民币 3 000 元发还被害人陈康国。

一审法院判决后,被告人陈秀成、邓虎均以自己行为属于消费者正当维权,不构成敲诈勒索罪为由,提出上诉。

二审认定事实与一审认定一致。

二审法院裁定驳回上诉人陈秀成、邓虎之上诉,维持原判。

三、案例索引

一审:上海市金山区人民法院[2008]金刑初字第 1171 号

二审:上海市第一中级人民法院[2009]沪一中刑终字第 100 号

行　政

上海罗芙仙妮化妆品有限公司诉上海市工商行政管理局金山分局工商行政处罚决定案

董永强*

（载于《中华人民共和国最高人民法院公报》2009 年第 11 期）

【提示】

《中华人民共和国反不正当竞争法》第五条第（三）项规定："经营者不得采用下列不正当手段从事市场交易，损害竞争对手：（三）擅自使用他人的企业名称或者姓名，引人误认为是他人的商品……"根据该规定，擅自使用他人的企业名称属于不正当竞争行为。其中的"他人的企业名称"应当作扩张理解，不仅包括直接使用他人的企业名称，也包括通过注册与知名企业名称相近或足以产生混淆的企业名称，包括直接使用知名企业的字号。

一、案情

原告：上海罗芙仙妮化妆品有限公司，住所地：上海市嘉定区环城路 2222 号-677。

法定代表人：才宝晶，董事长。

被告：上海市工商行政管理局金山分局，住所地：上海市金山区卫零路 485 号。

法定代表人金关明，局长。

第三人欧莱雅（中国）有限公司，住所地：上海市华山路 2 号中华企业大厦 18 楼。

法定代表人盖保罗（PAOLO GASPARRINI），董事长。

原告上海罗芙仙妮化妆品有限公司不服被告上海市工商行政管理局金山分局作出的沪工商金案处字［2008］第 280200810005 号行政处罚决定具体行政行

---

* 上海市金山区人民法院民三庭庭长。

为,向上海市金山区人民法院提起行政诉讼。因欧莱雅(中国)有限公司与本案有利害关系,故通知其作为第三人参加诉讼。

原告上海罗芙仙妮化妆品有限公司诉称:被告对存放在上海复杉生物制品有限公司仓库内"罗芙仙妮"和"碧优泉"系列化妆品以涉嫌不正当竞争为由查扣,并作出行政处罚决定。原告系依法登记的合法企业,生产的产品上使用的系在香港合法登记的法国欧莱雅集团有限公司的企业名称和合法注册的"罗芙仙妮"商标等,原告未擅自使用他人的企业名称或商标,被告所作处罚决定缺乏事实和法律依据,故请求撤销被告作出的沪工商金案处字[2008]第280200810005号行政处罚决定具体行政行为。

原告罗芙仙妮公司提交以下证据:

(1) 原告营业执照、复杉公司营业执照、香港欧莱雅公司营业执照等,证明原告公司、香港欧莱雅公司等的主体情况。

(2)"罗芙仙妮"商标注册证、"碧优泉"和"OREAL"商标受理通知、香港欧莱雅公司签署的授权书等,证明"罗芙仙妮"系注册商标,"碧优泉"和"OREAL"两枚申请中商标的使用权利及授权原告使用企业名称的情况。

(3) 4个品种的包装盒、荣誉证书2份,证明原告的产品外包装没有突出使用"欧莱雅"文字,不足以与第三人的产品混淆及原告产品所获得的荣誉。

(4) 增值税发票4张、汇款凭证,证明原告的化妆品已出售给复杉公司。

(5) 上海市工商行政管理局普陀分局询问通知书,证明原告未曾受到其他工商行政管理机关的处罚,以此说明原告行为不违法。

(6) 国家商标局2006年6月认定驰名商标名录、"罗芙仙妮"商标和"L'OREAL欧莱雅"商标对比图样等,证明原告与第三人使用不同的商标,互不关联。

(7) 退货单24份,证明事发后原告收到退回化妆品的有关情况。

被告上海市工商行政管理局金山分局辩称:原告之行为属于擅自使用欧莱雅股份有限公司和第三人的企业字号,足以导致消费者的误认和混淆,违反了反不正当竞争法的相关规定,应当依法予以处罚。被告所作行政处罚决定合法正确,故请求驳回原告诉讼请求。

被告工商金山分局提交以下证据:

(1) 第三人投诉书、情况说明、欧莱雅股份有限公司注册登记材料公证书、"欧莱雅"、"碧欧泉"商标注册情况、欧莱雅股份有限公司委托第三人代理的委托书、碧欧泉公司委托第三人代理的委托书等,证明第三人及欧莱雅股份有限公司的基本情况、商标注册情况以及向被告提出投诉的情况。

(2)《全国重点商标保护名录》(2006年6月调整)、第三人及"欧莱雅"品牌所获荣誉证书、第三人及"欧莱雅"品牌相关报道、2001—2003年间广告投入证明、"欧莱雅 OULAIYA 及图"商标异议裁定书、关于"L'OREAL"商标异议的裁定书、财富中国等媒体对欧莱雅的评定、欧莱雅产品销售网点清单、认定“欧莱雅”为驰名商标的商标异议裁定书等，证明第三人是知名企业，其对产品投入了大量广告，其“欧莱雅”品牌获得较高知名度，其商标被列为重点商标，并被认定为驰名商标。

(3) 原告公司章程及资产额证明、香港欧莱雅公司注册证书、授权书等，证明原告、香港欧莱雅公司的投资主体情况以及授权情况。

(4) 代理授权书、罗芙仙妮特许经销合同、产品价格表、罗芙仙妮产品发货单、产品委托加工合同、加工生产合作协议、原告委托印刷产品外包装发票、购买化妆品容器发票等，证明原告产品的销售、代理及委托制作包装情况。

(5) 原告法定代表人的6份询问笔录、上海嘉妮生物科技有限公司(以下简称嘉妮公司)法定代表人询问笔录、与嘉妮公司的产品委托加工合同、加工物品清单、上海美缘家化有限公司法定代表人询问笔录、上海豪生印刷有限公司(以下简称豪生公司)法定代表人询问笔录、豪生公司与原告的业务往来发票、暂扣物品货值清单等，证明原告委托嘉妮公司灌装、豪生公司印制外包装定牌生产化妆品等情况。

(6) 现场检查笔录、现场照片18幅、产品说明书2份和41种涉案化妆品的外包装，证明被告执法人员在执法现场发现的涉案化妆品上标注了“法国欧莱雅集团有限公司”等字样的情况。

(7) 招商手册、解放日报刊登的新闻宣传、网站网页公证书，证明原告在其产品广告宣传、网站上等使用“法国欧莱雅集团有限公司”名义或“法国欧莱雅”。

第三人欧莱雅(中国)有限公司述称:“欧莱雅 L'OREAL”在中国已成为高知名度的驰名商标，是其知名字号和品牌的核心文字。原告使用“欧莱雅”字号无合法依据，且使相关公众产生混淆、误认，侵犯了第三人的企业名称权，构成不正当竞争，被告所作具体行政行为正确，请求法院驳回原告之诉讼请求。

第三人欧莱雅(中国)有限公司提交以下证据:

(1) 第三人2005—2008年间广告投放数据及1999—2008年间销售数据、(2008)京国信内经证字第1333号、1335号公证书等，证明第三人坚持连续性的广告投放。

(2) 2002—2003年广告投放登载，证明第三人在相关媒体上刊载广告的情况。

(3) 2000年前部分广告投放登载，证明“欧莱雅”品牌在市场上早已获得较高知名度。

(4) 驰名商标认定文件清单，证明其商标被认定为驰名商标时已有证明其驰名情况的相关证据。

(5) “欧莱雅”品牌全国柜台设立清单及柜台图样，证明第三人产品销售的地域范围。

(6) 原告在其公司网站上以及其他网站发布的信息、原告网站与第三人网站的注册信息、北京市第二中级人民法院[2000]二中知初字第89号民事判决书、第三人参加公益行动的网页报道等,证明原告在其网站上发布的信息造成消费者对原告产品与第三人的关联性产生误认。

(7) [2008]京国信内经证字第1331号、1332号、1334号公证书等,证明由财富、INTERBRAND等权威认定机构对"欧莱雅"品牌的评定,并通过网页予以公示。

金山区人民法院依法组织双方当事人进行庭前证据交换和质证。

各方对证据发表了质证意见,其中原告对被告提供的部分证据提出异议,第三人未提出异议。对原告提供的证据,第三人的质证意见与被告一致。原告对第三人提供的部分证据提出异议,被告未提出异议。据此,金山区人民法院对各方证据认证如下:

关于对原告提供的证据认证:被告对"碧优泉"、"OREAL"商标注册受理通知、增值税发票、付款凭证的证明内容表示异议,对荣誉证书、退货单、询问通知书的关联性表示异议,对其他证据未表示异议。故对原告证据的真实性予以确认。① 被告对原告提供的证明"碧优泉"和"OREAL"商标注册受理通知提出异议,认为该2份证据仅能证明国家商标局受理申请,实际并未获准注册。经质证,被告的异议成立。② 被告对原告提供的增值税发票和付款凭证证据提出异议,认为不能证明涉案化妆品的所有权属复杉公司。根据2007年11月1日原告法定代表人在笔录中"这些产品的所有权都是我公司上海罗芙仙妮化妆品有限公司所有"的陈述,被告的异议成立。

关于对被告所提供证据的认证:对被告提供的职权依据证据,原告未提出异议,对该证据应予确认。对被告提供的执法程序证据,原告除对告知听证权利的录像证据和政务公开书有异议外,对其余证据无异议,本院予以确认。① 对录像证据,原告认为被告只是告知解除对复杉公司的查扣措施,并未告知处罚原告并享有听证的权利。在证据交换中,各方观看了该录像,根据录像资料的记载,被告告知原告行政处罚的事实、理由和依据,告知听证权利,有相应证据证明,故对原告的质证意见,本院难以采信。② 对政务公开书,原告认为被告并未将与行政处罚相关的情况作政务公开。鉴于该份证据属常规性的政务公开告知,对该证据的证明内容应予确认。对被告提供的执法目的证据,原告认为被告的执法目的不正当。被告为了鼓励和保护公平竞争,制止不正当竞争行为,保护经营者和消费者的合法权益的目的,作出被诉具体行政行为,该目的的正当性应予确认。对被告提供的事实认定证据,原告除了对现场检查笔录和原告法定代表人的6份询问笔录有异议外,对其他证据的真实性无异议,但对其中与第三人相关的证据的关联性提出异议。① 原告对被告2007年10月19日制作的现场检查笔录上的在场人车间主任刘益君的签名提出异议,认为并非本人所签,系被告伪造。

对此份证据,原告法定代表人在2007年11月9日的笔录中表示"刘益君是复杉公司的员工,是车间主任;阮善才也是复杉公司的员工。他俩的签字我认可。这二份材料我也看过,认可"的表述看,其已经看过并认可了刘益君的签名;其次,针对原告在证据交换中对该签名提出的异议,本院告知原告可在3日内申请作笔迹鉴定,然原告未在指定的期间内提出申请,故原告对该证据所持异议,难以采信。② 原告认为被告制作的对原告法定代表人的6份笔录是在其未看清的情况下签字确认的。鉴于原告法定代表人系具备完全民事行为能力的成年人,应当知道签字的后果,其简单认为未看清,难以采信。对被告提供的法律适用证据,被告所提供的均为现行有效的法律和司法解释,对其作为法律适用依据的有效性予以确认。

关于对第三人提供的证据认证:原告对证据的真实性未提出异议,但认为所提供的证据与本案缺乏关联,故对第三人所提供的证据的真实性予以确认。

金山区人民法院一审查明:2007年10月19日,被告执法人员对存放在本市金山区吕巷镇上海复杉生物制品有限公司(原告法定代表人为该公司唯一的股东,法定代表人)仓库内的化妆品进行了现场检查。经检查,所涉品牌为"罗芙仙妮"、"碧优泉"两个系列化妆品。在"罗芙仙妮"系列化妆品的外包装上印有"法国欧莱雅集团有限公司授权监制"字样,化妆品容器上贴有"法国欧莱雅集团有限公司"字样标签。在"碧优泉"系列化妆品的外包装上标注有"法国欧莱雅集团有限公司监制"字样,化妆品产品说明书上印有"法国欧莱雅集团有限公司"字样,化妆品的外包装箱上标有"法国欧莱雅集团有限公司"字样。被告执法人员对公司仓库内的化妆品进行了封存、扣留,数量为35 712个(瓶)和9盒"OREAL"礼品套盒,货值2 760 214元。被告另发现,原告在其招商手册中,每页都写有"源自法国的顶级品牌",使用了"法国欧莱雅集团有限公司"的企业名称;在网站上出现了"法国欧莱雅集团有限公司"、"源自法国的顶级品牌ROYALSHE研究所"、"法国欧莱雅你值得信赖的化妆品供应商"等内容,使用了"法国欧莱雅"等字样。2007年9月10日,解放日报第七版刊登了一则内容为"法国欧莱雅"在上海金山区投资兴建"罗芙仙妮"流水线的报道。根据上述检查发现的情况,被告认定原告生产、销售涉案两个系列化妆品的行为,违反了反不正当竞争法第五条第(三)项的规定,遂向原告发出了听证告知书,因原告未提出听证申请,被告遂依据反不正当竞争法和产品质量法的相关规定,于2008年1月17日作出了沪工商金案处字[2008]第280200810005号行政处罚决定。该行政处罚决定作出后,原告不服,向上海市工商行政管理局申请复议,该局于2008年4月21日作出沪工商复决字[2008]第7号复议决定,维持被诉行政处罚决定。原告仍不服,致涉讼。

另查明,2004年5月27日,原告法定代表人才宝晶在香港注册登记了"法国欧莱雅集团有限公司"(以下简称香港欧莱雅公司)。同年8月28日,原告法定代表人以个人名义在国家商标局注册了“RoyalShe 罗芙仙妮”商标。同年9月14日,原告公司成立,其经营范围为从事化妆品、化妆品原料、美容仪器等销售,法定代表人为才宝晶。同年9月17日,香港欧莱雅公司签署了授权书,授权原告作为该集团下属“罗芙仙妮”品牌在中华人民共和国的全权代理,并允许原告宣传使用该集团公司的企业徽标、企业名称、公章等。2005年至2006年期间,原告委托上海豪生印刷有限公司印制标有“法国欧莱雅集团有限公司授权监制”等字样的“罗芙仙妮”化妆品外包装。2006年3月23日至2007年3月2日,原告委托上海嘉妮生物科技有限公司代为加工“罗芙仙妮”、“碧优泉”系列化妆品,并向该公司提供加工上述化妆品的内外包装及配套材料,共计委托生产上述化妆品21种36 319个(瓶)。

2004年11月19日,原告法定代表人向国家商标局提出“碧优泉”(中文文字组合)和“OREAL”(英文字母组合,其中R的上半部分半圆内涂黑,A的上半部分三角内涂黑)商标注册的申请,该注册申请受理后,至今未获准注册。在涉案“碧优泉”系列化妆品的包装容器上,原告标注了“OREAL”商标标记和波浪形飘带标志。在实际使用中,原告去掉了“OREAL”商标中的涂黑部分,并将“O”作了放大使用,还将“OREAL”与“法国欧莱雅集团有限公司”等连用。

“L'OREAL”公司(译为欧莱雅股份有限公司或莱雅公司)成立于1907年,是一家以生产美容美发产品并提供相应服务为主的知名法国公司。20世纪90年代,同名的“L'OREAL”化妆产品进入中国市场时,中文译名“莱雅”同时用于其企业字号和注册商标。1997年起,该公司统一使用“欧莱雅”作为“L'OREAL”的中文译名。自1998年起,中文“欧莱雅”及与“L'OREAL”组合的商标先后获准在第3类商品上注册。2000年6月和2006年6月,国家商标局将“欧莱雅L'OREAL”商标列入全国重点商标保护名录。2001年7月,国家商标局针对其他单位申请在自行车类别上注册“欧莱雅 OULAIYA 及图”商标异议作出了[2001]商标异字第1211号商标异议裁定,裁定书指出,“异议人商标‘L'OREAL’及其中文音译‘欧莱雅’在化妆产品领域享有一定知名度,并已在中国获准商标注册。其商标中文‘欧莱雅’为异议人法文商标音译,为自创无含义词汇。该文字组合通过异议人在中国的广告宣传,已成为标注异议人产品的显著标识,消费者一般将该文字组合与异议人相联系。”因此对该“欧莱雅 OULAIYA 及图”商标不予核准注册。2006年6月,国家商标局在商标异议裁定中,认定“L'OREAL 欧莱雅”商标为驰名商标。

第三人欧莱雅(中国)有限公司成立于2000年9月,系欧莱雅股份有限公司投资的外商投资企业。其在中国大陆生产和销售、代理包括“欧莱雅 L'OREAL”、“碧欧泉”等品牌的化妆品。该公司成立后,先后获得过“2002中国人喜爱的外国商标”、“2003年度‘欧莱雅’牌美容品市场综合占有率前三位”、“‘欧莱雅’牌护肤品市场综合占有率前六位”等荣誉。

本案的争议焦点在于：一是被告认定的行政处罚的相对人是否正确；二是被告认定原告的行为构成不正当竞争是否符合法律规定的构成要件。

金山区人民法院一审认为：根据反不正当竞争法第三条第二款之规定，被告具有在本行政区域内对不正当竞争行为进行监督检查的职权。被告基于鼓励和保护公平竞争，制止不正当竞争行为，保护经营者和消费者的合法权益，维护正常的市场竞争的目的，作出被诉行政处罚决定，其执法目的正当。被告在接到举报后，对原告涉案的化妆品进行了封存和扣留，经过现场检查，并经过调查取证，根据行政处罚法的规定，履行了告知原告行政处罚的事实、理由及依据，告知陈述、申辩和听证权利的程序，据此再作出被诉具体行政行为，其执法程序合法。

关于行政处罚相对人问题。违法行为的行为人应当成为行政处罚的对象。本案中，涉案化妆品的生产系由原告委托豪生公司印制包装盒，再由原告提供加工上述化妆品的内外包装及配套材料，委托嘉妮公司定牌生产，销售也由原告以其和香港欧莱雅公司的名义在各省市征召代理商进行代理销售，货款亦由原告收取。因此，原告作为涉案化妆品的生产组织者和销售者，被告以其作为处罚对象并无不当。

关于被告认定原告的行为构成不正当竞争是否符合法律规定的构成要件问题：① 被告认定原告使用的“欧莱雅”属于“他人的企业名称”是否成立。“欧莱雅”作为商标和其企业字号均享有了相当的市场知名度，成为我国诸多消费者所熟悉的化妆品品牌和企业。“欧莱雅”商标先后被国家商标局列为重点保护商标名录，被认定为驰名商标。“欧莱雅”作为国际品牌的商标，早已受到我国商标法的保护。第三人企业成立后，“欧莱雅”又成了其企业字号，并且通过在中国大陆市场的销售行为，获得相当的市场占有率和知名度，对此第三人享有“欧莱雅”知名企业名称权。虽然“欧莱雅”商标权和企业名称权的权利人，分别是欧莱雅股份有限公司和第三人，但其合法权利依法受到我国法律保护。因此，被告认定原告使用的“欧莱雅”属于他人的企业名称，证据充分。② 被告认定原告的行为属于“擅自使用”他人的企业名称是否成立。原告以“法国欧莱雅集团有限公司”的名义宣传其“罗芙仙妮”系列和“碧优泉”系列化妆品，在其产品上标注该企业名称，但该授权使用应当遵守我国相关法律法规的规定，不应侵害他人的合法权益。首先，企业法人的名称权属于法人的人身权范畴，按照人身权的一般原理，人身权具有专属性，不得任意授予他人使用。其次，由于知名企业字号的特殊性，擅自使用含有知名企业的字号可被认定为擅自使用他人的企业名称，对其字号的保护力度已相当于企业名称本身的保护。再次，该授权系原告关联企业间的授权，形式上似乎是使用香港“法国欧莱雅集团有限公司”名称，但其本质是欲使用“欧莱雅”这三个中文文字即第三人的字号。在实际使用中原告还将“OREAL”与“法国欧莱雅集团有限公司”等不规范连用。对此原告不能说明该使用系合法，故被告据此认定原告的行为属于“擅自使用”，理由正当。③ 被告认定原告的行为会造成消费者对商品的误认和混淆是否成立。原告使用"法国欧莱雅集团有限公司"该企业名称,不但含有第三人企业字号的核心文字,又有其投资人的所属国名,作为普通消费者,显然难以与欧莱雅股份有限公司和第三人相区分。除了标注上述企业名称外,原告又在其"碧优泉"系列化妆品的包装容器上标注了"OREAL"标记,该商标与"L'OREAL"注册商标相近;其"碧优泉"商标及波浪形图形,与第三人代理的"碧欧泉"商标一字之差,所标记的波浪图形也相近。原告的上述行为再结合在其招商手册、网站上以"法国欧莱雅集团有限公司"名义所作宣传,鉴于"欧莱雅"的知名度,已经足以使消费者产生混淆和误解。被告据此认定原告的行为会导致消费者的误认和混淆,具有比较充足的理由。

因此,本案中,被告依据所收集的证据,认定原告擅自使用他人的企业名称,并足以导致消费者的误认和混淆,违反了反不正当竞争法第五条第(三)项的规定,已经构成对第三人的不正当竞争,该节事实和性质的认定,并无不当。由于涉案化妆品的案值为 2 760 214 元,根据产品质量法第五十三条的规定,被告作出没收在案的化妆品,并对原告处罚款 450 000 元,属被告行政处罚的自由裁量权范围,其法律适用和处罚结果并无不当。

根据《中华人民共和国反不正当竞争法》第五条第(三)项、第二十一条第一款、《中华人民共和国产品质量法》第五十三条、《最高人民法院关于审理不正当竞争民事案件应用法律若干问题的解释》第六条第一款及《中华人民共和国行政诉讼法》第五十四条第(一)项之规定,作出如下判决:

维持被告上海市工商行政管理局金山分局于 2008 年 1 月 17 日对原告上海罗芙仙妮化妆品有限公司作出的沪工商金案处字[2008]第 280200810005 号行政处罚决定具体行政行为。

一审宣判后,原告不服,提起上诉。

上诉人上海罗芙仙妮化妆品有限公司上诉称,罗芙仙妮系列化妆品有合法授权,碧优泉系列化妆品标识是才宝晶向国家商标局申请注册的商标,上诉人不存在擅自使用他人名称等行为。工商金山分局的行政处罚无法律依据、执法程序违法,请求撤销一审判决,撤销工商金山分局的行政处罚决定。

被上诉人上海市工商行政管理局金山分局辩称,上诉人法定代表人才宝晶注册的香港欧莱雅公司实际并不从事生产,其授权的实质是想不正当使用第三人的企业名称达到引人误解的目的。被上诉人的行政处罚正确,请求二审法院维持原判。

第三人欧莱雅(中国)有限公司述称,2004 年才宝晶在香港注册法国欧莱雅集团有限公司之时第三人在国内已经具备了相当的知名度,该公司的注册成立即为了傍名牌,其对罗芙仙妮公司的授权侵犯了第三人的名称,请求维持原判。

上海市第一中级人民法院经审理认为,企业生产经营中需诚实信用、公平竞争。上诉人罗芙仙妮公司在委托生产、销售的“罗芙仙妮”系列化妆品和“碧优泉”系列化妆品的产品、包装以及宣传中突出“法国”“欧莱雅”，在招商手册中称“来自法国的顶级品牌”，又将与大众熟悉的“L’OREAL”相似的“OREAL”、图形商标等在“碧优泉”化妆品上联合标注，而在化妆品的包装上均未标识实际权利人或生产企业，且在宣传中又未予以特示的区别。同时，法国欧莱雅集团有限公司由上诉人罗芙仙妮公司法定代表人才宝晶于2004年5月27日在香港注册成立，2004年9月14日罗芙仙妮公司成立，同月17日法国欧莱雅集团有限公司即对罗芙仙妮公司授权使用企业名称、公章等；2006年12月才宝晶通过股权转让成为复杉公司唯一股东和法定代表人罗芙仙妮公司又委托复杉公司加工生产涉案化妆品，从法定代表人均为才宝晶的法国欧莱雅集团有限公司在香港的注册成立及对罗芙仙妮公司的授权，到罗芙仙妮公司委托复杉公司生产涉案化妆品等一系列的行为，再结合才宝晶“法国欧莱雅集团有限公司不从事生产经营活动，为罗芙仙妮品牌产品授权而注册”的陈述，以及上诉人罗芙仙妮公司在化妆品标识、产品以及企业宣传中的种种行为，可以判断法国欧莱雅集团有限公司在香港的注册成立系为了规避国内对企业注册的严格审查，具有规避法律的主观恶意性，也可以认定该系列运作的真实目的为为了傍用第三人“欧莱雅”的驰名企业名称，混淆上诉人产品和第三人产品、使消费者将上诉人商品误认为第三人的“欧莱雅”“碧优泉”产品。据此，于2008年12月19日判决驳回上诉，维持原判。

原告陈国璋不服被告金山县枫围乡人民政府土地管理行政处罚案

沈敢峰*

(载于《上海法院30年经典案例》)

一、案情

原告:陈国璋。

被告:金山县枫围乡人民政府。

原告陈国璋诉称,枫围乡人民政府[87]第3号处理决定是错误的,请求判令撤销该项决定并追究相关人员的民事责任。

被告金山县枫围乡人民政府辩称:原告的诉请无理,请求依法驳回,确认枫围乡人民政府[87]第3号处理决定有效,并请求依法强制执行。

法院经审理查明:1985年底前,原告向俞汇村村主任盛兴根提出将三间平房加楼的口头要求。1986年2月17日,盛兴根陪同乡建房组何文才察看同队施某宅基地时,顺便察看了原告的房屋宅基地形。原告随即写了建房的书面申请报告,填好审批表格交给盛兴根。同年3月10日俞汇村村民委员会讨论同意原告的建房申请,并写成书面意见,尔后原告带了经村民委员会同意建房的报告、表格去乡建房组请求申批,由建房组王耀良接待,当时适逢原告西邻张某对原告的建房问题到乡政府提出异议,因而王耀良答复,待实地察看后再定,但后来没有人去实地察看,也未向原告作出答复。1986年4月5日,原告在未得到乡有关部门批准的情况下正式动工建房,拆除三间平房的屋面后直接加楼,至4月7日盖好屋面。当被告得悉原告擅自建楼房后,即先以书面通知后派人前往制止,原告以停工建房要造成损失为由继续施工。为此,被告于1987年1月5日以枫府[87]第3号发出《关于陈国璋违章建房问题的处理决定》,限期原告拆除楼房西侧一间楼面以上建筑。当天,枫围乡人民政府以枫府[87]第4号向原告发出通知,要原告在通知送达之日起一个月内拆除楼房西侧一间楼面以上建筑。在诉

* 原任上海市金山区人民法院行政庭庭长,现任金山区政府法制办公室副主任。

讼期间,被告于1989年4月18日以枫府[89]第21号向俞汇村村民委员会发出《关于陈国璋建房问题的经济处罚通知》,1989年6月8日以枫府[89]第65号发出《关于转发县村建设领导小组对陈国璋建房处理意见的通知》,在该通知中同时撤销枫府[87]第3号《关于陈国璋违章建房问题的处理决定》,枫府[87]第4号《通知》,枫府[89]第21号《关于陈国璋建房问题的经济处罚通知》。

二、审理

本案是上海首例行政诉讼、全国首例土地管理行政处罚案。案件处理无先例可循。

法院认定:原告在未得到枫围乡人民政府的正式批准,擅自加楼建房并不听劝阻的行为是错误的,理应受到处理。但原告加楼建房的事实发生在《中华人民共和国土地管理法》实施之前,故对原告的行为应按照国家当时的有关法律、法规的规定,由有关行政机关依法处理,而被告根据土地法有关精神和村党支部意见以及县批示精神,对原告作出处罚决定,在适用法律上是不当的。据此判决:1. 撤销被告1987年1月5日作出的枫府[87]第3号《关于陈国璋违章建房问题的处理决定》;2. 对原告其他诉讼请求不予支持。

一审判决后,原被告均未提起上诉。

三、案例索引

一审:[87]金法行字第1号。

平湖市盐业公司批发零售部不服上海市工商行政管理局金山分局核准上海兴塔食品厂注销登记案

岳婷婷*

(载于2000年《上海法院案例精选》)

【提示】

本案原告不是被告具体行政行为的直接相对人,它只是被告行政相对人的债权人,但其认为被告的具体行政行为侵犯了其债权的实现。对原告是否适格的探讨,有助于我们正确理解《中华人民共和国行政诉讼法》第二条之规定。

一、案情

原告(被上诉人):平湖市盐业公司批发零售部。

被告(上诉人):上海市工商行政管理局金山分局。

原告与上海兴塔食品厂订有购销合同。1997年4月25日,上海兴塔食品厂因经营管理不善及经济严重亏损向一审被告原金山县工商行政管理局(现为上海市工商行政管理局金山分局)申请注销登记,被告依据上海兴塔食品厂的注销登记申请报告、金山县兴塔乡种畜场出具的上海兴塔食品厂注销登记后由其承担该厂债权债务的证明和金山县兴塔镇人民政府同意上海兴塔食品厂歇业及其债权债务由金山县兴塔乡种畜场承担的批复等有关材料,于1997年4月29日核准上海兴塔食品厂注销登记,确认其债权债务由金山县兴塔乡种畜场承担。原告在1998年12月16日查阅上海兴塔食品厂的工商资料后,于1999年1月以金山县兴塔乡种畜场为被告向法院提起民事诉讼。法院审理查明,金山县兴塔乡种畜场于1996年9月向法院申请破产,破产财产已分配完毕,1997年3月25日裁定终结破产程序,据此,法院依法裁定驳回原告起诉。1999年6月21日,原告以不服被告核准上海兴塔食品厂注销登记为由向法院提起行政诉讼。

---

* 原任上海市金山区人民法院行政庭副庭长,现任上海市第一中级人民法院行政庭副庭长。

原告平湖市盐业公司批发零售部诉称：上海兴塔食品厂欠原告货款22 720元，1999年1月，原告以其歇业后债权、债务的承担者金山县兴塔乡种畜场为被告提起民事诉讼。同年4月7日，法院以金山县兴塔乡种畜场已于1997年3月25日破产终止，丧失诉讼主体资格为由依法裁定驳回原告起诉。原告认为，被告核定上海兴塔食品厂的债权、债务由已经破产的金山县兴塔乡种畜场承担，并核准该企业注销登记系违法行政行为，侵犯了其合法权益，请求法院予以撤销。

被告上海市工商行政管理局金山分局辩称：其核准上海兴塔食品厂注销登记理由充分，文件完备，符合有关法律规定。此外，原告与上海兴塔食品厂的债权债务是民事法律关系，原告不具备行政诉讼主体资格。故请求法院依法驳回原告的诉讼请求。

二、审判

一审法院经审理认为：依照《中华人民共和国企业法人登记管理条例》有关登记主管机关和注销登记的规定，原金山县工商行政管理局行使职权、执法目的均为合法。但被告在作出上海兴塔食品厂注销登记时未按照国家工商行政管理局公布的《中华人民共和国企业法人登记管理条例》第五十五条第（二）项之规定，审查申请注销登记企业提交文件的真实性、合法性、有效性，造成了让一个已经破产的企业来承担注销登记企业债权债务的后果，违反《中华人民共和国民法通则》第四十五条第（三）项、第四十八条有关企业法人因依法宣告破产而终止及企业法人以企业所有的财产承担民事责任的法律规定。根据《中华人民共和国行政诉讼法》第五十四条第（二）项，作出如下判决：

撤销原金山县工商行政管理局于一九九七年四月二十九日作出的核准上海兴塔食品厂注销登记的具体行政行为。

本案诉讼费人民币100元由被告上海市工商行政管理局金山分局负担。

一审判决后，被告不服，提起上诉。认为：第一，上诉人核准上海兴塔食品厂注销登记在事实认定上并无不清之处。第二，登记审查属于程序审。第三，原审判决适用《中华人民共和国民法通则》第四十五条第（三）项不当。第四，原审法院程序不当，漏列当事人。第五，原告提起行政诉讼已过诉讼时效期限。

二审法院经审理认为：根据《中华人民共和国行政诉讼法》第三十九条之规定，公民、法人或者其他组织直接向人民法院提起诉讼的，应当在知道作出具体行政行为之日起三个月内提出。原金山县工商行政管理局于1997年4月29日核准上海兴塔食品厂注销登记，平湖市盐业批发零售部于1998年12月16日知道该核准注销登记行为，故其于1999年6月21日提起行政诉讼，超过法定起诉期限。根据《中华人民共和国行政诉讼法》第三十九条，并参照《最高人民法院关于适用〈中华人民共和国民事诉讼法〉若干问题的意见》第一百八十六条之规定，作出如下裁定：

(1) 撤销上海市金山区人民法院[1999]金行初字第5号行政判决。

(2) 驳回平湖市盐业公司批发零售部起诉。

一、二审案件受理费人民币各100元,退回平湖市盐业公司批发零售部。

三、评析

(一) 关于本案原告的行政诉讼主体资格问题

在受理本案过程中,对原告是否具有诉讼主体资格有一些争议。一种观点认为,原告与上海兴塔食品厂之间是一种债权债务民事法律关系,原告亦不是被告核准注销登记具体行政行为的直接相对人,所以,原告与被告之间不存在行政法律关系,不具备行政诉讼主体资格。但一、二审法院都认为,原告具有行政诉讼主体资格。我国行政诉讼法第二条规定,公民、法人或者其他组织认为行政机关和行政机关工作人员的具体行政行为侵犯其合法权益,有权依照本法向人民法院提起行政诉讼;第二十四条第一款规定,依照本法提起诉讼的公民、法人或者其他组织是原告;第四十一条第(一)项规定,原告是认为具体行政行为侵犯其合法权益的公民、法人或者其他组织;上述法律规定意味着行政诉讼的原告必须具备两个条件:第一,当事人主观认为行政机关的具体行政行为违法;第二,当事人认为行政机关的具体行政行为侵犯的是当事人自己的合法权益。也就是说行政诉讼的原告不一定是具体行政行为的直接承受人,即行政法理论上称的行政相对人,当事人只要认为具体行政行为违法并侵害了他的合法权益,就可以提起行政诉讼,即行政相关人也有诉权。一、二审法院的做法突破了1991年5月29日《最高人民法院关于贯彻执行〈中华人民共和国行政诉讼法〉若干问题的意见(试行)》对原告诉讼主体资格的限制,该意见只允许行政相对人可以提起行政诉讼,但一、二审法院确认本案原告是适格主体,符合行政诉讼法第二条对原告诉讼主体资格的规定精神,有利于保护公民的合法权益。这里我们要注意的是,1999年11月24日最高法院通过《关于执行〈中华人民共和国行政诉讼法〉若干问题的解释》,取消了1991年《意见》对原告主体资格的不当限制,作出了更符合行政诉讼立法精神的原告主体资格规定,行政相对人可以提起诉讼,与具体行政行为有法律上利害关系的公民、法人或者其他组织对该行为不服的,也可以依法提起行政诉讼。依据该《解释》本案原告也是适格主体。从本案事实分析看,原告与被告核准注销登记的食品厂有着债权债务的民事法律关系。原告根据被告的错误登记将金山县兴塔乡种畜场作为被告向法院提起民事诉讼遭到驳回,由此本案原告与被告作出的核准注销登记行为之间存在着法律上的利害关系,而且被告的不合法行为已经侵犯了原告作为债权人主张债权的权利。因此,本案原告应当具有行政诉讼主体资格。

(二) 关于本案的诉讼时效问题

本案一、二审法院认定的案件事实和采纳的证据基本是一致的。但由于对起诉期限的理解不一致,致使案件处理结果截然相反。

行政诉讼法对公民、法人或其他组织提起诉讼的期限作了规定,该法第三十九条规定：公民、法人或者其他组织直接向人民法院提起诉讼的,应当在知道作出具体行政行为之日起三个月内提出。法律另有规定的除外。另该法规定,经过复议的,应在15日内向法院起诉。一审法院认为,在适用第三十九条时,必须结合行政诉讼法第二条,该条规定;“公民、法人或其他组织认为行政机关和行政机关的具体行政行为侵犯其合法权益,有权依照本法向人民法院提起诉讼。”因此,原告的起诉期限应当从知道具体行政行为并认为该行为侵犯了其合法权益之日起计算,否则不利于保护利害关系人(即行政相关人)作为原告的诉权。结合本案,原告虽于1998年12月16日知道被告作出的核准注销登记行为,但并不知道债权债务承担者种畜场已经破产,该事实直至本案原告在1999年4月7日被一审法院作出的[1999]金经初字第112号民事裁定驳回其民事起诉后得知,并进而意识到被告之行为侵犯了其合法权益,继而启动行政诉讼程序以求保护。因此本案的起诉期限应从原告知道并认为该具体行政行为侵犯其合法权益之日起算,即从1999年4月7日起算。但二审法院认为,对行政诉讼原告人的起诉期限应当严格依照《行政诉讼法》第三十九条规定,起诉期限只能从知道作出具体行政行为之日起算,不能随意对该条规定作扩大解释。本案原告是在1998年12月16日知道被告的核准注销登记的具体行政行为,因此起诉期限只能从该日起算。

三、案例索引

一审判决书：上海市金山区人民法院[1999]金行初字第5号。

二审裁定书：上海市第一中级人民法院[1999]沪一中行终字第114号。

一审法院合议庭组成人员：审判长：徐彤;代理审判员：岳婷婷;人民陪审员：蒋德根。

二审法院合议庭组成人员：审判长：宇晓华;代理审判员：邱燕。

执　行

案外人贾薇要求解除执行查封案
——对股东瑕疵出资的认定与处理

史小峰*

(载于2010年《上海法院案例精选》)

一、案情

案外人:贾薇。

申请执行人:上海佳田制造有限公司(以下简称佳田公司)。

被执行人:沈阳市硕丰缝制设备有限公司(以下简称硕丰公司)。

申请执行人佳田公司与被执行人硕丰公司购销合同纠纷一案,上海市金山区人民法院(以下简称执行法院)作出[2008]金民二(商)初字第1394号民事判决书,确认被执行人硕丰公司应支付申请执行人佳田公司价款1 675 636元及相关迟延履行金。判决生效后,硕丰公司未履行义务,佳田公司向法院申请执行。执行法院在执行过程中,依申请执行人佳田公司的申请,作出[2008]金执字第5448号执行裁定书,查封被执行人硕丰公司位于沈阳市沈河区小南街253甲2房屋房产。

后案外人贾薇向执行法院提出异议,称其是被执行人硕丰公司股东,1997年公司设立时,其与硕丰公司另一股东季凤英签订协议,将其名下位于沈阳市沈河区小南街253甲2房屋作价20万元作为注册资本投入被执行人公司,并约定公司注册后可用现金投资置换出该房产。2007年5月16日,案外人贾薇与季凤英又签订协议,用现金20万元置换出了该房产。现案外人要求执行法院解除对上述房产的查封。

执行法院查明:1997年9月20日,案外人贾薇与季凤英签订协议,贾薇以其名下的沈阳市沈河区小南街253甲2房屋作价20万元、季凤英以30万元机器设

* 上海市金山区人民法院执行庭法官,法学硕士。

备，投资成立硕丰公司，且约定公司注册后贾薇随时可用现金投资置换出该房产，但之后该房产并未办理过户手续。2007 年 5 月 16 日，硕丰公司股东决议，同意贾薇用现金 20 万元置换出沈阳市沈河区小南街 253 甲 2 房产，贾薇的投资改为货币投资。2007 年 5 月 18 日，硕丰公司收到现金投资款 20 万元。其间，硕丰公司未在工商部门办理变更登记。2009 年 3 月 27 日，执行法院经申请执行人申请，依法查封了沈阳市沈河区小南街 253 甲 2 房屋。

二、焦点问题及其处理

本案的争议焦点可以归纳为：第一是对案外人贾薇以房产作价投入硕丰公司但未办理产权过户这一行为的认定；第二是对案外人贾薇根据“现金置换协议”用现金置换出房产行为的认定；第三是对公司在工商行政部门登记信息公示效力的认定。

（一）贾薇以房产出资但未办理过户行为的认定

出资是股东依照《公司法》和公司章程以及公司设立协议向公司交付财产的行为，是取得股东资格的对价，也是股东的最主要义务，股东必须完全履行出资义务。我国《公司法》第二十八条明确规定，“股东应当按期足额缴纳公司章程中规定的各自所认缴的出资额。股东以货币出资的，应当将货币出资足额存入有限责任公司在银行开设的账户；以非货币财产出资的，应当依法办理其财产权的转移手续。”所以根据公司法规定，以实物出资的股东，应当及时将实物的产权过户到公司名下。但在实践中，有些股东特别是以实物出资的股东并未严格按照公司法的要求履行出资义务，比如股东既未办理实物的产权转移手续，又未将实物交付公司使用；或虽然将实物交付公司，但不办理产权转移手续，本案贾薇的行为即是如此。贾薇作为硕丰公司的股东，以其名下的房产作价人民币 20 万元投资入股，并经验资机构验证，符合公司法第二十七条有关股东出资方式的规定。但之后贾薇一直未办理房产的产权转移手续，故相对于公司而言，公司在法律意义上并没有收到贾薇的出资资产，房产仍然在贾薇名下，显然贾薇的行为违反了公司法第二十八条的规定，对其该行为应认定为虚假出资行为。

（二）案外人贾薇根据“现金置换协议”用现金置换出房产行为的认定

佳田公司主张，案外人贾薇与季某的“现金置换协议”侵害了公司财产，因为股东贾薇在“变相”私自处分属于硕丰公司的资产。而案外人贾薇称其正是根据“现金置换协议”完备了股东的出资义务，根本不存在侵害公司资产的事实。

公司注册资本是公司对外经营并承担责任的基础，为维护债权人和社会公众的利益，公司资本应当充实。根据《公司法》第二十八条规定，“股东不按照前款规定缴纳出资的，除应当向公司足额缴纳外，还应当向已按期足额缴纳出资的股东承担违约责任”，因而，股东瑕疵出资（包括虚假出资）承担的是法定责任，而这种法定责任包括两个，一个是价格补足责任，另一个是出资违约责任。价格补足责任的目的在于维持公司资本的充实,即瑕疵出资股东应当就认缴出资额履行完全出资义务,没有出资的应当继续出资;出资有差价的应当补足差价。出资违约责任是对瑕疵出资人而言,即其要对其他出资人承担瑕疵出资的违约责任。但对于虚假出资股东价格补足责任承担的期限,法律并没有明确规定。同时,根据《最高人民法院关于人民法院执行工作若干问题的规定》(试行)第80条的规定,开办单位对开办投入的注册资金不实或抽逃出资的,要在出资不实或抽逃资金的范围内承担责任,其法律依据也在于要求开办单位完备出资义务。但追究上述法律责任的前提是股东虚假出资或抽逃出资的情形仍在持续。在公司股东完备因其不适当出资造成公司注册资本差额补足责任后,则视其已完成出资义务,不必再承担股东出资责任。本案中,案外人贾薇于2007年5月16日用现金20万元置换出之前作价20万元实物出资的沈阳市沈河区小南街253甲2房产,硕丰公司也收到该笔投资款,且已经过股东决议以及会计师事务所验资。故执行法院认为,案外人贾薇按认缴的出资额用现金置换出作为投资的房产,已经补足了之前房产未过户的虚假出资责任,已经完备了作为股东的出资义务,故继续执行案外人贾薇上述房产没有依据。至于佳田公司主张"现金置换协议"侵害公司财产的主张,因案外人贾薇系虚假出资,该房产并不属于公司资产,故也无从论及侵害公司财产一说。

(三)公司在工商行政部门登记信息效力的认定

佳田公司认为,硕丰公司在工商行政部门登记机关信息显示公司出资资产为贾薇的房产实物出资和季凤英的现金出资,且一直未发生变更。而佳田公司是基于硕丰公司登记公示的资本信赖而与其发生业务,贾薇与季凤英的"现金置换"协议不能发生对抗第三人的效力,同时,贾薇现金置换房产出资行为发生在佳田公司与硕丰公司业务往来之后,故要求执行法院执行贾薇名下该房产。

执行法院审查后认为,工商行政部门对公司财产的登记,是基于对公司注册资本的公示,目的在于公示公司的股东、股权比例、出资资本额度等,《公司法》第三十三条规定,"公司应当将股东的姓名或者名称及其出资额向公司登记机关登记;登记事项发生变更的,应当办理变更登记。未经登记或者变更登记的,不得对抗第三人。"但是这里有两个方面需要澄清:一是公司登记机关的公示,它并不是物权的公示,而且公司登记机关登记不能对抗物权登记机关的公示。公司登记机关对公司登记的信息,是由公司设立人申报,并承诺材料真实性的基础上,结合验资机构报告等作出的公示登记,正如上文如述,公司登记机关公示的目的仅在于公示公司经营范围、股东认缴注册资本及股权比例等,它并不是对物权的公示,不动产物权权属的公示应当以房地管理部门的登记为准。二是有限责任公司股东是以其认缴的出资额为限对公司承担有限公司,根据公司法的规定,公司应当将股东的姓名或者名称及其出资额向公司登记机关登记,上述事项发生变化,必须进行工商变更登记,否则不得对抗第三人。但股东认缴的出资额没发生变化的情况下，换言之，公司及股东仍然维持公司资本充足以及股权比例不变的前提下，出资方式发生变化，未变更虽存在瑕疵，但并不会因此而损害公司相对人的利益。故佳田公司要求执行贾薇名下该房产并没有充足依据。

综上，执行法院依照《中华人民共和国民事诉讼法》第二百零四条和《最高人民法院关于适用〈中华人民共和国民事诉讼法〉执行程序若干问题的解释》第十五条的规定，裁定中止对案外人贾薇名下位于沈阳市沈河区小南街253 甲 2 房屋的执行。

三、思考及启示

司法实践中，股东设立公司时出资不实或抽逃出资较为常见，故在公司不能清偿债务的情况下，要求出资不实或抽逃出资的股东承担相应责任也有法律依据。在执行程序中，可根据《最高人民法院关于人民法院执行工作若干问题的规定（试行）》第 80 条，裁定追加抽逃出资或出资不实的开办单位（即出资人）为被执行人在抽逃出资或出资不实的范围内向申请执行人承担责任。但在实践中，还必须正确甄别与认定已经完备了出资义务的“瑕疵”出资人。对有充足证据能证明已经完备出资义务的股东，自不应再让其承担相应出资责任。

就本案的而言，带来的执法启示有二：

第一，公司开办时股东存在出资瑕疵，在事后未对公司开办时的出资形式变更的情况下，各方对出资财产权属均无争议的，可以将股东出资财产（包括瑕疵出资财产）认定为公司财产予以处理；若存争议，在执行程序中也可基于股东出资不实对该房产采取相应的控制性措施，然后再根据相应法律规定进行处理。

第二，公司股东设立公司时瑕疵出资，应允许其事后补足出资、填补瑕疵。但在实践中应加强对股东补足出资行为的审核。若出资人提供充足证据确能证明已经补足出资，那么作为股东，其已完备股东出资义务，相对人不能继续要求出资人承担责任。